U0216196

吉林人民出版社

简体字本二十六史

新五代史

卷一——卷七四

〔宋〕 欧阳修 撰

〔宋〕 徐无党 注

马小红等 标点

目 录

新五代史卷一五　唐明宗家人传第三

新五代史卷一
梁本纪第一

太祖上

　　本纪,因旧以为名,本原其所始起而纪次其事以时也。即位以前,其事详,原本其所自来,故曲而备之,见其起之有渐有暴也。即位以后,其事略,居尊任重,所责者大,故所书者简,惟简乃可立法。

　　太祖神武元圣孝皇帝姓朱氏,宋州砀山午沟里人也。其父诚以五经教授乡里,生三子:曰全昱、存、温。变讳某书名义在称王注中。诚卒,三子贫,不能为生,与其母佣食萧县人刘崇家。全昱无他材能,然为人颇长者。存、温勇有力,而温尤凶悍。唐僖宗乾符四年,黄巢起曹、濮,存、温亡入贼中。巢攻岭南,存战死。巢陷京师,以温为东南面行营先锋使。攻陷同州,以为同州防御使。是时天子在蜀,诸镇会兵讨贼,诸镇,记当时语也。唐谓节度使,所治军州为藩镇,故有赴镇、移镇语。温数为河中王重荣所败,屡请益兵于巢,巢中尉孟楷抑而不通。温客谢瞳说温曰:"黄家起于草莽,幸唐衰乱,直投其隙而取之尔,非有功德兴王之业也,此岂足与共成事哉!今天子在蜀,诸镇之兵日集,以谋兴复。是唐德未厌于人也。且将军力战于外,而庸人制之于内,此章邯所以背秦而归楚也。"温以为然,乃杀其监军严实,自归于河中,因王重荣以降。都统王铎承制,拜温左金吾卫大将军、河中行营招讨副使。天子赐温名全忠。

　　中和三年三月,拜全忠汴州刺史、宣武军节度使。四月,诸镇兵破巢,复京师。巢走蓝田。七月丁卯,全忠归于宣武。是岁,黄巢出蓝田关,陷蔡州,节度使秦宗权叛,附于巢,遂围陈州。徐州时溥凡称某州某人者,皆其节度使。为东南面行营兵马都统,会东诸镇兵以救陈。陈州刺史赵犨亦乞兵于全忠。溥虽为都统而不亲兵。

四年,全忠乃自将救犨,率诸镇兵击败巢将黄邺、尚让等。犨以全忠为德,始附属焉。是时,河东李克用下兵太行,度河出洛阳,与东兵会击巢,巢已败去。全忠及克用追败之于郾城,巢走中牟,又败之于王满。巢走封丘,又大败之。巢挺身东走至泰山狼虎谷,为时溥追兵所杀。九月,天子以全忠为检校司徒、同中书门下平章事,封沛郡侯。

光启二年三月,进爵王。义成军乱,逐其节度使安师儒,推牙将张骁为留后。师儒来奔,杀之。遣朱珍、李唐宾陷滑州,以胡真为留后。十二月,徙封吴兴郡王。自黄巢死,秦宗权称帝。陷陕、洛、怀、孟、唐、许、汝、郑州。遣其将秦贤、卢瑭、张晊攻汴。贤军板桥、晊军北郊、瑭军万胜,环汴为三十六栅。王顾兵少,不敢出。始而称名,既而称爵,既而称帝,渐也。爵至王而后称,著其逼者。乃遣朱珍募兵于东方,而求救于兖、郓。

三年春,珍得万人,马数百匹以归。乃击贤板桥,拔其四栅。又击瑭万胜,瑭败投水死。宗权闻瑭等败,乃自将精兵数千,栅北郊。五月,兖州朱瑾、郓州朱宣来赴援,流俗本“宣”从王者,非。王置酒军中。中席,王阳起如厕,以轻兵出北门,袭晊,而乐声不辍。晊不意兵之至也。兖、郓之兵又从而合击,遂大败之。斩首二万余级。宗权与晊夜走,过郑屠其城而去。宗权至蔡,复遣张晊攻汴。王闻晊复来,登封禅寺后冈,望晊兵过,遣朱珍蹑之。戒曰:“晊见吾兵必止。望其止,当速返,毋与之斗也。”已而,晊见珍在后,果止。珍即驰还。王令珍引兵蔽大林,而自率精骑出其东,伏大冢间。晊止而食,食毕,拔旗帜,驰击珍。珍兵小却,王引伏兵横出,断晊军为三,而击之。晊大败,脱身走。宗权怒,斩晊。而河阳、陕、洛之兵为宗权守者,闻蔡精兵皆已歼于汴,因各溃去。故诸葛爽将李罕之取河阳、张全义取洛阳以来附。十月,天子使来,赐王纪功碑。朱宣、朱瑾兵助汴,已,破宗权东归。王移檄兖、郓,诬其诱汴亡卒以东,乃发兵攻之,取其曹州、濮州。遂遣朱珍攻郓州,大败而还。十二月,天子使来,赐王铁券及德政碑。淮南节度使高骈死,杨行密入扬州。天子以王兼淮南节度使,王乃表行密为副使,以行军司马李璠为留后。璠之扬州,行密不纳。

文德元年正月,王如淮南,至宋州而还。是时,秦宗权陷襄州,以赵德諲为节度使。德諲叛于宗权以来附,天子因以王为蔡州四面行营都统、以德諲为副。三月庚子,僖宗崩。天雄军乱,囚其节度使乐彦真。其子相州刺史从训攻魏,来乞兵。遣朱珍助从训攻魏。而魏军杀彦真,从训战死。魏人立罗弘信。珍乃还。张全义取河阳,逐李罕之,罕之奔于河东。李克用遣兵围河阳,全义来求救,遣丁会、牛存节救之,击败河东兵于沇河。五月,行营讨蔡州,围之百余日不克。是时,时溥已为东南面都统。又以王统行营,而溥犹称都统。王乃上书论溥讨蔡无功而不落都统,且欲激怒溥以起兵端。初,高骈死,淮南乱。楚州刺史刘瓒来奔,纳之。及王兵攻蔡不克,还欲攻徐,乃遣朱珍将兵数千以东,声言送瓒还楚州。溥怒论己,又闻珍以兵来,果出兵拒之,珍战于吴康,大败之,取其丰、萧二县,遂攻宿州,下之。珍屯萧县,别遣庞师古攻徐州。

龙纪元年正月,师古败溥于吕梁。淮西牙将申丛执秦宗权,折其足,将槛送京师。别将郭璠杀丛,篡宗权以来献,王遣行军司马李璠献俘于京师。表郭璠淮西留后。三月,天子封王为东平王。七月,朱珍杀李唐宾,王如萧县,执珍,杀之。遂攻徐州。冬,大雨、水,不能军,而旋。初,秦宗权遣其弟宗衡掠地淮南,是岁,宗衡为其将孙儒所杀。儒攻杨行密于扬州,淮南大乱。行密走宣州,儒入扬州。

大顺元年春,遣庞师古攻孙儒于淮南,大败而还。四月,宿州将张筠以宿州复归于时溥。王自将攻之,不克。初,黄巢败走,李克用追之。至于冤朐不及,而旋。过汴,驻军于北郊。王邀克用置酒上源驿,夜以兵攻之。克用逾城而免,讼其事于京师,天子知曲在汴,而和解之。至是,宰相张浚私与汴交,王厚之以赂,浚为汴请伐河东。唐诸大臣皆以为不可兴师。浚挟汴力请益坚,天子不得已,许之。五月，以浚为太原四面行营都统、王为东南面招讨使。然王不亲兵，以兵二千属浚而已。浚屯于阴地。河东叛将冯霸杀潞州守将李克恭来降，遣葛从周入潞州。李克用遣康君立攻之，从周走河阳。九月，王如河阳。十月，天子以王兼宣义军节度使。遂如滑州，假道于魏，以攻河东，且责其军须，亦所以怒魏为兵端也。魏人果以谓非兵所当出，而辞以粮乏，皆不许。于是攻魏。十一月，张浚之师大败于阴地。

二年正月，王及魏人战于内黄，大败之，屠故元城。罗弘信来送款。十月，克宿州。十一月，曹州将郭绍宾杀其刺史郭饶来降。十二月，丁会败朱瑾于金乡。

景福元年二月，攻郓州，前军朱友裕败于斗门，王军后至，又败而还。冬，友裕取濮州，遂攻徐州。

二年四月，庞师古克徐州，杀时溥。王如徐州，以师古为留后。遂攻兖、郓。

乾宁元年二月，王及朱宣战于渔山，大败之。

二年八月，又败宣于梁山。十一月又败之于钜野。兖、郓求救于河东，李克用发兵救之，假道于魏。既而魏人击之。克用怒，大举攻魏。罗弘信来求救，遣葛从周救魏。是岁，李克用封晋王。

三年五月，战于洹水，擒克用子落落，送于魏，杀之。七月，凤翔李茂贞犯京师，天子出居于华州。王请以兵赴难，天子优诏止之。又请迁都洛阳，不许。

四年正月，庞师古克郓州，王如郓州，以朱友裕为留后。遂攻兖州。朱瑾奔于淮南。以葛从周为兖州留后。九月，攻淮南。庞师古出清口、葛从周出安丰、王军屯于宿州。杨行密遣朱瑾先击清口，师古败死。从周亟返兵，至于淠河。瑾又败之。王惧，驰归。

光化元年三月，天子以王兼天平军节度使。四月，遣葛从周攻晋之山东，取邢、洺、磁三州。襄州赵匡凝自其父德諲时来附，匡凝又与杨行密、李克用通，而其事泄。七月，遣氏叔琮、康怀英攻匡凝，取其泌、随、邓三州。曾三异校定曰：三异案，《唐书》《地理志》：唐州天祐三年,朱全忠徙治泌阳。表更名泌州。则是天祐二年,唐州旧名犹在。至三年始更为泌。光化之初,未当有泌州之名,今书为泌,则误也。匡凝请和乃止。十二月,李罕之以潞州来降。

二年,幽州刘仁恭攻魏,罗绍威来求救,王救魏。败仁恭于内黄。四月,遣氏叔琮攻晋太原,不克。七月,李克用取泽潞。十一月,保义军乱,杀其节度使王珙,推其牙将李璠为留后,其将朱简杀璠来降。以简为保义军节度使。

三年四月,遣葛从周攻刘仁恭之沧州,取其德州。及仁恭战于老鸦堤,大败之。八月,晋取洺州。王如洺州,复取之。是时,镇定皆附于晋,遂攻镇州、破临城。王镕来送款。进攻定州,王郜奔于晋。其将王处直以定州降。唐宦者刘季述作乱,天子幽于东宫。

天复元年正月,护驾都头孙德诛季述,天子复位。封王为梁王。遣张存敬攻王珂于河中,出含山,下晋、绛二州。王珂求救于晋,晋不能救,乃来降。三月,大举攻晋。氏叔琮出太行,取泽、潞。葛从周、张存敬、侯言、张归厚及镇、定之兵,皆会于太原。围之不克,遇雨而还。五月,天子以王兼河中尹、护国军节度使。六月,晋取慈、隰。自刘季述等已诛,宰相崔胤外与梁交,欲假梁兵尽诛宦者。而凤翔李茂贞、邠宁王行瑜等皆遣子弟,以精兵宿卫天子。宦官韩全诲等亦因特以为助。天子与胤计事,宦者属耳颇闻之。乃选美女,内之宫中,阴令伺察其实。久之,果得胤奏谋所以诛宦者之说,全诲等大惧,日夜相与涕泣,思图胤以求全。胤知谋泄,事急,即矫为制,召梁兵入诛宦者。十月,王以宣武、宣义、天平、护国兵七万至于河中,取同州,遂攻华州。韩建出降。全诲等闻梁王兵且至,即以岐、邠宿卫兵劫天子奔于凤翔。王乃上书言胤所以召之之意。天子怒,罢胤相,责授工部尚书诏梁兵还镇。王引兵去,攻邠州,屯于三原。邠州节度使杨崇本以邠、宁、庆、衍四州降。崔胤奔于华州。

二年春,王退军于河中。晋攻晋、绛。遣朱友宁击败晋军于蒲县,取汾、慈、隰,遂围太原,不克而还。汾、慈、隰复入于晋。四月,友宁引兵,西至兴平。及李茂贞战于武功,大败之。王兵犯凤翔,茂

贞数出战,辄败,遂围之。十一月,鄜坊李周彝以兵救凤翔,王遣孔
勍袭鄜州,虏周彝之族徙于河中,周彝乃降。是时,岐兵屡败,而围
久,城中食尽。自天子至后宫,皆冻馁。

　　三年正月,茂贞杀韩全诲等二十人,囊其首,示梁军。约出天子
以为解。甲天子出幸梁军,遣使者驰召崔胤,胤托疾不至。王使人
戏胤曰:"吾未识天子,惧其非是,子来为我辨之。"天子还至兴平,
胤率百官奉迎。王自为天子执辔,且泣且行,行十余里,止之。人见
者,咸以为忠。己巳,天子至,自凤翔素服哭于太庙,而后入杀宦者
七百余人。二月甲戌,天子赐王回天再造竭忠守正功臣,以辉王祚
为诸道兵马元帅,王为副元帅。王乃留子友伦为护驾指挥使,曾三
异校定曰:三异案,《家人传》:友伦乃王兄存之子,其后中书上议,亦皆谓之皇
侄。以为天子卫,引兵东归。天子饯于延喜楼,赐杨柳枝五曲。初,
梁兵已西,青州王师范遣其将刘郭袭据梁兖州。王已还梁。四月,
如郓州,遣朱友宁攻青州。师范败之于石楼,友宁死。九月,杨师厚
败青人于临朐,取其棣州。师范以青州降,而郭亦降。友伦击鞠,堕
马死。王怒,以为崔胤杀之,遣朱友谦杀胤于京师。曾三异校定曰:三
异案,《家人传》:杀崔胤者,朱友谋,非友谦。其与友伦击鞠者,皆杀之。自
天子奔华州,王请迁都洛阳,虽不许,而王命河南张全义修洛阳宫
以待。

　　天祐元年正月,王如河中遣牙将寇彦卿如京师,请迁都洛阳,
并徙长安居人以东。天子行至陕州,王朝于行在,先如东都。是时,
六军诸卫兵已散亡,其从以东者,小黄门十数人,打球供奉、内园小
儿等二百余人。行至谷水,王教医官许昭远告其谋乱,悉杀而代之,
然后以闻。由是,天子左右皆梁人矣。四月甲辰,天子至自西都。是
时,晋王李克用、岐王李茂贞、楚王赵匡凝、蜀王王建、吴王杨行密
曾三异校定曰:三异案,克用本纪及茂贞传,建、行密世家,皆书其在唐所授,
独匡凝不书其在唐,此乃阙文。闻梁迁天子洛阳,皆欲举兵讨梁,王大
惧。六月,杨崇本复附于岐,王乃以兵如河中,声言攻崇本,遣朱友
恭、氏叔琮、蒋玄晖等行弑,昭宗崩。十月,王朝于京师,杀朱友恭、

氏叔琮。十一月,攻淮南,取其光州。攻寿州,不克而旋。

二年二月,遣蒋玄晖杀德王裕等九王于九曲池。六月,杀司空裴贽等百余人。七月,天子使来,赐王迎銮纪功碑。王欲代唐,使人谕诸镇。襄州赵匡凝以为不可,遣杨师厚攻之。取其唐、邓、复、郢、随、均、房七州。王如襄州,军于汉北。九月,师厚破襄州,匡凝奔于淮南。师厚取荆南,荆南留后赵明奔于蜀。遂出光州,以攻寿州,不克。天子卜祀天于南郊,王怒,以为蒋玄晖等欲祈天以延唐。天子惧,改卜郊。十一月辛巳,天子封王为魏王、相国、总百揆。以宣武、宣义、天平、护国、天雄、武顺、佑国、河阳、义武、昭义、武宁、保义、忠武、昭、武定;泰宁、平卢、匡国、镇国、荆南、忠武二十一军为魏国,备九锡。王怒不受。十二月,天子以王为天下兵马元帅,王益怒,遣人告枢密使蒋玄晖与何太后私通,杀玄晖而焚之。遂弑太后于积善宫。又杀宰相柳粲,太常卿张延范车裂以徇。天子诏以太后故停郊。

三年春,魏州罗绍威谋杀其牙军,来假兵以虞变。王为发兵,北攻刘仁恭之沧州。兵过魏而绍威已杀牙军,其兵之在外者皆叛,据贝、卫、澶、博州,王以兵悉杀之。遂攻沧州,军于长芦。刘仁恭求救于晋,晋人取潞州,王乃旋军。

新五代史卷二
梁本纪第二

太祖下

　　开平元年,春正月壬寅,天子使御史大夫薛贻矩来劳军,宰相张文蔚率百官来劝进。夏四月壬戌,更名晃。甲子,皇帝即位。自即位以后,大事则书,变古则书,非常则书,意有所示则书,后有所因则书。非此五者则否。戊辰,大赦。赦文皆曰大赦天下。此书大,见其志之欲远及也,不曰天下,实有所不及也。改元,国号梁。封唐主为济阴王。谓天子为唐主,录其本语如此。升汴州为开封府,建为东都,以唐东都为西都。废京兆府为雍州。州县废置,见《职方考》。惟京都则书。赐东都酺一日。契丹阿保机使袍笏梅老来。夷狄来,不言朝,不责其礼。不言贡,不贵其物。故书曰“来”。五代乱世,著其屡来,以见夷狄之来不来,不因治乱。而乱世屡来,不足贵也。五月丁丑朔,以唐相张文蔚、杨涉为门下侍郎;御史大夫薛贻矩为中书侍郎同中书门下平章事。戊寅,渤海、契丹遣使者来。夷狄君臣姓名、官爵或书或否,不必备。或因其旧史之详略,但书其来,以示意尔。乙酉,兄全昱为广王,子友文博王,友文非子而书子,语在《家人传》。友珪郢王、友璋福王、友贞均王、友徽建王、侄友谅衡王、友能惠王、友诲邵王。甲午,改枢密院为崇政院,太府卿敬翔为使。是月,潞州行营都指挥使李思安及晋人战,败绩。我败曰败绩。彼败曰败之。文理宜然。已见行营,故战不言地。六月甲寅,平卢军节度使韩建守司徒同中书门下平章事。秋七月己亥,追尊祖考为皇帝,妣为皇后:皇高祖黯谥曰宣元,庙号肃祖。祖妣范氏谥曰宣僖。曾祖茂琳谥曰光献,庙号敬祖。祖妣杨氏谥曰光孝。祖信谥曰昭武,庙号宪祖。祖妣刘氏谥曰昭懿。考诚谥曰文穆,庙号烈祖。妣王氏谥曰文惠。八月丁卯,同州蚜蚄虫生。隰州黄河清。于此书,见不为瑞也。九月,括马。冬十月己未,讲武于繁台。十一月壬寅,赦亡命、背军、髡黥刑徒。于好杀之世,小赦必书,见其亦有爱人之意也。

二年春正月丁酉,渤海遣使者来。己亥,卜郊于西都。弑济阴王。弑,臣子之大恶也。书济阴王,从其实。书弑,正梁罪名。二月辛未,契丹阿保机遣使者来。三月壬申朔,如西都。幸,已至也。如,往而未至之辞。书如,则在道。有事,可以书。丙子,如怀州。五代乱世,兵无虚日,不可悉书。故用兵无胜败、攻城无得失,皆不书。其命大将与天子有所如,自著大事尔。此如怀、泽者,以兵方攻潞州也。丁丑,如泽州。戊寅,封鸿胪卿李崧、介国公为二王后。梁尝更戊曰武,而旧史悉复为戊。壬午,匡国军节度使刘知俊为潞州行营招讨使。癸巳,改卜郊。张文蔚薨。夏四月癸卯,杨涉罢。吏部侍郎于兢为中书侍郎、翰林学士承旨礼部侍郎张策为刑部侍郎同中书门下平章事。壬子,至泽州。五月己丑,潞州行营都虞候、康怀英及晋人战于夹城,败绩。筑城围潞,战于城中,故书地。戊戌,立唐三庙。契丹遣使者来。六月壬寅,忠武军节度使刘知俊为西路行营招讨使,以伐岐。用兵之名有四:两相攻曰攻、以大加小曰伐、加有罪曰讨、天子自往曰征。随事为文,不得一异,非有褒贬也。己酉,杀右金吾卫上将军王师范,灭其族。当杀曰伏诛,不当杀者以两相杀为文。丙辰,刘知俊及岐人战于漠谷,败之。秋九月丁丑。如陕州。以晋人攻晋,绛故也。博王友文留守东都。冬十月丁未,至自陕州。十一月癸巳,张策罢。左仆射杨涉同中书门下平章事。十二月己亥,以介国公为三恪,酅国公、莱国公为二王后。

三年春正月甲戌,如西都。复然灯以祈福。然灯,风俗相传。自天子至于庶人,举天下同其奢乐,而风俗散之大者。故录其诏意,则其失可知。庚寅,享于太庙。辛卯,有事于南郊,祀天于南郊,书曰有事,录当时语。大赦。丙申,群臣上尊号,曰:“睿文圣武广孝皇帝。”二月壬戌,讲武于西杏园。甲子,延州高万兴叛于岐,来降。唐末之乱,强弱相并,或去

彼来此，不可为常。难于遽责。至此乃书曰叛。始正其定分也。三月辛未，
渤海国王大諲譔遣使者来。甲戌，如河中。以高万兴降，刘知俊兵攻鄜
延故也。山南东道节度使杨师厚为潞州四面行营招讨使。刘知俊取
丹州。夏四月丙午，知俊克延、鄜、坊三州。易得曰取，难得曰克，文理宜
然尔。五月己卯，至自河中，杀佑国军节度使王重师。六月庚戌，刘
知俊执佑国军节度使刘捍，叛附于岐。以身归曰降，以地归曰附，亦文
理宜然尔。知俊为忠武军节度使，以同州附岐，今直书知俊叛，而不言地，盖忠
武已见上文。辛亥，如陕州。以刘知俊叛故也。乙卯，冀王宋友谦为同
州东面行营招讨使。刘知俊奔于岐。丹州军乱，逐其刺史宋知诲。
秋七月，商州军乱，逐其刺史李稠，稠奔于岐。乙丑，克丹州，执其首
恶王行思。初不知首恶之人，故直曰军乱。既克而推得之也。克丹州，无主
将姓名，行思无官爵，又不见伏诛日，皆旧史失亡。乙亥，至自陕州。甲申，
襄州军乱，杀其留后王班。智不足以卫身，才不足以治众，而见杀。不书死
之，而以被杀为文，见死得其死者，士之大莭，不妄以予人。房州刺史杨虔
叛附于蜀。八月辛亥，降死罪囚。辛酉，均州刺史张敬方克房州，执
杨虔。闰月癸酉，契丹遣使者来。己卯，阅稼于西苑。九月壬寅，行
营招讨使左卫上将军陈晖克襄州，执其首恶李洪。命晖讨乱，旧史失
不书，至此始见。既克而推得其首恶。故初亦且书军乱。丁未，保义军节度
使王檀为潞州东面行营招讨使。辛亥，韩建、杨涉罢。太常卿赵光
逢为中书侍郎、翰林学士承旨，工部侍郎杜晓为户部侍郎同中书门
下平章事。辛酉，李洪、杨虔伏诛。冬十一月甲午，日南至，告谢于
南郊。南至不必书，因其以日告谢而书。告谢主用至日，故书之。不曰有事
于南郊，亦从其本语，盖比南郊礼差简。己酉，搜访贤良。镇国军节度使
康怀英伐岐。十二月，怀英克宁、庆、衍三州。及刘知俊战于升平，
败绩。

　　四年春正月壬辰朔，始用乐。自唐末之乱，礼乐亡，至此始用乐，故
书。丁未，讲武于榆林。二月己丑，阅稼于谷水。秋八月丙寅，如陕
州。以岐人、晋人攻夏州故也。河南尹张宗奭留守西都。辛未，护国军
节度使杨师厚为西路行营招讨使，以伐岐。九月己丑，至自陕州。辛

亥,搜访贤良。冬十一月己丑,宁国军节度使王景仁为北面行营招讨使以伐赵,赵王王镕、北平王王处直叛,附于晋。晋人救赵。十二月癸酉,颁律令格式。

乾化元年春正月丁亥,王景仁及晋人战于柏乡,败绩。庚寅,赦流罪以下囚,求危言正谏。癸巳,天雄军节度使杨师厚为北面行营招讨使。夏四月壬申,契丹阿保机遣使者来。五月甲申朔,大赦,改元。癸巳,幸张宗奭第。秋八月戊辰,阅稼于榆林。渤海遣使者来。戊寅,大阅于兴安鞠场。九月辛巳朔,御文明殿,入阁。御殿而云入阁,录其本语书之,以见礼失。事在《李琪列传》。此礼其后屡行,皆不书。一书以见其失,足矣。庚子,如魏州。以晋人攻魏故也。张宗奭留守西都。冬十月丙子,大阅于魏东郊。十一月,高万兴取盐州。壬辰,至自魏州。乙未,回鹘、吐蕃遣使者来。

二年春二月丁巳,光禄卿卢玭使于蜀。甲子,如魏州。亦以晋人及镇、定攻相、魏也。张宗奭留守西都,次白马。杀左散骑常侍孙骘、右谏议大夫张衍、兵部郎中张儁。戊寅,如贝州。三月丙戌,屠棘强。书屠,著其酷之甚者。丁未,复如魏州。夏四月己巳,至自魏州。下书如西都,则此至东都可知。戊寅,如西都。五月丁亥,德音降死罪已下囚、"德音",赦之小者,从其本名,以著其实。罢役徒、禁屠及捕生。渤海遣使者来。是月,薛贻矩薨。六月,疾革。郢王友珪反。叛者,背此而附彼,犹臣于人也。反,自下谋上,恶逆之大者也。日月之书不书,虽无义例,而事亦有不得而日。反,非一朝一夕,不能得其日,故反者皆不日。戊寅,皇帝崩。年六十一。不书崩处,以异于得其终者。乾化二年十一月,友珪葬之河南尹阙县,号宣陵。以不得其死,故不书葬。

呜呼!天下之恶梁久矣。自后唐以来,皆以为伪也。至予论次五代,独不伪梁,而议者或讥予大失《春秋》之旨,以谓:"梁负大恶,当加诛绝,而反进之,是奖篡也,非《春秋》之志也。"予应之曰:"是《春秋》之志尔。鲁桓公弑隐公而自立者、宣公弑子赤而自立者、郑厉公逐世子忽而自立者、卫公孙剽逐其君衎而自立者,圣人于《春秋》皆不绝其为君。此予所以不伪梁者,用《春秋》之法也。""然则

《春秋》亦奖篡乎?”曰:“惟不绝四者之为君,于此见《春秋》之意也。圣人之于《春秋》用意深,故能劝戒切;为言信,然后善恶明。夫欲著其罪于后世,在乎不没其实。其实尝为君矣,书其为君;其实篡也,书其篡。各传其实,而使后世信之,则四君之罪不可得而掩尔。使为君者不得掩其恶,然后人知恶名不可逃,则为恶者庶乎其息矣。是谓用意深而劝戒切,为言信而善恶明也。桀、纣不待贬其王,而万世所共恶者也。《春秋》于大恶之君不诛绝之者,不害其褒善贬恶之旨也。惟不没其实,以著其罪,而信乎后世。与其为君而不得掩其恶,以息人之为恶。能知《春秋》之此意,然后知予不伪梁之旨也。”

新五代史卷三
梁本纪第三

末　帝

末帝,太祖第三子友贞也。"末"非谥号,从其本语。为人美容貌,沈厚寡言,雅好儒士。太祖即位,封均王,为左天兴军使、东京马步军都指挥使。

乾化二年六月,太祖遇弑,友珪自立。杀博王友文,以弑帝之罪归之。以王为东京留守、开封尹。敬翔为中书侍郎同中书门下平章事。户部尚书李振为崇政院使。

明年,友珪改元曰"凤历"。二月,驸马都尉赵岩至东都,王私与之谋,遣马慎交之魏州,见杨师厚计事。师厚遣小校王舜贤至洛阳,告左龙虎统军袁象先,使讨贼。是时,怀州龙骧屯兵叛,方捕索之,王乃伪为友珪诏书,发左右龙骧在东都者,皆还洛阳,因激怒之,曰:"天子以怀州屯兵叛,追汝等欲尽坑之。"诸将皆泣,莫知所为。王曰:"先皇帝经营王业三十余年,今日尚为友珪所杀,汝等安所逃死乎?"因出太祖画像,示诸将而泣曰:"汝能趋洛阳擒逆贼,则转祸为福矣。"军士皆呼万岁,请王为主,王乃遣人趣象先等。庚寅,象先等以禁兵讨贼,友珪死,杜晓见杀。象先遣赵岩持传国宝至东都,请王入洛阳。王报曰:"夷门,太祖所以兴王业也。北拒并汾,东至淮海,国家藩镇,多在东方。命将出师,利于便近。"是月,皇帝即位于东都。即位,大事。失其日而书"是月",见乱之甚。"于东都",终上文也。复称乾化三年。复博王友文官爵。三月丁未,更名锽。夏五月,杨师厚取沧州。秋九月甲辰，御史大夫姚洎为中书侍郎同中书门下平章事。冬十二月，晋人取幽州。

四年夏四月丁丑，贬于兢为莱州司马。武宁军节度使蒋殷反，天平军节度使牛存节讨之。

贞明元年春正月，存节克徐州。蒋殷自燔死，故不书伏诛。三月丁卯，赵光逢罢。平卢军节度使贺德伦为天雄军节度使。命官不书，非常而有故则书，此书为天雄军乱张本。分其相、澶、卫州为昭德军。宣徽使张筠为节度使。己丑，天雄军乱，贺德伦叛附于晋。军乱，书首恶。不书而书德伦叛，责贵者深也。德伦不可加以首恶，而可责其不死以叛。张彦实首恶，而略不书，彦，微者。德伦可以诛而不诛，故以德伦独任其责。邠州李保衡叛于歧来附。夏六月庚寅朔，晋王李存勖入于魏州，遂取德州。冬十月辛亥，康王友孜反，伏诛。反者不日，诛反者有日，故书。十一月乙丑，改元。耀州温昭图叛于歧来附。是岁，更名瑱。旧史失其日月。

二年春二月丙申，杨涉罢。三月，镇南军节度使刘䙍及晋人战于故元城，败绩，奔于滑州。晋人取卫州、惠州。捉生都将李霸反，伏诛。夏六月，捉生都将张温叛，降于晋。秋七月，晋人取相州，张筠奔于京师。安国军节度使阎宝叛，附于晋。八月丁酉，太子太保致仕。赵光逢为司空，兼门下侍郎同中书门下平章事。九月，晋人取沧州。横海军节度使戴思远奔于京师。晋人克贝州，守将张源德死之。书死，得其死也。冬十月丁酉，中书侍郎郑珏同中书门下平章事。

三年夏四月辛卯，右千牛卫大将军刘璩使于契丹。冬十二月，宣义军节度使贺瑰为北面行营招讨使。己巳，如西都，卜郊。晋人取杨刘。

四年正月，不克郊。己卯，至自西都。夏四月己酉，尚书吏部侍郎萧顷为中书侍郎同中书门下平章事。己巳，赵光逢罢。冬十二月庚子朔，贺瑰杀其将谢彦章、孟审澄、侯温裕。癸亥，瑰及晋人战于胡柳，败绩。是岁，泰宁军节度使张守进叛于晋。亳州团练使刘䙍为兖州安抚制置使，以讨之。旧史不书亡其月日，故书于岁末。为明年克兖州张本。

五年春正月,晋军于德胜。用兵无胜败,不书。此梁、晋得失所系,故书也。秋八月乙未朔,开封尹王瓒为北面行营招讨使。冬十月,刘鄩克兖州。张守进伏诛。十二月,晋人取濮阳。天平军节度使霍彦威为北面行营招讨使。

六年夏四月己亥,降死罪以下囚。乙巳,尚书左丞李琪为中书侍郎同中书门下平章事。河中节度使朱友谦袭同州,杀其节度使程全晖,叛附于晋。泰宁军节度使刘鄩讨之。秋七月,陈州妖贼毋乙自称天子。九月庚寅,供奉官郎公远为契丹欢好使。冬十月,毋乙伏诛。

龙德元年春,赵将张文礼杀其君镕,来乞师,不许。文礼初为镕养子,号王德明。此书张文礼者,从旧史。三月丁亥朔,禁私度僧尼。陈州刺史惠王友能反。夏五月丙戌朔,德音改元,降流罪已下囚。秋,赦友能。降封房陵侯。天平军节度使戴思远为北面行营招讨使。冬十月,思远及晋人战于戚城,败绩。

二年春正月,思远袭魏州,取成安。秋八月,滑州兵马留后段凝攻卫州,执其刺史李存儒。戴思远克淇门、共城、新乡。

三年春三月,潞州李继韬叛于晋,来附。夏闰四月,唐人取郓州。晋未即位,已自与梁为敌国。至其建号,于梁无所利害,故不书。唐建号而书唐人者,因事而见尔。五月庚申,宣义军节度使王彦章为北面行营招讨使,取德胜南城。秋八月,段凝为北面行营招讨使。先锋将康延孝叛,降于唐。冬十月甲戌,宣义军节度使王彦章及唐人战于中都,败绩,死之。凡官皆不重书。此书者,嫌彦章已罢招讨使而与唐战。盖罢使而别将兵以战也。唐人取曹州。盗窃传国宝奔于唐。戊寅,皇帝崩。年三十六。梁亡。书曰梁亡,见唐庄宗之立速也。四月,庄宗立称唐,十月,梁始亡。见唐不待灭梁而立。

新五代史卷四
唐本纪第四

庄宗上

庄宗光圣神闵孝皇帝，其先本号朱邪，盖出于西突厥。至其后世，别自号曰沙陀，而以朱邪为姓。唐德宗时，有朱邪尽忠者，居于北庭之金满州。

贞元中，吐蕃赞普攻陷北庭，徙尽忠于甘州，而役属之。其后，赞普为回鹘所败，尽忠与其子执宜东走，赞普怒，追之。及于石门关，尽忠战死，执宜独走，归唐。居之盐州，以隶河西节度使范希朝。希朝徙镇太原，执宜从之，居之定襄神武川之新城。其部落万骑，皆骁勇，善骑射，号"沙陀军"。执宜死，其子曰赤心。

懿宗咸通十年，神策大将军康承训统十八将讨庞勋于徐州，以朱邪赤心为太原行营招讨、沙陀三部落军使。以从破勋功，拜单于大都护、振武军节度使，赐姓名曰李国昌，以之属籍。沙陀素强，而国昌恃功益横恣，懿宗患之。

十三年，徙国昌云州刺史、大同军防御使。国昌称疾拒命。国昌子克用尤善骑射，能仰中双凫，为云州守捉使。国昌已拒命，克用乃杀大同军防御使段文楚，据云州，自称留后。唐以太仆卿卢简方为振武节度使，会幽、并兵讨之。简方行至岚州，军溃。由是沙陀侵掠代北，为边患矣。

明年，僖宗即位，以谓前太原节度使李业遇沙陀有恩，而业已死，乃以其子钧为灵武节度使，宣慰沙陀六州三部落使，六州三部

落，皆不见其名处，据《唐书》除使有此语尔。以招缉之，拜克用大同军防
御使。居久之，国昌出击党项，吐浑赫连铎袭破振武。克用闻之，自
云州往迎国昌，而云州人亦闭关拒之。国昌父子无所归，因掠蔚、朔
间，得兵三千。国昌入保蔚州，克用还据新城。僖宗乃拜铎大同军
使，以李钧为代北招讨使，以讨沙陀。

乾符五年，沙陀破遮虏军，又破岢岚军，而唐兵数败。沙陀由此
益炽，北据蔚、朔，南侵忻、代、岚、石，至于太谷焉。

广明元年，招讨使李琢会幽州李可举、云州赫连铎，击沙陀。克
用与可举相拒雄武军。其叔父友金以蔚、朔州降于琢，克用闻之，遽
还。可举追至药儿岭，大败之，琢军夹击，又败之于蔚州，沙陀大溃，
克用父子亡入达靼。克用少骁勇，军中号曰"李鸦儿"。其一目眇，
及其贵也，又号"独眼龙"。其威名盖于代北。其在达靼久之，郁郁
不得志，又常惧其图己，因时时从其群豪射猎，或挂针于木，或立马
鞭百步射之，辄中，群豪皆服以为神。

黄巢已陷京师，中和元年，代北起军使陈景思发沙陀先所降
者，与吐浑、安庆等万人赴京师。行至绛州，沙陀军乱，大掠而还。景
思念沙陀非克用不可将，乃以诏书招克用于达靼。承制以为代州刺
史、雁门以北行营节度使。率蕃、汉万人出石岭关，过太原，求发军
钱。节度使郑从谠与之钱千缗，米千石，克用怒，纵兵大掠而还。

二年十一月，景思、克用复以步骑万七千赴京师。

三年正月，出于河中，进屯乾坑。巢党惊曰："鸦儿军至矣。"二
月，败巢将黄邺于石隄谷。三月，又败赵璋、尚让于良田坡，横尸三
十里。是时，诸镇兵皆会长安，大战渭桥，贼败走入城。克用乘胜追
之，自光泰门先入，战望春宫升阳殿，巢败，南走出蓝田关，京师平。
克用功第一，天子拜克用检校司空同中书门下平章事、河东节度
使。以国昌为雁门以北行营节度使。十月，国昌卒。十一月，遣其
弟克脩攻昭义孟方立，取其泽、潞二州。方立走山东，以邢、洺、磁三
州自别为昭义军。昭义军，在唐时跨山东、西，管五州。至是，泽、潞入于晋，
邢、洺、磁，孟氏据之。故当时有两昭义。黄巢南走至蔡州，降秦宗权，遂

攻陈州。

四年，克用以兵五万救陈州，出天井关，假道河阳，诸葛爽不许，乃自河中渡河。四月，败尚让于太康，又败黄邺于西华。巢且走且战，至中牟，临河未渡，而克用追及之，贼众惊溃。比至封丘，又败之。巢脱身走，克用追之。一日夜驰二百里，至于冤朐，不及而还。过汴州，休军封禅寺，朱全忠飨克用于上源驿。夜，酒罢，克用醉卧，伏兵发，火起，侍者郭景铢灭烛，匿克用床下，以水醒面而告以难。会天大雨，灭火。克用得从者薛铁山、贺回鹘等随电光缒尉氏门出，还军中。七月，至于太原，讼其事于京师，请加兵于汴。遣弟克脩将兵万人屯于河中以待。僖宗和解之，用破巢功，封克用陇西郡王。

光启元年，河中王重荣与宦者田令孜有隙，徙重荣兖州，以定州王处存为河中节度使。诏克用以兵护处存之镇。克用不僭号，故不称王。重荣使人绐克用曰：“天子诏重荣，俟克用至，与处存共诛之。”因伪为诏书，示克用，曰：“此朱全忠之谋也。”克用信之，八上表请讨全忠，僖宗不许，克用大怒。重荣既不肯徙，僖宗遣邠州朱玫、凤翔李昌符讨之。克用反以兵助重荣，败玫于沙苑，遂犯京师，纵火大掠。天子出居于兴元。克用退屯河中。朱玫亦反以兵追天子，不及。得襄王煴，迫之称帝，屯于凤翔。僖宗念独克用可以破玫，而不能使也，当破黄巢长安时，天下兵马都监杨复恭与克用善，乃遣谏议大夫刘崇望以诏书召克用，且道复恭意，使进兵讨玫等。克用阳诺而不行。

明年，孟方立死，弟迁立。

大顺元年，克用击破孟迁，取邢、洺、磁三州，乃遣安金俊攻赫连铎于云州。幽州李匡威救铎，战于蔚州，金俊大败。于是，匡威铎及朱全忠皆请因其败伐之。昭宗以克用破黄巢，功高不可伐，下其事台省，四品官议，议者多言不可。宰相张浚独以谓“沙陀前逼僖宗幸兴元，罪当诛，可伐。”军容使杨复恭，克用所善也，亦极谏，以为不可。昭宗然之。诏谕全忠等。全忠阴赂浚，使持其议益坚，昭宗不得已，以浚为太原四面行营兵马都统，韩建为副使。是时，潞州将冯霸叛降于梁,梁遣葛从周入潞州,唐以京兆尹孙揆为昭义军节度使。克用遣李存孝执揆于长子,又遣康君立取潞州。十一月,浚及克用战于阴地,浚军三战三败,浚、建遁归。克用兵大掠晋、绛,至于河中赤地千里。克用上表自诉,其辞慢侮,天子为之引咎,优诏答之。

二年二月,复拜克用河东节度使、陇西郡王,加检校太师兼中书令。四月,攻赫连铎于云州,围之百余日,铎走吐浑。八月,大蒐于太原,出晋、绛、掠怀、孟,至于邢州。遂攻王镕于镇州。克用栅常山西,以十余骑渡滹沱,觇敌,遇大雨,平地水深数尺,镇人袭之,克用匿林中。祷其马曰:“吾世有太原者,马不嘶。”马偶不嘶以免。前军李存孝取临城,进攻元氏。李匡威救镕,克用还军邢州。

景福元年,王镕攻邢州。李存信、李嗣勋等败镕于尧山。二月,会王处存攻镕,战于新市,为镕所败。八月,李匡威攻云州,以牵克用之兵。克用潜入于云州,返出击匡威,匡威败走。十月,李存孝以邢州叛。

二年,存孝求援于王镕,克用出兵井陉击镕,且以书招镕,而急攻其平山。镕惧,遂与克用通和,献帛五十万匹,出兵助攻邢州。

乾宁元年三月,执存孝杀之。冬,攻幽州。李匡俦弃城走,追至景城,见杀。以刘仁恭为留后。

二年,河中王重盈卒,其诸子珂、珙争立,克用请立珂,凤翔李茂贞、邠宁王行瑜、华州韩建请立珙。昭宗初两难之,乃以宰相崔胤为河中节度使,既而许克用立珂。茂贞等怒,三镇兵犯京师,闻克用亦起兵,乃皆罢去。六月,克用攻绛州,斩刺史王瑶。瑶,珙弟,助珙以争者。七月,至于河中,同州王行约奔于京师,阳言曰:“沙陀十万至矣!”谋奉天子幸邠州,茂贞假子阎圭亦谋劫幸凤翔,京师大乱。昭宗出居于石门。克用军留月余不进,昭宗遣延王戒丕、丹王允兄事克用,且告急。八月,克用进军渭桥,以为邠宁四面行营都统。昭宗还京师。十一月,克用击破邠州,王行瑜走,至庆州,见杀。克用还军云阳。请击茂贞,昭宗慰劳。克用使与茂贞解仇以纾难,拜克用忠正平难功臣,封晋王。是时,晋军渭北遇雨,六十日。或劝克用入朝,克用未决。都押衙盖寓曰:"天子还自石门,寝未安席,若晋兵渡渭,人情岂复能安?勤王而已,何必朝哉!"克用笑曰:"盖寓犹不信我,况天下乎!"乃收军而还。

三年正月,昭宗复以张浚为相,克用曰:"此朱全忠之谋也。"乃上表曰:"若陛下朝以浚为相,则臣将暮至阙廷。"京师大恐。浚命遽止。朱全忠之攻兖、郓也,克用遣李存信假道魏州,以救朱宣等。存信屯于莘县,军士侵掠魏境,罗弘信伏兵攻之,存信败走洺州。克用自将击魏,战于洹水,亡其子落落。六月,破魏成安、洹水、临漳等十余邑。十月,又败魏人于白龙潭,进攻观音门,全忠救至,乃解。

四年,刘仁恭叛晋。克用以兵五万击仁恭,战于安塞,克用大败。

光化元年,朱全忠遣葛从周攻下邢、洺、磁三州。克用遣周德威出青山口,遇从周于张公桥,德威大败。冬,潞州守将薛志勤卒。李罕之据潞州,叛附于朱全忠。

二年,全忠遣氏叔琮攻破承天军,又破辽州,至于榆次。周德威败之于洞涡。秋,李嗣昭复取泽、潞。

三年,嗣昭败汴军于汜河,复取洺州。朱全忠自将围之,嗣昭走至青山口,遇汴伏兵,嗣昭大败。秋,嗣昭取怀州。是岁,汴人攻镇、定,镇、定皆绝晋,以附于朱全忠。

天复元年,全忠封梁王。梁王攻下晋、绛、河中,执王珂以归。晋失三与国,乃下意为书币,聘梁以求和。梁王以为晋弱可取,乃曰:"晋虽请盟,而书辞慢。"因大举击晋。四月,氏叔琮入天井,张文敬入新口,葛从周入土门,王处直入飞狐,侯言入阴地。叔琮取泽、潞,其别将白奉国破承天军。辽州守将张鄂、汾州守将李瑭皆迎梁军降。晋人大惧,会天大雨霖,梁兵多疾,皆解去。五月,晋复取汾州,诛李瑭。六月,周德威、李嗣昭取慈、隰。

二年,进攻晋、绛,大败于蒲县。梁军乘胜破汾、慈、隰三州,遂围太原。克用大惧,谋出奔云州,又欲奔匈奴,未决,梁军大疫,解去。周德威复取汾、慈、隰三州。

四年，梁迁唐都于洛阳，改元曰“天祐”。克用以谓劫天子以迁都者，梁也。天祐非唐号，不可称，乃仍称天复。

五年，会契丹阿保机于云中，约为兄弟。

六年，梁攻燕沧州，燕王刘仁恭来乞师，克用恨仁恭反覆，欲不许，其子存勖谏曰：“此吾复振之时也。今天下之势，归梁者十七八。强如赵、魏、中山，莫不听命。是自河以北，无为梁患者。其所惮者，惟我与仁恭耳。若燕、晋合势，非梁之福也。夫为天下者，不顾小怨，且彼常困我，而我急其难，可因以德而怀之。是谓一举而两得。此不可失之机也。”克用以为然。乃为燕出兵，攻破潞州，梁围乃解去。以李嗣昭为潞州留后。七年，梁兵十万攻潞州，围以夹城，遣周德威救潞州，军于乱柳。冬，克用疾。是岁，梁灭唐，克用复称天祐四年。

五年正月辛卯，克用卒，年五十三。子存勖立，葬克用于雁门。

呜呼！世久而失其传者，多矣。岂独史官之缪哉！李氏之先，盖出于西突厥，本号朱邪。至其后世，别自号曰沙陀，而以朱邪为姓，拔野古为始祖。其自序云：沙陀者，北庭之碛也。当唐太宗时，破西突厥诸部，分同罗、仆骨之人于此碛。置沙陀府。而以其始祖拔野古为都督，其传子孙数世，皆为沙陀都督。故其后世，因自号沙陀。然予考于传记，其说皆非也。夷狄无姓氏，朱邪，部族之号耳。拔野古与朱邪同时人，非其始祖，而唐太宗时未尝有沙陀府也。唐太宗破西突厥，分其诸部置十三州，以同罗为龟林都督府，仆骨为金微都督府，拔野古为幽陵都督府，未尝有沙陀府也。当是时，西突厥有铁勒、延陀、阿史那之类为最大；其别部有同罗、仆骨、拔野古等以十数。盖其小者也；又有处月、处密诸部，又其小者也。朱邪者，处月别部之号耳。太宗二十二年，已降拔野古，其明年，阿史那贺鲁叛。至高宗永徽二年，处月朱邪孤注从贺鲁战于牢山，为契苾何力所败，遂没不见。后百五六十年，宪宗时有朱邪尽忠及子执宜，见于中国，而自号沙陀，以朱邪为姓矣。盖沙陀者，大碛也，在金莎山之阳、蒲类海之东。自处月以来居此碛，号沙陀突厥，而夷狄无文字传记，朱邪又微不足录，故其后世自失其传。至尽忠孙始赐姓李氏。李氏后大，而夷狄之人，遂以沙陀为贵种云。

新五代史卷五
唐本纪第五

庄宗下

　　存勖，克用长子也。初，克用破孟方立于邢州，还军上党，置酒三垂岗，伶人奏《百年歌》，至于衰老之际，声甚悲，坐上皆凄怆。时存勖在侧，方五岁，克用慨然捋须，指而笑曰："吾行老矣，此奇儿也。后二十年其能代我战于此乎！"存勖年十一，从克用破王行瑜，遣献捷于京师，昭宗异其状貌，赐以鹡鸰卮、翡翠盘，而抚其背曰："儿有奇表，后当富贵，无忘予家。"及长，善骑射，胆勇过人，稍习《春秋》。通大义，尤喜音声歌舞俳优之戏。

　　天祐五年正月，即王位于太原。叔父克宁杀都虞候李存质，倖臣史敬镕告克宁谋叛。二月，执而戕之。且以先王之丧、叔父之难告周德威，德威自乱柳还军太原。梁夹城兵闻晋有大丧，德威军且去，因颇懈。王谓诸将曰："梁人幸我大丧，谓我少而新立，无能为也。宜乘其息，击之。"乃出兵趋上党，行至三垂岗，叹曰："此先王置酒处也！"会天大雾昼瞑，兵行雾中，攻其夹城，破之。梁军大败。凯旋告庙。九月，蜀王王建、岐王李茂贞及杨崇本攻梁大安。晋亦遣周德威攻其晋州，败梁军于神山。

　　六年，刘知俊叛梁，来乞师，王自将至阴地关，遣周德威攻晋州，败梁军于蒙坑。

　　七年冬，梁遣王景仁攻赵。赵王王镕来乞师，诸将皆疑镕诈，未可出兵，王不听，乃救赵。

八年正月，败梁军于柏乡，斩首二万级，获其将校三百人、马三千匹。进攻邢州，不下，留兵围之。去，攻魏。别遣周德威徇梁夏津、高唐，攻博州，破东武、朝城，遂击黎阳、临河、淇门，掠新乡、共城。燕王刘守光闻晋攻梁深入，乃大治兵，声言助晋，王患之，乃旋师。七月，会赵王王镕于承天军。刘守光称帝于燕。

九年正月，遣周德威会镇定以攻燕，守光求救于梁，梁军攻赵，屠枣疆，李存审击走之。八月朱友谦以河中叛于梁来降。梁遣康怀英讨友谦，友谦复臣于梁，而亦阴附于晋。

十年十月，刘守光请降，王如幽州。守光背约不降，攻破之。

十一年，杀燕王刘守光于太原，用其父仁恭于雁门。^{剖心以祭墓也。}于是，赵王王镕、北平王王处直奉册推王为尚书令，始建行台。七月，攻梁邢州，战于张公桥。晋军大败。

十二年，魏州军乱。贺德伦以魏、博二州叛于梁来附。王入魏州。行至永济，诛其乱首张彦，以其兵五百自卫，号"帐前银枪军"。六月，王兼领魏博节度使。取德州。七月，取澶州。刘鄩军于洹水，王率百骑觇其营，遇鄩伏兵围之数重，决围而出。亡七八骑。八月，梁复取澶州。晋军与鄩对垒于莘。晋军数挑战，鄩闭壁不出。

十三年正月，王留李存审于莘，声言西归，鄩闻晋王且去，即引兵击魏，攻城东。王行至贝州，返击鄩，大败之，追至于故元城，又败之。鄩走黎阳。三月，攻梁卫州，降其刺史米昭。克磁州，杀其刺史靳昭。四月，克洺州。八月，围邢州。降其节度使阎宝。梁张筠弃相州、戴思远弃沧州而逃，遂取二州。而贝州人杀梁守将张源德，以城降。契丹寇蔚州，执振武节度使李嗣本。

十四年，契丹寇新州，遂寇幽州，李嗣源击走之。冬，梁谢彦章军于杨刘。十二月，攻杨刘。王自负苇以埋堑，遂破之。

十五年正月，梁、晋相距于杨刘。彦章决河水，以隔晋军。六月，渡水击彦章，破其四寨。八月，大阅于魏。合卢龙、横海、昭义、安国及镇定之兵十万，马万匹，军于麻家渡。谢彦章军于行台。十二月，进军临濮。梁军追之，战于胡柳，晋军大败。周德威死之。梁军暮休于土山，晋军复击，大败之，遂军德胜，为夹寨。

十六年正月，王兼领卢龙军节度使。梁王瓒攻德胜南城，不克。十月，广德胜北城。十二月，败梁军于河南。

十七年，朱友谦袭同州。梁遣刘郡击友谦。李存审败梁军于同州。

十八年正月，魏州僧传真献唐受命宝一。赵将张文礼弑其君镕，文礼来请命。二月，以文礼为镇州兵马留后。三月，河中节度使朱友谦、昭义军节度使李嗣昭、横海军节度使李存审、义武军节度使王处直、安国军节度使李嗣源、镇州兵马留后张文礼、领天平军节度使阎宝、大同军节度使李存璋、振武军节度使李存进、匡国军节度使朱令德请王即皇帝位，王三辞，友谦等三请。王曰："予当思之。"八月，遣赵王王镕故将符习及阎宝、史建瑭等攻张文礼于镇州。建瑭取赵州。张文礼卒。其子处瑾闭城拒守。九月，建瑭战死。十月，梁戴思远攻德胜北城，李嗣源败之于戚城。王处直叛附于契丹，其子都幽。处直以来附。十二月，契丹寇涿州，遂寇定州。

十九年正月，败契丹于新城望都。追奔至于幽州。三月，阎宝败于镇州，以李嗣昭代之。四月，嗣昭战死，以李存进代之。八月，梁取卫州。九月，存进败镇人于东垣，存进战死。十月，李存审克镇州。王兼领成德军节度使。

同光元年春三月，李继韬以潞州叛附于梁。夏四月己巳，皇帝即位，大赦，改元，国号"唐"。行台左丞相豆卢革为门下侍郎、右丞相卢程为中书侍郎同中书门下平章事、中门使郭崇韬、昭义监军张居翰为枢密使。枢密使，唐故以宦者为之，其职甚微。至此，始参用士人，而与宰相权任钧矣。故与宰相并书。以魏州为东京、太原为西京、镇州为北都。闰月，追尊祖考为皇帝，妣为皇后；曾祖执宜、祖妣崔氏皆谥曰"昭烈"，庙号懿祖；祖国昌、祖妣秦氏皆谥曰"文景"，庙号献祖；考谥曰"武"，庙号太祖。立庙于太原。自唐高祖、太宗、懿宗、昭宗为七庙。追尊祖考，则立庙可知，故皆不书"庙"。此书者，以立高祖已下四庙故也。此大事也，旧史失其日。壬寅，李嗣源取郓州。后唐太祖置义儿军，如李嗣昭等甚众，初皆赐姓名。而不全若子，故书李嗣源者，书其所赐姓名尔。不以子书也，与友文、从珂异。五月辛酉，梁人取德胜南城。六月，及王彦章战于新垒，败之。是月，卢程罢。秋八月，梁人克泽州。唐末泽、潞皆属晋。梁初已得泽州，至此又属晋，而梁克之。中间不见晋得泽州年月，盖旧史阙不书。五代之乱，战争攻取，彼此得失不常，多类此也。守将裴约死之。九月戊辰，李嗣源及王彦章战于递坊，败之。冬十月壬申，如郓州，以袭梁。掩其不备，疾驰而入之，故曰"袭"。文理宜然，无褒贬也。甲戌，取中都。丁丑，取曹州。己卯，灭梁，敬翔自杀。翔为梁臣。梁所以亡唐，翔之谋为多。梁之亡也，翔虽死之，不书"死"，而书"自杀"。死，大节也。见不轻予人也。丙戌，贬郑珏为莱州司户参军，萧顷登州司户参军；杀李振、赵岩、张汉杰、朱珪，灭其族。己丑，德音降死罪囚流已下原之。十一月乙巳，复北都为镇州，太原为北都。丙辰，复汴州为宣武军。丁巳，尚书左丞赵光胤为中书侍郎、礼部侍郎韦说同中书门下平章事。戊午，新罗国王金朴英遣使者来。辛酉，复永平军为西都。甲子，如洛京。洛京，从当时语。十二月庚午朔，至自汴州。辛巳，李继韬伏诛。继韬之弟继达杀其兄继俦于潞州。继俦以被杀，书非不予其死，盖继达杀兄自当著其罪尔。与书弑君者同。壬辰，败于伊阙。

　　二年春正月，河南尹张全义及诸镇进暖殿物。己酉，求唐宦者。凡书过恶辞无讥贬者，直书其实而自见也。庚戌，新罗国王金朴英及其泉州节度使王逢规皆遣使者来。乙卯，渤海国王大諲譔使大禹谟来。庚申，如河阳。迎皇太后也。太后曹氏，庄宗母也。庄宗即位，遣卢程奉册为皇太后，旧史实录皆无奉册月日，故不书。辛酉，至自河阳。丁卯，七庙神主至自太原，祔于太庙，朝献于太微宫。戊辰，享于太庙。二月己巳朔，有事于南郊，大赦。癸酉，群臣上尊号曰"昭文睿武光孝皇帝"。戊寅，幸李嗣源第。癸未，立刘氏为皇后。五代，十三君，立后者七，辞有不同：立得其正者，曰"以某妃、夫人某氏为皇后"。其不正者，直曰："立某氏为皇后。"嫌与得正同尔，无褒贬也。三月己酉，党项来。庚戌，赐从平汴州及入洛南郊立仗军士等功臣。庚申，工部郎中李涂为检视诸陵使。唐诸帝陵也。潞州将杨立反。夏五月壬寅，教坊使陈俊为景州刺史、内园栽接使储德源为宪州刺史。命官不书，此书其甚也。丙辰，渤海国王大諲譔遣使者来。丙寅，李嗣源克潞州。不书命将，旧史阙。六月丙子，杨立伏诛。己丑，封回纥王仁美为英义可汗。秋七月己酉，如雷山，赛天神。夷狄之事也。八月，大雨霖，河溢。九月壬子，置水于城门，以禳荧惑。本纪书灾不书异。荧惑为置水，非《礼》书尔。见其有惧祸之意，而不知畏天以修德。水、旱、风、蝗之类害物者，灾也，故书。其变逆常理不知所以然者，异也。以其不可知，故不书尔。甲寅，幸郭崇韬第。丙辰，黑水遣使者来。冬十月癸未，左熊威军将赵晖妻一产三男子。此亦变异而书者。重人事，故谨之。后世以此为善祥，故于乱世书，以见不然。十一月癸卯，畋于伊阙。丙午，至自伊阙。书"至"见其留四日而荒甚。丁巳，回鹘使都督安千想来。十二月庚午，及皇后幸张全义第。

三年春正月庚子，如东京，毁即位坛为鞠场。二月己巳，聚鞠于新场。乙亥，射雁于王莽河。辛巳，突厥浑解楼、渤海国王大諲譔皆遣使者来。射雁于北郊。乙酉，射鸭于郭泊。庚寅，射雁于北郊。三月乙未，寒食，望祭于西郊。俚俗之祭也，非礼，故书。庚申，至自东京。辛酉，改东京为邺都，以洛京为东都。夏四月乙亥，及皇后幸郭崇韬、朱汉宾第。旱。庚寅，赵光胤薨。五月丁酉，皇太妃薨。废朝五日。太祖正室，于庄宗为嫡母，书"太妃"及"辍朝"，见乱世礼坏而恩薄。己酉，黑水女直皆遣使者来。六月辛未，宗正卿李纾为昭宗、少帝改卜园陵使。少帝，济阴王也。梁尝谥曰"哀皇帝"。唐人谓之"少帝"。从其本意语。括马。秋七月壬寅，皇太后崩。不书册皇太后，已见上注。八月癸未，杀河南县令罗贯。九月庚子，魏王继岌为西川四面行营都统、郭崇韬为招讨使，以伐蜀。自六月雨，至于是月。丁巳，射雁于尖山。冬十月壬午，奚、吐浑、突厥皆遣使者来。戊子，葬贞简太后于坤陵。十一月丁未，高丽遣使者来。己酉，王衍降。唐兵入蜀，不攻不战，君臣迎降，故直书其实，以见下书"杀衍"为杀降。郭崇韬杀王宗弼及其弟宗渥、宗训，灭其族。十二月己卯，畋于白沙。癸未，至自白沙。闰月辛亥，封弟存美为邕王、存霸永王、存礼薛王、存渥申王、存乂睦王、存确通王、存纪雅王。

四年春正月壬戌,降死罪以下囚。甲子,魏王继岌杀郭崇韬及
其三子于蜀。实皇后刘氏作教,与继岌使杀崇韬。而书"继岌杀"者,继岌将
兵在外,后教非天子命,可止而不止。戊寅,契丹使梅老鞋里来。庚辰,杀
其弟睦王存义及河中护国军节度使李继麟,灭其族。乙酉,沙州曹
义金遣使者来。丙戌,回鹘阿咄欲遣使者来。丁亥,杀李继麟之将
史武、薛敬容、周唐殷、杨师太、王景、来仁、白奉国,皆灭其族。二月
己丑,宣徽南院使李绍宏为枢密使。癸巳,邺都军将赵在礼反于贝
州。反者皆不书日,独在礼书日,推迹其心可知尔。其事具本传。盖在礼初无
乱心,以是日见迫而反尔,虽加以大恶之名,犹原其本心,而异于他反者。于此
见凡书人善恶,不妄加之也如此。甲午,败于冷泉。赵在礼陷邺都。武
宁军节度使李绍荣讨之。邢州军将赵太反,东北面招讨使李绍真讨
之。甲辰,成德军节度使李嗣源讨赵在礼。三月,赵太伏诛。李嗣
源反。博州守将翟建自称刺史。甲子,杀王衍,灭其族。许其不死,降
而杀之,又灭其族,于杀非罪此为甚。而书无异辞者,前书"衍降",义自见也。
乙丑,如汴州。壬申,次荥泽。龙骧指挥军使姚彦温以前锋军叛降
于李嗣源。嗣源入于汴州。甲戌,至自万胜。帝至万胜镇,闻嗣源已入
汴州,乃还。从马直指挥使郭从谦反。夏四月丁亥朔,皇帝崩。年四十
三,帝尸为伶人焚之。明宗入洛,得其骨烬。天成元年七月,葬之河南新县,号
"雍陵"。至晋避庙讳更曰"伊陵"。其不书"葬",与梁太祖同。

新五代史卷六
唐本纪第六

明　宗

　　明宗圣德和武钦孝皇帝,世本夷狄,无姓氏。父霓,为雁门部将,生子邈佶烈,以骑射事太祖。为人质厚寡言,执事恭谨。太祖养以为子,赐名嗣源。梁攻兖、郓,朱宣、朱瑾来乞师,太祖遣李存信将兵三万救之。存信留莘县不进,使嗣源别以兵三千先击梁兵,梁兵解去。存信留莘县,久之,为罗弘信所袭,存信败走,嗣源独殿而还。太祖以嗣源所将骑五百号"横冲都"。

　　光化三年,李嗣昭攻梁邢、洺,出青山遇葛从周兵,嗣昭大败,走。梁兵追之。嗣源从间道后至,谓嗣昭曰:"为公一战。"乃解鞍砺镞,凭高为阵,左右指画,梁追兵望之莫测。嗣源急呼曰:"吾取葛公,士卒可无动。"乃驰骑犯之,出入奋击,嗣昭继进,梁兵解去,嗣源身中四矢,太祖解衣赐药以劳之。由是李横冲名重四方。梁、晋相拒于柏乡,梁龙骧军以赤、白马为两阵,旗帜铠仗皆如马色。晋兵望之皆惧。庄宗举钟以饮嗣源,曰:"卿望梁家赤、白马惧乎?虽吾亦怯也。"嗣源笑曰:"有其表尔,翌日归吾厩也。"庄宗大喜,曰:"卿当以气吞之。"因引钟饮釂,奋楇驰骑,犯其白马,挟二裨将而还。梁兵败,以功拜代州刺史。庄宗攻刘守光,嗣源及李嗣昭将兵三万别出飞狐,定山,后取武、妫、儒三州。庄宗已平魏州,因徇下磁、相,拜相州刺史、昭德军节度使。久之,徙镇安国。契丹攻幽州,庄宗遣嗣源与阎宝等击走之。

同光元年，徙镇横海。是时，梁、唐相拒于河上，李继韬以潞州叛，降梁。庄宗有忧色，召嗣源帐中，谓曰："继韬以上党降梁，而梁方急攻泽州。吾出不意袭郓州，以断梁右臂，可乎？"嗣源对曰："夹河之兵久矣，苟非出奇，则大计不决。臣请独当之。"乃以步骑五千涉济，至郓州。郓人无备，遂袭破之。即拜天平军节度使、蕃汉马步军副都总管。梁军攻破德胜南栅，庄宗退保杨刘，王彦章急攻郓州，庄宗悉军救之。嗣源为前锋，击梁军，追至中都，擒彦章及梁监军张汉杰。彦章虽败，而段凝悉将梁兵屯河上，庄宗未知所向，诸将多言乘胜以取青、齐。嗣源曰："彦章之败，凝犹未知，使其闻之，迟疑定计，亦须三日。纵使料吾所向，亟发救兵，必渡黎、阳，数万之众，舟楫非一日具也。此去汴州，不数百里，前无险阻，方阵而行，信宿可至，汴州已破，段凝岂足顾哉！"而郭崇韬亦劝庄宗入汴，庄宗以为然。遣嗣源以千骑先至汴州，攻封丘门，王瓒开门降。庄宗后至，见嗣源大喜，手揽其衣，以头触之，曰："天下与尔共之。"拜中书令。

二年，庄宗祀天南郊，赐以铁券。五月，破杨立于潞州。六月，徙镇宣武，兼蕃汉内外马步军总管。冬，契丹侵渔阳，嗣源败之于涿州。

三年，徙镇成德。庄宗幸邺，请朝行在，不许。贞简太后疾，请入省，又不许。太后崩，请赴山陵，许之。而契丹侵边乃止。十二月，遂朝于洛阳。

天成元年，实同光四年，而书"天成元年"者，大赦改元。文见下可知。《庄宗本纪》自书"同光四年"，各从其所称，既曰改元，不嫌二号也。郭崇韬、朱友谦皆以谗，死。嗣源以名位高，亦见疑忌。赵在礼反于魏，大臣皆请遣嗣源讨贼，庄宗不许。群臣屡请，庄宗不得已，遣之。三月壬子，嗣源至魏，屯御河南，在礼登楼谢罪。甲寅，军变。嗣源入于魏，与在礼合，夕出，止魏县。丁巳，以其兵南，遣石敬瑭将三百骑为先锋。嗣源行过巨鹿，掠小坊马二千匹以益军。壬申，入汴州。四月丁亥，庄宗崩。己丑，入洛阳。甲午，监国，朝群臣于兴圣宫。乙未，中门使安重诲为枢密使。杀元行钦及租庸使孔谦。壬寅，左骁卫大将军孔循为枢密使。丙午，始奠于西宫，曰"始奠"，见其缓也。自己丑入洛，至此二十日矣。皇帝即位于枢前。枢前即位，嗣君之礼也。反逆之臣自立，而用嗣君之礼，书从其实而不变文者，盖先已书反，正其罪矣。此书其实者，见其犹有自愧之心，而欲逃大恶之名也。易斩缞以衮冕。既用嗣君之礼矣。遽释缞而服冕，故书以见其情诈。壬子，魏王继岌薨。诸王薨不书，此书者，见明宗举兵实反，会从谦弑逆，遂托赴难为名。及即位时，庄宗元子犹在，则其辞屈矣。甲寅，大赦，改元。渤海国王大諲譔使大陈林来。是月，张居翰罢。五月丙辰朔，太子宾客郑珏、工部尚书任圜为中书侍郎同中书门下平章事。戊辰，赵在礼为义成军节度使。在礼，始乱宜诛，而明宗因之以反，命以方镇，报其功也。故书。六月丁酉，汴州控鹤军乱。指挥使张谏杀其权知州事高逖。己亥，谏伏诛。秋七月庚申，安重诲杀殿直马延于御史台门。御史台，所以纠百官之不法，杀人于台门，恶其甚。契丹使梅老述骨来。渤海使大昭佐来。己卯，贬豆卢革为辰州刺史、韦说叙州刺史。甲申，流革于陵州、说于合州。八月乙酉朔，陕石县民高存妻一产三男子。丁酉，以象笏三十二赐百官之无笏者。是时，朝廷衰弱之甚，故书。阅稼于冷泉宫。己亥，契丹犯边。丁未，平卢军节度使霍彦威杀其登州刺史王公俨。甲寅，医官张志忠为太原少尹。九月己未，幸至德宫及袁建丰第。冬十月丁亥，云南山后两林百蛮都鬼主、右武卫大将军李卑晚使大鬼主傅能何华来。辛丑，契丹使没骨馁来告阿保机哀，废朝三日。旱。辛亥，雨。

二年春正月癸丑朔，更名亶。癸亥，端明殿学士兵部侍郎冯道、太常卿崔协为中书侍郎同中书门下平章事。二月壬午朔，新罗使张芬来。西川节度使孟知祥杀其兵马都监李严。丙申，赦京师囚郭从谦为景州刺史，既而杀之。从谦弑君，不讨而命以官，故书。与在礼同罪宜诛，而书"杀"者，明宗亦同罪，不得行诛，故以两相杀书之。戊戌，山南东道节度使刘训为南面招讨使，以伐荆南。是时，荆南自绝于中国而附吴，不足以有罪。不书"讨"而书"伐"，见非内政，不责其叛。三月壬子朔，幸会节园，群臣买宴。游幸若不过度则小事也，皆不书。惟庄宗及晋帝之世则书者，著其过度耳。明宗于五代为勤俭之君，游幸无过度，此书以著买宴，见君臣之失矣。卢台乱，杀其将乌震。新罗使林彦来。夏四月庚寅，卢台军将龙晊等伏诛。六月丙戌，任圜罢。庚子，幸白司马坡，祭突厥神。夷狄之事也。秋七月甲子，随州刺史西方邺取夔、忠、万州。癸酉，杀豆卢革、韦说。八月乙酉，牂柯使宋朝化及昆明使者来。九月庚午，党项使如连山来。壬申，契丹使梅老来。冬十月乙酉，如汴州。宣武军节度使朱守殷反。马步军都指挥使马彦超死之。己丑，守殷自杀。不书"克汴州"者，天子自以兵讨，未尝攻战，直入其城也。佗"自杀"不书，为书克州；此不书"克州"，故书"自杀"。乙未，杀太子少保致仕任圜。实安重海矫诏杀之，不书重海杀者，明宗知而不责，又下诏书诬圜以罪。故以明宗自杀书之。辛丑，德音释系囚。是月，传箭于霍彦威。夷狄之事也。十一月乙亥，契丹使梅老来。十二月己丑，回鹘西界吐蕃遣使者来。甲辰，畋于东郊。丙午，追尊祖考为皇帝、妣为皇后。高祖聿谥曰"孝恭"，庙号惠祖；妣刘氏谥曰"孝"。恭昭。曾祖敖谥曰"孝质"，庙号毅祖；妣张氏谥曰"孝毅顺"。祖琰谥曰"孝靖"，庙号烈祖；祖妣何氏谥曰"孝靖穆"。考谥曰"孝成"，庙号德祖；妣刘氏谥曰"孝成懿"。立庙于应州。

三年春正月丁巳，契丹陷平州。二月辛巳，吐浑都督李绍虏来。乙未，孔循罢。戊戌，回鹘使李阿山来。三月丁未朔，御札求直言。己未，郑珏罢。癸亥，成德军节度使王建立为尚书右仆射同中书门下平章事。西方邺克归州。戊辰，宣徽南院使范延光为枢密使。夏四月戊寅，延光罢。乙酉，达靼遣使者来。义武军节度使王都反。壬寅，归德军节度使王晏球为北面行营招讨使。五月，契丹秃馁入于定州。辛酉，右卫上将军赵敬怡为枢密使。封回鹘可汗王仁裕为顺化可汗。秋七月己未，杀齐州防御使曹廷隐。八月，卢龙军节度使赵德钧执契丹首领惕隐赫邈。庆州防御使窦廷琬反。冬十月，静难军节度使李敬周讨之。丁巳，突厥使张慕晋来。十一月壬午，吐浑使念九来。甲午，王建立罢。十二月，李敬周克庆州。窦廷琬伏诛。辛亥，幸康义诚第。

四年春正月壬辰，回鹘使掣拨都督来。二月癸卯，王晏球克定州。王都自焚，故不书"伏诛"。辛酉，晏球献馘俘。赵敬怡薨。丁卯，崔协薨。庚午，至自汴州。三月丙戌，杀侄从璨。夏四月，契丹寇云州。癸丑，契丹使撩括梅里来求秃馁，杀之。甲寅，端明殿学士、尚书兵部侍郎赵凤为门下侍郎兼工部尚书同中书门下平章事。五月己巳，朝群臣贺朔。不曰"视朝"，而曰"贺朔"，著非礼。视朝常事自不书尔。五月贺朔，出于道家之说。自唐以来用之。书之见乱世举非礼之不急者。此礼其后屡行，皆不复书者，与入阁同。乙酉，追谥少帝曰"昭宣光烈孝皇帝"。契丹寇云州。秋七月壬申，杀右金吾卫上将军毛璋。八月乙巳，黑水使骨至来。丁未，吐浑首领念公山来。乙卯，党项折遇明来。己未，高丽王建使张彬来。九月癸巳，杀供奉官乌昭遇。冬十二月辛丑，杀西平县令李商。

长兴元年春正月丁卯，阅马于苑。辛卯，宣徽南院使朱弘昭为大内留守。二月戊戌，黑水兀儿遣使者来。乙巳，天雄军节度使石敬瑭为御营使。癸丑，朝献于太微宫。甲寅，享于太庙。乙卯，有事于南郊。大赦，改元。三月庚寅，立淑妃曹氏为皇后。夏四月戊戌，安重海使河中。衙内指挥使杨彦温逐其节度使从珂。壬寅，西京留守索自通、侍卫步军指挥使药彦稠讨之。辛亥，自通执彦温杀之。彦温虽有罪，有命获而勿杀。自通擅杀之，故不书"诛"，而书"杀"。戊午，群臣上尊号曰"圣明神武文德恭孝皇帝"。辛酉，吐蕃首领于拨葛来。五月丁丑，回鹘使孽栗祖来。庚辰，回鹘使安黑连来。秋七月壬午，访庄宗子孙瘗所。庄宗子孙而不知瘗所，见明宗举兵不顺，祸害所罹者可哀也。于此始求之，见事缓而无恩也。八月乙未，忠武军节度使张延朗为三司使。三司使始于此，而今遂因之。壬寅，杀捧圣都军使李行德、十将张俭，灭其族。吐浑来附。封子从荣为秦王。戊申，海州将王传极杀其刺史陈宣，叛于吴来降。乙卯，吐浑康合毕来。丙辰，封子从厚为宋王。九月壬戌，吐蕃使王满儒来。东川节度使董璋反。甲申，成德军节度使范延光为枢密使。丁亥，石敬瑭为东川行营都招讨使。冬十月丁酉，始藏冰。甲辰，骁卫上将军致仕张筠进助军粟。乙巳，董璋陷阆州，杀节度使李仁矩。指挥使姚洪死之。孟知祥反。十一月庚申朔，秦王从荣受册，谒于太庙。册礼废于乱世，至此始一行之，故书。丙戌，契丹、东丹王突欲来奔。夷狄不可以礼义责，故不曰"叛"于契丹。十二月丁未，二王后秘书丞鄅国公杨仁矩卒，废朝一日。丁巳，回鹘顺化可汗王裕使翟末斯来。安重诲讨董璋。不命将名，直以枢密使往。沙州曹义金遣使者来。

　　二年春正月戊辰，党项使折七移来。庚辰，达怛使列六薛嬢居来。二月丁酉，幸安元信第。戊戌，突厥使杜阿熟、吐浑使康万琳来。辛丑，安重诲罢。三月，赵凤罢。丁亥，太常卿李愚为中书侍郎同中书门下平章事。夏四月甲辰，宣徽北院使赵延寿为枢密使。甲寅，董璋陷遂州，武信军节度使夏鲁奇死之。乙卯，以旱赦流罪以下囚。闰五月丁酉，杀太子太师致仕安重诲及其妻张氏、子崇赞、崇绪。秋八月己未，契丹使邪姑儿来。九月丁亥，放五坊鹰隼。冬十一月戊申，吐蕃遣使者来。辛丑，旌表棣州民邢钊门闾。干戈之世，王道息而礼义亡，民犹有自知孝悌。而时君旌表，犹有劝民之意。故两善而书之。十二月甲寅朔，除铁禁。初税农具钱。至今因之，故书。己未，西凉府遣使者来。己巳，回鹘使安求思来。辛未，渤海使文成角来。党项寇方渠。

　　三年春正月庚子，契丹使拽骨来。己酉，渤海、回鹘皆遣使者来。二月己卯，静难军节度使药彦稠及党项战于牛儿谷，败之。三月甲申，契丹遣使者来。夏四月庚申，新罗遣使者来。五月己丑，二王后詹事司直杨延绍袭封鄅国公。丙午，孟知祥攻董璋，陷绵州。六月甲寅，封王建为高丽国王、大义军使。孟知祥杀董璋，陷东川。达靼首领颉哥以其族来附。秋八月己卯，吐蕃遣使者来。冬十月庚申，幸石敬瑭第。

　　四年春正月庚寅，端明殿学士、兵部侍郎刘煦为中书侍郎同中书门下平章事。二月戊午，孟知祥使朱滉来。十国外而不书，此书者，知祥本唐臣而反。至此改过自归。绝之，则嫌不许其自新。录之，则尚冀其迁善。然其来也，臣礼不备，故如夷狄书之。三月甲辰，追册晋国夫人夏氏为皇后。夏五月戊寅，封子从珂为潞王、从珂，非子。而书"子"与梁博王友文同。从益许王、侄从温允王、从璋洋王、从敏泾王。丙戌，契丹使述骨卿来。秋七月乙未,回鹘都督李末来,献白鹘,命放之。八月戊申,大赦。九月戊戌,赵延寿罢,山南东道节度使朱弘昭为枢密使。冬十月庚申,范延光罢。三司使冯赟为枢密使。壬申,幸士和亭,得疾。书"得疾"为从荣事,详之。十一月壬辰,秦王从荣以兵入兴圣宫,不克,伏诛。君病不待疾,以兵求立,罪当诛,故书"伏诛",其意以谓帝崩矣,惧不得立,而举兵自助,非反,故不书反。乙未,侍卫亲军都指挥使康义诚杀三司使孙岳。戊戌,皇帝崩于雍和殿。年六十七。清泰元年,葬河南洛阳县。号"徽陵"。虽得其死,而为贼所葬,故亦不书葬。

呜呼!自古治世少而乱世多。三代之王有天下者,皆数百年,其可道者,数君而已,况于后世邪!况于五代邪!予闻长老为予言:"明宗虽出夷狄,而为人纯质,宽仁爱人。"于五代之君有足称也。尝夜焚香仰天而祝曰:"臣本蕃人,岂足治天下!世乱久矣,愿天早生圣人。"自其即位,减罢宫人、伶官;废内藏库。四方所上物,悉归之有司。广寿殿火灾,有司理之,请加丹艧,喟然叹曰:"天以火戒我,岂宜增以侈邪?"岁尝旱,已而雪,暴坐庭中,诏武德司宫中无扫雪,曰:"此天所以赐我也。"数问宰相冯道等民间疾苦,闻道等言谷帛贱,民无疾疫,则欣然曰:"吾何以堪之,当与公等作好事,以报上天。"吏有犯赃,辄置之死,曰:"此民之蠹也!"以诏书褒廉吏孙岳等,以风示天下。其爱人恤物,盖亦有意于治矣。其即位时,春秋已高,不迩声色,不乐游畋,在位七年,于五代之君最为长世。兵革粗息,年屡丰登,生民实赖以休息。

然夷狄性果,仁而不明,屡以非辜诛杀臣下。至于从荣,父子之间,不能虑患为防,而变起仓卒,卒陷之以大恶。帝亦由此饮恨而终。当是时,大理少卿康澄上疏言时事,其言曰:"为国者有不足惧者五,深可畏者六:三辰失行不足惧;天象变见不足惧;小人讹言不足惧;山崩川竭不足惧;水旱虫蝗不足惧也。贤士藏匿深可畏;四民迁业深可畏;上下相徇深可畏;廉耻道消深可畏;毁誉乱真深可畏;直言不闻深可畏也。"识者皆多澄言切中时病。若从荣之变,任圜、安重海等之死,可谓上下相徇,而毁誉乱真之敝矣。然澄之言岂止一时之病，凡为国者，可不戒哉！

新五代史卷七
唐本纪第七

愍帝　废帝

　　愍皇帝,明宗第五子从厚也。为人形质丰厚,寡言好礼。明宗以其貌类己,特爱之。

　　天成二年,以检校司徒拜河南尹、判六军诸卫事、加检校太保同中书门下平章事。从厚妃,孔循女也。安重诲怒循以女妻从厚。

　　三年,罢循枢密使。出从厚为宣武军节度使。

　　明年,徙镇河东。

　　长兴元年,封从厚宋王。徙镇成德。

　　二年,徙镇天雄,累加兼中书令。

　　四年十一月,秦王从荣伏诛。明宗病甚,遣宦者孟汉琼召王于邺,而明宗崩,秘其丧六日。十二月癸卯朔,发丧于西宫,皇帝即位于枢前,群臣见于东阶,复于丧位。丙午,成服于西宫。二代五君,于此始见嗣君即位、服丧之事,先君得其终,嗣君得其始,而免祸乱于臣民。于篡乱之世,稀见之事也,故特详言之。庚戌,登光政门楼,存问军民。辛亥,杀司衣王氏。癸丑,始听政。乙卯,杀司仪康氏。丁巳,冯道为大行皇帝山陵使、户部尚书韩彦恽为副、中书舍人王延为判官、礼部尚书王权为礼仪使、兵部尚书李璘为卤簿使、御史中丞龙敏为仪仗使、左仆射权判河南府卢质为桥道顿递使。丁卯,禫。

　　应顺元年春正月壬申朔,视朝于广寿殿。著非礼也。乙亥,契丹使都督没辣于来。戊寅,大赦,改元,用乐。回鹘可汗王仁美遣使者来。沙州、瓜州遣使者来。乙未，朱弘昭、冯赟献钱助作山陵。闰月丙午，册皇太后。不书姓氏，不曰"册某人为太后"者，母尊不可斥，其事自见于传也。甲寅，册太妃王氏。北京留守石敬瑭献银绢助作山陵。二月庚寅，视作山陵。凤翔节度使潞王从珂反。辛卯，西京留守王思同为西面行营都部署，静难军节度使药彦俦为副。三月丙辰，思同兵溃，严卫指挥使尹晖、羽林指挥使杨思权以其军叛降于从珂。辛酉，杀侍卫亲军都指挥使朱弘实。癸亥，河阳三城节度使康义诚为凤翔行营都招讨使，王思同为副。西京副留守刘遂雍叛降于从珂，思同奔归于京师，不克，死之。丁卯，京城巡检使安从进叛，杀冯赟。朱弘昭自杀。从进传其二首于从珂。戊辰，如卫州。不书帝崩者，当于《废帝纪》书，弑鄂王也。

废帝，镇州平山人也，本姓王氏，其世微贱。母魏氏少寡，明宗为骑将过平山，掠得之。魏氏有子阿三，已十余岁，明宗养以为子，名曰"从珂"。及长，状貌雄伟，谨信寡言，而骁勇善战。明宗甚爱之。自晋兵战梁于河上，从珂常立战功，庄宗呼其小字曰："阿三不徒与我同年，其敢战亦类我。"

同光二年，为卫州刺史、突骑指挥使，戍于石门。明宗讨赵在礼，自魏反兵而南，从珂率戍兵自曲阳盂县驰出常山以追明宗，明宗之南也。兵少，得从珂兵在后，而军声大振，明宗入立拜从珂河中节度使，封潞王。是时，明宗春秋已高，王于诸子次最长，枢密使安重海患之，乃矫诏河中裨将杨彦温使图之。王阅马于黄龙庄，彦温即闭门拒之，王止于虞乡，以闻。明宗召王还京师，居之清化里第，重海数请行军法，明宗不听。后重海见杀，乃起王为左卫大将军、西京留守。

长兴三年，为凤翔节度使。王子重吉自明宗时典禁兵，为控鹤指挥使，愍帝即位，朱弘昭、冯赟用事，乃罢重吉兵职，出为亳州团练使。又徙王为北京留守，不降制书而宣授。又以李从璋为代。初，安重海得罪，罢河中以从璋为代，而重海见杀，故王益自疑，遂据城反。愍帝遣王思同会诸镇兵讨之，思同战败，走。诸镇兵皆溃。

清泰元年三月丁巳，王以兵东。庚申，次长安。西京副留守刘遂雍叛于唐，来降。甲子，次华州，执药彦稠。丙寅，次灵宝，河中安彦威、陕州康思立叛于唐，来降。己巳，次陕。康义诚叛于唐，来降。杀宣徽使孟汉琼，愍帝出居于卫州。夏四月壬申，入京师。冯道率百官迎王于蒋桥，王辞不见。入哭于西宫，遂见群臣道拜，王答拜。入居于至德宫。癸酉，以太后令降天子为鄂王，命王监国。乙亥，皇帝即位。丙子，率河南民财以赏军。丁丑，借民房课五月以赏军。戊寅，弑鄂王。义与“弑济阴王”同。慈州刺史宋令询死之。乙酉，大赦，改元。戊子，杀康义诚及药彦俦。义诚叛于愍帝，罪宜曰“诛”，而废帝同恶相杀，故书曰“杀”。五月丙午，端明殿学士、左谏议大夫韩昭胤为枢密使。庄宅使刘延朗为枢密副使。庚戌，冯道罢。天雄军节度使范延光为枢密使。甲寅，赐劝进选人、宗子官。六月庚辰，幸范延光及索自通第。秋七月辛亥，太常卿卢文纪为中书侍郎同中书门下平章事。丁巳，立沛国夫人刘氏为皇后。八月辛未，尚书左丞姚顗为中书侍郎同中书门下平章事，许御署官选。“御署官”，疑是废帝初举兵时所置之官。以其非吏部正授，故须有旨方得选。此于事无劝戒，不必书。以旧史不详，故存所不知，慎传疑也。九月，契丹寇边。冬十月戊寅，李愚、刘昫罢。十二月乙亥，雄武军节度使张延朗为中书侍郎同中书门下平章事。契丹寇云州。庚寅，幸龙门。旱。

二年春二月甲戌，范延光罢。己丑，追尊鲁国太夫人魏氏为皇太后。非嫡母，故详其爵氏。三月辛丑，忠武军节度使赵延寿为枢密使。夏五月辛卯，宣徽南院使刘延皓为枢密使。契丹寇边。六月癸未，群臣献添都马。“都”者，军伍之名。秋七月丁酉，回鹘可汗王仁美使其都督陈福海来。刘延皓罢。九月己酉，刑部尚书房暠为枢密使。乙卯，渤海遣使者来。

三年春正月乙未，百济遣使者来。丁未，封子重美为雍王。三月丙午，翰林学士、礼部侍郎马胤孙为中书侍郎同中书门下平章事。河东节度使石敬瑭反。夏五月乙卯，建雄军节度使张敬达为太原四面都招讨使。义武军节度使杨光远为副。戊申，先锋指挥使安审信叛降于石敬瑭。己酉，振武戍将安重荣叛降于石敬瑭。壬子，天雄军屯驻捧圣都虞候张令昭逐其节度使刘延皓。六月癸亥，以令昭为右千牛卫将军权知天雄军事。佗命官不书"以"，此书"以"者，明令昭犹可"以"。甲戌，宣武军节度使范延光为天雄军四面招讨使。秋七月戊申，克魏州。壬子，张令昭伏诛。癸丑，彰圣指挥使张万迪叛降于石敬瑭。八月戊午，契丹使梅里来。九月甲辰，张敬达及契丹战于太原，败绩。契丹围敬达于晋安。戊申，如河阳。冬十月壬戌，括马。籍民为兵。十一月戊子，卢龙军节度使赵德钧为行营都统。丁酉，契丹立晋。闰月甲子，杨光远杀张敬达，以其军叛降于契丹。敬达不书"死之"而书"杀"者，敬达，大将。宜以义责光远而诛之，虽不果而见杀，犹为得死。乃讽光远杀己以叛，故书之如其志。甲戌，契丹及晋人至于潞州。丁丑，至自河阳。辛巳，皇帝崩。年五十一，帝自焚死。晋高祖命葬其烬骨于徽陵域中。

　　呜呼！君臣之际可谓难哉。盖明者虑于未萌，而前知；暗者告以将及，而不惧。故先事而言，则虽忠而不信，事至而悔，其可及乎？重诲区区，独见潞王之祸，而谋之不臧。至于殒身赤族，其隙自兹。及愍帝之亡也，穴于徽陵，其土一垅，路人见者皆为之悲。使明宗为有知，其有愧于重诲矣，哀哉！

新五代史卷八
晋本纪第八

高　祖

　　高祖圣文章武明德孝皇帝，其父臬捩鸡，本出于西夷，自朱邪归唐，从朱邪入居阴山。其后，晋王李克用起于云朔之间，臬捩鸡以善骑射，常从晋王，征伐有功，官至洺州刺史。臬捩鸡生敬瑭，其姓石氏，不知得其姓之始也。敬瑭为人，沈厚寡言，明宗爱之，妻以女，是为永宁公主。由是常隶明宗帐下，号左射军。

　　庄宗已得魏，梁将刘鄩急攻清平，庄宗驰救之，兵未及阵，为鄩所掩。敬瑭以十余骑横槊驰击，取之以旋。庄宗拊其背而壮之，手啖以酥。啖酥，夷狄所重。由是名动军中。

　　十五年，庄宗战于胡柳，前锋周德威战死。敬瑭以左射军从明宗，复击败梁兵。明宗战胡卢套杨村，为梁兵所败。敬瑭常脱明宗于危。赵在礼之乱，明宗讨之。至魏，而兵变。明宗初欲自归于天子，明己所以不反者，敬瑭献计曰："岂有军变于外，上将独无事者乎？且犹豫者，兵家大忌，不如速行。愿得骑兵三百，先攻汴州，夷门，天下之要害也，得之可以成事。"明宗然之，与之骁骑三百，渡黎阳为前锋，明宗遂入汴。庄宗自洛后至，不得入，而兵皆溃去。庄宗西还，明宗以敬瑭为前锋，趣汜水且收其散卒。庄宗遇弑，明宗入，立拜敬瑭保义军节度使，赐号"竭忠建策兴复功臣"，兼六军诸卫副使。在陕为政以廉闻。是时，诸侯多不奉法，邓州陶玘、亳州李邺皆以赃污论死。明宗下诏书，褒廉吏普州安崇阮、洺州张万进、耀州孙岳等，以讽天下，而以敬瑭为首。

天成二年十月，从幸汴州，为御营使。拜宣武军节度使、侍卫亲军马步军都指挥使、六军副使如故。改赐"耀忠匡定保节功臣"。三年四月，徙镇天雄，拜同中书门下平章事、兴唐尹。五月，拜驸马都尉。董璋反东川，为行营都招讨使，不克而还。复兼六军诸卫副使，徙镇河阳三城，未行。而契丹、吐浑、突厥皆入寇。是时，秦王从荣统六军，敬瑭疑其必及祸，不欲为其副，乃自请行。及制出，不落副使，辄复辞行。明宗数责大臣，问谁可行者，范延光、赵延寿等卒以敬瑭为请。乃拜河东节度使，大同、彰国、振武、威塞等军蕃汉马步军总管，落六军副使，乃行。

明年，明宗崩。愍帝即位，加中书令。三月，徙镇成德。

清泰元年五月，复镇太原，来朝京师。潞王从珂反于凤翔，愍帝出奔，遇敬瑭于道，敬瑭杀帝从者百余人，幽帝于卫州而去。废帝即位，疑敬瑭必反。

天福元年五月，徙镇天平。敬瑭果不受命，谓其属曰："先帝授吾太原使老焉。今无故而迁，是疑吾反也。且太原地险而粟多，吾当内檄诸镇，外求援于契丹。可乎？"桑维翰、刘知远等共以为然。乃上表论废帝不当立，请立许王从益为明宗嗣。废帝下诏削夺敬瑭官爵，命张敬达等讨之。敬瑭求援于契丹。九月，契丹耶律德光入自雁门，与唐兵战，敬达大败。敬瑭夜出北门，见耶律德光，约为父子。十一月丁酉，皇帝即位。于《废帝本纪》书"契丹立晋"，据所见也。于此书"皇帝即位"，以自立为文，原其心也。晋高祖之反，无契丹之助，亦必自立。盖其志在于为帝，故使自任其恶也。国号晋。以幽、涿、蓟、檀、顺、瀛、漠、蔚、朔、云、应、新、妫、儒、武、寰州入于契丹。己亥，大赦，改元。掌书记桑维翰为翰林学士、尚书礼部侍郎知枢密使事。闰月丙寅，翰林学士承旨、尚书户部侍郎赵莹为门下侍郎，桑维翰为中书侍郎同中书门下平章事兼枢密使。甲戌，赵德钧及其子延寿叛于唐来降。契丹锁之以归。己卯，次河阳。节度使苌从简叛于唐来降。是日，废帝自焚。辛巳，至自太原。卢文纪、姚顗罢。甲申，大赦。杀张延朗、

刘延朗,赦房暠。十二月乙酉,如河阳。追降王从珂为庶人。"王从
珂",从晋人本语。丁亥,司空冯道兼门下侍郎同中书门下平章事。己
丑,曹州指挥使石重立杀其刺史郑玩。辛卯,御札求直言。癸巳,镇
州牙内都虞候秘琼逐其节度副使李彦琦。同州裨将门铎杀其将杨
汉宾。庚子,天平军节度使王建立杀其副使李彦赟。旱。

　　二年春正月癸亥,安远军节度使卢文进叛,降于吴。丁卯,天雄
军节度使范延光杀齐州防御使秘琼。戊寅,兵部侍郎李崧为中书侍
郎同中书门下平章事、枢密使。封唐宗室子为公,及隋酅公为二王
后,以周介公备三恪。唐宗室子,史失其名,书之以见二王后。三恪犹存,不
必著其人也。二月丁酉,契丹使皇太子解里来。三月庚辰,如汴州。夏
四月丁亥,赦囚、蠲民租赋。赵莹使于契丹。辛卯,宣武军节度使杨
光远进助国钱。契丹使宫苑使李可兴来。五月壬戌,御札求直言。
丁丑,追尊祖考为皇帝,妣为皇后。高祖璟谥曰"孝安",庙号靖祖;
祖妣秦氏谥曰"孝安"。曾祖郴谥曰"孝简",庙号肃祖;祖妣安氏谥
曰"孝简恭"。祖昱谥曰"孝平",庙号睿祖;祖妣来氏谥曰"孝平献"。
考绍雍谥曰"孝元",庙号献祖;妣何氏谥曰"孝元懿"。六月癸未,契
丹使夷离毕来。天雄军节度使范延光反。丁酉,传箭于义成军节度
使符彦饶。丁未,杨光远为魏府四面行营都部署。东都巡检张从宾
反,留守判官李遐死之。奉国都指挥使侯益、护圣都指挥使杜重威
讨之。从宾寇河阳,杀皇子重义;寇河南,杀皇子重信。秋七月,从
宾陷汜水关,杀巡检使宋廷浩。壬子,右卫大将军尹晖叛,奔于吴。
不克伏诛。右监门卫大将军娄继英叛降于张从宾。义成军乱,杀戍
将侍卫马步军都指挥使白奉进。甲寅,戍将奉国指挥使马万执符彦
饶归于京师,命杀之于赤冈。彦饶,虽有纵军之罪,被诬以反,而见杀,故
不书"诛"。曰"命杀",嫌万擅杀。乙卯,杨光远为魏府行营都招讨使。辛
酉,杜重威克汜水关。张从宾投河死,故不书伏诛。壬申,杨光远克博
州。丙子,安州屯防指挥使王晖杀其节度使周瓖。右卫大将军李金
全讨之。金全未至,而晖走,见杀。故不书晖反、不书克安州、不书伏诛。八
月丙申,静难军节度使安叔千进添都马。乙巳,赦非死罪囚及张从

宾、符彦饶、王晖余党。九月,杨光远进粟。冬十月辛巳,禁造甲兵。

三年春二月戊戌,诸镇皆进物以助国。残民以献其上,君臣同欲,贿赂公行,至此而不胜其多矣。故总言诸镇,此后不复书矣。三月壬戌,回鹘可汗王仁美使翟全福来。丁丑,禁私造铜器。秋七月辛酉,以皇业钱作受命宝。“作宝”不必书,“皇业钱”者,私钱也。天子畜私钱,故书。八月戊寅,冯道及左仆射刘昫为契丹册礼使。壬午,澶州刺史冯晖降。丙戌,许御署官选。己丑,蠲水旱民税。辛丑,归伶官于契丹。高祖以父事契丹,其有所求,不曰“与”而曰“归”者,若输之也。九月己酉,赦范延光。初,延光请降,高祖不许,延光遂坚壁,攻之,久不克,卒悔而赦之,故不书降。己未,归静鞭官刘守威、金吾勘契官王殷、司天鸡叫学生殷晖于契丹。于阗使马继荣来。回鹘使李万金来。己巳,赦魏州,蠲民税。是月,宣徽南院使刘处让为枢密使。冬十月戊寅,契丹使中书令韩颎来,奉册曰“英武明义皇帝”。庚辰,升汴州为东京,以洛阳为西京,雍州为晋昌军。戊子,右金吾卫大将军马从斌使于契丹。己未,契丹使梅里来。戊戌,大赦。庚子,封李圣天为大宝于阗国王。十一月辛亥,升广晋府为邺都。壬戌,除铸钱令。十二月丙子,封子重贵为郑王。

四年春正月,盗发唐愍皇帝墓。愍帝附于明宗徽陵域中。无陵名,故曰“墓”。晋高祖即位,追谥为愍皇帝。五代诸帝谥号不可为法,皆不足道,惟愍帝宜书者,嫌尝降为鄂王也。而国亡礼阙,旧史、实录皆不奏谥、上册月日,故虽当书而不得,因书而见于此尔。辛亥,澶州防御使张从恩为枢密副使,旌表深州民李自伦门闾。三月乙巳,回鹘使其都督拽里敦来。丙辰,颁《调元历》。灵州戍将王彦忠以怀远城反。己未,彦忠降。供奉官齐延祚杀之。夏四月辛巳,封回鹘可汗王仁美为奉化可汗。甲申,废枢密使。秋七月丙辰,复禁铸钱。闰月壬申,桑维翰罢。八月己亥朔,河决博平。西戎寇泾州。彰义军节度使张彦泽败之,执其首领野离罗虾独。九月丁丑,契丹使粘木孤来。癸未,封李从益为郇国公,以奉唐后。丙戌,高丽王建使其广评侍郎邢顺来。冬十二月乙亥,立唐高祖、太宗、庄宗、明宗、愍帝庙于西京。戊子,契丹使遥折来。吐蕃罢延族来附。

五年春正月丁卯朔,德音除民公私债。已丑,回鹘使石海金来。夏四月甲子,契丹兴化王来。五月丙戌,安远军节度使李金全叛附于唐。六月癸卯,李升遣其将李承裕入于安州,金全奔于唐。安远军节度使马全节及承裕战,败之。丁巳,克安州。承裕奔于云梦,全节执而杀之。秋八月丁酉,阅稼于西郊。已未,西京留守杨光远杀太子太师范延光。九月丁卯,翰林学士承旨、户部侍郎和凝为中书侍郎同中书门下平章事。辛巳,阅稼于沙台。冬十月丁未,契丹使舍利来。十一月丙子冬,至始用二舞。

六年春正月戊寅,封唐叔虞为兴安王,台骀为昌宁公。二月戊申,停买宴钱。三月,除民二年至四年以前税。见时敛重,而民不堪。夏四月已未,契丹使述括来。五月,吐浑首领白承福来。秋七月壬午,突厥使薛同海来。八月壬辰,如邺都。开封尹郑王重贵留守东京。宣徽南院使张从恩东京内外兵马都监。壬寅,大赦。甲寅,光禄卿张澄使于契丹。九月乙亥,前安国军节度使杨彦询使于契丹。丁丑,吐浑使白可久来。河决中都,入于沓河。冬十月,河决滑、濮、郓、澶州。山南东道节度使安从进反。十一月丁丑,西京留守高行周为南面军前都部署以讨之。十二月丙戌朔,郑王重贵为广晋尹,徙封齐王。先锋都指挥使郭海金及安从进战于唐州,败之。成德军节度使安重荣反。天平节度使杜重威为镇州行营招讨使。丙申,契丹遣使者来。戊戌,杜重威及安重荣战于宗城,败之。

七年春正月丁巳,克镇州,安重荣伏诛,赦广晋。庚午,契丹使达剌来。三月,归德军节度使安彦威塞决河于滑州。闰月,天兴蝗,食麦。夏五月乙巳,尊皇太妃刘氏为太后。高祖所生母也。六月丙辰,吐浑使念丑汉来。乙丑,皇帝崩于宝昌殿。年五十一。

新五代史卷九
晋本纪第九

出　帝

　　出帝，父敬儒，高祖兄也，为唐庄宗骑将，早卒。高祖以其子重贵为子。高祖六子，五皆早死，而重睿幼，故重贵得立。重贵少而谨厚，善骑射。高祖使博士王震教以《礼记》，久之，不能通大义，谓震曰："此非我家事也。"高祖为契丹所立，谋以一子留守太原，契丹使尽出诸子自择之，指重贵曰："此眼大者，可也。"遂拜金紫光禄大夫，行太原尹、北京留守，知河东节度事。

　　天福二年九月，召拜左金吾卫上将军。

　　三年冬，为开封尹、封郑王、加太尉同中书门下平章事。

　　六年，高祖幸邺，留守东京。已而，为广晋尹，徙封齐王。

　　七年六月乙丑，高祖崩，皇帝即位于枢前。庚午，使右骁卫将军石德超以御马二，扑祭于相州之西山，夷狄之礼也。如京。使李仁廓使于契丹。契丹使梅李来。丙子，冯道为大行皇帝山陵使，门下侍郎窦贞固为副。太常卿崔棁为礼仪使、户部侍郎吕琦为卤簿使、御史中丞王易简为仪仗使。旧史、实录无桥道顿递使，疑不置或阙书。汉高祖亦然。已卯，四方馆使朱崇节、右金吾卫大将军梁言使于契丹。秋七月壬辰，皇祖母刘氏崩，辍视朝三日。高祖所生母也。高祖时尊为皇太后矣。其崩也，丧葬不用后礼，见恩礼之薄。不书曰"皇太后"者，于帝为祖母也。曰"崩"，正其名也。丁酉，使石德超扑马于相州之西山。前已备见，故文省。庚子，大赦。甲辰，契丹使通事来。八月戊午，高行周克襄州。安从进自焚死，故不书伏诛。庚申，天平军节度使景延广、义成军节度使李守贞、彰德军节度使郭谨进钱粟助作山陵。甲子，契丹使郎五来。庚午，葬皇祖母于魏县。癸酉，契丹使其客省使张九思来。九月辛丑，李守贞为大行皇帝山陵都部署。冬十月己未，契丹使舍利来。庚午，回鹘遣使者来。十一月，契丹使大卿来。庚寅，葬圣文章武孝皇帝于显陵。陵在河南寿安县，五代之乱，至此七君而不得其死者五。明宗虽善终，而愍帝不克葬。至废帝时，始克葬，故皆不书。至此始见子得葬其父，故并祔庙详书之。己亥，牛羊使董殷使于契丹。庚子，祔高祖神主于太庙。辛丑，蠲高祖灵车所过民租之半。十二月庚午，北京留守刘知远进百头穹庐。穹庐，夷狄之用也。契丹于越使令骨支来。辛未，又使野里已来。丙子，于阗使都督刘再升来。沙州曹元深、瓜州曹元忠皆遣使附再升以来。旱、蝗。

八年春正月，契丹于越使乌多奥来。二月壬子，景延广为御营使。己未，如东京。赦广晋府囚。庚申，次澶州。赦囚。乙丑，至自邺都。庚午，寒食，望祭显陵于南庄，焚御衣、纸钱。焚衣，野祭之类，皆闾巷人之事也。用之天子，见礼乐坏甚。三月己卯朔，赵莹罢。晋昌军节度使桑维翰为侍中。辛丑，引进使、太府卿孟承诲使于契丹。蝗。夏四月庚午，董殷使于契丹。供奉官张福率威顺军捕蝗于陈州。五月，泰宁军节度使安审信捕蝗于中都。丁亥，追封皇伯敬儒为宋王。癸卯，冯道罢。甲辰，以旱蝗大赦。六月庚戌，祭蝗于皋门。癸亥，供奉官七人帅奉国军捕蝗于京畿。辛未，括借民粟，杀藏粟者。秋七月甲午，册皇太后。丁酉，射于南庄。契丹使梅里等来。甲辰，供奉官李汉超帅奉国军捕蝗于京畿。八月丁未朔，募民捕蝗，易以粟。辛亥，检民青苗。九月戊寅，尊秦国夫人安氏为皇太妃。丙申，幸大年庄及景延广第。冬十月戊申，立冯氏为皇后。冯氏，于帝为叔母。壬子，畋于近郊。幸沙台。丙寅，契丹使通事刘胤来。庚午，括借民粟。十一月己卯，董殷使于契丹。甲申，幸八角，阅马牧。乙未，契丹使梅里来。戊戌，齐州刺史杨承祚奔于青州。辛丑，高丽使其广评侍郎金仁逢来。十二月癸丑，给事中边光范、登州刺史郭彦威使于契丹。

甲寅，高丽使太相来。平卢军节度使杨光远反，淄州刺史翟进宗死之。

开运元年春正月甲戌朔，契丹寇沧州。己卯，陷贝州。庚辰，归德军节度使高行周为北面行营都部署。契丹入雁门，寇代州。辛巳，殿直王班使于契丹，至于邺都，不得进而复。晋自高祖以父事契丹甚谨，而岁时遣使。旧史、实录皆不书。至出帝立，使者旁午不绝，不可胜数。故其官卑者，皆略而不书。班以不得进，故书。大饥。壬午，前静难军节度使李同留守东京。景延广为御营使。乙酉，北征。丙戌，契丹寇黎阳。辛卯，讲武于澶州。契丹屯于元城，赵延寿寇南乐。甲午，刘知远为幽州道行营招讨使，括马。丙申，契丹寇黎阳。辛丑，刘知远及契丹伟王战于秀容，败之。博州刺史周儒叛降于契丹。二月戊申，前军都虞候李守贞及契丹战于马家渡，败之。癸丑，北面行营都虞候马全节及契丹战于北平，败之。三月癸酉，及契丹战于戚城，契丹去。战而两各伤失，收兵徐去，晋不能追，故以"自去"为文。己丑，冀州刺史白从晖及契丹战于衡水，败之。癸巳，籍民为武定军。夏四月，契丹陷德州。沿河巡检使梁进败之，取德州。甲寅，至自澶州，赦京师。己未，马全节及契丹战于定丰，败之。辛酉，率借民财。五月戊寅，李守贞讨杨光远。丁亥，邺都留守张从恩为贝州行营都部署。辛卯，李守贞为青州行营都部署。六月，克淄州。丙午，复置枢密使。丁未，侍中桑维翰为中书令、充枢密使。丙辰，河决滑州，环梁山，入于汶、济。秋七月辛未朔，大赦，改元。己丑，太子太傅刘昫守司空、兼门下侍郎同中书门下平章事。八月辛丑朔，刘知远为北面行营都统。顺德军节度使杜威为都招讨使。戊辰，旌表陈州项城民史仁诩门闾。九月丙子，契丹寇遂城、乐寿。代州刺史白文珂及契丹战于七里烽，败之。冬十月庚戌，武宁军节度使赵在礼为北面行营副都统，邺都留守马全节为招讨使。十二月己亥朔，射兔于皋门。丁巳，杨承勋囚其父光远以降，杀之。出帝已许其不死，既而命李守贞自杀之，故不书"伏诛"。闰月乙酉，德音赦青州囚。契丹寇恒州。

二年春正月，契丹陷秦州。壬子，马全节及契丹战于榆林，两军

皆溃。戊午,幸南庄。张从恩留守东都。辛酉,高行周为御营使。乙
丑,北征,契丹去。二月己巳,幸黎阳。横海军节度使田武为东北面
行营都部署,以备契丹。曰"以备契丹",嫌契丹去而命将。丙子,大阅于
戚城。丙戌,阅马于铁丘。丙申,端明殿学士、尚书户部侍郎冯玉为
户部尚书、枢密使。三月戊戌,契丹陷祁州。刺史沈斌死之。丁未,
畋于戚城。庚戌,马全节克秦州。辛亥,易州戍将孙方谏及契丹谐
里战于狼山,败之。甲寅,杜威克满城。乙卯,克遂城。庚申,杜威
及契丹战于阳城,败之。追奔至于卫村,又败之。夏四月戊寅,劳旋
于戚城。己卯,劳旋于王莽河。甲申,至自澶州。赦左右军囚。庚
寅,大赏军功。五月丙申朔,大赦。丙午,幸南庄。六月丁卯,射于
繁台,幸杜威第。旱。秋八月甲子朔,废二舞。丙寅,和凝罢。冯玉
为中书侍郎同中书门下平章事。辛未,阅马于茂泽陂。丁丑,括马。
九月己亥,阅马于万龙冈。幸李守贞第。冬十月丁丑,高丽使其广
评侍郎韩玄珪、礼宾卿金廉等来。戊寅,射兔于砚台。戊子,高丽使
其兵部侍郎刘崇珪、内军卿朴艺言来。十一月戊戌,封王武为高丽
国王。己巳,射兔于皋门。幸沙台。十二月丁丑,腊,畋于郊。丁亥,
桑维翰罢。开封尹赵莹为中书令,李崧守侍中、枢密使。

　　三年春二月丙子,回鹘使突厥陆来。壬午,射鸭于板桥。幸南
庄。夏六月,孙方谏以狼山叛附于契丹。丙寅,契丹寇边。己丑,李
守贞为行营都部署、义成军节度使,皇甫遇为副。河决渔池。大饥,
群盗起。秋七月,大雨,水,河决杨刘、朝城、武德。八月辛酉,河溢
历亭。九月,河决澶、滑、怀州。辛丑,行营马军排阵使张彦泽及契
丹战于新兴,败之。癸卯,刘知远及契丹战于朔州,败之。大雨霖,
河决临黄。冬十月,河决卫州。丙寅,河决原武。辛未,杜威为北面
行营都招讨使。李守贞为兵马都监。十一月,永静军节度使梁汉璋
及契丹战于瀛州,败绩。契丹寇镇定。十二月己未,杜威军于中渡。
壬戌,奉国都指挥使王清及契丹战于滹沱,败绩,死之。战将殁于阵、
守将殁于城,而不书"死"者,以其志未可知也。或欲走而不得,或欲降而未暇,
遂以被杀尔。若不走、不降而死节明者,自书"死",如清是已。杜威、李守贞、

张彦泽以其军叛降于契丹。庚午，射兔于沙台。壬申，张彦泽犯京师，杀开封尹桑维翰。契丹灭晋。出帝虽存，而晋则亡，已故书"灭"。

　　呜呼！余书"封子重贵为郑王"，又书"追封皇伯敬儒为宋王"者，岂无意哉？《礼》："兄弟之子，犹子也"。重贵书"子"，可矣。敬儒，出帝父也，书曰"皇伯"者，何哉？出帝立不以正，而绝其所生也。盖出帝于高祖得为子，而不得为后者，高祖自有子也。方高祖疾病，抱其子重睿，置于冯道怀中，而托之。出帝岂得立邪？晋之大臣既违礼废命而立之，以谓出帝为高祖子，则得立；为敬儒子，则不得立。于是深讳其所生而绝之，以欺天下为真高祖子也。《礼》曰："为人后者，为其父母服。"使高祖无子，出帝得为后而立以正，则不待绝其所生以为欺也。故余书曰"追封皇伯敬儒为宋王者"以见其立不以正，而灭绝天性，臣其父而爵之，以欺天下也。

新五代史卷一〇
汉本纪第一〇

高祖　隐帝

　　高祖睿文圣武昭肃孝皇帝,姓刘氏,初名知远。其先沙陀部人也,其后世居于太原。知远弱,不好弄,严重寡言,面紫色,目多白睛,凛如也。与晋高祖俱事明宗,为偏将。明宗及梁人战德胜,晋高祖马甲断,梁兵几及,知远以所乘马授之,复取高祖马殿而还。高祖德之。高祖留守北京,知远为押衙。潞王从珂反,愍帝出奔,高祖自镇州朝京师,遇愍帝于卫州,止传舍,知远遣勇士石敢袖铁槌侍高祖,以虞变。高祖与愍帝议事未决,左右欲兵之,知远拥高祖入室,敢与左右格斗而死。知远即率兵尽杀愍帝左右,留帝传舍而去。

　　废帝入立,高祖复镇河东。已而有隙,高祖将举兵,知远与桑维翰密为高祖谋画,赞成之。高祖即位于太原,以知远为侍卫亲军都虞侯,领保义军节度使。契丹耶律德光送高祖至潞州,临决指知远曰:“此都军甚操剌,世俗谓勇猛为操剌,录其本语。无大故勿弃之。”

　　天福二年,迁侍卫马步军都指挥使,领忠武军节度使。已而以杜重威代知远领忠武,徙知远领归德。知远耻与重威同制,杜门不出。高祖怒,欲罢其兵职。宰相赵莹以为不可,高祖乃遣端明殿学士和凝就第宣谕,知远乃受命。

　　五年,徙邺都留守。九月,朝京师,高祖幸其第。

　　六年,拜河东节度使、北京留守。

　　七年,高祖崩。

　　知远从高祖起太原,有佐命功。自出帝立,与契丹绝盟,用兵北方,常疑知远勋位已高,幸晋多故而有异志,每优尊之。拜中书令,封太原王、幽州道行营招讨使。又拜北面行营都统。

　　开运二年四月,封北平王。

　　三年五月,加守太尉。然王未尝出兵。契丹寇澶州,别遣伟王攻雁门,败之于秀容。八月,杀吐浑白承福等族,取其赀巨万,良马数千。

　　四年,契丹犯京师。出帝北迁,王遣牙将王峻奉表契丹,耶律德光呼之为"儿",赐以木拐,虏法贵之如中国几杖,非优大臣不可得。峻持拐归,虏人望之皆避道。峻还,为王言契丹必不能有中国,乃议建国。二月戊辰,河东行军司马张彦威等上笺劝进。辛未,皇帝即位,称天福十二年。天福,晋高祖年号也。天福止八年,改元开运,至此四年矣。汉虽建国,而未有国号,又称晋年号。舍开运而追续天福为十二年,初无义理,但书其实尔。磁州贼首梁晖取相州来归。变来降曰"来归",哀斯人也。是时,天下无主,得其主则往归之,与夫叛于彼而来于此者异矣。汉高祖非有德之君,惶惶斯人之无所归者,犹得而归也。故曰"归"。武节都指挥使弘肇取代州,杀其刺史王晖。晋州将药可俦杀其守将骆从朗及括钱使、谏议大夫赵熙来归。辛巳,陕州留后赵晖、潞州留后王守恩来归。三月丙戌朔,蠲河东杂税。辛卯,延州军乱,逐其节度使周密。壬辰,丹州指挥使高彦询以其州来归。壬寅,契丹遁。闻汉起太原,畏而去,故与自去异其文。"遁"者,退避之称。以其将萧翰为宣武军节度使,守汴州。夏四月己未,右都押衙杨邠为枢密使,蕃汉兵马都孔目官郭威权枢密副使。契丹陷相州,杀梁晖。癸亥,立魏国夫人李氏为皇后。甲子,河东节度判官苏逢吉、观察推官苏禹珪为中书侍郎同中书门下平章事。乙丑,侍卫亲军步军都指挥使史弘肇取潞州。戊辰,奉国指挥使武行德以河阳来归。史弘肇取泽州。丙子,契丹耶律德光卒于栾城,契丹入于镇州。五月甲午,太原尹刘崇为北京留守。丙申,如东京。萧翰遁归于契丹。以郓国公李从益知南朝军国事。戊申,次绛州。刺史李从朗来归。六月丙辰,次河阳,杀李从益及其母于京师。甲子,至自太原。戊辰,改国号"汉"。高祖初建国无国号,盖其制诏皆无明文,故阙不书。然称天福十二年,则国仍号晋可知,但无明据,故慎于所疑尔。此书改国号"汉",则未改之前宜有所称,此可以推知也。赦罪人,蠲民税。于阗遣使者来。是夏,刘昫薨。秋闰七月乙丑,禁造契丹服器。天雄军节度使杜重威反。杜重威于晋出帝时,避出帝名去"重",至汉而复之。天平军节度使高行周为邺都行营都部署,以讨之。庚辰,追尊祖考为皇帝,妣为皇后。高祖湉谥曰"明元",庙号文祖;祖妣李氏谥曰"明贞"。曾祖昂谥"恭僖",庙号德祖;祖妣杨氏谥曰"恭惠"。祖偲谥曰"昭宪",庙号翼祖;祖妣李氏谥曰"昭穆"。考琠谥曰"章圣",庙号显祖;妣安氏谥曰"章懿"。以汉高皇帝为高祖,光武皇帝为世祖,皆不祧。八月,护圣指挥使白再荣逐契丹,以镇州来归。丙申,安国军节度使薛怀让杀契丹之将,刘铎入于邢州。九月甲戌,吏部尚书窦贞固守司空、兼门下侍郎。翰林学士、中书舍人李涛为中书侍郎同中书门下平章事。庚辰,北征。冬十月甲申,次韦城,赦河北。十一月壬申,杜重威降。十二月癸巳,至自邺都。

乾祐元年春正月乙卯,大赦,改元。己未,更名暠。丁丑,皇帝崩于万岁殿。年五十四。

隐帝,高祖第二子,承祐也。高祖即位,拜右卫上将军、大内都点检。魏王承训长而贤,高祖爱之,方属以为嗣,承训薨。高祖不豫,悲哀疾剧,乃以承祐属诸将相。宰相苏逢吉曰:"皇子承祐未封王,请亟封之。"未及封,而高祖崩,秘不发丧,杀杜重威。

乾祐元年二月辛巳,封承祐周王。是日,皇帝即位于枢前。壬辰,右卫大将军、凤翔巡检使王景崇及蜀人战于大散关,败之。癸巳,大赦。三月壬戌,窦贞固为大行皇帝山陵使,吏部侍郎段希尧为副,太常卿张昭为礼仪使,兵部侍郎卢价为卤簿使,御史中丞边蔚为仪仗使。丁丑,李涛罢。护国军节度使李守贞反,陷潼关。夏四月辛巳,陕州兵马都监王玉克潼关。壬午,永兴军将赵思绾叛附于李守贞,客省使王峻师师屯于关西。峻,不命为将,又不令讨贼,但令以

兵实关西，下文乃见命将。杨邠为中书侍郎兼吏部尚书同中书门下平
章事，郭威为枢密使，镇宁军节度使郭从义为永兴军兵马都部署。
戊子，保义军节度使白文珂为河中兵马都部署。河决原武。五月己
未，回鹘遣使者来。乙亥，魏州内黄民武进妻一产三男子。河决滑
州。鱼池旱、蝗。秋七月戊申朔，彰德军节度使王继弘杀其判官张
易。鸜鹆食蝗。丙辰，禁捕鸜鹆。庚申，郭威同中书门下平章事。癸
亥，契丹郑州刺史王彦徽来奔。庚午，杀成德军副使张鹏。乙亥，王
景崇叛附于李守贞。八月壬午，郭威讨李守贞。九月，西面行营都
虞侯尚弘迁及赵思绾战，败绩。冬十月甲申，吐蕃使斯漫笃蔺毡药
斯来。十一月甲寅，杀太子太傅李崧，灭其族。壬申，葬睿文圣武昭
肃孝皇帝于睿陵。在河南告城县。十二月己卯，彰武军节度使高允权
杀太子太师致仕刘景岩。

　　二年隐帝即位至此，宜改元而不改元，具周显德二年注。而帝名承祐，
年名乾祐，举国臣民共称而不改避，当时莫大之失本纪无讥者，但书其实。后
世自见也。春正月乙巳朔，赦囚。二月丙子，蠲民纽配租。夏五月，李
守贞之将周光逊降。乙丑，赵思绾降。六月辛卯，回鹘首领杨彦珣
来。西凉府遣使者来。蝗。秋七月丁巳，郭威杀华州留后赵思绾于
京兆。甲子，克河中。守贞自焚死，故不书伏诛。八月，郭从义杀前永兴
巡检乔守温。丙戌，郭威使来，献俘。冬十月，契丹寇赵、魏，群臣进
添都马。契丹陷内丘。己丑，郭威及宣徽南院使王峻伐契丹。十一
月，契丹遁。

　　三年春正月，西面行营都部署赵晖克凤翔。景崇自焚死，故不书
伏诛。丙午，郭威进添都马。壬子，赵晖献馘俘。二月甲戌，旌表颍
州汝阴民曲温门间。三月己酉，寒食，望祭于南御园。夏四月壬午，
郭威以枢密使为天雄军节度。六月癸卯，河决原武。秋八月，达靼
来附。冬十一月丙子，杀杨邠及侍卫亲军都指挥使史弘肇、三司使
王章，皆灭其族。郭威反。庚辰，义成军节度使宋延渥叛附于威。壬
午，威犯封丘，泰宁军节度使慕容彦超军于七里店。癸未，劳军于北
郊。甲申，劳军于刘子陂。慕容彦超及郭威战，败绩。开封尹侯益

叛降于威。郭允明反。乙酉，皇帝崩。年二十。周广顺元年葬之许州阳
翟县，号颍陵。为贼所葬，故不书。苏逢吉自杀，汉亡。自隐帝崩后四十二
日，周太祖始即位。而断自帝崩书"汉亡"者，见帝崩而汉亡矣。其太后临朝，湘
阴公嗣立，皆周所假托，非诚实，所以破其奸，故书曰"汉亡"。见周之立迟也，
迟，而难于自立，则犹有自愧之心焉。

　　呜呼！人君即位称元年，常事尔，古不以为重也。孔子未修《春
秋》其前，固已如此。虽暴君昏主妄庸之史，其记事先后远近，莫不
以岁月一二数之，乃理之自然也。其谓一为元，亦未尝有法，盖古人
之语尔。古谓岁之一月，亦不云一，而曰"正月"。《国语》言：六品曰元间大吕，
《周易》列六爻曰初九。大抵古人言数多不云一，不独谓年为元也。及后世曲
学之士，始谓孔子书"元年"为《春秋》大法，遂以改元为重事。自汉
以后，又名年以建元，而正伪纷杂，称号遂多，不胜其纪也。五代，乱
世也，其事无法，而不合于理者，多矣。皆不足道也。至其年号乖错
以惑后世，则不可以不明。梁太祖以乾化二年遇弑，明年，末帝已
诛，友珪黜其凤历之号，复称"乾化三年"尚为有说。至汉高祖建国，
黜晋出帝"开运四年"，复称"天福十二年"者，何哉？盖以其爱憎之
私尔。方出帝时，汉高祖居太原，常愤愤下视晋，而晋亦阳优礼之，
幸而未见其隙。及契丹灭晋，汉未尝有赴难之意，出帝已北迁，方阳
以兵声言，追之至土门而还。及其即位，改元而黜"开运"之号，则其
用心可知矣。盖其于出帝无复君臣之义，而幸祸以为利者，其素志
也。可胜叹哉！夫所谓有诸中，必形于外者，其见于是乎？

新五代史卷一一
周本纪第一一

太　祖

　　太祖圣神恭肃文武皇帝,姓郭氏,邢州尧山人也。父简事晋,为顺州刺史。刘仁恭攻破顺州,简见杀。子威少孤,依潞州人常氏。

　　潞州留后李继韬募勇敢士为军卒,威年十八,以勇力应募。为人负气,好使酒,继韬特奇之。威尝游于市,市有屠者,常以勇服其市人。威酒醉呼屠者,使进几割肉,割不如法,叱之。屠者披其腹,示之曰:"尔勇者能杀我乎?"威即前取刀刺杀之,一市皆惊。威颇自如。为吏所执,继韬惜其勇,阴纵之,使亡。已而,复召置麾下。继韬叛晋附于梁后,庄宗灭梁,继韬诛死,其麾下兵悉隶从马直,威以通书算补为军吏。好读《阃外春秋》,略知兵法,后为侍卫军吏。汉高祖为侍卫亲军都虞侯,尤亲爱之。后高祖所临镇,尝以威从。契丹灭晋,汉高祖起兵太原,即皇帝位,拜威枢密副使。

　　乾祐元年正月,高祖疾,大渐,以隐帝托威及史弘肇等。隐帝即位,拜威枢密使。是岁三月,河中李守贞、永兴赵思绾、凤翔王景崇相次反,隐帝遣白文珂、郭从义、常思等分讨之。久皆无功。隐帝谓威曰:"吾欲烦公可乎?"威对曰:"臣不敢请,亦不敢辞,惟陛下命。"乃加拜威同中书门下平章事,使西督诸将。威居军中,延见宾客,褒衣博带。及临阵行营,幅巾短后,与士卒无异。上所赐予,与诸将会射,恣其所取,其余悉以分赐士卒。将士皆欢乐。威至河中,自栅其城东,思栅其南,文珂栅其西。调五县丁二万人筑连垒,以护三栅。

诸将皆谓守贞穷寇,破在旦夕,不宜劳人如此。威不听。已而,守贞数出兵,击坏连垒,威辄补之。守贞辄复出击,每出必有亡失。久之,城中兵食俱尽。威曰:"可矣。"乃治攻具,为期日,四面攻之,破其罗城。守贞与妻子自焚,死。思绾、景崇相次降。隐帝劳威以玉带,加检校太师兼侍中。威辞曰:"臣事先帝,见功臣多矣,未尝以玉带赐之。"因言:"臣幸得率行伍,假汉威灵以破贼者,岂特臣之功?皆将相之贤,有以安朝廷,抚内外,而馈饷以时,故臣得以专事征伐。"隐帝以威为贤,于是悉召杨邠、史弘肇、苏逢吉、禹珪、窦贞固、王章等皆赐以玉带,威乃受。威又推功大臣,请加爵赏,于是加贞固司空、逢吉司徒,禹珪、邠左、右仆射。已而,又曰:"此特汉廷亲近之臣耳。汉诸宗室,天下方镇,外暨荆、浙、湖南,皆未及也。"由是滥赏遍于天下。是冬,契丹寇边,威以枢密使北伐,至魏州,契丹遁。

三年二月,师还。四月,拜威邺都留守、天雄军节度使,仍以枢密使之镇。宰相苏逢吉以谓:"枢密使不可以藩镇兼领。"与史弘肇等固争。久之,卒以枢密使行,诏河北诸州皆听威节度。隐帝与李业等谋,已杀史弘肇等。诏镇宁军节度使李弘义杀侍卫步军指挥使王殷于澶州。又诏侍卫马军指挥使郭崇杀威。及宣徽使王峻于魏,诏书先至,澶州弘义恐事不果,反。以诏书示殷,殷与弘义遣人告威。已而,诏杀威、峻使者,亦驰骑至威,匿诏书,召枢密使院吏魏仁浦谋于卧内,仁浦劝威反,教威倒用留守印,更为诏书。诏威诛诸将校,以激怒之,将校皆愤然效用。十一月丁丑,威遂举兵渡河。隐帝遣开封尹侯益、保大军节度使张彦超、客省使阎晋卿等率兵拒威。又遣内养鸢脱觇威所向。鸢脱为威所得,威乃附脱奏请缚李业等送军中。隐帝得威奏以示业等,业等皆言威反状已白,乃悉诛威家属于京师。庚辰,威至滑州。义成军节度使宋延渥叛于汉来降。壬午,犯封丘。甲辰,及泰宁军节度使慕容彦超战于刘子陂。彦超败,奔于兖州。郭允明反,弑隐帝于赵村。丙戌,威入京师,纵火大掠。戊子,率百官朝太后于明德门,请立嗣君。太后下令,文武百寮、六军将校,议择贤明以承大统。庚寅,威率百官诣明德门,请立武宁军节度使赟为嗣。遣太师冯道迎赟于徐州。辛卯,请太后临朝听政,以王峻为枢密使,翰林学士、尚书兵部侍郎范质为副使。十二月甲午朔,威北伐契丹,军于滑州。癸丑,至澶州而旋。王峻遣郭崇以骑七百逆刘赟于宋州,杀之。其将巩廷美、杨温为赟守徐州。戊午,次皋门。汉宰相窦贞固、苏禹珪来劝进。庚申,太后制,以威监国。

广顺元年春正月丁卯,皇帝即位,大赦,改元。国号"周"。己巳,上汉太后尊号曰"昭圣皇太后"。戊寅,汉刘崇自立于太原。吴、蜀诸国自立,皆绝而不书,此书与其不屈于周,语在《十国年谱》论。己卯,冯道为中书令。二月辛丑,西州回鹘使都督来。丁未,契丹兀欲遣使裹骨支来。癸丑,寒食,望祭于蒲池。蒲池,佛寺名也。丁巳,尚书左丞田敏使于契丹。回鹘使摩尼来。三月甲戌,武宁军节度使王彦超克徐州。巩廷美、杨温不书死之,语在《赟传》。夏四月甲午,立夫人董氏为德妃。五月辛未,追尊祖考为皇帝,妣为皇后。高祖璟谥曰"睿和",庙号信祖;妣张氏谥曰"睿恭"。曾祖谌谥曰"明宪",庙号僖祖;祖妣申氏谥曰"明孝"。祖蕴谥曰"翼顺",庙号义祖;祖妣韩氏谥曰"翼敬"。考谥曰"章肃",庙号庆祖;妣王氏谥曰"章德"。六月辛亥,范质及户部侍郎判三司李谷为中书侍郎同中书门下平章事。窦贞固、苏禹珪罢。癸丑,范质参知枢密院事。丁巳,宣徽北院使翟光邺为枢密副使。秋七月戊寅,幸王峻第。八月壬寅,契丹来归。赵莹之丧。冬十月丙午,汉人来讨。"讨"加有罪,汉之于周,义所得诛。攻自晋州。云"自晋州"者,见汉兵当诛罪人于京师,自晋州而入耳。攻城无得失,不书。此书者,许汉来讨。十一月,王峻及建雄军节度使王彦超拒之。十二月,慕容彦超反。

二年春正月甲子,侍卫步军都指挥使曹英为兖州行营都部署。庚午,高丽王昭使其广评侍郎徐逢来。二月庚寅,府州防御使折德扆克岢岚军。二月丁巳朔,寒食。望祭于郊。戊辰,内客省使郑仁诲为枢密副使。翟光邺罢。夏五月庚申,东征。李谷留守东都,郑仁诲为大内都点检。癸亥,次曹州。赦流罪以下囚。乙亥,克兖州。彦超投井死,故不书伏诛。壬午,赦兖州。六月乙酉朔,幸曲阜,祠孔子。

庚子,至自兖州。秋九月乙丑,太仆少卿王演使于高丽。契丹寇边。

三年春正月乙卯,麟州刺史杨重训叛于汉来附。闰月丙戌,回鹘使独呈相温来。二月甲子,贬王峻为商州司马。三月甲申,封荣为晋王。不书子者,荣于礼不得为子。不书子则当书其本姓,又不书者,周人所共讳。丙戌,郑仁诲罢。已丑,棣州团练使王仁镐为右卫大将军、枢密副使。夏六月,大雨,水。秋七月,契丹卢台军使张藏英来奔。九月,吐浑党富达等来。冬十月庚申,冯道为奉迎神主使。十一月癸未,党项使吴怗磨五等来。十二月戊申,四庙神主至自西京,迎之于西郊,祔于太庙。壬申,杀天雄军节度使王殷。乙亥,享于太庙。

显德元年春正月丙子朔,有事于南郊。大赦,改元。群臣上尊号。曰:"圣明文武仁德皇帝"。戊寅,罢邺都。丙戌,镇宁军节度使郑仁诲为枢密使。壬辰,端明殿学士、户部侍郎王溥为中书侍郎同中书门下平章事。王仁镐罢。是日,皇帝崩于滋德殿。年五十一,书"是日",连上文嫌无崩日。

新五代史卷一二
周本纪第一二

世宗　恭帝

　　世宗睿武孝文皇帝，本姓柴氏，邢州龙冈人也。柴氏女适太祖，是为圣穆皇后。后兄守礼子荣，幼从姑长太祖家，以谨厚见爱，太祖遂以为子。太祖后稍贵，荣亦壮，而器貌英奇，善骑射，略通书史黄老，性沈重寡言。太祖为汉枢密使，荣为左监门卫大将军。太祖镇天雄，荣领贵州刺史、天雄军牙内都指挥使。

　　乾祐三年冬，周兵起魏，犯京师。留荣守魏。太祖入立，拜澶州刺史、镇宁军节度使、检校太傅、同中书门下平章事。荣素为枢密使王峻所忌，广顺三年正月来朝，不得留。既而峻有罪诛。三月，拜荣开封尹，封晋王。是冬，卜以来年正月朔旦，有事于南郊。而太祖遇疾，不能视朝者，久之。

　　显德元年正月丙子，郊。仅而成礼。即以王判内外兵马事。壬辰，太祖崩，秘不发丧。丙申，发丧，皇帝即位于枢前。于书封晋王，正其非子矣。其余假窃嗣君之礼，不待讥贬而可知，故皆无异辞。右监门卫大将军魏仁浦为枢密副使。二月庚戌，回鹘遣使者来。丁卯，冯道为大行皇帝山陵使，太常卿田敏为礼仪使，兵部尚书张昭为卤簿使，御史中丞张煦为仪仗使，开封少尹权判府事王敏为桥道顿递使。汉人来讨，攻自潞州。三月辛巳，大赦。癸未，郑仁诲留守东京。乙酉，如潞州，以攻汉。不曰伐，曲在周，不可以大小为言。故用"两相攻"为文。壬辰，次泽州，阅兵于北郊。癸巳，及刘旻战于高原，败之。与其不屈于周,不与其称帝,故书姓名。追及于高平,又败之。丁酉,幸潞州。己亥,侍卫马军都指挥使樊爱能、步军都指挥使何徽伏诛。壬寅,天雄军节度使符彦卿为河东行营都部署。夏四月乙卯,葬神圣文武恭肃孝皇帝于嵩陵。在郑州新郑县。汾州防御使董希颜叛于汉来附。丙辰,辽州刺史张汉超叛于汉来附。辛酉,取岚宪州。壬戌,立卫国夫人符氏为皇后。取石沁州。乙丑,冯道薨。庚午,赦潞州流罪以下囚。如太原。忻州监军李勍杀其刺史赵皋,叛于汉来附。五月丙子,代州守将郑处谦叛于汉来附。契丹救汉。丁酉,回鹘使因难敌略来。符彦卿及契丹战于忻口,败绩。先锋都指挥使史彦超死之。六月乙巳,班师。乙丑,次新郑,遂拜嵩陵。庚午,至自太原。秋七月庚辰,阅稼于南御庄。癸巳,枢密院直学士、工部侍郎景范为中书侍郎同中书门下平章事,魏仁浦为枢密使。冬十月甲辰,杀左羽林大将军孟汉卿。

二年五代乱世,以嗣君即位者五,而改元不依古者四。梁末帝、晋出帝即位,逾年,宜改元而不改,又明年然后改。汉隐帝、周世宗皆仍称先帝年号,终其世不改,而《本纪》无讥者,但书其实,自见其失也。春二月,御札求直言。夏五月辛未,宣徽南院使向训、凤翔节度使王景伐蜀。甲戌,大毁佛寺,禁民亲无侍养,而为僧尼及私自度者。秋九月丙寅朔,颁铜禁。闰月癸丑,向训克秦州。冬十月辛未,取成州。戊寅,高丽使王子太相融来。取阶州。十一月乙未朔,李谷为淮南道行营都部署,以伐唐。戊申,王景克凤州。十二月丙戌,郑仁诲薨。

三年春正月,增筑京城。庚子,向训留守东京。壬寅,南征。辛亥,侍卫亲军都指挥使李重进及唐人战于正阳,败之。甲寅,重进为淮南道行营都招讨使。二月丙寅,幸下蔡浮桥。壬申,克滁州。甲戌,李景来求成,不答。壬午,景使其臣钟谟来奉表。丙戌,取扬州。辛卯,取泰州。三月庚子,内外马步军都头袁彦为竹龙都部署。是月,取光、舒、常州。书"是月",见取三州,不同日。夏四月,常、泰州复入于唐。五月乙卯,至自淮南,赦京师囚。六月壬申,德音赦淮南囚。秋七月,皇后崩。扬、光、舒、滁州复入于唐。八月乙丑,课民种木及韮。九月丙午，端明殿学士、左散骑常侍王朴为尚书户部侍郎、枢密副使。冬十月辛酉，葬宣懿皇后于懿陵。十一月庚寅，废诸祠不在祀典者。乙巳，杀李景之臣孙晟。书"杀景臣"而不书晟死，盖已深罪周杀忠臣，则晟之死节自著。

四年春正月己丑朔，赦非死罪囚。二月甲戌，王朴留守东京。乙亥，南征。三月丁未，克寿州。不书刘仁赡降，事见《死节传》。盖仁赡实不降，故书周自克之尔。"克"者，难取之名也。寿难取，则见仁赡之节著。不书"死之"者，仁赡自以病死，以其至死守节，故列之《死节传》。夏四月己巳，至自寿州。己卯，放降卒八百归于蜀。癸未，追册彭城郡夫人刘氏为皇后。五月丙申，杀密州防御使侯希进。秋八月乙亥，李穀罢，王朴为枢密使。癸未，蜀人来归我濮州刺史胡立。冬十月己巳，王朴留守东京。三司使张美为大内都点检。壬申，南征。十二月乙卯，泗州守将范再遇叛于唐，以其州来降。庚申，濠州团练使郭廷谓以其州来降。身居其地而来降者，书"附"。再遇、廷谓虽以地降，既降而不居其地，故不书"附"而书"降"。廷谓不书"叛"，事见《南唐世家》。丁丑，取泰州。

五年春正月丁亥，取海州。壬辰，取静海军。丁未，克楚州，守将张彦卿、郑昭业死之。自四年十二月辛酉攻之，彦卿等坚守四十余日乃克之。其不走不降可知。故予其死。《本纪》书"死"者十余人，宋令询及李遇、彦卿、昭业皆以事迹不完，不能立传。然所贵者死尔，《本纪》著其大节可矣。二月甲寅，取雄州。丁卯，如扬州。癸酉，如瓜州。三月壬午朔，如泰州。丁亥，复如扬州。辛卯，幸迎銮。己亥，克淮南十有四州，以江为界。并前所得通十四州耳。书之，见其本志所止。三月辛亥，李景来买宴。四月庚申，祔五室神主于新庙。壬申，至自淮南。回鹘、达靼遣使来。六月辛未，放降卒四千六百于唐。秋七月乙酉，水部员外郎韩彦卿市铜于高丽。丁亥，颁《均田图》。九月，占城国王释利因德缦使莆诃散来。冬十月丁酉，括民租。十一月庚戌，作《通礼》、《正乐》。十二月丙戌，罢州县课户、俸户。

六年春正月，高丽王昭遣使者来。辛酉，女真使阿辨来。三月己酉，甘州回鹘来献玉，却之。庚申，王朴薨。丙寅，宣徽南院使吴延祚留守东京。癸酉，停给铜鱼。甲戌，北征。是月，吴延祚为左骁卫上将军、枢密使。夏四月壬辰，取乾宁军。辛丑，取益津关以为霸州。癸卯，取瓦桥关以为雄州。州县废置不书，此书重复中国故地。世宗下三关、瓦桥、益津以建州及见，淤口关止置寨，故旧史、实录皆阙不书，遂不见其取得时日，今信安军是也。五月乙巳朔，取瀛州。复中国故地，故不书"契丹"。甲戌，至自雄州。六月癸未，立皇后符氏。符氏无国爵，不曰"立符氏为皇后"，嫌同于不正也。盖其位先定而后娶，故书曰"立皇后符氏"，文理宜然，无褒贬也。封子宗训为梁王、宗谊燕国公。戊子，占城使莆诃散来。己丑，范质、王溥参知枢密院事，魏仁浦同中书门下平章事。癸巳，皇帝崩于滋德殿。年三十九。

恭皇帝，世宗第四子宗训也。世宗即位，大臣请封皇子为王，世宗谦抑，久之。及北取三关，遇疾还京师，始封宗训梁王，时年七岁。

显德六年六月癸巳，世宗崩。甲午，皇帝即位于枢前。癸卯，范质为大行皇帝山陵使，翰林学士窦俨为礼仪使，兵部尚书张昭为卤簿使，御史中丞边归谠为仪仗使，宣徽南院使、判开封府事昝居润为桥道顿递使。秋七月丁未，户部尚书李涛为山陵副使，度支郎中卢亿为判官。八月庚寅，封弟熙让为曹王、熙谨纪王、熙诲蕲王。壬寅，高丽遣使者来。九月丙寅，左骁卫大将军戴交使于高丽。冬十一月壬寅，葬睿武孝文皇帝于庆陵。在郑州管城县。高丽遣使者来。

七年春正月甲辰，逊于位。

宋兴。五代之亡，所书不同，随事为文尔。"梁亡"见唐之速，"汉亡"见周之迟也。唐欺天下以讨贼，周欺天下以立赟。故书"梁亡"，见唐之立速，则知其志不在讨贼也；"汉亡"，见周之立迟，则知立赟者伪也。唐亡无辞，庄宗之弑，唐已亡矣。而明宗又称唐，愍帝之奔，唐又亡矣，而废帝又称唐。其亡也不可以屡书，故不书也。晋亡曰"契丹灭晋"，明言以深戒。周曰"逊于位"，逊，顺也，能顺乎天命也。

呜呼！五代本纪备矣。备，谓丧乱之事无所不有。君臣之际，可胜道哉！梁之友珪反唐，戕克宁而杀存义、从璨，则父子骨肉之恩几何其不绝矣。太妃薨而辍朝，立刘氏、冯氏为皇后，则夫妇之义几何其

不乖，而不至于禽兽矣。寒食野祭而焚纸钱，居丧改元而用乐，杀马
延及任圜，则礼乐刑政几何其不坏矣。至于赛雷山传箭而扑马，则
中国几何其不夷狄矣。可谓乱世也欤！而世宗区区五六年间，取秦
陇、平淮右、复三关，威武之声震慑夷夏。而方内延儒学文章之士，
考制度、修通礼、定正乐、议刑统，其制作之法皆可施于后世。其为
人明达英果，论议伟然。即位之明年，废天下佛寺三千三百三十六。
是时，中国乏钱，乃诏悉毁天下铜佛像以铸钱，尝曰："吾闻佛说以
身世为妄，而以利人为急，使其真身尚在，苟利于世，犹欲割截，况
此铜像，岂其所惜哉？"由是，群臣皆不敢言。尝夜读书，见唐元稹
《均田图》，慨然叹曰："此致治之本也，王者之政自此始！"乃诏颁其
图法，使吏民先习知之，期以一岁大均天下之田，其规为志意岂小
哉！其伐南唐，问宰相李穀以计策。后克淮南，出榖疏，使学士陶穀
为赞，而盛以锦囊，尝置之坐侧，其英武之材可谓雄杰。及其虚心听
纳，用人不疑，岂非所谓贤主哉！其北取三关，兵不血刃，而史家犹
讥其轻社稷之重，而侥幸一胜于仓卒，殊不知其料强弱、较彼我而
乘述律之殂，得不可失之机，此非明于决胜者，孰能至哉？诚非史氏
之所及也！

新五代史卷一三
梁家人传第一

太祖文惠皇后王氏
元贞皇后张氏　陈昭仪
李昭容　末帝妃张氏
妃郭氏　太祖子友裕
友珪　友璋　友雍　友徽
友孜　友文　兄全昱
全昱子友谅　友能　友海
兄友子友宁　友伦

呜呼！梁之恶极矣。自其起盗贼，至于亡唐，其遗毒流于天下。天下豪杰四面并起，孰不欲斮刃于胸。然卒不能少挫其锋以得志，梁之无敌于天下，可谓虎狼之强矣。及其败也，因于一二女子之娱，至于洞胸流肠，刲若羊豕，祸生父子之间，乃知女色之能败人矣。自古女祸大者，亡天下；其次，亡家；其次，亡身；身苟免矣，犹及其子孙。虽迟速不同，未有无祸者也。然原其本末，未始不起于忽微。《易·坤》之初六曰："履霜，坚冰至。"《家人》之初九曰："闲有家，悔亡。"其言至矣，可不戒哉！梁之家事，《诗》所谓"不可道"者，至于唐、晋以后,亲疏嫡庶乱矣。作《家人传》。

梁太祖母,曰文惠皇后王氏,单州单父人也。其生三子:长曰广王全昱,次曰朗王存,其次太祖。后少寡,携其三子佣食萧县人刘崇家。

太祖壮而无赖,县中皆厌苦之。崇患太祖慵堕不作业,数加笞责,独崇母怜之。时时自为栉沐,戒家人曰:"朱三,非常人也,宜善遇之!"

黄巢起,太祖与存俱亡为盗,从黄巢。攻广州,存战死。居数岁,太祖背巢降唐,反以破巢,遂镇宣武。乃遣人以车马之萧县,迎后于崇家。使者至门,后惶恐走避,谓刘氏曰:"朱三落魄无行,作贼死矣,何以至此邪?"使者具道太祖所以然,后乃惊喜泣下,与崇母俱载以归,封晋国太夫人。

太祖置酒太夫人前,举觞为寿,欢甚。太祖启曰:"朱五经平生读书,不登一第,有子为节度使,无忝于先人也。"后恻然良久,曰:"汝能至此,可谓英特,然行义,未必得如先人也!"太祖莫知其故,后曰:"朱二与汝俱从黄巢,独死蛮岭,其孤皆在午沟,汝今富贵,独不念之乎?"太祖泣涕谢罪,乃悉召存诸子以归。

太祖刚暴多杀戮,后每诚之,多赖以全活。大顺二年秋,后疾,卜者曰:"宜还故乡。"乃归,卒于午沟。太祖即位,立四庙,追尊皇考为穆皇帝,后曰文惠皇后。

太祖元贞皇后张氏,单州砀山县渠亭里富家子也。太祖少以妇聘之,生末帝。太祖贵,封魏国夫人。

后贤明精悍,动有礼法,虽太祖刚暴,亦尝畏之。太祖每以外事访之,后言多中。太祖时时暴怒杀戮,后尝救护,人赖以获全。太祖尝出兵行至中途,后意以为不然,驰一介召之,如期而至。郴王友裕攻徐州,破朱瑾于石佛山,瑾走,友裕不追。太祖大怒,夺其兵。友裕惶恐,与数骑亡山中。久之,自匿于广王。后阴使人教友裕脱身自归，友裕晨驰入见太祖，拜伏庭中，泣涕请死。太祖怒甚，使左右捽出将斩之，后闻之，不及履走庭中，持友裕泣曰："汝束身归罪，岂不欲明非反乎？"太祖意解，乃免。

太祖已破朱瑾，纳其妻以归，后迎太祖于封丘，太祖告之，后遽见瑾妻。瑾妻再拜，后亦拜，凄然泣下，曰："兖、郓与司空同姓之国，昆仲之间以小故兴干戈，而使吾姒至此；若不幸汴州失守，妾亦如此矣！"言已又泣。太祖为之感动，乃送瑾妻为尼，后尝给其衣食。司空，太祖时检校官也。天祐元年，后以疾卒。太祖即位，追册为贤妃。初葬开封县润色乡。末帝立，追谥曰元贞皇太后，祔于宣陵。后已死，太祖始为荒淫，卒以及祸云。

昭仪陈氏，宋州人也。少以色进，太祖已贵，嫔妾数百，而昭仪专宠。太祖尝疾，昭仪与尼数十人昼夜为佛法，未尝少懈，太祖以为爱己，尤宠之。开平三年，度为尼，居宋州佛寺。

昭容李氏，亦以色进，尤谨愿，未尝去左右。太祖病，昼寝方寐，栋折，独李氏侍侧，遽牵太祖衣，太祖惊走，栋折寝上。太祖德之，拜昭容。皆不知其所终。

末帝德妃张氏，其父归霸，事太祖，为梁功臣。帝为王时，以妇聘之。帝即位，将册妃为后，妃请待帝郊天。而帝卒，不得郊。贞明五年，妃病甚，帝遽册为德妃，其夕薨。年二十四。

次妃郭氏，父归厚，事梁，为登州刺史。妃少以色进，梁亡，唐庄宗入汴，梁故妃妾，皆号泣迎拜。贺王友雍妃石氏有色，庄宗召之，石氏谩骂，庄宗杀之。次以召妃，妃惧而听命。已而，度为尼，赐名誓正，居于洛阳。

初，庄宗之入汴也，末帝登建国楼，谓控鹤指挥使皇甫麟曰："吾，晋世仇也，不可俟彼刀锯，卿可尽我命，无使我落仇人之手！"

麟与帝相持恸哭。是夕,进刃于帝,麟亦自刭。庄宗入汴,命河南张
全义葬其尸,藏其首于太社。晋天福三年,诏太社先藏罪人首级,许
亲属收葬,乃出末帝首,遣右卫将军安崇阮与妃同葬之。妃卒洛阳。

　　太祖二兄:曰全昱,曰存。八子:长曰友裕,次曰友珪、友璋、友
贞、友雍、友徽、友孜,其一养子曰友文。

　　开平元年五月乙酉,封友文为博王、友珪郢王、友璋福王、友贞
均王、友雍贺王、友徽建王。友裕前即位卒,追封郴王。而康王友孜,
末帝即位封。

　　友璋初为寿州团练使、押左右番殿直、监丰德库。友珪时,为郓
州留后。末帝时,为忠武军节度使,徙镇武宁。及友雍、友徽皆不知
其所终。

　　广王全昱,太祖即位封。太祖与仲兄存俱亡为盗,全昱独与其
母犹寄食刘崇家。太祖已贵,乃与其母俱归宣武,领山南西道节度
使,以太师致仕。太祖将受禅,有司备礼前殿,全昱视之,顾太祖曰:
"朱三,尔作得否?"太祖宴居宫中,与王饮博,全昱酒酣,取骰子击
盆而进之,呼太祖曰:"朱三,尔砀山一百姓,遭逢天子用汝,为四镇
节度使,于汝何负?而灭他唐家三百年社稷,吾将见汝赤其族矣,安
用博为!"太祖不悦,罢会。全昱亦不乐。在京师,常居砀山故里。三
子皆封王:友谅衡王、友能惠王、友诲邵王。

　　乾化元年,升宋州为宣武军,以友谅为节度使。友谅进瑞麦,一
茎三穗,太祖怒曰:"今年宋州大水,何用此为?"乃罢友谅,居京师。
太祖卧病,全昱来视疾,与太祖相持恸哭,太祖为释友谅,使与东
归。贞明二年,全昱以疾薨,徙衡王友谅嗣封。

　　广王友能为宋、滑二州留后、陈州刺史,所至为不法,奸人多依
倚之。而陈俗好淫祠左道,其学佛者自立一法,号曰"上乘",昼夜伏
聚,男女杂乱。妖人母乙、董乙聚众称天子,建置官属。友能初纵之,
乙等攻劫州县,末帝发兵击灭之。自康王友孜谋反伏诛,末帝始疏

斥宗室。宗室皆反仄。贞明四年，友能以陈州兵反，犯京师，至陈留兵败，还走陈州。后数月降。末帝赦之，降为房陵侯。

友诲为陕州节度使，欲以州兵为乱。末帝召还京师，与友谅、友能皆被幽囚。梁亡，庄宗入汴，皆见杀。

朗王存，初与太祖俱从黄巢，攻广州，存战死。存子友宁、友伦。

友宁字安仁，幼聪敏，喜愠不形于色。太祖以为军校。善用弓剑。迁衙内制胜都指挥使、龚州刺史。太祖围凤翔，遣友宁东备宣武。王师范袭梁，围齐州，友宁引兵击之，夺马千匹，斩首数千级。太祖奉昭宗还京师，拜友宁建武军节度使，赐号"迎銮毅勇功臣"。太祖复遣攻师范，围博昌，屠之，清河为之不流。战于石楼，兵败。友宁堕马见杀。

友伦幼亦明敏，通《论语》、小学，晓音律。存已死，太祖以友伦为元从马军指挥使，表右威武将军。燕人攻魏内黄，友伦以前锋夜渡河，夺马千匹。李罕之以潞州降梁，晋人攻潞，友伦以兵入潞州，取罕之归。累迁检校司空，领藤州刺史。太祖围凤翔，晋人袭梁，友伦以兵三万至礜山，晋人乃却。友伦西会太祖于凤翔。昭宗还长安，拜友伦宁远军节度使。太祖东归，留友伦宿卫，伺察昭宗所为。友伦击鞠，坠马死。太祖大怒，以兵七万至河中。昭宗涕泣，不知所为。将奔太原，不果。宰相崔胤遣人止太祖，太祖以为友伦胤等杀之，奏请诛胤等，昭宗未从。乃遣友谅至京师，以兵围开化坊，杀胤及京兆尹郑元规、皇城使王建勋、飞龙使陈班、阁门使王建袭、客省使王建义、前左仆射张濬。太祖即位，已封宗室。中书上议，故皇兄存、皇侄建武军节度使友宁、宁远军节度使友伦，皆当封。于是追封存朗王、友宁安王、友伦密王。

郴王友裕，字端夫。幼善骑射，从太祖征伐，能以宽厚得士卒心。太祖与晋围黄邺于西华，邺卒荷稍登城骂敌，晋王使胡骑连射不能中。太祖顾友裕，一发中之，军中皆大欢呼。晋王喜，遗友裕良弓百矢。太祖镇宣武,以为衙内都指挥使。

景福元年,太祖攻郓,友裕以先锋次斗门。郓兵夜击之,友裕败走。太祖从后来,不知友裕之败也,前军遇敌多死。太祖至村落间,始与友裕相得。是时,朱宣在濮州,太祖乃遣友裕先以二百骑前,太祖后至,与友裕相失。太祖卒与敌遇,败而走。敌兵追之甚急,前至大沟,几不免,赖沟中有积薪,马乃得过。梁将李璠等死者十余人。冬,友裕取濮州,遂围时溥于徐州。朱瑾以兵二万救溥,友裕败瑾于石佛山,瑾走。都虞候朱友恭谗之太祖,以为瑾可追而友裕不追。太祖大怒,夺其兵属庞师古。以友裕属吏,使者误致书于友裕,友裕惶恐,不知所为,赖张皇后教之,得免。权知许州。许州近蔡,苦于大寇,居民残破。友裕招抚流散,增户三万余。迁诸军都指挥使,与平兖、郓,还领许州。崔洪奔淮南,友裕引兵定蔡州,市不易肆。太祖兼镇护国军,以友裕为留后。迁忠武军节度使。太祖攻凤翔,未下,去。攻邠州,友裕破灵台、良原,下陇州。杨崇本以邠州降。后崇本复叛,太祖遣友裕攻之,屯于永寿。友裕以疾卒。

博王友文,字德明,本姓康名勤。幼美风姿,好学,善谈论,颇能为诗。太祖养以为子。太祖领四镇,以友文为度支盐铁制置使。太祖用兵四方,友文征赋聚敛以供军实。太祖即位,以故所领宣武、宣义、天平、护国四镇征赋,置建昌宫总之,以友文为使,封博王。太祖幸西都,友文留守东京。

庶人友珪者,太祖初镇宣武,略地宋、亳间,与逆旅妇人野合而生也。长而辩黠多智。博王友文多材艺,太祖爱之,而年又长。太祖即位,嫡嗣未立,心尝独属友文。太祖自张皇后崩,无继室,诸子在镇,皆邀其妇入侍。友文妻王氏有色,尤宠之。太祖病久,王氏与友珪妻张氏,尝专房侍疾。太祖病少间,谓王氏曰:“吾知终不起,汝之东都,召友文来,吾与之决。”盖心欲以后事属之。乃谓敬翔曰:“友珪可与一郡,趣使之任。”乃以友珪为莱州刺史。太祖素刚暴,既病而喜怒难测。是时,左降者必有后命,友珪大惧,其妻张氏曰:“大家以传国宝与王氏,使如东都召友文,君今受祸矣!"夫妇相对而泣。左右劝友珪曰:"事急计生,何不早自为图?"友珪乃易衣服,微行入左龙虎军,见统军韩勍计事。勍夜以牙兵五百随友珪,杂控鹤卫士而入。夜三鼓,斩关入万春门,至寝中,侍疾者皆走。太祖惶骇,起呼曰:"我疑此贼久矣,恨不早杀之,逆贼忍杀父乎?"友珪亲吏冯廷谔以剑犯太祖,太祖旋柱而走,剑击柱者三,太祖急,仆于床,廷谔以剑中之,洞其腹,肠胃皆流。友珪以裀褥裹之寝中,秘丧四日。乃出府库,大赉群臣及诸军。遣受旨丁昭浦矫诏驰至东都,杀友文。又下诏曰:"朕艰难创业,逾三十年。托于人上,忽焉六载,中外叶力,期于小康。岂意友文阴畜异图,将行大逆。昨二日夜,甲士突入大内,赖友勍忠孝,领兵剿戮,保全朕躬。然而,疾恙震惊,弥所危殆。友珪克平凶逆,厥功靡伦,宜委权主军国。"然后发丧。乾化二年六月既望,友珪于枢前即皇帝位,拜韩勍忠武军节度使,以末帝为汴州留后、河中朱友谦为中书令。友谦不受命。而怀州龙骧军三千劫其将刘重霸,据怀州,自言讨贼。三年正月,友珪祀天于洛阳南郊,改元曰凤历。太祖外孙袁象先与驸马都尉赵岩等,谋与末帝讨贼。二月,象先以禁兵入宫,友珪与妻张氏趋北垣楼下,将逾城以走,不果,使冯廷谔进刃其妻及己,廷谔亦自杀。末帝即位,复友文官爵,废友珪为庶人。

康王友孜,目重瞳子,尝窃自负,以为当为天子。贞明元年,末帝德妃薨,将葬,友孜使刺客夜入寝中。末帝方寐,梦人害己,既寤,闻榻上宝剑锵然有声,跃起,抽剑曰:"将有变邪!"乃索寝中,得刺客,手杀之,遂诛友孜。明日,谓赵岩、张汉杰曰:"几与卿辈不相见。"由此遂疏弱宗室,而信任赵、张,以至于败亡。

呜呼,《春秋》之法,是非与夺之际,难矣哉!或问:"梁太祖以臣弑君,友珪以子弑父,一也。与弑即位,逾年改元,《春秋》之法,皆以君书,而友珪不得列于本纪,何也?且父子之恶均,而夺其子,是与其父也,岂《春秋》之旨哉!"予应之曰:"梁事著矣。其父之恶,不待与夺,其子而后彰。然末帝之志,不可以不伸也。《春秋》之法,君弑而贼不讨者,国之臣子任其责。予于友珪之事,所以伸讨贼者之志也。"

新五代史卷一四
唐太祖家人传第二

太祖刘太妃　贞简皇后曹氏
庄宗神闵敬皇后刘氏
淑妃韩氏　德妃伊氏
太祖子存美　存霸　存礼
存渥　存乂　存确
存纪　太祖弟克让　克脩
克恭　克宁　庄宗子继岌
继潼　继嵩　继蟾　继峣

太祖正室刘氏,代北人也。其次妃曹氏,太原人也。太祖封晋王,刘氏封秦国夫人。自太祖起兵代北,刘氏尝从征伐。为人明敏,多智略,颇习兵机,常教其侍妾骑射,以佐太祖。太祖东追黄巢,还军过梁,馆于封禅寺。梁王邀太祖入城,置酒上源驿,夜半以兵攻之。太祖左右有先脱归者,以难告夫人,夫人神色不动,立斩告者。阴召大将谋保军以还。迟明,太祖还,与夫人相向恸哭。因欲举兵击梁。夫人曰:"公本为国讨贼,今梁事未暴,而遽反兵相攻,天下闻之,莫分曲直。不若敛军还镇,自诉于朝。"太祖从之。其后,太祖击刘仁恭，败归。梁遣氏叔琮、康怀英等连岁攻晋，围太原，晋兵屡败。太祖忧窘，不知所为。大将李存信等劝太祖亡入北边，收兵以图再举，太祖然之。入以语夫人，夫人问：“谁为此谋者？”曰：“存信也。”夫人骂曰：“存信，代北牧羊儿耳，安足与计成败邪！且公尝笑王行瑜弃邠州，走卒为人擒。今乃自为此乎？昔公亡在达靼，几不能自脱，赖天下多故，乃得南归。今屡败之兵，散亡无几，一失其守，谁肯从公！北边其可至乎？”太祖大悟而止。已而亡兵稍稍复集。

夫人无子，性贤，不妒忌，常为太祖言：“曹氏相当生贵子，宜善待之。”而曹氏亦自谦退，因相得甚欢。

曹氏封晋国夫人，后生子，是谓庄宗。太祖奇之，曹氏由是专宠。太祖性暴，怒多杀人，左右无敢言者，惟曹氏从容谏譬，往往见听。

及庄宗立，事曹氏尤谨。其救赵、破燕、取魏博，与梁战河上十余岁，岁尝驰省其母至三四，人皆称其孝。庄宗即位，册尊曹氏为皇太后，而以嫡母刘氏为太妃。往谢太后，太后有惭色。太妃曰：“愿吾儿享国无穷，使吾获没于地以从先君，幸矣，复何言哉！”庄宗灭梁入汴，使人迎太后归洛，居长寿宫。而太妃独留晋阳。

同光三年五月，太妃薨。七月，太后薨，谥曰“贞简”，葬于坤陵。而太妃无谥，葬魏县。太妃与太后甚相爱，其送太后于洛也，涕泣而别。归而相思慕，遂至不起。太后闻之，欲驰至晋阳视疾。及其卒也，又欲自往葬之。庄宗泣谏，群臣交章请留，乃止。而太后自太妃卒，悲哀不饮食，逾月亦崩。

庄宗神闵敬皇后刘氏，魏州成安人也。

庄宗正室曰卫国夫人韩氏，其次燕国夫人伊氏，其次后也。初封魏国夫人，后父刘叟，黄须，善医卜，自号“刘山人”。后生五六岁，晋王攻魏，掠成安，裨将袁建丰得后，纳之晋宫。贞简太后教以吹笙歌舞。既笄，甚有色，庄宗见而悦之。庄宗已为晋王，太后幸其宫，置酒为寿，自起歌舞，太后欢甚，命刘氏吹笙佐酒，酒罢去，留刘氏以赐庄宗。

先时，庄宗攻梁，军于夹城，得符道昭妻侯氏，宠专诸宫。宫中谓之"夹寨夫人"。庄宗出兵四方，常以侯氏从军。其后，刘氏生子继岌，庄宗以为类己，爱之。由是刘氏宠益专，自下魏博，战河上十余年，独以刘氏从。刘氏多智，善迎意承旨，其佗嫔御莫得进见。其父闻刘氏已贵，诣魏宫上谒。庄宗召袁建丰问之，建丰曰："臣始得刘氏于成安北坞时，有黄须丈人护之。"及出，刘叟示建丰，建丰曰："是也。"然刘氏方与诸夫人争宠，以门望相高。因大怒曰："妾去乡时，略可记忆，妾父不幸死于乱兵，妾时环尸恸哭而去。此田舍翁安得至此？"因命笞刘叟于宫门。

庄宗已即皇帝位，欲立刘氏为皇后，而韩夫人正室也，伊夫人位次在刘氏上，以故难其事而未发。宰相豆卢革、枢密使郭崇韬希旨，上章言刘氏当立，庄宗大悦。同光二年癸未，皇帝御文明殿，遣使册刘氏为皇后。皇后受册，乘翟车，卤簿、鼓吹，见于大庙。韩夫人等皆不平之，乃封韩氏为淑妃、伊氏为德妃。

庄宗自灭梁，志意骄怠，宦官、伶人乱政，后特用事于中。自以出于贱微，逾次得立，以为佛力。又好聚敛，分遣人为商贾，至于市肆之间，薪刍果茹，皆称中宫所卖。四方贡献，必分为二：一以上天子，一以入中宫。宫中货贿山积。惟写佛书，馈赂僧尼，而庄宗由此亦佞佛。有胡僧自于阗来，庄宗率皇后及诸子迎拜之。僧游五台山，遣中使供顿，所至倾动城邑。又有僧诚惠，自言能降龙。尝过镇州，王熔不为之礼，诚惠怒曰："吾有毒龙五百，当遣一龙揭片石，常山之人，皆鱼鳖也。"会明年，滹沱河大水，坏镇州关城，人皆以为神。庄宗及后率诸妃拜之，诚惠端坐不起，由是士无贵贱皆拜之，独郭崇韬不拜也。是时，皇太后及皇后交通藩镇，太后称"诰令"，皇后称"教命"，两宫使者旁午于道。许州节度使温韬以后佞佛，因请以私第为佛寺，为后荐福。庄宗数幸郭崇韬、元行钦等私第，常与后俱。

其后,幸张全义第,酒酣,命后拜全义为养父。全义日遣姬妾出入中宫,问遗不绝。

庄宗有爱姬,甚有色而生子。后心患之。庄宗燕居宫中,元行钦侍侧,庄宗问曰:"尔新丧妇,其复娶乎?吾助尔聘。"后指爱姬请曰:"帝怜行钦,何不赐之?"庄宗不得已,阳诺之。后趣行钦拜谢,行钦再拜,起顾爱姬,肩舆已出宫矣。庄宗不乐,称疾不食者累日。

同光三年秋,大水。两河之民,流徙道路,京师赋调不充,六军之士,往往殍踣。乃预借明年夏、秋租税,百姓愁苦,号泣于路。庄宗方与后荒于畋游。十二月己卯腊,畋于白沙。后率皇子、后宫毕从,历伊阙,宿龛涧,癸未乃还。是时,大雪。军士寒冻,金枪卫兵万骑,所至责民供给,坏什器、彻庐舍而焚之,县吏畏惧,亡窜山谷。明年三月,客星犯天库,有星流于天棓。占星者言:"御前当有急兵,宜散积聚以禳之。"宰相请出库物以给军,庄宗许之。后不肯,曰:"吾夫妇得天下,虽因武功,盖亦有天命。命既在天,人如我何!"宰相论于延英,后于屏间耳属之,因取妆奁及皇幼子满喜置帝前曰:"诸侯所贡,给赐已尽。宫中所有,惟此耳。请鬻以给军!"宰相惶恐而退。及赵在礼作乱,出兵讨魏,始出物以赉军。军士负而诟曰:"吾妻子已饿死,得此何为!"

庄宗东幸汴州,从驾兵二万五千,及至万胜,不得进而还。军士离散,所亡太半。至罂子谷,道路隘狭,庄宗见从官执兵仗者,皆以好言劳之曰:"适报魏王平蜀,得蜀金银五十万,当悉给尔等。"对曰:"陛下与之太晚,得者亦不感恩。"庄宗泣下,因顾内库使张容哥索袍带以赐之,容哥对曰:"尽矣。"军士叱容哥曰:"致吾君至此,皆由尔辈!"因抽刀逐之,左右救之而免。容哥曰:"皇后惜物,不以给军,而归罪于我。事若不测,吾身万段矣!"乃投水而死。郭从谏反,庄宗中流矢,伤甚,卧绛霄殿廊下。渴欲得饮,后令宦官进飨酪,不自省视。庄宗崩,后与李存渥等焚嘉庆殿,拥百骑出师子门。后于马上以囊盛金器宝带,欲于太原造寺为尼。在道与存渥奸,及至太原,乃削发为尼。明宗入立,遣人赐后死。晋天福五年,追谥曰"神闵敬皇后"。

自唐末丧乱，后妃之制不备。至庄宗时，后宫之数尤多：有昭容、昭仪、昭媛、出使、御正、侍真、懿才、咸一、瑶芳、懿德、宣一等。其余名号，不可胜纪。庄宗遇弑，后宫散走，朱守殷入宫，选得三十余人。虢国夫人夏氏以尝幸于庄宗，守殷不敢留。明宗立，悉放庄宗时宫人还其家。独夏氏无所归，乃以河阳节度使夏鲁奇同姓也，因以归之，后嫁契丹突欲李赞华。赞华性酷毒，喜杀人，婢妾微过，常加刲灼。夏氏惧，求离婚，乃削发为尼以卒。而韩淑妃、伊德妃皆居太原。晋高祖反时，为契丹所虏。

唐自朱邪得姓而为李氏，得国而为晋，得天下而为唐。其始出于夷狄，而终以乱亡，故其世次不可详见。其可见者，曰太祖四弟、八子、五孙。三世而绝。太祖四弟曰：克让、克脩、克恭、克宁，皆不知其父母名号。

克让，少善骑射，为振武军校。从讨王仙芝，以功拜金吾卫将军，留京师。李氏自宪宗时以部族归唐，唐处之河西，尝遣一子宿卫京师，赐第于亲仁坊。其后，太祖起兵云中，杀唐守将段文楚。唐发兵讨太祖，遣王处存以兵围亲仁坊，捕宿卫子克让。克让与其仆何相温、石的历等十余骑，弯弧跃马，突围而出。处存以千余人追至渭桥，克让等射杀百余人，追兵乃止，克让奔于雁门。明年，太祖复归唐，克让还宿卫京师。黄巢犯长安，克让守潼关，为贼所败，奔于南山，匿佛寺，为寺僧所杀。

克脩，字崇远。从讨庞勋，以功拜朔州刺史。太祖镇雁门，以为奉诚军使。从入关，讨黄巢为先锋。迁左营军使。潞州孟方立迁于邢州，晋取潞州，表克脩昭义军节度使。数出山东，击方立，又与李罕之攻寇怀、孟之间。其后，太祖自将击方立，还军过潞，克脩性俭啬，供馈甚薄，太祖大怒，诟而击笞之。克脩惭愤，发疾，卒。二子：

嗣弼、嗣肱。

嗣弼，为涿州刺史。天祐十九年，契丹攻破涿州，嗣弼殁于虏。

嗣肱，少有胆略。从周德威，数立战功，为马步军都虞候。李存审败梁军于胡壁，嗣肱获梁将一人。梁太祖围蓨县，嗣肱从存审救蓨，梁军解去。嗣肱功为多，超拜蔚州刺史、雁门以北都知兵马使，累迁泽、代二州刺史。新州王郁叛晋，亡入契丹。山后诸州皆叛。嗣肱取妫、儒、武三州，拜新州刺史、山北都团练使。同光元年春，卒于官。

克恭，初为决胜军使。克脩卒，以克恭代为昭义军节度使。克脩为人简俭，潞人素安其政，且哀其见答以死。克恭横暴不法，又不习军事，由是潞人皆怨。克恭选后院劲兵五百人献于太祖，行至铜鞮，其将冯霸以其徒叛。太祖遣李元审讨之，战于沁水，元审大败，被伤，奔入潞州。牙将安居受亦叛，杀克恭及元审，使人召霸，霸不受命，居受惧而出奔。行至长子，为野人所杀，传首于霸。霸乃入潞州，自称留后，以附于梁。

克宁，为人仁孝，居诸兄弟中最贤，事太祖，小心不懈。太祖与赫连铎、李可举战云、蔚间，后奔达靼，入破黄巢，克宁未尝不从行。太祖镇太原，以为内外制置蕃汉都知兵马使，检校太保、振武军节度使。军中之事，无大小皆决克宁。太祖病，召庄宗侍侧，属张承业与克宁曰："以亚子属公等。"太祖崩，庄宗告于克宁曰："儿年孤稚，未通庶政，虽有先王之命，恐不足以当大事。叔父勋德俱高，先王尝任以政矣，敢以军府烦季父，以待儿之有立。"克宁曰："吾兄之命，以儿属我，谁敢易之！"因下而北面再拜，称贺。庄宗乃即晋王位。

初，太祖起于云、朔之间，所得骁勇之士，多养以为子，而与英豪战争，卒就霸业，诸养子之功为多。故尤宠爱之，衣服礼秩如嫡。诸养子麾下皆有精兵，恃功自恣。自先王时常见优假。及新王立，年少，或托疾不朝，或见而不拜。养子存颢、存实于克宁曰："兄亡弟及,古之道也。以叔拜侄,理岂安乎?人生富贵,当自取之。"克宁曰:"吾家三世,父慈子孝。先王土宇,苟有所归,吾复何求也?"克宁妻孟氏,素刚悍,存颢等各遣其妻入说孟氏。孟氏数以迫克宁,克宁仁而无断,惑于群言,遂至于祸。都虞候李存质得罪于克宁,克宁杀之,而与张承业、李存璋有隙。又求兼领大同军节度使。于是,幸臣史敬熔见太后,告克宁与存颢谋执王及太后以降梁。庄宗召承业、存璋告之曰:"季父所为如此,奈何?然骨肉不可自相鱼肉,吾当避贤路以纾祸于吾家。"承业等请诛克宁,乃伏兵于府,置酒大会,克宁既至,执而杀之。

太祖子八人:庄宗,长子也。次曰存美、存霸、存礼、存渥、存义、存礵、存纪。同光三年十二月辛亥,诏封存美等七人为王。盖存霸、存渥、存纪与庄宗同母也。存美、存义、存礵、存礼不知其母名氏号位。存美封邠王、存霸永王、存礼薛王、存渥申王、存义睦王、存礵通王、存纪雅王。

存义历建雄、保大二军节度使。娶郭崇韬女。是时,魏州妖人杨千郎用事,自言有墨子术,能役使鬼神,化丹砂、水银。庄宗颇神之,拜千郎检校尚书郎,赐紫,其妻出入宫禁,承恩宠。而士或因之以求官爵。存义及存渥等往往朋淫于其家。及崇韬被族,庄宗遣宦官阴察外议以为如何,而宦官因欲尽诛崇韬亲党以绝后患,乃诬言:"存义过千郎,酒酣,攘臂号泣,为妇翁称冤,言甚怨望。"庄宗大怒,以兵围其第而诛之,并诛千郎。

存霸,历昭义、天平、河中三军节度使。存渥,义成、天平二军节度使。皆居京师,食其傣禄而已。赵在礼作乱,乃遣存霸于河中。李嗣源兵反,向京师,庄宗再幸汜水,徙存霸北京留守、存渥河中节度使。宣麻未讫,郭从谦反,攻兴教门,存渥从庄宗拒贼。庄宗中流矢,崩。存渥与刘皇后同奔于太原,行至风谷,为部下所杀。存霸闻京师乱,亦自河中奔太原,比至,麾下皆散走,惟使下康从弁不去。存霸乃剪发,衣僧衣,谒符彦超曰:"愿为山僧,冀公庇护。"彦超欲留之，为军众所杀。

存纪、存礶闻郭从谦反，奔于南山，匿民家。明宗诏河南府及诸道：“诸王出奔，所至送赴阙；如不幸物故者，收瘗以闻。”存纪等所匿民家以告安重诲，重诲谓霍彦威曰：“二王逃难，主上寻求，恐其失所。今上既监国曲丧，此礼如何？”彦威曰：“上性仁慈，不可闻奏。宜密为之所，以安人情。”乃即民家杀之。

存美素病风，居太原，与存礼皆不知其所终。

庄宗五子：长曰继岌，其次继潼、继嵩、继蟾、继峣。继岌母曰刘皇后，其四皆不著其母名号。庄宗即位，继岌为北都留守，判六军诸卫事。迁检校太尉、同中书门下平章事。豆卢革为相，建言唐故事，皇子皆为宫使。因以邺宫为兴圣宫，以继岌为使。

同光三年，封魏王。是岁，伐蜀。以继岌为西南行营都统，郭崇韬为都招讨使，工部尚书任圜、翰林学士李愚皆参军事。九月戊申，将兵六万自凤翔入大散关，军无十日之粮，而所至州镇皆迎降，遂食其粟。至兴州，蜀将程奉琏以五百骑降，因以其兵修阁道，以过唐军。王衍将兵万人屯利州，分其半，逆战于三泉，为先锋康延孝所败。衍惧，断吉柏江浮桥，奔归成都。唐军自文州间道以入。十月己酉，继岌至绵州。衍上笺请降。丙辰，入成都。王衍乘竹舆至升仙桥，素衣、牵羊、草索系首、肉袒、衔璧、舆榇，群臣衰绖，徒跣以降。继岌下而取璧，崇韬解缚，焚榇。自出师至降衍，凡七十五日，兵不血刃。自古用兵之易，未有如此。然继岌虽为都统，而军政号令一出崇韬。初，庄宗遣宦者供奉官李从袭监中军，高品李廷安、吕知柔为典谒。从袭等素恶崇韬，又见崇韬专任军事，益不平之。及破蜀，蜀之贵臣大将，自王宗弼已下，皆争以蜀宝货、妓乐奉崇韬父子，而魏王所得，匹马、束帛、唾壶、麈柄而已。崇韬日决军事，将吏宾客趋走盈庭，而都统府惟大将晨谒，牙门阒然。由是从袭等不胜其愤。已而，宗弼率蜀人见继岌，请留崇韬镇蜀。从袭等因言崇韬有异志，劝继岌为备。继岌谓崇韬曰：“陛下倚侍中如衡、华，尊之庙堂之上,期以一天下而制四方,必不弃元老于蛮夷之地。此事非予敢知也。"

庄宗闻崇韬欲留蜀,亦不悦,遣宦者向延嗣趣继岌班师。延嗣至成都,崇韬不出迎,及见,礼益慢,延嗣怒。从袭等因告延嗣:"崇韬有异志,恐危魏王。"延嗣还,具言之。刘皇后涕泣请保全继岌,庄宗遣宦官马彦珪往视崇韬去就。是时,两川新定,孟知祥未至,所在盗贼聚山林,崇韬方遣任圜等分出招集,恐后生变,故师未即还。而彦珪将行,见刘皇后曰:"臣见延嗣,言蜀中事势已不可,祸机之作,间不容发,安能三千里往覆禀命乎!"刘皇后以彦珪语告庄宗,庄宗曰:"传言未审,岂可便令果决?"皇后以不得请,因自为教与继岌,使杀崇韬。明年正月,崇韬留任圜守蜀,以待知祥之至,崇韬期班师有日。彦珪至蜀,出皇后教示继岌,继岌曰:"今大军将发,未有衅端,岂可作此负心事!"从袭等泣曰:"今有密敕,王苟不行,使崇韬知之,则吾属无类矣!"继岌曰:"上无诏书,但皇后手教,安能杀招讨使?"从袭等力争,继岌不得已而从之。诘旦,从袭以都统命召崇韬,继岌登楼以避。崇韬入,升阶,继岌从者李环挝碎其首。继岌遂班师。二月,军至泥溪,先锋康延孝叛,据汉州。继岌遣任圜讨平之。四月辛卯,至兴平,闻明宗反,兵入京师。继岌欲退保凤翔。至武功,李从袭劝继岌驰趣京师,以救内难。行至渭河,西都留守张篯断浮桥,继岌不得度,乃循河而东,至渭南,左右皆溃。从袭谓继岌曰:"大事已去,福不可再,王宜自图。"继岌徘徊泣下,谓李环曰:"吾道尽途穷,子当杀我。"环迟疑久之,谓继岌乳母曰:"吾不忍见王,王若无路求生,当踣面以俟。"继岌面榻而卧,环缢杀之。任圜从后至,葬继岌华州之西南。继岌少病阉,无子。明宗已即位,圜率征蜀之师二万至京师,明宗抚慰久之,问圜继岌何在,圜具言继岌死状。

同光三年,诏以皇子继嵩、继潼、继蟾、继峣皆为光禄大夫、检校司徒。盖其皆幼,故不封。当庄宗遇弑时,太祖子孙在者,十有一人。明宗入立,其四人见杀,其余皆不知所终。太祖之后遂绝。梁、唐《家人传》,皆先兄弟而后诸子,兄弟之子,各从其父。此理之常也。至庄宗七弟,所书事迹,不以长幼为次者,各因其死之先后而书之,便于述事尔,无定法也。

新五代史卷一五
唐明宗家人传第三

明宗和武宪皇后曹氏
昭懿皇后夏氏
宣宪皇后魏氏
淑妃王氏　愍帝哀皇后孔氏
明宗子从璟　从荣　从益
侄从璨　从璋　从温　从敏

明宗，三后一妃：和武宪皇后曹氏生晋国公主；昭懿皇后夏氏生秦王从荣、愍帝；宣宪皇后魏氏，潞王从珂母也；淑妃王氏，许王从益之慈母也。曹氏、夏氏皆不见其世家。夏氏无封爵，明宗未即位前卒。明宗天成元年，封楚国夫人曹氏为淑妃，追封夏氏晋国夫人。长兴元年，立淑妃为皇后，而夏氏所生二子皆已王，乃追册为皇后，谥曰"昭懿"。

魏氏，镇州平山人也。初适平山民王氏，生子十岁矣。明宗为骑将，掠平山，得其子母以归。居数年，魏氏卒，葬太原。其子是为潞王从珂。明宗时，从珂已王，乃追封魏氏为鲁国夫人。废帝即位，追尊魏氏为皇太后，议建陵寝，而太原石敬瑭反，乃于京师河南府东立寝宫。清泰三年六月丙寅，遣工部尚书崔俭奉上皇太后宝册，谥曰"宣宪"。

淑妃王氏，邠州饼家子也，有美色，号"花见羞"。少卖梁故将刘鄩为侍儿。鄩卒，王氏无所归。是时，明宗夏夫人已卒，方求别室，有言王氏于安重诲者，重诲以告明宗而纳之。王氏素得鄩金甚多，悉以遗明宗左右及诸子妇，人人皆为王氏称誉，明宗益爱之。而夫人曹氏为人简质，常避事，由是王氏专宠。

明宗即位，议立皇后，而曹氏当立。曹氏谓王氏曰："我素多病，而性不耐烦，妹当代我。"王氏曰："后，帝匹也，至尊之位，谁敢干之！"乃曹氏为皇后，王氏为淑妃。妃事皇后亦甚谨，每帝晨起，盥栉服御，皆妃执事左右。及罢朝，帝与皇后食，妃侍食，彻乃退，未尝少懈。皇后心亦益爱之。然宫中之事，皆主于妃。明宗病，妃与宦者孟汉琼出纳左右，遂专用事。杀安重诲、秦王从荣，皆与焉。刘鄩诸子，皆以妃故封拜官爵。愍帝即位，册尊皇后为皇太后，妃为皇太妃。初，明宗后宫有生子者，命妃母之，是为许王从益。从益乳母司衣王氏，见明宗已老，而秦王握兵，心欲自托为后计，乃曰："儿思秦王。"是时，从益已四岁，又数教从益自言求见秦王。明宗遣乳妪将儿往来秦府，遂与从荣私通。从荣因使王氏伺察宫中动静。从荣已死，司衣王氏以谓秦王实以兵入宫卫天子，而以反见诛，出怨言。愍帝闻之，大怒，赐司衣王氏死。而事连太妃，由是心不悦，欲迁之至德宫，以太后素善妃，惧伤其意而止。然待之甚薄。废帝入立，尝置酒妃院，妃举酒曰："愿辞皇帝为比丘尼。"帝惊，问其故，曰："小儿处偶得命，若大儿不容，则死之日何面见先帝！"因泣下。废帝亦为之凄然，待之颇厚。石敬瑭兵犯京师，废帝聚族将自焚。妃谓太后曰："事急矣。宜少回避，以俟姑夫。"太后曰："我家至此，何忍独生？妹自勉之！"太后乃与帝俱燔死，而妃与许王从益及其妹匿于球院以免。

晋高祖立，妃自请为尼，不可，乃迁于至德宫。晋迁都汴，以妃子母俱东，置于宫中。高祖皇后事妃如母。天福四年九月癸未，诏以郇国三千户封唐许王从益为郇国公，以奉唐祀。服色、旌旗一依旧制。太常议立庄宗、明宗、愍帝三室，以至德宫为庙，诏立高祖、太宗为五庙，使从益岁时主祠。

出帝即位，妃母子俱还洛阳。契丹犯京师，赵延寿所尚明宗公主已死，耶律德光乃为延寿娶从益妹，是为永安公主。

公主不知其母为谁，素亦养于妃，妃至京师主婚礼。德光见明宗画像，焚香再拜，顾妃曰："明宗与我约弟兄，尔吾嫂也。"已而靳之曰："今日乃吾妇也。"乃拜从益为彰信军节度使，从益辞，不之官，与妃俱还洛阳。德光北归，留萧翰守汴州。汉高祖起太原，翰欲北去，乃使人召从益，委以中国。从益子母逃于徽陵域中，以避使者。使者迫之以东，遂以从益权知南朝军国事。从益御崇元殿，翰率契丹诸将拜殿上，晋群臣拜殿下。群臣入谒太妃，妃曰："吾家子母孤弱，为翰所迫，此岂福邪？祸行至矣！"乃以王松、赵上交为左右丞相，李式、翟光邺为枢密使，燕将刘祚为侍卫亲军都指挥使。翰留契丹兵千人属祚而去。汉高祖拥兵而南，从益遣人召高行周、武行德等为拒，行周等皆不至，乃与王松谋以燕兵闭城自守。妃曰："吾家亡国之余，安敢与人争天下！"乃遣人上书迎汉高祖。高祖闻其尝召行周而不至，遣郭从义先入京师，杀妃母子。妃临死呼曰："吾家母子何罪？何不留吾儿，使每岁寒食持一盂饭，洒明宗坟上。"闻者悲之。从益死时年十七。

愍帝哀皇后孔氏，父循，横海军节度使。后有贤行，生四子。愍帝即位，立为皇后，未及册命而难作。愍帝出奔，后病，子幼，皆不能从。废帝入立，后及四子皆见杀。晋高祖立，追谥曰哀。

明宗四子，曰：从璟、从荣、从厚、从益。从璟，初名从审。为人骁勇善战，而谦退谨敕。从庄宗战，数有功，为金枪指挥使。明宗军变于魏，庄宗谓从璟曰："尔父于国有大功，忠孝之心朕自明信。今为乱军所逼,尔宜自往宣朕意,毋使自疑。"从璟驰至卫州,为元行钦所执,将杀之。从璟呼曰:"我父为乱军所逼,公等不亮其心,我亦不能至魏,愿归卫天子。"行钦释之。庄宗怜其言,赐名从璟,以为己子。从庄宗如汴州,将士多亡于道。独从璟不去。左右或劝其逃祸,从璟不听。庄宗闻明宗已流黎阳,复欲遣从璟通问。行钦以为不可,遂杀之。明宗即位,赠太保。

呜呼!无父乌生,无君乌以为生?而世之言曰:"为忠孝者,不两全。"夫岂然哉?君父,人伦之大;忠孝,臣子之大节。岂其不相为用,而又相害者乎?抑私与义而已耳。盖以其私则两害,以其义则两得。其父以兵攻其君,为其子者从父乎?从君乎?曰:"身从其居,志从其义,可也。"身居君所则从君,居父所则从父。其从于君者,必辞其君曰:"子不可以射父,愿无与兵焉!"则又号泣而呼其父曰:"盍舍兵而归我君乎?"君败则死之,父败则终丧而事君。其从于父者,必告之曰:"君不可以射也,盍舍兵而归吾君乎!"君败则死之,父败则待罪于君,赦已则终丧而事之。古之知孝者莫如舜,知义者莫如孔、孟,其于君臣父子之际详矣,使其不幸而遭焉,其亦如是而已矣!从璟之于庄宗,知所从而得其死矣。哀哉!

秦王从荣,天成元年,以检校司徒兼御史大夫,拜天雄军节度使、同中书门下平章事。三年,徙镇河东。长兴元年,拜河南尹兼判六军诸卫事。从璟死,从荣于诸皇子次最长,又握兵柄。然其为人轻隽而鹰视,颇喜儒,学为歌诗,多招文学之士,赋诗饮酒,故后生浮薄之徒,日进谀佞以骄其心。自将相大臣皆患之,明宗颇知其非而不能裁制。从荣尝侍侧,明宗问曰:"尔军政之余,习何事业?"对曰:"有暇读书,与诸儒讲论经义尔。"明宗曰:"经有君臣父子之道,然须硕儒端士乃可亲之。吾见先帝好作歌诗,甚无谓也。汝,将家子,文章非素习,必不能工,传于人口,徒取笑也。吾老矣,于经义虽不能晓,然尚喜屡闻之,其余不足学也。"是岁秋,封从荣秦王。故事,诸王受封不朝庙,而有司希旨,欲重其礼,乃建议曰:"古者因

禘、尝而发爵禄,所以示不敢专。今受大封而不告庙,非敬顺之道
也。"于是,从荣朝服、乘辂车、具卤簿,至朝堂受册。出,载册以车,
朝于太庙。京师之人皆以为荣。三年,加兼中书令。有司又言:"故
事:亲王班宰相下。今秦王位高而班下,不称。"于是,与宰相分班而
居右。

四年,加尚书令,食邑万户。太仆少卿何泽上书,请立从荣为皇
太子。是时,明宗已病,得泽书不悦,顾左右曰:"群臣欲立太子,吾
当养老于河东。"乃召大臣议立太子事,大臣皆莫敢可否。从荣入白
曰:"臣闻奸人言,欲立臣为太子,臣实不愿也。"明宗曰:"此群臣之
欲尔。"从荣出,见范延光、赵延寿等,曰:"诸公议欲立吾为太子,是
欲夺吾兵柄而幽之东宫耳。"延光等患之,乃加从荣天下兵马大元
帅。有司又言:"元帅或统诸道,或专一面,自前世无天下大元帅之
名,其礼无所考。按请自节度使以下,凡领兵职者,皆具橐鞬以军礼
庭参。其兼同中书门下平章事者,初见亦如之,其后许如客礼。凡
元帅府文符行天下,皆用帖,又升班在宰相上。"从荣大宴元帅府,
诸将皆有颁给:控鹤、奉圣、严卫指挥使,人马一匹、绢十匹;其诸军
指挥使,人绢十匹;都头已下,七匹至三匹。又请严卫、捧圣千人为
牙兵。每入朝,以数百骑先后,张弓挟矢,驰走道上。见者皆震慑。
从荣又命其寮属及四方游士试作《征淮檄》,陈己所以平一天下之
意。言事者请为诸王择师傅,以加训导。宰相难其事,因请从荣自
择。从荣乃请翰林学士崔棁、刑部侍郎任赞为元帅判官。明宗曰:
"学士代予言,不可也。"从荣出而恚曰:"任以元帅而不得请属寮,
非吾所谕也。"将相大臣见从荣权位益隆,而轻脱如此,皆知其祸而
莫敢言者。惟延光、延寿阴有避祸意,数见明宗,涕泣求解枢密,二
人皆引去,而从荣之难作。

十一月戊子,雪。明宗幸宫西士和亭,得伤寒疾。己丑,从荣与
枢密使朱弘昭、冯赟入问起居于广寿殿。帝不能知人。王淑妃告曰:
"从荣在此。"又曰:"弘昭等在此。"皆不应。从荣等去,乃迁于雍和
殿,宫中皆恸哭。至夜半后,帝蹶然自兴于榻,而侍疾者皆去。顾殿

上守漏宫女曰：“夜漏几何？”对曰：“四更矣！”帝即唾肉如肺者数片，溺溉液斗余。守漏者曰：“大家省事乎？”曰：“吾不知也。”有顷，六宫皆至，曰：“大家还魂矣！”因进粥一器。至旦，疾少愈。而从荣称疾不朝。

初，从荣常忌宋王从厚贤于己，而惧不为嗣。其平居骄矜自得，及闻人道宋王之善，则愀然有不足之色。其入问疾也，见帝已不知人。既去，而闻宫中哭声，以谓帝已崩矣，乃谋以兵入宫。使其押衙马处钧告弘昭等，欲以牙兵入宿卫，问何所可以居者。弘昭等对曰：“宫中皆王所可居，王自择之。”因私谓处钧曰：“圣上万福，王宜竭力忠孝，不可草草。”处钧具以告从荣，从荣还遣处钧语弘昭等曰：“尔辈不念家族乎？”弘昭、赟及宣徽使孟汉琼等，入告王淑妃以谋之。曰：“此事须得侍卫兵为助。”乃召侍卫指挥使康义诚，谋于竹林之下。义诚有子在秦王府，不敢决其谋，谓弘昭曰：“仆为将校，惟公所使尔！”弘昭大惧。明日，从荣遣马处钧告冯赟曰：“吾今日入居兴圣宫。”又告义诚，义诚许诺。赟即驰入内，见义诚及弘昭、汉琼等坐中兴殿阁议事。赟责义诚，曰：“主上所以畜养吾徒者，为今日尔。今安危之机，间不容发，奈何以子故怀望，使秦王得至此门，主上安所归乎？吾辈复有种乎？汉琼贱命不足惜，吾自率兵拒之。”即入见曰：“从荣反，兵已攻端门。”宫中相顾号泣。明宗问弘昭等，曰：“实有之乎？”对曰：“有之。”明宗以手指天泣下，良久，曰：“义诚自处置，毋令震动京师。”潞王子重吉在侧，明宗曰：“吾与尔父起微贱，至取天下，数救我危窘。从荣得何气力而作此恶事！尔亟以兵守诸门。”重吉即以控鹤兵守宫门。是日，从荣自河南府拥兵千人以出。从荣寮属甚众，而正直之士多见恶。其尤所恶者刘赞、王居敏，而所昵者刘陟、高辇。从荣兵出，陟、辇并辔耳语，行至天津桥南，指日景谓辇曰：“明日而今，诛王居敏矣！”因阵兵桥北，下据胡床而坐，使人召康义诚。而端门已闭。叩左掖门，亦闭。而于门隙中见捧圣指挥使朱弘实率骑兵从北来，即驰告从荣。从荣惊惧，索铁厌心，自调弓矢。皇城使安从益率骑兵三百冲之，从荣兵射之。从益稍却。弘实骑兵五百自左掖门出，方渡河，而后军来者甚众。从荣乃走归河南府，其判官任赞已下皆走出定鼎门。牙兵劫嘉善坊而溃。从荣夫妻匿床下，从益杀之。

明宗闻从荣已死，悲咽几堕于榻，绝而苏者再。冯道率百寮入见。明宗曰："吾家事若此，惭见群臣！"君臣相顾，泣下沾襟。从荣二子尚幼，皆从死。后六日，而明宗崩。

明宗兄弟皆不见于世家，而有伭四人，曰：从璨、从璋、从温、从敏。从璨初为右卫大将军，安重诲用事，自诸王将相皆下之。从璨为人刚猛，不能少屈，而性倜傥，轻财好施。重诲忌之。明宗幸汴州，以从璨为大内皇城使。尝于会节园饮酒，酣，戏登御榻，重诲奏其事，贬房州司户参军，赐死。重诲见诛，诏复其官，赠太保。

从璋，字子良。少善骑射。庄宗时，将兵戍常山。闻明宗兵变于魏，乃亦起兵据邢州。明宗即位，以为捧圣左厢都指挥使，改皇城使领饶州刺史、拜彰国军节度使，徙镇义成。明宗幸汴州，从璋欲率民为贡献，其从事谏以为不可。从璋怒，引弓欲射之，坐罢为右骁卫上将军。居久之，出镇保义，徙河中。长兴四年夏，封洋王。晋高祖立，徙镇威胜，降封陇西郡公。从璋为人贪鄙，自镇保义，始折节自修，在南阳颇有遗爱。天福二年卒，年五十一。

从温，字德基。初，为北京副留守。历安国、忠武、义武、成德、武宁五节度使，封兖王。晋高祖立，复为忠武军节度使。从温为人贪鄙，多作天子器服以自僭。宗族、宾客谏之，不听。其妻关氏大呼于牙门曰："从温欲反，而造天子服器。"从温大恐，乃悉毁之。明宗诸子八人，至晋出帝时六已亡殁，惟从温、从敏在。太后常曰："吾惟有一兄，岂可绳之以法？"从温由此益骄。尝诬亲吏薛仁嗣为盗，悉籍没其家赀数千万。仁嗣等诣阙自诉，事下有司。从温具伏。出帝惧伤太后意，释之而不问。开运二年，徙河阳三城，卒于官。是时，从璋子重俊为虢州刺史,坐赃,亦以太后故,罪其判官高献而已。重俊复为商州刺史。坐与其妹奸及杀其仆孙汉荣,掠其妻,赐死。

从敏,字叔达。为人沉厚寡言,善骑射。初,从庄宗为马步军都指挥使、兼行军司马。明宗入立,迁皇城使、保义军节度使,与讨王都。历镇横海、义武、成德、归德、保义、昭义、河阳,封泾王。汉高祖时,为西京留守,封秦国公。周广顺元年卒,赠中书令,谥曰"恭惠"。

新五代史卷一六
唐废帝家人传第四

皇后刘氏　　子重吉　　重美

废帝皇后刘氏，父茂威，应州浑元人也。后为人强悍，废帝素惮
之。初，封沛国夫人。废帝即位，立为皇后。其弟延皓，少事废帝，
为牙将。废帝即位，拜宫苑使、宣徽南院使。清泰二年，为枢密使、
天雄军节度使。延皓为人，素谨厚，及贵而改节。以后故用事，受赇，
掠人园宅。在邺下不恤军士，军士皆怨。捧圣都虞候张令昭以其屯
驻兵逐延皓，延皓走相州。是时，石敬瑭已反，方用兵，而令昭之乱
作。令昭乃闭城，遣其副使边仁嗣请已为节度使。废帝以令昭为右
千牛卫将军，权知天雄军府事。已而，遣范延光讨之，令昭败走邢
州。追至沙河，斩之。屯驻诸军乱者，三千余人皆死。有司请以延
皓行军法，废帝以后故，削其官爵而已。

废帝二子，曰重吉、重美，一女为尼，号幼澄。皆不知其所生。废
帝镇凤翔，重吉为控鹤指挥使，与尼俱留京师。控鹤，亲兵也。愍帝
即位，不欲重吉掌亲兵，乃出重吉为亳州团练使。居幼澄于禁中，又
徙废帝北京。废帝自疑，乃反。愍帝遣人杀重吉于宋州，幼澄亦死。

重美，幼而明敏如成人。废帝即位，自左卫上将军领成德军节
度使，兼河南尹、判六军诸卫事，改领天雄军节度使、同中书门下平
章事，封雍王。石敬瑭反，废帝欲北征，重美谓："宜持重。"固请毋

行。废帝心惮敬瑭，初不欲往，闻重美言，以为然。而刘延皓与刘延朗等迫之不已，废帝遂如河阳，留重美守京师。京师震恐，居民皆出城以藏窜，门者禁止之。重美曰："国家多难，不能与民为主，而欲禁其避祸，可乎？"因纵民出。及晋兵将至，刘皇后积薪于地，将焚其宫室，重美曰："新天子至，必不露坐，但佗日重劳民力，取怨身后耳！"后以为然。废帝自焚，后及重美与俱死。

呜呼！家人之道，不可不正也。夫礼者，所以别嫌而明微也。甚矣，五代之际！君君、臣臣、父父、子子之道乖，而宗庙、朝廷、人鬼皆失其序，斯可谓乱世者欤！自古未之有也。唐一号而三姓，周一号而二姓。唐太祖、庄宗为一家；明宗、愍帝为一家；废帝为一家；周太祖为一家；世宗为一家。别其家而同其号者，何哉？唐从其号，见其盗而有也；周从其号，与之也。而别其家者，昭穆亲疏之不可乱也。号可同，家不可以不别，所以别嫌而明微也。梁博王友文之不别，何哉？著祸本也，梁太祖之祸，自友文始，存之所以戒也。

新五代史卷一七
晋家人传第五

高祖皇后李氏　大妃安氏
出帝皇后冯氏　高祖子重信
重义　重英　重进　重睿
重杲　高祖叔父万友
万友子敬威　敬赟　万诠
万诠子敬晖　高祖兄敬儒
高祖弟敬德　敬殷　重胤
出帝子延煦　延宝

高祖皇后李氏，唐明宗皇帝女也。后初号"永宁公主"。清泰二年封魏国长公主。自废帝立，常疑高祖必反。三年，公主自太原入朝，于春节辞归，留之不得。废帝醉，语公主曰："尔归何速，欲与石郎反邪？"既醒，左右告之，废帝大悔。公主归以语高祖，高祖由是益不自安。

高祖即位，公主当为皇后。天福二年三月，有司言："皇太妃尊号已正，请上宝册。"太妃，高祖庶母刘氏也。高祖以宗庙未立，谦抑未皇。七年夏五月，高祖已病，乃诏尊太妃为皇太后，然卒不奉册，而高祖崩。故后讫高祖世亦无册命。出帝天福八年七月,册尊皇后为皇太后。

太后为人强敏,高祖常严惮之。出帝冯皇后用事,太后数训戒之,出帝不从,乃及于败。开运三年十二月,耶律德光已降晋兵,遣张彦泽先犯京师,以书遗太后,具道已降晋军,且曰:"吾有梳头妮子,窃一药囊以奔于晋,今皆在否? 吾战阳城时,亡奚车一乘,在否?"又问契丹先为晋获者,及景延广、桑维翰等所在。太后与帝闻彦泽至,欲自焚,嬖臣薛超劝止之。及得德光所与书,乃灭火出上苑中。帝召当直学士范质谓曰:"杜郎一何相负? 昔先帝起太原时,欲择一子留守,谋之北朝皇帝,皇帝以属我,我素以为其所知,卿为我草奏具言之,庶几活我子母。"质为帝草降表,曰:

> 孙男臣重贵言:顷者,唐运告终,中原失驭,数穷否极,天缺地倾。先人有田一成,有众一旅,兵连祸结,力屈势孤。翁皇帝救患摧刚,兴利除害,躬擐甲胄,深入寇场。犯露蒙霜,度雁门之险;驰风击电,行中冀之诛。黄钺一麾,天下大定。势凌宇宙,义感神明。功成不居,遂兴晋祚。则翁皇帝有大造于石氏也。

> 旋属天降鞠凶,先君即世,臣遵承遗旨,纂绍前基。谅闇之初,荒迷失次,凡有军国重事,皆委将相大臣。至于擅继宗祧,既非禀命。轻发文字,辄敢抗尊。自启衅端,果贻赫怒,祸至神惑,运尽天亡。十万师徒望风束手,亿兆黎庶延颈归心。臣负义包羞,贪生忍耻,自贻颠覆,上累祖宗,偷度朝昏,苟存视息。翁皇帝若惠顾畴昔,稍霁雷霆,未赐灵诛,不绝先祀,则百口荷更生之德,一门衔无报之恩。虽所愿焉,非敢望也。臣与太后、妻冯氏于郊野面缚俟命次。

又为太后表,曰:

> 晋室皇太后、新妇李氏妾言:张彦泽、傅住儿等至,伏蒙皇帝阿翁降书安抚者。妾伏念先皇帝顷在并、汾,适逢屯难,危同累卵,急若倒悬,智勇俱穷,朝夕不保。皇帝阿翁发自冀北,亲

抵河东,跋履山川,逾越险阻。立平巨蘖,遂定中原,救石氏之覆亡,立晋朝之社稷。不幸先帝厌代,嗣子承祧,不能继好息民,而反亏恩辜义。兵戈屡动,驷马难追。戚实自贻,咎将谁执! 今穹旻震怒,中外携离,上将牵羊,六师解甲。妾举宗负衅,视景偷生,惶惑之中,抚问斯至,明宣恩旨,曲示含容,慰谕丁宁,神爽飞越。岂谓已垂之命,忽蒙更生之恩。省罪责躬,九死未报。今遣孙男延煦、延宝,奉表请罪,陈谢以闻。

德光报曰:"可无忧,管取一吃饭处。"

四年正月丁亥朔,德光入京师,帝与太后肩舆至郊外,德光不见。馆于封禅寺,遣其将崔廷勋以兵守之。是时,雨雪寒冻,皆苦饥。太后使人谓寺僧曰:"吾尝于此饭僧数万,今日岂不相悯邪?"寺僧辞以虏意难测,不敢献食。帝阴祈守者,乃稍得食。辛卯,德光降帝为光禄大夫、检校太尉,封"负义侯",迁于黄龙府。德光使人谓太后曰:"吾闻重贵不从母教而至于此,可求自便,勿与俱行。"太后答曰:"重贵事妾甚谨。所失者,违先君之志,绝两国之欢。然重贵此去,幸蒙大惠,全生保家。母不随子,欲何所归?"于是,太后与冯皇后、皇弟重睿、皇子延煦、延宝等举族从帝而北。以宫女五十、宦者三十、东西班五十、医官一、控鹤官四、御厨七、茶酒司三、仪鸾司三、六军士二十人从。卫以骑兵三百。所经州县,皆故晋将吏,有所供馈,不得通。路傍父老争持羊酒为献,卫兵推隔,不使见帝。皆涕泣而去。

自幽州行十余日,过平州,出榆关,行砂碛中。饥不得食,遣宫女、从官,采木实、野蔬而食。又行七八日,至锦州。虏人迫帝与太后拜阿保机画像。帝不胜其辱,泣而呼曰:"薛超误我,不令我死!"又行五六日,过海北州,至东丹王墓,遣延煦拜之。又行十余日,渡辽水,至渤海国铁州。又行七八日,过南海府,遂至黄龙府。是岁六月,契丹国母徙帝、太后于怀密州。州去黄龙府西北一千五百里。行过辽阳二百里,而国母为永康王所囚,永康王遣帝、太后还止辽阳,稍供给之。

明年四月，永康王至辽阳，帝白衣、纱帽与太后、皇后诣帐中上谒。永康王止帝以常服见，帝伏地雨泣，自陈过咎。永康王使人扶起之，与坐，饮酒奏乐。而永康王帐下伶人、从官，望见故王，皆泣下，悲不自胜，争以衣服药饵为遗。五月，永康王上陉，取帝所从行宦者十五人、东西班十五人及皇子延煦而去。永康王妻兄禅奴爱帝小女，求之，帝辞以尚幼。永康王驰一骑取之，以赐禅奴。陉，虏地，尤高凉。虏人常以五月上陉避暑，八月下陉。至八月，永康王下陉。太后自驰至霸州见永康王，求于汉儿城侧赐地，种牧以为生。永康王以太后自从，行十余日，遣与延煦俱还辽阳。

明年乃汉乾祐二年，其二月，徙帝、太后于建州。自辽阳东南行千二百里至建州，节度使赵延晖避正寝以馆之。去建州数十里外得地五十余顷，帝遣从行者耕而食之。明年三月，太后寝疾，无医药，常仰天而泣。南望戟手骂杜重威、李守贞等曰：“使死者无知则已，若其有知，不赦尔于地下！”八月疾亟，谓帝曰：“我死，焚其骨送范阳佛寺，无使我为虏地鬼也！”遂卒。帝与皇后、宫人、宦者、东西班，皆被发徒跣，扶舁其枢至赐地，焚其骨，穿地而葬焉。周显德中，有中国人自契丹亡归者言，见帝与皇后、诸子皆无恙。后不知其所终。

安太妃，代北人也，不知其世家，为敬儒妻，生出帝，封秦国夫人。出帝立，尊为皇太妃。妃老而失明，从出帝北迁，自辽阳徙建州，卒于道中。临卒，谓帝曰：“当焚我为灰，南向扬之，庶几遗魂得反中国也。”既卒，砂碛中无草木，乃毁奚车而焚之，载其烬骨至建州。李太后亦卒，遂并葬之。

出帝皇后冯氏，定州人也。父濛，为州进奏吏，居京师，以巧佞为安重诲所喜，以为邺都副留守。高祖留守邺都，得濛骓甚，乃为重胤娶濛女，后封吴国夫人。重胤早卒，后寡居，有色，出帝悦之。高祖崩，梓宫在殡，出帝居丧中，纳之以为后。是日，以六军仗卫、太常鼓吹，命后至西御庄，见于高祖影殿。群臣皆贺。帝顾谓冯道等曰：

“皇太后之命，与卿等不任大庆。”群臣出，帝与皇后酣饮歌舞，过梓宫前，酹而告曰：“皇太后之命，与先帝不任大庆。”左右皆失笑，帝亦自绝倒，顾谓左右曰：“我今日作新女婿，何似生？”后与左右皆大笑，声闻于外。

后既立，专内宠，封拜宫官尚宫、知客等皆为郡夫人，又用男子李彦弼为皇后宫都押衙。其兄玉执政，内外用事，晋遂以乱。契丹犯京师，暴帝之恶于天下曰：“纳叔母于中宫，乱人伦之大典。”后随帝北迁。哀帝之辱，数求毒药，欲与帝俱饮以死，而药不可得。后不知其所终。

晋氏始出夷狄而微，终为夷狄所灭。故其宗室次序，本末不能究见。其可见者曰：高祖二叔父、一兄、六弟、七子、二孙，而有略有详，非惟祸乱多，故而失其事实。抑亦无足称焉者。然粗存其见者，以备其阙云。二叔父曰万友、万诠；兄曰敬儒；弟曰敬威、敬德、敬殷、敬赟、敬晖、重胤；子曰重贵、重信、重义、重英、重进、重睿、重杲；孙曰延煦、延宝。

孝平皇帝生孝元皇帝、万友、万诠；孝元皇帝生高祖；万友生敬威、敬赟；万诠生敬晖。而敬儒、敬德、敬殷、重胤皆不知其于高祖为亲疏也。高祖，孝元皇帝第二子也。而敬儒为兄，疑其长子也，则于高祖属长而亲，然赠官反最后于诸弟，而高祖世独不得追封，此又可疑也。重胤，高祖弟也。亦不知其为亲疏，然高祖爱之，养以为子，故于名加“重”而下齿诸子。高祖叔、兄与弟敬殷、子重进皆前即位卒，而敬威、敬德、重胤、重英，高祖反时死。高祖少子曰冯六，未名而卒。而旧说以重睿为幼子者，非也。

石氏世军中，万友、万诠职卑不见。天福二年正月，万友自故金紫光禄大夫、检校司徒兼御史大夫、上柱国，赠太师。万诠亦自金紫光禄大夫、检校司空兼御史大夫、上柱国，赠太傅。出帝天福八年五月，追封皇叔祖万友为秦王，万诠加赠太师，追封赵王。

敬威，字奉信，唐废帝时为彰圣右第三都指挥使，领常州刺史。闻高祖举兵太原，谓人曰：“生而有死，人孰能免？吾兄方举大事，吾不可偷生取辱，见笑一时。”遂自杀。敬德时为沂州马步军指挥使，以高祖反诛。

天福二年正月，赠敬威、敬德皆为太傅，兼赠敬殷以检校太子宾客，亦赠太傅，而不及敬儒。七年正月，追封敬威广王、敬德福王、敬殷通王，皆赠太尉。敬儒始以故金紫光禄大夫、检校尚书左仆射兼御史大夫、上柱国，赠太傅，而独不得封。出帝天福八年五月，加赠三皇叔皆为太师，而皇伯敬儒始追封宋王，亦加赠太师。

敬赟，字德和。少无赖，窜身民间。高祖使人求得之，补太原牙将。即位，以为飞龙皇城使，累迁曹州防御使。天福五年冬，拜河阳三城节度使。敬赟性贪暴，高祖为择贤佐史辅之，而敬赟亦惮高祖严，未尝敢犯法。岁余，徙镇保义。出帝时，加同中书门下平章事，始渐骄恣。帝尝遣使者至，必问曰：“小侄安否？”陕人苦其暴虐，召还京师，以其皇叔不能责也。斥其元从都押衙苏彦存、郑温遇以警之。契丹犯边，敬赟从出帝幸澶渊，使以兵备汶阳，守麻家渡，未尝见敌，皆无功。开运元年七月，复出为威胜军节度使。岁余，出帝以曹州为威信军，授敬赟节度使。在曹贪暴尤甚，久之，召还。张彦泽兵犯京师，敬赟夜走，逾城东垣，堕沙濠溺死。时年四十九。

韩王敬晖，字德昭。为人厚重刚直，勇而多智，高祖尤爱之。高祖时为曹州防御使，以廉俭见称，卒于官。赠太傅。天福八年，加赠太师，追封韩王。子曦嗣。

高祖李皇后生楚王重信，其诸子皆不知其母。当高祖起太原，重英为右卫大将军、重胤为皇城副使，居京师。闻高祖举事，匿民家井中，捕得诛之，并族其家。天福二年正月，高祖为二子发哀，皆赠为太保。并赠重进以故左金吾卫将军赠太保。七年正月，皆加赠太傅,追封重英虢王、重胤郯王、重进夔王。出帝天福八年五月,皆加赠太师。

楚王重信,字守孚。为人敏悟多智而好礼。天福二年二月,以左骁卫上将军拜河阳三城节度使,有善政。高祖下诏褒之。是岁,范延光反。诏前灵武节度使张从宾发河阳兵讨延光。从宾亦反,重信见杀,时年二十。高祖欲赠重信太尉,大臣引汉故事:"皇子无为三公者。"高祖曰:"此儿为善被祸,吾哀之甚。自我而已,岂有例邪?"乃赠太尉。七年正月,加赠太师,追封沂王。出帝天福八年五月,易封楚王。

寿王重义,字弘理。为人好学,颇知兵法。高祖即位,拜左骁卫大将军。高祖幸汴州,以为东都留守。张从宾反,攻河阳,见杀。时年十九,赠太傅。天福七年正月,加赠太尉,追封寿王。出帝天福八年五月,加赠太师。皆无子。

重睿为人貌类高祖。高祖卧疾,宰相冯道入见卧内。重睿尚幼,高祖呼出,使拜道于前,因以宦者抱持置道怀中。高祖虽不言,左右皆知其以重睿托道也。高祖崩,晋大臣以国家多事,议立长君,而景延广已阴许立出帝,重睿遂不得立。出帝以重睿为检校太保、开封尹,以左散骑常侍边蔚权知开封府事。开运二年五月,拜重睿雄武军节度使。岁余,徙镇忠武。皆不之镇。契丹灭晋,重睿从出帝北迁,后不知其所终。

陈王重杲,高祖幼子也。小字冯六,未名而卒。赠太傅,追封陈王,赐名重杲。出帝天福八年五月,加赠太师。

延煦、延宝,高祖诸孙也。出帝以为子。开运二年秋,以延煦为郑州刺史。延煦少,不能视事,以一宦者从之。又选尚书郎路航参知州事。宦者遂专政事,每诟辱航,出帝召航还。已而,徙延煦齐州防御使。三年,拜镇宁军节度使。是时,河北用兵,天下旱、蝗,民饿死者百万计。而诸镇争为聚敛。赵在礼所积巨万,为诸侯王最。出帝利其赀,乃以延煦娶在礼女,在礼献绢三千匹,前后所献不可胜数。三年五月,遣宗正卿石光赞以聘币一百五十床迎于其第。出帝宴在礼万岁殿,所以赐予甚厚,君臣穷极奢侈,时人以为荣。在礼谓人曰:"吾此一婚,其费十万。"十一月,徙延煦镇保义。自延煦为齐州防御使,而延宝代为郑州刺史。及契丹灭晋,出帝与太后遣延煦、延宝赍降表、玉玺、金印以归契丹。而延宝时亦为威信军节度使矣。契丹得玺,以为制作非工,与前史所传者异,命延煦等还报求真玺。出帝以状答曰:"顷潞王从珂自焚于洛阳,玉玺不知所在,疑已焚之。先帝受命,命玉工制此玺,在位群臣皆知之。"乃已。后延煦等从出帝北迁,不知其所终。

呜呼!古之不幸无子,而以其同宗之子为后者,圣人许之,著之《礼》经而不讳也。而后世闾阎鄙俚之人则讳之,讳则不胜其欺与伪也。故其苟偷窃取婴孩襁褓,讳其父母,而自欺以为我生之子,曰:"不如此,则不能得其一志,尽爱于我。而其心必二也。"而为其子者,亦自讳其所生,而绝其天性之亲,反视以为叔伯父,以此欺其九族,而乱其人鬼亲疏之属。一作序。凡物,生而有知,未有不爱其父母者。使是子也,能忍而真绝其天性欤,曾禽兽之不若也。使其不忍而外阳绝之,是大伪也。

夫闾阎鄙俚之人之虑于事者,亦已深矣!然而苟窃欺伪,不可以为法者,小人之事也。惟圣人则不然,以谓人道莫大于继绝,此万世之通制,而天下之公行也,何必讳哉?所谓子者,未有不由父母而生者也,故为人后者,必有所生之父,有所后之父,此理之自然也,何必讳哉?其简易明白,不苟不窃,不欺不伪,可以为通制而公行者,圣人之法也。

又以谓为人之后者,所承重,故加其服以斩。而不绝其所生之亲者,天性之不可绝也。然而恩有屈于义,故降其服以彝。服,外物也,可以降,而父母之名不可改,故著于经曰:"为人后者,为其父母服。"自三代以来,有天下、国家者,莫不用之。而晋氏不用也。出帝之于敬儒,绝其父道,臣而爵之,非特以其义不当立,不得已而绝之,盖亦习见闾阎鄙俚之所为也。

五代,干戈贼乱之世也。礼乐崩坏,三纲五常之道绝,而先王之制度文章扫地而尽于是矣。如寒食野祭而焚纸钱,天子而为闾阎鄙俚之事者,多矣。而晋氏起于夷狄,以篡逆而得天下。高祖以耶律德光为父,而出帝于德光则以为祖而称孙,于其所生父则臣而名之,是岂可以人理责哉!

新五代史卷一八
汉家人传第六

高祖皇后李氏　高祖弟崇信
高祖子承训　承勋　侄赟

　　高祖皇后李氏，晋阳人也，其父为农。高祖少为军卒，牧马晋阳，夜入其家劫取之。高祖已贵，封魏国夫人，生隐帝。开运四年，高祖起兵太原，赏军士，帑藏不足充，欲敛于民。后谏曰："方今起事，号为义兵，民未知惠而先夺其财，殆非新天子所以救民之意也。今后宫所有，请悉出之，虽其不足，士亦不以为怨也。"高祖为改容谢之。高祖即位，立为皇后。高祖崩，隐帝册尊为皇太后。

　　帝年少，数与小人郭允明、后赟、李业等游戏宫中，后数切责之。帝曰："国家之事，外有朝廷，非太后所宜言也。"太常卿张昭闻之，上疏谏帝，请"亲近师傅，延问正人，以开聪明。"帝益不省。其后，帝卒与允明等谋议，遂至于亡。

　　初，帝与允明等谋诛杨邠、史弘肇等。议已定，入白太后。太后曰："此大事也，当与宰相议之。"李业从帝对曰："先皇帝平生言，朝廷大事，勿问书生。"太后深以为不可。帝拂衣而去，曰："何必谋于闺门！"邠等死，周高祖起兵向京师。慕容彦超败于刘子陂，帝欲出自临兵，太后止之曰："郭威，本吾家人，非其危疑，何肯至此！今若按兵无动，以诏谕威，威必有说，则君臣之际，庶几尚全。"帝不从以出，遂及于难。周太祖入京师，举事皆称太后诰。已而议立湘阴公赟为天子。赟未至，太祖乃请太后临朝。已而，太祖出征契丹，军士拥之以还。太祖请事太后为母，太后诰曰：“侍中功烈崇高，德声昭著；剪除祸乱，安定邦家；讴歌有归，历数攸属。所以军民推戴，亿兆同欢。老身未终残年，属此多难，唯以衰朽，托于始终。载省来笺，如母见待，感认深意，涕泗横流。”于是，迁后于太平宫，上尊号曰“昭圣皇太后”。显德元年春，崩。隐帝，旧史、实录皆无皇后。帝立三年崩，时年二十，盖未尝立后也。

　　高祖二弟三子：弟曰崇、曰信；子曰承训、承祐、承勋。崇子曰赟，高祖爱之，以为己子。乾祐元年，拜赟徐州节度使。承训早卒，追封魏王。承祐次立，是谓隐帝。承勋为开封尹。周太祖已败汉兵于北郊，隐帝遇弑。太祖入京师，以谓汉大臣必相推戴，及见宰相冯道等，道殊无意。太祖不得已，见道犹下拜，道受太祖拜如平时。徐劳之曰：“公行良苦！”太祖意色皆沮，以谓汉臣未有推立己意，又难于自立，因白汉太后，择立汉嗣。而宗室河东节度使崇等在者四人，乃为太后诰曰：“河东节度使崇、许州节度使信，皆高祖之弟，徐州节度使赟、开封尹承勋，皆高祖之子。文武百辟，其择嗣君以承天统。”于是，周太祖与王峻入见太后，言：“开封尹承勋，高祖皇帝之子，宜立。”太后以承勋久病，不任为嗣。太祖与群臣请见承勋视起居，太后命以卧榻昇承勋出见群臣，群臣视之信然，乃共奏曰：“徐州节度使赟，高祖爱之，以为子，宜立为嗣。”乃遣太师冯道率群臣迎赟。道揣周太祖意不在赟，谓太祖曰：“公此举由衷乎？”太祖指天为誓。道既行，谓人曰：“吾平生不为谬语人，今谬语矣。”道见赟，传太后意，召之。赟行至宋州，太祖自澶州为兵士拥还京师，王峻虑赟左右生变，遣侍卫马军指挥使郭崇，以兵七百骑卫赟。崇至宋州，赟登楼问崇所以来之意，崇曰：“澶州军变，惧未察之，遣崇护卫，非恶意也。”赟召崇，崇不敢进。冯道出与崇语，崇乃登楼见赟。已而，夺赟部下兵。

　　太祖以书召道先归，留其副赵上交、王度奉赟入朝太后。道乃先还。赟谓道曰：“寡人此来，恃者以公三十年旧相，是以不疑。”道默然。赟客将贾正等数目道,欲图之。赟曰:"勿草草,事岂出于公邪!"道已去,郭崇幽赟于外馆,杀贾正及判官董裔、牙内都虞候刘福、孔目官夏昭度等。

太祖已监国,太后乃下诰曰:"比者枢密使郭威,志安宗社,议立长君,以徐州节度使赟,高祖近亲,立为汉嗣。乃自藩镇召赴京师。虽诰命已行,而军情不附,天道在北,人心靡东。适当改卜之初,俾应分土之命。赟可降授开封仪同三司、检校太师、上柱国,封湘阴公。"赟以幽死。初,赟自徐州入也,以都押牙巩庭美、教练使杨温守徐州。庭美等闻赟不得立,乃闭城拒命。太祖拜王彦超徐州节度使,下诏谕庭美等,许以刺史,并诏赟赦庭美等。广顺元年三月,彦超克徐州,庭美等皆见杀。

承勋,广顺元年以病卒,追封陈王。

呜呼!予既悲湘阴公赟之事,又嘉庭美、杨温之所为。赟于汉,非嫡长,特以周氏移国,畏天下而难之,故假赟以伺间尔。当是之时,天下皆知赟之必不立也,然庭美、温之区区为赟守孤城以死,其始终之迹,何愧于死节之士哉!然予考于实录,二人之死状不明。夫二人之事,固知其无所成,其所重者死尔,然史氏不著,不知其何以死也。当王彦超之攻徐州也,周尝遣人招庭美等,予得其诏书四,皆言庭美等尝已送款于周,后惧罪而复叛,然庭美等款状亦不见,是皆不可知也。夫史之阙文,可不慎哉!其疑以传疑,则信者信矣。予固嘉二人之忠而悲其志,然不得列于死节之士者,惜哉!

蔡王信,高祖之从弟也。高祖镇太原,以信为兴捷军都指挥使,领义成军节度使,徙领许州。高祖寝疾,隐帝当立为嗣,杨邠等受顾命,不欲信在京师,乃遣信就镇。信涕泣而去。

信所至黩货,好行杀戮。军士有犯法者,信召其妻子,对之刲剔支解,使自食其肉。血流盈前,信命乐饮酒自如也。

杨邠等死,信大喜,谓其寮佐曰:"吾尝为天无眼,而使我郁郁于此者三年矣。主上孤立,几落贼手。诸公可以劝我一杯矣。"已而,闻难作,信忧不能食。周太祖军变于澶州,王峻遣前申州刺史马铎以兵巡检许州,信乃自杀。周太祖即位,追封蔡王。《传》,先赟而后信,亦便于述事尔。

新五代史卷一九
周太祖家人传第七

圣穆皇后柴氏　淑妃杨氏
贵妃张氏　德妃董氏　子侗
信　侄守愿　奉超　逊

　　太祖一后三妃。圣穆皇后柴氏，邢州尧山人也，与太祖同里；遂以归焉。太祖微时，喜饮博任侠，不拘细行，后常谏止之。太祖状貌奇伟，后心知其贵人也，事之甚谨。及太祖即位，后已先卒，乃下诏：故夫人柴氏，追册为皇后。谥曰圣穆。

　　淑妃杨氏，镇州真定人也。父弘裕，真定少尹。妃幼以色选入赵王宫，事王熔。熔为张文礼所杀，镇州乱，妃亦流寓民间。后嫁里人石光辅，居数年，光辅死。太祖柴夫人卒，闻妃有色而贤，遂娶之为继室。太祖方事汉高祖于太原。天福中妃卒，遂葬太原之近郊。太祖即位，广顺元年九月，追册为淑妃。拜妃弟廷璋为右飞龙使，廷璋辞曰："臣父老矣，愿以授之。"太祖曰："吾方思之，岂忘尔父邪？"即召弘裕。弘裕老，不能行，乃就其家拜金紫光禄大夫、真定少尹。太祖崩，葬嵩陵，一后三妃皆当陪葬。而太原未克，世宗诏有司营嵩陵之侧为虚墓以俟。显德元年，世宗已败刘旻于高平，遂攻太原，太原闭壁被围，乃迁妃丧而葬之。

贵妃张氏,镇州真定人也。祖记,成德军节度判官、检校兵部尚书。父同芝,事赵王王镕,为谘呈官,官至检校工部尚书。镕死,镇州乱,庄宗遣幽州符存审以兵讨张文礼,裨将武从谏馆于妃家,见妃尚幼,怜之,而从谏家在太原,遂以妃归,为其子妇。

久之,太祖事汉高祖于太原,杨夫人卒,而武氏子亦卒,乃纳妃为继室。太祖贵,累封吴国夫人。太祖以兵入京师,汉遣刘铢戮其家,妃与诸子皆死。太祖即位,追册为贵妃。

德妃董氏,镇州灵寿人也。祖文广,唐深州录事参军。父光嗣,赵州昭庆尉。妃幼颖悟,始能言,闻乐声知其律吕。年七岁,镇州乱,其家失之,为潞州牙将所得,置诸褚中以归。潞将妻尝生女,辄不育,得妃怜之,养以为子,过于所生。居五六年,妃家悲思,其兄瑀求之人间,莫知所在。潞将仕于京师,遇瑀,欣然归之。年十三,瑀以嫁里人刘进超。进超亦仕晋为内职。契丹犯阙,进超殁于虏中,妃嫠居洛阳。汉高祖由太原入京师,太祖从过洛阳,闻妃有贤行,聘之。太祖建国,中宫虚位,遂册为德妃。广顺三年卒,年三十九。

妃兄三人:瑀官至太子右赞善大夫,玄之、自明皆至刺史。初帝举兵于魏,汉以兵围帝第。时张贵妃与诸子青哥、意哥,侄守筠、奉超、定哥,皆被诛。青哥、意哥,不知其母谁氏。太祖即位,诏故第二子青哥赠太尉,赐名侗。第三子意哥赠司空,赐名信。皇侄守筠赠左领军卫将军。以筠声近荣,为世宗避,更名守愿。奉超赠左监门卫将军。定哥赠左千牛卫将军,赐名逊。世宗显德四年夏四月癸未,诏曰:“礼以缘情,恩以悼往。矧在友于之列,尤钟恻怆之情。故皇弟赠太保侗、赠司空信,景运初启,大年不登,俾予终鲜,实勤予怀。侗可赠太傅,追封郯王;信司徒,杞王。”又诏曰:“故皇从弟赠左领军卫将军守愿、赠左监门卫将军奉超、赠左千牛卫将军逊等,顷因季世,不享遐龄,每念非辜,难忘有恸。守愿可赠左卫大将军、奉超右卫大将军、逊右武卫大将军。”

新五代史卷二〇
周世宗家人传第八

柴守礼　世宗贞惠皇后刘氏
宣懿皇后苻氏
后立皇后苻氏　世宗子谊
诚　诫　熙让　熙谨　熙诲

　　周太祖圣穆皇后柴氏，无子。养后兄守礼之子以为子，是为世宗。守礼，字克让，以后族拜银青光禄大夫、检校吏部尚书兼御史大夫。世宗即位，加金紫光禄大夫、检校司空、光禄卿。致仕，居于洛阳，终世宗之世，未尝至京师。而左右亦莫敢言。第以元舅礼之，而守礼亦颇恣横。尝杀人于市，有司以闻，世宗不问。是时，王溥、王晏、王彦超、韩令坤等同时将相，皆有父在洛阳，与守礼朝夕往来，惟意所为。洛阳人多畏避之，号"十阿父"。守礼卒，年七十二，官至太傅。

　　呜呼！父子之恩至矣。孟子言：舜为天子，而瞽叟杀人，则弃天下窃负之而逃，以谓天下可无舜，不可无至公。舜可弃天下，不可刑其父，此为世立言之说也。然事固有不得如其意者，多矣！盖天子有宗庙社稷之重、百官之卫、朝廷之严，其不幸有不得窃而逃，则如之何而可？予读周史，见守礼杀人，世宗寝而不问，盖进任天下重矣，而子于其父亦至矣。故宁受屈法之过，以申父子之道，其所以合于义者，盖以权也。君子之于事，择其轻重而处之耳。失刑轻，不孝重也。刑者，所以禁人为非；孝者，所以教人为善，其意一也，孰为重？刑一人，未必能使天下无杀人。而杀其父，灭天性而绝人道，孰为重？权其所谓轻重者，则天下虽不能弃，而父亦不可刑也。然则为舜与世宗者，宜如何无使瞽叟、守礼至于杀人，则可谓孝矣！然而有不得如其意，则择其轻重而处之焉。世宗之知权，明矣夫！

世宗三皇后。贞惠皇后刘氏，不知其世家，盖微时所娶也。世宗为左监门卫将军，得封彭城县君。世宗从太祖于魏，后留京师。太祖举兵，汉诛其族。太祖即位，追封彭城郡夫人。世宗显德四年夏四月，始诏彭城郡夫人刘氏追册为皇后，有司谥曰"贞惠"。陵曰"惠陵"。

宣懿皇后符氏，其祖秦王存审，父魏王彦卿。后世王家，出于将相之贵，为人明果，有大志。初适李守贞子崇训。守贞事汉为河中节度使，已挟异志。有术者，善听人声以知吉凶。守贞出其家人使听之，术者闻后声，惊曰："此天下之母也！"守贞益自负，曰："吾妇犹为天下母，吾取天下复何疑哉！"于是，决反。而汉遣周太祖讨之。逾年，攻破其城，崇训知不免，手自杀其家人，次以及后，后走，匿以帷幔自蔽。崇训惶遽求后不得，遂自杀。汉兵入其家，后俨然坐堂上，顾军士曰："郭公与吾父有旧，汝辈无犯我！"军士见之不敢迫。太祖闻之，以谓一女子能使乱兵不敢犯，奇之。为加慰勉，以归彦卿。后感太祖不杀，拜太祖为父。其母以后夫家灭亡，而独脱死兵刃之间，以为天幸，欲使削发为尼，后不肯，曰："死生有命，天也。何必妄毁形发为！"太祖于后有恩，而世宗性特英锐，闻后如此，益奇之。及刘夫人卒，遂纳以为继室。世宗即位，册为皇后。世宗卞急，多暴怒，而后尝追悔。每怒左右，后必从容伺颜色，渐为解说，世宗意亦随解。由是益重之。世宗征淮，后以帝不宜亲行，切谏止之。世宗不听,师久无功,遭大暑雨,后以忧成疾而崩。议者以方用兵,请杀丧礼。于是百官朝临于西宫,三日而释服。帝亦七日而释。葬于新郑,陵曰:懿陵。后立皇后符氏,后妹也。国初,迁西宫,号:周太后。

世宗子七人:长曰宜哥、次二皆未名。次曰恭皇帝、次曰熙让、次曰熙谨、次曰熙诲,皆不知其母为谁氏。宜哥与其二,皆为汉诛。太祖即位,诏赐皇孙名谊,赠左骁卫大将军;诚,左武卫大将军;诫,左屯卫大将军。显德三年,群臣请封宗室,世宗以谓为国日浅,恩信未及于人,而须功德大成,庆流于世,而后议之可也。明年夏四月癸未,先封太祖诸子。又诏曰:“父子之道,圣贤不忘。再思夭阏之端,愈动悲伤之抱。故皇子左骁卫大将军谊、左武卫大将军诚、左屯卫大将军诫等,载惟往事,有足伤怀。宜增一字之封,仍赠三台之秩。谊可赠太尉,追封越王;诚太傅,吴王;诫太保,韩王。”而皇子在者,皆不封。六年,北复三关。遇疾,还京师。六月癸未,皇子宗训特进左卫上将军,封梁王;而宗让亦拜左骁卫上将军,封燕国公。后十日而世宗崩。梁王即位,是为恭皇帝。其年八月,宗让更名熙让,封曹王。熙谨、熙诲皆前未封爵,遂拜熙谨右武卫大将军,封纪王;熙诲左领军卫大将军,蕲王。

皇朝乾德二年十月,熙谨卒。熙让、熙诲,不知其所终。

呜呼!至公,天下之所共也。其是非曲直之际,虽父爱其子,亦或有所不得私焉。当周太祖举兵于魏,汉遣刘铢诛其家族于京师酷毒备至。后,太祖入立,遣人责铢,铢辞不屈,太祖虽深恨之,然以铢辞直,终不及其家也。及追封妻子之被杀者,其言深自隐痛之而已,不敢有非汉之辞焉。盖知其曲在己也。故略存其辞,以见周之有愧于其心者矣。

新五代史卷二一
梁臣传第九

敬翔　朱珍　李唐宾
庞师古　葛从周　霍存
张存敬　苻道昭　刘捍
寇彦卿

　　呜呼！孟子谓"春秋无义战"，予亦以谓五代无全臣。无者，非无一人，盖仅有之耳。余得死节之士三人焉。其仕不及于二代者，各以其国系之，作梁、唐、晋、汉、周臣传。其余仕非一代，不可以国系之者，作《杂传》。夫入于杂，诚君子之所羞。而一代之臣未必皆可贵也，览者详其善恶焉。

　　敬翔字子振，同州冯翊人也。自言唐平阳王晖之后。少好学，工书檄。乾符中，举进士，不中，乃客大梁。翔同里人王发为汴州观察支使，遂往依焉。

　　久之，发无所荐引，翔客益窘，为人作笺刺，传之军中。太祖素不知书，翔所作皆俚俗语，太祖爱之，谓发曰："闻君有故人，可与俱来。"翔见太祖，太祖问曰："闻子读《春秋》，《春秋》所记何等事？"翔曰："诸侯争战之事耳。"太祖曰："其用兵之法可以为吾用乎？"翔曰："兵者，应变出奇以取胜，《春秋》古法，不可用于今。"太祖大喜，补以军职，非其所好，乃以为馆驿巡官。太祖与蔡人战汴郊，翔时时为太祖谋画，多中，太祖欣然，以谓得翔之晚，动静辄以问之。太祖奉昭宗自岐还长安，昭宗召翔与李振，升延喜楼劳之，拜太府卿。

初，太祖常侍殿上，昭宗意卫兵有能擒之者，乃佯为鞋结解以顾太祖，太祖跪而结之，而左右无敢动者。太祖流汗浃背，由此稀复进见。昭宗迁洛阳，宴崇勋殿，酒半起，使人召太祖入内殿，将有所托。太祖益惧，辞以疾。昭宗曰："卿不欲来，可使敬翔来。"太祖遽麾翔出，亦佯醉去。太祖已破赵匡凝，取荆、襄，遂攻淮南。翔切谏，以谓新胜之兵，宜持重以养威。太祖不听。兵出光州，遭大雨，几不得进。进攻寿州，不克。而多所亡失。太祖始大悔恨。归而忿躁，杀唐大臣几尽，然益以翔为可信任。

梁之篡弑，翔之谋为多。太祖即位，以唐枢密院故用宦者，乃改为崇政院，以翔为使。迁兵部尚书、金銮殿大学士。翔为人深沉，有大略，从太祖用兵三十余年，细大之务，必关之。翔亦尽心勤劳，昼夜不寐，自言惟马上乃得休息。而太祖刚暴难近，有所不可，翔亦未尝显言，微开其端，太祖意悟，多为之改易。

太祖破徐州，得时溥宠姬刘氏，爱幸之。刘氏，故尚让妻也，乃以妻翔。翔已贵，刘氏犹侍太祖，出入卧内如平时，翔颇患之。刘氏诮翔曰："尔以我尝失身于贼乎？尚让，黄家宰相；时溥，国之忠臣。以卿门地，犹为辱我，请从此诀矣！"翔以太祖故，谢而止之。刘氏车服骄侈，别置典谒，交结藩镇，权贵往往附之，宠信言事不下于翔。当时，贵家，往往效之。

太祖崩，友珪立。以翔先帝谋臣，惧其图己，不欲翔居内职，乃以李振代翔为崇政使，拜翔中书侍郎、同中书门下平章事。翔以友珪畏己，多称疾，未尝省事。末帝即位，赵岩等用事，颇离间旧臣，翔愈郁郁不得志。其后，梁尽失河北，与晋相拒杨刘。翔曰："故时河朔半在，以先帝之武，御貔虎之臣，犹不得志于晋。今晋日益强，梁日益削，陛下处深宫之中，所与计事者，非其近习，则皆亲戚之私，而望成事乎？臣闻晋攻杨刘，李亚子负薪渡水，为士卒先。陛下委蛇守文,以儒雅自喜,而遣贺瑰为将,岂足当彼之余锋乎?臣虽惫矣,受国恩深,若其乏材,愿得自效。"岩等以翔为怨言,遂不用。其后,王彦章败于中都,末帝惧,召段凝于河上。是时,梁精兵悉在凝军,凝有异志,顾望不来。末帝遽呼翔曰:"朕居常忽卿言,今急矣,勿以为怼,卿其教我当安归?"翔曰:"臣从先帝三十余年,今虽为相,实朱氏老奴尔,事陛下如郎君,以臣之心,敢有所隐!陛下初用段凝,臣已争之,今凝不来,敌势已迫,欲为陛下谋,则小人间之,必不见听。请先死,不忍见宗庙之亡!"君臣相向恸哭。

翔与李振俱为太祖所信任,庄宗入汴,诏赦梁群臣。李振喜谓翔曰:"有诏洗涤,将朝新君。"邀翔欲俱入见。翔夜止高头车坊,将旦,左右报曰:"崇政李公入朝矣!"翔叹曰:"李振谬为丈夫矣!复何面目入梁建国门乎?"乃自经而卒。

朱珍,徐州丰人也。少与庞师古等俱从梁太祖为盗。珍为将,善治军选士。太祖初镇宣武。珍为太祖创立军制,选将练兵,甚有法。太祖得诸将所募兵及佗降兵,皆以属珍。珍选将五十余人,皆可用。梁败黄巢、破秦宗权、东并兖郓,未尝不在战中,而常勇出诸将。太祖与晋王东逐黄巢,还过汴馆之上源驿,太祖使珍夜以兵攻之,晋王亡去,珍悉杀其麾下兵。义成军乱,逐安师儒,师儒奔梁。太祖遣珍以兵趋滑州,道遇大雪,珍趣兵疾驰,一夕至城下,遂乘其城。义成军以为方雪,不意梁兵来,不为备,遂下之。秦宗权遣卢瑭、张晊等攻梁。是时,梁兵尚少,数为宗权所困。太祖乃拜珍淄州刺史,募兵于淄青。珍偏将张仁遇白珍曰:"军中有犯令者,请斩而后白。"珍曰:"偏将欲专杀邪?"立斩仁遇以徇军,军中皆感悦。珍得所募兵万余以归,太祖大喜曰:"贼在吾郊,若践吾麦,奈何!今珍至,吾事济矣!且贼方息兵养勇,度吾兵少,而未知珍来,谓吾不过坚守而已。宜出其不意以击之。"乃出兵击败晊等,宗权由此败亡。而梁军威大振,以得珍兵故也。

珍从太祖攻朱宣,取曹州,执其刺史丘弘礼。又取濮州,刺史朱裕奔于郓州。太祖乃还汴,留珍攻郓州。珍去郓二十里,遣精兵挑之,郓人不出。朱裕诈为降书,阴使人召珍,约开门为内应。珍信之,夜率其兵叩郓城门,朱裕登陴,开门内珍军,珍军已入瓮城,而垂门发。郓人从城上礌石以投之,珍军皆死瓮城中,珍仅以身免。太祖不之责也。

魏博军乱,囚乐彦贞。太祖遣珍救魏,珍破黎阳、临河、李固,分遣聂金、范居实等略澶州,杀魏豹子军二千于临黄。珍威振河朔。魏人杀彦贞,珍乃还。梁攻徐州,遣珍先攻下丰县。又败时溥于吴康,与李唐宾等屯萧县。

唐宾者,陕人也。初为尚让偏将,与太祖战尉氏门,为太祖所败。唐宾乃降梁。梁兵攻掠四方,唐宾常与珍俱,与珍威名略等,而骁勇过之。珍战每小却,唐宾佐之乃大胜。珍尝私迎其家置军中,太祖疑珍有异志,遣唐宾伺察之。珍与唐宾不协,唐宾不能忍,夜走还宣武,珍单骑追之,交诉太祖前。太祖两惜其材,为和解之。珍屯萧县,闻太祖将至,戒军中治馆厩以待。唐宾部将严郊治厩失期,军吏督之,郊诉于唐宾,唐宾以让珍,珍怒,拔剑而起,唐宾拂衣就珍,珍即斩之,遣使者告唐宾反。使者晨至梁,敬翔恐太祖暴怒不可测,乃匿使者,至夜而见之,谓虽有所发,必须明旦,冀得少缓其事而图之。既夕,乃引珍使者入见,太祖大惊,然已夜矣,不能有所发,翔因从容为太祖画。明日,佯收唐宾妻子下狱。因如珍军,去萧一舍,珍迎谒,太祖命武士执之。诸将霍存等十余人叩头救珍,太祖大怒,举胡床掷之曰:"方珍杀唐宾时,独不救之邪!"存等退,珍遂缢死。

庞师古,曹州南华人也。初名从。梁太祖镇宣武,初得马五百匹为骑兵,乃以师古将之,从破黄巢、秦宗权,皆有功。太祖攻时溥未下,留兵属师古守之。师古取其宿迁,进屯吕梁。溥以兵二万出战,师古败之,斩首二千级。孙儒逐杨行密,取扬州,淮南大乱。太祖遣师古渡淮攻儒,为儒所败。是时,朱珍、李唐宾已死,师古与霍存分将其兵。郴王友裕攻徐州，朱瑾以兵救时溥。友裕败溥于石佛山，瑾收余兵去。太祖以友裕可追而不追，夺其兵以属师古。师古攻破徐州，斩溥。太祖表师古徐州留后。梁兵攻郓州，临济水，师古彻木为桥，夜以中军先济。朱宣走中都，见杀。

太祖已下兖、郓，乃遣师古与葛从周攻杨行密于淮南。师古出清口，从周出安丰。师古自其微时事太祖，为人谨甚，未尝离左右。及为将，出兵必受方略以行，军中非太祖命，不妄动。师古营清口，地势卑，或请就高为栅，师古以非太祖命不听。淮人决水浸之，请者告曰："淮人决河，上流水至矣！"师古以为摇动士卒，立斩之。已而水至，兵不能战，遂见杀。

呜呼，兵之胜败，岂易言哉！梁兵强于天下，而吴人号为轻弱。然师古再举击吴，辄再败，以死。其后，太祖自将出光山，攻寿春，然亦败也。盖自高骈死，唐以梁兼统淮南，遂与孙、杨争，凡三十年间，三举而三败。以至强遭至弱而如此，此其不可以理得也。兵法固有以寡而败众、以弱而胜强者，顾吴岂足以知之哉！岂非适与其机会邪？故曰："兵者凶器，战者危事也。"可不慎哉！

葛从周，字通美，濮州甄城人也。少从黄巢，败，降梁。从太祖攻蔡州，太祖坠马，从周扶太祖复骑，与敌步斗伤面，身被数疮。偏将张延寿从旁击之，从周得与太祖俱去。太祖尽黜诸将，独用从周、延寿为大将。秦宗权掠地颍、亳，及梁兵战于焦夷，从周获其将王涓一人。从朱珍收兵淄青，遇东兵辄战，珍得兵归，从周功为多。张全义袭李罕之于河阳，罕之奔晋，召晋兵以攻全义，全义乞兵于梁，太祖遣从周、丁会等救之，败晋兵于沇河。潞州冯霸杀晋守将李克修以降梁，太祖遣从周入潞州。晋兵攻之，从周不能守，走河阳。太祖攻魏，从周与丁会先下黎阳、临河，会太祖于内黄，败魏兵于永定桥。从丁会攻宿州，以水浸其城，遂破之。太祖攻朱瑾于兖州，未下，留从周围之，瑾闭壁不出，从周诈言救兵至，阳避之。高吴夜半潜还城下,瑾以谓从周已去,乃出兵收外壕,从周掩击之,杀千余人。晋攻魏,魏人求救,太祖遣侯言救魏,言筑垒于洹水。太祖怒言不出战,遣从周代言。从周至军,益闭垒不出,而凿三闉门以待。晋兵攻之,从周以精兵自闉门出击,败晋王兵。晋王怒,自将击从周,从周虽大败,而梁兵擒其子落落,送于魏,斩之。遂徙攻郓州,擒朱宣于中都,又攻兖州,走朱瑾。太祖表从周兖州留后,以兖、郓兵攻淮南,出安丰,会庞师古于清口。从周行至濠州,闻师古死,遽还至淠河。将渡而淮兵追之,从周亦大败。是时,晋兵出山东,攻相、卫。太祖遣从周略地山东,下洺州,斩其刺史邢善益。又下邢州,走其刺史马师素。又下磁州,杀其刺史袁奉滔。五日而下三州。太祖乃表从周兼邢州留后。

刘仁恭攻魏,已屠贝州。罗绍威求救于梁,从周会太祖救魏,入于魏州。燕兵攻馆陶门,从周以五百骑出战,曰:“大敌在前,何可返顾!”使闭门而后战。破其八栅,燕兵走,追至于临清,拥之御河,溺死者甚众。太祖以从周为宣义行军司马。太祖遣从周攻刘守文于沧州,以蒋晖监其军。守文求救于其父仁恭,仁恭以燕兵救之,晖语诸将曰:“吾王以我监诸将,今燕兵来,不可迎战,宜纵其入城,聚食仓廪,使两困而后取之。”诸将颇以为然。从周怒曰:“兵在上将,岂监军所得言!且晖之言乃常谈尔,胜败之机在吾心,晖岂足以知之!”乃勒兵逆仁恭于乾宁,战于老鸦堤。仁恭大败,斩首三万余级,获其将马慎交等百余人,马三千匹。是时,守文亦求救于晋,晋为攻郓、洺以牵之,从周遽还,败晋兵于青山。遂从太祖攻镇州,下临城,王镕乞盟。太祖表从周泰宁军节度使。

从氏叔琮攻晋太原,不克。梁兵西攻凤翔,青州王师范遣其将刘鄩袭兖州,从周家属为鄩所得,厚遇之而不杀。太祖还自凤翔,乃遣从周攻鄩,从周卒招降鄩。太祖即位,拜左金吾卫上将军,以疾致仕,拜右卫上将军,居于偃师。末帝即位,拜昭义军节度使、陈留郡王,食其俸于家。卒,赠太尉。

霍存，洺州曲周人也。少从黄巢，巢败，存乃降梁。存为将骁勇，善骑射。秦宗权攻汴，存以三千人夜破张晊栅。又以骑兵破秦贤，杀三千人，败晊于赤冈。从朱珍掠淄青，庞师古攻时溥，皆有功。

朱珍与李唐宾俱死，乃以庞师古代珍，存代唐宾以攻溥。破砀山，存获其将石君和等五十人。梁攻宿州，葛从周引水浸之，丁会与存战城下，遂下之。从攻潞州，与晋人遇，战马牢川。存入则当其前，出则为其殿。晋人却，遂东攻魏，取淇门，杀三千人。梁得曹州，太祖以存为刺史，兼诸军都指挥使。梁攻郓州，朱瑾来救。梁诸将或劝太祖纵瑾入郓，耗其食，坚围勿战，以此可俱弊。太祖曰："瑾来必与时溥俱，不若遣存邀之。"存伏兵萧县，已而，瑾果与溥俱出迷离，存发伏击之，遂败瑾等于石佛山，存中流矢卒。太祖已即位，阅骑兵于繁台，顾诸将曰："使霍存在，岂劳吾亲阅邪！诸君宁复思之乎?"佗日语又如此。

张存敬，谯郡人也。为人刚直有胆勇。少事梁太祖，为将善因危窘出奇计。李罕之与晋人攻张全义于河阳，太祖遣存敬与丁会等救之，罕之解围去。太祖以存敬为诸军都虞候。太祖攻徐、兖，以存敬为行营都指挥使。从葛从周攻沧州，败刘仁恭于老鸦堤。还攻王镕于镇州，入其城中，取其马牛万计。迁宋州刺史。复从诸将攻幽州，存敬取其瀛、漠、祁、景四州。梁攻定州，与王处直战怀德驿，大败之，枕尸十余里。梁已下镇、定，乃遣存敬攻王珂于河中。存敬出含山，下晋、绛二州，珂降于梁。太祖表存敬护国军留后，复徙宋州刺史，未至，卒于河中，赠太傅。

存敬子仁颖、仁愿。仁愿有孝行，存敬卒，事其兄仁颖，出必告，反必面，如事父之礼。仁愿晓法令，事梁、唐、晋，常为大理卿，卒，赠秘书监。

苻道昭，蔡州人也。为秦宗权骑将。宗权败，道昭流落无所依，后依凤翔李茂贞。茂贞爱之，养以为子，名继远。梁攻茂贞，道昭与梁兵战，屡败，乃归梁。太祖表道昭秦州节度使，以乱不果行。太祖为元帅，初开府，而李周彝以鄜州降，以为左司马。择右司马难其人，及得道昭，乃授之。

罗绍威将诛其牙兵，恶魏兵强，未敢发，求梁为助。太祖乃悉发魏兵使攻燕，而遣马嗣勋助绍威诛牙兵。牙兵已诛，魏兵在外者闻之皆乱，魏将左行迁据历亭、史仁遇据高唐以叛，道昭等从太祖悉破之。道昭为将，勇于犯敌而少成算，每战先发多败，而周彝等继之乃胜。开平元年与康怀英等攻潞州，筑夹城为蚰蜒堑以围之，逾年不能下，晋兵攻破夹城，道昭战死。

刘捍，开封人也。为人明敏有威仪，善摈赞。太祖初镇宣武，以为客将，使从朱珍募兵淄青。太祖北攻镇州，与王镕和，遣捍见镕。镕军未知梁意，方严兵，捍驰一骑入城中，谕镕以太祖意。镕乃听命。梁兵攻定州，降王处直，捍复以一骑入慰城中。太祖围凤翔，遣捍入见李茂贞计事。唐昭宗召见，问梁军中事，称旨，赐以锦袍，拜登州刺史，赐号“迎銮毅勇功臣”。梁兵攻淮南，遣捍先之淮口，筑马头下浮桥以渡梁兵。太祖出光山，攻寿州，又使捍作浮桥于淮北，以渡归师。拜宋州刺史。

太祖即位，迁左天武指挥使、元从亲军都虞候、左龙虎统军，出为佑国军留后。同州刘知俊反，以赂诱捍将史，执捍而去。知俊械之送于李茂贞，见杀。太祖哀之，赠捍太傅。

寇彦卿，字俊臣，开封人也。世事宣武军为牙将。太祖初就镇，以为通引官，累迁右长直都指挥使、领洺州刺史。罗绍威将诛牙军，太祖遣彦卿之魏计事，彦卿阴为绍威计画，乃悉诛牙军。彦卿身长八尺，隆准方面，语音如钟，工骑射，好书史，善伺太祖意，动作皆如旨。太祖尝曰：“敬翔、刘捍、寇彦卿皆天为我生之。”其爱之如此。赐以所乘爱马“一丈乌”。太祖围凤翔，以彦卿为都排阵使，彦卿乘乌驰突阵前，太祖目之曰：“真神将也！”

初,太祖与崔胤谋,欲迁都洛阳,而昭宗不许。其后昭宗奔于凤翔,太祖以兵围之,昭宗既出,明年,太祖以兵至河中,遣彦卿奉表迫请迁都。彦卿因悉驱徙长安居人以东,皆拆屋为木筏,浮渭而下,道路号哭,仰天大骂曰:"国贼崔胤、朱温使我至此!"昭宗亦顾瞻陵庙,彷徨不忍去,谓其左右为俚语云:"纥干山头冻死雀,何不飞去生处乐。"相与泣下沾襟。昭宗行至华州,遣人告太祖以何皇后有娠,愿留华州待冬而行。太祖大怒,顾彦卿曰:"汝往趣官家来,不可一日留也。"彦卿复驰至华,即日迫昭宗上道。

太祖即位,拜彦卿感化军节度使。岁余,召为左金吾卫大将军,充金吾街仗使。彦卿晨朝至天津桥,民梁现不避道,前驱捽现投桥上石栏以死。彦卿见太祖自首,太祖惜之,诏彦卿以钱偿现家以赎罪。御史司宪崔沂劾奏彦卿,请论如法,太祖不得已,责授彦卿左卫中郎将。复拜相州防御使,迁河阳节度使。太祖遇弑,彦卿出太祖画像,事之如生。尝对客语先朝,必涕泗交下。末帝即位,徙镇威胜。彦卿明敏善事人,而怙宠作威,好诛杀,多猜忌。卒于镇,年五十七。

新五代史卷二二
梁臣传第一○

康怀英　刘鄩　牛存节
张归霸　归厚　归弁
王重师　徐怀玉

　　康怀英，兖州人也。事朱瑾为牙将，梁兵攻瑾，瑾出略食丰、沛间，留怀英守城，怀英即以城降梁。瑾遂奔于吴。太祖得怀英大喜。后从氏叔琮攻赵匡凝，下邓州。梁兵攻李茂贞于岐，以怀英为先锋。至武功，击杀岐兵万余人。太祖喜曰："邑名武功，真武功也。"以名马赐之。是时，李周彝以鄜坊兵救岐，屯于三界原。怀英击走之，因取其翟州而还岐。岐兵屯奉天，怀英栅其东北。夜半，岐兵攻之，怀英以为夜中不欲惊它军，独以二千人出战，迟明，岐兵解去，身被十余疮。李茂贞与梁和，昭宗还京师，赐怀英"迎銮毅勇功臣"。

　　杨行密攻宿州，太祖遣怀英击走之，表宿州刺史，迁保义军节度使。丁会以潞州叛梁降晋，太祖命怀英为招讨使。将行，太祖戒之，语甚切，怀英惶恐，以谓潞州期必得，乃筑夹城围之。晋遣周德威屯于乱柳，数攻夹城，怀英不敢出战。太祖乃以李思安代怀英将，降怀英为都虞候。久之，思安亦无功，太祖大怒，罢思安，以同州刘知俊为招讨使。知俊未至军，太祖自至泽州，为怀英等军援，且督之。已而，晋王李克用卒，庄宗召周德威还。太祖闻晋有丧，德威去，亦归洛阳。而诸将亦少弛。庄宗谓德威曰："晋之所以能敌梁，而彼所惮者,先王也。今闻吾王之丧,谓我新立,未能出兵,其意必怠,宜出其不意以击之,非徒解围,亦足以定霸也。"乃与德威等疾驰六日至北黄碾。会天大昏雾,伏兵三垂冈,直趋夹城,攻破之。怀英大败,亡大将三百人。怀英以百骑遁归,诣阙请死。太祖曰:"去岁兴兵,太阴亏食,占者以为不利,吾独违之而致,非尔过也。"释之,以为右卫上将军。

刘知俊叛,奔于岐,以怀英为保义军节度使、西路副招讨使。知俊以岐兵围灵武,太祖遣怀英攻邠、宁以牵之。怀英取宁、庆、衍三州,还至升平。知俊掩击之,怀英大败。徙镇感化。其后朱友谦叛附于晋,以怀英讨之,与晋人战白径岭,怀英又大败。徙镇永平,卒于镇。

刘鄩,密州安丘人也。少事青州王敬武,敬武卒,子师范立,棣州刺史张蟾叛。师范遣指挥使卢洪讨蟾,洪亦叛。师范伪为好辞召洪,洪至,迎于郊外,命鄩斩之坐上。因使鄩攻张蟾,破之。师范表鄩登州刺史,以为行军司马。梁太祖西攻凤翔,师范乘梁虚,阴遣人分袭梁诸州县。它遣者谋多漏泄,事不成。独鄩素好兵书,有机略。是时,梁已破朱瑾等,悉有兖、郓,以葛从周为兖州节度使,从周将兵在外,鄩乃使人负油鬻城中,悉视城中虚实出入之所。油者得罗城下水窦可入,鄩乃以步兵五百从水窦袭破之,徙从周家属外第,亲拜其母,抚之甚有恩礼。

太祖已出昭宗于凤翔,引兵东还,遣朱友宁攻师范、从周攻鄩。鄩以版舆置从周母城上,母呼从周曰:"刘将军待我甚厚,无异于汝。人臣各为其主,汝可察之!"从周为之缓攻。鄩乃悉简妇人及民之老疾不足当敌者出之,独与少壮者同辛苦,分衣食,坚守以待。外援不至,人心颇离,副使王彦温逾城而奔,守陴者多逸。鄩乃遣人阳语彦温曰:"副使勿多以人出,非吾素遣者,皆勿以行。"又下令城中曰:"吾遣从副使者得出,否者皆族。"城中皆惑,奔者乃止。已而,梁兵闻之,果疑彦温非实降者,斩之城下。由是城守益坚。

师范兵已屈,从周以祸福谕郭,郭报曰:"俟吾主降,即以城还。"师范败,降梁,郭乃亦降。从周为具赍装,送郭归梁。郭曰:"降将蒙梁恩不诛,幸矣!敢乘马而衣裘乎?"乃素服乘驴归梁。太祖赐之冠带,饮之以酒,郭辞以量小。太祖曰:"取兖州,量何大乎?"以为元从都押衙。是时,太祖已领四镇,将吏皆功臣旧人,郭一旦以降将居其上,及诸将见郭,皆用军礼,郭居自如,太祖益奇之。

太祖即位,累迁左龙武统军。刘知俊叛,陷长安。太祖遣郭与牛存节讨之。知俊走凤翔,太祖乃以长安为永平军,拜郭节度使。

末帝即位,领镇南军节度使,为开封尹。杨师厚卒,分相、魏为两镇,末帝恐魏兵乱,遣郭以兵屯于魏县。魏兵果乱,劫贺德伦降晋。庄宗入魏,郭以谓晋兵悉从庄宗赴魏,而太原可袭,乃结草为人,执以旗帜,以驴负之,往来城上,而潜军出黄泽关,袭太原。晋兵望梁垒旗帜往来,不知其去也,以故不追。郭至乐平,遇雨,不克进而旋,急趋临清,争魏积粟,而周德威已先至,郭乃屯于莘县,筑甬道及河以馈军。久之。末帝以书责郭曰:"阃外事全付将军,河朔诸州一旦沦没,今仓储已竭,飞挽不充,将军与国同心,宜思良画!"郭报曰:"晋兵甚锐,未可击,宜待之。"末帝复遣问郭必胜之策,郭曰:"臣无奇术,请人给米十斛,米尽则敌破矣!"末帝大怒,诮郭曰:"将军蓄米,将疗饥乎?将破敌乎?"乃遣使者监督其军。郭召诸将谋曰:"主上深居禁中,与白面儿谋,必败人事。今敌盛,未可轻动,诸君以为如何?"诸将皆欲战,郭乃悉召诸将坐之军门,人以河水一杯饮之,诸将莫测,或饮或辞。郭曰:"一杯之难犹若此,滔滔河流可尽乎?"诸将皆失色。是时,庄宗在魏,数以劲兵压郭营,郭不肯出,而末帝又数促郭,使出战。庄宗与诸将谋曰:"刘郭学《六韬》,喜以机变用兵,本欲示弱以袭我,今其见迫,必求速战。"乃声言归太原,命符存审守魏,阳为西归,潜兵贝州。郭果报末帝曰:"晋王西归,魏无备,可击。"乃以兵万人攻魏城东,庄宗自贝州返趋击之。郭忽见晋军,惊曰:"晋王在此邪!"兵稍却,追至故元城,庄宗与符存审为两方阵夹之,郭为圆阵以御晋人。兵再合,郭大败,南奔,自黎阳济河,保滑州。末帝以为义成军节度使。明年,河朔皆入于晋,降郭亳州团练使。

兖州张万进反,拜郭兖州安抚制置使。万进败死,乃拜郭泰宁军节度使。朱友谦叛,陷同州,末帝以郭为河东道招讨使,行次陕州,郭为书以招友谦,友谦不报,留月余待之。尹皓、段凝等素恶郭,乃谮之,以为郭与友谦亲家,故其逗留以养贼。已而,郭兵数败,乃罢郭归洛阳,酖杀之,年六十四,赠中书令。

子遂凝、遂雍,事唐皆为刺史。郭妾王氏,有美色,郭卒后,入明宗宫中,是为王淑妃。

明宗晚年,淑妃用事,郭二子皆被恩宠。潞王从珂反于凤翔,时遂雍为西京副留守,留守王思同率诸镇兵讨凤翔,战败东归,遂雍闭门不内,悉封府库以待潞王。潞王前军至者,悉以金帛给之。潞王见遂雍,握手流涕,由是事无大小皆与图议。

废帝入立,拜遂雍淄州刺史,以郭兄琪之子遂清代遂雍为西京副留守。

遂清历易、棣等五州刺史,皆有善政,迁凤州防御使、宣徽北院使、判三司。晋开运中为安州防御使,以卒。遂清性至孝,居父丧哀毁,乡里称之。尝为淄州刺史,迎其母,母及郊,遂清为母执辔行数十里,州人咸以为荣。

牛存节,字赞正,青州博昌人也。初名礼,事诸葛爽于河阳。爽卒,存节顾其徒曰:“天下汹汹,当得英雄事之。”乃率其徒十余人归梁太祖。存节为人木强忠谨,太祖爱之,赐之名字,以为小校。

张晊攻汴,存节破其二寨。梁攻濮州,战南刘桥、范县,存节功多。李罕之围张全义于河阳,全义乞兵于梁,太祖以存节故事河阳,知其间道,使以兵为前锋。是时岁饥,兵行乏食。存节以金帛就民易乾葚以食军,击走罕之。太祖攻魏,存节下魏黎阳、临河,杀魏万二千人,与太祖会内黄。迁滑州牢城遏后指挥使。梁兵攻郓,存节使都将王言藏船郓西北隅濠中,期以日午渡兵逾濠急攻之。会营中火起,郓人登城望火,言伏不敢动,与存节失期。存节独破郓西瓮城门,夺其濠桥,梁兵得俱进,遂破朱宣。从葛从周攻淮南,从周败淠河,存节收其散卒八千以归。拜亳、宿二州刺史。朱瑾走吴,召吴兵攻徐、宿。存节谋曰:"淮兵必不先攻宿,然宿沟垒素固,可以御敌。"乃夜以兵急趋徐州,比傅徐城下。瑾兵方至,望其尘起,惊曰:"梁兵已来,何其速也!"不能攻而去。已而,太祖使者至,授存节军机,悉与存节意合,由是诸将益服其能。迁潞州都指挥使。太祖攻凤翔,使召存节。存节为将,法令严整而善得士心。路人送者皆号泣。累拜邢州团练使、元帅府左都押衙。

太祖即位,拜右千牛卫上将军。从康怀英攻潞州,为行营排阵使。晋兵已破夹城,存节等以余兵归,行至天井关,闻晋兵攻泽州,存节顾诸将曰:"吾行虽不受命,然泽州要害,不可失也。"诸将皆不欲救之,存节戒士卒熟息。已而谓曰:"事急不赴,岂曰勇乎!"举策而先,士卒随之。比至泽州,州人已焚外城,将降晋,闻存节至,乃稍定。存节入城,助泽人守。晋人穴地道以攻之,存节选勇士数十,亦穴地以应之,战于隧中,敌不得入,晋人解去。迁左龙虎统军、六军都指挥使、绛州刺史,迁郦州留后。

同州刘知俊叛,奔凤翔,乃迁存节匡国军节度使。友珪立,朱友谦叛附于晋,西连凤翔。存节东西受敌。同州水咸而无井,知俊叛梁,以渴不能守而走,故友谦与岐兵合围持久,欲以渴疲之。存节祷而择地凿井八十,水皆甘可食,友谦卒不能下。

末帝立,加同中书门下平章事,徙镇天平。蒋殷反徐州,遣存节攻破之,以功加太尉。梁、晋相距于河上,存节病痟,而梁、晋方苦战,存节忠愤弥激,治军督士,未尝言病。病革,召归京师,将卒,语其子知业曰:"忠孝,吾子也。"不及其佗。赠太师。

张归霸,清河人也。末帝娶其女,是为德妃。归霸少与弟归厚、归弁俱从黄巢,巢败东走,归霸兄弟乃降梁。

秦宗权攻汴,归霸战数有功。张晊军赤冈,以骑兵挑战,矢中归霸，归霸拔之，反以射贼，一发而毙，夺其马而归。太祖从高丘望见，甚壮之。赏以金帛，并以其马赐之。使以弓手五百人伏湟中，太祖以骑数百为游兵，过旺栅，旺出兵追太祖，归霸发伏，杀旺兵千人，夺马数十匹。太祖攻蔡州，蔡将萧颢急击太祖营，归霸不暇请，与徐怀玉分出东南壁门，合击败之。太祖得拔营去。太祖攻兖、郓，取曹州，使归霸以兵数千守之，与朱瑾逆战金乡，大败之。又破濮州。晋人攻魏，归霸从葛从周救魏，战洹水，归霸擒克用子落落，以与魏人。又破刘仁恭于内黄，功出诸将右。光化二年，权知邢州，迁莱州刺史、拜左卫上将军、曹州刺史。开平元年，拜右龙虎统军、左骁卫上将军。二年，拜河阳节度使，以疾卒。

子汉杰，事末帝，为显官，以张德妃故用事。梁亡，唐庄宗入汴，遂族诛。

弟归厚，字德坤。为将善用弓槊，能以少击众。张旺屯赤冈，归厚与旺独战阵前，旺愈而却，诸将乘之，旺遂大败。太祖大悦，以为骑长。

梁攻时溥，归厚以麾下先进九里山。遇徐兵而战。梁故将陈璠叛在徐，归厚望见识之，嗔目大骂，驰骑直往取之，矢中其左目。

郴王友裕攻郓，屯濮州，太祖从后至，友裕徙栅，与太祖相失。太祖卒与郓兵遇。太祖登高望之，郓兵才千人，太祖与归厚以厅子军直冲之，战已合，郓兵大至，归厚度不能支，以数十骑卫太祖先还。归厚马中矢僵，乃持槊步斗。太祖还军中，遣张筠驰骑第取之，以为必死矣。归厚体被十余箭，得筠马乃归，太祖见之，泣曰："尔在，丧军何足计乎！"使异归宣武。迁右神武统军，历洛、晋、绛三州刺史，与晋人屡战未尝屈。乾化元年，拜镇国军节度使，以疾卒。子汉卿。

归弁，为将亦善战，开平初为滑州长剑指挥使。子汉融。梁亡，皆族诛。

　　王重师，许州长社人也。为人沈嘿多智，善剑槊。秦宗权陷许
州，重师脱身归梁，从太祖平蔡，攻兖、郓，为拔山军指挥使。重师苦
战齐、鲁间，威震邻敌。迁颍州刺史。太祖攻濮州，已破。濮人积草
焚之，梁兵不得入。是时，重师方病金疮，卧帐中，诸将强之，重师遽
起，悉取军中毡毯沃以水，蒙之火上，率精卒以短兵突入，梁兵随之
皆入，遂取濮州。重师身被八九疮，军士负之而还。太祖闻之，惊曰：
“奈何使我得濮州而失重师乎！”使医理之，逾月乃愈。王师范降，表
重师青州留后，累迁佑国军节度使、同中书门下平章事。居数年，甚
有威惠。

　　重师与刘捍故有隙，捍尝构之太祖，太祖疑之。重师遣其将张
君练西攻邠、凤而不先请，君练兵小败，太祖以其擅发兵，挫失国
威，将召而罪之，遣刘捍代重师。重师不知太祖怒己，捍至，重师不
出迎，见之青门，礼又倨，捍因驰白太祖，言重师有二志。太祖益怒，
贬重师溪州刺史，再贬崖州司户参军，未行，赐死。

　　徐怀玉，亳州焦夷人也。少事梁太祖，与太祖俱起微贱。怀玉
为将，以雄豪自任，而勇于战阵。从太祖镇宣武，为永城镇将。秦宗
权攻梁，壁金堤、灵昌、酸枣，怀玉以轻骑连击破之，俘杀五千余人。
迁左长剑都虞候。又破宗权于板桥、赤冈，拔其八栅。从太祖东攻
兖、郓，破徐、宿。怀玉金创被体，战必克捷，所得赏赉，往往以分士
卒，为梁名将。本名琮，太祖赐名怀玉。

　　从太祖攻魏，败魏兵黎阳，遂东攻兖，破朱瑾于金乡。又从庞师
古攻杨行密，师古败清口，怀玉独完一军，行收散卒万余人以归。迁
沂州刺史。属岁屡丰，乃缮兵治壁，为战守具。已而，王师范叛梁，
攻东境。怀玉屡以州兵击破之。迁齐州防御使。天复四年，以州兵
西迎昭宗，都洛阳，迁华州观察留后，以兵屯雍州。迁右羽林统军，
屯于泽州。晋人攻之，为隧以入，怀玉击之隧中，晋人乃却。太祖时，
历曹、晋二州刺史，晋数攻之，怀玉坚守，败晋兵于洪洞。拜保大军

节度使。太祖崩，友珪自立，朱友谦附于晋，以袭郿州，执怀玉杀之。

新五代史卷二三
梁臣传第一一

杨师厚　王景仁　贺瓌
王檀　马嗣勋　王虔裕
谢彦章

　　杨师厚,颍州斤沟人也。少事河阳李罕之,罕之降晋,选其麾下劲卒百人献于晋王,师厚在籍中。师厚在晋,无所知名,后以罪奔于梁,太祖以为宣武军押衙、曹州刺史。

　　梁攻王师范,师厚战临朐,擒其偏将八十余人,取棣州,以功拜齐州刺史。太祖攻匡凝于襄阳,遣师厚为先锋。师厚取谷城西童山木为浮桥,渡汉水,击匡凝,败之。匡凝弃城走,师厚进攻荆南,又走匡凝弟匡明,功为多,拜山南东道节度使、同中书门下平章事。刘知俊叛,攻陷长安。刘鄩、牛存节等攻之,久不克。师厚以奇兵出,傍南山入其西门,降其守者,遂克之。晋周德威攻晋州以应知俊,师厚败之于蒙坑,以功迁保义军节度使,徙镇宣义。是时,梁兵攻赵久无功,太祖病卧洛阳。少间,乃自将北击赵。师厚从太祖至洹水,夜行迷失道,明旦,次魏县,闻敌将至,梁兵溃乱不可止,久之无敌,乃定。已而,太祖疾作,乃还。明年少间,而晋军攻燕,燕王刘守光求援于梁,太祖为之击赵以牵晋。屯于龙花,遣师厚攻枣强,三月〔一作日〕不能下。太祖怒,自往督兵战,乃破,屠之,进围蓨县。晋史建瑭以轻兵夜击梁军,梁军大扰,太祖与师厚皆弃辎重南走,太祖还东都，师厚留屯魏州。明年，太祖遇弑。友珪自立，师厚乘间杀魏牙将潘晏、臧延范等，逐出节度使罗周翰，友珪因以师厚为天雄军节度使。

自太祖与晋战河北，师厚常为招讨使，悉领梁之劲兵。太祖崩，师厚遂逐其帅，而稍矜倨难制。时魏恃牙兵，其帅得以倨强。罗绍威时，牙兵尽死，魏势孤，始为梁所制。师厚已得志，乃复置银枪效节军。友珪阴欲图之，召师厚入计事，其吏田温等劝师厚勿行，师厚曰："吾二十年不负朱家，今若不行，则见疑而生事。然吾知上为人，虽往，无如我何也。"乃以劲兵二万朝京师，留其兵城外，以十余人自从，入见友珪。友珪益恐惧，赐与巨万而还。

已而，末帝谋讨友珪，问于赵岩。岩曰："此事成败，在招讨杨公尔。得其一言谕禁军，吾事立办。"末帝乃遣马慎交阴见师厚，布腹心。师厚犹豫未决，谓其下曰："方郢王弑逆时，吾不能即讨。今君臣之分已定，无故改图，人谓我何？"其下或曰："友珪弑父与君，乃天下之恶，均王仗大义以诛贼，其事易成。彼若一朝破贼，公将何以自处？"师厚大悟，乃遣其将王舜贤至洛阳，见袁象先计事，使朱汉宾以兵屯滑州为应。末帝卒与象先杀友珪。

末帝即位，封师厚邺王，诏书不名，事无巨细皆以谘之，然心益忌而畏之。已而，师厚疽发，卒。末帝为之受贺于宫中。由是始分相、魏为两镇。魏军乱，以魏博降晋，梁失河北自此始。

王景仁，庐州合淝人也。初名茂章，少从杨行密起淮南。景仁为将骁勇刚悍，质略无威仪，临敌务以身先士卒，行密壮之。

梁太祖遣子友宁攻王师范于青州，师范乞兵于行密。行密遣景仁以步骑七千救师范。师范以兵背城为两栅。友宁夜击其一栅，栅中告急，趣景仁出战，景仁按兵不动。友宁已破一栅，连战不已。迟明，景仁度友宁兵已困，乃出战，大败之，遂斩友宁，以其首报行密。是时，梁太祖方攻郓州，闻子友宁死，以兵二十万，倍道而至。景仁闭垒示怯，伺梁兵急，毁栅而出，驱驰疾战，战酣退坐，召诸将饮酒，已而复战。太祖登高望见之,得青州降人,问饮酒者为谁? 曰:"王茂章也。"太祖叹曰:"使吾得此人为将,天下不足平也!"梁兵又败。景仁军还,梁兵急追之,景仁度不可走,遣裨将李虔裕以众一旅设覆于山下以待之。留军不行,解鞍而寝,虔裕疾呼曰:"追兵至矣,宜速走。"虔裕以死遏之。景仁曰:"吾亦战于此也。"虔裕三请,景仁乃行,而虔裕卒战死,梁兵以故不能及,而景仁全军以归。

景仁事行密,为润州团练使。行密死,子渥自宣州入立。以景仁代守宣州。渥已立,反求宣州故物。景仁惜不与,渥怒,以兵攻之。景仁奔于钱镠,镠表景仁领宣州节度使。梁太祖素识景仁,乃遣人召之,景仁间道归梁,仍以为宁国军节度使,加同中书门下平章事。久之,未有以用,使参宰相班,奉朝请而已。

开平四年,以景仁为北面招讨使,将韩勍、李思安等兵伐赵。行至魏州,司天监言:"太阴亏,不利行师。"太祖亟召景仁等还,已而复遣之。景仁已去,太祖思术者言,驰使者止景仁于魏以待。景仁已过邢、洺,使者及之,景仁不奉诏,进营于柏乡。

乾化元年正月庚寅,日有食之,崇政使敬翔白太祖曰:"兵可忧矣!"太祖为之旰食。是日,景仁及晋人战,大败于柏乡。景仁归诉太祖,太祖曰:"吾亦知之。盖韩勍、李思安轻汝为客,不从节度尔。"乃罢景仁就第,后数月,悉复其官爵。

末帝立,以景仁为淮南招讨使,攻庐、寿,军过独山,山有杨行密祠,景仁再拜号泣而去。战于霍山,梁兵败走,景仁殿而力战,以故梁兵不甚败。景仁归京师,病疽卒,赠太尉。

贺瑰,字光远,濮州人也。事郓州朱宣为都指挥使。梁太祖攻朱瑾于兖州,宣遣瑰与何怀宝、柳存等以兵万人救兖州,瑰趋待宾馆,欲绝梁饷道。梁太祖略地至中都,得降卒,言瑰等兵趋待宾馆矣!以六壬占之,得"斩关"卦名。以为吉,乃选精兵夜疾驰百里,期先至待宾以逆瑰,而夜黑,兵失道,旦至巨野东,遇瑰兵,击之,瑰等大败。瑰走,梁兵急追之,瑰顾路穷,登冢上大呼曰:"我贺瑰也,可勿杀我!"太祖驰骑取之,并取怀宝等数十人,降其卒三千余人。是日,大风扬沙蔽天,太祖曰:"天怒我杀人少邪?"即尽杀降卒三千人,而絷瑰及怀宝等至兖城下,以招瑾。瑾不纳,因斩怀宝等十余人,而独留瑰。瑰感太祖不杀,誓以身自效。从太祖平青州,以为曹州刺史。

太祖即位,累迁相州刺史。末帝时,迁左龙虎统军、宣义军节度使。贞明元年,魏兵乱,贺德伦降晋,晋王入魏州。刘鄩败于故元城,走黎阳,贝、卫、洺、磁诸州皆入于晋。晋军取刘鄩,末帝乃以瑰为招讨使,与谢彦章等屯于行台。晋军迫瑰十里而栅,相持百余日。瑰与彦章有隙,伏甲杀之。庄宗喜曰:"将帅不和,梁亡无日矣!"乃令军中归其老疾于邺,以轻兵袭濮州。瑰自行台蹑之,战于胡柳陂。晋人辎重在阵西,瑰军将薄之,晋军乱,斩其将周德威,尽取其辎重。军已胜,阵无石山。日暮,晋兵仰攻之,瑰军下山击晋军,瑰大败,晋遂取濮州,城德胜,夹河为栅。瑰以舟兵攻南栅,不能得,还军行台,以疾卒,年六十二,赠侍中。有子光图①。

①凡言有子某者,皆仕皇朝有闻。

王檀字众美,京兆人也。少事梁太祖为小校,尚让攻梁,战尉氏门,檀勇出诸将,太祖奇之,迁踏白副指挥使。从朱珍募兵东方,战数有功。梁与蔡兵战板桥,李重裔马踣,为蔡兵所擒,檀驰取之,并获其将一人。从太祖破魏内黄,迁冲山都虞候。复从朱珍攻徐州,檀获其将一人。梁兵攻王师范,檀以一军破其密州,拜密州刺史。太祖即位,迁保义军节度使,潞州东北面招讨使。王景仁败于柏乡,晋兵围邢州,太祖大惧,欲自将救之,檀止太祖,请自拒敌,力战,卒全邢州,以功加同中书门下平章事,进封琅琊郡王。

友珪立,徙镇宣化。贞明元年又徙匡国。是时,庄宗取魏博,檀以谓晋兵悉在河北,乃以奇兵西出阴地,袭太原,不克而还。徙镇天平。檀尝招纳亡盗居帐下,帐下兵乱,入杀檀。年五十八,赠太师,谥曰忠毅。

马嗣勋，濠州钟离人也，少事州为客将，为人材武有辩。梁太祖攻濠州，刺史张遂遣嗣勋持牌印降梁。杨行密攻遂，遂又使嗣勋乞兵于太祖。梁兵未至，濠州已没，嗣勋无所归，乃留事梁。太祖以为宣武军元从押衙。

太祖西攻凤翔，行至华州，遣嗣勋入说韩建，建即时出降。天祐二年，罗绍威将诛牙军，乞兵于梁。梁女嫁魏，适死。太祖乃遣嗣勋以长直千人为彩舆入魏，致兵器于舆中，声言助葬。嗣勋馆铜台，夜与魏新乡镇兵攻石柱门，入迎绍威家属，卫之。乃益取魏甲兵，攻牙军，牙军不知兵所从来，莫能为备。杀其八千余人，迟明皆尽。嗣勋中重疮卒。太祖即位，赠太保。

王虔裕，琅琊临沂人也。为人健勇，善骑射，以弋猎为生。少从诸葛爽起青、棣间。其后爽为汝州防御使，率兵北击沙陀，还入长安，攻黄巢，爽兵败降巢。巢以爽为河阳节度使。

中和三年，孙儒陷河阳，虔裕随爽奔于梁。是时，太祖新就镇，黄巢、秦宗权等兵方盛，太祖数为所窘。而梁未有佗将，乃以虔裕将骑兵，常为先锋，击巢陈、蔡间，拔其数栅，巢走，梁兵蹑之，战于万胜，戍贼败而东。虔裕功为多，乃表虔裕义州刺史。黄巢已去，秦宗权攻许、郑，与梁为敌境，大小百余战，虔裕常有功。秦宗贤攻汴南境，太祖遣虔裕拒贤于尉氏，战败，失一裨将，太祖怒，拘虔裕于军中。

邢州孟迁降梁，为晋人所围。太祖遣虔裕以精兵百人疾驰，夜破晋围，入邢州。迟明，立梁旗帜于城上，晋人以为救兵至，乃退。已而，晋兵复来，迁执虔裕降于晋，见杀。

谢彦章，许州人也。幼事葛从周。从周怜其敏惠，养以为子，授之兵法。从周以千钱置大盘中，为行阵偏伍之状，示以出入进退之节，彦章尽得之。及壮，事梁太祖，为骑将。是时，贺瓌善用步卒，而彦章与孟审澄、侯温裕皆善将骑兵。审澄、温裕所将不过三千,彦章多而益办。

彦章事末帝,累迁匡国军节度使。贞明四年,晋攻河北,贺瑰为北面招讨使,彦章为排阵使,屯于行台。彦章为将,好礼儒士,虽居军中,尝儒服。或临敌御众,肃然有将帅之威。左右驰骤,疾若风雨。晋人望其行阵齐整,相谓曰:"谢彦章必在此也!"其名重敌中如此。瑰心忌之。彦章与瑰行视郊外,瑰指一地语彦章曰:"此地冈阜隆起,其中坦然,营栅之地也。"已而,晋兵栅之,瑰疑彦章以告晋,益恶之。彦章故与马步都虞候朱珪有隙,瑰欲速战,彦章请持重以老敌,珪乃诬彦章以为将反。瑰旦享士,使珪伏甲杀之。审澄、温裕皆见害。

新五代史卷二四
唐臣传第一二

郭崇韬　安重诲

郭崇韬，代州雁门人也。为河东教练使。为人明敏，能应对，以材干见称。庄宗为晋王，孟知祥为中门使，崇韬为副使。中门之职，参管机要。先时，吴珙、张虔厚等皆以中门使相继获罪。知祥惧，求外任。庄宗曰："公欲避事，当举可代公者。"知祥乃荐崇韬为中门使，甚见亲信。晋兵围张文礼于镇州，久不下，而定州王都引契丹入寇。契丹至新乐，晋人皆恐，欲解围去。庄宗未决，崇韬曰："契丹之来，非救文礼，为王都以利诱之耳。且晋新破梁军，宜乘已振之势，不可遽自退怯。"庄宗然之，果败契丹。庄宗即位，拜崇韬兵部尚书、枢密使。

梁王彦章击破德胜，唐军东保杨刘，彦章围之。庄宗登垒，望见彦章为重堑以绝唐军，意轻之，笑曰："我知其心矣，其欲持久以弊我也。"即引短兵出战，为彦章伏兵所射，大败而归。庄宗问崇韬："计安出？"是时，唐已得郓州矣，崇韬因曰："彦章围我于此，其志在取郓州也。臣愿得兵数千，据河下流，筑垒于必争之地，以应郓州为名，彦章必来争，既分其兵，可以图也。然板筑之功难卒就，陛下日以精兵挑战，使彦章兵不得东，十日垒成矣。"庄宗以为然，乃遣崇韬与毛璋将数千人夜行，所过驱掠居人，毁屋伐木，渡河筑垒于博州东。昼夜督役，六日垒成。彦章果引兵急攻之。时方大暑，彦章兵热死及攻垒不克，所失太半，还趋杨刘。庄宗迎击，遂败之。康延孝自梁奔唐，先见崇韬，崇韬延之卧内，尽得梁虚实。是时，庄宗军朝城，段凝军临河。唐自失德胜，梁兵日掠澶、相，取黎阳、卫州。而李继韬以泽、潞叛，入于梁。契丹数犯幽、涿。又闻延孝言梁方召诸镇兵欲大举。唐诸将皆忧惑，以谓成败未可知。庄宗患之，以问诸将。诸将皆曰："唐得郓州，隔河难守，不若弃郓与梁，而西取卫州、黎阳，以河为界，与梁约，罢兵无相攻，庶几以为后图。"庄宗不悦，退卧帐中，召崇韬问计，崇韬曰："陛下兴兵仗义，将士疲战争、生民苦转饷者，十余年矣。况今大号已建，自河以北，人皆引首以望成功，而思休息。今得一郓州，不能守而弃之，虽欲指河中为界，谁为陛下守之？且唐未失德胜时，四方商贾，征输必集，薪刍粮饷，其积如山。自失南城，保杨刘，道路转徙，耗亡太半。而魏、博五州，秋稼不稔，竭民而敛，不支数月，此岂按兵持久之时乎？臣自康延孝来，尽得梁之虚实，此真天亡之时也。愿陛下分兵守魏，固杨刘，而自郓长驱捣其巢穴，不出半月，天下定矣！"庄宗大喜曰："此大丈夫之事也！"因问司天，司天言："岁不利用兵。"崇韬曰："古者命将，凿凶门而出。况成算已决，区区常谈，岂足信也！"庄宗即日下令军中，归其家属于魏。夜渡杨刘，从郓州入袭汴，用八日而灭梁。庄宗推功，赐崇韬铁券，拜侍中、成德军节度使，依前枢密使。庄宗与诸将以兵取天下，而崇韬未尝居战阵，徒以谋议居佐命第一之功，位兼将相，遂以天下为己任，遇事无所回避。而宦官、伶人用事，特不便也。

初，崇韬与宦者马绍宏俱为中门使，而绍宏位在上。及庄宗即位，二人当为枢密使，而崇韬不欲绍宏在己上，乃以张居翰为枢密使，绍宏为宣徽使。绍宏失职怨望，崇韬因置内勾使，以绍宏领之。凡天下钱谷出入于租庸者，皆经内勾。既而文簿繁多，州县为弊，遂罢其事，而绍宏尤侧目。崇韬颇惧，语其故人子弟曰："吾佐天子取天下，今大功已就，而群小交兴，吾欲避之，归守镇阳，庶几免祸，可乎？"故人子弟对曰："俚语曰：'骑虎者，势不得下。'今公权位已隆，而下多怨嫉，一失其势，能自安乎？"崇韬曰："奈何？"对曰："今中宫未立，而刘氏有宠，宜请立刘氏为皇后，而多建天下利害以便民者，然后退而乞身。天子以公有大功而无过，必不听公去，是外有避权之名，而内有中宫之助，又为天下所悦，虽有谗间，其可动乎？"崇韬以为然，乃上书请立刘氏为皇后。崇韬素廉，自从入洛，始受四方赂遗，故人子弟或以为言。崇韬曰："吾位兼将相，禄赐巨万，岂少此邪？今藩镇诸侯，多梁旧将，皆主上斩袪射钩之人也。今一切拒之，岂无反侧？且藏于私家，何异公帑？"

明年，天子有事南郊，乃悉献其所藏，以佐赏给。庄宗已郊，遂立刘氏为皇后。崇韬累表自陈，请依唐旧制，还枢密使于内臣，而并辞镇阳，优诏不允。崇韬又曰："臣从陛下军朝城，定计破梁，陛下抚臣背而约曰：'事了，与卿一镇。'今天下一家，俊贤并进，臣惫矣，愿乞身如约。"庄宗召崇韬谓曰："朝城之约，许卿一镇，不许卿去。欲舍朕，安之乎？"崇韬因建天下利害二十五事，施行之。李嗣源为成德军节度使，徙崇韬忠武。崇韬因自陈权位已极，言甚恳至。庄宗曰："岂可朕居天下之尊，使卿无尺寸之地？"崇韬辞不已，遂罢其命，仍为侍中、枢密使。

同光三年夏，霖雨不止，大水害民田，民多流死。庄宗患宫中暑湿不可居，思得高楼避暑。宦官进曰："臣见长安全盛时，大明、兴庆宫楼阁百数。今大内不及故时卿相家。"庄宗曰，"吾富有天下，岂不能作一楼？"乃遣宫苑使王允平营之。宦官曰："郭崇韬眉头不伸，常为租庸惜财用，陛下虽欲有作，其可得乎？"庄宗乃使人问崇韬曰："昔吾与梁对垒于河上，虽祁寒盛暑，被甲跨马，不以为劳。今居深宫，荫广厦，不胜其热，何也？"崇韬对曰："陛下昔以天下为心，今以一身为意。艰难逸豫，为虑不同，其势自然也。愿陛下无忘创业之难，常如河上，则可使繁暑坐变清凉。"庄宗默然。终遣允平起楼，崇韬果切谏。宦官曰："崇韬之第，无异皇居，安知陛下之热！"由是谗间愈入。河南县令罗贯，为人强直，颇为崇韬所知。贯正身奉法，不受权豪请托，宦官、伶人有所求请，书积几案，一不以报，皆以示崇韬。崇韬数以为言，宦官、伶人由此切齿。河南自故唐时张全义为尹，县令多出其门，全义厮养畜之。及贯为之，奉全义不屈，县民恃全义为不法者,皆按诛之。全义大怒,尝使人告刘皇后,从容为白贯事,而左右日夜共攻其短。庄宗未有以发。皇太后崩,葬坤陵,陵在寿安。庄宗幸陵作所,而道路泥涂,桥坏。庄宗止舆问:"谁主者?"宦官曰:"属河南。"因亟召贯,贯至,对曰:"臣初不奉诏,请诘主者。"庄宗曰:"尔之所部,复问何人?"即下贯狱。狱吏榜掠,体无完肤。明日,传诏杀之。崇韬谏曰:"贯罪无佗,桥道不修,法不当死。"庄宗怒曰:"太后灵驾将发,天子车舆往来,桥道不修,卿言无罪,是朋党也!"崇韬曰:"贯虽有罪,当具狱,行法于有司。陛下以万乘之尊,怒一县令,使天下之人言陛下用法不公,臣等之过也。"庄宗曰:"贯,公所爱,任公裁决!"因起入宫,崇韬随之,论不已,庄宗自阖殿门,崇韬不得入。贯卒见杀。

明年,征蜀,议择大将。时明宗为总管,当行。而崇韬以谗见危,思立大功为自安之计,乃曰:"契丹为患北边,非总管不可御。魏王继岌,国之储副,而大功未立,且亲王为元帅,唐故事也。"庄宗曰:"继岌小子,岂任大事?必为我择其副。"崇韬未及言,庄宗曰:"吾得之矣,无以易卿也。"乃以继岌为西南面行营都统,崇韬为招讨使,军政皆决崇韬。

唐军入蜀,所过迎降。王衍弟宗弼,阴送款于崇韬,求为西川兵马留后,崇韬以节度使许之。军至成都,宗弼迁衍于西宫,悉取衍嫔妓珍宝奉崇韬及其子廷诲。又与蜀人列状见魏王,请崇韬留镇蜀。继岌颇疑崇韬,崇韬无以自明,因以事斩宗弼及其弟宗渥、宗勋,没其家财。蜀人大恐。

崇韬素嫉宦官,尝谓继岌曰:"王有破蜀功,师旋必为太子俟,主上千秋万岁后,当尽去宦官。至于扇马,亦不可骑。"继岌监军李从袭等见崇韬专任军事,心已不平,及闻此言,遂皆切齿,思有以图之。庄宗闻破蜀,遣宦官向延嗣劳军,崇韬不郊迎,延嗣大怒,因与从袭等共构之。延嗣还,上蜀簿,得兵三十万、马九千五百匹、兵器七百万、粮二百五十三万石、钱一百九十二万缗、金银二十二万两、珠玉犀象二万、文锦绫罗五十万匹。庄宗曰:"人言蜀天下之富国也,所得止于此邪?"延嗣因言蜀之宝货皆入崇韬,且诬其有异志,将危魏王。庄宗怒,遣宦官马彦珪至蜀,视崇韬去就。彦珪以告刘皇后,刘皇后教彦珪矫诏魏王杀之。

崇韬有子五人,其二从死于蜀,余皆见杀。其破蜀所得,皆籍没。明宗即位,诏许归葬,以其太原故宅赐其二孙。当崇韬用事,自宰相豆卢革、韦悦等皆倾附之。崇韬父讳弘,革等即因佗事,奏改弘文馆为崇文馆。以其姓郭,因以为子仪之后,崇韬遂以为然。其伐蜀也,过子仪墓,下马号恸而去,闻者颇以为笑。然崇韬尽忠国家,有大略。其已破蜀,因遣使者以唐威德,风谕南诏诸蛮,欲因以绥来之,可谓有志矣!

安重诲,应州人也。其父福迁,事晋为将,以骁勇知名。梁攻朱宣于郓州,晋兵救宣,宣败,福迁战死。重诲少事明宗,为人明敏谨恪。明宗镇安国,以为中门使。及兵变于魏,所与谋议大计,皆重诲与霍彦威决之。

明宗即位,以为左领军卫大将军、枢密使,兼领山南东道节度使。固辞不拜,改兵部尚书,使如故。在位六年,累加侍中兼中书令。

重诲自为中门使,已见亲信,而以佐命功臣,处机密之任,事无大小,皆以参决,其势倾动天下。虽其尽忠劳心,时有补益,而恃功矜宠,威福自出,旁无贤人君子之助,其独见之虑,祸衅所生。至于臣主俱伤,几灭其族,斯其可哀者也。

重诲尝出,过御史台门,殿直马延误冲其前导,重诲怒,即台门斩延而后奏。是时,随驾厅子军士桑弘迁,殴伤相州录事参军,亲从兵马使安虔,走马冲宰相前导。弘迁罪死,虔决杖而已。重诲以斩延,乃请降敕处分,明宗不得已从之。由是御史、谏官无敢言者。

宰相任圜判三司,以其职事与重诲争,不能得。圜怒,辞疾,退居于磁州。朱守殷以汴州反,重诲遣人矫诏驰至其家,杀圜而后白,诬圜与守殷通谋,明宗皆不能诘也。而重诲恐天下议己,因取三司积欠二百余万,请放之,冀以悦人而塞责。明宗不得已,为下诏蠲除之。其威福自出,多此类也。是时,四方奏事,皆先白重海然后闻。河南县献嘉禾,一茎五穗,重海视之曰:"伪也。"笞其人而遣之。夏州李仁福进白鹰,重海却之。明日,白曰:"陛下诏天下毋得献鹰鹞,而仁福违诏献鹰,臣已却之矣。"重海出,明宗阴遣人取之以入。佗日,按鹰于西郊,戒左右:"无使重海知也!"宿州进白兔,重海曰:"兔阴且狡,虽白何为?"遂却而不白。明宗为人虽宽厚,然其性夷狄,果于杀人。马牧军使田令方所牧马,瘠而多毙,坐劾当死。重海谏曰:"使天下闻以马故,杀一军使,是谓贵畜而贱人。"令方因得减死。明宗遣回鹘侯三驰传至其国。侯三至醴泉县,县素僻,无驿马,其令刘知章出猎,不时给马。侯三遽以闻。明宗大怒,械知章至京师,将杀之。重海从容为言,知章乃得不死。其尽忠补益,亦此类也。重海既以天下为己任,遂欲内为社稷之计,而外制诸侯之强。然其轻信韩玫之谮,而绝钱镠之臣;徒陷彦温于死,而不能去潞王之患;李严一出而知祥贰,仁矩未至而董璋叛;四方骚动,师旅并兴,如投膏止火,适足速之。此所谓独见之虑,祸衅所生也。

钱镠据有两浙,号兼吴越而王。自梁及庄宗,常异其礼,以羁縻臣属之而已。明宗即位,镠遣使朝京师,寓书重海。其礼慢,重海怒,未有以发,乃遣其嬖吏韩玫、副供奉官乌昭遇复使于镠。而玫恃重海势,数凌辱昭遇,因醉使酒,以马箠击之。镠欲奏其事,昭遇以为辱国,固止之。及玫还,返谮于重海曰:"昭遇见镠,舞蹈称臣,而以朝廷事私告镠。"昭遇坐死御史狱,乃下制削夺镠官爵,以太师致仕。于是,钱氏遂绝于唐矣!

潞王从珂为河中节度使,重海以谓从珂非李氏子,后必为国家患,乃欲阴图之。从珂阅马黄龙庄,其牙内指挥使杨彦温闭城以叛。从珂遣人谓彦温曰:"我遇汝厚,何苦而反邪?"报曰:"彦温非叛也,得枢密院宣,请公趋归朝廷耳!"从珂走虞乡,驰骑上变。明宗疑其事不明,欲究其所以,乃遣殿直都知范氲以金带袭衣、金鞍勒马赐彦温,拜彦温绛州刺史,以诱致之。重海固请用兵,明宗不得已,乃遣侍卫指挥使药彦稠、西京留守索自通率兵讨之,而诫曰:"为我生致彦温，吾将自讯其事。"彦稠等攻破河中，希重诲旨，斩彦温以灭口。重诲率群臣称贺，明宗大怒，曰："朕家事不了，卿等不合致贺！"从珂罢镇，居清化里第。重诲数讽宰相，言从珂失守，宜得罪，冯道因白请行法。明宗怒曰："吾儿为奸人所中，事未辨明，公等出此言，是不欲容吾儿人间邪？"赵凤因言："《春秋》责帅之义，所以励为臣者。"明宗曰："皆非公等意也！"道等惶恐而退。居数日，道等又以为请，明宗顾左右而言他。明日，重诲乃自论列，明宗曰："公欲如何处置，我即从公！"重诲曰："此父子之际，非臣所宜言，惟陛下裁之！"明宗曰："吾为小校时，衣食不能自足，此儿为我担石灰，拾马粪，以相养活。今贵为天子，独不能庇之邪？使其杜门私第，亦何与公事！"重诲由是不复敢言。

　孟知祥镇西川，董璋镇东川，二人皆有异志，重诲每事裁抑，务欲制其奸心。凡两川守将更代，多用己所亲信，必以精兵从之，渐令分戍诸州，以虞缓急。二人觉之，以为图己，益不自安。既而，遣李严为西川监军，知祥大怒，斩严；又分阆州为保宁军，以李仁矩为节度使以制璋，且削其地，璋以兵杀仁矩。二人遂皆反。唐兵戍蜀者，积三万人，其后知祥杀璋，兼据两川，而唐之精兵皆陷蜀。初，明宗幸汴州，重诲建议，欲因以伐吴，而明宗难之。其后户部尚书李鏻得吴谍者言："徐知诰欲举吴国以称藩，愿得安公一言以为信。"鏻即引谍者见重诲，重诲大喜以为然。乃以玉带与谍者，使遗知诰为信，其直千缗。初不以其事闻，其后逾年，知诰之问不至，始奏贬鏻行军司马。已而捧圣都军使李行德、十将张俭告变："枢密承旨李虔徽语其客边彦温云：'重诲私募士卒，缮治甲器，欲自伐吴。又与谍者交私。'"明宗以问重诲，重诲惶恐，请究其事。明宗初颇疑之，大臣左右皆为之辨，既而少解，始告重诲以彦温之言。因廷诘彦温，具伏其诈，于是君臣相顾泣下。彦温、行德、俭皆坐族诛。重诲因求解职，明宗慰之，曰："事已辨，慎无措之胸中！"重诲论请不已，明宗怒曰："放卿去，朕不患无人！"顾武德使孟汉琼至中书，趣冯道等议代重诲者，冯道曰："诸公苟惜安公，使得罢去，是纾其祸也。"赵凤以为大臣不可轻动,遂以范延光为枢密使,而重诲居职如故。董璋等反,遣石敬瑭讨之,而川路险阻,粮运甚艰,每费一石,而致一斗。自关以西,民苦输送,往往亡聚山林为盗贼。明宗谓重诲曰:"事势如此,吾当自行。"重诲曰:"此臣之责也。"乃请行。关西之人闻重诲来,皆已恐动,而重诲日驰数百里,远近惊骇。督趣粮运,日夜不绝,毙踣道路者,不可胜数。重诲过凤翔,节度使朱弘昭延之寝室,使其妻子奉事左右,甚谨。重诲酒酣,为弘昭言:"昨被谗构,几不自全。赖人主明圣,得保家族。"因感叹泣下。重诲去,弘昭驰骑上言:"重诲怨望,不可令至行营,恐其生事。"而宣徽使孟汉琼自行营使还,亦言西人震骇之状,因述重诲过恶。重诲行至三泉,被召还。过凤翔,弘昭拒而不纳,重诲惧,驰趋京师。未至,拜河中节度使。重诲已罢,希旨者争求其过。宦者安希伦,坐与重诲交私,常与重诲阴伺宫中动息,事发弃市。重诲益惧,因上章告老,以太子太师致仕。而以李从璋为河中节度使,遣药彦稠率兵如河中虞变。重诲子崇绪、崇赞宿卫京师,闻制下,即日奔其父。重诲见之,惊曰:"渠安得来!"已而,曰:"此非渠意,为人所使耳。吾以一死报国,余复何言!"乃械送二子于京师,行至陕州,下狱。明宗又遣翟光业至河中,视重诲去就,戒曰:"有异志,则与从璋图之。"又遣宦者使于重诲。使者见重诲,号泣不已,重诲问其故,使者曰:"人言公有异志,朝廷遣药彦稠率军至矣!"重诲曰:"吾死未塞责,遽劳朝廷兴师,以重明主之忧。"光业至,从璋率兵围重诲第,入拜于庭。重诲降而答拜,从璋以树击其首,重诲妻走抱之而呼曰:"令公死未晚,何遽如此!"又击其首,夫妻皆死,流血盈庭。从璋检责其家赀,不及数千缗而已。明宗下诏,以其绝钱镠,致孟知祥、董璋反,及议伐吴,以为罪。并杀其二子,其余子孙皆免。重诲得罪,知其必死,叹曰:"我固当死,但恨不与国家除去潞王!"此其恨也。

呜呼,官失其职久矣!予读梁宣底,见敬翔、李振为崇政院使,凡承上之旨,宣之宰相而奉行之。宰相有非其见时而事当上决者,与其被旨而有所复请者,则具记事而入。"记事",若今学士院谘报。今士大夫间以文字相往来,谓之"简帖",俚俗犹谓之"记事"也。因崇政使闻,得旨则复宣而出之。梁之崇政使,乃唐之枢密之职,盖出纳之任也。唐常以宦者为之。至梁戒其祸,始更用士人,其备顾问、参谋议于中则有之,未始专行事于外也。至崇韬、重海为之,始复唐枢密之名,然权侔于宰相矣。后世因之,遂分为二:文事任宰相,武事任枢密。枢密之任既重,而宰相自此失其职也。

新五代史卷二五
唐臣传第一三

周德威　苻存审　史建瑭
子匡翰　　王建及　元行钦
安金全　袁建丰　西方邺

周德威，字镇远，朔州马邑人也。为人勇而多智，能望尘以知敌数。其状貌雄伟，笑不改容，人见之凛如也。事晋王为骑将，稍迁铁林军使。从破王行瑜，以功迁衙内指挥使。其小字阳五，当梁、晋之际，周阳五之勇闻天下。梁军围晋太原，令军中曰："能生得周阳五者为刺史。"有骁将陈章者，号陈野义，常乘白马被朱甲以自异，出入阵中，求周阳五，欲必生致之。晋王戒德威曰："阵野义欲得汝以求刺史，见白马朱甲者，宜善备之！"德威笑曰："陈章好大言耳，安知刺史非臣作邪？"因戒其部兵曰："见白马朱甲者，当佯走以避之。"两军皆阵，德威微服杂卒伍中。阵章出挑战，兵始交，德威部下见白马朱甲者，因退走，章果奋槊急追之。德威伺章已过，挥铁锤击之，中章堕马，遂生擒之。梁攻燕，晋遣德威将五万人，为燕攻梁，取潞州，迁代州刺史、内外蕃汉马步军都指挥使。梁军舍燕攻潞，围以夹城，潞州守将李嗣昭闭城拒守，而德威与梁军相持于外逾年。嗣昭与德威素有隙，晋王病且革，语庄宗曰："梁军围潞，而德威与嗣昭有隙，吾甚忧之！"王丧在殡，庄宗新立，杀其叔父克宁。国中未定，而晋之重兵，悉属德威于外，晋人皆恐。庄宗使人以丧及克宁之难告德威,且召其军。德威闻命,即日还军太原,留其兵城外,徒步而入,伏梓宫前恸哭几绝。晋人乃安。遂从庄宗复击梁军,破夹城,与李嗣昭欢如初。以破夹城功,拜振武节度使、同中书门下平章事。

天祐七年秋,梁遣王景仁将魏、滑、汴、宋等兵七万人击赵。赵王王镕乞师于晋,晋遣德威先屯赵州。冬,梁军至柏乡,赵人告急,庄宗自将出赞皇,会德威于石桥,进距柏乡五里,营于野河北。晋兵少,而景仁所将神威、龙骧、拱宸等军,皆梁精兵,人马铠甲饰以组绣金银,其光耀日,晋军望之色动。德威勉其众曰:“此汴、宋佣贩儿,徒饰其外耳,其中不足惧也。其一甲直数十千,擒之适足为吾资,无徒望而爱之,当勉以往取之。”退而告庄宗曰:“梁兵甚锐,未可与争,宜少退以待之。”庄宗曰:“吾提孤军出千里,其利速战。今不乘势急击之,使敌知吾之众寡,则吾无所施矣。”德威曰:“不然,赵人能城守而不能野战。吾之取胜,利在骑兵。平川广野,骑兵之所长也。今吾军于河上,迫贼营门,非吾用长之地也。”庄宗不悦,退卧帐中,诸将无敢入见。德威谓监军张承业曰:“王怒老兵。不速战者,非怯也。且吾兵少而临贼营门,所恃者,一水隔耳。使梁得舟筏渡河,吾无类矣。不如退军鄗邑,诱敌出营,扰而劳之,可以策胜也。”承业入言曰:“德威老将,知兵,愿无忽其言。”庄宗遽起曰:“吾方思之耳。”已而,德威获梁游兵,问景仁何为,曰:“治舟数百,将以为浮梁。”德威引与俱见,庄宗笑曰:“果如公所料。”乃退军鄗邑。德威晨遣三百骑,叩梁营挑战,自以劲兵三千继之。景仁怒,悉其军以出,与德威转斗数十里,至于鄗南,两军皆阵。梁军横亘六七里,汴、宋之军居西,魏、滑之军居东。庄宗策马登高,望而喜曰:“平原浅草,可前可却,真吾之胜地!”乃使人告德威曰:“吾当为公先,公可继进。”德威谏曰:“梁军轻出而远来,与吾转战,其来必不暇赍粮糗,纵其能赍,亦不暇食,不及日午,人马俱饥,因其将退而击之胜。”诸将亦皆以为然。至未、申时,梁军东偏尘起,德威鼓噪而进,麾其西偏曰:“魏、滑军走矣!”又麾其东偏曰:“梁军走矣!”梁阵动,不可复整,乃皆走,遂大败。自鄗追至于柏乡,横尸数十里,景仁以十余骑仅而免。自梁与晋争，凡数十战，其大败未尝如此。刘守光僭号于燕，晋遣德威将三万出飞狐以击之。德威入祁沟关，取涿州，遂围守光于幽州，破其外城，守光闭门距守。而晋军尽下燕诸州县，独幽州不下，围之逾年乃破之，以功拜卢龙军节度使。德威虽为大将，而常身与士卒驰骋矢石之间。守光骁将单廷珪，望见德威于阵，曰："此周阳五也！"乃挺枪驰骑追之。德威伴走，度廷珪垂及，侧身少却，廷珪马方驰，不可止，纵其少过，奋挝击之，廷珪坠马，遂见擒。庄宗与刘鄩相持于魏，鄩夜潜军出黄泽关以袭太原，德威自幽州以千骑入土门以蹑之。鄩至乐平，遇雨不得进而还。德威与鄩俱东，争趋临清。临清有积粟，且晋军饷道也。德威先驰据之，以故庄宗卒能困鄩军而败之。庄宗勇而好战，尤锐于见敌。德威老将，常务持重以挫人之锋，故其用兵，常伺敌之隙以取胜。十五年，德威将燕兵三万人，与镇、定等军从庄宗于河上，自麻家渡进军临濮，以趋汴州。军宿胡柳陂，黎明，候骑报曰："梁军至矣！"庄宗问战于德威，德威对曰："此去汴州，信宿而近，梁军父母妻子皆在其中，而梁人家国系此一举。吾以深入之兵，当其必死之战，可以计胜，而难与力争也。且吾军先至此，粮糒具而营栅完，是谓以逸待劳之师也。王宜按军无动，而臣请以骑军扰之，使其营栅不得成，樵糒不暇给，因其劳乏而乘之，可以胜也。"庄宗曰："吾军河上，终日俟敌，今见敌不击，复何为乎？"顾李存审曰："公以辎重先，吾为公殿。"遂督军而出。德威谓其子曰："吾不知死所矣！"前遇梁军而阵：王居中，镇、定之军居左，德威之军居右，而辎重次右之西。兵已接，庄宗率银枪军驰入梁阵，梁军小败，犯晋辎重，辎重见梁朱旗，皆惊走入德威军，德威军乱，梁军乘之，德威父子皆战死。庄宗与诸将相持而哭曰："吾不听老将之言，而使其父子至此！"

庄宗即位，赠德威太师。明宗时，加赠太尉，配享庄宗庙。晋高祖追封德威燕王。子光辅，官至刺史。

苻存审，字德详，陈州宛丘人也。初名存，少微贱，尝犯法当死，

临刑，拍旁坏垣，顾主者曰："愿就死于彼，冀得垣土覆尸。"主者哀
而许之，为徙垣下。而主将方饮酒，顾其爱妓，思得善歌者佐酒。妓
言："有符存常为妾歌，甚善。"主将驰骑召存审，而存审以徙垣下
故，未加刑，因往就召，使歌而悦之，存审因得不死。其后事李罕之，
从罕之归晋，晋王以为义儿军使，赐姓李氏，名存审。

　　从晋王击李匡俦，为前锋，破居庸关。又从击王行瑜，破龙泉
寨，以功迁检校左仆射。从李嗣昭攻汾州，执李瑭，迁左右厢步军指
挥使。又从嗣昭攻潞州，降丁会。从周德威破梁夹城，迁忻州刺史、
蕃汉马步军指挥使。晋、赵攻燕，梁救燕，击赵深州，围蓨县。存审
与史建瑭军下博，击走梁军，迁领邢州围练使。魏博叛梁降晋，存审
为前锋，屯临清。庄宗入魏，存审殿军魏县，与刘鄩相距于莘西。从
庄宗败鄩于故元城。阎宝以邢州降，乃以存审为安国军节度使。毛
璋以沧州降，徙存审横海，加同中书门下平章事。契丹围幽州，是
时，晋与梁相持河上，欲发兵，兵少，欲勿救，惧失之。庄宗疑，以问
诸将，而存审独以为当救，曰："愿假臣骑兵五千足矣！"乃遣存审分
兵救之，卒击走契丹。从战胡柳陂，晋军晨败，亡周德威。存审与其
子彦图力战，暮复败梁军于土山，遂取德胜，筑河南北为两城，晋人
谓之"夹寨"。迁内外蕃汉马步军总管。

　　梁朱友谦以河中同州降晋，梁遣刘鄩攻同州，友谦求救，乃遣
存审与李嗣昭救之。河中兵少而弱，梁人素易之，且不虞晋军之速
至也。存审选精骑二百，杂河中兵出击鄩垒，阳败而走，鄩兵追之，
晋骑反击，获其骑兵五十。梁人知其晋军也，皆大惊，然河中粮少而
新降，人心颇持两端。晋军屯朝邑，诸将皆欲速战，存审曰："使梁军
知吾利于速战，则将夹渭而营，断我饷道，以持久困我，则进退不
可，败之道也。不若缓师示弱，伺隙出奇，可以取胜。"乃按军不动。
居旬日，望气者言："有黑气，状如斗鸡。"存审曰："可以一战矣！"乃
进军击鄩，大败之，鄩闭壁不复出。存审曰："鄩兵已败，不如逸之。"
乃休士卒，遣神将王建及牧马于沙苑，鄩以谓晋军且懈，乃夜遁去。
存审追击于渭河，又大败之。张文礼弑赵王王镕，晋遣阎宝、李嗣昭

等攻之，至辄战死。最后遣存审破之。存审为将，有机略，大小百余战，未尝败衄，与周德威齐名。德威死，晋之旧将独存审在。

契丹攻遮虏，乃以存审为卢龙军节度使。时存审已病，辞不肯行，庄宗使人慰谕，强遣之。

庄宗灭梁入洛，存审自以身为大将，不得与破梁之功，怏怏，疾益甚，因请朝京师。是时，郭崇韬权位已重，然其名望素出存审下，不乐其来而加己上，因沮其事。存审妻郭氏泣诉于崇韬曰："吾夫于国有功，而于公乡里之旧，奈何忍令死弃穷野！"崇韬愈怒。存审章累上，辄不许。存审伏枕叹曰："老夫事二主四十年，今日天下一家，四夷远俗，至于亡国之将、射钩斩袪之人，皆得亲见天子，奉觞为寿。而独予弃死于此，岂非命哉！"崇韬度存审病已亟，乃请许其来朝。徙存审宣武军节度使，卒于幽州。临终，戒其子曰："吾少提一剑去乡里，四十年间取将相，然履锋冒刃，出死入生而得至此也。"因出其平生身所中矢镞百余而示之曰："尔其勉哉！"存审三子：彦超、彦饶、彦卿。

彦超为汾州刺史，郭从谦弑庄宗，明宗入洛阳。是时，彦超为北京巡检，永王存霸奔于太原，彦超见留守张宪谋之。宪，儒者，事庄宗最久，不忍背恩，欲纳之，彦超不从，存霸遂见杀。明宗即位，彦超来朝，明宗德之，劳曰："河东无事，赖尔之力也。以为建雄军留后。迁北京留守，徙镇昭义，罢为上将军，复为泰宁军节度使，又徙安远。彦超主藏奴王希全盗其赀，彦超稍责之，奴惧，夜叩其门，言有急，彦超出，见杀，赠太尉。

次子彦饶，为汴州马步军都指挥使。天成元年，发汴兵三千戍瓦桥关，控鹤指挥使张谏为乱，杀权知州高遴，迫彦饶为帅。彦饶阳许之，曰："欲吾为帅，当止焚掠。明日以军礼见吾于南衙。"乃阴与拱衙指挥使庞起伏甲于衙内。明日，谏等皆集，伏兵发，诛谏等，杀四百余人，即日滕州事与推官韦俨。明宗下诏褒其忠略。其后累迁彰圣都指挥使，历曹、沂、饶三州刺史。清泰三年，自饶州刺史拜忠正军节度使、侍卫马步军指挥使。晋高祖起太原，彦饶以侍卫兵从废帝至河阳。废帝败,晋高祖以杨光远代彦饶将亲军,徙彦饶义成军节度使。范延光反,白奉进以侍卫兵三千屯滑州。兵士犯法,奉进捕得五人,其三人义成兵也,因并斩之。彦饶怒。明日,奉进从数骑过彦饶谢不先告而杀,彦饶曰:"军士各有部分,义成兵卒岂公所得斩邪?何无主客之礼也!"奉进怒曰:"军士犯法,安有彼此!且仆已自谢过,而公怒不息,欲与延光同反邪?"拂衣而起,彦饶不复留之,其麾下大噪,追奉进杀之,彦饶不之止也。已而,屯驻军将马万等闻乱,以兵擒彦饶送之京师,遂以彦饶应延光反闻。行至赤冈,高祖使人杀之,下诏削夺在身官爵。彦饶与晋初无衅隙,以一旦之忿,不能驭其军,杀奉进已非本意,以反见诛,非其罪也!

史建瑭,雁门人也。晋王为雁门节度使,其父敬思为九府都督。从晋王入关破黄巢,复京师。击秦宗权于陈州,尝将骑兵为先锋。晋王东追黄巢于冤朐,还过梁,军其城北。梁王置酒上源驿,独敬思与薛铁山、贺回鹘等十余人侍。晋王醉,留宿梁驿,梁兵夜围而攻之。敬思登驿楼,射杀梁兵十余人。会天大雨,晋王得与从者俱去,缒尉氏门以出。而敬思为梁追兵所得,见杀。

建瑭少事军中,为裨校,自晋降丁会,与梁相距于潞州,建瑭已为晋兵先锋。梁兵数为建瑭所杀,相戒常避史先锋。梁遣王景仁攻赵,晋军救赵,建瑭以先锋。兵出井陉,战于柏乡。梁军为方阵,分其兵为二:汴、宋之军居左,魏、滑之军居右。周德威击其左,建瑭击其右,梁军皆走,遂大败之。以功加检校左仆射。

天祐九年,晋攻燕,燕王刘守光乞师于梁。梁太祖自将击赵,围枣强、蓨县。是时,晋精兵皆北攻燕,独符存审与建瑭以三千骑屯赵州。梁军已破枣强,存审扼下博桥,建瑭分其麾下五百骑为五队:一之衡水,一之南宫,一之信都,一之阜城,而自将其一,约各取梁刍牧者十人会下博。至暮,擒梁兵十,皆杀之,各留其一人,纵使逸去,告之曰:"晋王军且大至。"明日,建瑭率百骑为梁旗帜,杂其刍牧者,暮叩梁营,杀其守门卒,纵火大呼,斩击数十百人。而梁刍牧者所出,各遇晋兵,有所亡失,其纵而不杀者,归而皆言晋军且至。梁太祖夜拔营去,蓨县人追击之,梁军弃其辎重、铠甲不可胜计。梁太祖方病,由是增剧。而晋军以故得并力以收燕者,二人之力也。后从庄宗入魏博,败刘鄩于故元城。累以功历贝、相二州刺史。十八年,晋军讨张文礼于镇州,建瑭以先锋兵下赵州,执其刺史王铤。兵傅镇州,建瑭攻其城门,中流矢卒,年四十二。

建瑭子匡翰,尚晋高祖女,是为鲁国长公主。匡翰为将,沉毅有谋,而接下以礼,与部曲语,未尝不名。历天雄军步军都指挥使、彰圣马军都指挥使。事晋为怀、和二州刺史,郑州防御使、义成军节度使,所至兵民称慕之。

史氏世为将,而匡翰好读书,尤喜《春秋》三传,与学者讲论,终日无倦。义成军从事关澈尤嗜酒,尝醉骂匡翰曰:"近闻张彦泽脔张式,未见史匡翰斩关澈,天下谈者未有偶尔!"匡翰不怒,引满自罚而慰勉之,人皆服其量。卒年四十。

王建及,许州人也。少事李罕之,从罕之奔晋,为匡卫指挥使。梁、晋战柏乡,相距鄗邑野河上,镇、定兵扼河桥,梁兵急击之。庄宗登高台望见镇、定兵将败,顾建及曰:"桥为梁夺,则吾军危矣,奈何?"建及选二百人驰击梁兵,梁兵败,解去。从战莘县、故元城,皆先登陷阵,以功累拜辽州刺史,将银枪效节军。

晋攻杨刘,建及躬自负葭苇堙堑,先登拔之。从战胡柳,晋兵已败,与梁争土山,梁兵先至,登山而阵。庄宗至山下望梁阵坚而整,呼其军曰:"今日之战,得山者胜。"因驰骑犯之,建及以银枪军继进,梁兵下走,阵山西,晋兵遂得土山。诸将皆言:"溃兵未集,且暮不可战。"阎宝曰:"彼阵山上,吾在其下,尚能击之,况以高而击下,不可失也。"建及以为然,因白庄宗曰:"请登高望臣破敌。"即呼众曰:"今日所失辎重皆在山西,盍往取之!"即驰犯梁阵,梁兵大败。晋遂军德胜,为南北城于河上。梁将贺瓌攻其南城,以竹笮维战舰于河,晋兵不得渡,南城危甚。庄宗积金帛于军门,募能破梁战舰者,至于吐火禁咒莫不皆有。建及重铠执槊呼曰:"梁、晋一水间尔,何必巧为?吾今破之矣。"即以大瓮积薪,自上流纵火焚梁战舰。建及以二舟载甲士随之,斧其竹笮,梁兵皆走,晋军乃得渡,救南城,瓌围解去。

自庄宗得魏博,建及将银枪效节军。建及为将,喜以家赀散士卒。庄宗遣宦官韦令图监其军,令图言:"建及得士心,惧有异志,不可令典牙兵。"即以为代州刺史。建及怏怏而卒,年五十七。

元行钦,幽州人也。为刘守光裨将。守光篡其父仁恭,使行钦以兵攻仁恭于大安山而囚之,又使行钦害诸兄弟。其后晋攻幽州,守光使行钦募兵云、朔间。是时,明宗掠地山北,与行钦相拒广边军,凡八战,明宗七射中行钦。行钦拔矢而战,亦射明宗中股。行钦屡败,乃降。明宗抚其背而饮以酒曰:"壮士也!"因养以为子。常从明宗战,数立功。庄宗已下魏,益选骁将自卫,闻行钦骁勇,取之为散员都部署,赐姓名曰李绍荣。

庄宗好战而轻敌,与梁军战潘张,军败而溃。庄宗得三四骑驰去,梁兵数百追及,攒槊围之。行钦望其旗而识之,驰一骑,奋剑断其二矛,斩首一级,梁兵解去。庄宗还营,持行钦泣曰:"富贵与卿共之!"由是宠绝诸将。拜忻州刺史,迁武宁军节度使。庄宗宴群臣于内殿,酒酣乐作,道平生战阵事以为笑乐,而怪行钦不在。因左右顾视曰:"绍荣安在?"所司奏曰:"奉敕宴使相,绍荣散官,不得与也。"庄宗罢会不乐。明日,即拜行钦同中书门下平章事。自此不召群臣入内殿,但宴武臣而已。赵在礼反于魏,庄宗方选大将击之,刘皇后曰:"此小事,可趣绍荣指挥。"乃以为邺都行营招抚使,将二千人讨之。行钦攻邺南门,以诏书招在礼。在礼送羊酒犒军,登城谓行钦曰:"将士经年离去父母,不取敕旨奔归,上贻圣忧,追悔何及!若公善为之辞,尚能改过自新。"行钦曰:"天子以汝等有社稷之功,小过必当赦宥。"在礼再拜,以诏书示诸军。皇甫晖从旁夺诏书坏之,军士大噪。行钦具以闻,庄宗大怒,敕行钦:"破城之日,无遗种!"乃益召诸镇兵,皆属行钦。行钦屯澶州,分诸镇兵为五道,毁民车轮、门扉、屋椽为筏,渡长庆河,攻冠氏门,不克。是时,邢、洺诸州相继皆叛,而行钦攻邺无功。庄宗欲自将以往,群臣皆谏止,乃遣明宗讨之。明宗至魏,军城西,行钦军城南。而明宗军变,入于魏,与在礼合。行钦闻之,退屯卫州,以明宗反闻。庄宗遣金枪指挥使李从璟驰诏明宗计事。从璟,明宗子也。行至卫州,而明宗已反,行钦乃縶从璟,将杀之。从璟请还京师,乃许之。明宗自魏县引兵南,行钦率兵趋还京师,从庄宗幸汴州。行至荥泽,闻明宗已渡黎阳,庄宗复遣从璟通问于明宗,行钦以为不可,因击杀从璟。明宗入汴州,庄宗至万胜镇,不得进,与行钦登道旁冢,置酒,相顾泣下。有野人献雉,问其冢名,野人曰:"愁台也。"庄宗益不悦,因罢酒去。西至石桥,置酒野次。庄宗谓行钦曰:"卿等从我久,富贵急难无不同也。今兹危蹙,而默默无言,坐视成败。我至荥泽,欲单骑渡河,自求总管,卿等各陈利害。今日俾我至此,卿等何如?"行钦泣而对曰:"臣本小人,蒙陛下抚养,位至将相。危难之时,不能报国,虽死无以塞责。"因与诸将百余人,皆解髻断发,置之于地,誓以死报。君臣相持恸哭。

　　庄宗还洛阳,数日,复幸汜水。郭从谦反,庄宗崩,行钦出奔。行至平陆,为野人所执,送虢州。刺史石潭折其两足,载以槛车,送京师。明宗见之,骂曰:"我儿何负于尔?"行钦瞋目直视曰:"先皇帝何负于尔?"乃斩于洛阳市,市人皆为之流涕。

　　呜呼!死之所以可贵者,以其义不苟生尔。故曰:"主在与在,主亡与亡者,社稷之臣也。"方明宗之兵变于魏,诸将未知去就,而行钦独以反闻。又杀其子从璟,至于断发自誓,其诚节有足嘉矣。乃庄宗之崩,不以自决,而反逃死以求生,终于被执而见杀。其言虽不屈,而死非其志也,乌足贵哉!

　　安金全,代北人也。为人骁果,工骑射,号能擒生踏伏。事晋为骑将,数从庄宗用兵有功,官至刺史,以疾居于太原。

　　庄宗已下魏博，与梁相距河上。梁将王檀袭太原，晋兵皆从庄宗于河上，太原无备。监军张承业大恐，率诸司工匠登城捍御，而外攻甚急。金全强起谓承业曰："太原，晋之根本也。一旦不守，则大事去矣！老夫诚惫矣，然尚能为公破贼。"承业喜，授以甲兵。金全被甲跨马，召率子弟及故将吏得百余人，夜出北门，击檀于羊马城中，檀军惊溃，而晋救兵稍至。然庄宗不以金全为能，终其世不录其功。金全与明宗有旧，明宗即位，拜金全振武军节度使、同中书门下平章事。在镇二年，召还京师，以疾卒。

　　袁建丰，不知其世家也。晋王讨黄巢至华阴，阑得之，时方九岁。爱其俊爽，收养之。长习骑射，为铁林都虞候。从击王行瑜、李匡威，以功迁突阵指挥使。从庄宗破夹城，战柏乡，迁左厢马军指挥使。明宗为衙内指挥使。建丰为副使，从庄宗入魏，取卫、磁、洺三州，拜洺刺史。击梁将王千，斩首千余级，获其将校七十余人。迁相州刺史。从战胡柳，指挥使孟谦据相州叛，建丰还讨平之。徙隰州刺史，病风废。明宗即位，以旧恩召还京师，亲幸其第，抚慰甚厚，加检校太尉，遥领镇南军节度使。俾食其俸以卒，赠太尉。

　　西方邺，定州满城人也。父再遇，为汴州军校。邺居军中，以勇力闻。年二十，南渡河游梁，不见用，复归庄宗于河上。庄宗以为孝义指挥使。数从征伐有功。同光中，为曹州刺史，以州兵屯汴州。明宗自魏反，兵南渡河，而庄宗东幸汴州，汴州节度使孔循怀二志，使北门迎明宗，西门迎庄宗，所以供帐委积如一，曰："先至者入之。"邺因责循曰："主上破梁而得公，有不杀之恩，奈何欲纳总管而负国！"循不答。邺度循不可争，而石敬瑭妻，明宗女也，时方在汴，邺欲杀之，以坚人心。循知其谋，取藏其家，邺无如之何。而明宗已及汴，乃将五百骑西迎庄宗于汜水，呜咽泣下，庄宗亦为之嘘唏，乃使以兵为先锋。庄宗至汴西，不得入，还洛阳，遇弑。明宗入洛，邺请死于马前，明宗嘉叹久之。明年，荆南高季兴叛，明宗遣襄州节度使刘训等招讨，而以东川董璋为西南面招讨使，乃拜邺夔州刺史，副璋以兵出三峡。已而，训等无功见黜，诸将皆罢，璋亦尝出兵，惟邺独取三州，乃以夔州为宁江军，拜邺节度使。已而，又取归州，数败季兴之兵。

邺，武人，所为多不中法度，判官谭善达数以谏。邺怒，遣人告善达受人金，下狱。善达素刚，辞益不逊，遂死于狱中。邺病，见善达为祟，卒于镇。

新五代史卷二六
唐臣传第一四

符习　乌震　孔谦　张延朗
李严　李仁矩　毛璋

　　符习，赵州昭庆人也。少事赵王王镕为军校，自晋救赵，破梁军柏乡，赵常遣习将兵从晋。晋军德胜，张文礼杀赵王王镕，上书庄宗，求习归赵。庄宗遣之，习号泣曰："臣世家赵，受赵王恩，王尝以一剑与臣使自效，今闻王死，欲以剑自裁，念卒无益，请击赵破贼，报王冤。"庄宗壮之，乃遣阎宝、史建瑭等助习讨文礼，以习为镇州兵马留后。习攻文礼不克，庄宗用佗将破之。拜习成德军节度使，习辞不敢受，乃以相、卫二州为义宁军，以习为节度使，习辞曰："魏博六州，霸王之府也。不宜分割以示弱，愿授臣河南一镇，得自攻取之。"乃拜习天平军节度使、东南面招讨使，习亦未尝攻取。后徙镇安国，又徙平卢。

　　赵在礼作乱，遣习以镇兵讨贼。习未至魏，而明宗兵变，习不敢进。明宗遣人招之，习见明宗于胙县，而以明宗举兵不顺，去就之意未决。霍彦威绐习曰："主上所杀者十人，公居其四，复何犹豫乎？"习意乃决。平卢监军杨希望闻习为明宗所召，乃以兵围习家属，将杀之。指挥使王公俨素为希望所信，绐希望曰："内侍尽忠朝廷，诛反者家族，孰敢不效命！宜分兵守城，以虞外变，习家不足虑也。"希望信之，乃悉分其兵守城，公俨因擒希望斩之，习家属由是获免。而公俨宣言青人不便习之严急，不欲习复来，因自求为节度使。明宗乃以房知温代习镇平卢，拜公俨登州刺史。公俨不时承命，知温擒而杀之。习复镇天平，徙镇宣武。

习素为安重诲所不悦，希其旨者上言习厚敛汴人，乃以太子太师仕，归昭庆故里。明宗以其子令谦为赵州刺史，以奉养之。习以无罪，怏怏失职，纵猎剧饮以自娱。居岁余，中风卒，赠太师。习二子：令谦、蒙。

令谦有勇力，善骑射，以父任为将，官至赵州刺史，有善政，卒于州，州人号泣送葬者数千人，当时号为良刺史。

蒙，少好学，性刚鲠，为成德军节度副使。后事晋，官至礼部侍郎。

乌震，冀州信都人也。少事赵王王镕，为军卒，稍以功迁裨校，隶符习军。习从庄宗于河上，而镕为张文礼所弑，震从习讨文礼，而家在赵，文礼执震母妻及子十余人以招震，震不顾。文礼乃自断其手鼻，割而不诛，纵至习军，军中皆不忍正视。震一恸而止，愤激自励，身先士卒。晋军攻破镇州，震以功拜刺史，历深、赵二州。震为人纯质，少好学，通《左氏春秋》，喜作诗，善书。乃为刺史，以廉平为政有声，迁冀州刺史，兼北面水陆转运使。明宗闻其名，擢拜河北道副招讨使，领宁国军节度使，代房知温戍于卢台军。始至而戍兵龙旺等作乱，见杀，赠太师。

呜呼！忠孝以义则两得，吾既已言之矣。若乌震者，可谓忠乎？甚矣，震之不思也。夫食人之禄而任人之事，事有任，专其责，而其国之利害，由己之为不为。为之虽利于国，而有害于其亲者，犹将辞其禄而去之。矧其事，众人所皆可为，而任不专己，又其为与不为，国之利害不系焉者。如是而不顾其亲，虽不以为利，犹曰不孝，况因而利之乎！夫能事其亲以孝，然后能事其君以忠，若乌震者，可谓大不孝矣，尚何有于忠哉！

　　孔谦，魏州人也，为魏州孔目官。魏博入于晋，庄宗以为度支使。谦为人勤敏，而倾巧善事人，庄宗及其左右皆悦之。自少为吏，工书算，颇知金谷聚敛之事。晋与梁相拒河上十余年，大小百余战，谦调发供馈，未尝阙乏，所以成庄宗之业者，谦之力为多。然民亦不胜其苦也。庄宗初建大号，谦自谓当为租庸使，而郭崇韬用魏博观察使判官张宪为使，以谦为副。谦已怏怏。既而庄宗灭梁，谦从入汴，谓崇韬曰："邺，北都也，宜得重人镇之，非张宪不可。"崇韬以为然，因以宪留守北都，而以宰相豆卢革判租庸。谦益失望，乃阴求革过失，而革尝以手书假租庸钱十万，谦因以书示崇韬，而微泄其事，使革闻之。革惧，遂求解职以让崇韬，崇韬亦不肯当。庄宗问："谁可者？"崇韬曰："孔谦虽长于金谷，而物议未可居大任，不若复用张宪。"乃趣召宪。宪为人明辩，人颇忌之，谦因乘间谓革曰："租庸钱谷，悉在目前，委一小吏可办。邺都天下之重，不可轻以任人。"革以语崇韬，崇韬罢宪不召，以兴唐尹王正言为租庸使。谦益愤愤，因求解职。庄宗怒其避事，欲置之法，赖伶官景进救解之，乃止。已而，正言病风，不任事，景进数以为言，乃罢正言，以谦为租庸使，赐"丰财赡国功臣"。

　　谦无佗能，直以聚敛为事。庄宗初即位，推恩天下，除百姓田租，放诸场务课利欠负者，谦悉违诏督理。故事：观察使所治属州事，皆不得专达。上所赋调，亦下观察使行之。而谦直以租庸帖调发诸州，不关观察，观察使交章论理，以谓："制敕不下支郡，刺史不专奏事，唐制也。租庸直帖，沿伪梁之弊，不可为法。今唐运中兴，愿还旧制。"诏从其请，而谦不奉诏，卒行直帖。又请减百官俸钱，省罢节度、观察、判官、推官等员数。以至郭塞天下山谷径路，禁止行人，以收商旅征算；遣大程官放猪羊柴炭，占庇人户；更制括田竿尺，尽率州使公廨钱。由是天下皆怨苦之。

　　明宗立，下诏暴谦罪，斩于洛市，籍没其家。遂罢租庸使额，分盐铁、度支、户部为三司。

张延朗，汴州开封人也。事梁，以租庸吏为郓州粮料使。明宗克郓州，得延朗，复以为粮料使，后徙镇宣武、成德，以为元从孔目官。明宗即位，为庄宅使、宣徽北院使、忠武军节度使。

长兴元年，拜三司使。唐制：户部度支以本司郎中、侍郎判其事，而有盐铁转运使。其后用兵，以国计为重，遂以宰相领其职。乾符已后，天下丧乱，国用愈空，始置租庸使。用兵无常，随时调敛，兵罢则止。梁兴，始置租庸使，领天下钱谷，废盐铁、户部、度支之官。庄宗灭梁，因而不改。明宗入立，诛租庸使孔谦而废其使职，以大臣一人判户部、度支、盐铁，号曰判三司。延朗因请置三司使，事下中书。中书用唐故事，拜延朗特进、工部尚书，充诸道盐铁转运等使，兼判户部度支事。诏以延朗充三司使，班在宣徽使下。三司置使自此始。

延朗号为有心计，以三司为己任，而天下钱谷亦无所建明。明宗常出游幸，召延朗共食，延朗不至，附使者报曰："三司事忙，无暇。"闻者笑之。历泰宁、雄武军节度使。废帝以为吏部尚书兼中书门下平章事、判三司。晋高祖有异志，三司财货在太原者，延朗悉调取之，高祖深以为恨。晋兵起，废帝欲亲征，而心畏高祖，迟疑不决，延朗与刘延朗等劝帝必行。延朗籍诸道民为丁，及括其马丁，马未至，晋兵入京师，高祖得延朗，杀之。

李严，幽州人也。初名让坤。事刘守光为刺史，后事庄宗为客省使。严为人明敏多艺能，习骑射，颇知书而辩。同光三年，使于蜀，为王衍陈唐兴复功德之盛，音辞清亮，蜀人听之皆竦动。衍枢密使宋光嗣召严置酒，从容问中国事，严对曰："前年天子建大号于邺宫，自郓趋汴，定天下。不旬日，而梁之降兵犹三十万，东渐于海，西极甘凉，北慑幽、陵，南逾闽、岭，四方万里，莫不臣妾。而淮南杨氏承累世之强，凤翔李公恃先朝之旧，皆遣子入侍，稽首称藩。至荆、湖、吴越，修贡赋，效珍奇，愿自比于列郡者，至无虚月。天下方怀之以德，而震之以威，天下之势，不得不一也。"光嗣曰："荆、湖、吴越非吾所知,若凤翔则蜀之姻亲也,其人反覆,其可信乎?又闻契丹日益强盛,大国其可无虑乎?"严曰:"契丹之强,孰与伪梁?"光嗣曰:"比梁差劣尔!"严曰:"唐灭梁如拉朽,况其不及乎!唐兵布天下,发一镇之众,可以灭虏使无类。然而天生四夷,不在九州之内,自前古王者,皆存而不论,盖不欲穷兵黩武也。"蜀人闻严应对,愈益奇之。

是时,蜀之君臣皆庸暗,而恃险自安,穷极奢僭。严自蜀还,具言可取之状。初,庄宗遣严以名马入蜀,市珍奇以充后宫,而蜀法严禁以奇货出剑门,其非奇物而出者,名曰"入草物",由是严无所得而还,惟得金二百两、地衣、毛布之类。庄宗闻之,大怒曰:"物归中国,谓之'入草',王衍其能免为'入草人'乎?"于是决议伐蜀。

冬,魏王继岌西伐,以严为三川招抚使,与康延孝以兵五千先行,所过州县皆迎降。延孝至汉州,王衍告曰:"得李严来即降。"众皆以伐蜀之谋自严始,而衍怨严深,不宜往。严闻之喜,即驰骑入益州。衍见严,以妻母为托,即日以蜀降。严还,明宗以为泗州防御使,客省使如故。

其后,孟知祥屈强于蜀,安重诲稍裁抑之,思有以制知祥者,严乃求为西川兵马都监。将行,其母曰:"汝前启破蜀之谋,今行,其以死报蜀人矣!"严不听。初,严与知祥同事庄宗,时知祥为中门使,严尝有过,庄宗怒甚,命斩之,知祥戒行刑者少缓,入白庄宗曰:"严小过,不宜以喜怒杀人,恐失士大夫心。"庄宗怒稍解,命知祥监笞严二十而释。知祥虽与严有旧恩,而恶其来。蜀人闻严来,亦皆恶之。严至,知祥置酒从容问严曰:"朝廷以公来邪?公意自欲来邪?"严曰:"君命也。"知祥发怒曰:"天下藩镇皆无监军,安得尔独来此?此乃孺子荧惑朝廷尔!"即擒斩之,明宗不能诘也,知祥由此遂反。

李仁矩,不知其世家。少事明宗,为客将。明宗即位,以为客省使、左卫大将军。明宗祀天南郊,东、西川当进助礼钱,使仁矩趣之。仁矩恃恩骄恣,见藩臣不以礼。东川节度使董璋置酒召仁矩,仁矩辞醉不往,于传舍与倡妓饮。璋怒,率衙兵露刃之传舍,仁矩惶恐,不袜而靴走庭中。璋责之曰：“尔以西川能斩李严，谓我独不能斩尔邪！”顾左右牵出斩之。仁矩涕泣拜伏谢罪，乃止。明日，璋置酒召仁矩，见其妻子，以厚谢之。仁矩还，言璋必反。

　　仁矩素为安重诲所亲信，自璋有异志，重诲思有以制之，乃分东川之阆州为保宁军，以仁矩为节度使，遣姚洪将兵戍之。璋以书至京师，告其子光业曰：“朝廷割我支郡，分建节钺，又以兵戍之，是将杀我也。若唐复遣一骑入斜谷，吾反必矣！与汝自此而决。”光业私以书示枢密承旨李虔徽，使白重诲，重诲不省。

　　仁矩至镇，伺璋动静必以闻，璋益疑惧，遂决反。重诲又遣苟咸义将兵益戍阆州，光业亟言以为不可，重诲不听。咸义未至，璋已反，攻阆州。仁矩召将校问策，皆曰：“璋有二心久矣，常以利啖吾兵，兵未可用。而贼锋方锐，宜坚壁以挫之。守旬日，大军必至，贼当自退。”仁矩曰：“蜀懦，安能当我精锐之师！”即驱之出战，兵未交而溃，仁矩被擒，并其家属皆见杀。

　　毛璋，沧州人也。梁末，戴思远为横海军节度使，璋事思远为军校。晋已下魏博，思远弃沧州出奔，璋以沧州降晋，以功为贝州刺史。璋为人有胆勇，自晋与梁相拒河上，璋累战有功，庄宗灭梁，拜璋华州节度使。在镇多不法，议者疑其有异志，乃徙璋镇昭义。璋初欲拒命，其判官边蔚切谏谕之，乃听命。璋累历藩镇，又在华州得魏王继岌伐蜀余赀，既富而骄，益为淫侈。尝服赭袍饮酒，使其所得蜀妓为王衍宫中之戏于前。明宗闻而恶之，召为金吾上将军。

　　东川董璋上书，言璋遣子廷赟持书往西川，疑其有奸。明宗乃遣人追还廷赟，并璋下御史狱。廷赟款称实璋假子，有叔父在蜀，欲往省之，而无私书。璋无罪名，有司议：“璋前任藩镇，阴畜异图，及处班行，不慎行止。”乃停璋见任官，勒还私第。

　　初，廷赟之蜀，与其客赵延祚俱，及召下狱，延祚多捃璋阴事欲言之，璋许延祚重赂以灭口。既出而责赂于璋，不与。延祚乃诣台自言，并璋复下狱，鞫之无状。中丞吕梦奇议曰：“璋前经推劾，已蒙

昭雪，而延祚以责赂之故，复加织罗。"乃稍宥璋。璋款上，有告者言
梦奇受赂而劾狱不尽，乃移军延狱。狱吏希旨，锻炼其事，璋具伏。
许赂延祚而未与，尝以马借梦奇而无受赂。璋坐长流儒州，已而，令
所在赐自尽。

新五代史卷二七
唐臣传第一五

朱弘昭 冯赟附　　刘延朗
康思立　康义诚　药彦稠

　　朱弘昭，太原人也。少事明宗为客将，明宗即位，为文思使。与安重诲有隙，故常使于外。董璋为东川节度使，乃以弘昭为副使。西川孟知祥杀其监军李严，弘昭大惧，求还京师，璋不许，遂相猜忌。弘昭益开怀待之不疑，璋颇重其为人。后璋有军事，遣弘昭入朝，弘昭乃免。迁左卫大将军内客省使、宣徽南院使、凤翔节度使。

　　孟知祥反，石敬瑭伐蜀，久无功，明宗遣安重诲督军。是时重诲已有间。重诲至凤翔，弘昭迎谒，礼甚恭，延重诲于家，使其妻妾侍饮食。重诲以弘昭厚己，酒酣，具言蒙天子厚恩，而所以谗间之端，因泣下。弘昭即奏言重诲怨望，又阴遣人驰告敬瑭，使拒重诲。会敬瑭以粮饷不继，遽烧营返军，重诲亦以被谗召还。过凤翔，弘昭闭门不纳，重诲由此得罪死。枢密使范延光尤恶弘昭为人，罢为左武卫上将军、宣徽南院使。久之，为山南东道节度使。是时，明宗已病，而秦王从荣祸起有端，唐诸大臣皆欲引去以避祸。枢密使范延光、赵延寿日夕更见，涕泣求去，明宗怒而不许。延寿使其妻兴平公主入言于中，延光亦因孟汉琼、王淑妃进说，故皆得罢。以弘昭及冯赟代延寿、延光，弘昭入见，辞曰："臣厮养之才，不足当大任。"明宗叱之曰："公等皆不欲在吾目前邪？吾养公等安用！"弘昭惶恐，乃视事。

　　冯赟者，亦太原人也。其父璋，事明宗为阍者。赟为儿时，以通黠为明宗所爱。明宗为节度使，以赟为进奏官。明宗即位，即为客省使、宣徽北院使。历河东忠武节度使、三司使。明宗病甚，大臣稀复进见，而孟汉琼、王淑妃用事，弘昭及赟并掌机务于中，大事皆决此四人。及杀秦王，而立愍帝，益自以为功。又其所用多非其人，给事中陈乂为人险谲，好阴谋。尝事梁张汉杰，又事郭崇韬，两人皆辄败死。弘昭乃引以为枢密直学士，而用其谋。是时，弘昭、赟遣汉琼至魏，召愍帝入立，而留汉琼权知后事。明年正月，汉琼请入朝，弘昭、赟乃议徙成德。范延光代汉琼，北京留守石敬瑭代延光，凤翔潞王从珂代敬瑭。三人者，皆唐大臣，以汉琼故，轻易其地，又不降制书。第遣使者，监其上道，从珂由此遂反。

　　从珂兵已东，愍帝大惧，遣人召弘昭计事。弘昭谓其客穆延晖曰："上召我急，将罪我也。吾儿妇，君之女也。其以归，无使及祸。"乃拔剑大哭，欲自裁，而家人止之。使者促弘昭入见甚急，弘昭呼曰："穷至此邪！"乃自投于井以死。安从进闻之，亦杀赟于家。赟母新死，子母弃尸于道，妻子皆见杀。赟有子三岁，其故吏张守素匿之以免。汉高祖即位，赠弘昭尚书令、赟中书令。

　　刘延朗，宋州虞城人也。初，废帝起于凤翔，与共事者五人：节度判官韩昭胤、掌书记李专美、牙将宋审虔、客将房暠，而延朗为孔目官。初，愍帝即位，徙废帝为北京留守，不降制书，遣供奉官赵处愿促帝上道。帝疑惑，召昭胤等计议，昭胤等皆劝帝反，由是，事无大小，皆此五人谋之。而暠又喜鬼神巫祝之说，有瞽者张濛，自言事太白山神。神，魏崔浩也。其言吉凶无不中，暠素信之。尝引濛见帝，闻其语声，惊曰："此非人臣也！"暠使濛问于神，神传语曰："三珠并一珠，驴马没人驱。岁月甲庚午，中兴戊己土。"暠不晓其义，使问濛，濛曰："神言如此，我能传之，不能解也。"帝即以濛为馆驿巡官。帝将反，而兵少，又乏食，由此甚惧。使暠问濛，濛传神语曰："王当有天下，可无忧。"于是决反，使专美作檄书，言："朱弘昭，冯赟幸明宗病，杀秦王而立愍帝。帝年少，小人用事，离间骨肉，将问罪于朝！"遣使者驰告诸镇，皆不应，独陇州防御使相里金遣其判官薛文遇计事。帝得文遇，大喜。而延朗调率城中民财以给军。王思同率诸镇兵围凤翔，废帝惧，又遣晸问神，神曰："王兵少，东兵来，所以迎王也。"已而，东兵果叛降于帝。帝入京师，即位之日，受册明宗枢前。册曰："维应顺元年，岁次甲午，四月庚午朔。"帝回顾晸曰："张濛神言，岂不验哉！"由是晸益见亲信，而专以巫祝用事。帝既立，以昭胤为左谏议大夫、端明殿学士，专美为比部郎中、枢密院直学士，审虔为皇城使，晸为宣徽北院使，延朗为庄宅使。久之，昭胤、晸为枢密使，延朗为副使，审虔为侍卫步军都指挥使，而薛文遇亦为职方郎中、枢密院直学士。由是，审虔将兵，专美、文遇主谋议，而昭胤、晸及延朗掌机密。

初，帝与晋高祖俱事明宗，而心不相悦。帝既入立，高祖不得已来朝，而心颇自疑，欲求归镇，且难言之。乃阳为羸疾，灸灼满身，冀帝怜而遣之。延朗等多言敬瑭可留京师，昭胤、专美曰："敬瑭与赵延寿皆尚唐公主，不可独留。"乃复授高祖河东而遣之。是时，契丹数寇北边，以高祖为大同、振武、威塞、彰国等军藩汉马步军都总管，屯于忻州。而屯兵忽变，拥高祖呼"万岁"，高祖惧，斩三十余人而后止。于是，帝益疑之。是时，高祖悉握精兵在北，馈运刍粮，远近劳弊。帝与延朗等日夕谋议，而专美、文遇迭宿中兴殿庐，召见访问，常至夜分而罢。

是时，高祖弟重胤为皇城副使，而石氏公主母曹太后居中，因得伺帝动静言语，以报高祖。高祖益自危惧。每帝遣使者劳军，即阳为羸疾不自堪，因数求解总管以探帝心。是时，帝母魏氏追封宣宪皇太后，而墓在太原，有司议立寝宫。高祖建言，陵与民家墓相杂不可立宫。帝疑高祖欲毁民墓，为国取怨，帝由此发怒，罢高祖总管，徙郓州。延朗等多言不可，而司天赵延义亦言天象失度，宜安静以弭灾，其事遂止。后月余，文遇独直，帝夜召之，语罢敬瑭事，文遇曰："臣闻'作舍道边，三年不成'。国家之事，断在陛下。且敬瑭徙亦反，不徙亦反，迟速尔，不如先事图之。"帝大喜曰："术者言朕今年当得一贤佐以定天下，卿其是邪！"乃令文遇手书除目，夜半下学士院草制。明日宣制，文武两班皆失色。居五六日，敬瑭以反闻。敬瑭上书，言帝非明宗子，而许王从益次当立。帝得书大怒，手坏而投之，召学士马胤孙为答诏，曰："宜以恶语诋之。"

延朗等请帝亲征，帝心忧惧，常恶言敬瑭事，每戒人曰："尔无说石郎，令我心胆堕地！"由此不欲行。而延朗等屡迫之，乃行。至怀州，帝夜召李崧问以计策。文遇不知而继至，帝见之色变，崧蹙其足，文遇乃出。帝曰："我见文遇肉颤，欲抽刀刺之。"崧曰："文遇小人，致误大事，刺之益丑。"乃已。是时，契丹已立敬瑭为天子，以兵而南，帝惶惑不知所之。遣审虔将千骑至白马坡踏战地，审虔曰："何地不堪战？虽有其地，何人肯立于此？不如还也。"帝遂还，自焚。高祖入京师，延朗等六人皆除名为民。初，延朗与皋并掌机密，延朗专任事，诸将当得州者，不以功次为先后，纳赂多者得善州，少及无赂者得恶州，或久而不得。由是人人皆怨。皋心患之而不能争也。但曰饱食高枕而已。每延朗议事，则垂头阳睡不省。及晋兵入，延朗以一骑走南山，过其家，指而叹曰："吾积钱三十万于此，不知何人取之！"遂为追兵所杀。晋高祖闻皋常不与延朗事，哀之，后复以为将。岁余卒。专美事晋为大理卿，开运中卒。当晋之将起，废帝以昭胤为中书侍郎、同中书门下平章事，出为河阳节度使，与审虔、文遇皆不知其所终。

呜呼，祸福成败之理，可不戒哉！张濛神言验矣，然焉知其不为祸也！予之所记，大抵如此，览者可以深思焉。废帝之起，所与图议者，此五六人而已。考其逆顺之理，虽有智者为之谋，未必能不败，况如此五六人者哉！故并述以附延朗，见其始终之际云。

康思立，本山阴诸部人也。少为骑将，从庄宗破梁夹城，战柏乡，累以功迁突骑指挥使。明宗即位，历应、岚二州刺史，宿州团练使、昭武军节度使,徙镇保义,皆有善政。

潞王从珂反于凤翔,愍帝遣王思同等讨之,思立有捧圣、羽林屯兵千五百人,乃以羽林千人属思同。思同至凤翔,军叛,降于从珂。思立闻之,欲尽诛羽林千人家属,未及,而从珂兵已至,思立乃以捧圣兵协守,从珂兵傅其城,呼曰:"西兵十万,策新天子,尔五百人其能拒邪?徒陷陕人于死耳!"捧圣兵闻之,皆解甲,思立遂开门迎从珂。

废帝即位,以思立初无降意,颇不悦之,徙安远,又徙安国,以年老罢为右神武统军。

石敬瑭反太原,废帝以思立为北面行营马军都指挥使。废帝幸怀州,遣思立将从驾骑兵出团柏谷救张敬达。未至,而敬达死,杨光远降晋。思立疾,卒于道。晋高祖入立,赠太子少师。

康义诚,字信臣,代北三部落人也。以骑射事晋王。庄宗时,为突骑指挥使。从明宗讨赵在礼,至魏而军变,义诚前陈庄宗过失,劝明宗南向。明宗即位,迁捧圣指挥使,领汾州刺史。从破朱守殷,迁侍卫亲军马步军都指挥使,领河阳三城节度使。出为山南东道节度使,复为亲军都指挥使,领河阳,加同中书门下平章事。秦王从荣素骄,自为河南尹,典六军,拜大元帅。唐诸大臣皆惧祸及,思自脱,独义诚心结之,遣其子事秦王府。明宗病,从荣谋以兵入宫,唐大臣朱弘昭、冯赟等皆以为不可,而义诚独持两端。从荣已举兵,至天津桥,弘昭等入,以反白,明宗涕泣召义诚,使自处置,而义诚卒不出兵。马军指挥使朱弘实以兵击从荣,败走,见杀。三司使孙岳尝为冯赟言从荣必败之状,义诚闻而不悦。及从荣死,义诚始引兵入河南府,召岳检阅从荣家赀。岳至,义诚乘乱,使人射之,岳走至通利坊见杀,明宗不能诘。义诚已杀岳,又以从荣故,与弘实有隙。愍帝即位,弘实常以诛从荣功自负,义诚心益不平。

潞王从珂反凤翔,王思同率诸镇兵围之。兴元张虔钊兵叛降从珂,思同走,诸镇兵皆溃。愍帝大怒,谓朱弘昭等曰:"朕新即位,天下事皆出诸公，然于事兄，未有失节，诸公以大计见迫，不能独违。事一至此，何方转祸？吾当率左右往迎吾兄，逊以位，苟不吾信，死其所也！"弘昭等惶恐不能对，义诚前曰："西师惊溃，主将怯耳。今京师兵尚多，臣请尽将以西，扼关而守，招集亡散，以为后图。"愍帝以为然，幸左藏库，亲给将士人绢二十匹，钱五千。是时，明宗山陵未毕，帑藏空虚。军士负物扬言曰："到凤翔更请一分。"朱弘实见军士无斗志，而义诚尽将以西，疑其二心。谓义诚曰："今西师小衄，而无一骑东者，人心可知。不如以见兵守京师以自固，彼虽幸胜，特得虔钊一军耳。诸镇之兵在后，其敢径来邪！"义诚怒曰："如此言，弘实反矣！"弘实曰："公谓谁欲反邪？"其声厉而闻。愍帝召两人争于前，帝不能决，遂斩弘实，以义诚为招讨使，悉将禁军以西。愍帝奔卫州。义诚行至新安，降于从珂。清泰元年四月，斩于兴教门外，夷其族。

　　呜呼！五代为国，兴亡以兵，而其军制，后世无足称焉。惟侍卫亲军之号，今犹因之而甚重，此五代之遗制也。然原其始起微矣，及其至也，可谓盛哉！当唐之末，方镇之兵多矣，凡一军有指挥使一人，而合一州之诸军，又有马步军都指挥使一人，盖其卒伍之长也。自梁以宣武军建国，因其旧制，有在京马步军都指挥使。后唐因之，至明宗时，始更为侍卫亲军马步军都指挥使。当是时，天子自有六军诸卫之职。六军有统军，诸卫有将军，而又以大臣宗室一人判六军诸卫事，此朝廷大将天子国兵之旧制也。而侍卫亲军者，天子自将之私兵也，推其名号可知矣。天子自为将，则都指挥使乃其卒伍之都长耳。然自汉、周以来，其职益重。汉有侍卫司狱，凡朝廷大事皆决侍卫狱。是时，史弘肇为都指挥使，与宰相、枢密使并执国政，而弘肇尤专任，以至于亡。语曰："涓涓不绝，流为江河。荧荧不灭，炎炎奈何？"可不戒哉！然是时，方镇各自有兵，天子亲军不过京师之兵而已。今方镇名存而实亡，六军诸卫又益以废，朝廷大将之职，而举天下内外之兵皆侍卫司矣。则为都指挥使者，其权岂不益重哉！亲军之号，始于明宗，其后又有殿前都指挥使，亦亲军也，皆不见其更置之始。今天下之兵，分属此两司矣。

药彦稠，沙陀三部落人也。初为骑将，明宗即位，拜澄州刺史。从王晏球破王都定州，迁侍卫步军都虞候，领寿州节度使。安重诲矫诏，遣河中指挥使扬彦温逐其节度使，潞王从珂以彦稠为招讨使。明宗疑彦温有所说，戒彦稠得彦温毋杀，将讯之。彦稠希重诲旨，杀彦温以灭口。明宗大怒，然不之罪也。长兴中为静难军节度使。

党项阿埋、屈悉保等族抄掠方渠，邀杀回鹘使者，明宗遣彦稠与灵武康福会兵击之，阿埋等亡窜山谷。明宗以谓党项知惧，可加约束而绥抚之。使者未至，彦稠等自牛儿族入白鱼谷，尽诛其族，获其大首领连香等，遣人上捷。明宗谓其使者曰："吾诛党项，非有所利也。凡军中所获，悉与士卒分之，毋以进奉为名，重敛军士也。"已而，彦稠以党项所掠回鹘进奉玉两团，及遗秦王金装胡簶等来献。明宗曰："吾已语彦稠矣，不可失信。"因悉以赐彦稠。又逐盐州诸戎，取其所掠男女千余人。

潞王从珂反，彦稠为招讨副使。王思同兵溃，彦稠与思同俱东走，为潞王兵所得，囚于华州狱，已而，杀之。晋高祖立，赠侍中。彦稠与思同俱以败走，时愍帝犹在。唐未亡，二人走归国，于节未亏，异于元行钦之走也。然思同辞义不屈，其死可嘉。彦稠直被执见杀尔，余无可称，故不列于死事。

新五代史卷二八
唐臣传第一六

豆卢革　卢程　任圜　赵凤
李袭吉　张宪　萧希甫
刘赞　何瓒

　　豆卢革，父瓒，唐舒州刺史。豆卢为世名族，唐末天下乱，革避地之中山。唐亡，为王处直掌书记。

　　庄宗在魏，议建唐国，而故唐公卿之族遭乱丧亡且尽，以革名家子，召为行台左丞相。庄宗即位，拜同中书门下平章事。

　　革虽唐名族，而素不学问，除拜官吏，多失其序，常为尚书郎萧希甫驳正，革颇患之。庄宗已灭梁，革乃荐韦说为相。说，唐末为殿中侍御史，坐事贬南海，后事梁为礼部侍郎。革以说能知前朝事，故引以佐己。而说亦无学术，徒以流品自高。是时，庄宗内畏刘皇后，外惑宦官、伶人，郭崇韬虽尽忠于国，而亦无学术。革、说俯仰默默无所为，唯诺崇韬而已。唐、梁之际，仕宦遭乱奔亡，而吏部铨文书不完，因缘以为奸利。至有私鬻告敕，乱易昭穆，而季父、母舅反拜侄、甥者，崇韬请论以法。是时，唐新灭梁，朝廷纪纲未立，议者以为宜革以渐，而崇韬疾恶太甚，果于必行，说、革心知其未可，而不能有所建言。是岁冬，选人吴延皓改亡叔告身行事，事发，延皓及选吏尹玫皆坐死，尚书左丞判吏部铨崔沂等皆贬，说、革诣阁门待罪。由是一以新法从事，往往以伪滥驳放而毙踣羁旅，号哭道路者，不可胜数。及崇韬死，说乃教门人上书言其事，而议者亦以罪之。是岁，大水，四方地连震，流民殍死者数万人。军士妻子皆采椹以食。庄宗日以责三司使孔谦，谦不知所为。枢密小吏段徊曰："臣尝见前朝故事，国有大故，则天子以朱书御札问宰相。水旱，宰相职也。"庄宗乃命学士草诏，手自书之，以问革、说。革、说不能对。第曰："陛下威德著于四海，今西兵破蜀，所得珍宝亿万，可以给军。水旱，天之常道，不足忧也。"

革自为相，遭天下多故，而方服丹砂炼气以求长生，尝呕血数日，几死。二人各以其子为拾遗，父子同省，人以为非，遽改佗官，而革以说子为弘文馆学士，说以革子为集贤院学士。

庄宗崩，革为山陵使，庄宗已祔庙，革以故事当出镇，乃还私第，数日未得命，而故人宾客趣使入朝。枢密使安重诲诟之于朝曰："山陵使名尚在，不俟改命，遽履新朝，以我武人可欺邪！"谏官希旨，上疏诬革纵田客杀人，说坐与邻人争井，遂俱罢。革贬辰州刺史，说溆州刺史，所在驰驿发遣。宰相郑珏、任圜三上章，请毋行后命，不报。革复坐请俸私自入，说卖官与选人，责授费州司户参军，说夷州司户参军，皆员外置同正员。已而，窜革陵州，说合州，皆长流百姓。

初，说尝以罪窜之南海，遇赦，还寓江陵，与高季兴相知。及为相，常以书币相问遗。唐兵伐蜀，季兴请以兵入三峡，庄宗许之，使季兴自取夔、忠、万、归、峡等州为属郡。及破蜀，季兴无功，而唐用佗将取五州。明宗初即位，季兴数请五州，以谓先帝所许，朝廷不得已而与之。及革、说再贬，因以其事归罪二人。天成二年夏，诏陵、合州刺史监赐自尽。

革子升，说子涛，皆官至尚书郎，坐其父废。至晋天福初，涛为膳部员外郎，卒。

卢程，不知其世家何人也。唐昭宗时，程举进士，为盐铁出使巡官。唐亡，避乱燕、赵，变服为道士，游诸侯间。豆卢革为王处直判官,卢汝弼为河东节度副使,二人皆故唐时名族,与程门地相等,因共荐之以为河东节度推官。

庄宗尝召程草文书,程辞不能。其后战胡柳,掌书记王缄殁于阵,庄宗还军太原,置酒谓监军张承业曰:"吾以卮酒辟一书记于坐。"因举卮属巡官冯道。程位在道上,以尝辞不能,故不用,而迁程支使。程大恨曰:"用人不以门阀而先田舍儿邪!"

庄宗已即位,议择宰相,而卢汝弼、苏循已死。次节度判官卢质当拜,而质不乐任事,乃言豆卢革与程皆故唐时名族,可以为相。庄宗以程为中书侍郎、同平章事。是时,朝廷新造,百度未备,程、革拜命之日,肩舆导从,喧呼道中。庄宗闻其声以问左右,对曰:"宰相檐子入门。"庄宗登楼视之,笑曰:"所谓似是而非者也。"程奉皇太后册,自魏至太原,上下山险,所至州县,驱役丁夫,官吏迎拜,程坐肩舆自若。少忤其意,必加答辱。人有假驴夫于程者,程帖兴唐府给之,府吏启无例,程怒答吏背。少尹任圜,庄宗姊婿也,诣程诉其不可。程戴华阳巾,衣鹤氅,据几决事,视圜骂曰:"尔何虫豸,恃妇家力也。宰相取给州县,何为不可?"圜不对而去,夜驰至博州见庄宗。庄宗大怒,谓郭崇韬曰:"朕误相此痴物,敢辱予九卿!"趣令自尽,崇韬亦欲杀之,赖卢质力解之,乃罢为右庶子。庄宗入洛,程于路坠马,中风卒,赠礼部尚书。

任圜,京兆三原人也。为人明敏,善谈辩,见者爱其容止,及闻其论议纵横,益皆悚动。李嗣昭节度昭义,辟圜观察支使。

梁兵筑夹城围潞州,逾年而晋王薨,晋兵救潞者皆解去。嗣昭危甚,问圜去就之计,圜劝嗣昭坚守以待,不可有二心。已而,庄宗攻破梁夹城,闻圜为嗣昭画守计,甚嘉之。由是,益知名。其后嗣昭与庄宗有隙,圜数奉使往来,辨释谗构,嗣昭卒免于祸,圜之力也。嗣昭从庄宗战胡柳,击败梁兵,圜颇有功,庄宗劳之曰:"儒士亦破体邪? 仁者之勇,何其壮也!"

张文礼弑王镕,庄宗遣嗣昭讨之。嗣昭战殁,圜代将其军,号令严肃。既而，文礼子处球等闭城坚守，不可下，圜数以祸福谕镇人，镇人信之。圜尝拥兵至城下，处球登城呼圜曰："城中兵食俱尽，而久抗王师，若泥首自归，惧无以塞责，幸公见哀，指其生路。"圜告之曰："以子先人，固难容贷，然罚不及嗣，子可从轻。其如拒守经年，伤吾大将，一朝困竭，方布款诚，以此计之，子亦难免。然坐而待弊，曷若伏而俟命？"处球流涕曰："公言是也！"乃遣子送状乞降，人皆称圜其言不欺。既而佗将攻破镇州，处球虽见杀，而镇之吏民以尝乞降，故得保其家族者甚众。其后以镇州为北京，拜圜工部尚书，兼真定尹、北京副留守知留守事，为政有惠爱。

明年，郭崇韬兼领成德军节度使，改圜行军司马，仍知真定府事。圜与崇韬素相善，又为其司马，崇韬因以镇州事托之，而圜多所违异。初，圜推官张彭为人倾险贪黩，圜不能察，信任之，多为其所卖。及崇韬领镇，彭为圜谋隐公廨钱。庄宗遣宦者选故赵王时宫人百余，有许氏者尤有色，彭赂守者匿之。后事觉，召彭诣京师，将罪之，彭惧，悉以前所隐公钱簿书献崇韬，崇韬深德彭，不杀，由是与圜有隙。

同光三年，圜罢司马，守工部尚书。魏王继岌暨崇韬伐蜀，惧圜攻己于后，乃辟圜参魏王军事。蜀灭，表圜黔南节度使，圜恳辞不就。继岌杀崇韬，以圜代将其军而旋。康延孝反，继岌遣圜将三千人，会董璋、孟知祥等兵，击败延孝于汉州，而魏王先至渭南，自杀。圜悉将其军以东。明宗嘉其功，拜圜同中书门下平章事，兼判三司。是时，明宗新诛孔谦，圜选辟才俊，抑绝侥幸，公私给足，天下便之。是秋，韦说、豆卢革罢相，圜与安重海、郑珏、孔循议择当为相者，圜意属李琪，而珏、循雅不欲琪为相，谓重海曰："李琪非无文艺，但不廉耳！宰相，端方有器度者足以为之，太常卿崔协可也。"重海以为然。佗日，明宗问谁可相者，重海即以协对。圜前争曰："重海未谙朝廷人物，为人所卖。天下皆知崔协不识文字，而虚有仪表，号为'没字碑'。臣以陛下误加采擢，无功幸进，此不知书，以臣一人取笑足矣。相位有几，岂容更益笑端？"明宗曰："宰相重位，卿等更自详审。然吾在藩时，识易州刺史韦肃，世言肃名家子，且待我甚厚，置之此位可乎？肃或未可，则冯书记先朝判官，称为长者，可以相矣！"冯书记者，道也。议未决，重诲等退休于中兴殿廊下，孔循不揖，拂衣而去，行且骂曰："天下事一则任圜，二则任圜，圜乃何人？"圜谓重诲曰："李琪才艺，可兼时辈百人，而谗夫巧沮，忌害其能，若舍琪而相协，如弃苏合之丸，而取蜣螂之转也！"重诲笑而止。然重诲终以循言为信。居月余，协与冯道皆拜相。协在相位数年，人多嗤其所为，然圜与重诲交恶自协始。

故时，使臣出四方，皆自户部给券。重诲奏请自内出，圜以故事争之，不能得，遂与重诲辨于帝前。圜声色俱厉。明宗罢朝，后宫嫔御迎前问曰："与重诲论者谁？"明宗曰："宰相也。"宫人奏曰："妾在长安，见宰相奏事，未尝如此，盖轻大家耳！"明宗由是不悦，而使臣给券卒自内出，圜益愤沮。重诲尝过圜，圜出妓，善歌而有色，重诲欲之，圜不与，由是二人益相恶。而圜遂求罢，乃罢为太子少保。圜不自安，因请致仕，退居于磁州。朱守殷反于汴州，重诲诬圜与守殷连谋，遣人矫制杀之。圜受命怡然，聚族酣饮而死。明宗知而不问，为下诏。坐圜与守殷通书，而言涉怨望。愍帝即位，赠圜太傅。

赵凤，幽州人也，少以儒学知名。燕王刘守光时，悉驱燕人以为兵，凤惧，因髡为僧，依燕王弟守奇自匿。守奇奔梁，梁以守奇为博州刺史，凤为其判官。守奇卒，凤去为郓州节度判官。晋取郓州，庄宗闻凤名，得之喜，以为扈銮学士。庄宗即位，拜凤中书舍人、翰林学士。

庄宗及刘皇后幸河南尹张全义第，酒酣，命皇后拜全义为父。明日，遣宦者命学士作笺上全义，以父事之。凤上书极言其不可。全义养子郝继孙犯法死，宦官、伶人冀其赀财，固请籍没，凤又上书言："继孙为全义养子，不宜有别籍之财，而于法不至籍没。刑人利财，不可以示天下。"是时，皇后及群小用事，凤言皆不见纳。

明宗，武君，不通文字，四方章奏，常使安重诲读之。重诲亦不知书,奏读多不称旨。孔循教重海求儒者置之左右,而两人皆不知唐故事,于是置端明殿学士,以冯道及凤为之。凤好直言而性刚强,素与任圜善。自圜为相,颇荐进之。初,端明殿学士班在翰林学士下,而结衔又在官下。明年,凤迁礼部侍郎,因讽圜升学士于官上,又诏班在翰林学士上。圜为重海所杀,而诬以谋反。是时,重海方用事,虽明宗不能诘也。凤独号哭,呼重海曰:"任圜天下义士,岂肯谋反!而公杀之,何以示天下?"重海惭不能对。术士周玄豹以相法言人事多中,庄宗尤信重之,以为北京巡官。明宗为内衙指挥使,重海欲试玄豹,乃使佗人与明宗易服而坐,明宗于下坐,召玄豹相之。玄豹曰:"内衙,贵将也,此不足当之。"乃指明宗于下坐曰:"此是也!"因为明宗言其后贵不可言。明宗即位,思玄豹以为神,将召至京师。凤谏曰:"好恶,上所慎也。今陛下神其术而召之,则倾国之人,皆将奔走吉凶之说。转相惑乱,为患不细。"明宗遂不复召。

　　朱守殷反,明宗幸汴州,守殷已诛。又诏幸邺。是时,从驾诸军方自河南徙家至汴,不欲北行,军中为之汹汹。而定州王都以为天子幸汴州,诛守殷,又幸邺,以图已,因疑不自安。宰相率百官诣阁,请罢幸邺,明宗不听,人情大恐,群臣不复敢言。凤手疏责安重海,言甚切直,重海以白,遂罢幸。有僧游西域,得佛牙以献,明宗以示大臣。凤言:"世传佛牙水火不能伤,请验其真伪。"因以斧斫之,应手而碎。是时,宫中施物已及数千,因凤碎之乃止。天成四年夏,拜门下侍郎、同中书门下平章事。秘书少监于峤者,自庄宗时与凤俱为翰林学士,而峤亦讦直敢言,与凤素善。及凤已贵,而峤久不迁,自以材名在凤上而不用,因与萧希甫数非斥时政,尤诋訾凤,凤心衔之,未有以发。而峤与邻家争水窦,为安重海所怒,凤即左迁峤秘书少监。峤因被酒往见凤,凤知其必不逊,乃辞以沐发,峤诟直吏,又溺于从者直庐而去。省吏白凤,峤溺于客次,且诟凤。凤以其事闻,明宗下诏夺峤官,长流武州百姓,又流振武,天下冤之。

　　其后安重海为边彦温等告变,明宗诏彦温等廷诘,具伏其诈,即斩之。后数日,凤奏事中兴殿,启曰:"臣闻奸人有诬重海者。"明宗曰："此闲事，朕已处置之，卿可无问也。"凤曰："臣所闻者，系国家利害，陛下不可以为闲。"因指殿屋曰："此殿所以尊严宏壮者，栋梁柱石之所扶持也。若折其一栋，去其一柱，则倾危矣。大臣，国之栋梁柱石也，且重诲起微贱，历艰危，致陛下为中兴主，安可使奸人动摇？"明宗改容谢之曰："卿言是也。"遂族彦温等三家。其后重诲得罪，群臣无敢言者，独凤数言重诲尽忠。明宗以凤为朋党，罢为安国军节度使。凤在镇所得俸禄，悉以分将校宾客。废帝入立，召为太子太保。病足，居于家，疾笃，自筮，投蓍而叹曰："吾家世无五十者，又皆穷贱，吾今寿过其数而富贵，复何求哉！"清泰二年卒于家。

　　李袭吉，父图，洛阳人，或曰唐相林甫之后也。乾符中，袭吉举进士，为河中节度使李都榷盐判官。后去之晋，晋王以为榆次令，遂为掌书记。袭吉博学，多知唐故事。迁节度副使，官至谏议大夫。
　　晋王与梁有隙，交兵累年，后晋王数困，欲与梁通和，使袭吉为书谕梁，辞甚辨丽。梁太祖使人读之，至于"毒手尊拳，交相于暮夜；金戈铁马，蹂践于明时。"叹曰："李公僻处一隅，有士如此，使吾得之，傅虎以翼也！"顾其从事敬翔曰："善为我答之。"及翔所答，书辞不工，而袭吉之书，多传于世。
　　袭吉为人恬淡，以文辞自娱，天祐三年卒。以卢汝弼代为副使。
　　汝弼工书画，而文辞不及袭吉。其父简求为河东节度使，为唐名家，故汝弼亦多知唐故事。晋王薨，庄宗嗣为晋王，承制封拜官爵皆出汝弼。十八年，卒。庄宗即位，赠袭吉礼部尚书，汝弼兵部尚书。

　　张宪字允中，晋阳人也。为人沈静寡欲，少好学，能鼓琴饮酒。庄宗素知其文辞，以为天雄军节度使掌书记。庄宗即位，拜工部侍郎、租庸使，迁刑部侍郎、判吏部铨、东都副留守。
　　宪精于吏事，甚有能政。庄宗幸东都，定州王都来朝，庄宗命宪治鞠场，与都击鞠。初，庄宗建号于东都，以鞠场为即位坛，于是，宪言："即位坛，王者所以兴也。汉鄗南、魏繁阳坛，至今皆在，不可毁。"乃别治宫西为鞠场，场未成，庄宗怒，命两虞候亟毁坛以为场。宪退而叹曰："此不祥之兆也！"

初，明宗北伐契丹，取魏铠仗以给军，有细铠五百，宪遂给之而不以闻。庄宗至魏，大怒，责宪驰自取之。左右谏之乃止。又问宪库钱几何，宪上库簿有钱三万缗。庄宗益怒，谓其嬖伶史彦琼曰："我与群臣博，须钱十余万，而宪以故纸给我。我未渡河时，库钱常百万缗，今复何在？"彦琼为宪解之乃已。

郭崇韬伐蜀，荐宪可任为相，而宦官、伶人不欲宪在朝廷，枢密承旨段徊曰："宰相在天子面前，事有非是，尚可改作，一方之任，苟非其人，则为患不细。宪材诚可用，不如任以一方。"乃以为太原尹、北京留守。赵在礼作乱，宪家在魏州，在礼善待其家，遣人以书招宪，宪斩其使，不发其书而上之。庄宗遇弑，明宗入京师，太原犹未知，而永王存霸奔于太原。左右告宪曰："今魏兵南向，主上存亡未可知，存霸之来无诏书，而所乘马断其鞾，岂非战败者乎！宜拘之以俟命。"宪曰："吾本书生，无尺寸之功，而人主遇我甚厚，岂有怀二心以幸变，第可与之俱死尔！"宪从事张昭远教宪奉表明宗以劝进，宪涕泣拒之。已而，存霸削发，见北京巡检符彦超，愿为僧以求生。彦超麾下兵大噪，杀存霸。宪出奔沂州，亦见杀。

呜呼！予于死节之士，得三人，而失三人焉。巩廷美、杨温之死，予既已哀之。至于张宪之事，尤为之痛惜也。予于旧史考宪事实，而永王存霸、符彦超与宪传所书始末皆不同，莫得而考正。盖方其变故，仓卒之时，传者失之尔。然要其大节，亦可以见也，宪之志诚可谓忠矣。当其不顾其家，绝在礼而斩其使，涕泣以拒昭远之说，其志甚明。至其欲与存霸俱死，及存霸被杀，反弃太原而出奔，然犹不知其心，果欲何为也。而旧史书宪坐弃城而赐死，予亦以为不然。予之于宪固欲成其美志，而要在宪失其官守，而其死不明，故不得列于死节也。

　　萧希甫，宋州人也。为人有机辩，多矫激。少举进士，为梁开封尹袁象先掌书记。象先为青州节度使，以希甫为巡官。希甫不乐，乃弃其母妻，变姓名，亡之镇州。自称青州掌书记，谒赵王王镕。镕以希甫为参军，尤不乐，居岁余，又亡之易州，削发为僧，居百丈山。庄宗将建国于魏，置百官，求天下隐逸之士，幽州李绍宏荐希甫为魏州推官。庄宗即帝位，欲以知制诰，有诏定内宴仪，问希甫："枢密使得坐否？"希甫以为不可。枢密使张居翰闻之，怒谓希甫曰："老夫历事三朝天子，见内宴数百，子本田舍儿，安知宫禁事？"希甫不能对。由是宦官用事者皆切齿。宰相豆卢革等希宦官旨，共排斥之，以为驾部郎中，希甫失志，尤怏怏。

　　庄宗灭梁，遣希甫宣慰青齐。希甫始知其母已死，而妻袁氏亦改嫁矣。希甫乃发哀服丧，居于魏州，人有引汉李陵书以讥之曰："老母终堂，生妻去室。"时皆传以为笑。

　　明宗即位，召为谏议大夫。是时，复置匦函，以希甫为使，希甫建言："自兵乱相乘，王纲大坏，侵欺凌夺，有力者胜。凡略人之妻女，占人之田宅，奸赃之吏，刑狱之冤者，何可胜纪？而匦函一出，投诉必多，至于功臣贵戚，有不得绳之以法者，乃自天成元年四月二十八日昧爽已前，大辟已上，皆赦除之，然后出匦函以示众。"

　　初，明宗欲以希甫为谏议大夫，豆卢革、韦说颇沮难之。其后革、说为安重诲所恶，希甫希旨，诬奏："革纵田客杀人，而说与邻人争井，井有宝货。"有司推劾，井中惟破釜而已，革、说终皆贬死。明宗赐希甫帛百匹、粟麦三百石，拜左散骑常侍。

　　希甫性褊而躁进，尝遣人夜叩宫门上变，言河堰牙官李筠告本军谋反。诘旦，追问无状，斩筠。军士诣安重诲求希甫唉之。是时，明宗将有事于南郊，前斋一日，群臣习仪于殿廷。宰相冯道、赵凤、河南尹秦王从荣、枢密使安重诲候班于月华门外。希甫与两省班先入，道等坐廊下不起，既出，希甫召堂头直省朝堂驱使官，责问："宰相、枢密见两省官，何得不起？"因大诟詈。是夜，托疾还第。月余，坐告李筠事动摇军众，贬岚州司户参军。卒于贬所。

刘赞,魏州人也。父玭,为县令。赞始就学,衣以青布衫襦,每食则玭自肉食,而别以蔬食食赞于床下,谓之曰:"肉食,君之禄也。尔欲之,则勤学问以干禄;吾肉,非尔之食也。"由是,赞益力学,举进士。为罗绍威判官,去为租庸使赵岩巡官,又为孔谦盐铁判官。明宗时,累迁中书舍人、御史中丞、刑部侍郎。守官以法,权豪不可干以私。是时,秦王从荣握兵而骄,多过失,言事者请置师傅以辅道之。大臣畏王,不敢决其事,因请王得自择,秦王即请赞,乃拜赞秘书监,为秦王傅。赞泣曰:"祸将至矣!"

秦王所请王府元帅官属十余人,类多浮薄倾险之徒,日献谀谄以骄王,独赞从容讽谏,率以正道。秦王尝命宾客作文于坐中,赞自以师傅,耻与群小比伍,虽操笔勉强,有不悦之色。秦王恶之,后戒左右,赞来不得通,赞亦不往。月一至府而已。退则杜门不交人事。已而,秦王果败死,唐大臣议王属官当坐者,冯道曰:"元帅判官任赞与秦王非素好,而在职不逾月。詹事王居敏及刘赞皆以正直为王所恶,河南府判官司徒诩病告家居久,皆宜不与其谋。而谘议参军高辇与王最厚,辇法当死,其余可次第原减。"朱弘昭曰:"诸公不知其意尔,使秦王得入光政门,当待赞等如何?吾徒复有家族邪?且法有首从,今秦王夫妇男女皆死,而赞等止其一身,幸矣!"道等难之。而冯赟亦争不可,赞等乃免死。于是论高辇死,而任赞等十七人皆长流。初,赞闻秦王败,即白衣驾驴以俟,人有告赞夺官而已,赞曰:"岂有天子家嗣见杀,而宾僚夺官者乎?不死幸矣!"已而,赞长流岚州百姓。清泰二年,诏归田里,行至石会关,病卒。

何瓒,闽人也。唐末举进士及第,庄宗为太原节度使辟为判官。庄宗每出征伐,留张承业守太原。承业卒,瓒代知留守事。

瓒为人明敏,通于吏事,外若疏简而内颇周密。庄宗建大号于邺都,拜瓒谏议大夫。瓒虑庄宗事不成,求留守北京。

瓒与明宗有旧,明宗即位,召还,见于内殿,劳问久之。已而,以瓒为西川节度副使。是时,孟知祥已有二志,方以副使赵季良为心腹,闻瓒代之,亟奏留季良,遂改瓒行军司马。瓒耻于自辞,不得已而往,明宗赐予甚厚。初,知祥在北京为马步军都虞候,而瓒留守太原,知祥以军礼事瓒,瓒常绳以法,知祥初不乐,及瓒为司马,犹勉待之甚厚。知祥反,罢瓒司马,置之私第,瓒饮恨而卒。

新五代史卷二九
晋臣传第一七

桑维翰　景延广　吴峦

桑维翰，字国侨，河南人也。为人丑怪，身短而面长，常临鉴以自奇曰："七尺之身，不如一尺之面。"慨然有志于公辅。初举进士，主司恶其姓，以"桑""丧"同音。人有劝其不必举进士，可以从佗求仕者，维翰慨然，乃著《日出扶桑赋》以见志。又铸铁砚以示人曰："砚弊则改而佗仕。"卒以进士及第。晋高祖辟为河阳节度掌书记，其后常以自从。

高祖自太原徙天平，不命受，而有异谋，以问将佐，将佐皆恐惧不敢言，独维翰与刘知远赞成之，因使维翰为书求援于契丹。耶律德光已许诺，而赵德钧亦以重赂啖德光，求助己以篡唐。高祖惧事不果，遣维翰往见德光，为陈利害甚辩，德光意乃决，卒以灭唐而兴晋，维翰之力也。

高祖即位，以维翰为翰林学士、礼部侍郎、知枢密院事，迁中书侍郎、同中书门下平章事，兼枢密使。天福四年，出为相州节度使。岁余，徙镇泰宁。吐浑白承福为契丹所迫，附镇州安重荣以归晋。重荣因请与契丹绝好，用吐浑以攻之。高祖重违重荣，意未决。维翰上疏言，契丹未可与争者七。高祖召维翰使者至卧内，谓曰："北面之事，方挠吾胸中，得卿此疏，计已决矣，可无忧也。"维翰又劝高祖幸邺都。七年，高祖在邺，维翰来朝，徙镇晋昌。

出帝即位，召拜侍中。而景延广用事，与契丹绝盟，维翰言不能

入,乃阴使人说帝曰:"制契丹而安天下,非用维翰不可。"乃出延广
于河南,拜维翰中书令,复为枢密使,封魏国公。事无巨细,一以委
之。数月之间,百度浸理。初,李瀚为翰林学士,好饮而多酒过,高
祖以为浮薄。天福五年九月,诏废翰林学士,按《唐六典》归其职于
中书舍人,而端明殿学士、枢密院学士皆废。及维翰为枢密使,复奏
置学士,而悉用亲旧为之。维翰权势既盛,四方赂遗,岁积钜万。内
客省使李彦韬、端明殿学士冯玉用事,共谗之。帝欲骤黜维翰,大臣
刘昫、李崧皆以为不可,卒以玉为枢密使,既而以为相。维翰日益见
疏。帝饮酒过度得疾,维翰遣人阴白太后,请为皇弟重睿置师傅。帝
疾愈,知之,怒,乃罢维翰以为开封尹。维翰遂称足疾,稀复朝见。

　　契丹屯中渡,破栾城,杜重威等大军隔绝,维翰曰:"事急矣!"
乃见冯玉等计事,而谋不合。又求见帝,帝方调鹰于苑中,不暇见,
维翰退而叹曰:"晋不血食矣!"自契丹与晋盟,始成于维翰,而终败
于景延广。故自兵兴,契丹凡所书檄,未尝不以此两人为言。耶律
德光犯京师,遣张彦泽遗太后书,问此两人在否,可使先来。而帝以
维翰尝议毋绝盟而己违之也,不欲使维翰见德光,因讽彦泽图之,
而彦泽亦利其赀产。维翰状貌既异,素以威严自持,晋之老将大臣,
见者无不屈服。彦泽以骁悍自矜,每往候之,虽冬月未尝不流汗。
初,彦泽入京师,左右劝维翰避祸,维翰曰:"吾为大臣,国家至此,
安所逃死邪!"安坐府中不动。彦泽以兵入,问:"维翰何在?"维翰厉
声曰:"吾,晋大臣,自当死国,安得无礼邪?"彦泽股栗不敢仰视,退
而谓人曰:"吾不知桑维翰何如人,今日见之,犹使人恐惧如此,其
可再见乎?"乃以帝命召维翰。维翰行,遇李崧,立马而语,军吏前白
维翰,请赴侍卫司狱。维翰知不免,顾崧曰:"相公当国,使维翰独
死?"崧惭不能对。是夜,彦泽使人缢杀之,以帛加颈,告德光曰:"维
翰自缢。"德光曰:"我本无心杀维翰,维翰何必自致。德光至京师,
使人检其尸,信为缢死,乃以尸赐其家,而赀财悉为彦泽所掠。

　　景延广,字航川,陕州人也。父建,善射,尝教延广曰:"射不入

铁,不如不发。"由是延广以挽强见称。事梁邵王友诲,友诲谋反,被幽,延广亡去。后从王彦章战中都,彦章败,延广身被数创,仅以身免。明宗时,朱守殷以汴州反,晋高祖为六军副使,主诛从守殷反者。延广为汴州军校当诛,高祖惜其才,阴纵之使亡,后录以为客将。

高祖即位,以为侍卫步军都指挥使,领果州团练使,徙领宁江军节度使。天福四年,出镇义成,又徙保义,复召为侍卫马步军都虞候,徙镇河阳三城,迁马步军都指挥使,领天平。高祖崩,出帝立,延广有力,颇伐其功。

初,出帝立,晋大臣议告契丹,致表称臣,延广独不肯,但致书称孙而已,大臣皆知其不可而不能夺。契丹果怒,数以责晋,延广谓契丹使者乔莹曰:"先皇帝北朝所立,今天子中国自册,可以为孙,而不可为臣。且晋有横磨大剑十万口,翁要战,则来。佗日不禁孙子,取笑天下。"莹知其言必起两国之争,惧后无以取信也,因请载于纸,以备遗忘。延广敕吏具载以授莹,莹藏其书衣领中以归。具以延广语告契丹,契丹益怒。天福八年秋,出帝幸大年庄还,置酒延广第。延广所进器服、鞍马、茶、床、椅榻皆裹金银,饰以龙凤。又进帛五千匹,绵一千四百两,马二十二匹,玉鞍、衣袭、犀玉、金带等,请赐从官。自皇弟重睿,下至伴食刺史,重睿从者各有差。帝亦赐延广及其母、妻、从事、押衙、孔目官等称。是时,天下旱、蝗,民饿死者岁十数万,而君臣穷极奢侈,以相夸尚如此。

明年春,契丹入寇。延广从出帝北征为御营使,相拒澶、魏之间。先锋石公霸遇虏于戚城,高行周、符彦卿兵少不能救,驰骑促延广益兵,延广按兵不动。三将被围数重,帝自御军救之,三将得出,皆泣诉。然延广方握亲兵,恃功恣横,诸将皆由其节度,帝亦不能制也。契丹尝呼晋人曰:"景延广唤我来,何不速战?"是时,诸将皆力战,而延广未尝见敌。契丹已去,延广独闭壁不敢出。自延广一言而契丹与晋交恶,凡号令征伐一出延广,晋大臣皆不得与。故契丹凡所书檄,未尝不以延广为言。契丹去,出帝还京师,乃出延广为河

南尹,留守西京。明年,出帝幸澶渊,以延广从,皆无功。延广居洛
阳,郁郁不得志。见晋日削,度必不能支契丹,乃为长夜之饮,大治
第宅,园置妓乐,惟意所为。后帝亦追悔,遣供奉官张晖奉表称臣以
求和。德光报曰:"使桑维翰、景延广来,而割镇、定与我,乃可和。"
晋知其不可,乃止。契丹至中渡,延广屯河阳,闻杜重威降,乃还。德
光犯京师,行至相州,遣骑兵数千,杂晋军渡河趋洛,以取延广,戒
曰:"延广南奔吴,西走蜀,必追而取之。"而延广顾虑其家,未能引
决,房骑奄至,乃与从事阎丕驰骑见德光于封丘,并丕见锁。延广
曰:"丕,臣从事也,以职相随,何罪而见锁?"丕乃得释。德光责延广
曰:"南北失欢,皆因尔也。"召乔莹质其前言,延广初不服,莹从衣
领中出所藏书,广乃服。因以十事责延广,每服一事,授一牙筹,授
至八筹,延广以面伏地,不能仰视,遂叱而锁之。将送之北行,至陈
桥,止民家。夜分,延广伺守者殆,引手扼吭而死,时年五十六。汉
高祖时,赠侍中。

　　呜呼,自古祸福成败之理,未有如晋氏之明验也! 其始以契丹
而兴,终为契丹所灭。然方其以逆抗顺,大事未集,孤城被围,外无
救援,而徒将一介之命,持片舌之强,能使契丹空国兴师,应若符
契,出危解难,遂成晋氏。当是之时,维翰之力为多。及少主新立,
衅结兵连,败约起争,发自延广。然则晋氏之事,维翰成之,延广坏
之,二人之用心者异,而其受祸也同,其故何哉? 盖夫本末不顺而与
夷狄共事者,常见其祸,未见其福也。可不戒哉! 可不戒哉!

　　吴峦,字宝川,郓州卢县人也。少举明经,不中。清泰中,为大
同沙彦珣节度判官。晋高祖起太原,召契丹为援,契丹过云州,彦珣
出城迎谒,为契丹所房。城中推峦主州事,峦即闭门拒守,契丹以兵
围之。高祖入立,以云州入于契丹,而峦犹守城不下,契丹围之凡七
月。高祖义峦所为,乃以书告契丹,使解兵去。高祖召峦,以为武宁
军节度副使、谏议大夫、复州防御使。

　　出帝即位，与契丹绝盟。河北诸州皆警，以谓贝州水陆之冲，缓急可以转饷，乃积刍粟数十万，以王令温为永清军节度使。令温牙将邵珂，素骄很难制，令温夺其职。珂闲居无聊，乃阴使人亡入契丹，言贝州积粟多而无兵守，可取。令温以事朝京师，心颇疑珂，乃质其子崇范以自随。晋大臣以峦前守云州七月，契丹不能下，乃遣峦驰驿代令温守贝州。峦善抚士卒，会天大寒，裂其帷幄以衣士卒，士卒皆爱之。珂因求见峦，顾自效，峦推心信之。开运元年正月，契丹南寇，围贝州，峦命珂守南门。契丹围三日，四面急攻之，峦从城上投薪草焚其梯冲殆尽。已而珂自南门引契丹入，峦守东门方战，而左右报珂反，峦顾城中已乱，即投井死。而令温家属为契丹所虏。出帝悯之，以令温为武胜军节度使，后累历方镇。周显德中卒。令温，瀛州河间人也。王令温疑邵珂而质其子矣，峦不能察其奸，反委以兵。及契丹入贝州，又不拒战，遽投井死，其死不足贵，故不列于死事。

新五代史卷三〇
汉臣传第一八

苏逢吉　史弘肇　杨邠
王章　刘铢　李业　聂文进
后赞　郭允明

　　苏逢吉,京兆长安人也。汉高祖镇河东,父悦为高祖从事。逢吉常代悦作奏记,悦乃言之高祖,高祖召见逢吉,精神爽秀,怜之,乃以为节度判官。高祖性素刚严,宾佐稀得请见。逢吉独入,终日侍立高祖书阁中。两使文簿盈积,莫敢通,逢吉辄取内之怀中,伺高祖色可犯时以进之。高祖多以为可,以故甚爱之。然逢吉为人贪诈无行,喜为杀戮。高祖尝以生日遣逢吉疏理狱囚,以祈福,谓之“静狱”。逢吉入狱中阅囚,无轻重曲直悉杀之,以报曰:“狱静矣。”高祖建号,拜逢吉中书侍郎、同中书门下平章事。是时,制度草创,朝廷大事皆出逢吉,逢吉以为己任。然素不学问,随事裁决,出其意见,是故汉世尤无法度,而不施德政,民莫有所称焉。高祖既定京师,逢吉与苏禹珪同在中书,除吏多违旧制。逢吉尤纳货赂,市权鬻官,谤者讙哗。然高祖方倚信二人,故莫敢有告者。凤翔李永吉初朝京师,逢吉以永吉故秦王从晖子,家世王侯,当有奇货,使人告永吉,许以一州,而求其先王玉带。永吉以无为解,逢吉乃使人市一玉带,直数千缗,责永吉偿之。前客省使王筠自晋末使楚,至是还。逢吉意筠得楚王重赂,遣人求之,许以一州,筠怏怏,以其橐装之半献之。而皆不得州。晋相李崧从契丹以北,高祖入京师,以崧第赐逢吉。而崧别有田宅在西京,逢吉遂皆取之。崧自北还,因以宅券献逢吉,逢吉不悦,而崧子弟数出怨言。其后,逢吉乃诱人告崧与弟屿、嶬等,下狱。崧款自诬伏:"与家僮二十人,谋因高祖山陵为乱。"狱上中书,逢吉改"二十人"为"五十人",遂族崧家。是时,天下多盗,逢吉自草诏书下州县,凡盗所居本家及邻保皆族诛。或谓逢吉曰:"为盗族诛,已非王法,况邻保乎?"逢吉吝以为是,不得已,但去族诛而已。于是,郓州捕贼使者张令柔尽杀平阴县十七村民数百人。卫州刺史叶仁鲁闻部有盗,自帅兵捕之。时村民十数共逐盗,入于山中,盗皆散走。仁鲁从后至,见民捕盗者,以为贼,悉擒之,断其脚筋,暴之山麓,宛转号呼,累日而死。闻者不胜其冤,而逢吉以仁鲁为能,由是天下因盗杀人滋滥。

逢吉已贵,益为豪侈,谓中书堂食为不可食,乃命家厨进羞,日极珍善。继母死,不服丧。妻武氏卒,讽百官及州镇皆输绫绢为丧服。武氏未期,除其诸子为官。有庶兄自外来,未白逢吉,而见其诸子,逢吉怒,托以它事告于高祖,杖杀之。

逢吉尝从高祖征邺,数使酒辱周太祖于军中,太祖恨之。其后隐帝立,逢吉素善李涛,讽涛请罢太祖与杨邠枢密。李太后怒涛离间大臣,罢涛相,以杨邠兼平章事,悉关决,逢吉、禹珪由是备位而已。乾祐二年,加拜司空。

周太祖镇邺,不落枢密使,逢吉以谓枢密之任,方镇带之非便,与史弘肇争,于是卒如弘肇议。弘肇怨逢吉异己,而会王章第,使酒坐中,弘肇怒甚。逢吉谋求出镇以避之,既而中辍。人问其故,逢吉曰:"苟舍此而去,史公一处,分吾齑粉矣!"是时,隐帝少年,小人在侧。弘肇等威制人主,帝与左右李业、郭允明等皆患之。逢吉每见业等,以言激之,业等卒杀弘肇,即以逢吉权知枢密院。方命草麻,闻周太祖起兵,乃止。

逢吉夜宿金祥殿东阁,谓司天夏官正王处讷曰:"昨夕未暝,已见李崧在侧,生人接死者,无吉事也。"周太祖至北郊,官军败于刘子陂。逢吉宿七里，夜与同舍酣饮，索刀将自杀，为左右所止。明日与隐帝走赵村，自杀于民舍。周太祖定京师，枭其首，适当李崧被刑之所。广顺初，赐其子西京庄并宅一区。

史弘肇，字化元，郑州荥泽人也。为人骁勇，走及奔马。梁末，调民七户出一兵，弘肇为兵，隶开道指挥，选为禁兵。汉高祖典禁兵，弘肇为军校。其后，汉高祖镇太原，使将武节左右指挥，领雷州刺史。高祖建号于太原，代州王晖拒命，弘肇攻破之，以功拜忠武军节度使、侍卫步军都指挥使。是时，契丹北归，留耿崇美攻王守恩于潞州。高祖遣弘肇前行击之，崇美败走，守恩以城归汉。而河阳武行德、泽州翟令奇等，皆迎弘肇自归。弘肇入河阳，高祖从后至，遂入京师。弘肇为将，严毅寡言，麾下尝少忤意，立挝杀之。军中为股栗。以故高祖起义之初，弘肇行兵所至，秋毫无犯，两京帖然。迁侍卫亲军马步军都指挥使，领归德军节度使、同中书门下平章事。高祖疾大渐，与杨邠、苏逢吉等同授——作受。顾命。

隐帝时，河中李守贞、凤翔王景崇、永兴赵思绾等皆反，关西用兵，人情恐惧，京师之民，流言以相惊恐。弘肇出兵警察，务行杀戮，罪无大小皆死。是时，太白昼见，民有仰观者，辄腰斩于市。市有醉者，忤一军卒，诬其讹言，坐弃市。凡民抵罪，吏以白弘肇，但以三指示之，吏即腰斩之。又为断舌、决口、斮筋、折足之刑。李崧坐奴告变族诛，弘肇取其幼女以为婢。于是前资故将失职之家，姑息僮奴，而厮养之辈，往往胁制其主。侍卫孔目官解晖狡酷，因缘为奸，民抵罪者，莫敢告诉。燕人何福进有玉枕，直钱十四万，遣僮卖之淮南以鬻茶。僮隐其钱，福进笞责之，僮乃诬告福进得赵延寿玉枕，以遗吴人。弘肇捕治，福进弃市，帐下分取其妻子，而籍其家财。

弘肇不喜宾客，尝言："文人难耐，呼我为卒。"弘肇领归德，其副使等月率私钱千缗为献。颍州曲场官曲温与军将何拯争官务，讼之三司，三司直温。拯诉之弘肇，弘肇以谓颍已属州，而温不先白己，乃追温杀之，连坐者数十人。

　　周太祖平李守贞，推功群臣，弘肇拜中书令。隐帝自关西罢兵，渐近小人，与后赞、李业等嬉游无度，而太后亲族颇行干托。弘肇与杨邠稍裁抑之。太后有故人子补军职，弘肇辄斩之。帝始听乐，赐教坊使等玉带、锦袍，往谢弘肇，弘肇怒曰："健儿为国征行者，未有偏赐，尔曹何功，敢当此乎！"悉取所赐还官。周太祖出镇魏州，弘肇议带枢密行，苏逢吉、杨邠以为不可，弘肇恨之。明日，会饮窦贞固第，弘肇厉声举爵属太祖曰："昨日廷论，何为异同？ 今日与公饮此。"逢吉与邠亦举大爵曰："此国家事也，何必介意乎？"遂俱饮醨。弘肇曰："安朝廷，定祸乱，直须长枪大剑，若'毛锥子'安足用哉？"三司使王章曰："无'毛锥子'，军赋何从集乎？""毛锥子"，盖言笔也。弘肇默然。他日，会饮章第，酒酣，为手势令，弘肇不能为，客省使阎晋卿坐次弘肇，屡教之。苏逢吉戏曰："坐有姓阎人，何忧罚爵！"弘肇妻阎氏，酒家倡，以为讥己，大怒，以丑语诟逢吉，逢吉不校。弘肇欲欧之，逢吉先出。弘肇起索剑欲追之，杨邠泣曰："苏公，汉宰相，公若杀之，致天子何地乎？"弘肇驰马去，邠送至第而还。由是将相如水火。隐帝遣王峻置酒公子亭，和解之。是时，李业、郭允明、后赞、聂文进等用事，不喜执政。而隐帝春秋渐长，为大臣所制，数有忿言，业等乘间谮之。以谓弘肇威震人主，不除必为乱。隐帝颇欲除之。夜闻作坊锻甲声，以为兵至，达旦不寐。由是与业等密谋禁中。

　　乾祐三年冬十月十三日，弘肇与杨邠、王章等入朝，坐广政殿东庑，甲士数十人自内出，擒弘肇、邠、章斩之，并族其三家。弘肇已死，帝坐崇元殿召群臣，告以弘肇等谋反，群臣莫能对。又召诸军校见于万岁殿，帝曰："弘肇等专权，使汝曹常忧横死，今日吾得为汝主矣！"军校皆拜。周太祖即位，追封弘肇郑王，以礼归葬。

　　杨邠，魏州冠氏人也。少为州掌籍吏，租庸使孔谦领度支，补邠勾押官，历孟、华、郓三州粮料院使。事汉高祖为右都押衙，高祖即位，拜枢密使。

邠出于小吏,不喜文士,与苏逢吉等内相排忌。逢吉讽李涛上疏罢邠与周太祖枢密使,邠泣诉李太后前。太后怒,罢涛相,加邠中书侍郎兼吏部尚书、同平章事。是时,逢吉、禹珪颇以私赇,除吏多缪。邠为相,事无大小,必先示邠,邠以为可,乃入白,而深革逢吉所为。凡门荫出身,诸司补吏者,一切罢之。

邠虽长于吏事,而不知大体。以谓为国家者,帑廪实,甲兵完而已,礼乐文物皆虚器也。以故秉大政而务苛细,凡前资官不得居外,而天下行旅,皆给过所然后得行。旬日之间,人情大扰,邠度不可行而止。邠常与王章论事帝前,曰:"事行之后,勿使有言也!"邠遽曰:"陛下但禁声,有臣在。"闻者为之战栗。李太后弟业求为宣徽使,帝与太后私以问邠,邠止以为不可。帝欲立所爱耿夫人为后,邠又以为不可;夫人死,将以后礼葬之,邠又以为不可。由是隐帝大怒,而左右乘间构之,与史弘肇等同日见杀。

邠为人颇俭静,四方之赂虽不却,然往往以献于帝。居家谢绝宾客,晚节稍通缙绅,延客门下。知史传有用,乃课吏传写。未几,及于祸。周太祖即位,追封弘农王。

王章,魏州南乐人也。为州孔目官。张令昭逐节度使刘延皓,章事令昭。令昭败,章妇翁白文珂与副招讨李周善,乃以章托周。周匿章褚中,以橐驼负之洛阳,藏周第。唐灭,章乃出,为河阳粮料使。汉高祖典禁兵,补章孔目官,从之太原。高祖即位,拜三司使、检校太尉。高祖崩,隐帝即位,加太尉、同中书门下平章事。是时,汉方新造,承契丹之后,京师空乏,而关西三叛作,周太祖用兵西方,章供馈军旅,未尝乏绝。然征利剥下,民甚苦之。往时民租一石输二升为"雀鼠耗",章乃增一石输二斗为"省耗";缗钱出入,皆以八十为陌,章减其出者陌三;州县民诉田者,必至州县覆之,以括其隐田。天下由此重困。然尤不喜文士,尝语人曰:"此辈与一把算子,未知颠倒,何益于国邪!"百官俸廪,皆取供军之余不堪者,命有司高估其价,估定又增,谓之"抬估"。章犹意不能满,往复增之。民有犯盐、矾、酒曲者,无多少,皆抵死,吏缘为奸,民莫堪命。已而,与史弘肇等同日见杀。

刘铢,陕州人也。少为梁邵王牙将,与汉高祖有旧,高祖镇太原,以为左都押衙。铢为人惨酷,好杀戮,高祖以为勇断类己,特信用之。高祖即位,拜永兴军节度使,徙镇平卢,加检校太师、同平章事。又加侍中。是时,江淮不通,吴越钱镠使者常泛海以至中国。而滨海诸州皆置博易务,与民贸易。民负失期者,务吏擅自摄治,置刑狱,不关州县。而前为吏者,纳其厚赂,纵之不问,民颇为苦。铢乃一切禁之。然铢用法,亦自为刻深。民有过者,问其年几何,对曰若干,即随其数杖之,谓之“随年杖”。每杖一人,必两杖俱下,谓之“合欢杖”。又请增民租,亩出钱三十,以为公用。民不堪之。隐帝患铢刚暴,召之,惧不至。是时,沂州郭淮攻南唐,还以兵驻青州,隐帝乃遣符彦卿往代铢。铢顾禁兵在,莫敢有异意,乃受代还京师。

铢尝切齿于史弘肇、杨邠等,已而,弘肇等死,铢谓李业等曰:“诸君可谓偻㑛儿矣。”权知开封府。周太祖兵犯京师,铢悉诛太祖与王峻等家属。太祖入京师,铢妻裸露以席自蔽,与铢俱见执。铢谓其妻曰:“我则死矣,汝应与人为婢。”太祖使人责铢曰:“与公共事先帝,独无故人之情乎?吾家屠灭,虽有君命,加之酷毒,一何忍也!今公亦有妻子,独念之乎?”铢曰:“为汉诛叛臣尔,岂知其佗。”是时,太祖方欲归人心,乃与群臣议曰:“刘侍中坠马伤甚,而军士逼辱,迨有微生,吾欲奏太后,贷其家属,何如?”群臣皆以为善。乃止杀铢,与李业等枭首于市,赦其妻子。太祖即位,赐陕州庄宅各一区。

李业,高祖皇后之弟也。后昆弟七人,业最幼,故尤怜之。高祖时,以为武德使。隐帝即位,业以皇太后故,益用事,无顾惮。时天下旱、蝗,黄河决溢,京师大风拔木,坏城门,宫中数见怪物投瓦石、撼门扉。隐帝召司天赵延义问禳除之法,延义对曰:“臣职天象日时，察其变动，以考顺逆吉凶而已，禳除之事，非臣所知也。然臣所闻，殆山魈也。"皇太后乃召尼诵佛书以禳之。一尼如厕，既还，悲泣不知人者数日。及醒讯之，莫知其然。而帝方与业及聂文进、后赞、郭允明等狎昵，多为庾语相谐戏，放纸鸢于宫中。太后数以灾异戒帝，不听。

时宣徽使阙，业欲得之，太后亦遣人讽大臣。大臣杨邠、史弘肇等皆以为不可。业由此怨望，谋杀邠等。邠等已死，又遣供奉官孟业以诏书杀郭威于魏州。威举兵反，隐帝遣左神武统军衮义、侍卫马军都指挥使阎晋卿等率兵拒威于澶渊。兵未出，威已至滑州，帝大惧，谓大臣曰："昨太草草耳。"业请出府库以赍军，宰相苏禹珪以为未可，业拜禹珪于帝前曰："相公且为官家，勿惜府库。"乃诏赐京师兵及魏兵从威南者钱人十千，督其子弟作书，以告北兵之来者。及汉兵败于北郊，业取内库金宝，怀之以奔其兄保义军节度使洪信，洪信拒而不纳。业走至绛州，为人所杀。

聂文进，并州人也。少为军卒，善书算，给事汉高祖帐中。高祖镇太原，以为押司官。高祖即位，历拜领军屯卫将军、枢密院承旨。周太祖为枢密使，颇亲信之，文进稍横恣。迁右领军大将军，入谢，召诸将军设食朝堂，仪鸾、翰林、御厨供帐饮食，文进自如，有司不敢劾。周太祖镇邺，文进等用事居中，及谋杀杨邠等，文进夜作诏书，制置中外。邠等已死，文进点阅兵籍，指麾杀戮，以为己任。周太祖在邺闻邠等遇害，初以为文进不与，及发诏书皆文进手迹，乃大诟之。周兵至京师，隐帝败于北郊，太后惧，使谓文进善卫帝。对曰："臣在此，百郭威何害！"慕容彦超败走，帝宿于七里，文进夜与其徒饮酒，歌呼自若。明旦，隐帝遇弑，文进亦自杀。

后赞，兖州瑕丘人。其母，倡也。赞幼善讴，事张延朗。延朗死，赞更事汉高祖。高祖爱之，以为牙将。高祖即位，拜飞龙使。隐帝尤爱幸之。杨邠等执政，赞久不得迁，乃共谋杀邠等。邠等死，隐帝悔之，赞与允明等番休侍帝，不欲左右言己短。隐帝兵败北郊，赞奔兖州，慕容彦超执送京师，枭首于市。

郭允明，少为汉高祖厮养，高祖爱之，以为翰林茶酒使。隐帝尤狎爱之，允明益骄横无顾避，大臣不能禁。

允明使荆南高保融，车服导从如节度使，保融待之甚厚。允明乃阴使人步测其城池高下，若为攻取之计者，以动之。荆人皆恐，保融厚赂以遣之。迁飞龙使。已而，李业与允明谋杀杨邠等，是日天云而昏，雾雨如泣。日中，载邠等十余尸暴之市中。允明手杀邠等诸子于朝堂西庑，王章婿张贻肃血流逆注。隐帝败于北郊，还至封丘门，不得入，帝走赵村，允明从后追之，弑帝于民舍，乃自杀。

新五代史卷三一
周臣传第一九

王朴　郑仁诲　扈载

王朴,字文伯,东平人也。少举进士,为校书郎。依汉枢密使杨邠,邠与王章、史弘肇等有隙,朴见汉兴日浅,隐帝年少孱弱,任用小人,而邠为大臣,与将相交恶,知其必乱,乃去。邠东归后,李业等教隐帝诛权臣,邠与章、弘肇皆见杀,三家之客多及,而朴以故独免。周世宗镇澶州,朴为节度掌书记。世宗为开封尹,拜朴右拾遗,为推官。世宗即位,迁比部郎中,献《平边策》,曰:

> 唐失道,而失吴、蜀;晋失道,而失幽、并。观所以失之由,知所以平之之术。当失之时,君暗政乱,兵骄民困。近者奸于内,远者叛于外,小不制而至于僭,大不制而至于滥。天下离心,人不用命。吴、蜀乘其乱而窃其号,幽、并乘其间而据其地。平之之术,在乎反唐、晋之失而已。必先进贤退不肖,以清其时;用能去不能,以审其材。恩信号令,以结其心;赏功罚罪,以尽其力。恭俭节用,以丰其财;徭役以时,以阜其民。俟其仓廪实,器用备,人可用而举之。彼方之民,知我政化大行,上下同心,力强财足,人安将和,有必取之势。则知彼情状者,愿为之间谍;知彼山川者,愿为之先导。彼民与此民之心同,是与天意同;与天意同,则无不成之功。

> 攻取之道,从易者始。当今惟吴易图,东至海,南至江,可挠之地二千里。从少备处先挠之,备东则挠西,备西则挠东,彼

必奔走,以救其弊。奔走之间,可以知彼之虚实、众之强弱,攻虚击弱,则所向无前矣。勿大举,但以轻兵挠之。彼人怯弱,知我师入其地,必大发以来应。数大发,则民困而国竭,一不大发,则我获其利。彼竭我利,则江北诸州乃国家之所有也。既得江北,则用彼之民,扬我之兵,江之南亦不难而平之也。如此,则用力少而收功多。得吴,则桂、广皆为内臣,岷、蜀可飞书而召之。如不至,则四面并进,席卷而蜀平矣。吴、蜀平,幽可望风而至。唯并必死之寇,不可以恩信诱,必须以强兵攻,力已竭,气已丧,不足以为边患,可为后图。方今兵力精练,器用具备,群下知法,诸将用命,一稔之后,可以平边。臣书生也,不足以讲大事,至于不达大体,不合机变,惟陛下宽之!

迁左谏议大夫,知开封府事。岁中,迁左散骑常侍,充端明殿学士。是时,世宗新即位,锐意征伐,已挠群议,亲败刘旻于高平,归而益治兵,慨然有平一天下之志。数顾大臣问治道,选文学之士徐台符等二十人,使作《为君难为臣不易论》及《平边策》,朴在选中。而当时文士皆不欲上急于用武,以谓平定僭乱,在修文德以为先。惟翰林学士陶谷、窦仪,御史中丞杨昭俭与朴皆言用兵之策。朴谓江淮为可先取。世宗雅以知朴,及见其议论伟然,益以为奇,引与计议天下事,无不合。遂决意用之。

显德三年,征淮。以朴为东京副留守。还拜户部侍郎、枢密副使,迁枢密使。四年,再征淮,以朴留守京师。世宗之时,外事征伐,而内修法度。朴为人明敏多材智,非独当世之务,至于阴阳律历之法,莫不通焉。显德二年,朴校定大历,乃削去近世符天流俗不经之学,设通、经、统三法,以岁轨离交朔望周变率策之数,步日月五星,为《钦天历》。六年,又诏朴考正雅乐,朴以谓十二律管互吹,难得其真,乃依京房为律,准以九尺之弦十三,依管长短寸分设柱,用七声为均,乐成而和。

朴性刚果,又见信于世宗,凡其所为,当是无敢难者。然人亦莫能加也。世宗征淮,朴留京师,广新城,通道路,壮伟宏阔,今京师之制,多其所规为。其所作乐,至今用之不可变。其陈用兵之略,非特一时之策,至言诸国兴灭次第云:"淮南可最先取,并必死之寇,最后亡。"其后宋兴,平定四方,惟并独后服,皆如朴言。

六年春,世宗遣朴行视汴口,作斗门,还过故相李谷第,疾作,仆于坐上,舁归而卒,年五十四。世宗临其丧,以玉钺叩地,大恸者数四。赠侍中。

郑仁诲,字日新,太原晋阳人也。初事唐将陈绍光。绍光为人骁勇而好使酒,尝因醉怒仁诲,拔剑欲杀之,左右皆奔走,仁诲植立不动,无惧色。绍光掷剑于地,抚仁诲曰:"汝有器量,必富贵,非吾所及也。"仁诲后弃绍光去,还乡里,事母以孝闻。

汉高祖为河东节度使,周太祖居帐下,时时往过仁诲,与语甚欢。每事有疑,即从仁诲质问,仁诲所对不阿,周太祖益奇之。汉兴,周太祖为枢密使,乃召仁诲用之,累官至内客省使。太祖破李守贞于河中,军中机画,仁诲多所参决。太祖入立,以仁诲为大内都点检、恩州团练使、枢密副使,累迁宣徽北院使,出为镇宁军节度使。显德元年,拜枢密使。世宗攻河东,仁诲留守东都。明年冬,以疾卒。世宗将临其丧,有司言岁不利临丧,世宗不听,乃先以桃茢而临之。仁诲自其微时,常为太祖谋画。及居大位,未尝有所闻。而太祖、世宗皆亲重之,然亦能谦谨好礼,不自矜伐,为士大夫所称。赠中书令,追封韩国公,谥曰忠正。

扈载,字仲熙,北燕人也。少好学,善属文。广顺初,举进士高第,拜校书郎,直史馆,再迁监察御史。其为文章,以辞多自喜。常次历代有国废兴治乱之迹,为《运源赋》,甚详。又因游相国寺,见庭竹可爱,作《碧鲜赋》,题其壁。世宗闻之,遣小黄门就壁录之,览而称善,因拜水部员外郎、知制诰,迁翰林学士,赐绯,而载已病,不能朝谢。居百余日,乃力疾入直学士院。世宗怜之,赐告还第,遣太医视疾。

初，载以文知名一时。枢密使王朴尤重其才，荐于宰相李谷，久而不用，朴以问谷曰："扈载不为舍人，何也？"谷曰："非不知其才，然载命薄，恐不能胜。"朴曰："公为宰相，以进贤退不肖为职，何言命邪？"已而，召拜知制诰。及为学士，居岁中病卒，年三十六。议者以谷能知人，而朴能荐士。是时，天子英武，乐延天下奇才，而尤礼文士，载与张昭、窦俨、陶谷、徐台符等俱被进用。谷居数人中，文辞最劣，尤无行。昭、俨数与论议，其文粲然，而谷徒能先意所在，以进谀取合人主。事无大小，必称美颂赞，至于广京城、为木偶耕人、紫芝白兔之类，皆为颂以献，其辞大抵类俳优。而载以不幸早卒，论议虽不及昭、俨，而不为谷之谀也。

呜呼！作器者，无良材而有良匠；治国者，无能臣而有能君。盖材待匠而成，臣待君而用。故曰，治国譬之于弈，知其用而置得其处者胜，不知其用而置非其处者败。败者临棋注目，终日而劳心，使善弈者视焉，为之易置其处则胜矣。胜者所用，败者之棋也；兴国所用，亡国之臣也。王朴之材，诚可谓能矣。不遇世宗，何所施哉？世宗之时，外事征伐，攻取战胜，内修制度，议刑法，定律历，讲求礼乐之遗文，所用者五代之士也。岂皆愚怯于晋、汉，而材智于周哉？惟知所用尔。夫乱国之君，常置愚、不肖于上，而强其不能，以暴其短恶；置贤智于下，而泯没其材能。使君子、小人皆失其所，而身蹈危亡。治国之君，能置贤智于近，而置愚、不肖于远，使君子、小人各适其分，而身享安荣。治乱相去虽远甚，而其所以致之者不多也，反其所置而已。呜呼，自古治君少，而乱君多，况于五代，士之遇不遇者，可胜叹哉！

新五代史卷三二
死节传第二〇

王彦章　裴约　刘仁瞻附

　　语曰:"世乱识忠臣。"诚哉! 五代之际,不可以为无人,吾得全节之士三人焉。作《死节传》。

　　王彦章,字子明,郓州寿昌人也。少为军卒,事梁太祖,为开封府押衙、左亲从指挥使、行营先锋、马军使。末帝即位,迁濮州刺史,又徙澶州刺史。彦章为人骁勇有力,能跣足履棘行百步。持一铁枪,骑而驰突,奋疾如飞,而佗人莫能举也,军中号"王铁枪"。梁、晋争天下为劲敌,独彦章心常轻晋王,谓人曰:"亚次斗鸡小儿耳,何足惧哉!"梁分魏、相六州为两镇,惧魏军不从,遣彦章将五百骑入魏,屯金波亭以虞变。魏军果乱,夜攻彦章,彦章南走,魏人降晋。晋军攻破澶州,虏彦章妻子归之太原,赐以第宅,供给甚备,间遣使者招彦章,彦章斩其使者以自绝。然晋人畏彦章之在梁也,必欲招致之,待其妻子愈厚。自梁失魏、博,与晋夹河而军,彦章常为先锋。迁汝郑二州防御使、匡国军节度使。是时,晋已尽有河北,以铁锁断德胜口,筑河南、北为两城,号"夹寨"。而梁末帝昏乱,小人赵岩、张汉杰等用事,大臣宿将多被谗间。彦章虽为招讨副使,而谋不见用。龙德三年夏,晋取郓州,梁人大恐,宰相敬翔顾事急,以绳内靴中,入见末帝。泣曰:"先帝取天下,不以臣为不肖,所谋无不用。今强敌未灭,陛下弃忽臣言,臣身不用,不如死!"乃引绳将自经。末帝使人止之,问所欲言。翔曰:"事急矣,非彦章不可!"末帝乃召彦章为招讨使,以段凝为副。末帝问破敌之期,彦章对曰:"三日。"左右皆失笑。彦章受命而出,驰两日至滑州,置酒大会,阴遣人具舟于杨村,命甲士六百人皆持巨斧,载冶者,具鞴炭,乘流而下。彦章会饮,酒半,佯起更衣,引精兵数千,沿河以趋德胜。舟兵举锁烧断之,因以巨斧斩浮桥,而彦章引兵急击南城,浮桥断,南城遂破。盖三日矣。是时,庄宗在魏,以朱守殷守夹寨,闻彦章为招讨使,惊曰:"彦章骁勇,吾尝避其锋,非守殷敌也。然彦章兵少,利于速战,必急攻我南城。"即驰骑救之,行二十里,而得夹寨报者曰:"彦章兵已至。比至,而南城破矣。庄宗彻北城为筏,下杨刘,与彦章俱浮于河,各行一岸,每舟筏相及辄战,一日数十接。彦章至杨刘,攻之几下,晋人筑垒博州东岸,彦章引兵攻之,不克,还击杨刘,战败。

是时,段凝已有异志,与赵岩、张汉杰交通。彦章素刚,愤梁日削,而嫉岩等所为。尝谓人曰:"俟吾破贼还,诛奸臣以谢天下。"岩等闻之惧,与凝叶力倾之。其破南城也,彦章与凝各为捷书以闻。凝遣人告岩等匿彦章书,而上已书,末帝初疑其事,已而,使者至军,独赐劳凝,而不及彦章。军士皆失色。及杨刘之败也,凝乃上书言:"彦章使酒轻敌而至于败。"赵岩等从中日夜毁之,乃罢彦章,以凝为招讨使。彦章驰至京师,入见,以笏画地自陈胜败之迹,岩等讽有司劾彦章不恭,勒还第。唐兵攻兖州,末帝召彦章使守捉东路。是时,梁之胜兵皆属段凝,京师只有保銮五百骑,皆新捉募之兵,不可用,乃以属彦章。而以张汉杰监之。彦章至递坊,以兵少战败,退保中都,又败,与其牙兵百余骑死战。唐将夏鲁奇与彦章善,识其语音,曰:"王铁枪也!"举槊刺之,彦章伤重,马踣被擒。庄宗见之曰:"尔常以孺子待我,今日服乎?"又曰:"尔善战者,何不守兖州而守中都?中都无壁垒,何以自固?"彦章对曰:"大事已去,非人力可为!"庄宗恻然,赐药以封其创。彦章武人不知书,常为俚语谓人曰:"豹死留皮,人死留名。"其于忠义,盖天性也。庄宗爱其骁勇,欲全活之,使人慰谕彦章,彦章谢曰:"臣与陛下血战十余年,今兵败力穷,不死何待?且臣受梁恩,非死不能报,岂有朝事梁而暮事晋,生何面目见天下之人乎!"庄宗又遣明宗往谕之,彦章病创,卧不能起,仰顾明宗,呼其小字曰:"汝非邈佶烈乎?我岂苟活者?"遂见杀,年六十一。晋高祖时,追赠彦章太师。

与彦章同时有裴约者,潞州之牙将也。庄宗以李嗣昭为昭义军节度使,约以裨将守泽州。嗣昭卒,其子继韬以泽、潞叛降于梁,约召其州人泣而谕曰:"吾事故使二十余年,见其分财飨士,欲报梁仇,不幸早世。今郎君父死未葬,违背君亲,吾能死于此,不能从以归梁也!"众皆感泣。梁遣董璋率兵围之,约与州人拒守,求救于庄宗。是时,庄宗方与梁人战河上,而已建大号,闻继韬叛降梁,颇有忧色,及闻约独不叛,喜曰:"吾于继韬何薄?于约何厚?而约能分逆顺邪!"顾符存审曰:"吾不惜泽州与梁,一州易得,约难得也。尔识机便,为我取约来。"存审以五十骑驰至辽州,而梁兵已破泽州,约见杀。

至周世宗时,又有刘仁赡者焉。仁赡,字守惠,彭城人也。父金,事杨行密,为濠、滁二州刺史,以骁勇知名。仁赡为将,轻财重士,法令严肃。少略通兵书。事南唐,为左监门卫将军,黄、袁二州刺史,所至称治。李景使掌亲军,以为武昌军节度使。周师征淮,先遣李谷攻自寿春,景遣将刘彦贞拒周兵,以仁赡为清、淮军节度使,镇寿州。李谷退守正阳浮桥,彦贞见周兵之却,意其怯,急追之。仁赡以为不可,彦贞不听,仁赡独按兵城守。彦贞果败于正阳。世宗攻寿州,围之数重,以方舟载炮,自淝河中流击其城。又束巨竹数十万竿,上施版屋,号为竹龙,载甲士以攻之。又决其水砦,入于淝河,攻之百端。自正月至于四月,不能下。而岁大暑,霖雨弥旬,周兵营寨水深数尺,淮淝暴涨,炮舟竹龙皆飘南岸,为景兵所焚,周兵多死。世宗东趋濠梁,以李重进为庐寿都招讨使。景亦遣其元帅齐王景达等列砦紫金山下,为夹道以属城中。而重进与张永德两军相疑不协,仁赡屡请出战,景达不许,由是愤惋成疾。明年正月,世宗复至淮上,尽破紫金山砦,坏其夹道,景兵大败,诸将往往见擒。而景之守将广陵冯延鲁、光州张绍、舒州周祚、泰州方讷、泗州范再遇等或走或降,皆不能守。虽景君臣亦皆震慑,奉表称臣,愿割土地、输贡赋以效诚款。而仁赡独坚守,不可下。世宗使景所遣使者孙晟等至城下示之,仁赡子崇谏幸其父病,谋与诸将出降,仁赡立命斩之,监军使周廷构哭于中门救之,不得,于是士卒皆感泣,愿以死守。

三月,仁赡病甚已不知人。其副使孙羽诈为仁赡书以城降,世宗命舁仁赡至帐前,叹嗟久之,赐以玉带、御马,复使入城养疾,是日卒。制曰:"刘仁赡尽忠所事,抗节无亏,前代名臣,几人可比。予之南伐,得尔为多。"乃拜仁赡检校太尉兼中书令、天平军节度使。仁赡不能受而卒,年五十八。世宗遣使吊祭,丧事官给,追封彭城郡王,以其子崇赞为怀州刺史,赐庄宅各一区。李景闻仁赡卒,亦赠太师。寿州故治寿春,世宗以其难克,遂徙城下蔡,而复其军曰忠正军。曰:"吾以旌仁赡之节也。"

呜呼!天下恶梁久矣!然士之不幸而生其时者,不为之臣,可也。其食人之禄者,必死人之事。如彦章者,可谓得其死哉!仁赡既杀其子,以自明矣,岂有垂死而变节者乎?今《周世宗实录》载仁赡降书,盖其副使孙羽等所为也。当世宗时,王环为蜀守秦州,攻之久不下,其力屈而降,世宗颇嗟其忠,然止于为大将军.视世宗待二人之薄厚,而考其制书,乃知仁赡非降者也。自古忠臣义士之难得也。五代之乱,三人者,或出于军卒,或出于伪国之臣,可胜叹哉!可胜叹哉!

新五代史卷三三
死事传第二一

张源德　夏鲁奇　姚洪
王思同　张敬达　翟进宗
沈斌　王清　史彦超　孙晟

　　呜呼,甚哉!自开平讫于显德,终始五十三年,而天下五代,士之不幸而生其时,欲全其节而不二者,固鲜矣。于此之时,责士以死与必去,则天下为无士矣。然其习俗,遂以苟生不去为当然。至于儒者,以仁义忠信为学,享人之禄,任人之国者,不顾其存亡,皆恬然以苟生为得。非徒不知愧,而反以其得为荣者,可胜数哉!故吾于死事之臣,有所取焉。君子之于人也,乐成其美,而不求其备,况死者人之所难乎?吾于五代,得全节之士三人而已。其初无卓然之节,而终以死人之事者,得十有五人焉,而战没者不得与也。然吾取王清、史彦超者,其有旨哉!其有旨哉!作《死事传》。不能立传者五人:马彦超附《朱守殷传》,宋令询、李遇、张彦卿、郑昭业见于《本纪》而已。

　　张源德者,不知其世家,或曰本晋人也。少事晋,无所称。然李罕之以潞州叛晋降梁,罕之遣源德见梁太祖。太祖时,源德自金吾卫将军为蔡州刺史。梁贞明三年,魏博节度使杨师厚卒,末帝分魏、相等六州为两镇,惧魏军不从,乃遣刘鄩将兵万人,屯于魏,以虞变。魏军果叛,迫其节度使贺德伦以魏、博二州降晋。当是时,源德为郓守贝州。晋王入魏，诸将欲先击贝州，晋王曰："贝城小而坚，攻之难卒下。且源德虽恃刘郓之兵，然与沧州相首尾，今德州居其中而无备，不如先取之，则沧、贝之势分而易图也。"乃先袭破德州，然后以兵五千攻源德，源德坚守不下，晋军堑而围之。已而，刘郓大败于故元城，南走黎阳，晋军攻破洺州，而卫州刺史来昭、邢州节度使阎宝皆以城降晋。磁州刺史靳昭、相州张筠、沧州戴思远皆弃城走。当此时，晋已先下全燕，而镇、定皆附于晋。自河以北、山以东，四面千里，六镇数十州之地皆归晋，独贝一州，围之逾年不可下。源德守既坚，而贝人闻晋已尽有河北，城中食且尽，乃劝源德出降，源德不从，遂见杀。源德已死，贝人谋曰："晋围吾久，吾穷而后降，惧皆不免也。"乃告于晋曰："吾欲被甲执兵而降，得赦而后释之，如何？"晋军许诺，贝人三千出降，已释甲，晋兵四面围而尽杀之。

夏鲁奇，字邦杰，青州人也。唐庄宗时，赐姓名曰李绍奇。其后庄宗赐姓名者，皆复其故。鲁奇初事梁为宣武军校，后奔于晋，为卫护指挥使。从周德威攻刘守光于幽州，守光将单延珪、元行钦以骁勇自负，鲁奇每与二将斗，辄不能解，两军皆释兵而观之。晋已下魏博，梁将刘郓军于洹水，庄宗以百骑觇敌，遇郓伏兵，围之数重，几不得脱，鲁奇力战，手杀百余人，身被二十余疮，与庄宗决围而出。庄宗益奇之，以为磁州刺史。从战中都，擒王彦章。庄宗壮之，赐绢千匹，拜郑州防御使，迁河阳节度使。为政有惠爱。徙镇忠武，河阳之人遮留不得行，父老诣京师乞留，明宗遣中使往谕之，鲁奇乃得去。唐师伐荆南，以鲁奇为招讨副使，无功而还，徙镇武信。东川董璋反，攻遂州。鲁奇闭城拒之，旬月救兵不至，城中食尽，鲁奇自刎死，年四十九。吴峦兵犹可战而不战，鲁奇食尽力穷而死，故取舍异。

姚洪，本梁之小校也。自董璋为梁将，洪尝事璋。后事唐为指挥使。长兴中，遣洪将千人戍阆州。董璋反，遣人以书招洪，洪得璋书，辄投厕中。后璋兵攻破阆州，执洪，璋曰："尔为健儿，我遇汝厚，

奈何负我邪?"洪骂曰:"老贼!尔昔为李七郎奴,扫马粪,得一脔残
炙,感恩不已。今天子用尔为节度使,何苦反邪?吾能为国家死,不
能从人奴以生!"璋怒,然镬于前,令壮士十人刲其肉而食,洪至死
大骂。明宗闻之泣下,录其二子,而厚恤其家。

　　王思同,幽州人也。其父敬柔,娶刘仁恭女,生思同。思同事仁
恭为银胡䩮指挥使,仁恭为其子守光所囚,思同奔晋,以为飞胜指
挥使。梁、晋相距于莘,遣思同筑垒杨刘,以功迁神武十军都指挥
使,累迁郑州防御使。思同为人敢勇,善骑射,好学,颇喜为诗,轻财
重义,多礼文士,然未尝有战功。明宗时,以久次为匡国军节度使,
徙镇雄武。是时,叶蕃数为寇,而秦州无亭障,思同列四十余栅以御
之。居五年,来朝。明宗问以边事,思同指画山川,陈其利害。思同
去,明宗顾左右曰:"人言思同不管事,能若是邪?"于是始知其材,
以为右武卫上将军、京兆尹、西京留守。石敬瑭讨董璋,思同为先锋
指挥使,兵入剑门,而后军不继,思同与璋战,不胜而却。敬瑭兵罢,
思同徙镇山南西道。已而,复为京北尹、西京留守。应顺二年,潞王
从珂反凤翔,驰檄四邻,言奸臣幸先帝疾病,贼杀秦王而立幼嗣,侵
弱宗室,动摇藩方,陈己所以兴兵讨乱之状。因遣伶奴安十十以五
弦谒思同,欲因其欢以通意。是时,诸镇皆怀向背,所得潞王书檄,
虽以上闻,而不绝其使。独思同执十十及从珂所使推官郝诩等送京
师。愍帝嘉其忠,即以思同为西面行营马步军都部署。三月,会诸
镇兵围凤翔,破东西关城。从珂兵弱而守甚坚,外兵伤死者众。从
珂登城呼外兵而泣曰:"吾从先帝二十年,大小数百战,甲不解体,
金疮满身,士卒固尝从我矣。今先帝新弃天下,而朝廷信用奸人,离
间骨肉,我实何罪而见伐乎?"因恸哭。士卒闻者,皆悲怜之。兴元
张虔钊改城西,督战甚急,士卒苦之,反兵攻虔钊,虔钊走。羽林指
挥使杨思权呼曰:"潞王,吾主也!"乃引军自西门入降从珂。而思同
未知,犹督战。严卫指挥使尹晖麾其众曰:"城西军入城受赏矣。何
用战邪?"士卒解甲弃仗,声闻数里,遂皆入城降。诸镇之兵皆溃。思

同挺身走至长安，西京副留守刘遂雍闭门不纳，乃走潼关。从珂引兵东至，昭应前锋追执思同。从珂责曰："罪可逃乎？"思同曰："非不知从王而得生，恐终死不能见先帝于地下。"从珂愧其言，乃杀之。汉高祖即位，赠侍中。思同东走，将自归于天子，与元行钦走异，故予其死。

张敬达，字志通，代州人也。小字生铁。少以骑射事唐庄宗，为厅直军使。明宗时，为河东马步军都指挥使，领钦州刺史，累迁彰国大同军节度使，徙镇武信、晋昌。

清泰二年，契丹数犯边，废帝以河东节度使石敬瑭兼大同、彰国、振武、威塞等军蕃汉马步军都总管，屯于忻州。屯兵聚噪，遮敬瑭呼"万岁"，敬瑭斩三十余人以止之。废帝疑敬瑭有异志，乃以敬达为北面副总管，以分其兵。明年夏，徙敬瑭镇天平，遂以敬达为大同、彰国、振武、威塞等军蕃汉马步军都部署。敬瑭因此遂反。即以敬达为太原四面招讨使。六月，兵围太原，敬达为长城连栅，云梯飞炮以攻之。所为城栅将成，辄有大风雨水暴至以坏之。敬瑭求救于契丹。九月，契丹耶律德光自雁门入，旌旗相属五十余里。德光先遣人告敬瑭曰："吾欲今日破敌，可乎？"敬瑭报曰："大兵远来，而贼势方盛，要在成功，不必速也。"使者未复命，而命已交。敬达阵于西山，契丹以羸骑三千，革鞭木镫，人马皆不甲胄，以趋唐军。唐军争驰之，契丹兵走，追至汾曲，伏发，断唐军为二，其在北者皆死，死者万余人。敬达收军栅晋安，契丹围之。废帝遣赵延寿、范延光等救之。延寿屯团柏谷，延光屯辽州，相去皆百余里。契丹兵围敬达者，自晋安寨南，长百余里，阔五十里，敬达军中望之，但见穹庐连属如冈阜，四面亘以毛索，挂铃为警，纵犬往来。敬达军中有夜出者，辄为契丹所得。由是闭壁不敢复出。延寿等皆有二心，无救敬达意。敬达犹有兵五万人、马万匹。久之食尽，削木筛粪以饲，其马死者食之，已而马尽。副招讨使杨光远劝敬达降晋，敬达自以不忍背唐，而救兵且至，光远促之不已，敬达曰："诸公何相迫邪？何不杀我而降！"光远即斩敬达，降契丹。耶律德光闻敬达死，哀其忠，遣人收葬之。《本纪》责其不诛光远而讽其杀己以降贼，故不书死，而书如其志。而《传》录其死者，终嘉其不降也。然己虽不屈而讽人降贼，故不得为死节。

翟进宗、张万迪者，皆不知其何人也。初皆事唐，后事晋。进宗为淄州刺史，万迪为登州刺史。杨光远反，以骑兵百胁取二刺史至青州，万迪听命，而进宗独不屈，光远遂杀进宗。出帝赠进宗左武卫上将军。及光远平，曲赦青州，虽光远子孙皆见慰释，而独不赦万迪，暴其罪而斩之。诏求进宗尸，加礼归葬，葬事官给，以其子仁钦为东头供奉官。

沈斌，字安时，徐州下邳人也。少为军卒，事梁，为拱辰都指挥使。后事唐，从魏王继岌破蜀，平康延孝，以功为虢州刺史。历隰、赵等八州刺史。晋开运元年，为祁州刺史。契丹犯塞，至于榆林，过祁州，斌以谓契丹深入晋地，而归兵赢乏可击，即以州兵邀之。契丹以精骑刬门，斌兵多死，城中无备。虏将赵延寿招斌降，斌从城上骂延寿曰："公父子误计，陷于膻膻，忍以犬羊之众，残贼父母之邦，斌能为国死尔，不能效公所为也！"已而城陷，斌自尽，其家属皆没于虏。

王清，字去瑕，洺州曲周人也。初事唐，为宁卫指挥使。后事晋，为奉国都虞候。安从进叛襄州，从高行周攻之，逾年不能下，清谓行周曰："从进闭孤城以自守，其势岂得久邪？"因请先登，遂攻破之。

开运二年冬，从杜重威战阳城，清以力战功，为步军之最，加检校司徒。是冬，重威军中渡桥南，虏军其北，以相拒。而虏以精骑并西山出晋军后，南击栾城，断晋饷道。清谓重威曰："晋军危矣！今去镇州五里，而守死于此，营孤食尽，将若之何？清以步兵二千为先锋，夺桥开路，公率诸军继进以入，镇州可以守也。"重威许之，遣与宋彦筠俱前，清与虏战，败之，夺其桥。是时重威已有二志，犹豫不肯进，彦筠亦退走，清曰："吾独死于此矣！"因力战而死。年五十三。

汉高祖立,赠清太傅。

　　史彦超,云州人也。为人勇悍骁捷。周太祖起魏时,彦超为汉龙捷都指挥使,以兵从太祖入立,迁虎捷都指挥使,戍于晋州。刘旻攻晋州,州无主帅,知州王万敢不能拒,彦超以戍兵坚守月余,太祖遣王峻救之,旻兵解去。以功迁龙捷右厢都指挥使,领郑州防御使。周、汉战高平,彦超为前锋,先登陷阵,以功拜感德军节度使。周兵围汉太原,契丹救汉,出忻、代。世宗遣符彦卿拒之,以彦超为先锋,战忻口。彦超勇愤俱发,左右驰击,解而复合者数四,遂殁于阵。是时,世宗败汉高平,乘胜而进,围城之役,诸将议不一,故久无成功。世宗欲解去而未决,闻彦超战死,遽班师。会卒之际,亡失甚众。世宗既惜彦超而愤无成功,忧忿不食者数日。赠彦超太师,优恤其家焉。

　　孙晟,初名凤,又名忌,密州人也。好学,有文辞,尤长于诗。少为道士,居庐山简寂宫。常画唐诗人贾岛像置于屋壁,晨夕事之。简寂宫道士恶晟,以为妖,以杖驱出之。乃儒服北之赵、魏,谒唐庄宗于镇州,庄宗以晟为著作佐郎。

　　天成中,朱守殷镇汴州,辟为判官。守殷反,伏诛,晟乃弃其妻子,亡命陈、宋之间。安重诲恶晟,以谓教守殷反者晟也。画其像购之,不可得,遂族其家。晟奔于吴。是时,李昪方篡杨氏,多招四方之士,得晟,喜其文辞,使为教令,由是知名。晟为人口吃,遇人不能道寒暄,已而坐定,谈辩锋生,听者忘倦。昪尤爱之,引与计议,多合意,以为右仆射。与冯延已并为昪相。晟轻延已为人,常曰:"金碗玉杯而盛狗屎可乎?"晟事昪父子二十余年,官至司空,家益富骄,每食不设几案,使众妓各执一器环立而侍,号"肉台盘",时人多效之。

　　周世宗征淮,李景惧,始遣泗州牙将王知朗至徐州,奉书以求和。世宗不答。又遣翰林学士钟谟、文理院学士李德明奉表称臣,不答。乃遣礼部尚书王崇质副晟奉表,谟与晟等皆言景愿割寿、濠、泗、楚、光、海六州之地,岁贡百万以佐军。而世宗已取滁、扬、濠、泗诸州,欲尽取淮南乃止,因留使者不遣,而攻寿州益急。谟等见世宗英武非景敌,而师甚盛,寿春且危,乃曰:"愿陛下宽臣五日之诛,容臣还取景表,尽献淮北诸州。"世宗许之,遣供奉官安弘道押德明、崇质南还,而谟与晟皆见留。德明等既还,景悔,不肯割地。世宗亦以暑雨班师,留李重进、张永德等分攻庐、寿。周兵所得扬、泰诸州,皆不能守。景兵复振。重进与永德两军相疑有隙,永德上书言重进反,世宗不听。景知二将之相疑也,乃以蜡丸书遗重进,劝其反。初,晟之奉使也,语崇质曰:"吾行必不免,然吾终不负永陵一抔土也。"永陵者,昇墓也。及崇质还,而晟与钟谟俱至京师,馆于都亭驿,待之甚厚,每朝会入阁,使班东省官后,召见必饮以醇酒。已而周兵数败,尽失所得诸州,世宗忧之,召晟问江南事,晟不对,世宗怒,未有以发。会重进以景蜡丸书来上,多斥周过恶以为言,由是发怒曰:"晟来使我,言景畏吾神武,愿得北面称臣,保无二心,安得此指斥之言乎?"亟召侍卫军虞候韩通收晟下狱,及其从者二百余人皆杀之。晟临死,世宗犹遣近臣问之,晟终不对,神色怡然,正其衣冠,南望拜曰:"臣惟以死报国尔!"乃就刑。晟既死,钟谟亦贬耀州司马。其后,世宗怒解,怜晟忠,悔杀之,召拜钟谟卫尉少卿。景已割江北,遂遣谟还,而景闻晟死,亦赠鲁国公。

新五代史卷三四
一行传第二二

郑遨　张荐明　石昂
程福赟　李自伦

　　呜呼,五代之乱极矣!《传》所谓"天地闭,贤人隐"之时欤?当此之时,臣弑其君,子弑其父,而搢绅之士安其禄而立其朝,充然无复廉耻之色者,皆是也。吾以谓自古忠臣义士多出于乱世,而怪当时可道者何少也,岂果无其人哉?虽曰干戈兴,学校废,而礼义衰,风俗隳坏,至于如此,然自古天下未尝无人也,吾意必有洁身自负之士,嫉世远去而不可见者。自古材贤有韫于中而不见于外,或穷居陋巷,委身草莽,虽颜子之行,不遇仲尼而名不彰。况世变多故,而君子道消之时乎!吾又以谓必有负材能、修节义而沉沦于下,泯没而无闻者。求之传记,而乱世崩离,文字残缺,不可复得。然仅得者四五人而已。

　　处乎山林而群麋鹿,虽不足以为中道,然与其食人之禄,俯首而包羞,孰若无愧于心,放身而自得,吾得二人焉,曰郑遨、张荐明。

　　势利不屈其心,去就不违其义,吾得一人焉,曰石昂。

　　苟利于君,以忠获罪,而何必自明,有至死而不言者,此古之义士也,吾得一人焉,曰程福赟。

　　五代之乱,君不君,臣不臣,父不父,子不子。至于兄弟、夫妇人伦之际,无不大坏,而天理几乎其灭矣。于此之时,能以孝悌自修于一乡,而风行于天下者,犹或有之,然其事迹不著,而无可纪次,独其名氏或因见于书者，吾亦不敢没。而其略可录者，吾得一人焉，曰李自伦。作《一行传》。

郑遨，字云叟，滑州白马人也。唐明宗祖庙讳遨，故世行其字。遨少好学，敏于文辞。唐昭宗时，举进士不中。见天下已乱，有拂衣远去之意，欲携其妻、子与俱隐，其妻不从，遨乃入少室山为道士。其妻数以书劝遨还家，辄投之于火。后闻其妻、子卒，一恸而止。遨与李振故善，振后事梁贵显，欲以禄遨，遨不顾。后振得罪南窜，遨徒步千里往省之，由是闻者益高其行。其后，遨闻华山有五粒松，脂沦人地，千岁化为药，能去三尸，因徙居华阴，欲求之。与道士李道殷、罗隐之友善，世目以为三高士。遨种田、隐之卖药以自给，道殷有钓鱼术，钩而不饵，又能化石为金，遨尝验其信然，而不之求也。节度使刘遂凝数以宝货遗之，遨一不受。唐明宗时以左拾遗、晋高祖时以谏议大夫召之，皆不起。即赐号为逍遥先生。天福四年卒，年七十四。遨之节高矣，遭乱世不污于荣利，至弃妻、子不顾而去，岂非与世自绝而笃爱其身者欤！然遨好饮酒弈棋，时时为诗章落人间，人间多写以缣素，相赠遗以为宝，至或图写其形，玩于屋壁，其迹虽远而其名愈彰，与乎石门、荷蓧之徒异矣。

与遨同时张荐明者，燕人也。少以儒学游河朔，后去为道士，通老子、庄周之说。高祖召见，问："道家可以治国乎？"对曰："道也者，妙万物而为言，得其极者，尸居衽席之间可以治天地也。"高祖大其言，延入内殿讲《道德经》，拜以为师。荐明闻宫中奏时鼓，曰："陛下闻鼓乎？其声一而已。五音十二律，鼓无一焉，然和之者鼓也。夫一，万事之本也，能守一者，可以治天下。"高祖善之，赐号通玄先生，后不知其所终。

石昂，青州临淄人也。家有书数千卷，喜延四方之士。士无远近，多就昂学问，食其门下者或累岁，昂未尝有怠色。而昂不求仕进。节度使符习高其行，召以为临淄令。习入朝京师，监军杨彦朗知留后事，昂以公事至府上谒，赞者以彦朗讳"石"，更其姓曰"右"。昂趋于庭，昂责彦朗曰："内侍奈何以私害公？昂姓'石'，非'右'也。"彦朗大怒，拂衣起去。昂即趋出，解官还于家，语其子曰："吾本不欲仕乱世，果为刑人所辱，子孙其以我为戒！"昂父亦好学，平生不喜佛说。父死，昂于枢前诵《尚书》，曰："此吾先人之所欲闻也。"禁其家不可以佛事污吾先人。晋高祖时，诏天下求孝悌之士，户部尚书王权、宗正卿石光赞、国子祭酒田敏、兵部侍郎王延等相与诣东上阁门，上昂行义可以应诏。诏昂至京师，召见便殿，以为宗正丞。迁少卿。出帝即位，晋政日坏，昂数上疏极谏，不听，乃称疾东归，以寿终于家。昂既去，而晋室大乱。

程福赟者，不知其世家。为人沉厚寡言，而有勇。少为军卒，以战功累迁洺州团练使。晋出帝时，为奉国右厢都指挥使。开运中，契丹入寇，出帝北征，奉国军士乘间夜纵火焚营，欲因以为乱。福赟身自救火被伤，火灭而乱者不得发。福赟以为契丹且大至，而天子在军，京师虚空，不宜以小故动摇人听，因匿其事不以闻。军将李殷位次福赟下，利其去而代之，因诬福赟与乱者同谋，不然何以不奏？出帝下福赟狱，人皆以为冤，福赟终不自辨，以见杀。

李自伦者，深州人也。天福四年正月，尚书户部奏："深州司功参军李自伦六世同居，奉敕准格。按格，孝义旌表，必先加按验。孝者复其终身，义门仍加旌表。得本州审到乡老程言等称：自伦高祖训，训生粲，粲生则，则生忠，忠生自伦，自伦生光厚，六世同居不妄。敕以所居飞凫乡为孝义乡，匡圣里为仁和里，准式旌表门闾。"九月丙子，户部复奏："前登州义门王仲昭，六世同居，其旌表有听事、步栏，前列屏，树乌头正门，阀阅一丈二尺，乌头二柱，端冒以瓦桶，筑双阙一丈。在乌头之南三丈七尺，夹树槐柳十有五步，请如之。"敕曰："此故事也，令式无之。其量地之宜，高其外门，门安绰楔,左右建台,高一丈二尺,广狭方正称焉。圬以白而赤其四角,使不孝不义者见之,可以悛心而易行焉。"

新五代史卷三五
唐六臣传第二三

张文蔚　杨涉　张策
赵光逢　薛贻矩　苏循
杜晓附

　　甚哉,白马之祸,悲夫可为流涕者矣。然士之生死,岂其一身之事哉?初,唐天祐三年,梁王欲以嬖吏张延范为太常卿,唐宰相裴枢以谓太常卿唐常以清流为之,延范乃梁客将,不可。梁王由此大怒,曰:"吾常语裴枢纯厚,不陷浮薄,今亦为此邪!"是岁四月,彗出西北,扫文昌、轩辕、天市。宰相柳璨希梁王旨,归其谴于大臣。于是,左仆射裴枢、独孤损,右仆射崔远、守太保致仕赵崇、兵部侍郎王赞、工部尚书王溥、吏部尚书陆扆皆以无罪贬,同日赐死于白马驿。凡搢绅之士与唐而不与梁者,皆诬以朋党。坐贬死者数百人,而朝廷为之空。

　　明年三月,唐哀帝逊位于梁,遣中书侍郎、同中书门下平章事张文蔚为册礼使,礼部尚书苏循为副;中书侍郎、同中书门下平章事杨涉为押传国宝使,翰林学士、中书舍人张策为副;御史大夫薛贻矩为押金宝使,尚书左丞赵光逢为副。四月甲子,文蔚等自上源驿奉册宝,乘辂车,导以金吾仗卫、太常卤簿,朝梁于金祥殿。王衮冕南面,臣文蔚、臣循奉册升殿,进读已,臣涉、臣策奉传国玺,臣贻矩、臣光逢奉金宝,以次升进。读已,降,率文武百官北面舞蹈再拜贺。夫一太常卿与社稷孰为重?使枢等不死,尚惜一卿,其肯以国与人乎？虽枢等之力未必能存唐，然必不亡唐而独存也。呜呼！唐之亡也，贤人君子既与之共尽，其余在者皆庸懦不肖、倾险狯猾、趋利卖国之徒也。不然，安能蒙耻忍辱于梁庭如此哉！作《唐六臣传》。

张文蔚，字右华，河间人也。初，以文行知名，举进士及第。唐昭宗时，为翰林学士承旨。是时，天子微弱，制度已隳，文蔚居翰林，制诏四方，独守大体。昭宗迁洛，拜中书侍郎、同中书门下平章事。柳璨杀裴枢等七人，蔓引朝士，辄加诛杀，缙绅相视以目，皆不自保。文蔚力讲解之，朝士多赖以全活。梁太祖立，仍以文蔚为相。梁初，制度皆文蔚所裁定。文蔚居家亦孝悌。开平二年，太祖北巡，留文蔚西都，以暴疾卒，赠右仆射。

杨涉，祖收，唐懿宗时宰相。父严，官至兵部侍郎。涉举进士，昭宗时为吏部尚书。哀帝即位，拜中书侍郎、同中书门下平章事。涉，唐名家，世守礼法，而性特谨厚，不幸遭唐之乱。拜相之日，与家人相对泣下，顾谓其子凝式曰：“吾不能脱此网罗，祸将至矣，必累尔等。”唐亡，事梁为门下侍郎、同中书门下平章事，在位三年，俯首无所施为，罢为左仆射，知贡举。后数年卒。子凝式，有文词，善笔札，历事梁、唐、晋、汉、周，常以心疾致仕，居于洛阳，官至太子太保。

张策，字少逸，河西敦煌人也。父同，为唐容管经略使。策少聪悟好学，通章句。父同，居洛阳敦化里，浚井得古鼎，铭曰：“魏黄初元年春二月，匠吉千”。同以为奇，策时年十三，居同侧，启曰：“汉建安二十五年，曹公薨，改元延康。是岁十月，文帝受禅，又改黄初，是黄初元年无二月也，铭何谬邪？”同大惊异之。

策少好浮图之说，乃落发为僧，居长安慈恩寺。黄巢犯长安，策乃返初服，奉父母以避乱，居田里十余年。召拜广文馆博士。邠州王行瑜辟观察支使。晋王李克用攻行瑜,策与婢肩舆其母东归,行积雪中,行者怜之。梁太祖兼四镇,辟郑、滑支使,以母丧解职。服除,入唐为膳部员外郎。华州韩建辟判官,建徙许州,以为掌书记,建遣策聘于太祖。太祖见而喜曰:"张夫子至矣。"遂留以为掌书记,荐之于朝,累拜中书舍人、翰林学士。太祖即位,迁工部侍郎奉旨。开平二年,拜刑部侍郎、同中书门下平章事,迁中书侍郎。以风恙罢为刑部尚书,致仕,卒于洛阳。

赵光逢,字延吉,父隐,唐左仆射。光逢在唐,以文行知名,时人称其方直温润,谓之"玉界尺"。昭宗时为翰林学士承旨、御史中丞。以世乱弃官,居洛阳,杜门绝人事者五六年。柳璨为相,与光逢有旧恩,起光逢为吏部侍郎、太常卿。唐亡,事梁为中书侍郎、同中书门下平章事,累迁左仆射,以太保致仕。末帝即位,起为司空、同中书门下平章事,复以司徒致仕。唐天成中,即其家拜太保,封齐国公,卒,赠太傅。

薛贻矩,字熙用,河东闻喜人也。仕唐为兵部侍郎、翰林学士承旨。昭宗自岐还长安,大诛宦者,贻矩时为中尉韩全诲等作画像赞,坐左迁。贻矩乃自结于梁太祖,太祖言之于朝,拜吏部尚书,迁御史大夫。天祐三年,太祖自长芦还军,哀帝遣贻矩来劳,贻矩以臣礼见,太祖揖之升阶,贻矩曰:"殿下功德及人,三灵改卜,皇帝方行舜、禹之事,臣安敢违?"乃称臣拜舞,太祖侧身以避之。贻矩还,遂趣哀帝逊位。太祖即位,拜贻矩中书侍郎、同中书门下平章事,累拜司空。贻矩为梁相五年,卒,赠侍中。

苏循,不知何许人也。为人巧佞,阿谀无廉耻,惟利是趋。事唐为礼部尚书。是时,太祖已弑昭宗,立哀帝,唐之旧臣皆愤惋切齿,或俯首畏祸,或去不仕。而循特附会以希进用。梁兵攻杨行密,大败于淠河,太祖躁忿,急于禅代,欲邀唐九锡。群臣莫敢当其议,独循倡言：“梁王功德，天命所归，宜即受禅。”明年，梁太祖即位，循为册礼副使。

循有子楷，乾宁中举进士及第。昭宗遣学士陆扆覆落之，楷常惭恨。及昭宗遇弑，唐政出于梁，楷为起居郎，与柳璨、张延范等相结，因谓延范曰：“夫谥者，所以易名而贵信也。前有司谥先帝曰“昭”，名实不称，公为太常卿，予史官也，不可以不言。”乃上疏驳议。而延范本梁客将，尝求太常卿不得者，延范亦以此怨唐，因下楷疏延范。延范议曰：“臣闻执事坚固之谓恭，乱而不损之谓灵，武而不遂之谓庄，在国逢难之谓闵，因事有功之谓襄，请改谥昭宗皇帝曰恭灵庄闵皇帝，庙号襄宗。”梁太祖已即位，置酒玄德殿，顾群臣自陈德薄，不足以当天命，皆诸公推戴之力。唐之旧臣杨涉、张文蔚等皆惭惧俯伏不能对，独循与张祎、薛贻矩盛称梁王功德，所以顺天应人者。循父子皆自以附会梁得所托，旦夕引首，希见进用。敬翔尤恶之，谓太祖曰：“梁室新造，宜得端士以厚风俗，循父子皆无行，不可立于新朝。”于是父子皆勒归田里，乃依朱友谦于河中。其后，友谦叛梁降晋，晋王将即位，求唐故臣在者，以备百官之阙，友谦遣循至魏州。

是时梁未灭，晋诸将相多不欲晋王即帝位。晋王之意虽锐，将相大臣未有赞成其议者。循始至魏州，望州廨听事即拜，谓之“拜殿”。及入谒，蹈舞呼万岁而称臣。晋王大悦。明日又献“画日笔”三十管，晋王益喜，因以循为节度副使。已而病卒。庄宗即位，赠左仆射。

楷，同光中为尚书员外郎。明宗即位，大臣欲理其驳谥之罪，以忧死。

当唐之亡也，又有杜晓者，字明远。祖审权，父让能，皆为唐相。昭宗时，王行瑜、李茂贞兵犯京师，昭宗杀让能于临皋以自解。晓以父死无罪，居丧哀毁。服除，布衣幅巾，自废十余年。崔胤判盐铁，辟巡官，除畿县尉，直昭文馆，皆不起。崔远判户部，又辟巡官，或谓晓曰：“嵇康死，子绍自废不出仕。山涛以物理责之，乃仕。吾子忍令杜氏岁时铺席祭其先人同匹庶乎？"晓乃为之起。累迁膳部郎中、翰林学士。梁太祖即位，迁工部侍郎奉旨。开平二年，拜中书侍郎、同中书门下平章事。友珪立，迁礼部尚书、集贤殿大学士。袁象先等讨贼，兵大掠，晓为乱兵所杀，赠右仆射。

呜呼！始为朋党之论者谁欤？甚乎作俑者也。真可谓不仁之人哉！予尝至繁城，读《魏受禅碑》，见汉之群臣称魏功德，而大书深刻，自列其姓名，以夸耀于世。又读《梁实录》，见文蔚等所为如此，未尝不为之流涕也。夫以国予人而自夸耀，及遂相之，此非小人，孰能为也？汉、唐之末，举其朝皆小人也，而其君子者何在哉！当汉之亡也，先以朋党禁锢天下贤人君子，而立其朝者，皆小人也，然后汉从而亡。及唐之亡也，又先以朋党尽杀朝廷之士，而其余存者，皆庸懦不肖倾险之人也，然后唐从而亡。

夫欲空人之国，而去其君子者，必进朋党之说；欲孤人主之势，而蔽其耳目者，必进朋党之说；欲夺国而与人者，必进朋党之说。夫为君子者，故尝寡过，小人欲加之罪，则有可诬者，有不可诬者，不能遍及也。至欲举天下之善，求其类而尽去之，惟指以为朋党耳。故其亲戚故旧，谓之朋党可也；交游执友，谓之朋党可也；宦学相同，谓之朋党可也；门生故吏，谓之朋党可也。是数者，皆其类也，皆善人也。故曰：欲空人之国而去其君子者，惟以朋党罪之，则无免者矣。夫善善之相乐，以其类同，此自然之理也。故闻善者必相称誉，称誉则谓之朋党；得善者必相荐引，荐引则谓之朋党。使人闻善不敢称誉，人主之耳不闻有善于下矣。见善不敢荐，则人主之目不得见善人矣。善人日远，而小人日进，则为人主者，怅怅然谁与之图治安之计哉？故曰：欲孤人主之势而蔽其耳目者，必用朋党之说也。一君子存，群小人虽众，必有所忌，而有所不敢为。惟空国而无君子，然后小人得肆志于无所不为，则汉、魏，唐、梁之际是也。故曰：可夺国而予人者，由其国无君子。空国而无君子，由以朋党而去之也。呜呼，朋党之说，人主可不察哉！《传》曰："一言可以丧邦"者，其是之谓欤？可不鉴哉！可不戒哉！

新五代史卷三六
义儿传第二四

李嗣昭　嗣本　嗣恩　存信
存孝　存进　存璋　存贤

　　呜呼！世道衰，人伦坏，而亲疏之理反其常，干戈起于骨肉，异类合为父子。开平、显德五十年间，天下五代而实八姓，其三出于丐养。盖其大者取天下，其次立功名、位将相，岂非因时之隙，以利合而相资者邪？唐自号沙陀，起代北，其所与俱皆一时雄杰暴武之士，往往养以为儿，号"义儿军"。至其有天下，多用以成功业，及其亡也，亦由焉。太祖养子多矣，其可纪者九人：其一是为明宗，其次曰嗣昭、嗣本、嗣恩、存信、存孝、存进、存璋、存贤。作《义儿传》。李存审，后复以符氏大显，故别自为传。

　　李嗣昭，本姓韩氏，汾州大谷县民家子也。太祖出猎至其家，见其林中郁郁有气，甚异之，召其父问焉。父言家适生儿，太祖因遗以金帛而取之。命其弟克柔养以为子。初名进通，后更名嗣昭。嗣昭为人短小，而胆勇过人。初喜嗜酒，太祖尝微戒之，遂终身不饮。太祖爱其谨厚，常从用兵，为衙内指挥使。陕州王珙与其兄珂争立于河中，遣嗣昭助珂，败珙于猗氏，获其将三人。梁军救珙，嗣昭又败之于胡壁堡，执其将一人。光化元年，泽州李罕之袭潞州以降梁，梁遣丁会应罕之，嗣昭与会战含山，执其将一人，斩首三千级，遂取泽州。二年，晋遣李君庆攻梁潞州，君庆为梁所败，太祖鸩杀君庆，嗣昭攻克之。三年，出山东，取梁洺州，梁太祖自将攻之，遣葛从周设伏于青山口。嗣昭闻梁太祖自来，弃城走，前遇伏兵，因大败。

天复元年，梁破河中，执王珂，取晋、绛、慈、隰，因大举击晋，围太原。嗣昭日以精骑出击梁兵，会大雨，梁军解去。晋汾州刺史李瑭叛降梁军，梁军已去，嗣昭复取汾州，斩瑭。遂出阴地，取慈州，降刺史唐礼。又取隰州，降其刺史张璨。是岁，梁军西犯京师，围凤翔。嗣昭乘间攻梁晋、绛，战平阳，执梁将一人。进攻蒲县。梁朱友宁、氏叔琮以兵十万迎击之，嗣昭等败走，友宁追之，晋遣李存信率兵迎嗣昭，存信又败。梁军遂围太原，而慈、隰、汾州复入于梁。太祖大恐，谋走云州，李存信等劝太祖奔于契丹，嗣昭力争，以为不可，赖刘太妃亦言之，乃止。嗣昭昼夜出奇兵击梁军。梁军解去，嗣昭复取汾、慈、隰。是时，镇、定皆已绝晋而附梁。晋外失大国之援，内亡诸州，仍岁之间，孤城被围者再。于此时，嗣昭力战之功为多。

天祐三年，与周德威攻梁潞州，降丁会，以嗣昭为昭义军节度使。梁遣李思安将兵十万攻潞，筑夹城以围之。梁太祖尝遣人招降嗣昭，嗣昭斩其使者，闭城拒守，逾年，庄宗始攻破夹城。嗣昭完缉兵民，抚养甚有恩意。梁、晋战胡柳，晋军败，周德威战死。庄宗惧，欲收兵还临濮，嗣昭曰："梁军已胜，且暮思归。吾若收军，使彼休息，整而复出，何以当之？宜以精骑挠之，因其劳乏，可以胜也。"庄宗然之。是时，梁军已登无石山，庄宗遣嗣昭转击山北，而自以银枪军趋而呼曰："今日之战，得山者胜！"晋军皆争登山，梁军遽下，阵于山西，晋军从上急击，大败之。于是晋城德胜矣。周德威死，嗣昭权知幽州。居数月，以李绍宏代之。嗣昭将去幽州，人皆号哭，闭关遮留之，嗣昭夜遁，乃得去。

十九年，从庄宗击契丹于望都。庄宗为契丹围之数十重，嗣昭以三百骑决围，取庄宗以出。是时，晋遣阎宝攻张文礼于镇州，宝为镇人所败，乃以嗣昭代之。镇兵出掠九门，嗣昭以奇兵击之，镇军且尽。余三人匿破垣中，嗣昭驰马射之，反为贼射中脑，嗣昭顾箙中矢尽，拔矢于脑，射杀一人，还营而卒。

　　嗣昭诸子,继俦长而懦,其弟继韬囚之以自立。庄宗方与梁兵相持河上,不暇究其事,因即以为昭义军留后。继韬委其政于魏琢、申蒙。琢等常教继韬反,继韬未决。庄宗在魏,以事召监军张居翰、节度判官任圜。琢等以谓庄宗召居翰等问继韬事,继韬且见诛,因以语趣之,继韬乃遣其弟继远入梁,梁末帝即拜继韬同中书门下平章事。居数月,庄宗灭梁,继韬将走契丹,会赦至,乃已,因随其母朝于京师。继远谏曰:"兄为臣子,以反为名,复何面以见天子?且潞城坚而仓廪实,不如闭城坐食积粟,以延岁月,愈于往而就戮也。"继韬不听。继韬母杨氏,善畜财,平生居积行贩,至赀百万。当嗣昭为梁围以夹城弥年,军用乏绝,杨氏之积,盖有助焉。至是,乃赍银数十万两至京师,厚赂宦官、伶人,宦官、伶人皆言:"继韬初无恶意为奸人所误耳。"杨夫人亦以赂谒刘皇后,刘皇后为言:"嗣昭功臣,宜蒙恩贷。"由是庄宗释继韬。尝从猎,宠幸无间。李存渥尤切齿,数诋责之,继韬怀不自安,复赂宦官、伶人求归镇。庄宗不许。继韬阴使人告继远,令起变于军中,冀天子遣己往安绪之。事泄,斩于天津桥。其二子尝为质于梁,庄宗破梁得之,抚其背曰:"尔幼,犹能佐其父反,长复何为乎?"至是因并诛之。即遣人斩继远,以继俦知潞州事。

　　已而,召继俦还京师,继俦悉取继韬妓妾珍玩,而不时即路。其弟继达怒曰:"吾兄父子诛死,而大兄不仁,利其赀财,淫其妻妾,吾所不忍也!"乃服衰麻,引数百骑坐戟门,使人入杀继俦。节度副使李继珂募市人千余攻继达,继达走城外,自刭死。

　　嗣昭七子。至明宗时,子继能坐笞杀其母、主藏婢,婢家告变,言继能反,与其弟继袭皆见杀,惟一子继忠仅免。继忠家于晋阳,杨氏所积余赀犹钜万,晋高祖自太原起兵,召契丹为援。契丹求赂,高祖贷于继忠以取足。高祖入立,甚德之,以为沂、棣、单三州刺史,开运中卒。杨氏平生积产,嗣昭父子三人赖之。

　　嗣本,本姓张氏,雁门人也。世为铜冶镇将。嗣本少事太祖,太

祖爱之,赐以姓名,养为子。从击居庸关,以功迁义儿军使。从破王
行瑜,迁威远军使。从攻罗弘信,以先锋兵破汤阴。从庄宗破潞州
夹城。累以战功迁代州刺史、云州防御史、振武节度使,号威信可
汗。天祐十三年,从庄宗击刘郭于故元城,下洺、磁诸州。六月,还
军振武。契丹入代北,攻蔚州,嗣本战殁。

嗣恩,本姓骆,吐谷浑部人也。少事太祖,能骑射,为铁林军将。
稍以战功迁突阵指挥使,赐姓名,以为子。从败康怀英于河西,迁左
厢马军都指挥使。从李嗣昭援朱友谦于河中,与梁兵力战,槊中其
口,战不已。迁辽州刺史。从庄宗入魏,迁天雄军马步都指挥使。刘
郭攻太原,兵趣乐平,嗣恩从后追之,自佗道先入太原以守。郭兵
去,嗣恩亦以兵会庄宗于魏,从战于莘。迁代州刺史、石岭关已北都
知兵马使、振武节度使。天祐十五年,卒于太原。追赠太尉。

存信,本姓张氏,其父君政,回鹘李思忠之部人也。存信少善骑
射,能四夷语,通六蕃书。从太祖起代北,入关破黄巢,累以功为马
步军都指挥使,遂赐姓名,以为子。存信与存孝俱为养子,材勇不及
存孝,而存信不为之下,由是交恶。存孝所为,存信每沮激之。存孝
卒得罪死。而存信数从征伐,以功领郴州刺史。太祖遣将兵救朱宣,
存信屯于莘县,为罗弘信所击,存信败,亡太祖子落落。后从太祖讨
刘仁恭,大败于安塞。太祖大怒,顾存信曰:"昨日吾醉,公不能为我
战邪? 古人三败,公已二矣。"将杀之,存信叩头谢罪而免。由是大
惧,常称疾,天复二年卒,年四十一。

存孝,代州飞狐人也。本姓安,名敬思。太祖掠地代北得之,给
事帐中,赐姓名,以为子,常从为骑将。

文德元年,河南张言袭破河阳,李罕之来归晋,晋处罕之于泽
州,遣存孝与薛阿檀、安休休等以兵七千助罕之还击河阳。梁亦遣
丁会、牛存节等助言,战于温县。梁军先扼太行,存孝大败,安休休

被执。是时，晋已得泽、潞，岁出山东，与孟方立争邢、洺、磁。存孝未尝不在兵间。方立死，晋取三州，存孝功为多。

明年，潞州军乱，杀李克恭以归唐。梁遣李谠攻李罕之于泽州，存孝以骑兵五千救之。梁军呼罕之曰："公常恃太原以为命，今上党已归唐，唐兵大集，围太原，沙陀将无穴以自处，公复谁恃而不降乎？"存孝以精骑五百，绕梁栅而呼曰："我沙陀之未穴者，待尔肉以食军。可令肥者出斗！"梁骁将邓季筠引军出战，存孝舞槊擒之，李谠败走，追击至马牢关，还攻潞州。唐以孙揆为潞州节度使。揆，儒者，以梁卒三千为卫，褒衣大盖，拥节先驱。存孝以三百骑伏长子西崖谷间，伺揆军过，横击断之，擒揆以归。初，梁遣葛从周、朱崇节守潞州以待揆，闻揆见执，皆弃去，晋遂复取潞州。是时，张浚、韩建伐晋，击阴地关。晋以李存信、薛阿檀等当浚，别遣存孝军于赵城。唐军战败于阴地关，浚退保晋州，韩建走绛州。存孝攻晋州，浚兵出战，辄复败，因闭壁不敢出。存孝去，攻绛州，浚、建皆走。存孝猿臂善射，身被重铠，櫜弓坐槊，手舞铁檛，出入阵中，以两骑自从。战酣易骑，上下如飞。初，存孝取潞州功为多，而太祖别以大将康君立为潞州留后，存孝为汾州刺史，存孝负其功，不食者数日。及走张浚，迁邠州刺史。

大顺二年，徙邢州留后。是时，晋军连岁攻赵常山，存孝常为先锋，下赵临城、元氏。赵王求救于幽州李匡威，匡威兵至，晋军辄引去。存孝素与存信有隙，存信谮之曰："存孝有二心，常避赵不击。"存孝不自安，乃附梁通赵，自归于唐，因请会兵以伐晋。唐命赵王王镕援之。明年，赵与幽州有隙，惧而与晋和，反以兵三万助晋击存孝。存孝婴城自守，太祖自将兵傅其城，掘堑以围之，存孝出兵冲击，堑不得成。裨将袁奉韬使人说存孝曰："公所畏者晋王尔。王俟堑成，且留兵去，诸将非公敌也，虽堑何为？"存孝以为然，纵兵成堑。堑成，深沟高垒，不可近，存孝遂窘。城中食尽，登城呼曰："儿蒙王恩，位至将相，岂欲舍父子而附仇雠，乃存信构陷之耳。愿生见王一言而死。"太祖哀之，遣刘夫人入城慰谕之，刘夫人引与俱来，存孝泥首请罪曰："儿于晋有功而无过，所以至此，由存信为之耳！"太祖叱曰："尔为书檄，罪我百端，亦存信为之邪？"缚载后车，至太原，车裂之以徇。然太祖惜其材，怅然恨诸将之不能容也，为之不视事者十余日。康君立素与存信相善，方二人之交恶也，君立每左右存信以倾之。存孝已死，太祖与诸将博，语及存孝，流涕不已，君立以为不然，太祖怒，鸩杀君立。君立初为云州牙将，唐僖宗时，逐段文楚，与太祖俱起云中，盖君立首事。其后累立战功，表昭义节度使，以存孝故，杀之。

存进，振武人也，本姓孙，名重进。太祖攻破朔州得之，赐以姓名，养为子。从太祖入关破黄巢，以为义儿军使。从庄宗战柏乡，迁行营马步军都虞候，历慈、沁二州刺史。庄宗初得魏博，以为天雄军都部署。治梁乱军，一切以法，人有犯者，辄枭首磔尸于市，魏人屏息畏之。从战河上，以功迁振武军节度使。是时，晋军德胜，为南北寨，每以舟兵来往，颇以为劳。而河北无竹石，存进乃以苇笮维大舰为浮梁。庄宗大喜，解衣以赐之。晋讨张文礼于镇州，久不克，而史建瑭、阎宝、李嗣昭相次战殁，乃以存进代嗣昭为招讨使，军于东垣渡。东垣土恶，筑垒不能就，存进伐木为栅。晋军晨出刍牧，文礼子处球以兵千余逼存进栅，存进出战桥上，杀处球兵殆尽，而存进亦殁于阵，追赠太尉。

子汉韶，明宗时复本姓，为洋州节度使。潞王从珂以凤翔反，汉韶与张虔钊会唐军讨之，唐军皆降于从珂，独汉韶与虔钊军不降，俱奔于蜀。事蜀，历永平、兴元、武信节度使。年七十余，卒于蜀。

存璋，字德璜，初与康君立、薛志勤等从太祖入关，破黄巢，累迁义儿军使。太祖病革，存璋与张承业等受顾命，立庄宗为晋王。晋王以存璋为河东马步军使。晋自先王时，尝优假军士，军士多犯法逾禁。庄宗新立，尤患之。存璋一切绳之以法，境内为之清肃。从攻夹城，战柏乡，以功迁汾州刺史。庄宗与刘郭战于魏博，梁遣王檀来，乘虚袭太原，存璋以汾州兵入太原距守，以功迁大同军防御使，遂为节度使。天祐十九年以疾卒，追赠太尉。

存贤，许州人也，本姓王名贤。少为军卒，善角抵。太祖击黄巢于陈州，得之，赐以姓名，养为子。后为义儿军副兵马使，迁沁州刺史。先时，沁州当敌冲，徙其南百余里，据险立栅而寓居。至存贤为刺史，曰：“徙城避敌，岂勇者所为？”乃复城故州。梁兵屡攻之，存贤力自距守，卒不能近。迁武州刺史、山北围练使，又迁慈州。天祐十八年，梁兵攻朱友谦于河中，庄宗遣存贤援友谦。是时，友谦新叛梁归晋，而河中食少，人心多贰，谍者因谓存贤曰：“河中人欲杀子以归梁，宜亟去。”存贤曰：“死王事，吾志也。复何恨哉！”卒击走梁兵。庄宗即位，拜右武卫上将军。庄宗亦好角抵，尝与王较而屡胜，颇以自矜，因顾存贤曰：“尔能胜我，与尔一镇。”存贤博而胜之。同光二年春，幽州符存审病，庄宗置酒宫中，叹曰：“吾创业故人，零落殆尽，其所存者惟存审耳！今又病笃，北方之事谁可代之？”因顾存贤曰：“无以易卿角抵之胜，吾不食言。”即日以为卢龙军节度使。是岁，卒于幽州，年六十五。赠太傅。

新五代史卷三七
伶官传第二五

敬新磨　景进　史彦琼
郭从谦

　　呜呼，盛衰之理，虽曰天命，岂非人事哉！原庄宗之所以得天下，与其所以失之者，可以知之矣。世言晋王之将终也，以三矢赐庄宗，而告之曰："梁，吾仇也；燕王，吾所立；契丹与吾约为兄弟，而皆背晋以归梁。此三者，吾遗恨也。与尔三矢，尔其无忘乃父之志。"庄宗受而藏之于庙。其后用兵，则遣从事以一少牢告庙，请其矢盛以锦囊，负而前驱，及凯旋而纳之。方其系燕父子以组，函梁君臣之首，入于太庙，还矢先王，而告以成功，其意气之盛，可谓壮哉！及仇雠已灭，天下已定，一夫夜呼，乱者四应，苍皇东出，未及见贼而士卒离散，君臣相顾，不知所归。至于誓天断发，泣下沾襟，何其衰也！岂得之难而失之易欤？抑本其成败之迹，而皆自于人欤？《书》曰："满招损，谦得益。"忧劳可以兴国，逸豫可以忘身，自然之理也。故方其盛也，举天下豪杰莫能与之争；及其衰也，数十伶人困之，而身死国灭，为天下笑。夫祸患常积于忽微，而智勇多困于所溺，岂独伶人也哉！作《伶官传》。

　　庄宗既好俳优，又知音，能度曲，至今汾、晋之俗，往往能歌其声，谓之"御制"者皆是也。其小字亚子，当时人或谓之亚次。又别为优名以自目，曰李天下。自其为王，至于为天子，常身与俳优杂戏于庭,伶人由此用事,遂至于亡。

皇后刘氏素微,其父刘叟,卖药善卜,号刘山人。刘氏性悍,方
与诸姬争宠,常自耻其世家,而特讳其事。庄宗乃为刘叟衣服,自负
蓍囊药笈,使其子继岌提破帽而随之,造其卧内,曰:"刘山人来省
女。"刘氏大怒,笞继岌而逐之。宫中以为笑乐。

其战于胡柳也,嬖伶周匝为梁人所得。其后灭梁入汴,周匝谒
于马前,庄宗得之喜甚,赐以金帛,劳其良苦。周匝对曰:"身陷仇
人,而得不死以生者,教坊使陈俊、内园栽接使储德源之力也。愿乞
二州以报此两人。"庄宗皆许以为刺史。郭崇韬谏曰:"陛下所与共
取天下者,皆英豪忠勇之士。今大功始就,封赏未及于一人,而先以
伶人为刺史,恐失天下心。不可!"因格音阁。其命。逾年,而伶人屡
以为言,庄宗谓崇韬曰:"吾已许周匝矣,使吾惭见此三人。公言虽
正,然当为我屈意行之。"卒以俊为景州刺史、德源为宪州刺史。

庄宗好畋猎,猎于中牟,践民田。中牟县令当马切谏,为民请。
庄宗怒,叱县令去,将杀之。伶人敬新磨知其不可,乃率诸伶走追县
令,擒至马前责之曰:"汝为县令,独不知吾天子好猎邪? 奈何纵民
稼穑以供税赋? 何不饥汝县民而空此地,以备吾天子之驰骋? 汝罪
当死!"因前请亟行刑,诸伶共唱和之,庄宗大笑,县令乃得免去。庄
宗尝与群优戏于庭,四顾而呼曰:"李天下,李天下何在?"新磨遽前
以手批其颊。庄宗失色,左右皆恐,群伶亦大惊骇,共持新磨诘曰:
"汝奈何批天子颊?"新磨对曰:"李天下者,一人而已。复谁呼邪?"
于是左右皆笑,庄宗大喜,赐与新磨甚厚。新磨尝奏事殿中,殿中多
恶犬,新磨去,一犬起逐之,新磨倚柱而呼曰:"陛下毋纵儿女啮
人!"庄宗家世夷狄,夷狄之人讳狗,故新磨以此讥之。庄宗大怒,弯
弓注矢将射之,新磨急呼曰:"陛下无杀臣! 臣与陛下为一体,杀之
不祥!"庄宗大惊,问其故,对曰:"陛下开国,改元同光,天下皆谓陛
下同光帝。且同,铜也,若杀敬新磨,则同无光矣。"庄宗大笑,乃释
之。

　　然时诸伶,独新磨尤善俳,其语最著,而不闻其佗过恶。其败政乱国者,有景进、史彦琼、郭门高三人为最。

　　是时,诸伶人出入宫掖,侮弄缙绅,群臣愤嫉,莫敢出气,或反相附托,以希恩幸。四方藩镇,货赂交行,而景进最居中用事。庄宗遣进等出访民间,事无大小皆以闻。每进奏事殿中,左右皆屏退。军机国政皆与参决。三司使孔谦兄事之,呼为"八哥"。庄宗初入洛,居唐故宫室,而嫔御未备。阉宦希旨,多言宫中夜见鬼物,相惊恐。庄宗问所以禳之者,因曰:"故唐时,后宫万人,今宫多怪,当实以人乃息。"庄宗欣然。其后幸邺,乃遣进等采邺美女千人,以充后宫。而进等缘以为奸,军士妻女因而逃逸者数千人。庄宗还洛,进载邺女千人以从,道路相属,男女无别。魏王继岌已破蜀,刘皇后听宦者谗言,遣继岌贼杀郭崇韬。崇韬素嫉伶人,常裁抑之,伶人由此皆乐其死。皇弟存乂,崇韬之婿也,进谗于庄宗曰:"存乂且反,为妇翁报仇。"乃囚而杀之。朱友谦,以梁河中降晋者,及庄宗入洛,伶人皆求赂于友谦,友谦不能给而辞焉,进乃谗友谦曰:"崇韬且诛,友谦不自安,必反,宜并诛之。"于是及其将五六人皆族灭之,天下不胜其冤。进,官至银青光禄大夫、检校左散骑常侍兼御史大夫,上柱国。

　　史彦琼者,为武德使,居邺都,而魏博六州之政皆决彦琼。自留守王正言而下,皆俯首承事之。是时,郭崇韬以无罪见杀于蜀,天下未知其死也,第见京师杀其诸子,因相传曰:"崇韬杀魏王继岌而自王于蜀矣,以故族其家。"邺人闻之,方疑惑。已而,朱友谦又见杀。友谦子廷徽为澶州刺史,有诏彦琼使杀之。彦琼秘其事,夜半驰出城。邺人见彦琼无故夜驰出,因惊传曰:"刘皇后怒崇韬之杀继岌也,已弑帝而自立,急召彦琼计事。"邺都大恐。贝州人有来邺者,传此语以归。戍卒皇甫晖闻之,由此劫赵在礼作乱。在礼已至馆陶,邺都巡检使孙铎,见彦琼,求兵御贼,彦琼不肯与,曰:"贼未至,至而给兵岂晚邪?"已而贼至,彦琼以兵登北门,闻贼呼声,大恐,弃其兵而走,单骑归于京师。在礼由是得入于邺,以成其叛乱者,由彦琼启而纵之也。

郭门高者,名从谦,门高其优名也。虽以优进,而尝有军功,故以为从马直指挥使。从马直,盖亲军也。从谦以姓郭,拜崇韬为叔父。而皇弟存乂又以从谦为养子。崇韬死,存乂见囚,从谦置酒军中,愤然流涕,称此二人之冤。是时,从马直军士王温宿卫禁中,夜谋乱,事觉被诛。庄宗戏从谦曰:“汝党存乂、崇韬负我,又教王温反,复欲何为乎?”从谦恐,退而激其军士曰:“罄尔之赀,食肉而饮酒,无为后日计也。”军士问其故,从谦因曰:“上以王温故,俟破邺,尽坑尔曹。”军士信之,皆欲为乱。李嗣源兵反,向京师。庄宗东幸汴州,而嗣源先入。庄宗至万胜,不得进而还。军士离散,尚有二万余人。居数日,庄宗复东幸汜水,谋扼关以为拒。四月丁亥朔,朝群臣于中兴殿,宰相对三刻罢。从驾黄甲马军阵于宣仁门,步军阵于五凤门以俟。庄宗入食内殿,从谦自营中露刃注矢,驰攻兴教门,与黄甲军相射。庄宗闻乱,率诸王卫士击乱兵出门。乱兵纵火焚门,缘城而入,庄宗击杀数十百人。乱兵从楼上射帝,帝伤重,踣于绛霄殿廊下。自皇后、诸王左右皆奔走。至午时,帝崩,五坊人善友,聚乐器而焚之。嗣源入洛,得其骨,葬新安之雍陵。以从谦为景州刺史,已而杀之。

《传》曰:“君以此始,必以此终。”庄宗好伶,而弑于门高,焚以乐器。可不信哉! 可不戒哉!

新五代史卷三八
宦者传第二六

张承业　　张居翰

　　呜呼，自古宦、女之祸深矣！明者未形而知惧，暗者患及而犹安焉。至于乱亡而不可悔也。虽然，不可以不戒。作《宦者传》。

　　张承业，字继元，唐僖宗时宦者也。本姓康，幼阉，为内常侍张泰养子。晋王兵击王行瑜，承业数往来兵间，晋王喜其为人。及昭宗为李茂贞所迫，将出奔太原，乃先遣承业使晋以道意，因以为河东监军。其后崔胤诛宦官，宦官在外者，悉诏所在杀之。晋王怜承业，不忍杀，匿之斛律寺。昭宗崩，乃出，承业复为监军。晋王病且革，以庄宗属承业曰："以亚子累公等！"庄宗常兄事承业，岁时升堂拜母，甚亲重之。庄宗在魏，与梁战河上十余年，军国之事，皆委承业，承业亦尽心不懈。凡所以畜积金粟，收市兵马，劝课农桑，而成庄宗之业者，承业之功为多。自贞简太后、韩德妃、伊淑妃及诸公子在晋阳者，承业一切以法绳之，权贵皆敛手畏承业。

　　庄宗岁时自魏归省亲，须钱蒲博，赏赐伶人，而承业主藏钱不可得。庄宗乃置酒库中，酒酣，使子继岌为承业起舞。舞罢，承业出宝带、币、马为赠，庄宗指钱积呼继岌小字，以语承业曰："和哥乏钱，可与钱一积，何用币、马也？"承业谢曰："国家钱，非臣所得私也。"庄宗以语侵之，承业怒曰："臣，老敕使，非为子孙计。惜此库钱，佐王成霸业尔！若欲用之，何必问臣？财尽兵散，岂独臣受祸也?"庄宗顾元行钦曰:"取剑来!"承业起,持庄宗衣而泣,曰:"臣受先王顾托之命,誓雪家国之仇。今日为王惜库物而死,死不愧于先王矣!"阎宝从旁解承业手令去,承业奋拳殴宝蹐,骂曰:"阎宝,朱温之贼。蒙晋厚恩,不能有一言之忠,而反谄谀自容邪?"太后闻之,使召庄宗。庄宗性至孝,闻太后召,甚惧,乃酌两卮谢承业曰:"吾杯酒之失,且得罪太后。愿公饮此,为吾分过!"承业不肯饮。庄宗入内,太后使人谢承业曰:"小儿忤公,已答之矣。"明日,太后与庄宗俱过承业第,慰劳之。

卢质嗜酒傲忽,自庄宗及诸公子多见侮慢,庄宗深嫉之。承业乘间请曰:"卢质嗜酒无礼,臣请为王杀之。"庄宗曰:"吾方招纳贤才以就功业,公何言之过也?"承业起贺曰:"王能如此,天下不足平也!"质因此获免。

天祐十八年,庄宗已诺诸将即皇帝位。承业方卧病,闻之,自太原肩舆至魏,谏曰:"大王父子与梁血战三十年,本欲雪家国之仇,而复唐之社稷。今元凶未灭,而遽以尊名自居,非王父子之初心,且失天下望,不可!"庄宗谢曰:"此诸将之所欲也。"承业曰:"不然,梁、唐、晋之仇贼,而天下所共恶也。今王诚能为天下去大恶,复列圣之深仇,然后求唐后而立之。使唐之子孙在,孰敢当之?使唐无子孙,天下之士,谁可与王争者?臣,唐家一老奴耳!诚愿见大王之成功,然后退身田里,使百官送出洛东门,而令路人指而叹曰:此本朝敕使,先王时监军也。岂不臣主俱荣哉?"庄宗不听。承业知不可谏,乃仰天大哭曰:"吾王自取之!误老奴矣。"肩舆归太原,不食而卒,年七十七。同光元年,赠左武卫上将军,谥曰正宪。

张居翰,字德卿,故唐掖廷令张从玫之养子。昭宗时,为范阳军监军,与节度使刘仁恭相善。天复中,大诛宦者,仁恭匿居翰大安山之北溪以免。其后,梁兵攻仁恭,仁恭遣居翰从晋王攻梁潞州,以牵其兵,晋遂取潞州,以居翰为昭义监军。庄宗即位,与郭崇韬并为枢密使。庄宗灭梁而骄,宦官因以用事。郭崇韬又专任政,居翰默默,苟免而已。

魏王破蜀，王衍朝京师，行至秦川，而明宗军变于魏。庄宗东征，虑衍有变，遣人驰诏魏王杀之。诏书已印画，而居翰发视之，诏书言"诛衍一行"，居翰以谓杀降不祥，乃以诏傅柱，揩去"行"字，改为一"家"。时蜀降人与衍俱东者千余人，皆获免。庄宗遇弑，居翰见明宗于至德宫，求归田里。天成三年，卒于长安，年七十一。

五代文章陋矣，而史官之职废于丧乱，传记小说多失其传，故其事迹，终始不完，而杂以讹缪。至于英豪奋起，战争胜败，国家兴废之际，岂无谋臣之略，辩士之谈？而文字不足以发之，遂使泯然无传于后世。然独张承业事，卓卓在人耳目，至今故老犹能道之。其论议可谓杰然钦！殆非宦者之言也。

自古宦者乱人之国，其源深于女祸。女，色而已；宦者之害，非一端也。盖其用事也近而习，其为心也专而忍。能以小善中人之意，小信固人之心，使人主必信而亲之。待其已信，然后惧以祸福而把持之。虽有忠臣硕士列于朝廷，而人主以为去已疏远，不若起居饮食、前后左右之亲为可恃也。前后左右者日益亲，则忠臣硕士日益疏，而人主之势日益孤。势孤，则惧祸之心日益切，而把持者日益牢，安危出其喜怒，祸患伏于帷闼。则向之所谓可恃者，乃所以为患也。患已深而觉之，欲与疏远之臣，图左右之亲近，缓之则养祸而益深，急之则挟人主以为质，虽有圣智不能与谋，谋之而不可为，为之而不可成，至其甚，则俱伤而两败。故其大者亡国，其次亡身。而使奸豪得借以为资而起，至抉其种类，尽杀以快天下之心而后已。此前史所载宦者之祸常如此者，非一世也。夫为人主者，非欲养祸于内，而疏忠臣硕士于外，盖其渐积而势使之然也。夫女色之惑，不幸而不悟，则祸斯及矣；使其一悟，捽而去之可也。宦者之为祸，虽欲悔悟，而势有不得而去也，唐昭宗之事是已。故曰"深于女祸"者，谓此也。可不戒哉！昭宗信狎宦者，由是有东宫之幽。既出而与崔胤图之，胤为宰相，顾力不足为，乃召兵于梁。梁兵且至，而宦者挟天子走之岐，梁兵围之三年，昭宗既出，而唐亡矣。初，昭宗之出也，梁王悉诛唐宦者第五、可范等七百余人，其在外者，悉诏天下捕杀之。而宦者多为诸镇所藏匿而不杀。是时，方镇僭拟，悉以宦官给事，而吴越最多。及庄宗立，诏天下访求故唐时宦者悉送京师，得数百人，宦者遂复用事，以至于亡。此何异求已覆之车，躬驾而履其辙也？可为悲夫！

庄宗未灭梁时，承业已死。其后居翰为枢密使，而不用事，有宣徽使马绍宏者，尝赐姓李，颇见信用。然诬杀大臣，黩货赂，专威福，以取怨于天下者，左右狎昵，黄门内养之徒也。是时，明宗自镇州入觐，奉朝请于京师。庄宗颇疑其有异志，阴遣绍宏伺其动静，绍宏反以情告明宗。明宗自魏而反，天下皆知祸起于魏，孰知其启明宗之二心者，自绍宏始也！郭崇韬已破蜀，庄宗信宦者言而疑之。然崇韬之死，庄宗不知，皆宦者为之也。当此之时，举唐之精兵皆在蜀，使崇韬不死，明宗入洛，岂无西顾之患？其能晏然取唐而代之邪？及明宗入立，又诏天下悉捕宦者而杀之。宦者亡窜山谷，多削发为浮图。其亡至太原者七十余人，悉捕而杀之都亭驿，流血盈庭。

明宗晚而多病，王淑妃专内以干政，宦者孟汉琼因以用事。秦王入视明宗疾已革，既出而闻哭声，以谓帝崩矣，乃谋以兵入宫者，惧不得立也。大臣朱弘昭等方图其事，议未决，汉琼遽入见明宗，言秦王反，即以兵诛之。陷秦王大恶，而明宗以此饮恨而终。后愍帝奔于卫州，汉琼西迎废帝于路，废帝恶而杀之。

呜呼！人情处安乐，自非圣哲，不能久而无骄怠。宦、女之祸非一日，必伺人之骄怠而浸入之。明宗非佚君，而犹若此者，盖其在位差久也。其余多武人崛起，及其嗣续，世数短而年不永，故宦者莫暇施为。其为大害者，略可见矣。独承业之论，伟然可爱；而居翰更一字，以活千人。君子之于人也，苟有善焉，无所不取。吾于斯二人者有所取焉。取其善而戒其恶，所谓"爱而知其恶，憎而知其善"也。故并述其祸败之所以然者著于篇。

新五代史卷三九
杂传第二七

王镕　罗绍威　王处直
刘守光

　　王镕,其先回鹘阿布思之遗种,曰没诺干,为镇州王武俊骑将。武俊录以为子,遂冒姓王氏。没诺干子曰末坦活,末坦活子曰升,升子曰廷凑廷凑,廷凑子曰元逵,元逵子曰绍鼎、绍懿,绍鼎子曰景崇。自升以上三世,常为镇州骑将。自景崇以上四世五人,皆为成德军节度使。景崇官至守太尉,封常山郡王。唐中和二年卒。子镕立,年十岁。是时,晋新有太原,李匡威据幽州,王处存据中山,赫连铎据大同,孟方立据邢台。四面豪杰并起而交争,镕介于其间,而承祖父百年之业,士马强而畜积富,为唐累世藩臣。故镕年虽少,藉其世家以取重四方,诸镇废立承继,有请于唐者,皆因镕以闻。自晋兵出山东,已破孟迁,取邢、洺、磁三州,景福元年,乃大举击赵,下临城。镕求救于李匡威,匡威来救,晋军解去。明年,晋会王处存攻镕坚固、新市。晋王与处存皆自将,而镕未尝临军,遣追风都团练使段亮、蔡寇都团练使马珂等,以兵属匡威而已。匡威战磁河,晋军大败。明年春,晋攻天长军。镕出兵救之,败于叱日岭,晋军遂出井陉。镕又求救于匡威,晋军解去。初,匡威悦其弟匡俦之妇美而淫之,匡俦怒,及其救镕也,诱其军乱而自立。匡威内惭不敢还,乃以符印归其弟,而将奔于京师。行至深州,镕德匡威救己,使人邀之,馆于梅子园,以父事之。匡威客李正抱者,少游燕、赵间,每徘徊常山,爱之

不能去。正抱、匡威皆失国无聊，相与登城西高阁，顾览山川，泫然
而泣。乃与匡威谋劫而代之。因诈为忌日，镕去卫从，晨诣馆慰，坐
定，甲士自幕后出，持镕两袖。镕曰："吾国赖公而存，诚无以报厚
德，今日之事，是所甘心。"因叩头以位与匡威。匡威素少镕，以谓无
能为也，因与镕方辔诣府，将代其位。行过亲事营，军士闭门大噪，
天雨震电，暴风拔木，屋瓦皆飞。屠者墨君和望见镕，识之，从缺垣
中跃出，挟镕于马，负之而走。乱军击杀匡威、正抱，燕人皆走。匡
俦虽憾其兄，而阳以大义责镕甚急。镕既失燕援，而晋军急攻平山，
劫镕以盟，镕遂与晋和。其后梁太祖下晋邢、洺、磁三州，乃为书诏
_{古本作招}镕，使绝晋而归梁，镕依违不决。_{一作诀。}晋将李嗣昭复取
洺州，梁太祖击败嗣昭，嗣昭弃洺州走。梁获其辎重，得镕与嗣昭
书，多道梁事，太祖怒，因移兵常山，顾谓葛从周曰："得镇州以与
尔，尔为我先锋。"从周至临城，中流矢，卧舆中，梁军大沮。梁太祖
自将傅城下，焚其南关。镕惧，顾其属曰："事急矣！奈何？"判官周
式，辨士也，对曰："此难与力争，而可以理夺也。"式与梁太祖有旧，
因请入梁军。太祖望见式，骂曰："吾常以书招镕不来，今吾至此，而
尔为说客，晚矣！且晋，吾仇也，而镕附之，吾知李嗣昭在城中，可使
先出。"乃以所得镕与嗣昭书示式，式进曰："梁欲取一镇州而止乎，
而欲成霸业于天下也？且霸者，责人以义而不私。今天子在上，诸
侯守封，睦邻所以息争，且休民也。昔曹公破袁绍，得魏将吏与绍
书，悉焚之，此英雄之事乎！今梁知兵举无名，而假嗣昭以为辞。且
王氏五世六公，抚有此土，岂无死士而待嗣昭乎？"太祖大喜，起牵
式衣而抚之曰："吾言戏耳。"因延式于上坐，议与镕和。镕以子昭祚
为质，梁太祖以女妻之。

　　太祖即位，封镕赵王。镕祖母丧，诸镇皆吊。梁使者见晋使在
馆，还言赵王有二志。是时，魏博罗绍威卒，梁因欲尽取河北。开平
四年冬，遣供奉官杜延隐监魏博将夏谭，以兵三千袭深、冀二州，以
王景仁为北面行营招讨使。镕惧，乞兵于晋。晋人击败景仁于柏乡，
梁遂失镇、定，而庄宗由此益疆。北破幽燕，南并魏博，镕常以兵从。

镕德晋基。

明年，会庄宗于承天军，奉觞为寿，庄宗以镕父友，尊礼之。酒酣为镕歌，拔佩刀断衣而盟，许以女妻镕子昭诲。

镕为人仁而不武，未尝敢为兵先。佗兵攻赵，常藉邻兵为救。当是时，诸镇相弊于战争，而赵独安，乐王氏之无事。都人士女褒衣博带，务夸侈为嬉游。镕尤骄于富贵，又好左道，炼丹药，求长生，与道士王若讷留游西山，登王母祠。使妇人维锦绣牵持而上。每出，逾月忘归，任其政于宦者。宦者石希蒙与镕同卧起。天祐十八年冬，镕自西山宿鹘营庄，将还府，希蒙止之。宦者李弘规谏曰："今晋王身自暴露以亲矢石，而大王竭军国之用为游败之资，开城空宫，逾月不返，使一夫闭门不纳从者，大王欲何归乎？"镕惧，促驾，希蒙固止之。弘规怒，遣亲事军将苏汉衡率兵擐甲露刃于帐前曰："军士劳矣！愿从王归。"弘规继而进曰："惑王者希蒙也，请杀之以谢军士！"镕不答，弘规呼镕甲士斩希蒙首，掷于镕前，镕惧，遽归。使其子昭祚与大将张文礼族弘规、汉衡，收其偏将下狱，穷究反状，亲军皆惧。文礼诱以为乱，夜半，亲军千余人逾垣而入，镕方与道士焚香受箓，军士斩镕首，袖之而出，因纵火焚其宫室，遂灭王氏之族。

镕小子昭诲，年十岁，其军士有德镕者，藏之穴中。乱定，髡其发，被以僧衣。遇湖南人李震，匿昭诲于茶笼中，载之湖南，依南岳为浮图，易名崇隐。明宗时，昭诲已长，思归，而镕故将符习为宣武军节度使，震以归习，习表于朝。昭诲自称前成德军中军使以见，拜考功郎中、司农少卿。周显德中，犹为少府监云。

张文礼者，狡狯人也，镕惑爱之，以为子，号王德明。镕已死，文礼自为留后。庄宗初纳之，后知其通于梁也，遣赵故将符习与阎宝击之。文礼家鬼夜哭，野河水变为血，游鱼皆死。文礼惧，病疽卒。子处瑾秘丧拒守，击败习等，以李嗣昭代之。嗣昭中流矢卒，以李存进代之，存进辄复战殁，乃以符存审为招讨使，遂破之。执文礼妻及子处瑾、处球、处琪等，折足归于晋。赵人请而醢之，磔文礼尸于市。

罗绍威，字端己，其先长沙人。祖让，北迁为魏州贵乡人。父弘信，为牧监卒。文德元年，魏博衙军乱，遂古本作逐。杀其帅木彦贞，立其将赵文建为留后，已而又杀之。牙将未知所立，乃聚呼曰："孰能为我帅者？"弘信从众中出应曰："我可为君等帅也。"弘信状貌奇怪，面色青黑，军中异之，共立为留后。

唐昭宗即位，拜弘信节度使。梁太祖将攻晋，乞籴于弘信，弘信不与，由是有隙。梁兵攻魏，取黎阳、淇门、卫县。战于内黄。魏兵五战五败，弘信惧，请盟乃止。是时，梁方东攻兖、郓，北敌晋。晋遣李存信救朱宣，假道于魏。太祖闻，遣使诏弘信曰："晋人志在河朔，兵还灭魏矣。"弘信以为然，乃发兵击存信于莘县。太祖遣葛从周助之。梁兵擒晋王子落落，送于魏，弘信杀之，乃与晋绝。太祖犹疑弘信有二心，乃以兄事弘信，常为卑辞厚币以聘魏。魏使者至，梁太祖北面拜而受币，谓使者曰："六兄于我有倍年之长，吾何敢慢之。"弘信大喜，以为厚己。以故太祖往来燕、赵之间，卒有河北者，魏不为之患也。弘信死，绍威立。

绍威好学工书，颇知属文，聚书数万卷，开馆以延四方之士。弘信在唐，以其先长沙人，故封长沙郡王，绍威袭父爵长沙。绍威新立，幽州刘仁恭以兵十万攻魏，屠贝州，绍威求救于梁，大败燕军于内黄。

明年，梁太祖遣葛从周会魏兵攻沧州，取其德州，遂败燕军于老鸦堤，绍威以故德梁助己。

魏博自田承嗣始有牙军，牙军岁久益骄，至绍威时已二百年。父子世相婚姻以自结。前帅史宪诚、何全皡、韩君雄、乐彦贞等，皆由牙军所立，怒辄遂古本作逐字。杀之。绍威为人，精悍明敏，通习吏事，为政有威严，然其家世由牙军所立。天祐二年，魏州城中地陷，绍威惧有变。已而牙校李公佺作乱，绍威诛之，乃间遣使告梁乞兵，欲尽诛牙军。梁太祖许之，为遣李思安等攻沧州，召兵于魏，绍威因悉发魏兵以从，独牙军在。

绍威子廷规娶梁女，会梁女卒，太祖阴遣客将马嗣勋选良兵实

舆中，以长直军千人杂舆夫入魏，诈为助葬，太祖以兵继其后。绍威
夜以奴兵数百，会嗣勋兵击牙军，并其家属尽杀之。太祖自内黄驰
至魏，魏兵从攻沧州者行至历亭，闻之皆反，入澶、博诸州，魏境大
乱。数月，太祖为悉平之。牙军死，魏兵悉叛，绍威势益孤，太祖乃
欲夺其地，绍威始大悔。是岁，太祖复攻沧州，宿兵长芦，绍威馈给
梁兵，自沧至魏五百里，起亭堠，供帐什物自具，梁兵岁十万皆取
足，绍威以此重困。

　　昭宗东迁洛阳，诏诸镇缮理京师，绍威营太庙成，加拜守侍中，
进封邺王。太祖围沧州未下，刘守光会晋军破梁潞州。太祖自长芦
归，过魏，疾作，卧府中，诸将莫得见。绍威惧太祖终袭己，乃乘间入
见曰："今四方称兵，为梁患者，以唐在故也；唐家天命已去，不如早
自取之。"太祖大喜，乃急归。

　　太祖即位，将都洛阳，绍威取魏良材为五凤楼、朝元前殿，浮河
而上，立之京师。太祖叹曰："吾闻萧何守关中，为汉起未央宫，岂若
绍威越千里而为此，若神化然，功过萧何远矣！"赐以宝带名马。燕
王刘守光囚其父仁恭，与其弟守文有隙，绍威驰书劝守光等降梁。
太祖闻之笑曰："吾常攻燕不能下，今绍威折简，乃胜用兵十万。"太
祖每有大事，多遣使者问之，绍威时亦驰简入白，使者相遇道中，其
事往往相合。

　　绍威自以魏久不用兵，愿伐木安阳淇门为船，自河入洛，岁漕
谷百万石，以供京师。太祖益以绍威尽忠，遣将程厚、卢凝督其役。
舟未成而绍威病，乃表言："魏故大镇，多外兵，愿得梁一有功重臣
临之，请以骸骨就第。"太祖亟命其子周翰监府事，语使者曰："亟行
语尔主，为我强饭，如有不讳，当世世贵尔子孙。今使周翰监府事，
尚冀卿复愈耳。"绍威仕梁，累拜太师兼中书令，卒年三十四，赠尚
书令，谥曰贞壮。

　　子三人，廷规，官至司农卿，卒。周翰袭父位，乾化二年八月为
杨师厚所逐，徙为宣义军节度使，卒于官，年十四。周敬代为宣义军
节度使，年十岁，徙镇忠武。明年，为秘书监、驸马都尉、光禄卿。唐

庄宗时为金吾大将军，明宗以为匡国军节度使，罢为上将军。晋天福二年卒，年三十二。廷规娶梁太祖二女，一曰安阳公主，一曰金华公言。周翰娶末帝女，曰寿春公主，周敬亦娶末帝女，曰晋安公主。

　　王处直，字允明，京兆万年人也。父宗，善殖财货，富拟王侯，为唐神策军吏，官至金吾大将军，领兴元节度使。子处存、处直。

　　处存以父任为骁卫将军，定州已来，制置内闲厩宫苑等使。乾符六年，即拜义武军节度使。黄巢陷长安，处存感愤流涕，率镇兵入关讨贼。巢败第功，而收城击贼，李克用为第一；勤王倡义，处存为第一。乾宁二年，处存卒于镇，三军以河朔故事，推处存子郜为留后，即拜节度使，加检校司空、同中书门下平章事。

　　处直为后院中军都知兵马使。光化三年，梁兵攻定州，郜遣处直率兵拒之，战于沙河，为梁兵所败。兵返入城，逐郜。郜出奔晋，乱兵推处直为留后。梁兵围之，处直遣人告梁，请绝晋而事梁，出绢十万匹犒军，乃与梁盟。梁太祖表处直义武军节度使，累封太原王。太祖即位，封处直北平王。其后，梁兵攻王镕，镕求救于晋，处直亦遣人至晋，愿绝梁以自效。晋兵救镕，处直以兵五千从破梁军于柏乡。其后晋北破燕，南取魏博，与梁战河上十余年，处直未尝不以兵从。

　　处直好巫，而客有李应之者，妖妄人也。处直有疾，应之以左道治之而愈，处直益以为神，使衣道士服，以为行营司马，军政无大小，咸取决焉。初，应之于陉邑阑得小儿刘云郎，养以为子，而处直未有子，乃以云郎与处直，而绐曰："此子生而有异。"处直养以为子，更名曰都，甚爱之。应之由此益横，乃籍管内丁壮，别立新军，自将之，治第博陵坊，四面开门，皆用左道。处直将吏知其必为患，而莫能谏也。是时，幽州李匡俦假道中山以如京师，处直伏甲城外，以备不虞。匡俦已去，甲士入城，围应之第，执而杀之，因诣处直请杀都，处直不与。明日，第功行赏，因阴疏甲士姓名，自队长已上藏于别籍，其后因事诛之，凡二十年，无一人免者，而处直终为都所杀。

都为人狡佞多谋,处直以为节度副使。张文礼弑王镕,庄宗发兵讨文礼,处直与左右谋曰:“镇,定之蔽也,文礼虽有罪,然镇亡,定不独存。”乃遣人请庄宗毋发兵,庄宗取所获文礼与梁蜡书示处直曰:“文礼负我,师不可止。”处直有孽子郁,当郜之亡于晋也,郁亦奔焉。晋王以女妻之,为新州防御使。处直见庄宗必讨文礼,益自疑,乃阴与郁交通,使郁北招契丹入塞,以牵晋兵,且许召郁为嗣。都闻之不说。而定人皆言契丹不可召,恐自贻患,处直不听。郁自奔晋,常恐处直不容,因此大喜,以为乘其隙可取之,乃以厚赂诱契丹阿保机。阿保机举国入寇,定人皆不欲契丹之举,小吏和昭训劝都举事,都因执处直,囚之西宅,自为留后。凡王氏子孙及处直将校杀戮殆尽。明年正月朔旦,都拜处直于西宅,处直奋起椹其胸而呼曰:“逆贼!吾何负尔?”然左右无兵,遂欲啮其鼻,都掣袖而走,处直遂见杀。

初,有黄蛇见于碑楼,处直以为龙,藏而祠之。又有野鹊数百,巢麦田中,处直以为己德所致,而定人皆知其不祥,曰:“蛇穴山泽而处人室,鹊巢乌,降而田居,小人窃位,而在上者失其所居之象也。”已而,处直果被废死。

庄宗已败契丹于沙河,追奔过定州,与都相得欢甚,以其子继岌娶都女,以都为义武军节度使。

同光二年,庄宗幸邺,都来朝,赐与钜万。庄宗以继岌故,待都甚厚,所请无不从。及明宗立,颇恶都为人,而安重诲每以法绳之,都始有异志。是时,唐兵击契丹,数往来定州,都供馈多阙,益不自安。和昭训为都谋曰:“天子新立,四方未附,其势易离,可为自安之计。”已而,朱守殷反于汴州,都遂亦反。遣人以蜡书招青、徐、岐、潞、梓五镇,约皆举兵,而五镇不应。明宗遣王晏球讨之,都复与王郁招契丹为援,契丹遣秃馁将万骑救都。都遣指挥使郑季璘、龙泉镇将杜弘寿以二千人迎契丹,为晏球所败。季璘、弘寿被执,晏球责曰:“吾尝使人招汝,何故不降?”弘寿对曰:“受恩中山两世矣,不敢有二心。”遂见杀。弘寿临刑,神色自若。晏球屯军望都,与都及契丹战,大败之曲阳,都及秃馁得数骑遁去,闭城不复出。

初,庄宗军中阑得一男子,爱之,使冒姓李,名继陶,养于宫中以为子。明宗即位,安重诲出以乞段徊,徊亦恶而逐之。都使人求得之。至是,给其众曰:“此庄宗太子也。”被以天子之服,使巡城上,以示晏球军,军士识者曰:“继陶也。”共诟之。都居城中,兵少,惟以契丹二千人守城,呼秃馁为馁王,屈身事之。诸将有欲出降者,都伺察严密,杀戮无虚日,以故坚守经年。

天成四年二月,城破,都与家属皆自焚死,王氏遂绝于中山。

而处存有子郁,郁子廷胤,与庄宗连外姻。为人骁勇,自为军校,能与士卒同辛苦。明宗时,历贝、忻、密、澶、隰州刺史。范延光反于郁,晋高祖以廷胤为杨光远行营中军使。破延光有功,拜彰德军节度使。初,处直为都所囚,幼子威北走契丹。契丹谓晋高祖曰:“吾欲使威袭其先人爵土,如何?”高祖对曰:“中国之法,自将校为刺史,升团练防御而至节度使。请送威归中国,渐进之。”契丹怒曰:“尔自诸侯为天子,岂有渐乎?”高祖闻之,遽徙廷胤镇义武,曰:“此亦王氏之后也。”后徙镇海而卒。

刘守光,深州乐寿人也。其父仁恭,事幽州李可举,能穴地为道以攻城,军中号“刘窟头”。稍以功迁军校。仁恭为人有勇,好大言。可举死,子匡威恶其为人,不欲使居军中,徙为瀛州景城县令。瀛州军礼,杀刺史,仁恭募县中得千人,讨平之。匡威喜,复以为将,使戍蔚州。戍兵过期不得代,皆思归,出怨言。匡威为弟匡俦所逐,仁恭闻乱,乃拥戍兵攻幽州,行至居庸关,战败奔晋,晋以为寿阳镇将。

仁恭多智诈,善事人。事晋王爱将盖寓尤谨,每对寓涕泣,自言居燕无罪,以谗见逐。因道燕虚实,陈可取之谋。晋王益信而爱之。乾宁元年,晋击破匡俦,乃以仁恭为幽州留后,留其亲信燕留得等十余人监其军,为之请命于唐,拜检校司空、卢龙军节度使。其后晋攻罗弘信,求兵于仁恭,仁恭不与。晋王以书微责诮之,仁恭大怒,执晋使者,杀燕留得等以叛。晋王自将讨之,战于安塞,晋王大败。

光化元年，遣其子守文袭沧州，逐节度使卢彦威，遂取沧、景、德三州。为其子请命于唐，昭宗迟之，末即从。仁恭怒，语唐使者曰："为我语天子，旌节吾自有，但要长安本色尔，何屡求不得邪！"昭宗卒以守文为横海军节度使。

仁恭父子率两镇兵十万，号称三十万以击魏，屠贝州。罗绍威求救于梁，梁遣李思安救魏，大败守文于内黄，斩首五万。仁恭走，梁军追击之。自魏至长河，横尸数百里。梁军自是连岁攻之，破其瀛、漠二州，仁恭惧，复附晋。

天祐三年，梁攻沧州，仁恭调其境内凡男子年十五已上、七十已下，皆黥其面，文曰："定霸都"。得二十万人，兵粮自具，屯于瓦桥。梁军壁长芦，深沟高垒，仁恭不能近。沧州被围百余日，城中食尽，人自相食，析骸而爨，或丸墐土而食，死者十六七。仁恭求救于晋，晋王为之攻潞州以牵梁围，晋破潞州，梁军乃解去。然仁恭幸世多故，而骄于富贵。筑宫大安山，穷极奢侈，选燕美女充其中。又与道士炼丹药，冀可不死。令燕人用墐土为钱，悉敛铜钱，凿山而藏之，已而杀其工以灭口，后人皆莫知其处。仁恭有爱妾罗氏，其子守光烝之，仁恭怒，笞守光，逐之。

梁开平元年，遣李思安攻仁恭，仁恭在大安，守光自外将兵以入，击走思安，乃自称卢龙节度使。遣李小喜、元行钦以兵攻大安山，执仁恭而幽之。其兄守文闻父且囚，即率兵讨守光，至于卢台，为守光所败，进战玉田，又败，乃乞兵于契丹。

明年，守文将契丹、吐浑兵四万人战于鸡苏，守光兵败，守文阳为不忍，出于阵而呼其众曰："毋杀吾弟！"守光将元行钦识守文，跃马而擒之，又囚之于别室，既而杀之。守文将吏孙鹤、吕兖等，立守文子延祚以距守光，守光围之百余日，城中食尽，米斗直钱三万，人相杀而食。或食墐土，马相食其鬃尾，兖等率城中饥民食以麴，号"宰务"，日杀以饷军。久之，延祚力穷，遂降。

守光素庸愚，由此益骄，为铁笼、铁刷，人有过者，坐之笼中，外燎以火，或刷剔其皮肤以死，燕之士逃祸于佗境。守光身衣赭黄，谓其将吏曰:"我衣此而南面,可以帝天下乎?"孙鹤切谏以为不可。梁攻赵,赵王王镕求救于守光,孙鹤曰:"今赵无罪,而梁伐之,诸侯救赵之兵先至者,霸。臣恐燕军未出,而晋已先破梁矣,此不可失之时也。"守光曰:"赵王尝与我盟而背之,今急乃来归我,且两虎方斗,可待之,吾当为卞庄子也。"遂不出兵。晋王果救赵,大败梁兵于柏乡,进掠邢、洺,至于黎阳。守光闻晋空国深入梁,乃治兵戒严,遣人以语动镇、定曰:"燕有精兵三十万,率二镇以从晋,然谁当主此盟者?"晋人患之,谋曰:"昔夫差争黄池之会,而越入吴;项羽贪伐齐之利,而汉败楚。今吾越千里以伐人,而疆燕在其后,此腹心之患也。"乃为之班师。守光以为诸镇畏其强,乃讽诸镇共推尊己。于是晋王率天德宋瑶、振武周德威、昭义李嗣昭、义武王处直、成德王镕等,以墨制册,尊守光为尚书令、尚父。守光又遣告于梁,请授己河北兵马都统,以讨镇、定、河东。梁遣阁门使王瞳拜守光河北采访使。有司白守光:"尚父受册,用唐册太尉礼仪。"守光问曰:"此仪注何不郊天,改元?"有司曰:"此天子之礼也,尚父虽尊,乃人臣耳。"守光怒曰:"我为尚父,谁当帝者乎?且今天下四分五裂,大者称帝,小者称王,我以二千里之燕,独不能帝一方乎?"乃械梁、晋使者下狱,置斧锧于其庭,令曰:"敢谏者死!"孙鹤进曰:"沧州之败,臣蒙王不杀之恩。今日之事,不敢不谏。"守光怒,推之伏锧,令军士割而啖之。鹤呼曰:"不出百日,大兵当至!"命室其口而醢之。守光遂以梁乾化元年八月,自号大燕皇帝,改元曰应天。以王瞳、齐涉为左右相。晋遣太原少尹李承勋贺册尚父,至燕,而守光已僭号。有司迫承勋称臣,承勋不屈,以列国交聘礼入见,守光怒,杀之。明年,晋遣周德威将三万人,会镇、定之兵以攻燕,自祈沟关入,其澶、涿、武、顺诸州皆迎降。守光被围经年,累战常败,乃遣客将王遵化致书于德威曰:"予得罪于晋,迷而不复,今其病矣,公善为我辞焉。"德威谓遵化曰:"大燕皇帝尚未郊天,何至此邪? 予受命以讨僭乱,不知其佗也。"守光益窘,乃献绢千匹、银千两、锦百段,遣其将周遵业谓德威曰:"吾王以情告公,富贵成败,人之常理;录功宥过,霸者之事也。守光去岁妄自尊崇，本不能为朱温下耳。岂意大国暴师经年，幸少宽之。"德威不许，守光登城呼德威曰："公三晋贤士，独不急人之危乎？"遣人以所乘马易德威马而去，因告曰："俟晋王至则降。"晋王乃自临军，守光登城见晋王，晋王问将如何？守光曰："今日俎上肉耳，惟王所为也！"守光有嬖者李小喜，劝其毋降，守光因请俟佗日。是夕，小喜叛降于晋军。明旦，晋军攻破其城，执仁恭及其家族三百口。

守光与妻李氏、祝氏，继珣、继方、继祚等，南走沧州，迷失道，至燕乐界中，数日不得食。遣其妻祝氏乞食于田家，田家怪而诘之，祝氏以实告，乃被擒送幽州。晋王方大飨军，客将引守光见，晋王戏之曰："主人何避客之遽也？"守光叩头请死，命械守光并其父仁恭以从军。军还过赵，赵王王镕会晋王，置酒，酒酣请曰："愿见仁恭父子。"晋王命破械出之，引置下坐。饮食自若，皆无惭色。晋王至太原，仁恭父子曳以组练，献于太庙。守光将死，泣曰："臣死无恨，然教臣不降者，李小喜也，罪人不死，臣将诉于地下。"晋王使召小喜，小喜瞋目曰："囚父弑兄，蒸其骨肉，亦小喜教尔邪？"晋王怒，命先斩小喜。守光知不免，呼曰："王将复唐室以成霸业，何不赦臣使自效？"其二妇从旁骂曰："事已至此，生复何为？愿先死。"乃俱死。晋王命李存霸执仁恭至雁门，刺其心血以祭先王墓，然后斩之。

新五代史卷四〇
杂传第二八

李茂贞　韩建　李仁福
韩逊　杨崇本　高万兴
温韬

　　李茂贞，深州博野人也。本姓宋，名文通，为博野军卒，戍凤翔。黄巢犯京师，郑畋以博野军击贼，茂贞以功自队长迁军校。

　　光启元年，朱玫反，僖宗出居兴元。玫遣王行瑜攻大散关，茂贞与保銮都将李铤等败行瑜于大唐峰。明年，玫遂败死。茂贞以功自扈跸都头拜武定军节度使，赐以姓名。扈跸东归，至凤翔。凤翔节度使李昌符与天威都头杨守立争道，以兵相攻，昌符不胜，走陇州。僖宗遣茂贞击杀昌符，以功拜凤翔陇右节度使。

　　大顺元年，封陇西郡王。二年，枢密使杨复恭得罪，奔于兴元。兴元节度使杨守亮，复恭之养子也，纳之。茂贞乃上书言复恭父子罪皆当诛，因自请为山南招讨使。昭宗以宦者故，难之，未许。茂贞擅发兵，攻破兴元，复恭父子见杀。茂贞表其子继密权知兴元军府事。昭宗乃徙茂贞山南西道节度使，以宰相徐彦若镇凤翔。茂贞不奉诏，上表自论曰："但虑军情忽变，戎马难羁，徒令甸服生灵，因兹受弊。未审乘舆播越，自此何之？"昭宗以茂贞表辞不逊，不能忍，以问宰相杜让能。让能以谓"茂贞地大兵强，而唐力未可以致讨；凤翔又近京师，易以自危而难于后悔，它日虽欲诛晁错以谢诸侯，恐不能也。"昭宗怒曰："吾不能屑屑坐古本作生。受凌弱!"乃责让能治兵,而以覃王嗣周为京西招讨使。令下,京师市人皆知不可,相与聚承天门,遮宰相请无举兵,争投瓦石击宰相。宰相下舆而走,亡其堂印,人情大恐,昭宗意益坚。覃王率扈驾军五十四都战于盩厔,唐军败溃,茂贞遂犯京师,屯于三桥。昭宗御安福门,杀两枢密以谢茂贞,使罢兵。茂贞素与让能有隙,因曰："谋举兵者非两枢密,乃让能也。"陈兵临皋驿,请杀让能。让能曰："臣故先言之矣,惟杀臣可以纾国难。"昭宗泣下沾襟,贬让能雷州司户参军,赐死。茂贞乃罢兵。

明年,河中节度使王重盈卒,其诸子珂、珙争立。晋王李克用请立珂,茂贞与韩建、王行瑜请立珙,昭宗不许。茂贞等怒,率三镇兵犯京师,谋废昭宗,立吉王保。未果,而晋王亦举兵,茂贞惧,乃杀宰相韦昭度、李磎,留其养子继鹏以兵二千宿卫而去。晋兵至河中,继鹏与行瑜弟行实等争劫昭宗出奔,京师大乱。昭宗出居于石门。茂贞以兵至鄠县,斩继鹏自赎。晋兵已破王行瑜,还军渭北,请击茂贞。昭宗以谓晋远而茂贞近,因欲庇之以为德,而冀缓急之可恃也。且茂贞已杀其子自赎矣,乃诏罢归晋军。克用叹曰："唐不诛茂贞,忧未已也!"昭宗自石门还,益募安圣、捧宸等军万余人,以诸王将之。茂贞谓唐将讨已,亦治兵请觐,京师大恐,居人亡入山谷。茂贞遂犯京师。昭宗遣覃王拒之。覃已至三桥,军溃,昭宗出居于华州。遣宰相孙偓以兵讨茂贞。韩建为茂贞请,乃已。久之,加拜茂贞尚书令,封岐王。其后,昭宗为宦者所废,既反正,宰相崔胤欲借梁兵诛诸宦者,阴与梁太祖谋之。中尉韩全诲等,亦倚茂贞之强以为外援,茂贞遣其子继筠以兵数千宿卫京师,宦者恃岐兵,益骄不可制。

天复元年,胤召梁太祖以西,梁军至同州,全诲等惧,与继筠劫昭宗幸凤翔。梁军围之逾年,茂贞每战辄败,闭壁不敢出。城中薪食俱尽,自冬涉春,雨雪不止,民冻饿死者日以千数。米斗直钱七千,至烧人屎煮尸而食,父自食其子,人有争其肉者,曰："此吾子也,汝安得而食之!"人肉斤直钱百,狗肉斤直钱五百,父甘食其子,而人肉贱于狗。天子于宫中设小磨,遣宫人自屑豆麦以供御。自后宫、诸王十六宅,冻馁而死者日三四。城中人相与邀遮茂贞,求路以为生。茂贞穷急,谋以天子与梁以为解,昭宗谓茂贞曰:"朕与六宫皆一日食粥,一日食不托,安能不与梁和乎?"三年正月,茂贞与梁约和,斩韩全海等二十余人,传首梁军,梁围解。天子虽得出,然梁遂劫东迁而唐亡。茂贞非惟亡唐,亦自困矣。

及梁太祖即位,诸侯之强者皆相次称帝,独茂贞不能,但称岐王。开府置官属,以妻为皇后,鸣梢羽扇视朝,出入拟天子而已。茂贞居岐,以宽仁爱物,民颇安之。尝以地狭赋薄,下令榷油,因禁城门无内松薪,以其可为炬也。有优者诮之曰:"臣请并禁月明。"茂贞笑而不怒。初,茂贞破杨守亮取兴元,而邠、宁、鄜、坊、皆附之,有地二十州。其被梁围也,兴元入于蜀,开平已后,邠、宁、鄜、坊入于梁,秦、凤、阶、成又入于蜀。当梁末年,所有七州而已。二十州者:岐、陇、泾、原、渭、武、秦、成、阶、凤、邠、宁、庆、衍、鄜、坊、丹、延、梁、洋也。

庄宗已破梁,茂贞称岐王,上笺以季父行自处。及闻入洛,乃上表称臣,遣其子从曮来朝。庄宗以其耆老,甚尊礼之,改封秦王,诏书不名。同光二年,以疾卒,年六十九,谥曰忠敬。

从曮为人柔而善书画,茂贞承制拜从曮彰义军节度使。茂贞卒,拜凤翔节度使。魏王继岌征蜀,为供军转运应接使。蜀平,继岌遣从曮部送王衍,行至凤翔,监军使柴重厚拒而不纳,从曮遂东至华州,闻庄宗之难,乃西归。明宗入立。闻重厚尝拒从曮,遣人诛之,从曮上书言:"重厚守凤翔,军民无所扰,愿贷其过。"虽不许,士人以此多之。历镇宣武、天平。从曮有田千顷、竹千亩在凤翔。惧侵民利,未尝省理。凤翔人爱之。废帝起凤翔,将行,凤翔人叩马乞从曮。废帝入立,复以从曮为凤翔节度使,卒年四十九。

韩建,字佐时,许州长社人也。少为蔡州军校,隶忠武军将鹿晏弘。从杨复光攻黄巢于长安,巢已破,复光亦死,晏弘与建等无所属,乃以麾下兵西迎僖宗于蜀。所过攻劫,行至兴元,逐牛丛,据山南。已而不能守,晏弘东走许州,建乃奔于蜀,拜金吾卫将军。僖宗还长安，建为潼关防御使、华州刺史。华州数经大兵，户口流散，建少贱，习农事，乃披荆棘，督民耕植，出入闾里，问其疾苦。建初不知书，乃使人题其所服器皿床榻，为其名目以视之，久乃渐通文字。见《玉篇》喜曰："吾以类求之，何所不得也。"因以通音韵声偶，暇则课学书史。是时，天下已乱，诸镇皆武夫，独建抚缉兵民，又好学。荆南成汭时冒姓郭，亦善缉荆楚。当时号为"北韩南郭"。

大顺元年，以兵属张浚伐晋。浚败，建自含山遁归河中。王重盈死，诸子珂、珙争立，晋人助珂，建与王行瑜、李茂贞助珙。昭宗不许，建等大怒，以三镇兵犯京师。昭宗见建等责之。行瑜、茂贞惶恐战汗不能语。独建前自陈述。乃杀宰相韦昭度、李磎等，谋废昭宗。会晋举兵且至，建等惧，乃还。晋兵问罪三镇，兵傅华州，建登城呼曰："弊邑未常失礼于大国，何为见攻？"晋人曰："君以兵犯天子，杀大臣，是以讨也。"已而与晋和。

乾宁三年，李茂贞复犯京师，昭宗将奔太原，次渭北。建遣子允请幸华州。昭宗又欲如鄜州，建追及昭宗于富平，泣曰："藩臣偓促，非止茂贞，若舍近畿而巡极塞，乘舆渡河，不可复矣！"昭宗亦泣，遂幸华州。是时，天子孤弱，独有殿后军及定州三都将李筠等兵千余人为卫，以诸王将之。建已得昭宗幸其镇，遂欲制之，因请罢诸王将兵，散去殿后诸军，累表不报。昭宗登齐云楼，西北顾望京师，作《菩萨蛮辞》三章以思归，其卒章曰："野烟生碧树，陌上行人去。安得有英雄，迎归大内中？"酒酣，与从臣悲歌泣下，建与诸王皆属和之，建心尤不悦，因遣人告诸王谋杀建，劫天子幸它镇。昭宗召建，将辨之，建称疾不出，乃遣诸王自诣。建不见，请送诸王十六宅，昭宗难之。建乃率精兵数千围行宫，请诛李筠。昭宗大惧，遽诏斩筠，悉散殿后及三都卫兵，幽诸王于十六宅。昭宗益悔幸华，遣延王戒丕使于晋，以谋兴复。戒丕还，建与中尉刘季述诬诸王谋反，以兵围十六宅，诸王皆登屋叫呼，遂见杀。昭宗无如之何，为建立德政碑以慰安之。建已杀诸王，乃营南庄，起楼阁，欲邀昭宗游幸，因以废之，而立德王裕。其父叔丰谓建曰："汝陈、许间一田夫尔，遭时之乱，蒙天子厚恩至此。欲以两州百里之地行大事，覆族之祸，吾不忍见，不如先死！”因泣下歔欷。李茂贞、梁太祖皆欲发兵迎天子，建稍恐惧，乃止。光化元年，昭宗还长安，自为建画像，封建颍川郡王，赐以铁券。建辞王爵，乃封建许国公。梁太祖以兵向长安，遣张存敬攻同州，建判官司马邺以城降，太祖使邺召建，建乃出降。太祖责建背己，建曰：“判官李巨川之谋也。”太祖怒，即杀巨川，以建从行。昭宗东迁，建从至洛，昭宗举酒属太祖与建曰：“迁都之后，国步小康，社稷安危，系卿两人。”次何皇后举觯，建蹑太祖足，太祖乃阳醉去。建出，谓太祖曰：“天子与宫人眼语，幕下有兵仗声，恐公不免也！”太祖以故尤德之，表建平卢军节度使。太祖即位，拜司徒、同中书门下平章事。太祖性刚暴，臣下莫敢谏诤，惟建时有言，太祖亦优容之。太祖郊于洛，建为大礼使。罢相，出镇许州。太祖崩，许州军乱，见杀，年五十八。

李仁福，不知其世家。当唐僖宗时，有拓拔思敬者，为夏州偏将，后以与破黄巢功，赐姓李氏，拜夏州节度使。思敬卒，乾宁二年，以其弟思谏为节度使。自唐末天下大乱，史官实录多阙，诸镇因时倔起，自非有大善恶暴著于世者，不能纪其始终。是时，兴元、凤翔、邠宁、鄜坊、河中、同华诸镇之兵，四面并起而交争，独灵夏未尝为唐患，而亦无大功。朱玫之乱，思敬与鄜州李思孝皆以兵屯渭桥。其后，黄巢陷京师，王重荣、李克用等会诸镇兵讨贼，思敬与破巢复京师，然皆未尝有所可称，故思敬之世次、功过不显而无传。

梁开平二年，思谏卒，军中立其子彝昌为留后，即拜彝昌节度使。明年，其将高宗益作乱，杀彝昌。是时，仁福为蕃部指挥使，戍兵于外，军中乃迎仁福立之，不知其于思谏为亲疏也。是岁四月，拜仁福检校司空、定难军节度使。终梁之世，奉正朔而已。是时，岐王李茂贞，晋王李克用，数会兵攻仁福，梁辄出兵救之。仁福累官至检校太师兼中书令，封朔方王。长兴四年三月卒，其子彝超自立为留后。自仁福时，边将多言仁福通于契丹，恐为边患。明宗因其卒，乃

以彝超为延州刺史、彰武军节度使,而徙彰武安从进代之。恐彝超
不受代,遣邠州药彦稠以兵五万送从进之镇。彝超果不受代,从进
与彦稠以兵围之,百余日不克。夏州城壁素坚,故老传言赫连勃勃
蒸土筑之,从进等穴地道,至城下坚如铁石,凿不能入。彝超外招党
项,抄掠从进等粮道,自陕以西,民运斗粟束刍,其费数千,人不堪
命,道路愁苦。明宗遂释不攻,以彝超为定难军节度使。清泰二年
卒。其弟彝兴,累官检校太师兼侍中,周显德中,封西平王,其后事
具国史。

韩逊,不知其世家。初为灵武军校,当唐末之乱,据有灵盐,唐
即以为节度使。而史失不录,不见其事。梁开平三年,封朔方节度
使。韩逊为颍川王,始见于史。是时,邠宁杨崇本、鄜延李周彝、凤
翔李茂贞,皆与梁争战,独逊与夏州李思谏臣属于梁,未尝以兵争。
李茂贞尝遣刘知俊攻逊,不能克。逊亦善抚其部,人皆爱之,为逊立
生祠。贞明中,逊卒,军中立其子洙为留后,梁即以为节度使。至庄
宗时,又以洙兼河西节度。天成四年,洙卒,即以洙子澄为朔方军留
后。其将李宾作乱,澄乃上章请帅于朝。明宗以康福为朔方河西节
度使以代澄,由是命吏而相代矣。韩氏自逊有灵武,传世皆无所称
述,澄后不知其所终。

杨崇本,幼事李茂贞,养以为子,冒姓李,名曰继徽。茂贞表崇
本靖难军节度使。梁太祖攻岐未下,乃移兵攻邠州,崇本迎降。太
祖使复其姓,赐名崇本,迁其家于河中以为质。

崇本妻有美色,太祖用兵,往来河中,尝幸之。崇本妻颇愧耻,
间遣人诮崇本曰:“大丈夫不能庇其伉俪,我已为朱公妇矣。无面视
君,有刀绳而已!”崇本涕泣愤怒。其后梁兵解岐围,崇本妻得归,崇
本乃复背梁归茂贞。茂贞西连蜀兵,会崇本攻雍、华,关西大震。太
祖以兵西至河中,遣邠王友裕击之。友裕至永寿而卒,梁兵乃旋。崇
本屯美原,太祖复遣刘知俊、康怀英等击之,崇本大败,自此不复

东。乾化四年，为其子彦鲁所弑。崇本养子李保衡，杀彦鲁以降梁。

高万兴，河西人也。唐末，河西属李茂贞，茂贞将胡敬璋为延州刺史，万兴与其弟万金俱事敬璋为骑将。敬璋死，其将刘万子代为刺史。梁开平二年，葬于州南，万子在会，其将许从实杀万子，自为延州刺史。是时，万兴兄弟皆将兵戍境，上闻万子死，以其部下数千人降梁。梁太祖兵屯河中，遣同州刘知俊以兵应万兴，攻丹州，执其刺史崔公实。进攻延州，执许从实。鄜州李彦容、坊州李彦昱皆弃城走。梁太祖乃以万兴为延州刺史、忠义军节度使，以牛存节为保大军节度使。

已而，刘知俊叛，乃徙存节守同州，以万金为保大军节度使。万兴累迁检校太师兼中书令、渤海郡王。贞明四年，万金卒，乃以万兴为鄜延节度使。进封延安郡王，徙封北平王。梁亡，庄宗入洛，万兴尝一来朝。同光三年，卒于镇。万兴兄弟皆骁勇，而未尝立战功，然以戍兵降梁。梁取鄜、坊、丹、延自万兴始，故其兄弟世守其土。

万兴子允韬代立。长兴元年，徙镇安国，又徙义成，清泰中卒。万金子允权，开运中为肤施令，罢居于家。是时，周密为彰信军节度使。契丹灭晋，延州军乱，逐密，密守东城。而西城之兵以允权为留后，闻汉高祖起太原，遂归汉，即拜节度使，广顺三年卒。

温韬，京兆华原人也。少为盗，后事李茂贞，为华原镇将，冒姓李，名彦韬。茂贞以华原县为耀州，以韬为刺史。梁太祖围茂贞于凤翔，韬以耀州降梁，已而复叛归茂贞。茂贞又以美原县为鼎州，建义胜军，以韬为节度使。末帝时，韬复叛茂贞降梁，梁改耀州为崇州、鼎州为裕州、义胜为静胜军，即以韬为节度使，复其姓温，更其名曰昭图。韬在镇七年，唐诸陵在其境内者，悉发掘之，取其所藏金宝。而昭陵最固，韬从埏道下，见宫室制度闳丽，不异人间。中为正寝，东西厢列石床，床上石函中为铁匣，悉藏前世图书。钟、王笔迹，纸墨如新，韬悉取之，遂传人间。惟乾陵风雨不可发。其后朱友谦叛,梁取同州,晋王以兵援友谦而趋华原,韬惧,求徙佗镇,遂徙忠武。庄宗灭梁,韬自许来朝,因伶人景进纳赂刘皇后,皇后为言之。庄宗待韬甚厚,赐姓名曰李绍冲。郭崇韬曰:"此劫陵贼尔,罪不可赦!"庄宗曰:"已宥之矣,不可失信。"遽遣还镇。明宗入洛,与段凝俱收下狱,已而赦之,勒归田里。明年,流于德州,赐死。

　　呜呼,厚葬之弊,自秦汉已来,率多。聪明英伟之主,虽有高谈善说之士,极陈其祸福,有不能开其惑者矣!岂非富贵之欲,溺其所自私者笃,而未然之祸,难述于无形,不足以动其心欤?然而闻温韬之事者,可以少戒也。五代之君,往往不得其死,何暇顾其后哉?独周太祖能鉴韬之祸,其将终也,为书以遗世宗,使以瓦棺纸衣而敛,将葬,开棺示人。既葬,刻石以告后世,毋作下宫,毋置守陵妾,其意丁宁切至,然实录不书其葬之薄厚也。又使葬其平生所服衮冕、通天冠、绛纱袍各二,其一于京师,其一于澶州。又葬其剑甲各二,其一于河中,其一于大名者,莫能原其旨也。

新五代史卷四一
杂传第二九

卢光稠　谭全播　雷满
钟传　赵匡凝

　　卢光稠、谭全播，皆南康人也。光稠状貌雄伟，无佗材能，而全播勇敢有识略，然全播常奇光稠为人。

　　唐末，群盗起南方，全播谓光稠曰："天下汹汹，此真吾等之时，无徒守此贫贱为也!"乃相与聚兵为盗。众推全播为主，全播曰："诸君徒为贼乎？而欲成功乎？若欲成功，当得良帅卢公堂。堂，真君等主也。"众阳诺之，全播怒，拔剑击木三斩之，曰："不从令者，如此木。"众惧，乃立光稠为帅。是时，王潮攻陷岭南，全播攻潮，取其虔、韶二州。又遣光稠弟光睦攻潮州。光睦好勇而轻进，全播戒其持重，不听，度其必败，乃为奇兵伏其归路。光睦果败，走潮，人追之，全播以伏兵邀击，大败之，遂取潮州。是时，刘岩起南海，击走光睦，以兵数万攻虔州。光稠大惧，谓全播曰："虔、潮皆公取之，今日非公不能守也。"全播曰："吾知刘岩易与尔!"乃选精兵万人伏山谷中，阳治战地于城南，告岩战期。以老弱五千出战，战酣，伪北。岩急追之，伏兵发岩遂大败。光稠第战功，全播悉推诸将，光稠心益贤之。

　　梁初，江南岭表悉为吴与南汉分据，而光稠独以虔、韶二州，请命于京师，愿通道路，输贡赋。太祖为置百胜军，以光稠为防御使、兼五岭开通使，又建镇南军，以为留后。

　　开平五年，光稠病，以符印属全播，全播不受。光稠卒，全播立其子延昌而事之。

延昌好游猎,其将黎求闭门拒延昌,延昌见杀。求因谋杀全播,全播惧,称疾不出。求乃自立,请命于梁。乾化元年,拜求防御使。求暴病死,其将李彦图自立,全播益惧,遂称疾笃,杜门自绝。彦图疑之,使人觇其动静,全播应觇为状以自免。彦图死,州人相率诣全播第,扣门请之,全播乃起,遣使请命于梁,拜防御使。全播治虔州七年,有善政,杨隆演遣刘信攻破虔州,以全播归广陵,卒年八十五。当卢氏时,刘龑已取韶州,及全播被执,虔州遂入于吴。

雷满,武陵人也。为人凶悍矫勇,文身断发。唐广明中,湖南饥,盗贼起,满与同里人区景思、周岳等聚诸蛮数千,猎于大泽中,乃击鲜酾酒,择坐中豪者,补置伍长,号土团军。诸蛮从之,推满为帅。

是时,高骈镇荆南,召满隶麾下,使以蛮军击贼。骈徙淮南,满从至广陵,逃归。杀刺史崔翥,遂据朗州,请命于唐。昭宗以澧朗为武贞军,拜满节度使。是时,澧阳人向瓌杀刺史吕自牧,据澧州。而溪洞诸蛮宋邺昌、师益等皆起兵剽掠湖外,满亦以轻舟上下荆江,攻劫州县。杨行密攻杜洪于鄂州,荆南成汭出兵救洪,汭战败,溺死于君山。满袭破荆南,不能守,焚掠殆尽而去。

满尝銮深池于府中,客有过者,召宴池上,指其水曰:"蛟龙水怪皆窟于此,盖水府也。"洒酣取坐上器,掷池中,因裸而入,取器,嬉水上,久之乃出,治衣复坐,意气自若。满居朗州,引沅水堑其城,上为长桥,为不可攻之计。天祐中,满卒,子彦恭自立。

彦恭附于杨行密,亦尝攻劫,为荆湖患。开平元年,马殷发兵攻彦恭,恃堑为阻,逾年不能破。三年,彦恭奔于杨行密,马殷擒其弟彦雄等七人,送于梁,斩于汴市,彦恭卒于淮南,澧朗遂入于楚。

钟传,洪州高安人也。事州为小校,黄巢攻掠江淮,所在盗起,往往据州县。传以州兵击贼,频胜,遂逐观察使,自称留后。唐以洪州为镇南军,拜传节度使。江夏伶人杜洪者,亦据鄂州,杨行密屡攻之,洪颇倚传,为首尾久之,洪败死。

是时,危全讽、韩师德等分据抚吉诸州,传皆不能节度,以兵攻之,稍听命。独全讽不能下,乃自率兵围之。城中夜火起,诸将请急攻之,传曰:"吾闻君子不迫人之危。"乃扫地祭天,向城再拜,祝曰:"全讽不降,非民之罪,愿天止火。"全讽闻之,明日乃亦听命,请以女妻传子匡时。

传居江西三十余年,累拜太保、中书令,封南平王。天祐三年,传卒,子匡时自称留后,请命于唐。全讽曰:"听钟郎为节度使三年,吾将自为之。"已而,传养子延规与匡时争立,乞兵于杨渥,渥遣秦裴等攻匡时,匡时败,被执归广陵。开平三年,全讽等起兵江西,谋复钟氏故地,全讽为杨隆演将周本所败,江西遂入于吴。

赵匡凝,字光仪,蔡州人也。其父德諲事秦宗权,为申州刺史。宗权反,德諲攻下襄阳。梁太祖攻蔡州,宗权屡败,德諲乃以山南东道七州降梁。太祖初镇宣武,尝为宗权所困,闻德諲降,大喜,表为行营副都统,河阳、保义、义昌三节度行军司马。会其兵以攻蔡州,破之,德諲功多。

德諲卒,子匡凝自立。是时,成汭死,雷彦恭袭取荆南,匡凝遣其弟匡明逐彦恭,太祖表匡凝荆襄节度使,以匡明为荆南留后。是时,唐衰,藩镇不复奉朝廷,独匡凝兄弟贡赋不绝。匡凝为人气貌甚伟,性方严,喜自修饰,颇好学问,聚书数千卷,为政有威惠。太祖攻兖州,朱瑾求救于晋,晋遣史俨等将兵数千救瑾,瑾败,与俨等奔于淮南。晋王李克用遣人以书币假道于匡凝,以聘于杨行密,求归俨等。晋王使者为梁得,太祖大怒。是时,梁已破兖、郓,遣氏叔琮、康怀英等攻匡凝,叔琮取泌、随二州,怀英取邓州,匡凝惧,请盟乃止。太祖弑昭宗,将谋代唐,畏匡凝兄弟不从,遣使告之,匡凝对使者流涕答曰:"受唐恩深,不敢妄有佗志。"太祖遣杨师厚攻之,太祖以兵殿汉北,匡凝战败,以轻舟奔于杨行密。师厚进攻荆南,匡明奔于蜀。匡凝至广陵,行密见之戏曰:"君在镇时,轻车重马岁输于梁,今败乃归我乎?"匡凝曰:"仆世为唐臣,岁时职贡,非输贼也。今以不从贼之故,力屈归公,惟公生死之耳!"行密厚遇之。其后行密死,杨渥稍不礼之,渥方宴食青梅,匡凝顾渥曰:"勿多食,发小儿热。"诸将以为慢渥,迁匡凝海陵,后为徐温所杀。匡明卒于蜀。

新五代史卷四二
杂传第三〇

朱宣　瑾　王师范　李罕之
孟方立　王珂　赵犨
冯行袭

朱宣，宋州下邑人也。少从其父贩盐为盗，父抵法死，宣乃去。事青州节度使王敬武，为军校。敬武以隶其将曹全晟。中和二年，敬武遣全晟入关与破黄巢。还过郓州，郓州节度使薛崇卒，其将崔君预自称留后。全晟攻杀君预，遂据郓州。宣以战功，为郓州马步军都指挥使。已而全晟死，军中推宣为留后。唐僖宗即拜宣天平军节度使。梁太祖镇宣武，以兄事宣。太祖新就镇，兵力尚少，数为秦宗权所困，太祖乞兵于宣。宣与其弟瑾以兖郓之兵救汴，大破蔡兵，走宗权。是时，太祖已袭取滑州，稍欲并吞诸镇，宣瑾既还，乃驰檄兖、郓，言宣瑾多诱宣武军卒亡以东，乃发兵收亡卒，因攻之，遂为敌国，苦战曹、濮间。是时，梁又东攻徐州，西有蔡贼，北敌强晋，宣、瑾兄弟自相首尾，然卒为梁所灭。

乾宁四年，宣败，走中都，为葛从周所执，斩于汴桥下。今流俗以宣瑾兄于名加王者，非也。

瑾，宣从父弟也。从宣居郓州，补军校。少�傥，有大志。兖州节度使齐克让爱其为人，以女妻之。瑾行亲迎，乃选壮士为舆夫，伏兵器，舆中。夜至兖州，兵发遂虏克让，自称留后。僖宗即拜瑾泰宁军节度使。瑾与宣已破秦宗权于汴州，梁太祖责瑾诱宣武军卒以归，遣朱珍攻瑾，取曹州，又攻濮州，而太祖自攻郓。瑾兄弟往来相救，凡十余年，大小数十战，与太祖屡相胜败。太祖得宣将贺瓌、何怀宝及瑾兄琼，乃将琼等至兖城下告瑾曰："汝兄败矣！今琼等已降，不如早自归。"瑾伪曰："诺。"乃遣牙将胡规持书币诣军门请降。太祖大喜，至延寿门与瑾交语，瑾曰："愿得琼送符印。"太祖信之，遣客将刘捍送琼往，瑾伏壮士桥下，单骑迎琼，挥手语捍曰："请琼独来！"琼前，壮士擒之，遂闭门责琼先降，斩之掷其首城外。太祖度不可下，乃留兵围之而去。

瑾婴城自守，而与葛从周等战城下，瑾兵屡败，宣亦败于郓州，乃乞兵于晋。晋遣李承嗣、史俨等以骑兵五千救之。太祖已破宣，乃急趋兖。瑾城中食尽，与承嗣等掠食丰、沛间，梁兵奄至，瑾将康怀英等以城降梁，瑾等将麾下兵走沂州。沂州刺史尹处宾不纳。又走海州，梁兵急追之，乃奔于淮南。杨行密闻瑾来，大喜，解其玉带赠之，表瑾领武宁军节度使，以为行军副使。其后，梁遣庞师古、葛从周等攻淮南，行密用瑾大破梁兵于清口，斩师古。行密累表瑾东南诸道行营副都统领、平卢军节度使、同中书门下平章事。

行密死，渥及隆演相继立，皆年少，徐温与其子知训专政，畏瑾，欲除之。瑾乃谋杀知训。尝以月旦遣爱妾候知训家，知训强通之，妾归自诉，瑾益不平。屡劝隆演诛徐氏以去国患。隆演不能为，既而知训以泗州建静淮军，出瑾为节度使。将行，召之夜饮。明日，知训过瑾谢，延之升堂，出其妻陶氏，知训方拜，瑾以笏击踣之，伏兵自户突出，杀之。初，瑾以二恶马系庭中，知训入而释马，使相踶鸣，故外人莫闻其变。瑾携其首驰示隆演曰："今日为吴除患矣！"隆演曰："此事非吾敢知。"遽起入内。瑾忿然以首击柱，提剑而出府门已阖，因逾垣，折其足。瑾顾路穷，大呼曰："吾为万人去害，而以一身死之！"遂自刎。

润州徐知诰闻乱，以兵趋广陵族瑾家。瑾妻陶氏临刑而泣，其妾曰："何为泣乎？今行见公矣！"陶氏收泪，欣然就戮，闻者哀之。

瑾名重江淮，人畏之，其死也，尸之广陵北门。路人私共瘗之。是时，民多病虐，皆取其墓上土，以水服之，云病辄愈。更益新土，渐成高坟。徐温等恶之，发其尸，投于雷公塘。后温病，梦瑾挽弓射之，温惧，网其骨，葬塘侧，立祠其上。初，瑾尝病疽，医者视之色惧，瑾曰："但理之，吾非以病死者。"于是果然。卒年五十二。

王师范，青州人也。其父敬武，为平卢军牙将。唐广明元年，无棣人洪霸郎为盗齐、棣间，平卢节度使安师儒遣敬武，率兵击破之。敬武反，兵逐师儒，自称留后。都统王铎承制拜敬武节度使。敬武卒，师范尚幼。其棣州刺史张蟾叛，昭宗以为师范年少，其下不服从，乃拜太子少师崔安潜为平卢节度使。师范不受代，蟾迎安潜入棣州。师范遣其将卢洪攻蟾，洪以兵返，袭青州。师范阳为好辞，遣人迎语洪曰："吾幼未能任事，赖诸将共持之尔。不然听公所为也。"洪以师范无能为，遂还，不为备。师范伏兵于道，语其仆刘鄩曰："洪来为我斩之，用尔为牙将。"明日，洪来，师范出迎，鄩于坐上斩之。伏兵发，尽杀其余兵，乃急攻棣州，破张蟾，安潜奔归于京师。昭宗乃拜师范节度使。

师范颇好儒学，聚书至万卷，为政有威爱。梁太祖围昭宗于凤翔，宦官韩全诲等矫诏召诸镇兵以击梁。诏至青州，师范泣曰："诸镇有兵，所以藩捍天子。今天子危辱，而诸镇反以兵自卫；吾虽力不足，当成败以之。"乃遣使乞兵于杨行密。是时，梁已东下兖、郓，师范乃遣刘鄩与其弟师鲁分攻兖、密诸州。遣张居厚以壮士二百为舆夫，伏兵舆中，西驰梁军，称师范使者聘梁，因欲劫杀太祖。居厚至华州东城，华州将娄敬思疑其有异，剖舆视之，见其兵。居厚遂击杀敬思，以兵攻西城，不克而反。刘鄩逐葛从周取兖州，而平卢诸州皆起兵攻梁。其后梁太祖自凤翔东还，遣朱友宁攻师范，友宁战死，复遣杨师厚攻之，屯于临朐。师范以兵迫之。师厚阳为怯不敢出，间遣人阳言曰："梁兵少，方乞兵于凤翔，今粮且绝，当还军。"师范以为然,乃遣师鲁悉兵攻之,师厚拒而不战。师鲁兵却,师厚追击至圣王山,师鲁大败,遂传其城。而梁别将刘重霸下其棣州,师范乃请降,太祖许之。师范素服乘驴诣太祖请罪,太祖待以客礼。久之表师范河阳节度使。

太祖即位,召为右金吾卫上将军,居于洛阳。太祖心欲诛之,未有以发。太祖诸子已封王,宴于宫中,友宁妻泣谓太祖曰:"陛下化家为国,诸子人人皆得封,而妾夫独以战死,奈何仇人犹在朝廷!"太祖奋然戟手曰:"吾亦几忘此贼!"乃遣人就洛阳族灭之。使者至,先掘坑于外,乃入告之。师范没席为具,与诸宗族饮酒,谓使者曰:"死,人之所不免,况有罪乎?然惧少长失序,下愧于先人。"酒半,令少长以次起,就戮于坑所,闻者皆哀怜之。同光三年,赠师范太尉。

李罕之,陈州项城人也。为人骁勇,力兼数人。少学读书,不成,去为僧。以其无赖,所往皆不容。乃乞食酸枣市中,市中人皆不与,罕之掷器于地,裂其衣,又去为盗。是时,黄巢起曹、濮,乃往依之。巢北渡江,罕之与其麾下走淮南,自归于高骈,骈表光州刺史。

岁余,秦宗权急攻光州,罕之不能守,还走项城,收其余众,依诸葛爽于河阳。爽以罕之为怀州刺史。巢已败走,爽降唐,僖宗拜爽东南面招讨使。以攻宗权,爽表罕之副使,以兵屯宋州,又表河南尹、东都留守。秦宗权遣孙儒攻河南,罕之兵少,西走渑池,儒烧宫阙,剽掠而去。罕之壁渑池。岁余,诸葛爽死,其将刘经立爽子仲方。

仲方年少,事皆任经,经虑罕之凶勇难制,以兵攻之。罕之返击走经,罕之追至巩县,陈舟于汜水,将渡河,经遣张言拒之河上,言反背经,与罕之合攻河阳,为经所败,退保怀州。已而孙儒陷洛阳,仲方奔于梁,梁兵击走儒。罕之袭取河阳,言取河南,皆附于梁。

罕之与言皆爽叛将,事已成,乃相与交臂为盟誓:"同休戚,不相忘。"

罕之御众无法,性苛暴,颇失士心。而言善治军旅,教民播殖,务为积聚。罕之用兵,言尝供给其乏。罕之求取无已,言颇苦之,不能输。罕之召言军吏笞责之,言益不平。罕之悉兵攻晋、绛,言夜袭河阳,罕之奔晋。晋表罕之泽州刺史。使李存孝以兵三万助罕之攻言。言求救于梁。罕之败于沇河,乃归太原。李克用延之帐中,罕之留其子颢事晋,乃之泽州。曰以兵钞怀、孟间,啖人为食。居民屯聚摩云山,罕之悉攻杀之,立栅其上。时人号曰李摩云。

是时,晋方徇地,山东颇倚罕之为捍蔽。李茂贞等犯京师,克用以兵至渭北,僖宗以克用为邠州四面行营都统,表罕之为副,破王行瑜。加检校太尉,食邑千户。罕之自以功多于晋,私谓盖寓曰:"自吾脱身河阳,赖晋容我,末能有以报之,今行老矣,无能为也。若吾王见怜,与一小镇使,休兵养疾,而后归老幸也。"寓为言之,克用不对。佗日诸镇择守将,未尝及罕之,罕之心益怏怏。寓告克用,惧罕之有佗心,克用曰:"吾于罕之岂惜一镇,然鹰鸟之性,饱则飏矣!"

光化元年,潞州薛志勤卒,罕之遽入潞州,使人启晋王曰:"志勤且死,新帅末至,所以然者,备佗盗耳!"克用大怒,遣李嗣昭攻之。罕之执晋守将马溉、伊镡等,遣子颢送于梁以乞兵。梁太祖遣丁会守潞州,以罕之为河阳节度使,行至怀州,以疾卒,年五十八。罕之初背梁而归晋,晋王以罕之守泽州。罕之留其子颢与庄宗游,甚狎。后罕之背晋以归梁,晋王怒欲杀颢,庄宗与之骏马使奔于梁。太祖得颢父子,大喜,使与友伦将兵以卫昭宗,故颢当太祖时,常掌禁兵。末帝诛友珪,颢与其谋拜右羽林统军、澶州刺史。事唐,历卫、衍二州刺史,累迁右领军卫上将军。天福中卒,年七十,赠太尉。

孟方立,邢州平乡人也。少为军卒,以勇力选为队将。唐广明中,潞州节度使高浔攻诸葛爽于河阳,遣方立将兵出天井关为先锋。浔为其将刘广所逐,广为乱军所杀。方立闻乱,引兵自天井入据潞州,唐因以为昭义军节度使。

昭义所节制泽、潞、邢、洺、磁五州,而治潞州。方立以谓潞州山川高险,而人俗劲悍。自刘稹以来,尝逐其帅。且己邢人也,因徙其军于邢州。而潞人怨方立之徙也，因以泽、潞二州归于晋。晋遣李克修为泽、潞节度使。方立以邢、洺、磁三州自为昭义军。

晋数遣李存孝等出兵以窥山东，三州之人俘掠殆尽，赤地数千里，无复耕桑者累年。方立以孤城自守，求救于梁。梁方东事兖、郓，不能救也。文德元年，方立乞兵于王熔以攻晋，熔许之。方立乃遣其将奚忠信攻晋辽州，而熔以佗故不能出兵，兵既失约，忠信大败，而晋兵乘胜攻之。方立将石元佐者，善兵而多智，方立尝信用之。忠信之败也，元佐为晋将安金俊所得，金俊厚遇之，问以攻邢之策，元佐曰："方立善守而邢城坚，若攻之必不得志。宜急攻其磁州，方立来救，可以败也。"金俊以为然。军西，方立果帅兵来救，为金俊所败，驰入邢州，闭壁不复出。外无救兵，城中食且尽，方立夜巡城，号令守者，守者皆不应，方立知不可，乃归饮鸩而卒。

军中以其弟洺州刺史迁为留后，求救于梁。梁太祖遣王虔裕将骑兵三百助迁守，迁执虔裕降晋。晋徙迁族于太原，以为汾州刺史，后以为泽潞节度使。天复元年，梁遗氏叔琮攻晋，出天井关，迁开门降，为梁兵乡道以攻太原，不克，叔琮军还过潞，以迁归于梁，梁太祖恶其返覆，杀之。

王珂，河中人也。其仲父重荣，以河中兵破黄巢，有功于唐，拜河中节度使。重荣无子，以其兄重简子珂为后。重荣卒，弟重盈立。重盈卒，军中乃以珂，重荣子立之。重盈子陕州节度使珙、绛州刺史瑶，与珂争立，珙、瑶以书与梁太祖，言珂故王氏苍头，小字忠儿，不应得立。珂亦求援于晋，晋人言之朝，昭宗以晋故，许之。而珙、瑶亦西结王行瑜、韩建、李茂贞为援，行瑜等交章论列，昭宗报以重荣与晋于唐尝有大功，业许之，不可易。行瑜等怒以兵犯京师，杀宰相李磎等而去。珙、瑶连兵攻珂河中，珂求援于晋。晋兵西讨三镇，行下绛州，斩瑶而过。至于渭北，击破行瑜。昭宗卒，以珂为河中节度使。晋以女妻之，遣李嗣昭将兵助珂攻珙州。珙为人惨刻，尝斩人掷其首于前，言笑自若，其下苦之。偏将李璠，因珙战败，杀珙自称留后。是时，梁已下镇定，将移兵西，而昭宗为刘季述所废，京师大乱。崔胤阴召梁以兵西，梁太祖以珂在河中，惧为患，乃顾张存敬、侯言，以一大绳与之，曰："为我持缚珂来！"存敬等兵出含山，破晋、绛二州，遣何绚以兵守之，绝晋援。存敬围河中，珂告急于晋，晋以绚故不得前。珂乃遣其妻以书告晋王曰："贼势如此，朝夕乞食于梁矣！大人何忍而不救邪？"晋王报之曰："梁兵为阻，众寡不敌，救之则并晋俱亡，不若与王郎自归朝廷。"珂乃为书与李茂贞曰："天子初返正，诏藩镇无相侵，以安王室。今朱公弃约以见攻，其势不止于弊邑；若弊邑朝亡，则西北诸镇非诸君所能守也！愿与华州出兵潼关以为应。"茂贞不报。珂计穷乃治舟于河，将归于京师。珂夜登城谕，守陴者守陴者皆不应，牙将刘训夜入珂寝白事，珂叱之曰："兵欲反邪！"训乃解衣自索而入曰："公苟怀疑，请先断臂！"珂曰："事急矣！计安出乎？"训曰："公若携家夜济，人必争舟，一夫鸱张，大事即去。不若迟明以情谕军中，愿从者犹得其半。不然，且为款状，以缓梁兵，徐图向背。"珂以为然。

梁太祖自同州降唐，即依重荣。以母王氏，故事重荣为舅。珂乃登城呼存敬曰："吾于梁王有家世之旧，兵当退舍。俟梁王来，吾将听命。"存敬乃退舍，使驰诣太祖于洛阳，太祖至河中，先之城东，哭于重荣之墓，而后入。珂欲面缚牵羊以见太祖，太祖谓曰："太师阿舅之恩，何时可忘，郎君若以亡国之礼见，太师其谓我何？"珂迎于路，握手嘘唏，乃徙珂于汴。太祖以珂，晋婿也，疑其贰已，使珂西入觐行至华州，使人杀之传舍。

瓒，重盈之诸子也。梁太祖已执珂，自领河中节度使，以瓒为吏。瓒事梁，为诸卫大将军，泰宁镇国军节度使。末帝时，为开封尹。贞明五年，代贺瓌为北面行营招讨使。是时，晋已城德胜，瓒自黎阳渡河攻澶州，不克，退屯杨村，扼河上流，与晋人相持经年，大小百余战，瓒卒无功，末帝遣戴思远代瓒，复为开封尹。庄宗自郓入京师，末帝闻唐兵且至，日夜涕泣，不知所为，自持国宝，指其宫室谓瓒曰："使吾保此者，系卿之画，如何耳？"唐兵已过宛朐，瓒驱率市人登城拒守，唐兵攻封丘门，瓒开门迎降，伏地请死。庄宗劳而起之曰：“朕与卿家世婚姻，然人臣各为主耳，复何罪邪！”因以为开封尹，迁宣武军节度使。已而，故梁臣赵岩、张汉杰等相次诛死，瓒以忧卒。赠太子太师。

赵犨，其先青州人也。世为陈州牙将。犨幼，与群儿戏道中，部分行伍，指顾如将帅，虽诸大儿，皆听其节度，其父叔文见之，惊曰：“大吾门者，此儿也！”及壮，善用弓剑，为人勇果，重气义。刺史闻其材，召置麾下。累迁忠武军马步军都虞候。

王仙芝寇河南，陷汝州，将犯东都，犨引兵击败之。仙芝乃南去。已而黄巢起所在州县，往往陷贼。陈州豪杰数百人，相与诣忠武军，求得犨为刺史以自保。忠武军表犨陈州刺史。已而巢陷长安，犨语诸将吏曰：“以吾计，巢若不为长安市人所诛，必驱其众东走，吾州，适当其冲矣！”乃治城池为守备，迁民六十里内者皆入城中。选其子弟配以兵甲，以其弟昶玚为将。巢败，果东走。先遣孟楷据项城，昶击破之，执楷以归。巢从后至，闻楷被执，大怒。既而秦宗权以蔡州附巢，巢势甚盛，乃悉众围犨，置春磨糜人之肉以为食。陈人恐。犨语其下曰：“吾家三世陈将，必能保此。尔曹男子，当于死中求生，建功立业，未必不因此时。”陈人皆踊跃。巢栅城北三里，为八仙营。起宫阙，置百官，聚粮饷，欲以久弊之。其兵号二十万。陈人旧有巨弩数百，皆废坏，后生弩工皆不识其器。玚创意理之，弩矢激五百步，人马皆洞，以故，巢不敢近围。凡三百日，犨食将尽，乃乞兵于梁，梁太祖与李克用皆自将会陈，击败巢将黄邺于西华。西华有积粟，巢恃以为饷，及邺败，巢乃解围去。梁太祖入陈州，犨兄弟迎谒马首，甚恭。然犨阴识太祖必成大事，乃降心屈迹为自托之计。以梁援己恩，为太祖立生祠，朝夕拜谒。以其子岩尚太祖女，是谓长乐公主。

黄巢已去，秦宗权复乱淮西，陷旁二十余州。而陈去蔡最近，犨兄弟力拒之，卒不能下。后巢、宗权皆败死，唐昭宗即以陈州为忠武军,拜辇节度使。辇已病,乃以位与其弟昶,后数月卒。

昶乘大寇新灭,乃休兵课农,事梁尤谨。梁兵攻战四方,昶馈挽供亿,未尝少懈。

昶卒,珝代立。珝颇知书,乃求邓艾故迹,决翟王陂溉民田。兄弟居陈二十余年,陈人大赖之。梁太祖已降韩建,取同、华,徙珝为同州留后,入唐,为右金吾卫上将军。岁余,以疾免官归,卒于家,陈人为之罢市。

辇次子岩,梁末帝时为户部尚书、租庸使,与张汉杰、汉伦等居中用事。梁自太祖以暴虐杀戮为事。而末帝为人特和柔恭谨,然性庸愚。以汉杰妇家而岩婿也,故亲信之。大臣老将皆切齿,末帝独不悟,以至于亡。

初,友珪杀太祖自立,以末帝为东都留守。岩如东都,末帝与之饮酒,从容以诚款告之。岩为末帝谋遣人召杨师厚兵起事。岩还西都,卒与袁象先以禁兵诛友珪,取传国宝以授末帝。末帝立,岩自以有功于梁,又尚公主,闻唐驸马杜悰位至将相,自奉甚丰,耻其不及,乃占天下良田大宅,衰刻商旅,其门如市。租庸之物,半入其私。岩饮食必费万钱。

故时,魏州牙兵骄数为乱,罗绍威尽诛之。太祖崩,杨师厚逐罗氏据魏州,复置牙兵二千,末帝患之。师厚死,岩与租庸判官邵赞义曰:"魏为唐患百有余年,自先帝时,尝切齿绍威,以其前恭而后倨。今先帝新弃天下,师厚复为陛下忧。所以然者,以魏地大而兵多也。陛下不以此时制之,宁知后人不为师厚也?"不若分相、魏为两镇,则无北顾之忧矣。"末帝以为然,乃分相、澶、卫为昭德军。牙兵乱,以魏博降晋,梁由是尽失河北。是时,梁将刘郡等与庄宗相距澶、魏之间,兵数败。岩曰:"古之王者,必郊祀天地。陛下即位犹未郊天,议者以为朝廷无异藩镇,如此何以威重天下?今河北虽失,天下幸安,愿陛下力行之。"敬翔以为不可,曰:"今府库虚竭,箕敛供军,若行郊禋,则必赏赉,是取虚名而受实弊也。"末帝不听,乃备法驾幸西京,而庄宗取杨刘。或传:"晋兵入东都矣。"或曰:"扼汜水矣。"或曰:"下郓、濮矣。"京师大风拔木,末帝大惧,从官相顾而泣。末帝乃还东都,遂不果郊。

镇州张文礼杀王熔,使人告梁曰:"臣已北召契丹,愿梁以兵万人出德、棣州,则晋兵怠矣。"敬翔以为然。岩与汉杰皆以为不可,乃止。其后黜王彦章,用段凝皆岩力也。庄宗兵将至汴,末帝惶惑不知所为,登建国楼以问群臣,或曰:"晋以孤军远来,势难持久,虽使入汴,不能守也。宜幸洛阳,保险以召天下兵,徐图之,胜负未可知也。"末帝犹豫,岩曰:"势已如此,一下此楼,何人可保!"未帝卒死于楼上。

当岩用事时,许州温韬尤曲事岩,岩因顾其左右曰:"吾常待韬厚,今以急投之,必不幸吾为利。"乃走投韬,韬斩其首以献。庄宗已灭梁,岩素所善段凝奏请诛岩家属,乃族灭之。

呜呼,祸福之理岂可一哉?君子小人之祸福异也。老子曰:"祸兮,福所倚,福兮祸所伏。"后世之谈祸福者皆以其言为至论也。夫为善,而受福焉,得祸;为恶,而受祸焉,得福。惟君子之罹非祸者,未必不为福;小人求非福者,未尝不及祸。此自然之理也。始譬自以先见之明,深结梁太祖。及其子孙皆享其禄利,自谓知所托矣,安知其族卒,与梁俱灭也。譬之求福于梁,盖老氏之所谓福也,非君子之所求也。可不戒哉!

冯行袭,字正臣,均州人也。唐末,山南盗孙喜以众千人袭均州刺史吕烨,烨下能御,行袭为州校,乃阴选勇士伏江南,独乘小舟逆喜告曰:"州人闻公至,皆欲归矣!然知公兵多,民惧虏掠,恐其惊扰,请留兵江北,独与腹心数人从行,愿为前导,以慰安州民,事可立定。"喜以为然,乃留其兵江北,独与行袭渡江。军吏前谒,行袭击喜,仆地斩之。伏兵发,尽杀从行者。余兵在江北,闻喜死,皆溃。山南节度使刘巨容表行袭均州刺史。

是时,僖宗在蜀,诸镇贡献行在者,皆道山南盗贼多据州西长

山,以邀劫之。行袭尽破诸贼。洋州葛佐辟行袭行军司马使,以兵
镇谷口,通秦蜀道。行袭由此知名。李茂贞兼领山南,遣子继臻守
金州,行袭逐之,遂据金州,昭宗乃以金州为戎昭军,拜行袭节度
使。昭宗在岐,梁太祖引兵而西,中尉韩全诲遣中官郗文晏等二十
余人召兵江淮,以拒太祖。行袭已附梁,乃尽杀文晏等。太祖攻赵
匡凝于襄阳,行袭遣子勖以舟兵会,均房以功迁匡国军节度使。行
袭为人严酷少恩,而所至辄天幸,境旱有蝗,则飞鸟食之,岁凶,田
中卤谷自生。唐衰,知梁必兴,尤尽心倾附事梁,官至司空,封长乐
郡王。卒赠太傅,谥曰忠敬。

新五代史卷四三
杂传第三一

氏叔琮　李彦威　李振
裴迪　韦震　孔循　孙德昭
王敬荛　蒋殷

氏叔琮，开封尉氏人也。为梁骑兵伍长。梁兵击黄巢陈许间，叔琮战数有功，太祖壮之，使将后院马军。从攻徐、兖，表宿州刺史。使攻襄阳，战数败，降为阳翟镇遏使。久之，迁曹州刺史。

太祖下河中，取晋、绛，晋王遣使致书太祖，求成。太祖以晋书词嫚，乃遣叔琮与贺德伦等攻之。叔琮自太行入取泽、潞，出石会，营于洞涡。久之粮尽，乃旋。表晋州刺史。晋人复取绛州，攻临汾，叔琮选壮士二人，深目而胡须者，牧马襄陵道旁。晋人以为晋兵，杂行道中，伺其怠，擒晋二人而归。晋人大惊，以为有伏兵，乃退屯于蒲县。太祖遣友宁兵万人会叔琮御晋，友宁欲休兵以待。叔琮曰："敌闻救至，必走，走则何功邪？"乃夜击之。晋人大败，逐之至于太原。太祖大喜曰："破太原，非氏老不可。"已而，兵大疫，叔琮班师。令曰："病不能行者焚之。"病者惧，皆言无恙。乃以精卒为殿而还，石会留数骑，以大将旗帜立于高冈，晋兵疑其有伏，乃不敢追。久之，徙保大军节度使。昭宗迁洛，拜右龙武统军。太祖遣叔琮与李彦威等弑昭宗，已而杀之。

李彦威，寿州人也。少事梁太祖，为人颖悟，善揣人意。太祖怜之，养以为子，冒姓朱氏，名友恭。历汝、颍二州刺史。昭宗下洛，拜右龙武统军。刘季述废昭宗，立皇太子裕为天子。昭宗反正，以为太子幼为贼所立，赦之，复其始封为德王。昭宗自岐还。太祖见裕眉目疏秀，恶之，谓宰相崔胤曰："德王尝为季述所立，安得犹在乎？公白天子杀之。"胤奏之昭宗，不许。佗日，以问太祖，太祖曰："臣安敢及之，胤欲卖臣尔。"昭宗迁洛，谓蒋玄晖曰："德王，朕爱子也。全忠何为欲杀之？"因泣下，啮指流血。玄晖具以白太祖，太祖益恶之。是时，昭宗改元天祐，迁于东都，为梁所迫。而晋人、蜀人以为天祐之号，非唐所建，不复称之，但称天复。王建亦传檄天下，举兵诛梁。太祖大惧，恐昭宗奔佗镇以兵七万如河中，阴遣敬翔至洛，告彦威与氏叔琮等，使行弑逆。八月壬辰，彦威、叔琮以龙武兵宿禁中，夜二鼓，以兵百人叩宫门奏事。夫人裴正一开门问曰："奏事安得以兵入？"龙武牙官史太杀之，趋椒兰殿，问昭宗所在。昭宗方醉，起走，太持剑逐之。昭宗单衣旋柱而走，太剑及之，昭宗崩。讣至河中，太祖阳为惊骇，投地号哭，骂曰："奴辈负我，俾我被恶名于后世邪！"太祖至洛，流彦威、叔琮岭南，使张廷范杀之。彦威临刑大呼曰："卖我以灭口，其如神理何？"顾廷范曰："勉之，公行自及。"遂见杀。已而还其姓名。

庄宗时，得故唐内人景姤，言当彦威等杀昭宗时，诸王宗属数百人皆遇害，而同为一坑，瘗于龙兴寺北，请合为一冢，而改葬之。诏以故濮王为首，葬以一品礼云。

李振，字兴绪，其祖抱真唐，潞州节度使。振为唐金吾卫将军，拜台州刺史。盗起浙东，不果行，乃西归过梁，以策干太祖。太祖留之。太祖兼领郓州，表振节度副使。振奏事长安，舍梁邸。宦官刘季述谋废昭宗，遣其侄希正因梁邸，吏程岩见振曰："今主上岩急，诛杀不辜，中尉惧及祸，将行废立，请与诸邸吏协力以定中外，如何？"振骇然曰："百岁奴事三岁主，而敢尔邪！今梁王百万之师方仗大义尊天子君等，无为此，不祥也。"振还，季述卒与岩等废昭宗，幽之东宫，号太上皇，立皇太子裕为天子。是时，太祖用兵在邢、洛间，季述诈为太上皇诰，告太祖。太祖犹豫，未知所为，振曰："夫竖刁伊戾之乱，所以为霸者资也。今阉官作乱，天子危辱，此王仗义立功之时。"太祖大悟，乃囚季述使者，遣振诣京师见崔胤，谋出昭宗。昭宗返正，太祖大喜，执振手曰："卿谋得之矣。"

王师范以青州降梁，遣振往代师范，师范疑惧，不知所为，振曰："独不闻汉张绣乎？绣与曹公为敌，然不归袁绍而归曹公者，知其志大，不以私仇杀人也。今梁王方欲成大事，岂以故怨，害忠臣乎？"师范洗然自释，乃西归梁。昭宗迁洛，振往来京师，朝臣皆仄目，振视之若无人。有所小怒，必加谴谪。故振一至京师，朝廷必有贬降。时人目振为鸱枭。太祖之弑昭宗也，遣振至京师与朱友恭、氏叔琮谋之。昭宗崩，太祖问振所以待友恭等宜如何？振曰："昔晋司马氏杀魏君而诛成济，不然何以塞天下口！"太祖乃归罪友恭等而杀之。

振尝举进士，咸通乾符中连不中，尤愤唐公卿。及裴枢等七人赐死白马驿，振谓太祖曰："此辈尝自言清流，可投之河，使为浊流也。"太祖笑而从之。太祖即位，累迁户部尚书。友珪时，以振代敬翔为崇政院使。庄宗灭梁入汴，振谒见郭崇韬，崇韬曰："人言李振一代奇才，吾今见之乃常人尔。"已而伏诛。

裴迪，字升之，河东闻喜人也。为人明敏，善治财赋，精于簿书。唐司空裴璩判度支，辟为出使巡官都统王铎镇滑州，奏迪汴、宋、郓等州供军院使。铎为租庸使，辟租庸招纳使。梁太祖镇宣武，辟节度判官。

太祖用兵四方，常留迪以调兵赋。太祖乃榜门以兵事自处，而以货财狱讼一切任迪。太祖西攻岐，王师范谋袭汴，遣健卒苗公立持书至汴，阴伺虚实。迪召公立问东事，公立色动，乃屏人密诘之，具得其事。迪不暇启，遣朱友宁以兵巡兖、郓，以故师范虽窃发而事卒不成。太祖自岐还，将吏皆赐迎銮叶赞功臣，将吏入见，太祖目迪曰："叶赞之功，惟裴公有之，佗人不足当也。"

迪入唐，累迁太常卿。太祖即位，召拜右仆射。居一岁，告老，以司空致仕，卒于家。

韦震，字东卿，雍州万年人也。初名肇。为人强敏，有口辩。事梁太祖，为都统判官。申丛执秦宗权，欲送于太祖，又欲自献于京师，又欲挟宗权夺其兵。太祖遣震入蔡州视之，丛遣骑三百迎震，欲杀之，震计得免。还白太祖曰："丛不足虑，为其谋者牙将裴涉，妄庸人也。"丛后果为郭璠所杀。璠以宗权归于太祖，太祖欲大其事，请献俘于唐。唐以时溥破黄巢，献馘而已，宗权不足俘，左拾遗徐彦枢亦疏请所在斩决。太祖遣震奏事京师，往复论列，卒俘宗权。太祖德之，表为节度副使。

昭宗幸石门，太祖遣震由虢略间道奉表行在，昭宗赐其名震。

太祖已破兖、郓，遂攻吴，大败于清口。太祖惧诸镇乘间图己，乃讽杜洪、钟传、王师范、钱镠等荐己为元帅，且求兼领郓州。昭宗初不许，震强辩，敢大言，语数不逊，昭宗卒许梁以郓州，太祖遂兼四镇，表震郓州留后。昭宗迁洛，震入为河南尹、六军诸卫副使。以病瘖，守太子太保致仕。太祖受禅，改太子太傅。末帝即位，加太师，卒。

孔循，不知其家世何人也。少孤流落于汴州，富人李让阛得之，养以为子。梁太祖镇宣武，以李让为养子，循乃冒姓朱氏。稍长，给事太祖帐中。太祖诸儿乳母有爱之者，养循为子。乳母之夫姓赵，循又冒姓为赵氏，名殷衡。

昭宗东迁洛阳，太祖尽去天子左右，悉以梁人代之，以王殷为宣徽使，循为副使。循与蒋玄晖、张廷范等共与弑昭宗之谋，其后循与玄晖有隙。哀帝即位，将有事于南郊，循因与王殷谮于太祖曰："玄晖私侍何太后，与廷范等奉天子郊天，冀延唐祚。"太祖大怒。是时，梁兵攻寿春，大败而归。哀帝遣裴迪劳军，太祖见迪，怒甚，迪还。哀帝不敢郊，封太祖魏王，备九锡，太祖拒而不受。玄晖与宰相柳璨相次驰至梁自解，璨曰："自古王者之兴，必有封国。而唐所以不即逊位者，当先建国，备九锡，然后禅也。"太祖曰："我不由九锡作天子可乎！"璨惧，驰去。太祖遣循与王殷弑何皇后，因杀璨及玄晖、廷范等。以循为枢密副使。唐亡，事梁为汝州防御使、左卫大将军、租庸使。始改姓孔，名循。

庄宗时，权知汴州。明宗自魏兵反而南，庄宗东出汜水，循持两端，遣迎明宗于北门，迎庄宗于西门，供帐牲饩，其礼如一，而戒其人曰："先至者入之。"明宗先至，遂纳之。明宗即位，以为枢密使。明宗幸汴州，循留守东都。民有犯曲者，循族杀其家，明宗知其冤，因诏天下除曲禁，许民得造曲。

循为人柔佞而险猾，安重诲尤亲信之。凡循所言，无不听用。明宗尝欲以皇子娶重诲女，重诲以问循，循曰："公为机密之臣，不宜与皇子婚。"重诲信之乃止。而循阴使人白明宗求女妻皇子，明宗即以宋王从厚娶循女。重诲始恶其为人，出循为忠武军节度使，徙镇横海，卒于镇，年四十八，赠太尉。

孙德昭，盐州五原人也。其父惟最，有材略。黄巢陷长安，惟最率其乡里子弟得义兵千人，南攻巢于咸阳，兴平州将壮其所为，益以州兵二千。与破贼，功拜右金吾卫大将军。

朱玫乱京师，僖宗幸兴元，惟最率兵击贼。累迁鄜州节度使，留京师宿卫。鄜州将吏诣阙请惟最之镇，京师民数万与神策军复遮留，不得行，改荆南节度使。在京制置，分判神策军，号"扈驾都"。是时，京师乱，民皆赖以为保。

德昭以父任为神策军指挥使。光化三年刘季述废昭宗，幽之东宫，宰相崔胤谋反正，阴使人求义士可共成事者，德昭乃与孙承诲、董从实应胤。胤裂衣襟为书，以盟。天复元年正月朔未旦，季述将朝，德昭伏甲士道旁，邀其舆斩之。承诲等分索余党，皆尽。昭宗闻外喧哗,大恐。德昭驰至扣门曰:"季述诛矣,皇帝当反正。"何皇后呼曰:"汝可进逆首。"德昭掷其首入。已而,承诲等悉取余党首以献,昭宗信之。德昭破锁,出昭宗御丹凤楼反正,以功拜静海军节度使,赐姓李,号扶倾济难忠烈功臣。与承诲等皆拜节度使同中书门下平章事。图形凌烟阁。俱留京师,号三使相,恩宠无比。

是时,崔胤方欲诛唐宦官,外交梁以为恃,而宦官亦倚李茂贞为捍蔽,梁、岐交争。冬十月,宦者韩全诲劫昭宗幸凤翔,承诲、从实皆从。而德昭独与梁,乃率兵卫胤及百官保东街,趣梁兵以西。梁太祖颇德其附己,以龙凤剑、斗鸡纱遗之。

太祖至华州,德昭以军礼迎谒道旁。太祖至京师,表同州留后。将行,京师民复请留,遂为两街制置使。梁兵围凤翔,德昭以其兵八千属太祖,太祖益德之,使先之洛阳,赐甲第一区。昭宗东迁,拜左威卫上将军,以疾免。太祖即位,以乌银、带、袍、笏、名马赐之。疾少间,以为左卫大将军。末帝立,拜左金吾大将军,以卒。承诲、从实至凤翔,与宦者俱见杀。

王敬荛,颍州汝阴人也。事州为牙将,唐末,王仙芝等攻劫汝、颍间,刺史不能拒,敬荛遂代之,即拜刺史。敬荛为人,状貌魁杰,而沉勇有力,善用铁枪,重二十斤。颍州与淮西为邻境,数为秦宗权所攻,力战拒之。宗权悉陷河南诸州,独敬荛不可下。由是颍旁诸州民皆保敬荛避贼。是时,所在残破,独颍州户二万。梁太祖攻淮南,道过颍州,敬荛供馈梁兵甚厚,太祖大喜,表敬荛沿淮指挥使。其后,梁兵攻吴,庞师古死清口,败兵亡归,过颍,大雪,士卒饥冻。敬荛乃沿淮积薪为作糜粥饷之,亡卒多赖以全活。太祖表敬荛武宁军留后,遂拜节度使。天祐三年,为左卫上将军。太祖即位,敬荛以疾致仕,后卒于家。

蒋殷,幼为王重盈养子,冒姓王氏。梁太祖取河中,以王氏旧恩录其子孙,表殷牙将。

太祖尤爱之。

唐迁洛阳,殷为宣徽北院使。太祖已下襄阳,转攻淮南,还屯正阳。哀帝遣殷劳军。是时,哀帝方卜郊,殷与枢密使蒋玄晖等有隙,因谮之太祖,言玄晖等教天子卜郊祈天,且待诸侯助祭者,以谋兴复。太祖大怒,哀帝为改卜郊。是时,太祖将有篡弑之谋,何太后尝泣涕叩头为玄晖等言:"梁王禅位后,愿全唐家子母。"殷乃诬玄晖尝私侍太后,太祖斩玄晖及张廷范、柳璨等,遣殷弑太后于积善宫。哀帝下诏,惭愧自言以母后故无以奉天,乃卒不郊。庶人友珪与殷善,友珪弑太祖自立,拜殷武宁军节度使。末帝即位,以福王友璋代殷,殷不受代。王瓒,亦王氏子,惧为殷所累,乃言殷非王氏子,本姓蒋。末帝诏削官爵,还其姓,遣牛存节讨之,殷举族自燔死。

新五代史卷四四
杂传第三二

刘知俊　丁会　贺德伦
阎宝　康延孝

　　刘知俊，字希贤，徐州沛人也。少事时溥，溥与梁相攻，知俊与其麾下二千人降梁，太祖以为左开道指挥使。知俊姿貌雄杰，能被甲上马，轮剑入敌，勇出诸将。当是时，刘开道名重军中。历海、怀、郑三州刺史，从破青州，以功表匡国军节度使。

　　邠州杨崇本以兵六万攻雍州，屯于美原。是时，太祖方与诸将攻沧州，知俊不俟命，与康怀英等击败崇本，斩馘二万，获马三千匹，执其偏裨百人。李思安为夹城攻潞州，久不下，太祖罢思安。拜知俊行营招讨使。未至潞，夹城已破，徙西路行营招讨使。败邠、岐兵于幕谷。是时，延州高万兴叛杨崇本降梁，太祖遣知俊会万兴攻下丹、延、鄜、坊四州，加检校太尉、兼侍中。封大彭郡王。

　　知俊功益高，太祖性多猜忌，屡杀诸将。王重师无罪见杀，知俊益惧，不自安。太祖已下鄜、坊，遣知俊复攻邠州。知俊以军食不给未行。太祖幸河中，使宣徽使王殷召知俊。其弟知浣为亲军指挥使。间遣人告知俊以不宜来。知俊遂叛，臣于李茂贞，以兵攻雍、华，执刘捍送于凤翔。太祖使人谓知俊曰："朕待卿至矣，何相负邪？"知俊报曰："王重师不负陛下而族灭，臣非背德，但畏死尔。"太祖复使语曰："朕固知卿以此，吾诛重师，乃刘捍误我，致卿至此，吾岂不恨之邪？今捍已死，未能塞责。"知俊不报，以兵断潼关。太祖遣刘鄩、牛存节攻知俊,知俊遂奔于茂贞。茂贞地狭,无以处之,使之西攻灵武。韩逊告急,太祖遣康怀英、寇彦卿等攻邠宁以牵之。知俊大败怀英于升平,杀梁将许从实。茂贞大喜,以知俊为泾州节度使。攻兴元,取兴凤,围西县。已而,茂贞左右忌知俊功,以事间之,茂贞夺其军。知俊乃奔于蜀王建,以为武信军节度使。使返攻茂贞,取秦、凤、阶、成四州。建虽待知俊甚厚,然亦阴忌其材,尝谓左右曰"吾老矣。吾且死,知俊非尔辈所能制,不如早图之。"而蜀人亦共嫉之。知俊为人色黑而其生岁在丑。建之诸子皆以宗、承为名,乃于里巷构为谣言曰:"黑牛出圈,棕绳断。"建益恶之,遂见杀。

丁会,字道隐,寿州寿春人也。少工挽丧之歌,尤能凄怆其声,以自喜。后去为盗,与梁太祖俱从黄巢。梁太祖镇宣武,以为宣武都押衙。

光启四年,东都张全义袭破河阳,逐李罕之。罕之召晋兵围河阳,全义告急。是时,梁军在魏,乃遣会及葛从周等将万人救之。会等行至河阴,谋曰:"罕之料吾不敢渡九鼎,以吾兵少而来远,且不虞吾之速至也。出其不意,掩其不备者,兵家之胜策也。"乃渡九鼎,直趋河阳,战于沇水,罕之大败,河阳围解。

大顺元年,梁军击魏,会及葛从周破黎阳、临河遂败罗弘信于内黄,梁军攻时溥于徐州,遣会别攻宿州,刺史张筠闭城距守。会堰汴水浸其东,城坏,筠降。兖州朱瑾以兵万余击单父,会及瑾战于金乡,大败之。光化二年,李罕之叛晋以潞州降梁。会自河阳攻晋泽州,下之,乃以会为昭义军留后,

会畏梁太祖雄猜,常称疾者累年。天复元年,太祖复起会为昭义军节度使。昭宗遇弑,会与三军缟素发哀。梁军攻燕沧州,燕王守光乞师于晋。晋人为攻潞州,会乃降晋。晋王以会归于太原,赐以甲第,位在诸将上。庄宗立,以会为都招讨使。天祐七年,以疾卒于太原。唐兴,追赠太师。

　　贺德伦，河西人也。少为滑州牙将。梁太祖兼领宣义，德伦从太祖征伐，以功累迁平卢军节度使。

　　贞明元年，魏州杨师厚卒。末帝以魏兵素骄难制，乃分相、澶、卫三州建昭德军，以张筠为节度使魏、博、贝三州仍为天雄军，以德伦为节度使。遣刘鄩以兵六万渡河，声言攻镇定，王彦章以骑兵五百入魏州，屯金波亭以虞变。分魏牙兵之半入昭德。租庸使遣孔目吏阅魏兵，籍检校府库。德伦促牙兵上道，牙兵亲戚相诀别，哭声盈涂。效节军将张彦谋于其众曰："朝廷以我军府强盛，设法残破之。况我六州旧为藩府，末尝远出河门，一旦离亲戚，去乡里，生不如死。"乃相与夜攻金波亭，彦章走出。迟明，魏兵攻牙城，杀五百余人，执德伦致之楼上，纵兵大掠。末帝遣供奉官扈异驰至魏，谕彦许以刺史。彦谓异曰："为我报皇帝，三军不负朝廷，朝廷负三军。割隶无名，所以乱耳。但以六州还魏，而诏刘鄩反兵，皇帝可以高枕。"异还，言彦狂蹶不足畏，宜促鄩兵击之。末帝使人谕彦，以制置已定，不可复易。使者三反，彦怒曰："庸保儿敢如是邪！"乃召罗绍威故吏司空颋曰："为我作奏，若复依违，则渡河虏尔耳！"末帝优诏答之，言："王熔死，镇人请降，遣鄩以兵定镇州，非有佗也。若魏不便之，即召鄩还。"戒彦勿为朝廷生事。彦乃以杨师厚镇魏州尝带招讨使，逼德伦论列之。末帝不许，谕以诏书，彦裂诏书抵于地，曰："愚主听人穿鼻，难与共事矣！"乃迫德伦降晋，德伦惶恐曰："惟将军命。"乃遣牙将曹廷隐奉书庄宗，庄宗入魏，德伦以彦逼已，遣人阴诉于庄宗，庄宗斩彦于临清，而后入徙德伦为大同军节度使。行至太原，监军张承业留之。王檀攻太原，德伦麾下奔檀，承业惧德伦为变，杀之。

　　阎宝，字琼美，郓州人也。少为朱瑾牙将，瑾走淮南，宝降于梁。梁太祖时，为诸军都虞候，常从诸将征伐，末尝独立战功。至末帝时，以宝为保义军节度使。

　　贞明三年，贺德伦以魏博降晋，晋军攻下洺、磁、相、卫，移兵围邢州。末帝遣捉生都指挥使张温将五百骑救宝。温至内黄,遇晋军乃降晋。晋遣温将所降梁军至城下招宝,宝遂降晋。晋王拜宝检校太尉同中书门下平章事,领天平军节度使、东南面招讨使,位在诸将上。梁、晋战胡柳,晋军败。庄宗欲引兵退保临濮,宝曰:"夫决胜料势,决战料情,情势既得,断在不疑。今梁兵窘蹙,其势可破。胜而骄怠,其情可知。此不可失之时也。"庄宗谢曰:"微公,几败吾事。"乃整军复战,遂败梁兵。十八年,晋军讨张文礼于镇州。以宝为招讨使。明年三月,宝战败,退保赵州。惭愤发疽卒,追赠太师。晋天福中,追封太原王。

康延孝,代北人也。为太原军卒,有罪亡命于梁。末帝遣段凝军于河上,以延孝为左右先锋指挥使。延孝见梁末帝任用群小,知其必亡,乃以百骑奔于唐,见庄宗于朝城,庄宗解御衣金带以赐之。拜延孝博州刺史,捧日军使,兼南面招讨指挥使。庄宗屏人问延孝梁事,延孝具言:"末帝懦弱。赵岩婿也,张汉杰妇家,皆用事。段凝奸邪,以入金多为大将。自其父时,故将皆出其下。王彦章,骁将也,遣汉杰监其军而制之。小人进任,而忠臣勇士皆见疏斥,此其必亡之势也。"庄宗又问梁计如何,曰:"臣在梁时,窃闻其议,期以仲冬大举,遣董璋以陕虢、泽潞之众出石会以攻太原;霍彦威以关西、汝、洛之兵掠邢洺以趋镇定;王彦章以京师禁卫击郓州;段凝以河上之军当陛下。"庄宗初闻延孝言梁必亡,喜。及闻其大举也,惧曰:"其将何以御之?"延孝曰:"梁兵虽众,分则无余。臣请待其既分,以铁骑五千,自郓趋汴,出其不意,捣其空虚,不旬日,天下定矣。"庄宗甚壮其言。后董璋等虽不出兵,而梁悉属段凝于河上,京师无备,庄宗卒用延孝策,自郓入汴,凡八日而灭梁。以功拜郑州防御使,赐姓名曰李绍琛。二年,迁保义军节度使。

三年征蜀,以延孝为先锋。排阵斩斫,使破凤州,取固镇,降兴州。与王衍战三泉,衍败走,断吉柏江浮桥,延孝造舟以渡,进取绵州。衍复断绵江浮桥。延孝谓招抚使李岩曰:"吾远军千里,入人之国,利在速战。乘衍破胆之时,但得百骑过鹿头关,彼将迎降不暇。若修缮桥梁,必留数日,使衍得闭关为备,则胜负未可知也。"因与严乘马浮江,军士随之济者千余人,遂入鹿头关,下汉州。居三日,后军始至。衍弟宗弼果以蜀降。延孝屯汉州以俟魏王继岌。蜀平,延孝功为多。左厢马步军都指挥使董璋位在延孝下,然特见重于郭崇韬。崇韬有军事,独召璋与计议,而不问延孝,延孝大怒,责璋曰:"吾有平蜀之功,公等仆速相从,反俯首郭公之门。吾为都将,独不能以军法斩公邪?"璋诉于崇韬,崇韬解璋军职,表为东川节度使。延孝愈怒曰:"吾冒白刃,犯险阻,以定两川。璋有何功?而得旄节。"因见崇韬言其不可。崇韬曰:"绍琛反邪?敢违吾节度!"延孝惧而退。

　　明年,崇韬死,延孝谓璋曰:"公复俯首何门邪?"璋求哀以免。继岌班师,命延孝以万二千人为殿行,至武连,闻朱友谦无罪见杀,友谦有子令德在遂州,庄宗遣使者诏继岌即诛之,继岌不遣延孝,而遣董璋。延孝已自疑,及璋过延孝军,又不谒延孝,大怒,谓其下曰:"南平梁,西取蜀,其谋尽出于郭公。而汗马之劳,攻城破敌者,我也。今郭公已死,我岂得存?而友谦与我俱背梁以归唐者,友谦之祸次及我矣!"延孝部下皆友谦旧将,知友谦被族皆号哭,诉于军门曰:"朱公无罪,二百口被诛,旧将往往从死,我等死必矣。"延孝遂拥其众自剑州返入蜀,自称西川节度、三川制置等使。驰檄蜀人,数日之间众至五万。继岌遣任圜以七千骑追之,及于汉州,会孟知祥夹攻之,延孝战败,被擒。载以槛车。圜置酒军中,引槛车至坐上,知祥酌大卮,从车中饮之而谓曰:"公自梁朝脱身归命,遂拥节旄。今平蜀之功,何患富贵,而入此槛车邪?"延孝曰:"郭崇韬佐命之臣,功在第一,兵不血刃,而取两川,一旦无罪,阖门受戮。顾如延孝何保首领?以此不敢归朝耳。"任圜东还,延孝槛车至凤翔,庄宗遣宦者杀之。

新五代史卷四五
杂传第三三

张全义　　朱友谦　　袁象先
朱汉宾　　段凝　　刘玘
周知裕　　陆思铎

　　张全义,字国维,濮州临濮人也。少以田家子役于县,县令数困辱之,全义因亡入黄巢贼中。巢陷长安,以全义为吏部尚书、水运使。巢贼败,去事诸葛爽于河阳。爽死,事其子仲方。仲方为孙儒所逐,全义与李罕之分据河阳、洛阳以附于梁。二人相得甚欢。然罕之性贪暴,日以寇钞为事。全义勤俭,御军有法,督民耕殖。以故罕之常乏食,而全义常有余。罕之仰给全义,全义不能给,二人因有隙。罕之出兵攻晋绛,全义袭取河阳,罕之奔晋,晋遣兵助罕之,围全义甚急。全义乞兵于梁,梁遣牛存节、丁会等,以兵万人自九鼎渡河,击败罕之于沇水,晋军解去。梁以丁会守河阳,全义还为河南尹。全义德梁出己,由是尽心焉。是时,河南遭巢儒兵火之后,城邑残破,户不满百,全义披荆棘,劝耕殖,躬载酒食,劳民畎亩之间,筑南、北二城以居之数年,人物完盛,民甚赖之。及梁太祖劫唐昭宗东迁,缮理宫阙、府廨、仓库,皆全义之力也。全义初名言,唐昭宗赐名全义。唐亡,全义事梁,又请改名,太祖赐名宗奭。太祖猜忌,晚年尤甚,全义奉事益谨,卒以自免。自梁与晋战河北,兵数败亡,全义辄搜卒伍铠马,月献之以补其缺。太祖兵败蓨县,道病还洛,幸全义会节园避暑,留旬日。全义妻女皆迫淫之。其子继祚愤耻不自胜,欲剚刃太祖,全义止之曰:"吾为李罕之兵围河阳,啖木屑以为食,惟有一马,欲杀以饷军,死在朝夕,而梁兵出之,得至今日,此恩不可忘也。"继祚乃止。

尝有言全义于太祖者,太祖召全义,其意不测。全义妻储氏明敏有口辩,遽入见,厉声曰:"宗奭,种田叟尔!守河南三十年,开荒斸土,捃拾财赋,助陛下创业。今年齿衰朽,已无能为,而陛下疑之,何也?"太祖笑曰:"我无恶心,妪勿多言。"全义事梁,累拜中书令,食邑至万三千户,兼领忠武、陕虢、郑滑、河阳节度使。判六军诸卫事,天下兵马副元帅,封魏王。

初,全义为李罕之所败,其弟全武及其家属为晋兵所得。晋王给以田宅,待之甚厚,全义常阴遣人通问于太原。及梁亡,庄宗入汴,全义自洛来朝,泥首待罪,庄宗劳之曰:"卿家弟侄,幸复相见。"全义俯伏感涕。年老不能进趋,遣人掖扶而登,宴犒尽欢,命皇子继岌、皇弟存纪等皆兄事之。全义因去梁所赐名,请复其故名。而全义犹不自安,乃厚赂刘皇后以自托。

初,梁末帝幸洛阳,将祀天于南郊而不果,其仪仗法物犹在。全义因请幸洛阳,白南郊仪物已具,庄宗大悦,加拜全义太师,尚书令。明年十一月,庄宗幸洛阳南郊,而礼物不具,因改用来年二月,然不以前语责全义。以皇后故待之愈厚,数幸其第,命皇后拜全义为父,改封齐王。初,庄宗灭梁,欲掘梁太祖墓,斫棺戮尸,全义以谓梁虽仇敌,今已屠灭其家,足以报怨,剖棺之戮,非王者以大度示天下也。庄宗以为然,铲去墓阙而已。

全义监军,尝得李德裕平泉醒酒石,德裕孙延古,因托全义复求之。监军忿然曰:"自黄巢乱后,洛阳园宅无复能守,岂独平泉一石哉!"全义尝在巢贼中,以为讥己,因大怒,奏笞杀监军者,天下冤之。其听讼以先诉者为直,民颇以为苦。

同光四年,赵在礼反于魏,元行钦讨贼无功,庄宗欲自将讨之,大臣皆谏以为不可,因言明宗可将。是时,郭崇韬、朱友谦皆已见杀,明宗自镇州来朝,处之私第,庄宗疑之不欲遣也。群臣固请,不从。最后全义力以为言,庄宗乃从。已而,明宗至魏果反,全义以忧卒,年七十五,谥曰忠肃。

子继祚,官至上将军。晋高祖时,与张从宾反于河阳,当族诛。而宰相桑维翰以其父珙尝事全义有恩,乞全活之,不许,止诛继祚及其妻子而已。

朱友谦,字德光,许州人也。初名简。以卒录渑池镇,有罪亡去。为盗石濠、三乡之间,商旅行路皆苦之。久之,去为,陕州军校。陕州节度使王珙为人严酷,与其弟珂争河中,战败。其牙将李璠与友谦谋共杀珙附于梁。太祖表璠代珙,璠立友谦,复以兵攻之,璠得逃去,梁太祖又表友谦代璠。梁兵西攻李茂贞,太祖往来过陕,友谦奉事尤谨。因请曰:“仆本无功,而富贵至此,元帅之力也!且幸同姓,愿更名以齿诸子。”太祖益怜之,乃更其名,友谦录以为子。

太祖即位,徙镇河中,累迁中书令,封冀王。太祖遇弑,友珪立,加友谦侍中。友谦虽受命,而心常不平。已而,友珪使召友谦入觐,友谦不行,乃附于晋。友珪遣招讨使韩勍将康怀英等兵五万击友谦。晋王出泽、潞以救之,遇怀英于解县,大败之,追至白径岭,夜秉炬击之,怀英又败。梁兵乃解去。友谦醉寝晋王帐中,晋王视之,顾左右曰:“冀王虽甚贵,然恨其臂短耳!”末帝即位,友谦复臣于梁,而不绝晋也。贞明六年友谦遣其子令德袭同州,逐节度使程全晖因求兼镇。末帝初不许,已而许之,制命未至,友谦复叛,始绝梁而附晋矣。末帝遣刘郭等讨之,郭为李存审所败。晋封友谦西平王,加守太尉,以其子令德为同州节度使。庄宗灭梁入洛,友谦来朝,赐姓名曰李继麟,赐予巨万。明年,加守太师、尚书令,赐铁券,恕死罪。以其子令德为遂州节度使,令锡忠武军节度使,诸子及其将校为刺史者十余人,恩宠之盛,时无与比。

是时,宦官、伶人用事,多求赂于友谦,友谦不能给而辞焉,宦官、伶人皆怒。唐兵伐蜀,友谦阅其精兵,命其子令德将以从军。及郭崇韬见杀，伶人景进言，唐兵初出时，友谦以为讨已，阅兵自备。又言与崇韬谋反，且曰："崇韬所以反于蜀者，以友谦为内应。友谦见崇韬死，谋与存乂为郭氏报冤。"庄宗初疑其事，群伶、宦官日夜以为言，友谦闻之大恐。将入朝以自明，将吏皆劝其毋行。友谦曰："郭公有大功于国，而以谗死，我不自明，谁为我言者。"乃单车入朝，景进使人诈为变书，告友谦反。庄宗惑之，乃徙友谦义成军节度使，遣朱守殷夜以兵围其馆，驱友谦出徽安门外杀之，复其姓名。诏魏王继岌杀令德于遂州，王思同杀令锡于许州，夏鲁奇族其家属于河中。鲁奇至其家，友谦妻张氏率其宗族二百余口见鲁奇曰："朱氏宗族当死，愿无滥及平人。"乃别其婢仆百人，以其族百口就刑。张氏入室，取其铁券，示鲁奇曰："此皇帝所赐也，不知为何语。"鲁奇亦为之惭。友谦死，其将史武等七人皆坐友谦族诛，天下冤之。

袁象先，宋州下邑人。唐南阳王恕己之后也。父敬初，梁太府卿、驸马都尉，尚太祖妹，是为万安大长公主。象先以梁甥为宣武军内外马步军都指挥使。历宿、洺、陈三州刺史。太祖即位，累迁左龙武统军在京马步军都指挥使。太祖遇弑，友珪立。末帝留守东都，以大事谋于赵岩，岩曰："此事如反掌耳，但得招讨杨令公一言谕禁军，则事可成。"末帝即遣人之魏州，以谋告杨师厚，师厚遣裨将王舜贤至洛阳与象先谋，象先许诺。是时，龙骧军将刘重遇戍于怀州，以其军作乱，友珪遣霍彦威击败于鄢陵。其余兵奔散，捕之甚急。末帝即召龙骧军在东京者，告之曰："上以重遇故，欲尽召龙骧军至洛而诛之。"乃伪为友珪诏书示之，龙骧军恐惧不知所为，因告之曰："友珪弑父与君，天下之贼也。尔能趋洛阳擒之，以其首祭先帝，则所谓转祸而为福也。"军士踊跃曰："王言是也。"末帝即驰奏，言龙骧军反，象先闻之即引禁军千人入宫，攻友珪，友珪死。末帝即位，拜象先镇南军节度使同中书门下平章事、开封尹、判在京马步军诸军事。

贞明四年，为平卢军节度使，徙镇宣武。象先为梁将，未尝有战功,徒以甥故掌亲军。及诛友珪有功于末帝。在宋州十余年,诛敛其民,积货千万。庄宗灭梁,象先来朝洛阳,辇其资数十万赂唐将相、伶官宦者及刘皇后等,由是内外翕然称其为人。庄宗待之甚厚,赐姓名为李绍安,改宣武军为归德军。曰:"归德之名为卿设也。"遣之还镇。是岁卒,年六十,赠太师。

象先二子,正辞官至刺史,羲周世宗时为横海军节度使。

象先平生所积财产数千万,邸舍四千间,其卒也,不以分诸子而悉与正辞。正辞初以父任为飞龙副使。唐废帝时,献钱五万缗,领衢州刺史。晋高祖入立,复献五万缗,求为真刺史。拜雄州刺史,州在灵武之西,吐蕃界中。正辞惮,不欲行,复献钱数万,乃得免。正辞不胜其忿,以衣带自经,其家人救之而止。出帝时,又献钱三万缗、银万两。出帝怜之欲与一内郡,末及而卒。正辞积钱盈室,室中尝有声如牛,人以为妖,劝其散积以禳之。正辞曰:"吾闻物之有声,求其同类尔。宜益以钱,声必止。"闻者传以为笑。

朱汉宾,字绩臣,亳州谯人也。其父元礼,为军校,从梁军战殁于清口。汉宾为人有胆力,梁太祖以其父死战,怜之以为养子。

是时,梁方东攻兖、郓。郓州朱瑾募其军中骁勇,黥双雁于其颊,号雁子都。太祖闻之,乃更选勇士数百人,号落雁都。以汉宾为指挥使。及汉宾贵人,犹以为朱落雁。

汉宾事梁为天威军使,历磁、滑、宋、亳、曹五州刺史、安远军节度使。庄宗灭梁,罢汉宾为右龙武统军,待之颇薄。后庄宗因出游幸其第,汉宾妻有色而惠,因侍左右进酒食,奏歌舞。庄宗欢甚,留至夜漏二更而去,汉宾自此有宠。初汉宾在梁也,与朱友谦俱为太祖养子,而友谦年长,汉宾以兄事之。其后梁亡,汉宾数寓书友谦,友谦不答,汉宾衔之。其友谦见族,人皆以为汉宾有力。明宗入立,以汉宾为庄宗所厚,恶之以为右卫上将军。安重诲用事,汉宾依附之,相为婚姻。由是复得为昭义军节度使。重诲死,汉宾罢为上将军,遂以太子少保致仕。汉宾为将未尝有战功,而临政能守法,好施

惠，人颇爱之。清泰二年卒，年六十四。晋高祖时，赠太子少傅，谥
曰贞惠。

段凝，开封人也。初名明远，后更名凝。为渑池主簿。其父事
梁太祖，以事坐徙。后凝弃官，亦事太祖，为军巡使。又以其妹内太
祖，妹有色，后为美人。凝为人憸巧善窥，迎人意，又以妹故，太祖渐
亲信之，常使监诸军，为怀州刺史。

梁太祖北征，过怀州，凝献馈甚丰，太祖大悦。过相州，相州刺
史李思安献馈如常，礼比凝为薄，太祖怒，思安因以得罪死。迁凝郑
州刺史，使监兵于河上。李振亟请罢之，太祖曰：“凝末有罪。”振曰：
“待其有罪，则社稷亡矣。”然终不罢也。庄宗已下魏博，与梁相距河
上，梁以王彦章为招讨使，凝为副。是时，末帝昏乱，小人赵岩、张汉
杰等用事，凝依附岩等为奸。彦章为招讨使三日，用奇计破唐德胜
南城。而凝与彦章各自上其功，岩等从中匿彦章功状，悉归其功于
凝。凝因纳金岩等，求代彦章，末帝惑岩等言，卒以凝为招讨使，军
于王村。是时，唐已下郓州，凝乃自酸枣决河东注郓，以隔绝唐军，
号护驾水。庄宗自郓趋汴，汴兵悉已属凝，京师无备。乃遣张汉伦
驰驲召凝于河上，汉伦中道坠马，伤不能进。已而梁亡。凝率精兵
五万降唐，庄宗赐以锦袍、御马。明日凝奏：“故梁奸人赵岩、张汉杰
等十余人，侮弄权柄，残害生灵，请皆族之。”凝出入唐朝无愧色，见
唐将相若倡优。因伶人景进纳赂刘皇后以求恩宠。庄宗甚亲爱之，
赐姓名曰李绍钦，以为泰宁军节度使。居月余，用库钱数十万，有司
请责其偿，庄宗释之。郭崇韬固请，以为不可，庄宗怒曰：“朕为卿所
制，都不自由！”终释之。

庄宗遣李绍宏监诸将，备契丹。凝军瓦桥关，以谄事绍宏。绍
宏数荐凝可大用，郭崇韬每以为不可，迁武胜军节度使。赵在礼反，
绍宏请以凝招讨，庄宗使凝条奏方略，凝所请偏裨，皆其故党，庄宗
疑之，乃止。明宗即位，勒归田里。明年，长流辽州，赐死。

刘玘，汴州雍丘人也。世为宣武军牙将。梁太祖镇宣武，玘以军卒补队。长，稍以战功迁牙将。为襄州都指挥使。山南节度使王班为乱军所杀，乱军推玘为留后，玘伪许之。明日飨士于庭，伏甲幕中，酒半擒为乱者杀之。会梁遣陈晖兵亦至，襄州平，以功拜复州刺史，徙亳、安二州。

末帝时，为晋州观察留后。凡八年，日与晋人交战。庄宗灭梁，玘来朝，庄宗劳之曰："刘侯亡恙，尔居晋阳之南鄙久矣，不早相闻，今日见访，不其晚邪？"玘顿首谢罪，遣还镇，遂以为节度使，徙镇安远。天成元年，以史敬熔代之，玘还京师。未至，拜武胜军节度使，以疾卒于道中，赠侍中。

周知裕，字好问，幽州人也。为刘仁恭骑将。仁恭为其子守光所囚，知裕去。事守光兄守文。守光又攻杀守文，乃与张万进立守文子延祚而事之。守光又杀延祚，以其子继威代之。万进杀继威，与知裕俱奔于梁。梁太祖得知裕喜甚，为置归化军，以知裕为指挥使。凡与晋战所得，及兵背晋而归梁者，皆以隶知裕。梁、晋相拒河上十余年，其摧坚陷阵，归化一军为最。然知裕位不过刺史。庄宗入汴，知裕与段凝军河上，闻梁已亡，欲自杀，为宾客故人止之，乃降唐。庄宗尤宠待之，诸将嫉其宠，因猎射之，知裕走以免。庄宗为杀射者，以知裕为房州刺史。明宗时，历绛、淄二州刺史，迁宿州团练使、安州留后。所居皆有善政。安州近淮，俗恶病者，父母有疾，置之佗室，以竹竿系饮食委之，至死不近。知裕深患之，加以教道，由是稍革。罢为右神武统军。应顺中卒，赠太傅。

陆思铎，澶州临黄人也。少事梁，为宣武军卒，以善射知名。累迁拱辰左厢都指挥使、领恩州刺史。梁、晋相拒河上，思铎镂其姓名于箭筈以射晋军，而矢中庄宗马鞍。庄宗拔矢，见思铎姓名，奇之。其后灭梁，思铎谒见，庄宗出其矢以示之，思铎伏地请死，庄宗慰而起之，拜龙武右厢都指挥使。晋高祖时，为陈、蔡二州刺史。卒，年五十四。思铎在陈州，有善政，临终戒其子曰："陈人爱我，我死则葬焉。"遂葬于陈州。

新五代史卷四六
杂传第三四

赵在礼　霍彦威　房知温
王晏球　安重霸　王建立
康福　郭延鲁

　　赵在礼,字干臣,涿州人也。少事刘仁恭,为军校。仁恭遣佐其子守文袭取沧州,其后守文为其弟守光所杀,在礼乃奔于晋。庄宗时,为效节指挥使,将魏兵戍瓦桥关。还至贝州。军士皇甫晖作乱,推其将杨仁晟为首,仁晟不从,杀之,又推一小校,小校不从,又杀之。乃携二首诣在礼,在礼闻乱,衣不及带,方逾垣而走,晖曳其足而下之,环以白刃示之二首曰:"不从我者,如此首。"在礼从之,遂反。

　　在礼自贝州还,攻魏,纵军大掠。是时,兴唐尹王正言年老病昏,闻在礼至,呼吏草奏,吏已奔散,正言犹不知,方据案大怒,左右告曰:"贼已市中杀人,吏民皆走,欲谁呼邪?"正言大惊曰:"吾初不知此。"即索马将去,厩吏曰:"公妻子为虏矣,安得马乎?"正言惶恐,步出府门,见在礼望而下拜。在礼呼正言曰:"公何自屈之甚邪?此军士之情,非予志也。"在礼即自称兵马留后。庄宗遣元行钦讨之,行钦攻魏不克,乃遣明宗代行钦。明宗至邺,军变,因入城与在礼合,明宗兵反,向京师,在礼留于魏。明宗即位,拜在礼义成军节度使,在礼不受命,遂拜邺都留守、兴唐尹。久之,皇甫晖等皆去,在礼独在魏，患魏军之骄，惧及祸，乃求徙镇横海。历镇泰宁、匡国、天平、忠武、武宁、归德、晋昌，所至邸店罗列，积资巨万。

晋出帝时，以在礼为北面行营马步都虞候，以击契丹，未尝有战功。在礼在宋州，人尤苦之，已而罢去。宋人喜而相谓曰："眼中拔钉，岂不乐哉!"既而复受诏居职，乃籍管内，口率钱一千，自号拔钉钱。

晋亡，契丹入汴，在礼自宋驰至洛阳，遇契丹拽剌等，拜于马首，拽剌等兵共侵辱之，诛责货财，在礼不胜其愤，行至郑州，闻晋大臣多为契丹所锁。中夜惶惑解衣带就马枊自经而卒。年六十二。汉高祖立，赠中书令。

霍彦威，字子重，洺州曲周人也。少遭兵乱，梁将霍存掠得之，爱其俊爽，养以为子。尝从存战，中矢，眇其一目。后事梁太祖，太祖亦爱之。稍迁左龙骧军使、右监门卫上将军。预诛友珪，以功拜洺州刺史，迁邠宁节度使。

李茂贞遣梁叛将刘知俊攻邠州，彦威固守逾年，每获知俊兵，必纵还之，知俊德之，后不复攻，徙镇义成，又徙天平，兼北面行营招讨使。

与晋军相持河上，彦威屡败，降为陕州留后。庄宗灭梁，彦威自陕来朝，庄宗置酒，故梁崇元殿，彦威与梁将段凝、袁象先等皆在。庄宗酒酣，指彦威等，举酒属明宗曰："此皆前日之劲敌，今侍吾饮，乃卿功也。"彦威等惶恐伏地请死，庄宗劳之曰："吾与总管戏尔，卿无畏也。"赐姓名曰李绍真。

明年，徙镇武宁，从明宗击契丹，明宗爱其为人，甚亲厚之。其后赵在礼反，彦威别讨太于邢州，破之，还以兵属明宗。讨在礼，明宗军变，从马直军吏张破败率众杀将校，纵火焚营，噪呼，明宗叱之曰："自吾为帅十有余年，何负尔辈! 今贼城破在旦夕，乃尔辈立功名取富贵之时。况尔天子亲军，返效贼邪?"军士对曰："城中之人何罪? 戍卒思归而不得耳。天子不垂原宥，志在剿除，且闻破魏之后,欲尽坑魏博诸军。某等初无叛心,直畏死耳。今宜与城中合势,击退诸镇之兵,请天子帝河南,令公镇河北。"明宗涕泣谕之,乱兵环列而呼曰:"令公不欲帝河北,则佗人有之,我辈狼虎,岂识尊卑?"彦威与安重诲劝,明宗许之,乃拥兵入城与在礼合,彦威独不入。明宗入城,与在礼置酒大会,而部兵在外者闻明宗反,皆溃去。独彦威所将五千人营城西北隅不动。居二日,明宗复出,得彦威兵,乃之魏县,谋欲还镇州。彦威、重诲劝明宗以兵南向。庄宗崩,彦威从明宗入洛阳,首率群臣劝进,内外机事皆决彦威。

彦威素与段凝、温韬有隙,因擅捕凝、韬下狱,将杀之。安重诲曰:"凝、韬之恶,天下所知,然主上方平内难,以恩信示人,岂公报仇之时!"彦威乃止。明宗即位,乃赦凝、韬,放归田里,已而,卒赐死。

彦威徙镇平卢,朱守殷反伏诛。彦威遣使者驰骑献两箭为贺,明宗赐两箭以报之。夷狄之法,起兵,令众以传箭为号令,然非下得施于上也。明宗本出夷狄,而彦威武人,君臣皆不知礼,动多此类。然彦威客有淳于晏者,登州人也,少举明经及第,遭世乱,依彦威。自彦威为偏裨时,已从之。彦威尝战败脱身走,麾下兵无从者,独晏徒步以一剑从之榛棘间以免。彦威高其义,所历方镇常辟以自从。至其家事,无大小皆决于晏。彦威以故得少过失当。时诸镇辟召寮属,皆以晏为法。天成三年冬,彦威卒于镇,是时明宗方猎于近郊。青州驰骑奏彦威卒,明宗涕泣还宫,辍朝。仍终其月不举乐,赠彦威太师,谥曰忠武。

房知温,字伯玉,兖州瑕丘人也。少以勇力为赤甲都官健,后隶魏州马斗军,稍迁亲随军指挥使。庄宗取魏博,得知温,赐姓李氏,名曰绍英,以为澶州刺史。历曹、贝二州刺史,戍瓦桥关。明宗自魏反兵南向,知温首驰赴之。天成元年,拜泰宁军节度使。明年,为北面招讨使,屯于卢台。明宗遣乌震往代,知温还镇,其戍卒效节军将龙旺等攻震杀之。效节,魏州军也。魏州自罗绍威诛牙军,杨师厚为节度使，复置银枪效节军。当梁末帝时，师厚几为梁患。师厚卒，以贺德伦代之，末帝患魏军强难制，与赵岩等谋分相魏为两镇，魏军由此作乱，劫德伦叛梁而降晋，梁遂失河北。庄宗自得魏兵，与梁战河上，数有功，许其军以灭梁而厚赏。

及梁亡，魏军虽数赐与，而骄纵无厌，常怀怨望。皇甫晖之乱，劫赵在礼入魏，皆此军也。明宗入立，在礼镇天雄军，以魏军素骄，常惧祸不皇居。阴遣人诉于明宗，求解去。明宗乃以皇子从荣代在礼，而遣魏效节九指挥北戍卢台。军发之日，不给兵甲，惟以长竿系旗帜以表队伍。军士颇自疑惑。明年，明宗遣乌震代知温戍，而知温意尤不乐。卢台戍军夹水东、西为两寨。震初至，与知温会东寨。方博，效节军乱，噪于门外，知温即乘马而出，乱军击杀震，执誉留知温，知温绐曰：“骑兵皆在西寨，今独步军，恐无能为也。”知温即跃马登舟渡河入西寨，以骑军尽杀乱者。明宗下诏悉诛其家属于魏州，凡九指挥三千余家数万口，驱至漳水上杀之，漳水为之变色。魏之骄兵于是而尽。明宗知变自知温起，释而不问，徙镇武宁，加兼侍中，历镇天平、平卢。

初，明宗为北面招讨使，而知温为副使，废帝时，以裨将事知温甚谨。后因杯酒失意。及废帝起兵凤翔，愍帝出奔，知温乘间有窥觎之意，谓其司马李冲曰：“吾有钱数屋，养兵数千，因时建义功必有成。”冲曰：“今天子孱弱，上下离心，潞王兵威，甚盛事，未可知。冲请怀表而西以觇之。”及冲至京师，废帝已入立，冲即奉表称贺，还劝知温入朝，废帝慰劳之甚厚，知温还镇封东平王。太常上言：“策拜王公，皇帝临轩遣策。其在外者，正衔命使，而卤簿、鼓吹、辂车、法物不出都城，考之故事无明文。今北平王德钧、东平王知温受封遣策，请下兵部、太常、太仆，给卤簿、鼓吹、辂车、法物赴本道，礼毕还有司。”

知温在镇，常厚敛其民，积资巨万，治第青州南城出入以声妓游嬉不恤政事。天福元年卒于官，赠太尉。知温卒后，其子彦儒献其父钱三万缗、绢布三万匹、金百两、银千两、茶千五百斤、丝十万两,拜沂州刺史。其将吏分其余资者,皆为富家云。

王晏球,字莹之,洛阳人也。少遇乱,为盗所掠,汴州富人杜氏得之,养以为子,冒姓杜氏。梁太祖镇宣武,选富家子之材武者置之帐下,号厅子都。晏球为人倜傥有大节,为厅子都指挥使。太祖即位,为右千牛卫将军。友珪立,龙骧戍卒反,自怀州趣京师遣晏球击败之于河阳,以功迁龙骧第一指挥使。末帝即位,迁龙骧四军指挥使。

梁遣捉生军将李霸将千人戍杨刘,霸夜作乱,自水门入,纵火大噪,以长竿缚布沃油仰烧建国门。晏球闻乱,不俟命率龙骧五百骑击之,贼势稍却。末帝登楼见之,呼曰:"此非吾龙骧军邪?"晏球奏曰:"乱者,李霸一都尔,陛下严守宫城,而责臣破贼。"迟明尽杀之。"以功拜澶_{古本作单。}州刺史。

梁、晋军河上,以晏球为行营马步军都指挥使。庄宗入汴,晏球以兵追之,行至封丘,闻末帝已崩,即解甲降唐,庄宗赐姓名曰李绍虔,拜齐州防御使,戍瓦桥关。

明宗兵变,自邺而南遣人招晏球。晏球从至洛阳,拜归德军节度使。定州王都反,以晏球为招讨使,与宣徽南院使张延朗等讨之。都遣人北招契丹,契丹遣秃馁将万骑救都。晏球闻秃馁等兵且来,留张延朗屯新乐,自逆于望都。而契丹从他道入定州。与都出不意击延朗军,延朗大败。收余兵,会晏球趋曲阳。都乘胜追之。晏球先至水次,方坐胡床指麾,而都众掩至。晏球与左右十余人连矢射之,都众稍却,而后军亦至。晏球立高冈,号令诸将皆橐弓矢、用短兵,回顾者斩。符彦卿以左军攻其左,高行珪以右军攻其右,中军骑士抱马项驰入都军,都遂大败。自曲阳至定州,横尸弃甲六十余里。都与秃馁入城,不敢复出。契丹又遣惕隐以七千骑益都,晏球遇之唐河,追击至满城,斩首二千级,获马千匹。契丹自中国多故,强于北方,北方诸夷无大小皆畏伏,而中国之兵遭契丹者未尝少得志。自晏球击败秃馁,又走惕隐,其余众奔溃投村落,村落之人以锄耰白梃所在，击杀之，无复遗类。惕隐与数十骑走至幽州西，为赵德钧擒送京师。明宗下诏，责诮契丹。契丹后数遣使至中国求归惕隐等，辞甚卑逊，辄斩其使以绝之。于是时，中国之威几于大震，而契丹少衰伏矣，自晏球始也。

晏球攻定州，久不克，明宗数遣人促其破贼，晏球以谓未可急攻。其偏将朱弘昭、张虔钊等宣言曰："晏球怯耳！"乃驱兵以进，兵果败，杀伤三千余人。由是诸将不敢复言攻。晏球休养士卒，食其三州之赋，悉以俸禄所入具牛酒，日与诸将高会。久之，都城中食尽，先出其民万余人，数与秃馁谋决围以走，不果，都将马让能以城降，都自焚死。

晏球为将，有机略，善抚士卒。其击秃馁，既因败以为功，而诸将皆欲乘胜取都，晏球返，独不动，卒以持久弊之。自天成三年四月，都反。明年二月，始克之。军中未尝戮一人，以破都功拜天平军节度使。又徙平卢，累官至兼中书令。是岁卒，年六十二，赠太尉。

安重霸，云州人也。初与明宗俱事晋王。重霸得罪，奔于梁；又奔于蜀。

重霸为人狡谲多智，善事人。蜀王建以为亲将。王衍立，少年，宦者王承休用事。重霸深结承休以自托。

梁末，蜀取李茂贞秦、成、阶三州。重霸劝承休求镇秦州，衍以承休为节度使，重霸为其副使。重霸与承休多取秦州花木献衍，请衍东游。唐魏王兵伐蜀，承休大恐，以问重霸，重霸曰："剑门，天下之险。虽有精兵，不可过也。然公受国恩，闻难不可不赴，愿与公俱西。"承休素亲信之，以为然。承休整军将发，秦人送之，帐饮城外。酒罢，承休上道，重霸立承休马前，辞曰："秦陇不可失，愿留为公守。"承休业已上道，无如之何。唐军已破蜀，重霸亦以秦、成、阶三州降唐，明宗以为阆州团练使。罢为左卫大将军。久之，以为匡国军节度使。废帝时，为京兆尹、西京留守，徙镇大同，以病罢。还，卒于潞州。

王建立，辽州榆社人也。唐明宗为代州刺史，以建立为虞候将。庄宗尝遣女奴之代州祭墓，女奴侵扰代人。建立捕而笞之，庄宗怒欲杀之，明宗为庇护之以免。

明宗自魏反，犯京师。曹皇后、王淑妃皆在常山，建立杀常山监军并其守兵，明宗家属因得无患。由是明宗益爱之。明宗即位，以为成德军节度副使，已而，拜节度使、检校太尉同中书门下平章事。

建立与安重诲素不协，定州王都有二志数以书通建立，约为兄弟。重诲知之，以为言。明宗不欲伤建立，亟召还京师。建立入见，亦多言重诲过失。明宗大怒，欲亟罢重诲，群臣左右讽解之乃止。然卒以建立为右仆射同中书门下平章事、判三司事。居岁余，自言不识文字，愿解三司。明宗不许。久之，建立称疾，明宗笑曰："人固有诈疾而得疾者。"乃出为平卢节度使。又徙上党。建立怏怏不得志，遂求解职，乃以太子少保致仕。建立数请朝见，不许。乃自诣京师，阑至后楼见明宗，涕泣言己无罪，为重诲所摈。明宗曰："汝为节度使，不作好事，岂独重诲谗汝邪？"赐以茶药而遣之。

废帝立，复起为天平军节度使。晋高祖时，徙镇平卢。天福五年来朝，高祖劳之曰："三十年前老兄，可毋拜。"赐以肩舆入朝，给二宦者掖而升殿，宴见甚渥。又徙昭义，赐以玉斧、蜀马。累封韩王。

建立好杀人，其晚节始惑浮图，法戒杀生，所至人稍安之。卒年七十，赠尚书令。

子守恩，以荫补稍迁诸卫将军。建立已卒家于潞，守恩自京师得告归。而契丹灭晋。昭义节度使张从恩与守恩姻家，乃以守恩权巡检使，以守潞州，而从恩入见契丹。从恩既去，守恩因剽劫从恩家资以潞州降汉，汉高祖即位，以守恩为昭义军节度使，徙镇静难、西京留守，加同中书门下平章事。守恩性贪鄙，人甚苦之。时周太祖以枢密使将白文珂等军，西平三叛，还过洛阳，守恩以使相自处肩舆出迎。太祖怒，即日以头子命文珂代守恩为留守，而守恩方诣馆谒、坐于客次以俟见，而吏驰报新留守视事于府矣。守恩大惊，不知所为，遂罢去，奉朝请于京师。后隐帝杀史弘肇等，召群臣上殿慰谕之，群臣恐惧，无敢言者。独守恩前对曰："陛下始睡觉矣。"闻者皆缩颈。显德中为左金吾卫上将军以卒。

　　呜呼！道德仁义，所以为治。而法制纲纪，亦所以维持之也。自古乱亡之国，必先坏其法制，而后乱从之。乱与坏相乘，至荡然无复纲纪，则必极于大乱，而后返，此势之然也。五代之际是已。若文珂、守恩皆位兼将相，汉大臣也。而周太祖以一枢密使头子易置之，如更戍卒。是时太祖与汉未有间隙之端，其无君叛上之志，宜未萌于心，而其所为如此者，何哉？盖其习为常事，故特发于喜怒颐指之间，而文珂不敢违，守恩不得拒。太祖既处之不疑，而汉廷君臣亦置而不问，其上下安然而不怪者，岂非朝廷法制纲纪坏乱相乘，其来也远，既极而至于此欤。是以善为天下虑者，不敢忽于微，而常杜其渐也。可不戒哉！

　　康福，蔚州人也。世为军校。福以骑射事晋王，为偏将。庄宗尝曰："吾家以羊马为生，福状貌类胡人而丰厚，胡宜羊马。"乃令福牧马于相州，为小马坊使。逾年，马大蕃滋。明宗自魏反兵过相州，福以小坊马二千匹归命，明宗军势由是益盛。

　　明宗入立，拜飞龙使，领磁州刺史、襄州兵马都监。从刘训讨荆南无功而还。福为将无佗能，善诸戎语。明宗尝召入便殿，访以外事。福辄为蕃语以对。枢密使安重海恶之，常戒福曰："无妄奏事，当斩汝。"福惧，求外任。灵武韩洙死，其弟澄立，而偏将李从宾作乱。澄表请朝廷命帅，而重海以谓灵武深入夷境，为帅者多遇害，乃拜福凉州刺史，朔方河西军节度使。福入见明宗，涕泣言为重海所挤。明宗召重海为福更佗镇，重海曰："福为刺史无功效而建节旄，其敢有所择邪！"明宗怒谓福曰："重海遣汝，非吾意也。吾当遣兵护汝，可无忧。"乃令将军牛知柔以兵卫福行至方渠，而羌夷果出邀福，福以兵击走之。至青冈峡，遇雪。福登山望，见川谷中烟火，有

吐蕃数千帐，不觉福至。福分其兵为三道，出其不意袭之，吐蕃大
骇，弃车帐而走，杀之殆尽。获其玉璞、绫锦、羊马甚众。由是威声
大振。福居灵武三岁，岁常丰稔，有马千驷，蕃夷畏服。言事者疑福
有异志，重诲亦言福必负朝廷。明宗遣人谓福曰："我何少汝而欲负
我？"福言："受国恩深，有死无二。"因乞还朝，不许。福章再上，即随
而至，明宗不之罪，徙镇彰义。历静难、雄武，充西面都部署。晋高
祖时，徙镇河中代还，卒于京师，赠太师，谥曰武安。

福世本夷狄，夷狄贵沙陀，故常自言沙陀种也。福尝有疾，卧阁
中，寮佐入问疾，见其锦衾相顾，窃戏曰："锦衾烂兮！"福闻之怒曰：
"我沙陀种也，安得谓我为奚？"闻者笑之。

郭延鲁，沁州绵上人也。父饶以骁勇事晋，数立军功，为沁州刺
史者九年。为政有惠爱，州人思之。延鲁以善槊为将，累迁神武都
知兵马使。朱守殷反，从攻汴州，以先登功为汴州马步军都指挥使，
累迁复州刺史。延鲁叹曰："吾先君为沁州者九年，民到于今思之。
吾今幸得为刺史，其敢忘吾先君之志。"由是，益以廉平自励。民甚
赖之。秩满，州人乞留，不许。皆遮道攀号。天福中拜单州刺史，卒
于官。当是时，刺史皆以军功拜，言事者多以为言，以谓方天下多
事，民力困敝之时，不宜以刺史任武夫，恃功纵下，为害不细。而延
鲁父子，特以善政著闻焉。

呜呼！五代之民，其何以堪之哉？上输兵赋之急，下困剥敛之
苛。自庄宗以来，方镇进献之事稍作，至于晋而不可胜纪矣。其"添
都"、"助国"之物，动以千数计。至于来朝奉使、买宴、赎罪，莫不出
于进献。而功臣大将不幸而死，则其子孙率以家资求刺史。其物多
者得大州善地。盖自天子皆以贿赂为事矣。则为其民者，其何以堪
之哉！于此之时，循廉之吏如延鲁之徒者，诚难得而可贵也哉！

新五代史卷四七
杂传第三五

华温琪　　茇从简　　张筠
_{弟籛}　杨彦询　　李周　　刘处让
李承约　　张希崇　　相里金
张廷蕴　　马全节　　皇甫遇
安彦威　　李琼　　刘景岩

华温琪，字德润，宋州下邑人也。世本农家。温琪身长七尺。少从黄巢为盗。巢陷长安，以温琪为供奉官都知。巢败，温琪走滑州。顾其状貌魁伟，惧不自容，乃投白马河。流数十里，不死，河上人援而出之。又自经于桑林，桑辄枝折。乃之胙县，有田父见之曰："子状貌堂堂，非常人也。"乃匿于家。后岁余闻濮州刺史朱裕募士为兵，乃往依之。后事梁，为开道指挥使。累以战功为绛、棣二州刺史。

棣州苦河水为患，温琪徙于新州以避之，民赖其利。历齐、晋二州。庄宗攻晋州，逾月不能破，梁末帝嘉温琪善守，升晋州为定昌军，以温琪为节度使。坐掠部民妻，为其夫所讼，罢为金吾卫大将军、左龙武统军。朱友谦以河中叛，附于晋。末帝拜温琪汝州防御使、河中行营排阵使、迁耀州观察留后。庄宗灭梁，见温琪，曰："此为梁守平阳者也。"嘉之，因以耀州为顺义军，拜温琪节度使，徙镇雄武。明宗时来朝，愿留阙下，以为左骁卫上将军。逾年，明宗谓枢密使安重诲曰："温琪，旧人，宜与一重镇。"重诲意不欲与对，以无员缺。佗日，明宗语又及之，重诲曰："可代者惟枢密使耳。"明宗曰："可。"重诲不能答。温琪闻之惧，称疾不出者累月。已而，以为镇国军节度使。废帝时，以太子太保致仕。天福元年卒，赠太子太傅。

苌从简，陈州人也。世本屠羊。从简去事晋，为军校。力敌数人，善用槊。庄宗用兵攻城，从简多为梯头，庄宗爱其勇，以功累迁步军都指挥使。

庄宗与梁军对阵，梁军有执大旗出入阵间者，庄宗登高丘望见之，叹曰："彼猛士，谁能为我取之者？"从简因前请往，庄宗惜之，不许。从简潜率数骑驰入梁军，夺其旗而还，军中皆鼓噪。庄宗壮之，赐与甚厚。从简尝中流矢，镞入髀骨，命工取之。工无良药，欲凿其骨，人皆以为不可。从简遽使凿之。工迟疑不忍下，从简叱其亟凿，左右视者皆若不胜其毒，而从简言笑自若。然其为人刚暴难制，庄宗每屈法优容之。累迁蔡州防御使。

明宗时，历麟、汝、汾、金四州防御使。明宗尝戒之曰："富贵可惜，然汝不能守也。先帝能贷尔，吾恐不能。"从简性不可悛，明宗亦不之责。废帝举兵于凤翔，从简与诸镇兵围之，已而兵溃，从简东走被执。废帝责其不降，从简曰："事主不敢二心。"废帝释之，拜颍州团练使。晋高祖起兵太原，废帝将亲征，召为招讨副使，从至河阳，拜河阳三城节度使。废帝还洛阳，从简即降晋。历镇忠武、武宁，入为左金吾卫上将军。卒年六十五。赠太师。

从简好食人肉，所至多潜捕民间小儿以食。许州富人有玉带，欲之而不可得，遣二卒夜入其家杀而取之。卒夜逾垣，隐木间，见其夫妇相待如宾，二卒叹曰："吾公欲夺其宝而害斯人，吾必不免。"因跃出而告之，使其速以带献，遂逾垣而去，不知其所之。

张筠，海州人也。世以资为商贾。筠事节度使时溥为宿州刺史。梁兵攻溥取宿州，得筠，爱其辩惠，以为四镇客将、长直军使。累拜

宣徽使。末帝分相、澶、卫三州为昭德军，以筠为节度使。由是魏博
军叛附于晋。晋王攻相州，筠弃城走。后以为永平军节度使。

梁亡事唐，仍为京兆尹。从郭崇韬伐蜀，为剑南两川安抚使。蜀
平，拜河南尹，徙镇兴元。筠尝有疾，不见将吏。副使符彦琳入问疾，
筠又辞不见，彦琳疑筠已死，即请出牌印，筠怒，使左右收彦琳下
狱，以其反闻。明宗知彦琳无反状，召彦琳释之，阳徙筠为西京留
守，戒守者不内。筠至长安不得入，乃朝京师，以为左骁卫上将军。

筠弟篯，当筠为京兆尹时，以为牙内指挥使、三白渠营田制置
使。筠西伐蜀，留篯守京兆。蜀平，魏王继岌班师至兴平，而明宗自
魏起，京师大乱，篯乃断咸阳浮桥，以拒继岌。继岌乃自杀。

初，筠代康怀英为永平军节度使。而怀英死，筠即掠其家资。又
于唐故宫掘地，多得金玉。有偏将侯莫、陈威者，尝与温韬发唐诸
陵，分得宝货，筠因以事杀威而取之。魏王继岌死渭南，篯悉取其行
橐。而王衍自蜀行至秦川，庄宗遣宦者向延嗣杀之，延嗣因尽得衍
蜀中珍宝。明宗即位，即遣人捕诛宦者，延嗣亡命，而蜀之珍宝，篯
又取之。由是兄弟资皆巨万。然筠为人好施予，以其富，故所至不
为聚敛，民赖以安。而篯嗜酒贪鄙，历沂、密二州刺史。晋出帝时，
以将军市马于回鹘，坐马不中式，有司理其价直，篯性鄙，因郁郁而
卒。

筠居洛阳，拥其资，以酒色声妓自娱足者十余年，人谓之地仙。
天福二年，徙居长安。是岁张从宾作乱，入洛阳，筠遂以免，卒。赠
太子少师。

呜呼，五代反者多矣。吾于明宗独难其辞。至于魏王继岌薨，
然后终其事也。庄宗遇弑，继岌以元子握重兵，死于外，而不得立，
此大事也。而前史不书其所以然。夫继岌之存亡，于张篯无所利害，
篯何为而拒之不使之东乎？岂其有所使而为之乎？然明宗于符彦
超深以为德，而待篯无所厚，此其又可疑也。不然好乱之臣，望风而
响应乎？使篯不断浮桥，而继岌得以兵东，明宗末必能自立。则继

崶之死，由篯之拒，其所系者岂小哉！

　　杨彦询，字成章，河中宝鼎人也。少事青州王师范。师范好学，聚书万卷，使彦询掌之。彦询为人聪悟，遂见亲信。师范降梁，后见杀，彦询无所归，乃之魏，事杨师厚为客将。魏博叛梁入于晋。彦询因留事晋。庄宗灭梁，以彦询为引进副使，奉使吴、蜀，常称旨。历德州刺史、羽林将军。

　　晋高祖镇太原，废帝疑其有贰志，择诸将之谨厚者佐之，乃以彦询为太原节度副使。其后晋高祖以疑见徙，欲拒命不行，以问彦询，彦询不敢正言，因曰："太原之力能与唐敌否？公其审计之！"高祖反意已决，彦询亦不复敢言。高祖左右以彦询异议，欲杀之，高祖遽止之，曰："惟副使一人，我自保之。"乃免。

　　是时，高祖乞兵于契丹。契丹耶律德光立高祖于太原，以兵送至河上。彦询为宣徽使，数往来虏帐中。德光亦爱其为人。明年，拜感德军节度使，复入为宣徽使。又拜安国军节度使。天福七年徙镇镇国，遭岁大饥，为政有惠爱。以病风罢为右金吾卫上将军，卒，年七十四。赠太子太师。

　　李周，字通理，邢州内丘人。唐昭义军节度使抱真之后也。父矩，遭世乱不仕，尝谓周曰："邯郸用武之地，今世道未平，汝当从军旅以兴吾门。"

　　周年十六为内丘捕贼将，以勇闻。是时，梁、晋兵争山东，群盗充斥道路，行者必以兵卫。内丘人卢岳将徙家太原，舍逆旅，傍惶不敢进。周意怜之，为送至西山。有盗从林中射岳，中其马，周大呼曰："吾在此，孰敢尔邪？"盗闻其声，曰："此李周也。"因各溃去。周送岳至太原，岳谓之曰："吾少学星历，且工相人。子方颐隆准，眉目疏彻，身长七心，真将相也。吾占天象，晋必有天下，子宜留事晋以图富贵。"周以母老辞归。是时，梁遣葛从周攻下邢、洺。晋王栅兵青山口，周未知所归，乃思岳言，至青山归晋。晋王以周为万胜黄头军使，后从征伐，常有功。从战柏乡，先登，迁匡霸指挥使守杨刘。周为将甚勇，其于用兵善守，能与士卒同甘苦。梁兵攻周，周坚守久之。周闻母丧奔归，庄宗遣佗将代周守，几为梁兵所破。庄宗遽追周还守之，乃得不破。其后，梁人已破德胜，因东击杨刘，以巨舰绝河，断晋饷援。周遣人驰趋庄宗求救，请日行百里以赴急，庄宗笑曰："周为我守，何忧！"日行六十里，且行且猎曰："周非梁将可敌也。"比至，周已绝粮三日。庄宗以巨筏积薪沃油，顺流纵火焚梁舰，梁兵解去。庄宗见周，劳曰："微公，诸将为梁擒矣。"历相、蔡二州刺史，明宗时拜武信军节度使，徙镇静难。历武宁、安远、永兴、宣武四镇，所至多善政。晋高祖时，复镇静难，罢还。出帝幸澶渊，以周留守东京，还，拜开封尹。卒，年七十四。赠太师。

刘处让，字德谦，沧州人也。少为张万进亲吏。万进入梁为泰宁军节度使，以处让为牙将。万进叛梁附晋，梁遣刘鄩讨之，万进遣处让求救于晋。晋王方与梁相拒，未能出兵，处让乃于军门截耳而诉曰："万进所以见围省，以附晋故也。奈何不顾其急？苟不出兵，愿请死。"晋王壮之，曰："义士也！"为之发兵，未渡河而万进为梁兵所败，处让因留事晋。

庄宗即位，为客省使，常使四方，多称旨。天成中，迁引进使，累迁左骁卫大将军。废帝时，魏州军乱，逐其帅刘延皓。遣范延光招讨以处让为河北都转运使。晋高祖立，历宣徽南院使。范延光反，高祖命杨光远为招讨使，以处让参其军事。已而，副招讨使张从宾叛于河阳，处让分兵击破从宾。还，与光远攻邺，逾年不能下。其后延光有降意而迟疑，处让入城，譬以祸福，延光乃出降。

唐制，枢密使常以宦者为之。自梁用敬翔、李振，至庄宗始用武臣，而权重将相。高祖时，以宰相桑维翰、李崧兼枢密使，处让与诸宦者心不平之。光远之讨延光也，以晋重兵在己掌握，举动多骄恣，其所求请，高祖颇裁抑之。处让为光远言："此非上意，皆维翰、崧等嫉公耳！"光远大怒。及兵罢，光远见高祖诉以维翰等沮己，高祖不得已,罢维翰等,以处让为枢密使。处让在职,凡所陈述多不称旨。

处让丁母忧,高祖遂不复拜枢密使,以其印付中书而废其职。处让居丧期年,起复为彰德军节度使、右金吾卫将军。以疾卒,年六十三,累赠太师。

李承约,字德俭,蓟门人也。少事刘仁恭,为山后八军巡检使,将骑兵二千人。仁恭为其子守光所囚,承约以其骑兵奔晋,晋王以为匡霸指挥使。从破夹寨,战临清,以功累迁洺、汾二州刺史、颍州团练使。

天成中,邠州节度使毛璋有异志,明宗拜承约泾州节度副使,使往伺璋动静。承约见璋谕以祸福,后明宗遣人代璋,璋即时受代,明宗大喜,即拜承约黔南节度使。承约以恩信抚诸夷落,劝民农桑,兴起学校。居数年当代,黔南人诣京师乞留。为许留一年。召为左卫上将军,改左龙武统军,拜昭义军节度使。复为左龙武统军。天福二年,迁左骁卫上将军,数请老,不许。卒年七十五。赠太子太师。

张希崇,字德峰,幽州蓟人也。少好学,通《左氏春秋》。刘守光不喜儒士,希崇因事军中为偏将,附于将兵戍平州。其后契丹攻陷平州,得希崇知其儒者也,以为卢龙军行军司马。

明宗时,卢文进自平州亡归契丹,因以希崇代文进为平州节度使,遣其亲将以三百骑监之。居岁余,虏将喜其为人,监兵稍息,希崇因与其麾下谋走南归。其麾下皆言兵多不可俱亡,惧不得脱,因劝希崇独去。希崇曰:"虏兵守我者,三百骑尔,烹其将,其兵必散走。且平州,去虏帐千余里,使其闻乱而呼兵,则吾与汝等在汉界矣。"众皆曰"善"。乃先为阱,置以石灰。明日,虏将谒希崇,希崇饮之以酒,杀之阱中,兵皆溃去,

希崇率其麾下,得生口二万南归。明宗嘉之,拜汝州防御使。迁灵武节度使。灵州地接戎、狄,戍兵饷道,常苦抄掠。希崇乃开屯田,教士耕种,军以足食,而省转馈。明宗下诏褒美。希崇抚养士卒,招

辑夷落，自回鹘、瓜、沙皆遣使入贡。居四岁，上书求还内地，徙镇邠宁。晋高祖入立，复拜灵武节度使。希崇叹曰："吾当老死边徼，岂非命邪!"希崇事母至孝，朝夕母食必侍立左右，彻馔乃敢退。为将不喜声色。好读书，颇知星历。天福三年，月掩毕口大星，希崇叹曰："毕口大星，边将也。我其当之乎!"明年正月卒。赠太师。有子仁谦。

相里金，字奉金，并州人也。为人勇悍，而能折节下士。事晋王为五院军队长。梁、晋战柏乡、胡柳，皆有功，迁黄甲指挥使。同光中拜忻州刺史。是时，诸州皆用武人，多以部曲主场务，渔蠹公私，以利自入，金独禁部曲不与事，厚其给养，使掌家事而已。迁陇州防御使。

废帝起兵凤翔，驰檄四邻，四邻未有应者，独金首遣判官薛文遇见废帝，往来计事。废帝即位，德之，拜保义军节度使。晋高祖起太原，废帝以金为太原四面步军都指挥使。高祖入立，徙镇建雄，罢为上将军。天福五年卒，赠太师。

张廷蕴，开封襄邑人也。少为宣武军卒，去事晋，稍迁军校。常从庄宗征伐，先登力战，金疮满体，庄宗壮之，以为帐前黄甲二十，指挥步军都虞候、魏博三城巡检使。

是时，庄宗在魏，以刘皇后从行。刘氏多纵其下，扰人为不法，人无敢言者，廷蕴辄收而斩之。李继韬叛于潞州，庄宗遣明宗为招讨使，元行钦为都部署，廷蕴为马步军都指挥使，将兵为前锋。廷蕴至潞，日已暮，即率兵百余逾濠登城。城守者不能御，遂破潞州。明旦，明宗与行钦后至，明宗心颇慊之。廷蕴以功迁羽林都指挥使，申、怀、沂三州刺史，金、颍、陇、绛四州防御团练使、左监门卫上将军。开运中以疾卒。

廷蕴，武人。所识不过数字，而平生重文士。尝从明宗破梁郓州，获判官赵凤，廷蕴谓曰："吾视汝貌必儒人，可无隐也。"凤以实对,廷蕴亟荐于明宗。后凤贵为相,数荐廷蕴于安重海,重海屡言之明宗,以廷蕴破潞之隙,终恨之,故终不秉旄节。廷蕴素廉,历七州,卒之日,家无余资。

马全节,字大雅,大名元城人也。唐同光中,全节为捉生指挥使。赵在礼反邺都,以全节为马步军指挥使。明宗即位,历博、单、郓、沂四州刺史、金州防御使。废帝时,蜀人攻金州,州兵才数百,全节散家财,与士卒坚守,蜀人去。废帝召全节以为沧州留后。晋高祖入立即位,拜全节横海军节度使,徙镇安远,代李金全。金全叛附于李昪,高祖发兵三万,使全节与安审晖讨之。金全南奔。昪将李承裕,守安州。全节与承裕战州南,大败承裕,斩首三千级,生擒千余人。承裕弃城去,审晖追至云梦,执承裕及其兵二千人。全节斩千五百人,以其余兵并承裕献于京师。承裕谓全节曰:"吾掠城中,所得百万计,将军皆取之矣。吾见天子,必诉此,而后就刑。"全节惧,因杀承裕,高祖置而不问,徙全节镇昭义。又徙安国。从杜重威讨安重荣,以功徙镇义武。

自出帝与契丹交恶,全节末尝不在兵间。开运元年,为行营都虞候。契丹与晋大军相距澶、魏之间,全节别攻白团城,破之,虏七百人。克秦州,虏二千人,降其守晋廷谦。四月,契丹败于戚城,引兵分道而北,全节败之于定丰,执其将安晖。七月,徙广晋尹,留守邺都。十月,杜重威为招讨使,以全节为副,大败契丹于卫村。

全节为人谦谨,事母至孝,其临政决事,必问法如何。初徙广晋,过元城,衣白襕谒其县令,州里以为荣。开运二年,徙镇顺国,未至而卒,年五十五。赠中书令。

皇甫遇,常山真定人也。为人有勇力,虬髯善射。少从唐明宗征伐,事唐为武胜军节度使。所至苛暴,以诛敛为务,宾佐多解官逃去以避其祸。晋高祖时,历义武、昭义、建雄、河阳四镇,罢为神武统军。

契丹入寇，陷贝州，出帝以高行周为北面行营都部署，遇为马军右厢排阵使。是时，青州杨光远据城反，出帝乃遣李守贞及遇分兵守郓州。遇等至马家渡，契丹方将渡，河助。光远、遇等击败之，以功拜义成军节度使、马军都指挥使。

开运二年，契丹寇西山，遣先锋赵延寿围镇州，杜重威不敢出战。延寿分兵大掠，攻破栾城、柏乡等九县，南至邢州。是时，岁除。出帝与近臣饮酒过量，得疾不能出征，乃遣北面行营都监张从恩会马全节、安审琦及遇等御之。从恩等至相州，阵安阳河南，遣遇与慕容、彦超率数千骑前视虏。遇渡漳河，逢虏数万，转战十余里，至榆林，为虏所围。遇马中箭而踣，得其仆杜知敏马，乘之以战。知敏为虏所擒，遇谓彦超曰："知敏，义士也，岂可失之！"即与彦超跃马入虏，取之而还。虏兵与遇战，自午至未，解而复合，益出生兵势甚盛，遇戒彦超曰："今日之势，战与走尔，战尚或生，走则死也。等死，死战，犹足以报国。"张从恩与诸将怪遇视虏无报，皆谓遇已陷虏矣。已而，有驰骑报遇被围，安审琦率兵将赴之，从恩疑报者诈，不欲往，审琦曰："成败，天也。当与公共之。虽虏不南来，吾属失皇甫遇，复何面目见天子？"即引骑渡河，诸军皆从而北，拒虏十余里。虏望见救兵来，即解去。遇与审琦等收军而南。契丹亦皆北去。是时，契丹兵已深入，人马俱乏。其还也，诸将不能追，而从恩率遇等退保黎阳，虏因得解去。

三年冬，以杜重威为都招讨使，遇为马军右厢都指挥使，屯于中渡。重威已阴送款契丹，伏兵幕中，悉召诸将列坐，告以降虏，遇与诸将愕然不能对。重威出降表，遇等俯首，以次自画其名，即麾兵解甲出降。契丹遣遇与张彦泽先入京师，遇行至平棘，绝吭而死。

呜呼，梁亡而敬翔死，不得为死节；晋亡而皇甫遇死，不得为死事。吾岂无意哉！梁之篡唐，用翔之谋为多，由子佐其父而弑其祖，可乎？其不戮于斧钺，为幸免矣。方晋兵之降虏也，士卒初不知，及使解甲，哭声震天，则降岂其欲哉！使遇奋然攘臂而起，杀重威于坐中，虽不幸不免而见害，犹为得其死矣，其义烈岂不凛然哉！既俯首听命，相与亡人之国矣。虽死不能赎也。岂足贵哉！君子之于人，或推以恕，或责以备。恕故迁善自新之路广；备，则难得。难得故可贵焉。然知其所可恕，与其所可贵，岂不又难哉！

安彦威，字国俊，代州崞县人也。少以军卒隶唐明宗麾下。彦威善射，颇知兵法，明宗镇天平、宣武、成德，以彦威常为牙将。以谨厚见信。明宗入立，皇子从荣镇邺，彦威为护圣指挥使，以从荣判六军。彦威迁捧圣指挥使，领宁国军节度使。

晋高祖入立，拜彦威北京留守，徙镇归德。是时，河决滑州，命彦威塞之。彦威出私钱，募民治堤，迁西京留守。遭岁大饥，彦威赈抚饥民，民有犯法，皆宽贷之。饥民爱之，不忍流去。丁母忧，哀毁过制。出帝与契丹隳盟，拜彦北面行营副都统，彦威悉以家财佐军用，以疾卒于京师。彦威与安太妃同宗，出帝事以为舅，彦威未尝以为言。及卒，太妃临哭，人始知同宗也。当时益称慎重。

李琼，沧州饶安人也。少为骑将，与晋高祖隶唐明宗麾下。同光二年，契丹犯塞，明宗出涿州，遇契丹，与战不胜，诸将各稍引去。而晋高祖独战不已，契丹渐合而围之，琼引高祖衣与俱遁，至刘李河而追兵且及。琼浮水先至南岸，高祖至河中流马踬，琼以长矛援出之，又以所乘马与高祖，而步护之走十余里，乃得免。明宗兵变于魏而南，琼从高祖以三百骑先趋汴州。高祖为保义军节度使，以为牙队指挥使。高祖建国，以为护圣都虞候，赐与金帛甚厚，而不与之官爵，琼亦郁郁。久之，拜相、申二州刺史。出帝时。为棣州刺史。杨光远反，以书招琼，琼拒而不纳。迁洺州团练使，又为护圣右厢都指挥使。晋亡，契丹入京师，以琼为威州刺史。行至郑州，遇盗见杀。

刘景岩，延州人也。其家素富，能以资交游豪俊，事高万金为部曲，其后为丹州刺史。晋高祖起兵太原，唐废帝调民七户出一卒为义兵，延州节度使杨汉章发乡民赴京师。将行，景岩遣人激怒之，义兵乱，杀汉章迎景岩为留后。晋高祖即位，即拜景岩节度使。

景岩从事熊皦，为人多智，阴察景岩跋扈难制，惧其有异心，欲以利愚之。因语景岩，以谓边地不可以久安，为陈保名享利之策，言："邠、泾多善田，其利百倍，宜多市田射利以自厚。"景岩信之，岁余，其获甚多。景岩使皦朝京师，皦乃言景岩不宜在边，可徙之内地。乃移景岩邠州。皦入拜补阙，而景岩又徙镇保义。居末几，又徙武胜，景岩乃悟皦为卖己，遂诬奏皦隐己玉带，皦坐贬商州上津令。皦惧景岩邀害之道，亡匿山中。开运三年，景岩罢武胜，以太子太师致仕。居华州。契丹犯京师，以周密镇延州，景岩乃还故里。而州人逐密，立高允权。允权妻刘氏，景岩孙女子也。景岩良田甲第、僮仆甚盛，党项司家族畜牧近郊，尤富强，景岩与之往来，允权颇患之。允权妻岁时归省，景岩谓曰："高郎，一县令，而有此州，其可保乎？允权益恶之，而心又利其田宅，乃诬其反，而杀之，年八十余。

长子行琼，德州刺史，罢留京师，亦被诛。次子行谦，允权妇翁也，为奏言非刘氏子，遂免不诛。

新五代史卷四八
杂传第三六

卢文进　李金全　杨思权
王弘贽　刘审交　王周
高行周　行珪　白再荣
安叔千

卢文进，字大用，范阳人也。为刘守光骑将，唐庄宗攻范阳，文进以先降，拜寿州刺史，庄宗以属其弟存矩。存矩为新州团练使，统山后八军。庄宗与刘郭相拒于莘，召存矩会兵击郭。存矩募山后劲兵数千人，课民出马。民以十牛易一马，山后之人皆怨，而兵又不乐南行。行至祁沟关，聚而谋为乱。文进有女，幼而美，存矩求之为侧室。文进以其大将不敢拒，虽与，心常歉之也。因与乱军杀存矩，反攻新州，不克。攻武州，又不克。遂奔于契丹。契丹使守平州。

明宗即位，文进自平州率众数万归唐。明宗得之，喜甚，以为义成军节度使。居岁余，徙镇威胜，加同平章事，入为上将军，出镇昭义，徙安远。

晋高祖立，与契丹约为父子。文进惧不自安。天福元年冬，杀其行军司马冯知兆、副使杜重贵，送款于李昇，昇遣兵迎之。文进居数镇，颇有善政，兵民爱之。其将行也，从数骑自至营中，别其将士，告以避契丹之意，将士皆再拜为诀，乃南奔。昇以文进为天雄统军、宣润节度使。

文进身长七尺,状貌伟然,自其奔契丹也,数引契丹攻掠幽、蓟
之间,虏其人民,教契丹以中国织纴工作无不备,契丹由此益强。同
光中,契丹数以奚骑出入塞上攻掠,燕、赵人无宁岁。唐兵屯涿州,
岁时钞馈运,自瓦桥关至幽州,严兵斥候,常苦钞夺,为唐患者十余
年,皆文进为之也。及其南奔,始屈身晦迹,务为恭谨,礼接文士,谦
谦若不足。其所谈论,近代朝廷仪制、台阁故事而已,未尝言兵。后
以左卫上将军卒于金陵。

李金全,其先出于吐谷浑。金全少为唐明宗厮养,以骁勇善骑
射,常从明宗战伐,以功为刺史。天成中。为彰武军节度使。在镇
务为贪暴,罢归,献马数十匹。居数日,又以献,明宗谓曰:"卿患马
多邪?何进献之数也。且卿在泾州治状如何,无乃以马为事乎?"金
全惭不能对。徙镇横海。久之,罢为右卫上将军。

晋高祖时,安州屯防指挥使王晖杀节度使周瓌。高祖遣金全将
骑兵千人以往,下诏书招晖曰:"晖降,以为唐州刺史。"又以信箭谕
安州,不戮一人,且戒金全曰:"无失吾信。"金全未至,襄州安从进
意晖必走江南,以精兵遮其要路。晖闻金全来,果南走,为从进兵所
杀。金全后至,得晖余党数百人,皆送京师。晖之乱也,大掠城中三
日,金全利其所掠资,因擒其将武克和等十余人杀之。克和呼曰:
"王晖首乱,犹赐之信,誓以为刺史。我等何罪,反见杀邪?若朝廷
之命,何以示信!苟将军违诏而杀降,亦将不免也!"高祖不能诘。即
以金全为安远军节度使。

金全左都押衙明汉荣用事,所为不法,高祖患之。不欲因汉荣
以累功臣,为选廉吏贾仁沼代之,且召汉荣。汉荣教金全留己而不
遣,金全客庞令图谏曰:"仁沼昔事王晏球,晏球攻王都于中山,都
遣善射者登城,射晏球中兜牟。仁沼从后引弓,射善射者,一发而
毙。晏球求其人,欲厚赏之,仁沼退而不言,此天下之忠臣也。都败,
晏球遣仁沼献捷于京师,凡所赐与甚厚,悉以分故人、亲戚之贫者,

此天下之廉士也。为人如此，岂有为人谋而不善者乎？宜纳仁沼而遣汉荣。"汉荣闻之，夜使人杀令图而鸩仁沼，仁沼舌坏而死。

天福五年夏，高祖以马全节代金全。而仁沼二子欲诣京师诉其父冤。汉荣大惧，绐金全曰："前日天子召汉荣，公违诏而不遣。仁沼之死，其二子将诉于朝，今以全节代公，是召公对狱也。"金全信之，遂叛。送款于李昪。高祖发兵三万授全节讨之，昪遣其将李承裕入安州，金全遂南奔，行至泫州，引颈北望，涕泣而去。昪以金全为天威统军。

汉隐帝时，李守贞反河中，乞兵于昪。金全为昪润州节度使，与查文徽等出沭阳。昪之诸将皆锐于攻取，金全独以谓远不相及，不可行，乃止。其后亦不复用，不知其所终。

杨思权，邠州新平人也，事梁为控鹤右第一军使。唐庄宗灭梁，以为夹马都指挥使。明宗时，秦王从荣为河东节度使，以冯赟为副，思权为北京步军都指挥使，以佐佑之。

从荣素骄，所为多不法。是时，宋王从厚为河南尹。从厚年少，谦恭好礼。明宗阴遣人从容语从厚之善，以讽免之。从荣不悦，告思权曰："天下共贤河南而非我，我将废矣，奈何？"思权曰："公有甲士，而思权在，何患也。"乃劝从荣招募死士，增利器械以为备。冯赟患之，以其事闻明宗，召思权还京师，以从荣故，亦不之责也。后为右羽林都指挥使，将兵戍兴元。

潞王从珂反凤翔，兴元张虔钊会诸镇兵讨贼。诸镇兵围凤翔，思权攻城西，严卫指挥使尹晖攻城东，破其两关城。从珂登城呼外兵，告以己非反者，其语甚哀，外兵闻者皆悲之。而虔钊督战甚急，军士反兵，逐虔钊。思权因呼其众曰："潞王真吾主也。"即拥军士入城降。晖闻思权已降，亦麾其军使解甲，由是诸镇之兵皆溃。思权与晖入见从珂，思权前曰："臣以赤心奉殿下，殿下事成，愿不以防御团练使处臣。"乃出一纸于怀中曰："愿志臣姓名以为验。"从珂即书曰："可邠宁节度使。"

废帝入立，拜思权静难军节度使。后为右龙武统军、左卫上将军。天福八年，卒于京师，赠太傅。

尹晖者，魏州大名人也。从废帝入洛阳，而晋高祖来朝，与晖遇于道。晖时犹为严卫指挥使，恃先降功，不为高祖屈，马上横鞭揖之。高祖怒，白废帝晖不可与名藩。乃以为应州节度使。晋高祖入立，罢为右卫大将军。范延光反，以书招晖，晖惧，出奔淮南，为人所杀，有子勋。

王弘贽，不知其世家何人也。唐明宗时，为合、阶二州刺史、右千牛卫将军、卫州刺史。

潞王从珂反于凤翔，拥兵东至陕。愍帝惧，夜以百余骑出奔，至卫州东七八里，遇晋高祖将朝于京师，驺呵前导者不避，愍帝遣左右叱之。对曰："成德军节度使石敬瑭也。"愍帝即下马恸哭，谓敬瑭曰："潞王反，康义诚等皆叛我，我无所依。长公主教我逆尔于路。"高祖曰："卫州刺史王弘贽，宿将也。且多知时事，请就图之。"即驰骑前见弘贽曰："主上危迫，吾戚属也，何以图全？"弘贽曰："天子避狄，自古有之，然将相大臣从乎？"曰："无也。""国宝、乘舆、法物从乎？"曰："无也。"弘贽叹曰："所谓大木将颠，非一绳所维。今万乘之主，以百骑出奔，而将相大臣无一人从者，则人心去就可知也。虽欲兴复其得乎！"即从高祖上谒于驿舍。高祖且以弘贽语白愍帝。弓箭库使沙守荣奔弘进前谓高祖曰："主上，明宗爱子；公，爱婿也。公于此时不能报国，而反问大臣国宝所在，公亦助贼反邪？"乃抽佩刀刺高祖，高祖亲将陈晖捍之。守荣与晖战死，弘进亦自刎，高祖因尽杀帝从兵，独留帝于驿而去。弘贽奉帝居于州廨。

弘贽有子峦，为殿直。废帝入立，遣峦持鸩与弘贽。初，愍帝在卫州，弘贽令市中酒家献酒，愍帝见之大惊，遂殒于地，久而苏。弘贽曰："此酒家也，愿献酒以慰，无懹。"愍帝受之，由是日献一觞。及峦持鸩至，因使酒家献之，愍帝饮而不疑，遂崩。弘贽后事晋，为凤翔行军司马,以光禄卿致仕,卒。赠太傅。

　　刘审交,字求益,幽州文安人也。少略知书,通于吏事,为唐兴令,补范阳牙校。刘守光僭号,以审交为兵部尚书。守光败归于太原,唐庄宗以为从事。其后赵德钧镇范阳,北面转运使马绍宏辟审交判官。王晏球讨王都,以为转运供军使。定州平,拜辽州刺史。复为北面转运使,改慈州刺史。以母老去官。母丧,哀毁过礼,不调累年。

　　晋高祖即位,杨光远讨范延光于魏州,审交复为供军使。是时,晋高祖分户部、度支、盐铁为三使,岁余,三司益烦弊,乃复合为一,拜审交三司使。议者请检天下民田,宜得益租,审交曰:“租有定额,而天下比年无闲田。民之苦乐不可等也。”遂止不检,而民赖以不扰。迁右卫上将军、陈州防御使。出视民田,见民耕器薄陋,乃取河北耕器为范,为民更铸。安从进平,徙审交襄州,又徙青州,皆有善政。罢还。

　　契丹犯京师,留萧翰而去。翰复以审交为三司使。已而,翰召许王从益守京师。汉高祖起义太原,从益召高行周以拒高祖,行周不至。从益母王淑妃与群臣谋迎高祖,或以谓燕兵在京师者犹数千,可以城守而待行周。淑妃不从,议未决,审交进曰:“余燕人也。今为燕守城,当为燕谋,然事势不可为也。太妃语是。”从益乃罢,不设备,遣人西迎高祖。高祖至,罢审交不用。

　　隐帝时,为汝州防御使,有能名,乾祐三年卒,年七十四。州人聚哭柩前,上疏乞留葬近郊,使民得岁时祠祭。诏特赠太尉,起祠立碑。

　　王周,魏州人也。少以勇力从军,事唐庄宗、明宗,为裨校。以力战,有功拜刺史。

　　晋天福中,从杨光远讨范延光于魏州,又从杜重威讨安重荣于镇州,皆有功,历贝州、泾州节度使。泾州张彦泽为政苛虐,民多流亡。周乃更为宽恕，问民疾苦，去其苛弊二十余事，民皆复归。历迁武胜、保义、义武、成德四镇，皆有善政。定州桥坏，覆民租车，周曰："桥梁不修，刺史过也。"乃偿民粟，为治其桥。

杜重威降契丹，契丹兵过镇州，临城呼周使出降，周泣曰："受晋厚恩不能死战，而以城降，何面目南行见人主与士大夫乎？"乃剧饮求刀，欲自引决。家人止之，迫以出降。契丹以周为武胜军节度使。汉高祖入立，徙镇武宁卒于镇，赠中书令。

高行周，字尚质，妫州人也。世为怀戎戍将。父思继。思继兄弟皆以武勇雄于北边，为幽州节度使李匡威戍将。匡威为其弟匡俦所篡，晋王将讨其乱，谋曰："高思继兄弟在孔领关，有兵三千，此后患也。不如遣人招之，思继为吾用则事无不成。"克用遣人招思继兄弟。燕俗重气义，思继等闻晋兵为匡威报仇，乃欣然从之，为晋兵前锋。匡俦闻思继兄弟皆叛，乃弃城走。克用以刘仁恭守幽州，以其兄某为先锋都指挥使，思继为中军都指挥使，弟某为后军都指挥使。高氏兄弟分掌燕兵。克用临诀，谓仁恭曰："思继兄弟，势倾一方，为燕患者，必高氏也。宜善为防。"克用留晋兵千人为仁恭卫。而晋兵多犯法，思继等数诛杀之，克用以责仁恭，仁恭以高氏为诉，由是晋尽诛思继兄弟。仁恭以其兄某之子行珪为牙将，而思继子行周年十余岁，亦收之帐下。稍长，补以军职。

仁恭被囚，守光立，以行珪为武州刺史。其后守光背晋，晋兵攻之。守光将元行钦牧马山后，闻守光且见围，即率所牧马赴援，而麾下兵叛于道，推行钦为幽州留后。行钦曰："吾所惮者，行珪也。"乃遣人之怀戎，得行珪子絷之。兵过武州，招行珪曰："守光可取而代也。当从我行，不然，且杀公子。"行珪谢曰："与君俱刘公将，而忍叛之？吾当为刘氏也，尚何顾吾子耶！"行钦即以兵围行珪。月余，行珪城中食尽，召其州人告曰："吾非不为父老守也。今刘公救兵不至，奈何？可杀吾以降晋。"父老皆泣，愿以死守。是时，行周适从行珪在武州即夜缒行周驰入晋见庄宗，庄宗因遣明宗救武州。比至，行钦已解去，行珪乃降晋。庄宗时，历朔、忻、岚三州刺史，大同军节度使。明宗入立，徙镇威胜、安远。

行珪性贪鄙，所为多不法。副使范延策为人刚直，数规谏之，行珪不听衔之。已而，戍兵有谋叛者，行珪先觉之，因潜徙军兵于佗所。戍兵叛，趋库劫兵无所得，乃溃去，行珪追而杀之。因诬奏延策同反，并其子皆见杀，天下冤之。行珪卒于镇，赠太尉。

当行珪之降晋也，行周隶明宗帐下，初为裨将。赵德钧识之，谓明宗曰："此子貌厚而小心，佗日必大贵，宜善待之。"梁、晋军河上，庄宗遣明宗东袭郓州，行周将前军，夜遇雨，军中皆欲止不进，行周曰："此天赞我也。郓人恃雨不备，吾来宜出其不意。"即夜驰涉济。入其城，郓人方觉，遂取之。庄宗灭梁，以功领端州刺史，迁绛州。

明宗时，从平朱守殷，克王都，迁颍州团练使、振武军节度使。历镇彰武、昭义。晋高祖时，为西京留守，徙镇天雄。

安从进叛，以行周为襄州行营都部署，讨平之。徙镇归德。

出帝时，代景延广为侍卫亲军都指挥使。是时，李彦韬、冯玉等用事，乃求归镇。契丹灭晋，留萧翰守汴，翰又弃去召唐故许王从益入汴。而汉高祖起太原，从益遣人召行周，将以拒汉，行周叹曰："衰世难辅，况儿戏乎？"乃不从。汉高祖入京师，加行周守中书令，徙镇天平军，封临清王。周太祖入立，封齐王，卒。赠尚书令，追封秦王。有子怀德。

白再荣，不知其世家何人也。少为军卒。唐、晋之间为护圣指挥使。契丹犯京师，再荣从契丹北归，至镇州，契丹留麻答守镇州而去，晋人从者多留焉。居未几，李筠、何福进等谋逐麻答，使人召再荣。再荣迟疑不欲往，军士迫之，乃往，共攻之。麻答走，诸将以再荣名次最高，乃推为留后。

再荣出于行伍，贪而无谋。是时，李嵩、和凝等皆随契丹留镇州，再荣以兵环其居，迫而求物，又欲害嵩取其资。李谷谓曰："公等亲被契丹之苦，忧死不暇，然逐麻答者，乃众人所为，非独公力也。今才得生路，而遽杀宰相，此契丹尚或不为，然它日至京师，天子问宰相何在，何以对之？"再荣默然乃止。而悉拘尝事麻答者取其财，镇人谓之白麻答。

汉高祖即位，拜再荣为留后，迁义成军节度使。罢还京师。周太祖以兵入京师，军士攻再荣于第，悉取其财。已而，前启曰："士卒尝事公隶麾下，一旦无礼如此，亦复何面见公乎！"乃斩之，携其首而去，家人以帛赎而葬之。

安叔千，字胤宗，沙陀三部落人也。少善骑射，事唐庄宗，以为奉安指挥使。明宗时，与讨王都，拜秦州刺史。从击契丹，为先锋都指挥使，以功拜昭武军节度使。历静难、横海、安国、建雄四镇。叔千状貌堂堂，而不通文字，所为鄙陋，人谓之没字碑。

晋出帝时，为左金吾卫上将军。契丹犯京师，晋百官迎见耶律德光于赤冈，叔千出班夷言，德光劳曰："是安没字否？汝在邢州，已通诚款，吾今至此，当与汝一吃饭处。"叔千再拜，乃以为镇国军节度使。汉高祖入立，罢归京师，自以常私附契丹，颇怀愧惧。以太子太师致仕。周太祖兵入京师，军士大掠，叔千家资已尽，而军士意其有所藏者，箠掠不已，伤重，归于洛阳，卒，年七十二。

新五代史卷四九
杂传第三七

翟光邺　冯晖　皇甫晖
唐景思　王进　常思
孙方谏

　　翟光邺，字化基，濮州鄄城人也。其父景珂，偶傥有胆气。梁、晋相距于河上，景珂率聚邑人守永定驿。晋人攻之逾年，不能下。景珂卒战死。光邺时年十岁，为晋兵所掠，明宗爱其颖悟，常以自随。

　　光邺事唐，官至耀州团练使。晋高祖时，历棣、沂二州刺史、西京副留守。出帝已破杨光远，以光邺为青州防御使。光邺招辑兵民，甚有恩意。契丹灭晋，遣光邺知曹州。许王从益入汴，以为枢密使。汉高祖入京师，改右领军卫大将军、充街使。周太祖入立，拜宣徽使，枢密副使。出知永兴军，卒于官。

　　光邺为人沉默多谋，事继母以孝闻。虽贵不营财产，常假官舍以居，萧然仅蔽风雨。雍睦亲族，粗衣粝食，与均有无，光邺处之晏然，日与宾客饮酒聚书为乐。其所临政务，以宽静休息为意。病疽，戒其左右：“气绝以尸归洛。无久留以烦军府。”既卒，州人上书乞留葬立祠，不许。

　　冯晖，魏州人也，为效节军卒，以功迁队长。唐庄宗入魏，与梁相距于河上，晖以队长亡入梁军。王彦章以晖骁勇，隶之麾下。梁亡，庄宗赦晖不问。从明宗讨杨立。魏王继岌平蜀，累迁夔、兴二州刺史。董璋反东川，晖从晋高祖讨璋，军至剑门，剑门兵守不得入，晖从佗道出其左，击蜀守兵殆尽。会晋高祖班师，拜晖澶州刺史。

天福中，范延光反魏州，遣晖袭滑州，不克，遂入于魏，为延光守。已而，出降拜义成军节度使，徙镇灵武。灵武自唐明宗已后，市马籴粟，招来部族，给赐军士，岁用度支钱六千万。自关以西，转输供给民不堪役，而流亡甚众。青冈、土桥之间，氐、羌剽掠道路，商旅行必以兵。晖始至，则推以恩信，部族怀惠止息侵夺。然后广屯田以省转饷，治仓库亭馆千余区，多出俸钱，民不加赋，管内大治。晋高祖下诏书褒美。

党项拓拔彦超最为大族，诸族向背常以彦超为去就。晖之至也，彦超来谒，遂留之，为起第于城中，赐予丰厚，务足其意。彦超既留，而诸部族争以羊马为市易。期年，有马五千匹。晋见晖马多而得夷心，反以为患，徙镇静难，又徙保义。岁中召为侍卫步军都指挥使，领河阳节度使。晖于是始觉晋有患已意。是时，隐帝昏乱。冯玉、李彦韬等用事，晖曲意事之，因得复镇灵武。时王令温镇灵武，失夷落心，大为边患，晖即请曰："今朝廷多事，必不能以兵援，臣愿得自募兵以为卫。"乃募得兵千余人，行至梅戍，蕃夷稍稍来谒，晖顾首领一人，指其佩剑曰："此板桥王氏剑邪？吾闻王氏剑，天下利器也。"俯而取诸腰间，若将玩之，因击杀首领者，其从骑十余人皆杀之。神将药元福曰："今去灵武尚五六百里，奈何？"晖笑曰："此夷落之豪，部族之所恃也，吾能杀之，其余岂敢动哉！"已而，诸族皆以兵扼道路，晖以言譬谕之，独所杀首领一族求战，即与之战而败走，诸族遂不敢动。晖至灵武，抚绥边部凡十余年，恩信大著。官至中书令，封陈留王。广顺三年卒，追封卫王。子继业。

皇甫晖，魏州人也。为魏军卒，戍瓦桥关。岁满，当代归而留屯贝州。

是时，唐庄宗已失政，天下离心。晖为人骁勇无赖，夜博军中不胜,乃与其徒谋为乱。劫其都将杨仁晟曰:"唐能破梁而得天下者,以先得魏而尽有河北兵也。魏军甲不去体、马不解鞍者十余年。今天下已定,而天子不念魏军久戍之劳,去家咫尺不得相见。今将士思归不可遏,公当与我俱行。不幸天子怒,吾军则坐据一州,足以起事。"仁晟曰:"公等何计之过也!今英主在上,天下一家,精甲锐兵不下数十万,公等各有家属,何故出此不祥之言?"军士知不可强,遂斩之。推一小校为主,不从,又斩之。乃携二首以诣裨将赵在礼。在礼从之,乃夜焚贝州以入于魏,

在礼以晖为马步军都指挥使。晖拥甲士数百骑大掠城中。至一民家,问其姓,曰:"姓国。"晖曰:"吾当破国。"遂尽杀之。又至一家,问其姓,曰:"姓万。"晖曰:"杀万家足矣。"又尽杀之。及明宗入魏,遂与在礼合谋,庄宗之祸自晖始。

明宗即位,晖自军卒擢拜陈州刺史,终唐世常为刺史。晋天福中,以卫将军居京师。在礼已秉旄节,罢镇来朝。晖往候之曰:"与公俱起甘陵,卒成大事,然由我发也。公今富贵能恤我乎?不然祸起坐中。"在礼惧,遽出器币数千与之,而饮以酒,晖饮自若,不谢而去。久之,为密州刺史。

契丹犯阙,晖率其州人奔于江南,李景以为歙州刺史、奉化军节度使,镇江州。周师征淮景,以晖为北面行营应援使,屯清流关,为周师所败,并其都监姚凤皆被擒。世宗召见,晖金疮被体哀之,赐以金带、鞍马。后数日卒。拜凤左屯卫上将军。

唐景思,秦州人也。幼善角牴,以屠狗为生。后去为军卒,累迁指挥使。唐魏王继岌伐蜀,景思为蜀守固镇。继岌兵至,景思以城降,拜兴州刺史。晋高祖时,为贝州行军司马。出帝时,契丹攻陷贝州,景思为赵延寿所得,以为壕寨使。契丹灭晋,拜景思亳州防御使。汉高祖时,为登州行军司马。后为沿淮巡检。汉法酷,而史弘肇用事,喜以告讦杀人。景思有奴,尝有所求不如意,即驰见弘肇,言景思与李景交通而私畜兵甲。弘肇遣将三十骑往收景思,奴谓吏

曰："景思勇者也。得则杀之，不然将失之也。"吏至，景思迎前以两手抱吏呼冤，请诣狱自理，吏引奴与景思验。景思曰："我家在此，清索之。有钱十千，为受外赂，有甲一属，为私畜兵。"吏索之，惟一衣笥，军籍粮簿而已。吏闵而宽之。景思请械送京师以自明。景思有仆王知权在京师，闻景思被告，乃见弘肇，愿先下狱明景思不反，弘肇怜之，送知权狱中，日劳以酒食。景思既械就道，颍、亳之人随至京师共明之，弘肇乃鞫其奴，具伏即奏，斩奴而释景思。后从世宗战高平，世宗以所得汉降兵数千为效顺指挥，以景思为指挥使。复戍淮上。周师伐淮南，以功领饶州刺史，迁濠州刺史。兵攻濠州，以战伤重卒，赠武清军节度使。

王进，幽州良乡人也。为人勇悍，走及奔马。少聚徒为盗，乡里患之。符彦超遣人以赂，招置麾下。

彦超镇安远军，军中有变，遣进驰奏京师。明宗怪其来速，嘉其足力，以隶宁卫指挥。汉高祖为侍卫亲军指挥使，以进为军校。高祖镇河东，因以之从。每有急遣，进驰至京师，往返不过五、六日。由是愈亲爱之。累迁奉国军都指挥使，从周太祖起魏，迁虎捷右厢都指挥使，历汝、郑二州防御使、彰德军节度使。显德元年秋一本作初。以疾卒，赠太师。

呜呼！予述旧史至于王进之事，未尝不废书而叹曰："甚哉，五代之君，皆武人崛起。其所与俱勇夫悍卒，各裂土地封侯王。何异豺狼之牧斯人也！虽其附托遭遇，出于一时之幸，然犹必皆横身阵敌，非有百夫之勇，则必一日之劳。至如进者，徒以疾足善走而秉旄节，何其甚歟！岂非名器之用，随世而轻重者歟？世治，则君子居之而重，世乱，则小人易得而轻歟。抑因缘侥幸，未始不有，而尤多于乱世。既其极也，遂至于是歟？岂其又有甚于是者歟？当此之时，为国长者，不过十余年，短者三、四年，至一、二年。天下之人，视其上，易君代国如更戍长无异。盖其轻如此，况其下者乎！如进等者，岂足道哉!《易》否泰消长,君子小人常相上下,视在上者如进等,则其在下者可知矣。予书进事,所以哀斯人之乱,而见当时贤人君子之在下者,可胜道哉! 可胜道哉!

常思,字克恭,太原人也。初从唐庄宗为卒,后为长剑指挥使,历唐、晋为六军都虞候。汉高祖为河东节度使,以思为牢城指挥使。高祖入立,领武胜军节度使,徙镇昭义。思起军卒,未尝有战功,徒以幸会汉兴,遂秉旄节。在潞州五年,以聚敛为事,而性鄙俭。

初,思微时,周太祖方少孤无依,食于思家,以思为叔。后思与周太祖俱遭汉以取富贵。周太祖已即位,每呼思为常叔,拜其妻如家人礼。广顺三年,徙镇归德。居三年来朝,又徙平卢。思因启曰:"臣居宋,宋民负臣。丝息十万两,愿以券上进。"太祖额之,即焚其券,诏宋州悉蠲除之。思居青州,逾年得疾,归于洛阳,卒,赠中书令。

孙方谏,郑州清苑人也。初定州西北有狼山堡,定人常保以避契丹。有尼深意居其中,以佛法诱民,民多归之后。尼死,堡人言其尸不朽,因奉而事之。尼姓孙氏,方谏自以为尼族人,即继行其法,堡人推以为主。

晋出帝时,义武军节度使恶方谏聚徒山中,恐为边患,因表以为游奕使。方谏因有所求不得,乃北通契丹。契丹后灭晋,以方谏为义武军节度使。已而,徙方谏于云中,方谏不受命,率其徒复入狼山。汉高祖起,契丹纵火烧定州,虏其人民北去。方谏闻之,自狼山入据之,以归。汉高祖嘉之,即拜方谏义武军节度使。周太祖时,徙镇镇国,以其弟行友为定州留后。世宗攻太原,方谏朝于行在从,还京至洛得疾,徙镇匡国,卒于洛阳,年六十二,赠太师。

新五代史卷五〇
杂传第三八

王峻　王殷　刘词　王环
折从阮

　　王峻,字秀峰,相州安阳人也。父丰,为乐营将。峻少以善歌事梁节度使张筠。唐庄宗已下魏博,筠弃相州走归京师。租庸使赵岩过筠家,筠命峻歌佐酒,岩见而悦之。是时,岩方用事,筠因以峻遗岩。梁亡,岩族诛,峻流落民间。久之,事三司使张延朗。延朗不甚爱之。晋高祖灭唐,杀延朗,是时汉高祖从晋起兵,因悉以延朗资产赐之,峻因得事汉高祖。高祖镇河东,峻为客将。高祖即位,拜峻客省使。汉遣郭从义讨赵思绾,以峻监其军,累迁宣微北院使。周太祖镇天雄军,峻为监军。汉隐帝已杀大臣史弘肇等,又遣人杀周太祖及峻等。峻等遂与太祖举兵犯京师。太祖监国,以汉太后命拜峻枢密使。太祖将兵北出,至澶州返,军向京师。是时,太师已遣冯道迎湘阴公赟于徐州,而汉宗室蔡王信在许州。峻与王殷谋,遣侍卫马军指挥使郭崇率兵之宋州、前申州刺史马铎之许州以伺变,崇、铎遂杀赟、信。

　　太祖入立,拜峻右仆射、门下侍郎同中书门下平章事,监修国史。刘旻攻晋州,峻为行营都部署,得以便宜从事。别遣陈思让、康延沼自乌岭出绛州与峻会。峻至陕州,留不进。太祖遣使者翟守素驰至陕州,谕峻,欲亲征。峻屏左右谓守素曰:"晋州城坚,不可近。而刘旻兵锐亦未可当。臣所以留此者,非怯也,盖有待尔。且陛下

新即位,四方藩镇未有威德以加之,岂宜轻举?而兖州慕容彦超反
迹已露,若陛下出氾水,则彦超入京师,陛下何以待之?"守素驰还,
具道峻言。是时,太祖已下诏西幸,闻峻语遽自提其耳曰:"几败吾
事。"乃止不行。峻军出自绛州,前锋报过蒙坑,峻喜,谓其属曰:"蒙
坑,晋绛之险也。旻不分兵扼之,使吾过此,可知其必败也。"峻军去
晋州一舍,旻闻周兵大至,即解去。诸将皆欲追之,峻犹豫不决。明
日,遣骑兵追旻,不及而还。从讨慕容彦超,为随驾都部署,率众先
登。峻与太祖俱起于魏,自谓佐命之功,以天下为己任。凡所论请,
事无大小,期于必得。或小不如志,言色辄不逊。太祖每优容之。峻
年长于太祖二岁,往往呼峻为兄,或称其字。峻由是益横。郑仁诲、
李重进、向训等皆太祖故时偏裨。太祖初即位,谦抑未欲进用,而峻
心忌之。自破慕容彦超,还即求解枢密,以探上意。太祖慰劳之,峻
多发书诸镇,求为保荐。居数日,诸镇皆驰骑上峻书,太祖大骇。峻
连章求解,因不视事。太祖遣近臣召之曰:"卿若不出,吾当自往候
卿。"峻曰:"车驾若来,是致臣有不测也。"然殊无出意。枢密直学士
陈同与峻相善,太祖即遣同召峻,同还奏曰:"峻意少解,然请陛下
声言严驾,若将幸之,则峻必出矣。"太祖俛俯从之。峻闻太祖且来,
遂驰入谒。

峻于枢密院起厅事,极其华侈。邀太祖临幸,赐予甚厚。太祖
于内园起一小殿,峻辄奏曰:"宫室已多,何用此为?"太祖曰:"枢密
院屋不少,卿亦何必有作?"峻惭不能对。

峻为枢密使兼宰相,又求兼领平卢。已受命,暂之镇,又请借左
藏库绫万匹,太祖皆勉从之。又请用颜衎、陈同代李谷,范质为相,
太祖曰:"进退宰相,岂可仓卒?当徐思之。"峻论请不已,语渐不逊。
日亭午,太祖未食,峻争不已。是时寒食假,太祖曰:"俟假开,当为
卿行。"峻乃退。太祖遂不能忍。"明日,御便殿召百官皆入,即幽峻
于别所,太祖见冯道泣曰:"峻凌朕,不能忍!"即贬商州司马,卒于
贬所。

峻已被黜,太祖以峻监修国史,意其所书不实,因召史官取日

历读之。史官以禁中事，非外所知惧以漏落得罪。峻贬后，李谷监修，因请命近臣录禁中事付史馆，乃命枢密直学士就枢密院，录送史馆，自此始。

王殷，大名人也。少为军卒，以军功累迁灵武马步军都指挥使。唐废帝时，从范、延光讨张令昭于魏，以功拜祁州刺史。晋天福中，徙原州刺史。殷事母，以孝闻。欲与人游，必先白母，母所不可者，未尝敢往。及为刺史，政事有小失，母责之，殷即取杖授婢仆，自笞于母前。母亡服丧。晋高祖诏殷起，复以为宪州刺史，殷乞终丧服除。出帝以为奉国右厢都指挥使。后从汉高祖讨杜重威，先登力战，矢中其脑，镞自口出而不死。高祖嘉之，以为侍卫步军都指挥使，领宁江军节度使。

契丹犯边，汉遣殷以兵屯澶州。隐帝已杀杨邠等，诏镇宁军节度使李弘义杀殷于澶州。又诏郭崇杀周太祖于魏。诏书至澶州，弘义恐事不果，反以告殷，殷遣人驰至魏告周太祖，遂起兵反。

太祖入立，拜侍卫亲军都指挥使，出为天雄军节度使同中书门下平章事。仍领亲军。自河以北皆受殷节度。殷颇务聚敛，太祖闻而恶之，遣人谓之曰："吾起魏时，帑廪储畜岂少邪？汝为国家用，足矣。"殷不听。

殷与王峻俱从太祖起自魏，后峻得罪，殷不自安。广顺三年秋九月永寿节，殷求入为寿，太祖许之。而惧其疑也，复遣使止之。明年，太祖有事于南郊。是冬，殷来朝，殷握兵柄，职当警卫，出入多以兵从。又求兵甲以备非常。是时，太祖卧疾，疑殷有异志，乃力疾御滋德殿，殷入起居，即命执之，削夺在身官爵，长流登州。已而杀之。徙其家属于登州。

刘词，字好谦，大名元城人也。少事杨师厚，以勇悍知名。唐庄宗下魏博，与梁战夹河，词以军功为效节军使，迁长剑指挥使，坐事左迁汝州十余年。

废帝时,诏诸州镇选骁勇者充禁军,词得选为禁军校。从破张从宾、杨光远,以功选奉国第一军都虞候。从马全节破安州,以功迁指挥使。从杜重威破镇州,以先登功,拜泌州刺史。晋军讨安从进,为襄州行营都虞候,以功迁泌州团练使,徙房州。岁余,为政不苛挠,人颇便之。词居暇,日常被甲枕戈而卧,谓人曰:"我以此取富贵,岂可一日辄忘之。且人情易习,若一堕其筋力,有事何以报国!"汉高祖时,复为奉国右厢都指挥使。汉军讨李守贞于河中,词以侍卫步军都指挥使领宁江军节度使,为行营都虞候,以功拜镇国军节度使。周太祖入立,加同中书门下平章事。历镇安国、河阳三城。世宗战高平,樊爱能等军败南走,遇词而止之曰:"军败矣!可无前也。"词不听,辄趣兵以进,世宗嘉之,以为随驾都部署。及班师,以为河东行营副都署,徙镇永兴。明年卒于镇,年六十五,赠侍中谥忠惠。

王环,镇州真定人也。以勇力事孟知祥为御者。及知祥僭号于蜀,使典卫兵。晋开运之乱,秦、凤、阶、成入于蜀,孟昶以环为凤州节度使。

周世宗即位,明年遣王景、向训攻秦、凤州,数为环所败,大臣皆请罢兵。世宗曰:"吾欲一天下以为家,而声教不及秦、凤。今兵已出,无功而返,吾有惭焉。"乃决意攻之。周兵粮道颇艰,昶遣兵五千出堂仓抵黄花谷以争粮道。景训先知其来,命排阵,使张建雄以兵二千当谷口。别遣裨将以劲兵千人出其后,伏堂仓以待其归。蜀兵前遇建雄,战不胜,退走堂仓伏发,尽殪之,由是蜀兵守诸城堡者皆溃。初,昶遣其秦州节度使高处俦以兵援环,未至,闻堂仓兵败,亦溃归。处俦判官赵玭闭城不内,处俦遂奔成都。玭乃以城降。成、阶二州相继亦降。独环坚守百余日,然后克之。世宗召见环,叹曰:"三州已降,环独坚守。吾数以书招之,而环不答。至于力屈就擒,虽不能死,亦忠其所事也。用之可劝事君者。"乃拜环右骁卫将军。是时,周师已征淮,即以环佐侯章为攻取贼城水寨副部署。初,周师南征，李景陈兵于淮，舟楫甚盛。周师无水战之具，世宗患之，乃置造船务于京城之西，为战舰数百艘。得景降卒，教之水战。明年，世宗再征淮，使环将水战卒数千，自蔡河以入淮。环居军中，未尝有战功。蜀卒与环俱擒者，世宗不杀，悉以从军，后多南奔于景。世宗待环益不疑。已而，景将许文缜边镐等皆被擒，世宗悉以为将军，与环等列第京师，岁时赐与甚厚。明年又幸淮南，又以环从，遇疾，卒于泗州。

折从阮，字可久，初名从远，避汉高祖名改为阮，云中人也。其父嗣伦，为麟州刺史。从阮为人，温恭长者。居父丧，以孝闻。唐庄宗镇太原，以为牙将。后以为府州刺史。晋出帝与契丹败盟，从阮以兵攻契丹，取其城堡十余，迁本州团练使、兼领朔州刺史、安北都护振武军节度使、契丹西南面行营马步军都虞候。汉高祖入立，于府州建永安军，以从阮为节度使。明年以其族朝京师，徙镇武胜，即拜从阮子德扆为府州团练使。

周太祖入立，从阮历徙宣义、保义、静难三镇，显德二年罢还京师，行至洛阳卒。赠中书令。

新五代史卷五一
杂传第三九

朱守殷　董璋　范延光
娄继英　安重荣　安从进
杨光远

　　朱守殷,少事唐庄宗为奴,名曰会儿。庄宗读书,会儿常侍左右。庄宗即位,以其厮养为长直军,以守殷为军使,故未尝经战阵之用。然好言人阴私长短以自结,庄宗以为忠。迁蕃汉马步军都虞候,使守德胜。

　　王彦章攻德胜,守殷无备,遂破南城,庄宗骂曰:"驽才果误予事。"明宗请以守殷行军法,庄宗不听。同光二年领镇武军节度使。是时,庄宗初入洛,守殷巡检校京师,恃恩骄恣,凌侮勋旧。与伶人景进相为表里。魏王继岌已杀郭崇韬,进诬朱友谦与崇韬反,庄宗遣守殷围其第而杀之。

　　是时,明宗自镇州来朝,居于私第。庄宗方惑群小,疑忌大臣,遣守殷伺察明宗动静。守殷阴使人告明宗曰:"位高人臣者,身危,功盖天下者,不赏。公可谓位高而功著矣。宜自图归藩,无与祸会也。"明宗曰:"吾洛阳一匹夫尔,何能为也。"既而明宗卒反于魏。庄宗东讨守殷将骑军阵宣仁门外以俟驾。郭从谦作乱,犯兴教门以入,庄宗亟召守殷等军,守殷按军不动。庄宗独与诸王宦官百余人射贼,守殷等终不至,方移兵憩北邙山下。闻庄宗已崩,即驰入宫中,选载嫔御、宝货以归。纵军士劫掠,遣人趣明宗入洛。

明宗即位,拜守殷同中书门下平章事、河南尹、判六军诸卫事。明年迁宣武军节度使。九月,明宗诏幸汴州,议者喧然,或以为征吴,或以为东。诸侯有屈强者,将制置之。守殷尤不自安,乃杀指挥使马彦超,闭城反。明宗行至京水,闻守殷反,遣范延光驰兵传其城。汴人开门纳延光,守殷自杀。其族乃引颈,命左右斩之。明宗至汴州,命鞭其尸,枭首于市七日,传徇洛阳。守殷之将反也,召都指挥使马彦超与计事,彦超不从,守殷杀之。明宗怜彦超之死,以其子承祚为洺州长史。

董璋,不知其世家何人也。少与高季兴、孔循俱为汴州富人李让家僮。梁太祖镇宣武,养让为子,是为朱友让。其僮奴以友让故,皆得事梁太祖。璋以军功为指挥使。

晋李继韬以潞州叛降梁,末帝遣璋攻下泽州,即以璋为刺史。梁亡,璋事唐为邠宁节度使。与郭崇韬相善。崇韬伐蜀,以璋为行营右厢马步军都虞候。军事大小,皆与参决。蜀平,以为剑南东川节度使。孟知祥镇西川,其后,二人有异志,安重诲居中用事,议者多言知祥必不为唐用,而能制知祥者,璋也。往往称璋忠义,重诲以为然,颇优宠之。以故璋益横。天成四年,明宗祀天南郊,诏两川贡助南郊物五十万,使李仁矩赍安重诲书往谕璋。璋诉不肯出,祗十万而已。又因事欲杀仁矩,仁矩涕泣而免。归言璋必反。其后使者至东川,璋益倨慢,使者还,多言璋欲反状。重诲患之,乃稍择将吏为两川刺史,以精兵为其牙卫,分布其诸州。又分阆州置保宁军,以仁矩为节度使,遣姚洪将兵千人从仁矩戍阆州。璋及知祥觉唐疑已,且削其地,遂连谋以反。璋因为其子娶知祥女以相结,又遣其将李彦钊扼剑门关为七寨,于关北增置关,号永定。凡唐戍兵东归者,皆遮留之,获其逃者,覆以铁笼,火炙之。或刲肉钉面,割心而啖。长兴元年九月,知祥攻陷遂州,璋攻陷阆州。执李仁矩、姚洪皆杀之。

初,璋等反,唐独诛璋家属,知祥妻子皆在成都,其疏属留京师者皆不诛。石敬瑭讨璋等，兵久无功，而关以西馈运不给，远近劳敝。明宗患之，安重诲自往督军。敬瑭不纳，重诲遂得罪，死。敬瑭亦还。明宗乃遣西川进奏官苏愿、东川军将刘澄西归谕璋等，使改过。知祥遣人告璋，欲与俱谢过自归，璋曰：“唐不杀孟公家族于西川，恩厚矣。我子孙何在？何谢之有？”璋由此疑知祥卖己。三年四月，以兵万人攻知祥，战于弥牟，璋大败，还走梓州。初，唐陵州刺史王晖代还过璋，璋邀遛之。至是，晖执璋杀之，传其首于知祥。

范延光，字子瓌，相州临漳人也。唐明宗为节度使，置延光麾下，而未之奇也。明宗破郓州，梁兵方扼杨刘，其先锋将康延孝阴送款于明宗，明宗求可以通延孝款于庄宗者，延光辄自请行，乃怀延孝蜡丸书，西见庄宗。致之，且曰：“今延孝虽有降意，而梁兵扼杨刘者甚盛，未可图也。不如筑垒马家口，以通汶阳。”庄宗以为然。垒成，梁遣王彦章急攻新垒。明宗使延光间行求兵，夜至河上，为梁兵所得，送京师，下延光狱，榜掠数百，胁以白刃，延光终不肯言晋事。系之数月，稍为狱吏所护。庄宗入汴，狱吏去其桎梏，拜而出之。庄宗见延光，喜拜检校工部尚书。

明宗时，为宣徽南院使。明宗行幸汴州，至荥阳，朱守殷反。延光曰：“守殷反迹始见，若缓之使得为计，则城坚而难近。故乘人之未备者，莫若急攻。臣请骑兵五百，驰至城下，以神速骇之。”乃以骑兵五百，自暮疾驰至半夜行二百里，战于城下。迟明，明宗亦驰至，汴兵望见天子乘舆，乃开门，而延光先入，犹巷战，杀伤甚众。守殷死，汴州平。明年，迁枢密使，出为成德军节度使。安重诲死，复召延光与赵延寿并为枢密使。明宗问延光马数几何对，曰：“骑军三万五千。”明宗抚髀叹曰：“吾兵间四十年，自太祖在太原时，马数不过七千。庄宗取河北，与梁家战河上，马才万匹。今有马三万五千而不能一天下，吾老矣，马多奈何！”延光因曰：“臣尝计一马之费，可养步卒五人。三万五千匹马，十万兵之食也。”明宗曰：“肥战马而瘠吾人，此吾所愧也！”

夏州李仁福卒，其子彝超自立，而邀旄节，明宗遣安从进代之，彝超不受代，以兵攻之，久不克。隰州刺史刘遂凝驰驿入见献策，言绥银二州之人皆有内向之意，请除二刺史以招降之。延光曰："王师问罪，本在彝超，夏州已破，绥银岂足顾哉！若不破夏州，虽得绥银，不能守也。"遂凝又请自驰入说彝超，使出降。延光曰："一遂凝，万一失之不足惜；所惜者，朝廷大体也。"是时，王淑妃用事，遂凝兄弟与淑妃有旧，方倚以蒙恩宠，所言无不听。而大臣以妃故，多不敢争，独延光从容沮止之。

明宗有疾，不能视朝，京师之人，汹汹异议，藏窜山谷，或寄匿于军营。有司不能禁。或劝延光以严法制之，延光曰："制动当以静，宜少待之。"已而，明宗疾少间。京师乃定。

是时，秦王握兵骄甚，宋王弱而且在外，议者多属意于潞王。延光惧祸之及也，乃求罢去。延寿阴察延光有避祸意，亦遽求罢。明宗再三留之，二人辞益恳至，继之以泣。明宗不得已，乃皆罢之。延光复镇成德，而用朱弘昭、冯赟为枢密使。已而，秦王举兵见诛，明宗崩，潞王反，杀愍帝，唐室大乱。弘昭、赟皆及祸以死。末帝复诏延光为枢密使，拜宣武军节度使。天雄军乱，逐节度使刘延皓，遣延光讨平之，即以为天雄军节度使。

延光常梦大蛇自脐入其腹，半入而擘去之。以问门下术士张生，张生赞曰："蛇，龙类也。入腹内，王者之兆也。"张生自延光微时，言其必贵，延光素神之，常置门下，言多辄中，遂以其言为然。由是，颇畜异志。当晋高祖起太原，末帝遣延光以兵二万屯辽州，与赵延寿掎角，既而延寿先降，延光独不降。

高祖即位，延光贺表又颇后诸侯至，又其女为末帝子重美妃，以此遂怀反侧。高祖封延光临清王以慰其心。有平山人秘琼者，为成德军节度使董温其衙内指挥使，后温其为契丹所虏，琼乃悉杀温其家族瘗之一穴，而取其家资巨万计。晋高祖入立，以琼为齐州防御使，橐其资，装道出于魏。延光阴遣人以书招之，琼不纳，延光怒，选兵伏境上伺琼过，杀之于夏津，悉取其资，以成逻者误杀闻。由是，高祖疑其必为乱，乃幸汴州。

天福二年六月，延光遂反，遣其牙将孙锐、澶州刺史冯晖以兵二万距黎阳，掠滑、卫。高祖以杨光远为招讨使，引兵自滑州渡胡梁，攻之。锐轻脱无谋，兵行以娼女十余自随。张盖操扇，酣歌饮食自若。军士苦大热，皆不为用。光远得谍者询得其谋，诱锐等渡河，半济而击之，兵多溺死。锐、晖退走入魏，闭壁不复出。

初，延光反意未决，而得暴疾不能兴。锐乃阴召晖入城，迫延光反。延光惶惑，遂从之。高祖闻延光用锐等以反，笑曰：“吾虽不武，然尝从明宗取天下，攻坚破强多矣。如延光已非我敌，况锐等儿戏邪？行取孺子尔！”乃决意讨之。延光初无必反意，锐等败，延光遣牙将王知新赍表自归，高祖不见，以知新属武德司。延光又附杨光远表请降，不报，延光遂坚守。晋以箭书二百射城中，悉赦魏人，募能斩延光者。然魏城坚难下，攻之逾年不克。师老粮匮，宗正丞石昂上书极谏，请赦延光，愿以单车入说而降之。高祖亦悔悟。三年九月，使谒者入魏，赦延光，延光乃降，册封东平郡王、天平军节度使，赐铁券。居数月，来朝，因惭请老，以太子太师致仕。

初，高祖赦降延光，语使者谓之曰：“许卿不死矣。若降而杀之何以享国？”延光谋于副使李式，式曰：“主上敦信明义，许之不死，则不死矣。”乃降。及致仕居京师，岁时宴见，高祖待之与群臣无间，然心不欲使在京师。岁余，使宣徽使刘处让载酒，夜过延光，谓曰：“上遣处让来，时适有契丹使至，北朝皇帝问晋、魏博反臣何在。恐晋不能制，当锁以来，免为中国后患。”延光闻之泣下，莫知所为处。让曰：“当且之洛阳，以避契丹使者。”延光曰：“杨光远留守河南，吾之仇也。吾有田宅在河阳，可以往乎？”处让曰：“可也。”乃挈其帑归河阳，其行辎重盈路。光远利其资，果图之因奏曰：“延光，反覆奸臣。若不图之，非北走胡，则南走吴越。请拘之洛阳。”高祖犹豫未决。光远兼镇河阳，其子承勋知州事，乃遣承勋以兵胁之，使自裁。延光曰：“天子赐我铁券，许之不死，何得及此？”乃以壮士驱之，上马行至浮桥，推堕水溺死，以延光自投水死闻，因尽取其资。高祖以适会其意不问，为之辍朝，赠太傅。水运军使曹千获其流尸于缪家滩，诏许归葬相州。已葬，墓辄崩，破其棺椁，头颅皆碎。初，秘琼杀董温其取其资，延光又杀琼而取之而，终以资为光远所杀，而光远亦不能免也。

　　当延光反时，有李彦珣者，为河阳行军司马。张从宾反河阳，彦珣附之。从宾败，彦珣奔于魏，延光以为步军都监，使之守城。招讨使杨光远知彦珣邢州人也，其母尚在，乃遣人之邢州取其母，至城下示彦珣以招之。彦珣望见，自射杀之。及延光出降，晋高祖拜彦珣房州刺史，大臣言彦珣杀母当诛，高祖以谓赦令已行，不可失信，后以坐赃诛。

　　呜呼，甚哉，人性之慎于习也，故圣人于仁义深矣。其为教也，勤而不息，缓而不迫，欲民渐习而自趋之，至于久而安以成俗也。然民之无知，习见善则安于为善，习见恶则安于为恶。五代之乱其来远矣！自唐之衰，干戈饥馑，父不得育其子，子不得养其亲，其始也。骨肉不能相保，盖出于不幸。因之礼义，日以废恩，爱日以薄，其习久而遂以大坏。至于父子之间，自相贼害，五代之际，其祸害不可胜道也。夫人情莫不共知爱其亲，莫不共知恶于不孝。然彦珣弯弓射其母，高祖从而赦之，非徒彦珣不自为大恶，而高祖亦安焉？不以为怪也。岂非积习之久而至于是欤！《语》曰："性相近，习相远。"至其极也。使人心不若禽兽，可不哀哉！若彦珣之恶，而恬然不以为怪，则晋出帝之绝其父宜，其举世不知为非也。

　　娄继英，不知何许人也。历梁、唐，为绛冀二州刺史。北面水陆转运使、耀州团练使。晋高祖时，为左监门卫上将军。

　　继英子妇，温延沼女也。自明宗时，诛其父韬，延沼兄弟废居于许，心常怨望。及范延光反，继英有弟为魏州子城都虞候，延光遣人以蜡书招继英，继英乃遣延沼入魏，见延光。延光大喜，与之信箭，使阴图许延沼。与其弟延浚、延衮募不逞之徒千人，期以攻许。而许州节度使苌从简以延光之反疑有应者，为备甚严。延沼未及发，延光蜡书事泄于京师，继英惶恐不自安，乃出奔许。高祖下诏招慰之，使复位，继英惧不敢出。温氏兄弟谋杀继英以自归，延沼以其女故不忍。张从宾反于洛阳，延沼兄弟乃与继英俱投从宾于汜水。继英知温氏之初欲杀已也，反潜延沼兄弟于从宾，从宾杀之。从宾败，继英为杜重威所杀。

安重荣，小字铁胡，朔州人也。祖从义，利州刺史。父全，胜州刺史、振武马步军都指挥使。重荣有力，善骑射，为振武巡边指挥使。

晋高祖起太原，使张颖阴招重荣，其母与兄皆以为不可。重荣业已许颖。母、兄谋共杀颖以止之。重荣曰："未可。吾当为母卜之。"乃立一箭，百步而射之，曰："石公为天子，则中。"一发辄中。又立一箭，而射之，曰："吾为节度使，则中。"一发又中。其母、兄乃许。重荣以巡边千骑叛，入太原。高祖即位，拜重荣成德军节度使。

重荣虽武夫，而晓吏事，其下不能欺。有夫妇讼其子不孝者，重荣拔剑授其父，使自杀之。其父泣曰："不忍也。"其母从傍诟骂，夺其剑而逐之。问之，乃继母也。重荣叱其母出，后射杀之。

重荣起于军卒，暴至富贵。而见唐废帝、晋高祖皆自藩侯得国，尝谓人曰："天子宁有种邪？兵强马壮者为之尔！"虽怀异志，而未有以发也。是时，高祖与契丹约为父子，契丹骄甚，高祖奉之愈谨。重荣愤然，以谓"诎中国以尊夷狄，困已敝之民而充无厌之欲。此晋万世耻也！"数以此非诮高祖。契丹使者往来过镇州，重荣箕踞慢骂，不为之礼，或执杀之。是时，吐浑白氏役属契丹，苦其暴虐，重荣诱之入塞。契丹数遣使责高祖，并求使者。高祖对使者鞠躬俯首，受责愈谨，多为好辞以自解，而姑息重荣不能诘。乃遣供奉官张澄以兵二千搜索并、镇、忻、代山谷中吐浑，悉驱出塞。吐浑去而复来，重荣卒纳之。因招集亡命，课民种稗，食马万匹，所为益骄。因怒杀指挥使贾章，诬之以反。章女尚幼，欲舍之，女曰："吾家三十口皆死于兵,存者特吾与父尔。今父死,吾何忍独生,愿就死。"遂杀之。镇人于是高贾女之烈,而知重荣之必败也。

重荣既僭侈,以为金鱼袋不足贵,刻玉为鱼佩之。娶二妻,高祖因之并加封爵。

天福六年夏,契丹使者拽剌过镇,重荣侵辱之。拽剌言不逊,重荣怒执拽剌,以轻骑掠幽州南境之民,处之博野。上表曰:"臣昨据熟吐浑白承福、赫连功德等领本族三万余帐自应州来奔,又据生吐浑、浑、契苾、两突厥三部南北将沙陀、安庆、九府等各领其族、牛羊、车帐、甲马七八路来奔,具言:契丹残害,掠取生口羊马,自今年二月已后,号令诸蕃,点阅强壮,办具军装,期以上秋南向。诸蕃部诚恐上天不祐,败灭家族,愿先自归。其诸部胜兵众可十万。又据沿河党项、山前后逸越利诸族首领皆遣人送契丹所授告身、敕牒、旗帜来归款,皆号泣告劳,愿治兵甲以报怨。又据朔州节度副使赵崇杀节度使刘山,以城来归。窃以诸蕃不招呼而自至,朔州不攻伐而自归,虽系人情,尽由天意。又念陷蕃诸将等,本自勋劳,久居富贵,没身虏塞,酷虐不胜,企足朝廷,思归可谅,苟闻传檄,必尽倒戈。"其表数千言。又为书以遗朝廷大臣、四方藩镇。皆以契丹可取为言。高祖患之,为之幸邺,报重荣曰:"前世与虏和亲,皆所以为天下计。今吾以天下臣之,尔以一镇抗之,大小不等,无自辱焉。"重荣谓"晋无如我何。"反意乃决。重荣虽以契丹为言,反阴遣人与幽州节度使刘晞相结。契丹亦利晋多事,幸重荣之乱,期两敝之欲,因以窥中国,故不加怒于重荣。重荣将反也,其母又以为不可,重荣曰:"为母卜之。"指其堂下幡竿龙口,仰射之,曰:"吾有天下则中之。"一发而中,其母乃许。

饶阳令刘岩献水鸟五色,重荣曰:"此凤也。"畜之后潭。又使人为大铁鞭以献,诳其民曰:"鞭有神,指人,人辄死。"号铁鞭郎君。出则以为前驱。镇之城门抱关铁胡人,无故头自落。铁胡,重荣小字,虽甚恶之,然不悟也。

其冬,安从进反襄阳,重荣闻之乃亦举兵。是岁,镇州大旱、蝗。

重荣聚饥民数万，驱以向邺，声言入觐。行至宗城破家堤，高祖遣杜重威逆之。兵已交，其将赵彦之与重荣有隙，临阵卷旗以奔。晋军其铠甲鞍辔皆装以银，晋军不知其来降，争杀而分之。重荣闻彦之降晋，大惧退入于辎重中。其兵二万皆溃去。是冬，大寒。溃兵饥冻及见杀无孑遗。重荣独与十余骑奔还，以牛马革为甲，驱州人守城以待。重威兵城下，重荣裨将自城西水碾门引官军以入，杀守城二万余人。重荣以吐浑数百骑守牙城，重威使人擒之，斩首以献。高祖御楼受馘，命漆其首送于契丹，改成德军为顺德，镇州曰恒州，常山曰恒山云。

安从进，振武索葛部人也。祖、父皆事唐为骑将。从进初从庄宗于兵间，为护驾马军都指挥使，领贵州刺史。明宗时，为保义、彰武军节度使。未尝将兵征伐。

李彝超自立于夏州，从进尝一以兵往，卒亦无功。愍帝即位，徙领顺化，为侍卫马军都指挥使。潞王反凤翔，从进巡检京城，杀枢密使冯赟，送款于从珂，愍帝出奔。从珂将至京师，从进率百官班迎于郊。清泰中，徙镇山南东道。晋高祖即位，加同中书门下平章事。高祖取天下不顺，常以此惭，藩镇多务，过为姑息。而藩镇之臣，或不自安，或心慕高祖所为，谓举可成事，故在位七年，而反者六起。从进最后反，然皆不免也。

自范延光反邺，从进已畜异志，恃江为险，招集亡命，益置军兵。南方贡输道出襄阳者，多擅留之，邀遮商旅，皆黥以充军。与安重荣阴相结托，期为表里。高祖患之，谋徙从进，使人谓曰："东平王建立，来朝。愿还乡里。已徙上党。朕虚青州以待卿，卿诚乐行，朕即降制。"从进报曰："移青州在汉江南，臣即赴任。"高祖亦优容之。其子弘超为宫苑副使，居京师。从进报请赐告，归遂不遣。王令谦、潘知麟者，皆从进牙将也。常从从进最久，知其必败，切谏之。从进遣子弘超与令谦游南山。酒酣，令人推堕崖死。

天福六年，安重荣执杀契丹使者，反迹见，高祖为之幸邺。郑王重贵留守京师,宰相和凝曰:"陛下且北,从进必反,何以制之?"高祖曰:"卿意奈何?"凝曰:"臣闻兵法,先人者夺人。愿为空名宣敕十数通授郑王,有急则命将以往。"从进闻高祖北,遂杀知麟以反。郑王以空名敕授李建崇、郭金海等讨之。从进引兵攻邓州,不克。进至湖阳,遇建崇等大骇,以为神速,复野火所烧,遂大败。从进以数十骑奔还襄阳。高祖遣高行周围之逾年,粮尽,从进自焚死。执其子弘受,及其将佐四十三人,送京师。高祖御楼受俘,徇于市而斩之。降襄阳为防御,赠令谦忠州刺史,知麟顺州刺史。

杨光远,字德明,其父曰阿噔啜,盖沙陀部人也。光远初名阿檀,为唐庄宗骑将,从周德威战契丹于新州,折其一臂,遂废不用。久之,以为幽州马步军都指挥使,戍瓦桥关。光远为人,病秃折臂,不通文字,然有辨智,长于吏事。明宗时为妫、瀛、冀、易四州刺史,以治称。

初,唐兵破王都于中山,得契丹大将荠剌等十余人。已而契丹与中国通和,遣使者求荠剌等。明宗与大臣议,皆欲归之,独光远不可,曰:"荠剌皆北狄善战者,彼失之如去手足。且居此久,熟知中国事,归之岂吾利也。"明宗曰:"蕃人重盟誓,已与吾好,岂相负也?"光远曰:"臣恐后悔不及尔!"明宗嘉其说,卒不遣荠剌等。光远自易州刺史拜振武军节度使。清泰二年,徙镇中山,兼北面行营都虞候。御契丹于云、应之间。

晋高祖起太原,末帝以光远佐张敬达为太原四面招讨副使,为契丹所败,退守晋安寨。契丹围之数月,人马食尽,杀马而食。马尽,乃杀敬达出降。耶律德光见之,靳曰:"尔辈大是恶汉儿。"光远与诸将初不知其诮已,犹为谦言以对。德光曰:"不用盐酪,食一万匹战马,岂非恶汉儿邪!"光远等大惭伏,德光曰:"惧否?"皆曰:"甚惧。"曰:"何惧?"曰:"惧皇帝将入蕃。"德光曰:"吾国无土地官爵以居汝,汝等勉事晋。"晋高祖以光远为宣武军节度使、侍卫马步军都指挥使。光远进见,佯为悒悒之色,常如有所恨者,高祖疑其有所不足,使人问之,对曰:“臣于富贵无不足也,惟不及张生铁死得其所,此常为愧尔。”由是高祖以为忠,颇亲信之。

范延光反,以为魏府都招讨使,久之不能下。高祖卒用佗计降延光。而光远自以握重兵在外,谓高祖畏己,始为恣横。高祖每优容之。为选其子承祚尚长安公主,其次子承信等皆超拜官爵,恩宠无比。枢密使桑维翰恶之,数以为言。光远自魏来朝,屡指维翰擅权难制,高祖不得已,罢出维翰于相州,亦徙光远西京留守,兼镇河阳,夺其兵职。光远始大怨望,阴以宝货奉契丹,诉己为晋疏斥。所养部曲千人,挠法犯禁河、洛之间,甚于寇盗。天福五年,徙镇平卢,封东平王。光远请其子以行,乃拜承祚单州刺史,承勋莱州防御使。父子俱东,车骑连属数十里。出帝即位,拜太师,封寿王。是时,晋马少,括天下马以佐军。景延广请取光远前所借官马三百匹,光远怒曰:“此马先帝赐我,安得复取?是疑我反也!”遂谋为乱。而承祚自单州逃归,出帝即以承祚为淄州刺史,遣使者赐以玉带、御马以慰安之。

光远益骄,乃反召契丹入寇,陷贝州。博州刺史周儒亦叛降契丹。是时,出帝与耶律德光相距澶、魏之间,郓州观察判官窦仪计事军中,谋曰:“今不以重兵大将守博州渡,使儒得引契丹东过河与光远合,则河南危矣!”出帝乃遣李守贞、皇甫遇以兵万人沿河而下,儒果引契丹自马家渡济河,方筑垒,守贞等急击之,契丹大败,遂与光远隔绝。德光闻河上兵大败,与晋决战戚城,亦败。

契丹已北,出帝复遣守贞、符彦卿东讨,光远婴城固守,自夏至冬,城中人相食几尽。光远北望契丹,稽首以呼德光曰:“皇帝误光远邪!”其子承勋等劝光远出降,光远曰:“我在代北时,尝以纸钱祭天池,投之辄没。人言我当作天子,宜且待时,毋轻议也。”承勋知不可。乃杀节度判官丘涛、亲将杜延寿、杨瞻、白延祚等劫光远幽之。遣人奉表待罪。承信、承祚皆诣阙自归,而光远亦上章请死。出帝以其二子为侍卫将军,赐光远诏书,许以不死,群臣皆以为不可。乃敕李守贞便宜处置。守贞遣客省副使何祚杀之于其家。延祚至其第,光远方阅马于厩,延祚使一都将入谓之曰:"天使在门,欲归报天子,未有以藉手。"光远曰:"何谓也?"曰:"愿得大王头尔。"光远骂曰:"我有何罪?昔我以晋安寨降契丹,使尔家世世为天子,我亦望以富贵终身,而反负心若此!"遂见杀,以病卒闻。

承勋事晋为郑州防御使。德光灭晋,使人召承勋至京师,责其劫父,脔而食之。乃以承信为平卢节度使。汉高祖赠光远尚书令,封齐王,命中书舍人张正撰光远碑铭文赐承信,使刻石于青州。碑石既立,天大雷电,击折之。

阿噔啜,初非姓氏,其后改名瑊而姓杨氏。光远初名檀。清泰二年,有司言明宗庙讳犯偏傍者,皆易之,乃赐名光远云。光远既病秃,而妻又跛其足也,人为之语曰:"自古岂有秃疮天子、跛脚皇后邪?"相传以为笑。然而,召夷狄为天下首祸,卒灭晋氏,疮痍中国者三十余年,皆光远为之也。

新五代史卷五二
杂传第四〇

杜重威　李守贞　张彦泽

　　杜重威，朔州人也。其妻石氏，晋高祖之女弟。高祖即帝位，封石氏为公主，拜重威舒州刺史，以典禁兵。从侯益攻破张从宾于汜水，以功拜潞州节度使。范延光反于邺，重威从高祖攻降延光，徙领忠武加同平章事。又徙领天平，迁侍卫亲军都指挥使。

　　安重荣反，重威逆战于宗城，重荣为偃月阵，重威击之不动。重威欲少却以伺之，偏将王重胤曰："两兵方交，退者先败。"乃分兵为三，重威先以左右队击其两翼，战酣，重胤以精兵击其中军。重荣将赵彦之来奔，重荣遂大败，走还镇州，闭壁不敢出。重威攻破之，以功拜重威成德军节度使。

　　重威出于武卒，无行而不知将略。破镇州，悉取府库之积，及重荣之资，皆没之家，高祖知而不问。及出帝与契丹绝好，契丹连岁入寇，重威闭城自守，属州城邑多所屠戮。胡骑驱其人民千万，过其城下，重威登城望之，未尝出救。开运元年，加重威北面行营招讨使，明年引兵攻泰州，破满城、遂城。契丹已去至古北，还兵击之，重威等南走至阳城，为虏所困。赖符彦卿、张彦泽等，因大风奋击，契丹大溃，诸将欲追之，重威为俚语曰："逢贼得命，更望复子乎？"乃收马驰归。

　　重威居镇州，重敛其民，户口凋敝。又惧契丹之至，乃连表乞还京师。未报，亟上道，朝廷莫能止，即拜重威为邺都留守。而镇州所留私粟十余万斛，殿中监王钦祚和市军储，乃录以闻，给绢数万匹以偿之，重威大怒曰："吾非反者，安得籍没邪？"三年秋，契丹高牟翰诈以瀛州降，复以重威为北面行营招讨使。是秋天下大水，霖雨六十余日，饥殍盈路，居民拆木以供爨，剉藁席以秣马牛。重威兵行泥潦中，调发供馈，远近愁苦。重威至瀛州，牟翰已弃城去，重威退屯武强。契丹寇镇定。重威西趋中渡桥，与虏夹滹沱河而军。偏将宋彦筠、王清渡水力战，而重威按军不动，彦筠遂败，清战死。转运使李谷教重威以三脚木为桥，募敢死士过河击贼，诸将皆以为然，独重威不许。契丹遣骑兵夜并西山击栾城，断重威军后。是时，重威已有异志，而粮道隔绝，乃阴遣人诣契丹请降。契丹大悦，许以中国与重威为帝，重威信以为然。乃伏甲士，召诸将告以降虏，诸将愕然，以上将先降，乃皆听命。重威出降，表使诸将书名，乃令军士阵于栅外，军士犹喜跃以为决战。重威告以粮尽出降，军士解甲大哭，声震原野。契丹赐重威赭袍，使衣以示诸军，拜重威太傅。契丹犯京师，重威以晋兵屯陈桥，士卒冻饿，不胜其苦。重威出入道中，市人随而诟之，重威俯首不敢仰顾。契丹据京师，率城中钱帛以赏军，将相皆不免。重威当率万缗，乃诉于契丹，曰："臣以晋军十万先降，乃独不免率乎？"契丹笑而免之，遣还邺都。明年，契丹北归，重威与其妻石氏诣虏帐中为别。

汉高祖定京师，拜重威太尉，归德军节度使。重威惧不受命，遣高行周攻之，不克。高祖乃自将攻之，遣给事中陈同以诏书召之，重威不听命，而汉兵数败，围之百余日。初，契丹留燕兵千五百人在京师，高祖自太原入告者，言其将反，高祖悉诛于繁台。其亡者奔于邺。燕将张琏先以兵二千在邺闻，燕兵见杀，乃劝重威固守。高祖已杀燕兵，悔之，数遣人招琏等，琏登城呼曰："繁台之诛，燕兵何罪？既无生理，请以死守。"

重威食尽，屑曲而食，民多逾城出降，皆无人色。重威乃遣判官王敏及其妻相次请降，高祖许之。重威素服出见高祖，高祖赦重威，拜检校太师、守太傅、兼中书令。悉诛琏及重威将史，而录其私帑，以重威归京师。高祖病甚,顾大臣曰:"善防重威!"高祖崩,秘不发丧,大臣乃共诛之,及其子弘璋、弘璨、弘璲尸于市,市人蹴而诟之,吏不能禁。支裂蹈践,斯须而尽。

李守贞,河阳人也。晋高祖镇河阳,以为客将。其后尝从高祖。高祖即位,拜客省使。监马全节军破李金全于安州,以功拜宣徽使。

出帝即位,杨光远反,召契丹入寇。守贞领义成军节度使为侍卫亲军都虞候,从出帝幸澶州。麻答以奇兵入郓州,渡马家口,栅于河东。守贞驰往破之。契丹兵多溺死,获马数百匹,裨将七十余人。徙领泰宁军节度使。以兵二万讨之。光远降,其故吏宋颜悉取光远宝货、名姬、善马献之守贞,守贞德之,阴置颜麾下。是时,凡出师破贼,必有德音,赦其余类。而光远党与十余人皆亡命,捕之甚急。枢密使桑维翰缓其制书,久而不下,言事者告颜匿守贞所,诏取颜杀之。守贞大怒,乃与维翰有隙。贼平行赏,守贞悉以黦茶染木给之,军中大怒,以帛裹之为人首,枭于木间,曰:"守贞首也。"守贞以功拜同平章事,赐以光远旧第,守贞取旁官民舍大治之,为京师之甲。出帝临幸,燕锡恩礼,出于诸将。

契丹入寇,出帝再幸澶州,杜重威为北面招讨使,守贞为都监,晋兵素骄,而守贞、重威为将皆无节制,行营所至,居民豢圈一空。至于草木皆尽。其始发军也,有赐赍曰挂甲钱,及班师又加赏劳曰卸甲钱。出入之费,常不下三十万。由此,晋之公私重困。守贞与重威等攻下秦州,破满城,杀二千余人。还为侍卫亲军都指挥使,领天平军节度使,又领归德。是时,出帝遣人以书招赵延寿,使归国,延寿诈言思归,愿得晋兵为应。而契丹高牟翰亦诈以瀛州降。出帝以为然。命杜重威等将兵应之。初,晋大臣皆言重威不忠,有怨望之心,不可用,乃用守贞。是时,重威镇魏州,守贞尝将兵往来过魏,重威待之甚厚,多以戈甲金帛奉之。出帝尝谓守贞曰:"卿常以家财散士卒,可谓忠于国者乎!"守贞谢曰:"皆重威与臣者。"因请与重威俱北。于是卒以重威为招讨使,守贞为都监,屯于武强。

　　契丹寇镇、定，守贞等军于中渡，遂与重威降于契丹。契丹以守贞为司徒。契丹犯京师，拜守贞天平军节度使。

　　汉高祖入京师，守贞来朝，拜太保、河中节度使。高祖崩，杜重威死，守贞惧，不自安，以谓汉室新造，隐帝初立，天下易以图，而门下僧总伦以方术阴干守贞，为言有非常之相，守贞乃决计反。而赵思绾先以京兆反，遣人以赭黄衣遗守贞，守贞大喜，以为天人皆应，乃发兵西据潼关，招诱草寇，所在窃发。汉遣白文珂、常思等出军击之。已而，王景崇又以凤翔反。景崇与思绾遣人推守贞为秦王，守贞拜景崇等官爵，又遣人间以蜡丸书遗吴、蜀、契丹，使出兵以牵汉。文珂等，攻景崇、思绾等久无功，隐帝乃遣枢密使郭威禁兵将文珂等督攻之。诸将皆请先击思绾、景崇，威计未知所向，行至华州，节度使扈彦珂谓威曰：“三叛连衡，以守贞为主。守贞先败，则思绾、景崇可传声而破矣。若舍近图远，使守贞出兵于后，思绾、景崇拒战于前，则汉兵屈矣。”威以为然，遂先击守贞。是时，冯道罢相，居河阳。威初出兵，过道家问策，道曰：“君知博乎？”威少无赖，好蒲博，以为道讥之，艴然而怒。道曰：“凡博者，钱多则多胜，钱少则多败。非其不善博，所以败者，势也。今合诸将之兵以攻一城，较其多少胜败可知。”威大悟，谋以迟久困之。乃与诸将分为三栅，栅其城三面，而阙其南，发五县丁夫筑长城，以连三栅。守贞出其兵坏长城，威辄补其所坏。守贞辄出争之，守贞兵常失十三四。如此逾年，守贞城中兵无几，而食又尽，杀人而食，威曰：“可矣。”乃为期日，督兵四面攻而破之。初，守贞召总伦问以济否，总伦曰：“王当自有天下，然分野方灾，俟杀人垂尽，则王事济矣。”守贞以为然。尝会将吏大饮，守贞指画虎图曰：“吾有天命者，中其掌。”引弓一发中之，将吏皆拜贺。守贞益以自负。城破，守贞与妻子自焚。汉军入城，于烟烬中斩其首，传送京师，枭于南市。其余党皆磔之。

　　张彦泽，其先突厥部人也。后徙居阴山，又徙太原。彦泽为人骁悍残忍，目睛黄，而夜有光，顾视如猛兽。以善射为骑将。数从庄宗、明宗战伐。与晋高祖连姻。高祖时,已为护圣右厢都指挥使、曹州刺史。与讨范延光,拜镇国军节度使。岁中,徙镇彰义。

为政暴虐,常怒其子,数笞辱之。子逃至齐州,州捕送京师,高祖以归彦泽。彦泽上章请杀之。其掌书记张式不肯为作章,屡谏止之。彦泽怒,引弓射式,式走而免。

式素为彦泽所厚,多任以事,左右小人皆素嫉之,因共谗式,且迫之曰:"不速去,当及祸。"式乃出奔,彦泽遣指挥使李兴以二十骑追之,戒曰:"式不肯来,当取其头以来!"式至衍州,刺史以兵援之。邠州节度使李周留式,驰骑以闻,诏流式商州。彦泽遣司马郑元昭诣阙论请,期必得式,且曰:"彦泽若不得张式,患在不测。"高祖不得已,与之。彦泽得式,剖心、决口、断手足而斩之。高祖遣王周代彦泽以为右武卫大将军。周奏彦泽所为不法者二十六条,并述泾人残敝之状。式父铎诣阙诉冤。谏议大夫郑受益、曹国珍,尚书刑部郎中李涛、张麟、员外郎麻涛、王禧伏阁上疏,论彦泽杀式之冤,皆不省。涛见高祖切谏,高祖曰:"彦泽功臣。吾尝许其不死。"涛厉声曰:"彦泽罪若可容,延光铁券何在?"高祖怒,起去,涛随之谏不已,高祖不得已,召式父铎、弟守贞、子希范等,皆拜以官,为蠲泾州民税,免其杂役一年,下诏罪己。然彦泽止削阶降爵而已。于是,国珍等复与御史中丞王易简率三院御史,诣阁门,连疏论之,不报。

出帝时,彦泽为左龙武军大将军,迁右武卫上将军,又迁右神武统军。自契丹与晋战河北,彦泽在兵间数立战功,拜彰国军节度使。与契丹战阳城,为契丹所围,而军中无水,凿井辄坏。又天大风。契丹顺风扬尘,奋击甚锐,军中大惧。彦泽以问诸将,诸将皆曰:"今虏乘上风而吾居其下,宜待风回乃可战。"彦泽以为然。诸将皆去,偏将药元福独留谓彦泽曰:"今军中饥渴已甚,若待风回,吾属为虏矣!且逆风而战,敌人谓我必不能,所谓出其不意。"彦泽即拔拒马,力战契丹。奔北二十余里,追至卫村,又大败之,契丹遁去。

开运三年秋,杜重威为都招讨使,李守贞兵马都监,彦泽马军都排阵使。彦泽往来镇、定之间,败契丹于泰州,斩首二千级。重威、守贞攻瀛州不克，退及武强，闻契丹空国入寇，惶惑不知所之，而彦泽适至，言虏可破之状，乃与重威等西趋镇州，彦泽为先锋。至中渡桥，已为虏所据，彦泽犹力战争桥，烧其半，虏小败却，乃夹河而寨。十二月丙寅，重威、守贞叛降契丹，彦泽亦降。耶律德光犯阙，遣彦泽与傅住儿以二千骑先入京师，彦泽倍道疾驱至河，衔枚夜渡。壬申夜五鼓，自封丘门斩关而入。有顷，宫中火发。出帝以剑拥后宫十余人将赴火，为小吏薛超所持。彦泽自宽仁门传德光与皇太后书，入乃灭火。大内都点检康福全宿卫宽仁门，登楼觇贼，彦泽呼而下之，诸门皆启。彦泽顿兵明德楼前，遣傅住儿入传戎王宣语，帝脱黄袍素服再拜受命。使人召彦泽，彦泽谢曰："臣无面目见陛下。"复使召之，彦泽笑而不答。

明日，迁帝于开封府。帝与太后、皇后肩舆，宫嫔、宦者十余人皆步从。彦津遣控鹤指挥使，李筠以兵监守，内外不通，帝与太后所上德光表章，皆先示彦泽乃敢遣。帝取内库帛数段，主者曰："此非帝有也。"不与。又使求酒于李嵩，嵩曰："臣家有酒非敢惜，虑陛下忧躁，饮之有不测之虞，所以不敢进。"帝姑乌氏公主私赂守门者，得入与帝诀，归第自经死。德光渡河，帝欲郊迎，彦泽不听，遣白德光，德光报曰："天无二日，岂有两天子相见于道路邪！"乃止。

初，彦泽至京师，李涛谓人曰："吾祸至矣！与其逃于沟窦而不免，不若往见之。"涛见彦泽，为俚语，以自投死。彦泽笑而厚待之。彦泽自以有功于契丹，昼夜酣饮自娱，出入骑从常数百人，犹题其旗帜曰"赤心为主"。迫迁出帝，遂辇内库，输之私第。因纵军士大掠京师。军士逻获罪人，彦泽醉不能问，嗔目视之，出三手指，军士即驱出断其腰领。皇子延煦母，楚国夫人丁氏，有色。彦泽使人求于皇太后，太后迟疑未与，即劫取之。彦泽与阁门使高勋有隙，乘醉入其家，杀数人而去。耶律德光至京师，闻彦泽劫掠，怒锁之。高勋亦自诉于德光，德光以其状示百官及都人，问："彦泽当诛否？"百官皆请不赦，而都人争投状疏其恶，乃命高勋监杀之。彦泽前所杀士大夫子孙，皆缠绖杖哭，随而诟詈，以杖扑之，彦泽俯首无一言。行至北市,断腕出锁,然后用刑。勋剖其心祭死者,市人争破其脑,取其髓,脔其肉而食之。

　　呜呼,晋之事丑矣,而恶亦极也。其祸乱覆亡之不暇,盖必然之理尔。使重威等虽不叛以降虏,亦未必不亡。然开虏之隙,自一景延广,而卒成晋祸者,此三人也。视重威、彦泽之死,而晋人所以甘心者,可以知其愤疾怨怒于斯人者,非一日也。至于争已戮之尸,脔其肉,剔其髓而食之,扯裂蹈践,斯须而尽,何其甚哉!此自古未有也。然当是时,举晋之兵皆在北面,国之存亡,系此三人之胜败,则其任可谓重矣。盖天下恶之如彼,晋方任之如此,而终以不悟,岂非所谓临乱之君,各贤其臣者欤?

新五代史卷五三
杂传第四一

王景崇　赵思绾　慕容彦超

　　王景崇,邢州人也。为人明敏巧辩,善事人。唐明宗镇邢州,以为牙将。其后尝从明宗,隶麾下。明宗即位,拜通事舍人。历引进阁门使。驰诏方镇、监军征伐,必用景崇。后事晋,累拜左金吾卫大将军,尝怏怏人主不能用其材。晋亡,萧翰据京师,景崇厚赂其将高牟翰以求用己。而翰北归,许王从益居京师,用景崇为宣徽使、监左藏库。汉高祖起太原,景崇取库金奔迎高祖。高祖至京师,拜景崇右卫大将军。未之奇也。高祖攻邺,景崇不得从,乃求留守起居,表诣行在,一本作官。见高祖,愿留军中效用。为高祖画攻战之策,甚有辩。高祖乃奇其材。是时,汉方新造,凤翔侯益、永兴赵赞皆尝受命契丹,高祖立,益等内顾自疑,乃阴召蜀人为助,高祖患之。及已破邺,益等惧,皆清入朝。会回鹘入贡,言为党项所隔,不得通。愿得汉兵为援。高祖遣景崇以兵迎回鹘。景崇将行,高祖已疾,召入卧内,戒之曰:“益等已来,善矣。若犹迟疑。则以便宜图之。”景崇行至陕,赵赞已东入朝,而蜀兵方寇南山,景崇击破蜀兵,追至大散关而还。高祖乃诏景崇兼凤翔巡检使。

　　景崇至凤翔,侯益未有行意,而高祖崩,或劝景崇可速诛益,景崇念独受命先帝而少主莫知,犹豫未决。益从事程渥,与景崇同乡里,有旧,往说景崇曰:“吾与子为故人,吾位不过宾佐,而子已贵矣,奈何欲以阴狡害人而取之乎?侯公父子爪牙数百,子毋妄发,祸行及矣!非吾,淮为子言之。"于是景崇颇不欲杀益,益乃亡去,景崇大悔,失不杀之。

益至京师,隐帝新立,史弘肇、杨邠等用事。益乃厚赂邠等,阴以事中景崇。已而,益拜开封尹。景崇心不自安,讽凤翔将吏求己领府事,朝廷患之,拜景崇邠州留后,以赵晖为凤翔节度使。景崇乃叛,尽杀侯益家属,与赵思绾共推李守贞为秦王。隐帝即以赵晖讨之,景崇西招蜀人为助。蜀兵至宝鸡,为晖将药元福、李彦从所败。晖攻凤翔。堑而围之,数以精兵挑战,景崇不出。晖乃令千人潜之城南一舍,伪为蜀兵旗帜,循南山而下,声言蜀救兵至矣。须臾尘起,景崇以为然,乃令数千人溃围而出以为应。晖设伏以待之,景崇兵大败,由是不敢复出。

明年,守贞、思绾相次皆败,景崇客周璨谓景崇曰:"公能守此者,以有河中、京兆也。今皆败矣,何所恃乎?不如降也。"景崇曰:"诚累君等。然事急矣,吾欲为万有一得之计,可乎?吾闻赵晖精兵皆在城北,今使公孙辇等烧城东门伪降,吾以牙兵击其城北兵,脱使不成而死,犹胜于束手也。"璨等皆然之。迟明,辇烧东门将降,而府中火起,景崇自焚矣。辇乃降晖。

赵思绾,魏州人也。为河中节度使赵赞牙将。汉高祖即位,徙赞镇永兴,赞入朝京师,留思绾兵数百人于永兴。高祖遣王景崇至永兴,与齐藏珍以兵迎回鹘,阴以西事属之。景崇至永兴,赞虽入朝,而其所召蜀兵已据子午谷。景崇用思绾兵击走之。遂与思绾俱西。然以非己兵,惧思绾等有二心,意欲黥其面以自随,而难言之,乃稍微风其旨,思绾厉声请先黥以率众。齐藏珍恶之,窃劝景崇杀思绾,景崇不听,与俱西。

高祖遣使者召思绾等,是时,侯益来朝。思绾以兵从益东归。思绾谓其下常彦卿曰:"赵公已入人手,吾属至并死矣。奈何?"彦卿曰:"事至而变,勿预言也。"益行至永兴,永兴副使安友规出迎。益饮于郊亭,思绾前曰:"兵馆城东,然将士家属皆居城中,愿纵兵入城,挈其家属。"益信之,以为然。思绾与部下入城,有州校坐于城门,思绾欧之,夺其佩刀斩之,并斩门者十余人,遂闭门劫库,兵以叛。高祖遣郭从义、王峻讨之。经年莫能下,而王景崇亦叛,与思绾俱送款于李守贞,守贞以思绾为晋昌军节度使。隐帝遣郭威西督诸将兵,先围守贞于河中,居数月,思绾城中食尽,杀人而食。每犒宴,杀人数百,庖宰一如羊豕。思绾取其胆以酒吞之,语其下曰:"食瞻至千,则勇无敌矣!"思绾计穷,募人为地道,将走蜀。其判官陈让能谓思绾曰:"公比于国无嫌,但惧死而为此尔。今国家用兵三方,劳敝不已,诚能翻然效顺,率先自归,以功补过,庶几有生。若坐守穷城,待死而已。"思绾然之。乃遣教练使刘珪诣从义乞降,而遣其将刘筠奉表。朝廷拜思绾镇国军留后,趣使就镇,思绾迟留不行。蜀阴遣人招思绾,思绾将奔蜀,而从义亦疑之,乃遣人白郭威,威命从义图之。从义因入城召思绾,趣之上道,至则擒之。思绾问曰:"何以用刑?"告者曰:"立钉也。"思绾厉声曰:"为吾告郭公,吾死未足塞责,然钉砾之丑,壮夫所耻,幸少假。"从义许之,父子俱斩于市。

慕容彦超,吐谷浑部人。汉高祖同产弟也。尝冒姓阎氏。彦超黑色胡髯,号阎昆仑。少事唐明宗为军校,累迁刺史。唐、晋之间,历磁、单、濮、棣四州。坐濮州造曲受赇,法当死。汉高祖自太原上章论救,得减死流于房州。

契丹灭晋,汉高祖起太原,彦超自流所逃归汉,拜镇宁军节度使。杜重威反于魏,高祖以天平军节度使高行周为都部署以讨之,以彦超为副。彦超与行周谋议多不协,行周用兵持重,兵至城下,久之不进。彦超欲速进战,而行周不许。行周有女嫁重威子,彦超扬言行周以女故惜贼,城而不攻。行周大怒。高祖闻二人不相得,惧有佗变,由是遽亲征。彦超数以事凌辱行周,行周不能忍,见宰相涕泣,以屎塞口以自诉。高祖知曲在彦超,遣人慰劳行周,召彦超责之。

城下已久，重威守益坚，诸将皆知未可图，方伺其隙。而彦超独言可速攻，高祖以为然，因自督士卒急攻，死伤者万余人，由是不敢复言攻。后重威出降，高祖以行周为天雄军节度使，行周辞不敢受，高祖遣苏逢吉谕之曰："吾当为尔徙彦超。"行周乃受，而彦超徙镇泰宁。

隐帝已杀史弘肇等，又遣人之魏杀周太祖及王峻等，惧事不果，召诸将入卫京师。使者至兖，彦超方食，释匕箸而就道。周兵犯京师，开封尹侯益谓隐帝曰："北兵之来，其家属皆在京师，宜闭门以挫其锐。遣其妻子登陴以招北兵，可使解甲。"彦超谓益曰："益老矣！此懦夫之计也。"隐帝乃遣彦超副益将兵于北郊。周兵至，益夜叛降于周，彦超力战于七里，隐帝出劳军，太后使人告彦超善卫帝，彦超大言报曰："北兵何能！为当于阵上喝坐使归营。"又谓隐帝曰："官家宫中无事，明日可出观臣战。"明日，隐帝复出劳军，彦超战败奔兖州，隐帝遇弑于北郊。

周太祖入立，彦超不自安，数有所献，太祖报以玉带，又赐诏书安慰之。呼彦超为弟而不名，又遣翰林学士鲁崇谅往慰谕之，彦超心益疑惧。已而，刘旻自立于太原，出兵攻晋、绛，太祖遣王峻用兵西方，彦超乘间亦谋反，遣押衙郑麟至京师求入朝。太祖知其诈，手诏许之。彦超复称管内多盗而止，又为高行周所与书以进，其辞皆指斥周过失，若欲共反者。太祖验其印文伪，以书示行周。彦超又遣人南结李昪，昪为出兵攻沐阳，为周兵所败。而刘旻攻晋绛不克，解去。太祖乃遣侍卫步军指挥使曹英、客省使向训讨之，彦超闭城自守。初，彦超之反也，判官崔周度谏曰："鲁，诗书之国也。自伯禽以来，未有能霸者。然以礼义守之而长世者多矣。今公英武，一代之豪杰也，若量力相时而动，可以保富贵终身。李河中、安襄阳、镇阳杜令公，近岁之龟鉴也。"彦超大怒，未有以害之。已而见围，因大括城中民资以犒军。前陕州司马阎弘鲁惧其鞭扑，乃悉家资以献。彦超以为未尽，又欲并罪周度，乃令周度监括弘鲁家。周度谓弘鲁曰："公命之死生，系财之多少，愿无隐也。"弘鲁遣家僮与周度刱掘搜索无所得。彦超又遣郑麟持刃迫之。弘鲁惶恐，拜其妻妾，妻妾皆言无所隐。周度入白彦超，彦超不信，下弘鲁及周度于狱。弘鲁乳母于泥中得金缠臂，献彦超欲赎出弘鲁，彦超大怒，遣军校笞弘鲁夫妇肉烂而死，遂斩周度于市。

是岁，镇星犯角、亢，占曰："角、亢，郑分，兖州当焉。"彦超即率军府将吏步出西门三十里致祭，迎于开元寺，塑像以事之，日常一至。又使民家立黄幡以禳之。

彦超为人多智诈而好聚敛，在镇尝置库质钱，有奸民为伪银以质者，主吏久之乃觉。彦超阴教主吏夜穴库垣，尽徙其金帛于佗所，而以盗告。彦超即榜于市，使民自占所质以偿之，民皆争以所质物自言。已而，得质伪银者，置之深室，使教十余人日夜为之，皆铁为质而包以银，号铁胎银。其被围也，勉其城守者曰："吾有银数千铤，当悉以赐汝。"军士私相谓曰："此铁胎尔，复何用哉！"皆不为之用。

明年五月，太祖亲征，城破，彦超夫妻皆投井死。其子继勋率其徒五百人出奔，被擒，遂灭其族。兖州平。太祖诏赠阎弘鲁左骁卫大将军、崔周度秘书监。

新五代史卷五四
杂传第四二

冯道　李琎　李琪　郑珏
李愚　卢导　司空颋

　　传曰："礼义廉耻，国之四维；四维不张，国乃灭亡。"善乎！管生之能言也。礼义治人之大法。廉耻立，人之大节。盖不廉，则无所不取；不耻，则无所不为。人而如此，则祸乱败亡亦无所不至。况为大臣，而无所不取、不为，则天下其有不乱？国家其有不亡者乎？予读冯道《长乐老叙》，见其自述以为荣，其可谓无廉耻者矣。则天下国家可从而知也。予于五代得全节之士三，死事之臣十有五。而怪士之被服儒者，以学古自名；而享人之禄，任人之国者多矣。然使忠义之节，独出于武夫战卒，岂于儒者果无其人哉？岂非高节之士恶时之乱，薄其世而不肯出欤？抑君天下者不足顾，而莫能致之欤？孔子以谓"十室之邑，必有忠信"岂虚言也哉！

　　予尝得五代时小说一篇，载王凝妻李氏事。以一妇人犹能如此，则知世固尝有其人而不得见也。凝家青、齐之间，为虢州司户参军，以疾卒于官。凝家素贫，一子尚幼，李氏携其子，负其遗骸以归。东过开封，止旅舍，旅舍主人见其妇人独携一子而疑之，不许其宿。李氏顾天已暮，不肯去。主人牵其臂而出之，李氏仰天长恸曰："我为妇人，不能守节，而此手为人执邪？不可以一手并污吾身。"即引斧自断其臂。路人见者环聚而嗟之，或为弹指，或为之泣下。开封尹闻之，白其事于朝，官为赐药封疮，厚恤李氏，而笞其主人者。呜呼,士不自爱其身,而忍耻以偷生者,闻李氏之风,宜少知愧哉!

冯道,字可道,瀛州景城人也。事刘守光,为参军。守光败,去,事宦者张承业。承业监河东军,以为巡官。以其文学荐之晋王,为河东节度使掌书记。庄宗即位,拜户部侍郎,充翰林学士。

道为人能自刻苦为俭约。当晋与梁夹河而军,道居军中,为一茅庵,不设床席,卧一束刍而已。所得俸禄,与仆厮同器饮食,意恬如也。诸将有掠得人之美女者以遗道,道不能却,置之别室,访其主而还之。

其解学士居父丧于景城,遇岁饥,悉出所有,以周乡里。而退耕于野,躬自负薪。有荒其田不耕者、与力不能耕者,道夜往潜为之耕,其人后来愧谢,道殊不以为德。

服除复召为翰林学士,行至汴州,遇赵在礼乱,明宗自魏拥兵还犯京师。孔循劝道少留以待,道曰:“吾奉诏赴阙,岂可自留?”乃疾趋至京师。庄宗遇弑,明宗即位,雅知道所为,问安重诲曰:“先帝时冯道何在?”重诲曰:“为学士也。”明宗曰:“吾素知之,此真吾宰相也。”拜道端明殿学士,迁兵部侍郎。岁余拜中书侍郎同中书门下平章事。

天成、长兴之间,岁屡丰熟,中国无事,道尝戒明宗曰:“臣为河东掌书记时,奉使中山,过井、陉之险,惧马蹶失,不敢怠于衔辔。及至平地,谓无足虑,遽跌而伤。凡蹈危者,虑深而获全;居安者,患生于所忽。此人情之常也。”明宗问曰:天下虽丰,百姓济否?”道曰:“谷贵饿农,谷贱伤农。”因诵文士聂夷中《田家诗》,其言近而易晓。明宗顾左右,录其诗常以自诵。水运军将于临河县得一玉杯,有文曰:“传国宝万岁杯”,明宗甚爱之,以示道,道曰:“此前世有形之宝尔,王者,固有无形之宝也。”明宗问之,道曰:“仁义者,帝王之宝也。故曰:“大宝曰位,何以守位曰仁。”明宗武君,不晓其言,道已去,召侍臣讲说其义,嘉纳之。

道相明宗十余年,明宗崩,相愍帝。潞王反于凤翔,愍帝出奔卫州,道率百官迎潞王入,是为废帝,遂相之。废帝即位,愍帝犹在卫州,后三日愍帝始遇弑崩。已而,废帝出道为同州节度使,逾年拜司空。

晋灭唐,道又事晋。晋高祖拜道守司空同中书门下平章事,加司徒兼侍中,封鲁国公。高祖崩,道相出帝,加太尉、封燕国公。罢为匡国军节度使,徙镇威胜。

契丹灭晋,道又事契丹朝耶律德光于京师,德光责道事晋无状,道不能对。又问曰:"何以来朝?"对曰:"无城无兵,安敢不来?"德光诮之曰:"尔是何等老子?"对曰:"无才无德痴顽老子。"德光喜以道为太傅。德光北归,从至常山。汉高祖立,乃归汉,以太师奉朝请。

周灭汉,道又事周。周太祖拜道太师兼中书令。道少能矫行以取称于世,及为大臣尤务持重以镇物,事四姓十君,益以旧德自处。然当世之士,无贤愚皆仰道为元老,而喜为之称誉。耶律德光尝问道曰:"天下百姓如何救得?"道为俳语以对曰:"此时佛出救不得,惟皇帝救得。"人皆以谓契丹不夷灭中国之人者,赖道一言之善也。周兵反犯京师,隐帝已崩,太祖谓汉大臣必行推戴,及见道,道殊无意。太祖素拜道,因不得已拜之,并受之如平时,太祖意少沮,知汉未可代,遂阳立湘阴公赟为汉嗣,遣道迎赟于徐州。赟未至,太祖将兵北至澶州,拥兵而反,遂代汉。议者谓道能沮太祖之谋而缓之,终不以晋、汉之亡责道也。然道视丧君亡国亦未尝以屑意。当是时,天下大乱,戎夷交侵,生民之命急于倒悬。道方自号长乐老,著书数百言,陈已更事四姓及契丹,所得阶勋官爵以为荣,自谓:"孝于家,忠于国,为子、为弟、为人臣、为司长、为夫、为父,有子、有孙。时开一卷,时饮一杯。食味、别声、被色,老安于当代。老而自乐,何乐如之?"盖其自述如此。

道前事九君,末尝谏诤。世宗初即位,刘旻攻上党,世宗曰:"刘旻少我,谓我新立而国有大丧,必不能出兵以战。且善用兵者,出其不意,吾当自将击之。"道乃切谏,以为不可。世宗曰:"吾见唐太宗

平定天下，敌无大小，皆亲征。"道曰："陛下未可比唐太宗。"世宗
曰："刘旻乌合之众，若遇我师，如山压卵。"道曰："陛下作得山定
否？"世宗怒，起去。卒自将击刘旻，果败旻于高平。世宗取淮南，定
三关，威武之振自高平始。其击旻也，鄙道不以从行，以为太祖山陵
使。葬毕而道卒，年七十三，谥曰文懿，追封瀛王。道既卒，时人皆
共称叹，以谓与孔子同寿，其喜为之称誉盖如此。道有子吉。

　　李琪，字台秀，河西敦煌人也。

　　其兄珽，唐末举进士及第，为监察御史。丁内艰，贫无以葬，乞
食而后葬。珽饥卧庐中，闻者哀怜之。服除，还拜御史。荆南成汭
辟掌书记。吴兵围杜洪，梁太祖遣汭与马殷等救洪，汭以大舟载兵
数万，珽为汭谋曰："今一舟容甲士千人，糇粮倍之，缓急不可动。若
为敌人糜之，则武陵、武安必为公之后患，不若以劲兵屯巴陵，壁不
与战，吴兵粮尽，则围解矣。"汭不听，果败，溺死。赵匡凝镇襄阳，又
辟掌书记。太祖破匡凝，得珽喜曰："此真书记也。"太祖即位，除考
功员外郎知制诰。珽度太祖不欲先用故吏，固辞不拜，出知曹州。曹
州素剧难理，前刺史十余辈皆坐废。珽至，以治闻。迁兵部郎中、崇
政院直学士。许州冯行袭病，行袭有牙兵二千。皆故蔡卒，太祖惧
为变。行袭为人严酷，从事魏峻切谏，行袭怒，诬以赃下狱，欲诛之。
乃遣珽代行袭为留后。珽至许州，止传舍，慰其将史。行袭病甚，欲
使人代受诏，珽曰："东首加朝服，礼也。"乃即卧内见行袭，道太祖
语，行袭感泣解印以授珽，珽乃理峻冤，立出之，还报太祖。太祖喜
曰："珽果办吾事。"会岁饥，盗劫汴、宋间，曹州尤甚。太祖复遣珽治
之，珽至，索贼，得大校张彦珂、珽甥李郊等及牙兵百余人，悉诛之。
召拜左谏议大夫。太祖幸河北，至内黄，顾珽曰："何谓内黄？"珽曰：
"河南有外黄、下黄，故此名内黄。"太祖曰："外黄、下黄何在？"珽
曰："秦有外黄都尉，今在雍丘。下黄为北齐所废，今在陈留。"太祖
平生不爱儒者，闻珽语大喜。

　　友珪立，除右散骑常侍，侍讲袁象先讨贼，珽为乱兵所杀。

琪少举进士、博学宏辞,累迁殿中侍御史,与其兄珽皆以文章知名。唐亡事梁太祖为翰林学士。梁兵征伐四方,所下诏书,皆琪所为,下笔辄得太祖意。末帝时,为御史中丞、尚书左丞拜同中书门下平章事。与萧顷同为宰相。顷性畏慎周密,琪倜傥负气,不拘小节,二人多所异同。琪内结赵岩、张汉杰等为助,以故顷言多沮。顷尝掎摭其过。琪所私吏当得试官,琪改试为守,为顷所发,末帝大怒,欲窜逐之,而岩等救解,乃得罢为太子少保。

唐庄宗灭梁,得琪,欲以为相,而梁之旧臣多嫉忌之,乃以为太常卿,迁吏部尚书。同光三年秋,天下大水,京师乏食尤甚,庄宗以朱书御札诏百僚上封事。琪上书数千言,其说漫然无足取,而庄宗独称重之,遂以为国计使。方欲以为相,而庄宗崩。

明宗入洛阳,群臣劝进,有司具仪,用枢前即位故事。霍彦威、孔循等请改国号,绝土德。明宗武君,不晓其说,问:“何谓改号?”对曰:“庄宗受唐锡姓为宗属。继昭宗以立,而号国曰唐。今唐天命已绝,宜改号以自新。”明宗疑之,下其事群臣,群臣依违不决。琪议曰:“殿下宗室之贤,立功三世,今兴兵向阙,以赴难为名,而欲更易统号,使先帝便为路人,则茕然梓宫,何所依往?”明宗以为然,乃发丧成服,而后即位。以琪为御史中丞。

自唐末丧乱,朝廷之礼坏,天子未尝视朝,而入阁之制亦废。常参之官日至正衙者,传闻不坐即退,独大臣奏事,日一见便殿,而侍从内诸司,日再朝而已。明宗初即位,乃诏群臣五日一随宰相入见内殿,谓之起居。琪以谓非唐故事,请罢五日起居,而复朔望入阁。明宗曰:“五日起居,吾思所以数见群臣也,不可罢。而朔望入阁,可复。”然唐故事,天子日御殿见群臣,曰常参;朔望荐食诸陵寝,有思慕之心,不能临御前殿,则御便殿见群臣,曰入阁。宣政,前殿也,谓之衙。衙有仗。紫宸,便殿也,谓之阁。其不御前殿而御紫宸也,乃自正衙唤仗由阁门而入,百官俟朝于衙者,因随以入见,故谓之入阁。然衙,朝也,其礼尊;阁,宴见也,其事杀。自乾符已后,因乱礼阙,天子不能日见群臣而见朔望,故正衙常日废仗,而朔望入阁有仗,其后习见,遂以入阁为重。至出御前殿,犹谓之入阁,其后亦废,至是而复。然有司不能讲正其事。凡群臣五日一入见中兴殿,便殿也,此入阁之遗制,而谓之起居。朔望一出御文明殿,前殿也,反谓之入阁,琪皆不能正也。琪又建言:"入阁有待制、次对官论事,而内殿起居,一见而退,欲有言者,无由自陈,非所以数见群臣之意也。"明宗乃诏起居日有言事者,许出行自陈。又诏百官以次转对。

是时,枢密使安重海专权用事,重海前驺,过御史台门,殿直马延误冲之,重海即台门斩延而后奏。琪为中丞,畏重海不敢弹纠,又惧谏官论列,乃托宰相任圜先白重海,而后纠。然犹依违不敢正言其事。豆卢革等罢相,任圜议欲以琪为相,而孔循、郑珏沮之,乃止。迁尚书右仆射。琪以状申中书,言《开元礼》"仆射上事日,中书、门下率百官送上。中书下太常礼院,言无送上之文,而琪已落新授,复举上仪,皆不可。

明宗讨王都,已破定州,自汴还洛。琪当率百官至上东门,而请至偃师奉迎,其奏章言:"败契丹之凶党,破真定之逆城",坐误以定州为真定,罚俸一月。霍彦威卒,诏琪撰《神道碑》文。彦威,故梁将,而琪故梁相也。叙彦威在梁事不曰伪,为冯道所驳。琪为人重然诺,喜称人善,少以文章知名,亦以此自负。既贵,乃刻牙版为金字曰"前乡贡进士李琪",常置之坐侧。为人少持重,不知进退,故数为当时所沮。以太子少傅致仕,卒,年六十。

郑珏,唐宰相綮之诸孙也。其父徽,为河南尹、张全义判官。珏少依全义,居河南,举进士,数不中。全义以珏属有司,乃得及第。昭宗时,为监察御史。梁太祖即位,拜左补阙。梁诸大臣以全义故,数荐之,累拜中书舍人、翰林学士奉旨。末帝时,拜中书侍郎同中书门下平章事。

唐庄宗自郓州入汴,末帝闻唐兵且至,惶恐不知所为,与李振、敬翔等相持恸哭,因召珏问计安出,珏曰:"臣有一策,不知陛下能行否?"末帝问其策如何,珏曰:"愿得陛下以传国宝驰入唐军,以缓其行,而待救兵之至。"帝曰:"事急矣,宝固不足惜,顾卿之行,能了事否?"珏俯首徐思曰:"但恐不易了。"于是左右皆大笑。

庄宗入汴,珏率百官迎谒道左。贬莱州司户参军,量移曹州司马。张全义为言于郭崇韬,复召为太子宾客。明宗即位,欲用任圜为相,而安重海以圜新进,不欲独相之,以问枢密使孔循。循尝事梁,与珏善,因言珏故梁相,性谨慎而长者,乃拜珏平章事。

明宗幸汴州,六军家属自洛迁汴。而明宗又欲幸邺都,军士愁怨,大臣颇以为言。明宗不省,上下汹汹,转相动摇,独珏称赞以为当行,赵凤极言于安重海。重海惊惧,入见明宗切谏,乃诏罢其行,而珏又称赞之,以为宜罢。

珏在相位,既碌碌无所为,又病聋。孔循罢枢密使,珏不自安,亟以疾求去职。明宗数留之,珏章四上,乃拜左仆射致仕,赐郑州庄一区。卒,赠司空。

李愚,字子晦,渤海无棣人也。愚为人谨重寡言,好学,为古文。沧州节度使卢彦威以愚为安陵主簿。丁母忧解去。后游关中,刘季述幽昭宗于东内,愚以书说韩建,使图兴复,其言甚壮。建不能用,乃去之洛阳。举进士、宏词,为河南府参军。白马之祸,愚复去之山东,与李延光相善。延光以经术事梁末帝,为侍讲,数称荐愚,愚由此得召。久之,拜左拾遗、崇政院直学士。衡王友谅,末帝兄也。梁大臣李振等拜之,独愚长揖,末帝以责愚,曰:"衡王朕拜之,卿独揖,可乎?"愚曰:"陛下以家人礼见之则拜,宜也;臣于王无所私,岂宜妄有所屈?"坐言事忤旨,罢为邓州观察判官。

唐庄宗灭梁,愚朝京师,唐诸公卿素闻愚学古,重之,拜主客郎中、翰林学士。魏王继岌伐蜀,辟愚都统判官。蜀道阴险,议者以谓宜缓,师待变而进。招讨使郭崇韬以决于愚,愚曰:"王衍荒怠,乱国之政,其人厌之,乘其仓卒,击其无备,其利在速,不可缓也。"崇韬以为然。而所至迎降,遂以灭蜀。初,军行至宝鸡,招讨官陈乂称疾请留,愚厉声曰:"陈乂见利则进,知难则止。今大军涉险,人心易摇，正可斩之以徇。”由是军中无敢言留者。

明宗即位，累迁兵部侍郎承旨。明宗祀天南郊，愚为宰相冯道、赵凤草加恩制。道鄙其辞，罢为太常卿。任圜罢相，乃拜愚中书侍郎同平章事。愚为相，不治第宅，借延宾馆以居。愚有疾，明宗遣宦官视之，见其败毡敝席，四壁萧然，明宗嗟叹，命以供帐物赐之。

潞王反，犯京师，愍帝夜出奔。明日，愚与冯道至端门，闻帝已出，而朱弘昭、冯赟皆已死，愚欲至中书候太后进止，道曰：“潞王已处处张榜招安，今即至矣，何可俟太后旨也？”乃相与出迎。

废帝入立，罢道出镇同州。以刘昫为相。昫性褊急，而愚素刚介，动辄违戾。昫与冯道姻家，愚数以此诮昫，两人遂相諠诟，乃俱罢。愚守左仆射。是时，兵革方兴，天下多事，而愚为相，欲依古以创理，乃请颁《唐六典》示百司，使各举其职，州县贡士，作乡饮酒礼，时以其迂阔不用。愍帝即位，有意于治，数召学士问以时事，而以愚为迂，末尝有所问。废帝亦谓愚等无所事，常目宰相曰：“此粥饭僧尔！”以谓饱食终日，而无所用心也。清泰二年，以疾卒。

卢导，字熙化，范阳人也。唐末举进士，为监察御史。唐亡事梁，累迁左司郎中、侍御史，知杂事，以病免。唐明宗时，召拜右谏议大夫，迁中书舍人。

潞王从珂自凤翔以兵犯京师，愍帝出奔于卫州。宰相冯道、李愚集百官于天宫寺，将出迎潞王于郊。京师大恐，都人藏窜，百官久而不集，惟导与舍人张昭先至。冯道请导草笺劝进，导曰：“潞王入朝郊，迎可也，若劝进之事，岂可轻议哉！”道曰：“劝进其可已乎？”导曰：“今天子蒙尘于外，遽以大位劝人，若潞王守节不回，以忠义见责，其将何辞以对？且上与潞王皆太后子也，不如率百官诣宫门取太后进止。”语未终，有报曰：“潞王至矣。京城巡检使安从进催百官班迎，百官纷然而去。潞王止于正阳门外，道又促导草笺，导对如初。李愚曰：“吾辈罪人，卢舍人言是也。”导终不草笺。导后事晋为吏部侍郎，天福六年，卒，年七十六。

司空颋，贝州清阳人也。唐僖宗时，举进士，不中。后去为罗绍威掌书记。绍威卒，入梁为太府少卿。杨师厚镇天雄，颋解官往依之。师厚卒，贺德伦代之。张彦之乱，命判官王正言草奏诋斥梁君臣，正言素不能文辞，又为兵刃所迫，流汗浃背，不能下笔。彦怒，推正言下榻，诟曰："钝汉辱我！"顾书吏问谁可草奏者，吏即言："颋，罗王时书记。"乃驰骑召之。

颋为乱兵劫其衣，以敝服蔽形而至，见彦长揖，神气自若，挥笔成文，而言甚浅鄙，彦以其易晓甚喜，给以衣服、仆马，遂以为德伦判官。

德伦以魏博降晋，晋王兼领天雄，仍以颋为判官。梁、晋相距河上，常以颋权军府事，颋为郭崇韬所恶，崇韬数言其受赂。都虞候张裕多过失，颋屡以法绳之。颋有侄在梁，遣家奴召之。裕擒其家奴，以谓通书于梁。庄宗族杀之。

新五代史卷五五
杂传第四三

刘昫　卢文纪　马胤孙
姚顗　刘岳　马缟　卢损
崔居俭　崔棁　李译

　　刘昫,涿州归义人也。昫为人美风仪,与其兄暄、弟皞,皆以好学知名燕、蓟之间。后为定州王处直观察推官。处直为子都所囚,昫兄暄亦为怨家所杀,昫乃避之沧州。唐庄宗即位,拜昫太常博士,以为翰林学士。明宗时,累迁兵部侍郎居职。明宗素重昫,而爱其风韵,迁端明殿学士。长兴三年,拜中书侍郎兼刑部尚书同中书门下平章事,昫诣中兴殿门谢。是日,大祠,不坐。昫入谢端明殿。昫自端明殿学士拜相,当时以此为荣。废帝入立,迁吏部尚书、门下侍郎,监修国史。

　　初,废帝入问三司使王玫:"帑廪之数几何?"玫言其数百万。及责以赏军而无十一,废帝大怒,罢玫,命昫兼判三司。昫性察而嫉三司蠹敝尤甚,乃句计文簿,核其虚实,残租积负,悉蠲除之。往时吏幸积年之负盖而不发,因以把持州县求贿赂,及昫一切蠲除,民间欢然以为德,而三司吏皆沮怨。先是,冯道与昫为姻家而同为相,道罢,李愚代之。愚素恶道为人,凡事有稽失者,必指以诮昫曰:"此公亲家翁所为也。"昫性少容恕而愚,特刚介,遂相诋诉。相府史吏恶此两人刚直,因共扬言,其事闻,废帝并罢之。以昫为右仆射。是时,三司诸吏提印聚立月华门，闻宣麻罢昫相，皆欢呼相贺曰："自此我曹快活矣！"

昫在相位，不习典故。初，明宗崩，太常卿崔居俭以故事当为礼仪使，居俭辞以祖讳蠡。冯道改居俭秘书监，居俭怏怏失职。中书舍人李详为居俭诰词，有"闻名心惧"之语，昫辄易曰"有耻且格"。居俭诉曰："名讳有令式，予何罪也？"当时闻者，皆传以为笑。及为仆射，入朝遇雨，移班廊下。御史台吏引仆射立中丞御史下，昫诘吏以故事，自宰相至台省皆不能知。是时，冯道罢相为司空。自隋、唐以来，三公无职事，不特置。及道为司空，问有司班次，亦皆不能知。由是不入朝堂。俟台官两省入，而后入；宰牙出，则随而出。至昫为仆射，自以由宰相罢与道同，乃随道出入，有司不能弹正，而议者多窃笑之。

晋高祖时，张从宾反，杀皇子重义于洛阳。乃以昫为东都留守判盐铁。开运中，拜司空同中书门下平章事，复判三司。契丹犯京师，昫以目疾罢为太保，是岁卒，年六十。

卢文纪，字子持，其祖简求，为唐太原节度使。父嗣业，官至右补阙。文纪举进士，事梁为刑部侍郎、集贤殿学士。唐明宗时，为御史中丞。初上事，百官台参，吏白诸道进奏官贺，文纪问："当如何？"吏对曰："朝廷在长安时，进奏官见大夫、中丞如胥史。自唐衰，天子微弱，诸侯强盛，贡奉不至，朝廷姑息方镇，假借邸吏，大夫、中丞上事，进奏官至客次通名，劳以茶酒，而不相见。相传以为故事。"文纪曰："吾虽德薄，敢隳旧制。"因遣吏谕之。进奏官奋臂喧然欲去，不得已入见。文纪据床端笏，台吏通名，赞拜既出，恚怒不自胜。诉于枢密使安重诲，重诲曰："吾不知故事，可上诉于朝。"即相率诣阁门求见，以状诉。明宗问宰相赵凤："进奏吏比外何官？"凤曰："州县发递知后之流也。"明宗怒曰："乃吏卒尔，安得慢吾法官！"皆杖而遣之。文纪又请悉复中外官校考法，将相天子自书之，诏虽施行，而官卒不考。岁余，迁工部尚书。

文纪素与宰相崔协有隙，协除工部郎中于邺，文纪以邺与其父名同音，大怒。邺赴省参上，文纪不见之，因请连假。已而，邺奉使未行，文纪即出视事，邺因醉忿自经死。文纪坐贬石州司马。久之，为秘书监、太常卿，奉使于蜀。过凤翔时，废帝为凤翔节度使，文纪为人形貌魁伟、语音琅然，废帝奇之。后废帝入立，欲择宰相，问于左右，左右皆言："文纪及姚顗有人望。"废帝因悉书清望官姓内琉璃饼中，夜焚香咒天，以箸挟之，首得文纪，欣然相之，乃拜中书侍郎同中书门下平章事。是时，天下多事，废帝数以责文纪，文纪因请罢五日起居，复唐故事。开延英，冀得从容奏议天下事。废帝以谓五日起居，明宗所以见群臣也，不可罢，而便殿论事可以从容，何必延英。因诏宰相，有事不以时诣阁门请对。

晋高祖起太原，废帝北征过拜徽陵休仗舍，顾文纪曰："吾自凤翔识卿，不以常人为待。自卿为相，询于舆议，皆云可致太平。今日使吾至此，卿宜如何？"文纪皇恐，谢罪。废帝至河阳，文纪劝帝扼桥自守，不听。晋高祖入立，罢为吏部尚书。累迁太子太师致仕。周太祖入立，即拜司空于家。卒年七十六，赠司徒。

马胤孙，字庆先，棣州商河人也。为人懦暗，少好学，学韩愈为文章。举进士，为唐潞王从珂河中观察支使。从珂为杨彦温所逐，罢居于京师里第，胤孙从而不去。从珂为京兆尹，徙镇凤翔，胤孙常从之，以为观察判官。潞王将举兵反，与将吏韩昭胤等谋，议已定，召胤孙告之曰："受命移镇。路出京师，何向为便？"胤孙曰："君命召，不俟驾。今大王为国宗属，而先帝新弃天下，临丧赴镇，臣子之忠也。"左右皆笑其愚，然从珂心独重之。废帝入立，以为户部郎中、翰林学士。久之，拜中书侍郎同中书门下平章事。

胤孙不通世务，故事多壅塞。是时，冯道罢匡国军节度使，拜司空。司空，自唐已来，无特拜者，有司不知故事，朝廷议者纷然，或曰："司空，三公宰相职也，当参与大政。而宰相卢文纪独以谓司空之职，祭祀扫除而已。胤孙皆不能决。时，刘昫亦罢相为仆射，右散骑常侍孔昭序建言常侍班当在仆射前，胤孙责御史台检例，台言："故事无所见，据今南北班位，常侍在前。"胤孙即判台状施行。刘昫大怒，崔居俭扬言于朝曰："孔昭序解语，是朝廷无解语人也。且仆射师长百寮，中丞、大夫就班修敬，而常侍在南宫六卿之下，况仆射乎？昭序痴儿，岂识事体？"朝士闻居俭言，流议稍息。胤孙临事多不能决，当时号为三不开。谓其不开口以论议，不开印以行事，不开门以延士大夫也。

晋兵起太原，废帝幸河阳。是时势已危迫，胤孙自洛来朝行在，人皆冀其有所建言，胤孙献绫三百匹而已。晋高祖入立，罢归田里。胤孙既学韩愈为文，故多斥浮、屠氏之说。及罢归，乃反学佛，撰《法喜集》、《佛国记》行于世。时人诮之曰："佞清泰不彻，乃来佞佛。"清泰，废帝年号也。人有戏胤孙曰："公素慕韩愈为人，而常诵传奕之论，今反佞佛，是佛佞公邪，公佞佛邪？"胤孙答曰："岂知非佛佞我也？"时人传以为笑。

后以太子宾客分司居于洛阳。周广顺中卒。胤孙卒后，其家婢有为胤孙语者。初，崔协为明宗相，在位无所发明，既死，而有降语其家，胤孙又然。时人嘲之曰："生不能言，死而后语"云。

姚顗，字百真，京兆长安人也。少蠢，不修容止，时人莫之知。中条山处士司空图一见以为奇，以其女妻之。举进士，事梁为翰林学士、中书舍人。唐庄宗灭梁，贬复州司马。已而，以为左散骑常侍，兼吏部侍郎、尚书左丞。废帝欲择宰相，选当时清望官知名于世者，得卢文纪及顗，乃拜顗中书侍郎同中书门下平章事。

顗为人仁恕，不知钱陌铢两之数，御家无法。在相位龊龊无所为。唐制：吏部分为三铨，尚书一人，曰尚书铨，侍郎二人曰中铨、东铨。每岁集以孟冬三旬，而选尽季春之月。天成中，冯道为相，建言："天下未一，选人岁才数百，而吏部三铨分注，虽曰故事，其宾徒繁而无益。"始诏三铨合为一。而尚书侍郎共行选事。至顗与卢文纪为相，复奏分铨为三。而循资、长定旧格，岁久多舛，因增损之。选人多不便之，往往邀遮宰相，喧诉不逊，颐等无如之何。废帝为下诏书禁止。晋高祖立，罢颐为户部尚书。卒年七十五。卒之日，家无余资，尸不能敛，官为赗赠乃能敛，闻者哀怜之。

　　刘岳，字昭辅，洛阳人也。唐民部尚书政会之八代孙，崇龟、崇望其诸父也。岳名家子，好学敏于文辞，善谈论举进士，事梁为左拾遗、侍御史。末帝时，为翰林学士，累官至兵部侍郎。梁亡，贬筠州司马，复用为太子詹事。唐明宗时，为吏部侍郎。故事，吏部文武官告身皆输朱胶纸轴钱，然后给。其品高者，则赐之，贫者不能输钱，往往但得敕牒，而无告身。五代之乱，因以为常。卑者无复给告身，中书但录其制辞，编为敕甲。岳建言，以谓“制辞或任其材能，或褒其功行，或申以训诫，而受官者既不给告身，皆不知受命之所以然，非王言所以告诏也。请一切赐之”。由是，百官皆赐告身，自岳始也。

　　宰相冯道，世本田家，状貌质野，朝士多笑其陋。道旦入朝，兵部侍郎任赞与岳在其后，道行数反顾，赞问岳：“道反顾何为？”岳曰：“遗下《兔园册》尔。”《兔园册》者，乡校俚儒教田夫牧子之所诵也。故岳举以诮道。道闻之大怒，徙岳秘书监。其后李愚为相，迁岳太常卿。初，郑余庆尝采唐士庶吉凶书疏之式，杂以当时家人之礼，为《书仪》两卷。明宗见其有起复、冥昏之制，叹曰：“儒者所以隆孝悌而敦风俗，且无金革之事，起复可乎？婚，吉礼也，用于死者可乎？”乃诏岳选文学通知古今之士，共删定之。岳与太常博士段颙、田敏等增损其书，而其事出鄙俚，皆当时家人女子传习所见，往往转失其本，然犹时有礼之遗制，其后亡失，愈不可究其本末。其婚礼亲迎，有女坐婿鞍合髻之说。尤为不经。公卿之家，颇遵用之。至其久也，又益讹谬可笑，其类甚多。岳卒于官，年五十六，赠吏部尚书。子温叟。

　　呜呼，甚矣！人之好为礼也。在上者不以礼示之，使人不见其本，而传其习俗之失者，尚拳拳而行之。五代干戈之乱，不暇于礼久矣。明宗,武君,出于夷狄,而不通文字。乃能有意使民知礼,而岳等皆当时儒者,卒无所发明,但因其书增损而已。然其后世,士庶吉凶皆取岳书以为法,而十又转失其三四也,可胜叹哉!

马缟,不知其世家,少举明经,又举宏词。事梁为太常少卿,以知礼见称于世。唐庄宗时,累迁中书舍人、刑部侍郎权判太常卿。明宗入立,继唐太祖、庄宗而不立亲庙。缟言:"汉诸侯王入继统者,必别立亲庙。光武皇帝立四庙于南阳,请如汉故事,立庙以申孝享。"明宗下其议,礼部尚书萧武等请如缟议。宰相郑珏等议引汉桓、灵为比,以谓桓帝尊其祖解渎亭侯淑为孝元皇,父苌为孝仁皇,请下有司定谥,四代祖考为皇。置园陵如汉故事。事下太常,博士王丕议汉桓帝尊其祖为孝穆皇帝,父为孝崇皇帝。缟以谓孝穆、孝崇有皇而无帝,惟吴孙皓尊其父和为文皇帝,不可以为法。右仆射李琪等议与缟同。明宗诏曰:"五帝不相袭礼,三王不相沿乐。惟皇与帝,异世殊称。爰自嬴秦,已兼厥号,朕居九五之位,为亿兆之尊,奈何总二名于眇躬,惜一字于先世。"乃命宰臣集百官于中书,各陈所见。李琪等请尊祖祢为皇帝,曾高为皇。宰相郑珏合群议奏曰:"礼非天降,而本人情。可止可行,有损有益。今议者,引古以汉为据,汉之所制夫复何依?开元时,尊皋陶为德明皇帝,凉武昭王为兴圣皇帝,皆立庙京师,此唐家故事也。臣请四代祖考皆加帝,如诏旨而立庙京师。"诏可其加帝,而立庙应州。

刘岳修书仪,其所增损皆决于缟。缟又言:"缞麻丧纪,所以别亲疏,辨嫌疑。礼:叔嫂无服推而远之也。唐太宗时有司议为兄之妻服小功五月,今有司给假为大功九月,非是。"废帝下其议。太常博士段颙议:"嫂服给假以大功者,令文也。令与礼异者非一,而丧服之不同者五。礼:姨舅皆服小功,令皆大功。妻父母、婿外甥皆服缌,令皆小功。礼、令之不可同如此"。右赞善大夫赵咸又议曰:"丧,与其易也,宁戚。《仪礼》五服,或以名加,或因尊制,推恩引义,各有所当。据礼:为兄之子妻服大功。今为兄之子母服小功,是轻重失其伦也。以名则兄子之妻疏，因尊则嫂非卑，嫂服大功，其来已久。令，国之典，不可灭也。"司封郎中曹琛，请下其议，并以礼令之违者定议，诏尚书省集百官议。左仆射刘昫等议曰："令于丧服无正文，而嫂服给大功假，乃假宁附令，而敕无年月，请凡丧服皆以《开元礼》为定，下太常具五服制度，附于令。"令有五服，自缟始也。缟，明宗时尝坐覆狱不当，贬缓州司马，复为太子宾客，迁户部、兵部侍郎。卢文纪作相，以其迂儒鄙之，改国子祭酒。卒年八十，赠兵部尚书。

崔居俭，清河人也。祖蠡、父尧，皆为唐名臣。居俭美文辞，风骨清秀，少举进士。梁贞明中，为中书舍人、翰林学士、御史中丞。唐庄宗时，为刑部侍郎、太常卿。崔氏自后魏、隋、唐与卢郑皆为甲族，吉凶之事，各著家礼。至其后世子孙，专以门望自高，为世所嫉。

明宗崩，居俭以故事为礼仪使，居俭以祖讳蠡，辞不受。宰相冯道即徙居俭为秘书监。居俭历兵吏部侍郎、尚书左丞、户部尚书。晋天福四年卒，年七十，赠右仆射。居俭拙于为生，居显官，衣常乏，死之日贫不能葬，闻者哀之。

崔棁，字子文，深州安平人也。父涿，唐末为刑部郎中。棁少好学，颇涉经史，工于文辞。遭世乱，寓居于滑台，不游里巷者十余年，人罕识其面。梁贞明三年，举进士甲科，开封尹王瓒辟掌奏记。

棁性至孝。其父涿病，不肯服药，曰："死生有命，何用药为？"棁屡进医药不纳。每宾客问疾者，棁辄迎拜门外，泣涕而告之。涿终不服药而卒。棁居丧哀毁，服除，唐明宗以为监察御史，不拜。逾年再命，乃拜。累迁都官郎中、翰林学士。

晋高祖时，以户部侍郎为学士承旨，权知天福二年贡举。初，棁为学士，尝草制。为宰相桑维翰所改。棁以唐故事：学士草制，有所改者，当罢职。乃引经据争之，维翰颇不乐。而棁少专于文学，不能茍事，维翰乃命棁知贡举，棁果不能举职。时有进士孔英者，素有丑行,为当时所恶。梲既受命,往见维翰。维翰素贵严尊则语简,谓梲曰:"孔英来矣。"梲不谕其意,以谓维翰以孔英为言,乃考英及第,物议大以为非,即罢学士,拜尚书左丞,迁太常卿。

八年,高祖诏太常复文武二舞详定,正冬朝会礼及乐章。自唐末之乱,礼乐制度亡失已久,梲与御史中丞窦贞固、刑部侍郎吕琦、礼部侍郎张允等草定之。其年冬,至高祖会朝崇元殿,廷设宫县,二舞在北,登歌在上。文舞郎八佾,六十有四人,冠进贤,黄纱袍,白中单,白练襈裆,白布大口裤,革带履。左执龠,右秉翟。执纛引者二人。武舞郎八佾,六十有四人,服平巾帻,绯丝布大袖、绣裆甲金饰,白练襈,锦胜蛇起梁带,豹文大口裤,乌靴。左执干,右执戚。执旌引者二人。加鼓吹十二按,负以熊豹,以象百兽率舞。按设羽葆鼓一,大鼓一,金錞一。歌、箫、笳各二人。王公上寿,天子举爵,奏《玄同》。三举,登歌奏《文同》。举食,文舞舞《昭德》,武舞舞《成功》之曲。礼毕,高祖大悦,赐梲金帛,群臣左右睹者皆嗟叹之。然礼乐废久,而制作简缪,又继以龟兹部《霓裳法曲》,参乱雅音,其乐工舞郎,多教坊伶人、百工商贾、州县避役之人,又无老师、良工教习。明年正旦,复奏于廷,而登歌发声悲离烦惢,如《薤露》、《虞殡》之音。舞者行列进退,皆不应节,闻者皆悲愤。其年,高祖崩。梲以风痹改太子宾客,分司西京以卒。

开运二年太常少卿陶谷奏废二舞。明年,契丹灭晋,耶律德光入京师,太常请备法驾奉迎,乐工教习卤簿鼓吹,都人闻者,为之流涕焉。

李怿,京兆人也。少好学,颇工文辞。唐末举进士,为秘书省校书郎、集贤校理。唐亡,事梁,为监察御史。累迁中书舍人、翰林学士。梁亡,责授怀州司马,遇赦量移,稍迁卫尉少卿。天成中,复为中书舍人、翰林学士。累迁尚书右丞旨。时右散骑常侍张文宝知贡举,所放进士,中书有覆落者,乃请下学士院,作诗赋为贡举格。学士窦梦征、张砺等所作不工,乃命怿为之,怿笑曰:"年少举进士登科,盖偶然尔。后生可畏,来者未可量,假令予复就礼部试,未必不落第,安能与英俊为准格?”闻者多其知体。后迁刑部尚书,分司洛阳,卒年七十余。

新五代史卷五六
杂传第四四

和凝　赵莹　冯玉　卢质
吕琦　薛融　何泽　王权
史珪　龙敏

　　和凝,字成绩,郓州顺昌人也。其九世祖逢尧,为唐监察御史,其后世遂不复宦学。凝父矩,性嗜酒,不拘小节,然独好礼文士,每倾资以交之。以故,凝得与之游。而凝幼聪敏,形神秀发,举进士,梁义成军节度使贺瓌辟为从事。

　　瓌与唐庄宗战于胡柳,瓌战败脱身走,独凝随之,反顾见凝,麾之使去,凝曰:"丈夫当为知己死,吾恨未得死所尔,岂可去也。"已而,一骑追瓌几及,凝叱之不止,即引弓射杀之,瓌由此得免。瓌归,戒其诸子曰:"和生,志义之士也。后必富贵尔。其谨事之。"因妻之以女。

　　天成中,拜殿中侍御史,累迁主客员外郎,知制诰,翰林学士、知贡举。是时,进士多浮薄,喜为喧哗以动主司。主司每放榜,则围之以棘,闭省门,绝人出入以为常。凝彻棘开门,而士皆肃然无哗,所取皆一时之秀,称为得人。晋初,拜端明殿学士,兼判度支,为翰林学士承旨。高祖数召之问以时事,凝所对皆称旨。天福五年,拜中书侍郎同中书门下平章事。

　　高祖将幸邺,而襄州安从进反迹已见。凝曰:"陛下幸邺,从进必因此时反，则将奈何？”高祖曰：“卿将何以待之？”凝曰：“先人者，所以夺人也。请为宣敕十余通，受之郑王，有急则命将击之。”高祖以为然。是时，郑王为开封尹，留不从幸，乃受以宣敕。高祖至邺，从进果反，郑王即以宣敕命骑将李建崇，焦继勋等讨之。从进谓高祖方幸邺，不意晋兵之速也，行至花山，遇建崇等兵以为神，遂败走。

出帝即位，加右仆射。岁余罢平章事，迁左仆射。汉高祖时拜太子太傅，封鲁国公。显德二年卒。年五十八。赠侍中。

凝好饰车服，为文章以多为富。有集百余卷，尝自镂板以行于世，识者多非之。然性乐善，好称道后进之士。唐故事，知贡举者所放进士，以已及第时名次为重。凝举进士及第时第五，后知举，选范质为第五。后质位至宰相，封鲁国公，官至太子太傅，皆与凝同，当时以为荣焉。

赵莹，字玄辉，华州华阴人也。为人纯厚，美风仪。事梁将康延孝为从事。晋高祖为保义军节度使，以莹掌书记。自是，徙镇常以莹从。高祖将起兵太原，以问诸将吏，将吏或赞成之，莹独惧形于色，劝高祖毋反。高祖虽不用其言，心甚爱之。高祖即位，拜翰林学士承旨、户部侍郎同中书门下平章事。累拜中书令。出为晋昌军节度使、开封尹。是时，出帝童昏，冯玉、李彦韬等用事。与桑维翰争权，乃共谮去之，以莹柔而易制，故复引以为相。

契丹灭晋，莹从出帝北徙虏中。莹事兀欲为太子太保。周太祖时，与契丹通好，遣尚书左丞田敏使于契丹，遇莹于幽州，莹见敏悲不自胜。莹子易则、易从当其徙而北也，与易从俱。而易则留事汉，官至刑部郎中。后莹病将卒，告于契丹，愿以尸还中国，契丹许之。及卒，遣易从护其丧南归，太祖怜之，赠莹太傅，葬于华阴。

冯玉，字璟臣，定州人也。少举进士，不中。冯赟为河东节度使，辟为推官。入拜监察御史，累迁礼部郎中，为盐铁判官。晋出帝纳玉姊为后，玉以后戚知制诰，拜中书舍人。

玉不知书，而与殷鹏同为舍人，制诰常遣鹏代作。顷之，玉出为颍州团练使，拜端明殿学士、户部侍郎。迁枢密使、中书侍郎同中书门下平章事。是时，出帝童昏，冯皇后用事，军国大务，一决于玉。玉尝有疾在告，自刺史已上，宰相不敢除授，以俟玉决。玉除中书舍人卢价为工部侍郎，桑维翰以价资望浅为不可，由是与维翰有隙，维翰由此罢相。

玉为相，四方赂，积资巨万。契丹灭晋，张彦泽先以兵入京师，兵士争先入玉家，其资一夕而尽。明日见彦泽，犹谄笑，自言愿得持晋玉玺献契丹，以冀恩奖。彦泽不纳。出帝之北，玉从入契丹。契丹以为太子太保。周广顺三年，其子杰自契丹逃归，玉惧，以忧卒。

卢质，字子征，河南人也。父望，唐司勋郎中。质幼聪惠，善属文。事唐为秘书郎。丁母忧，解职后去游太原，晋王以为河东节度掌书记。质与张承业等定议，立庄宗为嗣。庄宗将即位，以质为大礼使，拜行台礼部尚书。庄宗即位，欲以质为相。质性疏逸，不欲任责，因固辞不受，拜太原尹、北京留守，迁户部尚书、翰林学士。从平梁，权判租庸，迁兵部尚书，后为学士承旨，仍赐论思匡佐功臣。天成元年，拜匡国军节度使。三年，拜兵部尚书判太常卿事。历镇河阳、横海。初，梁已篡唐，封哀帝为济阴王，既而鸩杀之，瘗于曹州。同光三年，庄宗将议改葬，而曹太后崩，乃止。因其故垅稍广其封，以时荐飨而已。质乃建议立庙，追谥曰"昭宣光烈孝皇帝"，庙号景宗。天成四年八月戊申，明宗御文明殿，遣质奉册立庙于曹州。而议者以谓辉王不幸为贼臣所立，而昭宗、何皇后皆为梁所弑，遂以亡国。而"昭宣光烈"非所宜称，且立庙称宗而不入太庙，皆非是。共以此非质。大臣亦知其不可，乃奏去庙号。

秦王从荣坐谋反诛，质以右仆射权知河南府事。废帝反凤翔，愍帝发兵诛之，竭帑藏以厚赏，而兵至凤翔皆叛降。废帝悉将而东，事成许以重赏，而军士皆过望。废帝入立，有司献籍数甚少，废帝暴怒，自诸镇至刺史皆进钱帛助国，用犹不足，三司使王玫请率民财以佐用。乃使质与玫等共议配率，而贫富不均，怨讼并起，囚系满狱。六七日间，所得不满十万。废帝患之，乃命质等借民屋课五月，由是民大咨怨。

晋高祖入立，质以疾分司西京，拜太子太保，卒年七十六，赠太子太师，谥曰文忠。

吕琦，字辉山，幽州安次人也。父兖，为横海军节度判官。节度使刘守文与其弟守光以兵相攻，守文败死，其吏民立其子延祚而事之，以兖为谋主。已而，延祚又为守光所败，兖见杀。守光怒兖，并族其家。琦年十五，见执将就刑，兖故客赵玉绐其监者曰："此吾弟也。"监者信之，纵琦去。玉与琦得俱走。琦足弱不能行玉负之而行，逾数百里，变姓名乞食于道以免。

琦为人美凤仪，重节概。少丧其家，游学汾、晋之间。唐庄宗镇太原，以为代州军事推官，后为横海赵德钧节度推官，入为殿中侍御史。明宗时，为驾部员外郎，兼侍御史知杂事。河阳主藏吏盗所监物，下军巡狱，狱吏尹训纳赂反其狱，其冤家诉于朝，下御史台按验。得训赃状，奏摄训赴台，训为安重海所庇不与，琦请不已，训惧自杀，狱乃辨，蒙活者甚众。岁余，迁礼部郎中、史馆修撰。

长兴中，废帝失守河中，罢居清化坊，与琦同巷。琦数往过之，后废帝入立，待琦甚厚，拜知制诰、给事中、枢密院直学士、端明殿学士。是时，晋高祖镇河东，有二志，废帝患之。琦与李嵩俱备顾问，多所裨画。琦言："太原之患，必引契丹为助，不如先事制之。"自明宗时，王都反定州，契丹遣秃馁荝刺等助都，而为赵德钧、王晏球所败，秃馁见杀，荝刺等皆送京师。其后契丹数遣使者求荝刺等，其辞甚卑恭。明宗辄斩其使者不报。而东丹王又亡入中国，契丹由此数欲求和，琦因言："方今之势，不如与契丹通和。如汉故事，岁给金帛，妻之以女，使强藩大镇顾外无所引援，可弭其乱心。"嵩以琦语语三司使张延朗，延朗欣然曰："苟能纾国患，岁费县官十数万缗，责吾取，足可也。"因共建其事，废帝大喜。佗日，以琦等语问枢密直学士薛文遇，文遇大以为非，因诵戎昱"社稷依明主，安危托妇人"之诗，以诮琦等。废帝大怒，急召嵩、琦等问和戎计如何，琦等察帝色怒，亟曰："臣等为国计，非与契丹求利于中国也。"帝即发怒曰："卿等佐朕欲致太平而若是邪？朕一女尚幼，欲弃之夷狄，金帛所以养士而捍国也，又输以资虏，可乎？"嵩等惶恐拜谢，拜无数，琦足力乏不能拜，而先止，帝曰："吕琦强项，肯以人主视我邪！"琦曰："臣素病羸，拜多而乏，容臣少息。"顷之喘定，奏曰："陛下以臣等言非，罪之可也，虽拜何益？"帝稍解，曰："勿拜。"赐酒一卮而遣之，其议遂寝。因迁琦御史中丞，居数月，复为端明殿学士。其后，晋高祖起太原，果引契丹为助，遂以亡唐。

琦事晋为秘书监，累迁兵部侍郎。天福八年卒。赵玉仕至职方员外郎，琦事之如父。玉疾，亲尝药，扶侍。及卒，为其家主办丧葬。玉子文度。幼孤，琦教以学，如已子，后举进士及第云。琦有子余庆端。

薛融，汾州平遥人也。少以儒学知名，唐庄宗时，为右补阙，直弘文馆。晋高祖镇太原，融为观察判官。高祖徙郓，欲据太原拒命，延见宾佐，问以可否，而坐中或赞成之，或恐惧不敢言，融独从容对曰："融本儒生尔，军旅之事未尝学也。进退存亡之理，岂易言哉？"高祖不之责也。高祖入立，拜吏部郎中、兼侍御史知杂事。累拜左谏议大夫，迁中书舍人。融曰："文辞非臣所长也。"遂辞不拜。时诏修洛阳大内，融上疏切谏，高祖褒纳其言，即诏罢其役。迁御史中丞，改尚书右丞，分司西京。卒年六十。

何泽，广州人也。父鼎，唐末为容管经略使。泽少好学，长于歌诗，举进士，为洛阳令。唐庄宗好畋猎，数践民田，泽乃潜身伏草间伺庄宗，当马谏曰："陛下未能一天下以休兵，而暴敛疲民以给军食。今田将熟，奈何恣畋游，以害多稼？使民何以出租赋？吏以何督民耕？陛下不听臣言，愿赐臣死于马前，使后世知陛下之过。"庄宗大笑，为之止猎。拜仓部郎中。

明宗时，数上书言事，明宗幸汴州，又欲幸邺，而人情不便，大臣屡言不听。泽伏阁切谏，明宗嘉之，拜吏部郎中、史馆修撰。泽外虽直言，而内实邪佞。尝于内殿起居，班退独留，以笏叩颡，北望而呼曰："明主，明主！"闻者皆哂之。

五代之际，民苦于兵，往往因亲疾以割股，或既丧而割乳庐墓，以规免州县赋役。户部岁给蠲符不可胜数，而课州县出纸，号为蠲纸。泽上书言其敝，明宗下诏悉废户部蠲纸。泽与宰相赵凤有旧，数私于凤，求为给谏。凤薄其为人，以为太常少卿。敕未出，而泽先知之，即称新官上章自诉。章下中书，凤等言："泽未拜命而称新官，轻侮朝廷，请坐以法。"乃以太仆少卿致仕，居于河阳。泽时年已七十，尚希仕进，即遣婢宜子诣匦上章言事，请立秦王为皇太子。秦王素骄，多不轨，遂成其祸，由泽而始。晋高祖入立，召为太常少卿，以疾卒于家。

王权，字秀山，太原人也。唐左仆射起之曾孙。父荛，官至右司郎中。权举进士，为右补阙。唐亡事梁，为职方员外郎知制诰、翰林学士。累迁御史中丞。唐庄宗灭梁，贬权随州司马。起为右庶子，累迁户部尚书。晋高祖时，为兵部尚书。是时，高祖以父事契丹，权当奉使，叹曰："我虽不才，安能稽颡于穹庐乎？"因辞不行，坐是停任，逾年以太子少傅致仕。卒年七十八，赠左仆射。

史圭，常山石邑人也。为人明敏好学，为宁晋、乐寿县令。有善政，县人立碑以颂之。郭崇韬镇成德，辟为从事。明宗时，为尚书郎。安重海为枢密使，荐圭直学士。故事，直学士职虽清，而承领文书，参掌庶务，与判官无异。重海素不知书，倚圭以备顾问，始白许圭升殿侍立。枢密直学士升殿，自圭始。改尚书右丞，判吏部铨事。重海败死，圭出为贝州刺史。罢归常山，闭绝人事，出入闾里，乘辎軿车。晋高祖立，召拜刑部侍郎、盐铁副使，迁吏部侍郎，分知铨事，有能名。以疾罢，卒于常山。

龙敏，字欲讷，幽州永清人也。少仕州摄参军。刘守光乱，敏避之沧州，遂客于梁，久不调。敏素善冯道，道为唐庄宗从事，乃潜往依之。监军张承业谓道曰："闻子有客，可与俱来？"道以敏见。承业辟敏监军巡官，使掌奏记。庄宗即位，召拜司门员外郎。敏父咸式，年七十余，而其王父年九十余，皆在邺，敏乃求为兴唐尹，事祖父以孝闻。丁母忧去职。赵在礼反，逼敏起视事。明宗即位，在礼镇沧州，敏乃复得居丧。服除，累拜兵部侍郎。冯赟留守北京，辟敏副留守。赟入为枢密使，敏拜吏部侍郎。

是时，晋高祖起太原，乞兵契丹。唐废帝在怀州，赵德钧父子有异志，张敬达屯于晋安，势甚危急。废帝问计从臣，敏曰："晋所恃者，契丹也。东丹王失国之君，今在京师，若以兵送东丹自幽州而入西楼，契丹且有内顾之忧，何暇助晋？晋失契丹，大事去矣。"又谓李懿曰："敏，燕人也，能知德钧。德钧为将，守城婴堑，笃励健儿而已。使其当大敌，奋不顾身，非其能也。况有异志乎？今闻驾前之马，犹有五千，愿得壮者千匹，健兵千人，与勇将郎万金，自平遥沿山冒虏中而趋官寨，且战且行，得其半达，则事济矣！"懿为言之废帝，废帝莫能用，然人皆壮其大言。历晋为太常卿，使于吴、越。是时，使吴越者见吴越王皆下拜，敏独揖之。还迁工部侍郎。乾祐元年疡发于首卒，赠右仆射。

新五代史卷五七
杂传第四五

李嵩　李鳞　贾纬　段希尧
张允　王松　裴皞　王仁裕
裴羽　王延　马重绩
赵延义

　　李嵩，深州饶阳人也。嵩幼聪敏，能文章，为镇州参军。唐魏王继岌为兴圣宫使，领镇州节度使，以推官李荛掌书记，嵩谓掌书吕柔曰：“魏王皇子，天下之望，书奏之职，非荛所当。”柔私使嵩代为之，以示卢质、冯道，道等皆以为善。乃以嵩为兴圣宫巡官，拜协律郎。

　　继岌与郭崇韬伐蜀，以嵩掌书记。继岌已破蜀，刘皇后听谗者言，阴遣人之蜀，教继岌杀崇韬，人情不安。嵩入见继岌曰：“王何为作此危事。诚不能容崇韬，至洛诛之何晚？今远军五千里，不见咫尺之诏，杀大臣，动摇人情，是召乱也。”继岌曰：“吾亦悔之，奈何？”嵩乃召书吏三四人登楼去梯，夜以黄纸作诏书，倒用都统印，明旦告谕诸军，人心乃定。

　　师还，继岌死于道。嵩至京师。任圜判三司，用嵩为盐铁判官，以内忧去职，还乡里。服除，范延光居镇州，辟嵩掌书记。延光为枢密使，嵩拜拾遗直枢密院，累迁户部侍郎、端明殿学士。

长兴中，明宗春秋高，秦王从荣多不法。晋高祖为六军副使，惧祸及，求出外藩。是时，契丹入雁门，明宗选将以捍太原，晋高祖欲之。枢密使范延光、赵延寿等议将，久不决。明宗怒甚，责延寿等。延寿等惶恐，欲以康义诚应选，崧独曰：“太原，国之北门，宜得重臣，非石敬瑭不可也。”由是，从崧议。晋高祖深德之，阴遣人谢崧曰：“为浮屠者，必合其尖。”盖欲使崧终始成已事也。其后，晋高祖以兵入京师，崧窜匿伊阙民家，晋高祖召为户部侍郎，拜中书侍郎同中书门下平章事，兼枢密使。丁内艰，起复。

高祖崩，出帝即位，以崧兼判三司，与冯玉对掌枢密。是时，晋兵败，契丹于阳城，赵延寿在幽州，诈言思归以诱晋兵。崧等信之。初，汉高祖在晋，掌亲军，为侍卫都指挥使，与杜重威同制加平章事，汉高祖耻之，怒不肯谢。晋高祖遣和凝谕之，乃谢。其后，汉高祖出居太原，重威代为侍卫使，崧亦数称重威之材。于是，汉高祖以崧为排已，深恨之。崧又信延寿之诈以为然，卒以重威将大兵，其后败于中渡，晋遂以亡。

契丹耶律德光犯京师，德光素闻延寿等称崧为人，及入京师，谓人曰：“吾破南朝，得崧一人而已。”乃拜崧太子太师。契丹北还，命崧以族俱行，留之镇州。其后麻答弃镇州，崧与冯道等得还。高祖素不悦崧，又为怨者谮之言，崧为契丹所厚，故崧遇汉权臣常惕惕为谦谨，莫敢有所忤。

汉高祖入京师，以崧第赐苏逢吉。崧家遭乱，多埋金宝，逢吉悉有之。而崧弟屿义与逢吉子弟同舍，酒酣，出怨言，以为夺我第。崧又以宅券献逢吉，逢吉尤不喜。汉法素严，杨邠、史弘肇多滥刑法。屿仆葛延遇为屿商贾，多乾没其资，屿笞责之。延遇夜宿逢吉部曲李澄家，以情告澄。是时，高祖将葬睿陵，河中李守贞反。澄乃教延遇告变，言崧与其甥王凝谋因山陵放火焚京师，又以蜡丸书通守贞。逢吉遣人召崧，至第从容告之。崧知不免，乃以幼女托逢吉，逢吉送崧侍卫狱。崧出乘马，从者去无一人。崧恚曰：“自古岂有不死之人，然亦岂有不亡之国乎？”乃自诬伏，族诛。崧素与翰林学士徐

台符相善,后周太祖入立,台符告宰相冯道,请诛葛延遇。道以延遇
数经赦宥,难之。枢密使王峻闻之,多台符有义,乃奏诛延遇。

李镣,唐宗室子也。其伯父阳事唐,咸通间为给事中。镣少举
进士,累不中,客河、朔间,自称清海军掌书记。谒定州王处直,处直
不为礼,乃易其绿衣更为绯衣,谒常山李弘规,弘规进之赵王王镕,
镕留为从事。其后张文礼弑镕自立,遣镣聘唐庄宗于太原。镣为人
利口敢言,乃阴为庄宗画一文礼可破之策,后文礼败,庄宗以镣为
支使。

庄宗即位,拜镣宗正卿,以李琼为少卿。献祖懿祖墓在赵州昭
庆县,唐国初建,镣、琼上言:"献祖宣皇帝建初陵,懿祖光皇帝启运
陵,请置台令。"县中无赖子自称宗子者百余人,宗正无谱谍,莫能
考按。有民诣寺自言世为丹阳竟陵台令,厚赂宗正吏,镣、琼不复详
考,遂补为令。民即持绛幡,招置部曲,侵夺民田百余顷,以渭陵园
堧地。民诉于官,不能决,以闻庄宗,下公卿博士,问故唐诸帝陵寝
所在。公卿博士言:"丹阳,在今润州。而竟陵非唐事。镣不学无知,
不足以备九卿。"坐贬司农少卿,出为河中节度副使。

明宗即位,以镣故人召还,累迁户部尚书。镣意颇希大用,尝谓
冯道、赵凤曰:"唐家故事,宗室皆为宰相。今天祚中兴,宜按旧典。
镣虽不才,尝事庄宗霸府识,今天子于藩邸,论才较业,何后众人?
而久置班行,于诸君安乎?"道等恶其言。后杨溥谍者见镣言事,镣
谓安重诲曰:"杨溥欲归国久矣,若朝廷遣使谕之,可以召也。"重诲
信之,以玉带与谍者使为信,久而无效,由是贬镣兖州行军司马。

镣与废帝有旧,愍帝时为兵部尚书,奉使湖南。闻废帝立,喜,
以谓必用已为相,还过荆南,谓高从诲曰:"士固有否泰,吾不为时
用久矣。今新天子即位,我将用矣。"乃就从诲求宝货入献以为贺,
从诲与马红装拂二、猊狨皮一,因为镣置酒,问其副使马承翰:"今
朝廷之臣,孰有公辅之望?"承翰曰:"尚书崔居俭、左丞姚顗。其次
太常卢文纪也。"从诲笑顾左右,取进奏官报状示镣,顗与文纪皆拜

平章事矣。鏻惭失色，还，遂献其皮、拂。废帝终不用。

初，李愚自太常卿作相，而卢文纪代之。及文纪作相，鏻乃求为太常卿。及拜命，中谢曰："臣叨入相之资。"朝士传以为笑。

鏻事晋，累迁太子太保。汉高祖即位，拜鏻司徒。居数月卒，年八十八，赠太傅。

贾纬，镇州获鹿人也。少举进士不中，州辟参军。唐天成中，范延光镇成德，辟赵州军事判官，迁石邑令。纬长于史学。唐自武宗已后，无实录，史官之职废，纬采次传闻，为《唐年补录》六十五卷。当唐之末，王室微弱，诸侯强盛，征伐擅出，天下多事，故纬所论次多所阙误。而丧乱之际，事迹粗存，亦有补于史氏。

晋天福中，为太常博士，非其好也，数求为史职，改屯田员外郎、起居郎、史馆修撰。与修《唐书》。丁内艰。服除，知制诰，累迁中书舍人、谏议大夫、给事中，复为修撰。汉隐帝时，诏与王伸、窦严等同修晋高祖、出帝、汉高祖实录。

初，桑维翰为相，常恶纬为人，待之甚薄。纬为维翰传，言"维翰死，有银八千铤"。翰林学士徐台符以为不可，数以非纬，纬不得已，更为数千铤。广顺元年，实录成。纬求迁官不得，由是怨望。是时，宰相王峻监修国史，纬书日历，多言当时大臣过失，峻见之怒曰："贾给事子弟仕官亦要门阀，奈何历诋当朝之士，使其子孙何以仕进？"言之高祖，贬平卢军行军司马。明年卒于青州。

段希尧，河内人也。晋高祖为河东节度使，以希尧为判官。高祖军屯忻州，军中有拥高祖呼万岁者，高祖惶惑，不知所为。希尧劝高祖斩其乱首乃止。高祖将举兵太原，与其宾佐谋，希尧以为不可，高祖虽不听，然重其为人，不责之也。高祖入立，希尧比诸将吏，恩泽最薄。久之，稍迁谏议大夫，使于吴越。是时，江、淮不通，凡使吴越者皆泛海，而多风波之患。希尧过海，遭大风，左右皆恐惧，希尧曰："吾平生不欺汝等，恃吾可无恐也！"已而，风亦止。历莱、怀、棣三州刺史。出帝时，为吏部侍郎判东西铨事，累迁礼部尚书。卒年七十九，赠太子少保。

张允，镇州人也。少事州为张文礼参军。唐庄宗讨张文礼，允脱身降，庄宗系之狱。文礼败乃出之。为魏州功曹赵在礼辟节度推官，历沧、兖二镇掌书记，入为监察御史，累迁水部员外郎、知制诰。废帝皇子重美为河南尹掌六军，以允刚介，乃拜允给事中，为六军判官。罢，迁左散骑常侍。晋高祖即位，屡赦天下，允为《驳赦论》以献曰："管子曰：'凡赦者，小利而大害。久而不胜其祸。无赦者，小害而大利，久而不胜其福。'又汉之吴汉疾笃，帝问汉所欲言，汉曰：'惟愿陛下无赦尔。'盖行赦不以为恩，不行赦不以为无恩，罚有罪故也。自古皆以水旱则降德音而宥过，开狴牢而出囚，冀感天心以救其灾者，非也。假有二人之讼者，一有罪，而一无罪。若有罪者见舍，则无罪者衔冤，此乃致灾之道，非救灾之术也。至使小人遇天灾则皆喜，而相劝以为恶，曰：'国将赦矣，必舍我以救灾。'如此，则是教民为恶。夫天之为道，福善而祸淫。若舍恶人而变灾为福，则是天又喜人为恶也。凡天之降灾，所以警戒人主节嗜欲，务勤俭，恤鳏寡，正刑罚而已。"是时，晋高祖方好臣下有言，览之大喜。允事汉为吏部侍郎。隐帝诛戮大臣，京师皆恐，允常退朝不敢还家，止于相国寺。周太祖以兵入京师，允匿于佛殿承尘，坠而卒，年六十五。

王松，父徽为唐僖宗宰相。松举进士，后唐时，历刑部郎中。唐末从事方镇。晋高祖镇太原，辟松节度判官。晋高祖即位，拜右谏议大夫，累拜工部尚书。出帝北迁，萧翰立许王从益于京师，以松为左丞相。汉高祖入洛，先遣人驰诏东京百官尝授伪命者皆焚之，使勿自疑，由是御史台悉敛百官伪敕焚之。松以手指其胸，引郭子仪自诮，以语人曰："此乃二十四考中书令也。"闻者笑之。后松子仁宝为李守贞河中支使，守贞反，松以子故上书自陈，高祖怜之，但使解职而已。松有田城东，岁时往来京师，以疾卒。

　　裴皞，字司东，河东人也。裴氏自晋魏以来，世为名族。居燕者号东眷，居凉者号西眷，居河东者号中眷。皞出于名家，而容止端秀，性刚急直而无隐。少好学。唐光化中，举进士，拜校书郎、拾遗、补阙。事梁，为翰林学士、中书舍人。事后唐为礼部侍郎。皞喜论议，每陈朝廷阙失，多斥权臣。改太子宾客，以老罢兵部尚书致仕。晋高祖起为工部尚书，复以老告，拜右仆射致仕。卒年八十五，赠太子太保。

　　皞以文学在朝廷久，宰相马胤孙、桑维翰皆皞礼部所放进士也。后胤孙知举放榜，引新进士，诣皞，皞喜作诗曰："门生门下见门生。"世传以为荣。维翰已作相，尝过皞，皞不迎，不送人或问之，皞曰："我见桑公于中书，庶寮也；桑公见我于私第，门生也。何送迎之有？"人亦以为当。

　　王仁裕，字德辇，天水人也。少不知书，以狗马弹射为乐，年二十五，始就学。而为人俊秀，以文辞知名秦、陇间。抚本有此三字。秦帅辟为秦州节度判官于蜀，仁裕因事蜀，为中书舍人、翰林学士。唐庄宗平蜀，仁裕事唐，复为秦州节度判官。王思同镇兴元，辟为从事。思同留守西京，以为判官。废帝举兵凤翔，思同战败，废帝得仁裕，闻其名不杀，置之军中。自废帝起，事至其入立，驰檄诸镇，诏书告命，皆仁裕为之。久之，以都官郎中充翰林学士。

　　晋高祖入立，罢职为郎中，历司封左司郎中、谏议大夫。汉高祖时，复为翰林学士承旨，累迁户部尚书，罢为兵部尚书、太子少保。显德三年卒。年七十七，赠太子少师。

　　仁裕性晓音律，晋高祖初定雅乐，宴群臣于永福殿，奏黄钟，仁裕闻之曰："音不纯肃而无和声，当有争者起于禁中。"已而，两军校斗升龙门外，声闻于内，人以为神。喜为诗。其少也，尝梦剖其肠胃，以西江水涤之，顾见江中沙石皆为篆籀之文，由是文思益进。乃集其平生所作诗万余首为百卷，号《西江集》。仁裕与和凝于五代时皆以文章知名，又尝知贡举，仁裕门生王溥，凝门生范质，皆至宰相，时称其得人。

裴羽，字用化，其父贽相唐僖宗，官至司空。羽以一品子为河南寿安尉。事梁，为御史台主簿，改监察御史。

唐明宗时，为吏部郎中，与右散骑常侍陆崇使于闽，为海风所飘至钱塘。是时，吴越王钱镠与安重诲有隙，唐方绝镠朝贡，羽等被留经岁，而崇以疾卒。后镠遣羽还，羽求载崇尸与俱归，镠初不许，羽以语感动镠，镠恻然许之，因附羽表自归。明宗得镠表大喜，由是吴越复通于中国。羽护崇丧至京师，及其橐装还其家，士人皆多羽之义。羽，同太祖时为左散骑常侍，卒赠户部尚书。

王延，字世美，郑州长丰人也。少好学，尝以赋谒梁相李琪，琪为之称誉，荐为即墨县令。冯道作相，与延故人，召拜左补阙。迁水部员外郎，知制诰。拜中书舍人，权知贡举。吏部尚书卢文纪与故相崔协有隙。是时，协子顗方举进士，文纪谓延曰："吾尝誉子于朝，贡举选士，当求实效，无以虚名取人。昔有越人善泅，生子方晬，其母浮之水上。人怪而问之，则曰：'其父善泅，子必能之。'若是可乎？"延退而笑曰："卢公之言为崔协也。恨其父遂及其子邪！"明年选顗甲科，人皆称其公。累迁刑部尚书，以太子少保致仕，卒，年七十三。

延为人重然诺。与其弟规相友爱，五代之际，称其家法焉。

马重绩，字洞微，其先出于北狄，而世事军中。重绩少学数术，明太一、五纪、八象、《三统》《大历》，居于太原，唐庄宗镇太原，每用兵征伐，必以问之，重绩所言无不中，拜大理司直。明宗时废不用。

晋高祖以太原拒命，废帝遣兵围之，势甚危急，命重绩筮之，遇《同人》，曰："天火之象。乾健而离明。健者，君之德也；明者，南面而向之。所以治天下也。《同人》者，人所同也，必有同我者焉。

《易》曰："战乎乾。乾，西北也。又曰：相见乎离。离，南方也。其同我者自北而南乎？乾，西北也，战而胜，其九月、十月之交乎？"是岁九月，契丹助晋击败唐军，晋遂有天下，拜重绩太子右赞善大夫，迁司天监。明年，张从宾反，命重绩筮之，遇《随》，曰："南瞻析木，木不自续，虚而动之，动随其覆，岁将秋矣，无能为也。"七月而从宾败。高祖大喜，赐以良马、器币。天福三年，重绩上言："历象，王者所以正一气之元，宣万邦之命。而古今所纪，考审多差。宣明气朔正，而星度不验，崇玄五星得，而岁差一日。以宣明之气朔，合崇玄之五星，二历相参，然后符合，自前世诸历，皆起天正十一月为岁首，用太古甲子为上元，积岁愈多，差阔愈甚。臣辄合二历，创为新法，以唐天宝十四载乙未为上元，雨水正月中气为气首。"诏下司天监。赵仁锜、张文皓等考核得失。仁锜等言："明年庚子正月朔，用重绩历考之，皆合无舛。"乃下诏班行之，号《调元历》。行之数岁辄差，遂不用。重绩又言："漏刻之法，以中星考昼夜为一百刻，六十分刻之二十为一时，时以四刻十分为正，此自古所用也。今失其传，以午正为时始，下侵未四刻十分而为午。由是昼夜昏晓皆失其正，请依古改正。"从之。重绩卒年六十四。

赵延义，字子英，秦州人也。曾祖省躬通数术，避乱于蜀。父温珪，事蜀王建为司天监，每为建占吉凶，小不中，辄加诘责。温珪临卒，戒其子孙曰："数术，吾世业，然吾仕乱国，得罪而几死者数矣。子孙能以佗道仕进者，不必为也。"然延义少亦以此仕蜀，为司天监。蜀亡仕唐为星官。

延义兼通三式，颇善相人。契丹灭晋，延义随虏至镇州。李筠、白再荣谋逐麻答归汉，犹豫未决，延义假述数术赞成之。

周太祖自魏以兵入京师，太祖召延义问："汉祚短促者，天数邪？"延义言："王者抚天下，当以仁恩德泽，而汉法深酷，刑罚枉滥，天下称冤，此其所以亡也。"是时，太祖方以兵围苏逢吉、刘铢第，欲诛其族，闻延义言悚然，因贷其族，二家获全。延义事周，为太府卿判司天监,以疾卒。

新五代史卷五八
考第一

司天一

嗚呼,五代礼乐文章,吾无取焉。其后世有欲知之者,不可以遗也。作《司天》《职方》考。

司天掌日月星辰之象。周天一岁,四时,二十四气,七十二候,行十日十二辰,以为历。而谨察其变者,以为占。占者,非常之兆也,以验吉凶,以求天意,以觉人事。其术藏于有司。历者,有常之数也,以推寒暑,以先天道,以勉人事,其法信于天下。术有时而用,法不可一日而差,差之毫厘,则乱天人之序,乖百事之时。盖有国之所重也。然自尧命羲、和见于《书》,中星闰余,略存其大法。而三代中间千有余岁,遗文旷废,《六经》无所述。而孔子之徒亦未尝道也。至于后世,其学一出于阴阳之家,其事则重,其学则末。夫天人之际,远哉微矣。而使一艺之士,布算积分,上求数千万岁之前,必得甲子朔旦夜半冬至,而日、月、五星皆会于子,谓之上元,以为历始。盖自汉而后,其说始详见于世,其源流所自止于如此。是果尧、舜三代之法欤?皆不可得而考矣。然自是以来,历家之术,虽世多不同,而未始不本于此。

五代之初,因唐之故,用《崇玄历》。至晋高祖时,司天监马重绩,始更造新历,不复推古上元甲子冬至七曜之会,而起唐天宝十四载乙未为上元,用正月雨水为气首。初,唐建中时,术者曹士为始变古法,以显庆五年为上元,雨水为岁首,号《符天历》。然世谓之小历,只行于民间。而重绩乃用以为法,遂施于朝廷,赐号《调元历》。然行之五年,辄差不可用,而复用《崇玄历》。周广顺中,国子博士王处讷,私撰《明玄历》于家。民间又有《万分历》,而蜀有《永昌历》、《正象历》,南唐有《齐政历》。五代之际,历家可考见者,止于此。而《调元历》法既非古,《明玄》又止藏其家,《万分》止行于民间,其法皆不足纪。而《永昌》、《正象》、《齐政》历皆止用于其国,今亦亡不复见。世宗即位,外伐僭叛,内修法度,端明殿学士王朴,通于历数。乃诏朴撰定。岁余,朴奏曰:

　　臣闻圣人之作也,在乎知天之变者也。人情之动,则可以言知之;天道之动,则当以数知之。数之为用也,圣人以之观天道焉。岁、月、日、时,由斯而成;阴阳寒暑,由斯而节;四方之政,由斯而行。夫为国家者,履端立极,必体其元;布政考绩,必因其岁;礼动乐举,必正其朔;三农百工,必顺其时;五刑九伐,必顺其气;庶务有为,必从其日月。是以圣人受命,必治历数。故五纪有常度,庶征有常应,正朔行之于天下也。

　　自唐之季,凡历数朝。乱日失天,垂将百载。天之历数,汩陈而已。陛下顺考古道,寅畏上天,咨询庶官,振举坠典,臣虽非能者,敢不奉诏!乃包万象以为法,齐七政以立元,测圭箭以候气,审朓朒以定朔,明九道以步月,校迟疾以推星,考黄道之斜正,辨天势之升降,而交蚀详焉。

　　夫立天之道,曰阴与阳。阴阳各有数,合则化成矣。阳之策三十六,阴之策二十四,奇偶相命,两阳三阴,同得七十二。何则阴阳之数合。七十二者,化成之数也。化成则谓之五行之数。五行之得期数。过之者,谓之气盈;不及者,谓之朔虚。至于应变分用,无所不通。故以七十二为经法。经者,常用之法也;百者,数之节也。随法进退,不失旧位,故谓之通法。以通法进经法,得七千二百,谓之统法。自元入经,先用此法统历之诸法也,以通法进统法,得七十二万。气朔之下,收分必尽,谓之全率。以通法进全率,得七千二百万,谓之大率,而元纪生焉。元者,岁、月、日、时皆甲子。日、月、五星合在子。当盈缩、先后之中,所谓七政齐矣。

古者,植圭于阳城,以其近洛也。盖尚慊其中,乃在洛之东偏。开元十二年,遣使天下候影,南距林邑,北距横野,中得浚仪之岳台,应南北弦,居地之中。大周建国,定都于汴。树圭置箭,测岳台晷漏,以为中数。晷漏正,则日之所至,气之所应得之矣。日月皆有盈缩。日盈月缩,则后中而朔;月盈日缩,则先中而朔。自古朓朒之法,率皆平行之数;入历既有前次,而又衰稍不伦。皇极旧术,则迂而难用。降及诸历,则疏远而多失。今以月离朓朒,随历校定,日躔朓朒,临用加减。所得者,入离定日也。一日之中,分为九限。每限损益,衰稍有伦,朓朒之法,可谓审矣。

赤道者,天之纮带也。其势圜而平,纪宿度之常数焉。黄道者,日轨也。其半在赤道内,半在赤道外。去极二十四度。当与赤道近,则其势斜;当与赤道远,则其势直。当斜,则日行宜迟;当直,则日行宜速。故二分前后,加其度;二至前后,减其度。九道者,月轨也。其半在黄道内,半在黄道外。去极远六度。出黄道,谓之正交;入黄道,谓之中交。若正交在秋分之宿,中交在春分之宿,则比黄道益斜。若正交在春分之宿,中交在秋分之宿,则比黄道反直。若正交、中交在二至之宿,则其势差斜。故校去二至、二分远近,以考斜正,乃得加减之数。自古虽有九道之说,盖亦知而未详,徒有祖述之文,而无推步之用。今以黄道一周分为八节;一节之中分为九道;尽七十二道,而使日月无所隐其斜正之势焉。九道之法可谓明矣。星之行也,近日而疾;远日而迟;去日极远;势尽而留。自古诸历分段失实,隆降无准,今日行分尚多,次日便留。自留而退,惟用平行,仍以入段行度为入历之数,皆非本理,遂至乖戾。今校逐日行分积,以为变段。然后自疾而渐迟,势尽而留。自留而行,亦积微而后多。别立诸段变历,以推变差,俾诸段变差,际会相合。星之迟疾，可得而知之矣。

　　自古相传，皆谓去交十五度以下，则日月有蚀。殊不知日月之相掩，与阘虚之所射，其理有异。今以日月径度之大小，校去交之远近，以黄道之斜正，天势之升降，度仰视旁视之分数，则交亏得其实矣。

　　臣考前世，无食神首尾之文。近自司天卜祝小术，不能举其大体，遂为等接之法。盖从假用，以求径捷，于是乎交有逆行之数。后学者不能详知，因言历有九曜，以为注历之常式。今并削而去之。谨以《步日》、《步月》、《步星》、《步发》敛为四篇，合为《历经》一卷，《历》十一卷，《草》三卷，显德三年《七政细行历》一卷，以为《钦天历》。

　　昔在帝尧，钦若昊天，陛下考历象日月星辰，唐尧之道也。天道玄远，非微臣之所尽。

知世宗嘉之，诏司天监用之，以明年正月朔旦为始。

《显德钦天历》

演纪上元甲子，距今显德三年丙辰，积七千二百六十九万八千四百五十三算外。

《钦天》统法：七千二百。

《钦天》经法：七十二。

《钦天》通法：一百。

《钦天》步日躔术

岁率：二百六十二万九千七百六十四十。

轨率：二百六十二万九千八百四十四，八十。

朔率：二十一万二千六百二十，二十八。

岁策：三百六十五，一千七百六十，四十。

轨策：三百六十五，一千八百四十四，八十。

岁中：一百八十二，四千四百八十，二十。

轨中：一百八十二,四千五百二十二,四十。

朔策：二十九,三千八百二十,二十八。

气策：一十五,一千五百七十三,三十五。

象策：七,二千七百五十五,七。

周纪：六十,岁差八十四,四十。

辰则：六百,八刻二十四分。

赤道宿次。

斗：二十六度。牛：八度。女：十二度。虚：一十度。少危：十七度。室：十六度。壁：九度。

北方七宿九十八度少。

奎：十六度。娄：十二度。胃：十四度。昴：十一度。毕：十七度。觜：一度。参：一十度。

西方七宿八十一度。

井：三十三度。鬼：三度。柳：十五度。星：七度。张：十八度。翼：十八度。轸：十七度。

南方七宿一百一十一度。

角：十二度。亢：九度。氐：十五度。房：五度。心：五度。尾：十八度。箕：十一度。

东方七宿七十五度。

中节

置岁率,以演纪上元距所求积年乘之,为气积;统法而一,为日;盈周纪去之,命甲子算外,即天正中气日辰及分秒也。以气策累加之,秒盈,通法从分;分盈,统法从日;日盈,周纪去之,即各得次气日辰及分秒也。

朔弦望

置气积,以朔率去之,不尽为闰余。用减气积,为朔积。统法而一为日。盈周纪去之,命甲子算外,即天正常朔日辰及分秒也。以象策累加之,即各得弦望及次朔也。

日躔入历

置岁率,以闰余减之。统法而一为日,岁中以下为盈。以上减去岁中为缩,即天正常朔加时所入也。累加象策,满岁中去之,盈缩互命,即四象所入也。

日躔朓朒

置加时入历分秒,以其日损益率乘之,统法而一,损益其日朓朒数,为日躔朓朒定数。

赤道日度

置气积,以轨率去之,余统法而一,为度;命赤道虚八算外,即天正中气加时日躔赤道宿度及分秒也。加岁中,以次命之,即夏至之宿也。

黄道宿次

置二至日躔赤道宿度。距前后每五度为限,初率八,每限减一,尽九限,末率空,乃一度少强,亦限率空。其半当四立之宿,自后亦五度为限,初率空,每限增一,尽九限,末率八,殷二分之宿。自二分至二至,亦如之。各以限率乘所入限度,为分。经法而一,为度。二至前后各九限,以减二分,前后各九限以加赤道宿,为黄道宿及分。就其分为少、太、半之数。

黄道日度

置天正中气加时日躔赤道宿度。各与所入限率相乘,皆以统法通之。所入限率乘其分,以从之。经法而一,为分;盈统法,为度。用减赤道所躔,即天正中气加时日躔黄道宿度及分也。加岁中,以黄道宿次命之,即夏至加时日度及分也。

午中日躔

置二至分,减去半法,为午后分;不足,反减,为午前分。以乘初日躔分,经法而一,午前以加、午后以减加时黄道日度,为午中日度及分也。各以次日躔分加之,满统法从度。依宿次命之,即次日午中日躔也。

午中日躔入历

置天正中气午前分,便为午中入盈历日分。其在午后者,以午后分减岁中,为午中入缩历日分。累加一日,满岁中即去之,盈缩互命,为每日午中入历也。

岳台中晷

置午中入历分,以其日损益率乘之,加统法而一,为分;分十为寸。用损益其下中晷数,为定数也。

晨昏分

各置入历分,以其日损益率乘之,加统法而一,用损益其下晨分,即所求晨定分也。用损加,益减其下昏分,即所求昏定分也。

日出入辰刻

置晨昏分,以一百八十加晨,减昏,为日出入分。各以辰除,为辰数;余满经法,为刻;命辰数子正算外,则日出入辰刻也。

昼夜刻

置日入分,以日出分减之,为昼分。用减统法,为夜分。各满经法,为昼夜刻。

五夜辰刻

置昏分,以辰则除,为辰数;经法除,为刻数。命辰数子正算外,即甲夜辰刻也。倍晨分,五约之,为更用分。又五约之为筹用分。用累加甲夜,满辰则为辰,满经法为刻,即各得五夜辰刻也。

昏晓中星

置昏分,减去半统,用乘轨率,统法除之,为距中分。盈统法,为度。加午中日躔,为昏中星;减之为晓中星。

赤道内外数

置入历分,以其日损益率乘之,加统法而一,用损益其下内外数。如不足损,则反损之;内外互命,即得所求赤道内外定数也。

九服距轨数

置距岳台南北里数,以三百六十通之,为步一千七百五十六除之,用北加、南减二千五百一十三,为其地戴中数以赤道内外定数,内减、外加之,即九服距轨数也。

九服中晷

　　置距轨数，二十五乘之，一百三十七除，为天用分。置之以二十二乘，六约之，用减四千，为晷法。又以天用分自相乘，如晷法而一，为地用分。相从为晷分，分十为寸，即得其地中晷也。

　　九服刻漏

　　经法通轨中而半之，用自相乘，如其地戴中数而一；以乘二百六十三，经法除之，为漏法。通轨中于上，置赤道内外数于下，以下减上，余用乘之。盈漏法，为漏分。赤道内以减，赤道外以加一千六百二十，为其地晨分。减统法，为昏分。置晨昏分，各如岳台术入之，即得其地日出入辰刻，五夜辰刻，昏晓中星也。

　　钦天步月离术

　　离率：一十九万八千三百九十三，九。

　　交率：一十九万五千九百三十七，九十七，五十六。

　　离策：二十七，三千九百九十三，九。

　　交策：二十七，一千五百二十七，九十七，五十六。

　　望策：一十四，五千五百一十，一十四。

　　交中：一十三，四千三百六十三，九十八，七十八。

　　离朔：一，七千二十七，一十九。

　　交朔：二，二千二百九十二，三十二，四十四。

　　中准：一千七百三十六。

　　中限：四千七百八十。

　　平离：九百六十三。

　　程节：八百。

　　月离入历

　　置朔积，以离率去之，余满统法为日，即天正常朔加时入历也。累加象策，盈离策去之，即弦望及次朔入历也。

　　月离朓朒

　　置入历分，以日躔朓朒定数，朓减、朒加之，程节除之，为限数。余乘所入限损益率，程节而一，用损益其限朓朒为定数。

朔弦望定日

各以日躔月离朓朒定数，朓减、朒加朔弦望常分，为定日。定朔加时日入后，则进一日；有交见初则不进弦；望加时日未出，则退一日；日虽出有交见初亦如之。元日有交，则消息定之。定朔与后朔干同者，大；不同者，小。无中气者，为闰。

朔望加时日度

各置日躔入历，以日躔月离朓朒定数，朓减、朒加之，为定朔加时入历。以历分乘其日损益率，统法而一，损益其下盈缩数，为定数。置定朔历分，通法约之，以定数盈加、缩减之。各命以冬夏至之宿算外，即所求也。

月离入交

置朔积，以交率去之，余满统法为日，即天正常朔入交泛日也。以望策累加之盈交策去之，即望及次朔所入也。各以日躔朓朒定数，朓减、朒加之，为入交常日。置月离朓朒定数，经法乘之，平离而一，朓减、朒加常分，即入交定日也。

黄道正交月度

经统法通朔交定日，以二百五十四乘之，十九而一。复以统法除，为入交度。用减其朔加时日度，即朔前月离正交黄道宿度也。

九道宿次

月离出入黄道六度。变从八节，叙正不同。故月有九道，黄道八节，各有九限。若正交起，八节后第一限之宿，为月行其节第一道。起第一限之宿，为月行其节第二道，即以所起限为正交后第一限。初率八，每限减一，尽九限，末率空。又九限，初率空，每限增一，末率八，殷半交之宿。自后亦九限，初率八，每限减一，末率空。又九限，初率空，每限增一，末率八，复与黄道相会，谓之中交。自中交至正交，亦如之。各置所入限度，以限率乘之，为泛差。其正交，中交前后各九限，以距二至之宿限数乘之。半交前后各九限，以距二分之宿限数乘之。皆如经法而一，为黄道产。在冬至之宿后，正交前后各九限为减，中交前后各九限为加。在夏至之宿后，正交前后各九限为加,中交前后各九限为减。凡月正交后出黄道外,中交后入黄道内。其半交前后各九限,在春分之宿后,出黄道外,秋分之宿后,入黄道内。皆以差为加。在春分之宿后,入黄道内,秋分之宿后,出黄道外。皆以差为减。四约泛差,以黄道差减之,为赤道差。正交、中交前后各九限,皆以差为加。半交前后各九限,皆以差为减。以黄、赤二差加减黄道,为九道宿次。就其分为少、太、半之数。八节各九道,七十二道周焉。

九道正交月度

置月离正交黄道宿度,各以所入限率乘之,亦乘其分,经法约之,为泛差。用求黄赤二差,以加减之,即月离正交九道宿度也。

九道朔月度

置月离正交九道宿度,以入交度加之,命以九道宿次,即其朔加时月离九道宿度也。

九道望月度。

置朔望加时日相距之度,以轨中加之,为加时象积。用加其朔九道月度,命以其道宿次,即所求也。自望推朔,亦如之。

月离午中入历

置朔望月离入历,加半统,减去定分,各以日躔月离朓朒定数,朓减、朒加之,即所求也。

晨昏月度

置其日晨昏分,以定分减之,为前。不足,返减为后。用乘其日离程,统法一,而满经法为度,为晨昏前后度。前加、后减加时月,为晨昏月度。

晨昏象积

置加时象积,以前象前后度,前减、后加,又以后象前后度,前加、后减之,即所求也。

每日晨昏月度

累计距象离度,以减晨昏象积,为加。不足,反减之为减。以距后象日数除之,用加减每日离度,为定度。累加晨昏月度,命以九道宿次,即所求。

月去黄道度

置入交定日。交中以下,月行阳道。以上,去之,月行阴道。皆以经法通之。用减九百八十,余以乘之,五百五十六而一,为分。满经法为度。行阳道,在黄道外。行阴道,在黄道内。即所求月去黄道内外度也。

日月食限

置定交行阴阳道日。半交中以下,为交后。以上,用减交中,为交前。皆以统法通之,为距交分。朔视距交分,阳道四千二百一十九、阴道一万三百八十三以下,日入食限。望视距交分阴阳道皆六千九百九十五以下,月入蚀限。

日月食甚加时定分

置朔定分。半统以上,以半统减之;半统以下,用减半统。为距午分。十一乘之,经法而一,半统以下,以减半统。以上,以加朔定而为日食加时定分。望以其日晨分与一千六百二十相减,余以二百四十五乘之,三百一十三而一。用减二百四十五,余以损益望定分,为月食加时定分。

日食常准

置中准。与其日赤道内外数相乘,二千五百一十三除,为黄道出入食差。以距午分减半昼分以乘之,半昼分而一。赤道内以减、赤道外以加中准,为日食常准。

日食定准

置日躔入历,以经法通之,三千二百八十七以下,用减三千二百八十七,为二至后。以上,减去三千二百八十七,为二分前。六千五百七十四以上,用减九千八百六十一,为二分后。以上,减去九千八百六十一,为二至前。各三约之,二至前后用加二千七百七十二,为黄道斜正食差。以距午分乘之,半昼分而一,以加常准,为定准。

日食分

以定准加中限,为阴道定准。减中限,为阳道定限。不足减者,反减之，为限外分。视阴道距交分、定准以上，定限以下，为阴道食。即置定限，以距交分减之，为距食分。定准以下，虽曰阴道，亦为阳道食。即加阳道定限，为距食分。其有限外分者，即减去限外分，为距食分。不足减者，不食。其阴道距交分，定限以下，为入定食限。即用减阳道定限，为距食分。各置距食分，皆以四百七十八除，为日食之大分，余为小分。命大分以十为限，命小分以半及强弱。

月食分

视距交分，中准以下，皆既。以上，用减食限，为距食分。置之，以五百二十六除，为月食之大分。余为小分。命大分以十为限，命小分以半及强弱。

日食泛用分

置距食分，一千九百一十二以上，用减四千七百八十，余自相乘。六万三千二百七十二除之，以减六百四十七，为泛用分。九百五十六以上，用减一千九百一十二，余以通法乘之，七百三十五而一，以减五百一十七，为泛用分。九百五十六以上，以距食分自相乘，二千三百六十二除之，用减三百八十七，为泛用分。

月食泛用分

置距食分，二千一百四以上，用减五千二百六十。余自相乘，六万九千一百六十九除之，以减七百一十一，为泛用分。一千五十二以上，用减二千一百四十，余，七除之。以减五百六十七，为泛用分。一千五十二以下，以距食分减之，余自相乘，二千六百五十四而一，用减四百一十七为泛用分。

日月初末加时定分

各置泛用分，以平离乘之，其日离程而一，为定用分。以减朔望定分，为亏初。加之，为复末。加时常分，如食甚术推之，得亏初，复末定分。置初，甚末定分，各以辰则除之，为辰。经法除之，为刻。即初、甚、末之辰刻也。

亏食所起

日食起亏自西，月食起亏自东，其食分少者，月行阳道，则日食偏南,月食偏北。阴道,则日食偏北,月食偏南,此常数也。立春后,立夏前,食分多,则日食偏南,月食偏北。立秋后,立冬前,食分多,则日食偏北,月食偏南,此黄道斜正也。阳道交前,阴道交后,食分多,则日食偏南,月食偏北。阳道交后,阴道交前,食分多,则日食偏北,月食偏南,此九道斜正也。黄道比常数所偏差少,九道比黄道所偏又四分之一,皆据午而言之。若午前午后,一理偏南,一理偏北,及消息所食分数多少,以定初、甚、末之方,即各得所求也。

带食出入分

视其日出入分,在亏初定分已上,复末定分已下,即带食出入。食甚在出入分已下者,以出入分减复末定分,为带食差。食甚在出入分已上者,以亏初定分减出入分,为带食差。各置带食差,以距食分乘之,定用分而一,日以四百七十八、月以五百二十六除,为带食之大分,余为小分。

食入更筹

各置初、甚、末定分。晨分已下,以晨分加之。昏分已上,以昏分减之。皆更用分而一,为更数。余,筹用分而一,为筹数。

《钦天》步五星术

岁星

周率:二百八十七万一千九百七十六,六。

变率:二十四万二千二百一十五,六十六。

历率:二百六十二万九千九百六十六,七十八。

周策:三百九十八,六千三百七十六,六。

历中:一百八十二,四千四百八十,八十九

变段	变日	变度	变历
晨见	一十七	三三十七	二二十四
顺疾	九十	一十六六十三	一十一一十三
顺迟	二十五	二九	一二十九
前留	二十六三十二		

退迟	一十四	一一十二	空二十八
退疾	二十七	四三十八	一三十七
退疾	二十七	四三十八	一三十七
退迟	一十四	一一十二	空二十八
后留	二十六三十二		
顺迟	二十五	二九	一二十九
顺疾	九十	一十六六十三	一十一一十三
夕伏	一十七	三三十七	二二十四

荧惑

周率：五百六十一万五千四百二十二，一十一。

变率：二百九十八万五千六百六十一，七十一。

历率：二百六十二万九千七百六十，空。

周策：七百七十九，六千六百二十二，一十一。

历中：一百八十二，四千四百八十，空。

变段	变日	变度	变历
晨见	七十三	五十三六十八	五十五十八
顺疾	七十三	五十一一	四十八三
次疾	七十一	四十六六十九	四十四一十七
次迟	七十一	四十五三十三	四十二五十八
顺迟	六十二	一十九二十九	一十八二十
前留	八六十九		
退迟	一十	一五十八	空四十四
退疾	二十一	七四十六	二四十
退疾	二十一	七四十六	二四十
退迟	一十	一五十八	空四十四
后留	八六十九		
顺迟	六十二	一十九二十九	一十八二十
次迟	七十一	四十五三十三	四十二五十八
次疾	七十一	四十六六十九	四十四一十七

顺疾	七十三	五十一一	四十八三
夕伏	七十三	五十三六十六	五十五十八

镇星

周率：二百七十二万二千一百七十六，九十。

变率：九万二千四百一十六，五十。

历率：二百六十二万九千七百五十九，八十。

周策：三百七十八，五百七十六，九十。

历中：一百八十二，四千四百七十九，九十。

变段	变日	变度	变历
晨见	一十九	二七	一一十四
顺疾	六十五	六三十八	三五十一
顺迟	一十九	空六十三	空三十五
前留	三十七三		
退迟	一十六	空四十三	空一十四
退疾	三十三	二三十五	空六十
退疾	三十三	二三十五	空六十
退迟	一十六	空四十三	空一十四
后留	三十七三		
顺迟	一十九	空六十三	空三十五
顺疾	六十五	六三十八	三五十一
夕伏	一十九	二七	一一十四

太白

周率：四百二十万四千一百四十三，九十六。

变率：四百二十万四千一百四十三，九十六。

历率：二百六十二万九千七百五十，五十六。

周策：五百八十三，六千五百四十三，九十六。

历中：一百八十二，四千四百七十五，二十八。

变段	变日	变度	变历
夕见	四十二	五十三四十	五十一一十七

顺疾	九十六	一百二十一五十七	百一十六三十九
次疾	七十三	八十三三十七	七十七二
次迟	三十三	三十四一	三十二四十
顺迟	二十四	一十一六十一	一十一二十四
前留	六六十九		
退迟	四	一二十二	空三十一
退疾	六	三六十五	一二十二
夕伏	七	四四十	一三十七
晨见	七	四四十	一三十七
退疾	六	三六十五	一二十二
退迟	四	一二十二	空三十一
后留	六六十九		
顺迟	二十四	一十一六十一	一十一二十四
次迟	三十三	三十四一	三十二四十
次疾	七十三	八十三三十七	七十七二
顺疾	九十六	一百二十一五十七	百一十六三十九
晨伏	四十二	五十三四十	五十一一十七

辰星

周率：八十三万四千三百三十五，五十二。

变率：八十三万四千三百三十五，五十二。

历率：二百六十二万九千七百六十，四十四。

周策：一百一十五，六千三百五十二，五十二。

历中：一百八十二，四千四百八十，二十二。

变段	变日	变度	变历
夕见	一十七	三十四一	二十九三十四
顺疾	一十一	一十八二十四	一十六四
顺迟	一十六四十三	一十一十	一十一十
前留	二六十八		
夕伏	一十一	六	二

晨见	一十一	六	二
后留	二六十八		
顺迟	一十六四十三	一十一四十三	一十一十
顺疾	一十一	一十八二十四	一十六四
晨伏	一十七	三十四一	二十九五十四

中日中星

置气积，以其星周率除之，为周数。不尽，为天正中气积前合，用减岁率，为前年天正中气后合。如不足减，则加岁率以减之，为次前年天正中气后合。各以统法约之，为日、为度，即所求平合中日、中星也。置中日，以逐段变日累加之，即逐段中日也。置中星，以逐段变度顺加、退减之，即得逐段中星。金水夕伏晨见，皆退变也。

入历

置变率。以周数乘之，以历率去之，余满统法为度。历中以下，为先；以上，减去历中，为后。即所求平合入历。以逐段变历累加之，得逐段入历也。

先后定数

置入历分，以其度损益率乘之，经法而一，用损益其下先后数，即所求也。

常日定星

置中日中星，各以先后定数，先加、后减之，留用前段先后数，太白顺伏见，及前顺疾次疾后次迟次疾疾。辰星顺伏，见及前疾后迟，并先减、后加之，即各为其段常日定星。置定星，以其年天正中气日躔黄道宿次加而命之，得逐段末日加时宿度也。

盈缩定数

置常日，如岁中以下，为在盈。以上，减去岁中，余为在缩。即常日盈缩历也。置历分，以其日损益率乘之，经法而一，用损益其下盈缩数，即得所求也。

定日

置常日，以盈缩定数盈减、缩加之，为定日。以其年天正中气加而命之，即逐段末日加时日辰也。

入中节

置定日，以气策除之，命起冬至，即所入气日数也。

平行分

置定日，以前段定日减之，为日率；定星与前段定星相减，为度率。通度率，以经法乘之，通日率而一，为平行分。

初末行分

近伏段与伏段平行分，合而半之，为其段近伏行分。以平行分减之，余减平行分，为其段远伏行分。近留段近留行分空。倍平行分为其段远留行分。其不近伏留段皆以顺行二段平行分，合而半之，为前段末日、后段初日行分。各与其段平行分相减，平行分多，则加平行分。平行分少，则减平行分。即前段初日，后段末日，行分其不近伏留段退行则以迟段近疾行分，为疾段近迟行分，所得与平行分相减，平行分多，则加之，少则减之，皆为远迟行分也。

初行夜半宿次

置经法，以前段末日加时分减之。余乘前段末日行分，经法而一，用顺加、退减前段末日加时宿度，为其段初行昏后夜半宿度也。

每日行分

初末行分相减，为差率。累计其段初行昏后夜半距后段初行昏后夜半日数除之，为日差。半日差，以减多，加少为其段初末定行分。置初定行分，分用日差末多则累加，末少则累减，为每日行分。以每日行分顺加，退减初行昏后夜半宿度，为每日昏后夜半星所至宿度也。

先定日昏后夜半宿次

自初日累计距所求日数，以乘其段日差。末多用加，末少用减，初日行分，为其日行分。合初日而半之，以所累计日乘之，用顺加，退减，其段初行昏后夜半宿次，即所求也。

《钦天》步发敛术

侯策：五，五百二十四，四十五。

卦策：六，六百二十九，三十四。

外策：三，三百一十四，六十七。

维策：一十二，一千二百五十八，六十八。

气盈：一千五百七十三，三十五。

朔虚：三千三百九十九，七十二。

气候图

冬至十一月中	蚯蚓结	麋角解
	水泉动	
小寒十二月节	雁北乡	鹊始巢
	雉始雊	
大寒十二月中	鸡始乳	鸷鸟厉疾
	水泽腹坚	
立春正月节	东风解冻	蛰虫始振
	鱼上冰	
雨水正月中	獭祭鱼	鸿雁来
	草木萌动	
惊蛰二月节	桃始华	仓庚鸣
	鹰化为鸠	
春分二月中	玄鸟至	雷乃发声
	始电	
清明三月节	桐始华	田鼠化为鴽
	虹始见	
谷雨三月中	萍始生	鸣鸠拂其羽
	戴胜降于桑	
立夏四月节	蝼蝈鸣	蚯蚓出
	王瓜生	
小满四月中	苦菜秀	靡草死
	小暑至	

芒种五月节	螳螂生	鵙始鸣
	反舌无声	
夏至五月中	鹿角解	蜩始鸣
	半夏生	
小暑六月节	温风至	蟋蟀居壁
	鹰乃学习	
大暑六月中	腐草为萤	土润溽暑
	大雨时行	
立秋七月节	凉风至	白露降
	寒蝉鸣	
处暑七月中	鹰祭鸟	天地始肃
	禾乃登	
白露八月节	鸿雁来	玄鸟归
	群鸟养羞	
秋分八月中	雷乃收声	蛰虫坏户
	水始涸	
寒露九月节	鸿雁来宾	雀入水为蛤
	菊有黄华	
霜降九月中	豺祭兽	草木黄落
	蛰虫咸俯	
立冬十月节	水始冰	地始冻
	雉入水为蜃	
小雪十月中	虹藏不见	天气上腾地气下降
	闭塞成冬	
大雪十一月节	鹖鸟不鸣	虎始交
	荔挺出	

爻象图

| 冬至坎初六 | 公中孚 | 辟复 | 侯屯内 |
| 小寒坎九二 | 侯屯外 | 大夫谦 | 卿睽 |

大寒坎六三	公升	辟临	侯小过内
立春坎六四	侯小过外	大夫蒙	卿益
雨水坎九五	公渐	辟泰	侯需内
惊蛰坎上六	侯需外	大夫随	卿晋
春分震初九	公解	辟大壮	侯豫内
清明震六二	侯豫外	大夫讼	卿蛊
谷雨震六三	公革	辟夬	侯旅内
立夏震九四	侯旅外	大夫师	卿比
小满震六五	公小畜	辟乾	侯大有内
芒种震上六	侯大有外	大夫家人	卿井
夏至离初九	公咸	辟姤	侯鼎内
小暑离六二	侯鼎外	大夫丰	卿涣
大暑离九三	公履	辟遁	侯恒内
立秋离九四	侯恒外	大夫节	卿同人
处暑离六五	公损	辟否	侯巽内
白露离上九	侯巽外	大夫萃	卿大畜
秋分兑初九	公贲	辟观	侯归妹内
寒露兑九二	侯归妹外	大夫无妄	卿明夷
霜降兑六三	公困	辟剥	侯艮内
立冬兑九四	侯艮外	大夫既济	卿噬嗑
小雪兑九五	公大过	辟坤	侯未济内
大雪兑上六	侯未济外	大夫蹇	卿颐

七十二侯

各置中节，即初侯也。以侯策累加之，即次侯也。

六十四卦

置中气，即公卦也。以卦策累加之，即次卦也。置侯卦，以外策加之，即外卦也。

五行用事

置四立之节而命之，即春木、夏火、秋金、冬水用事之初也。置四季之节，各以维策加之，即土用事。

没日

中节分五千六百二十六秒六十五已上者，用减统法，为有没分。通气策以乘之，气盈而一，满统法为日，用加其气而命之，即所求没日也。

灭日

常朔分朔虚已下者，为灭分。以朔率乘之，朔虚而一，盈统法为日，用加其朔而命之，即所求灭日也。

右朴所撰《钦天历经》四篇，《旧史》亡其《步发敛》一篇，而在者三篇，简略不完，不足为法。朴历世既罕传，予尝问于著作佐郎刘羲叟，羲叟为予求得其本经，然后朴之历大备，羲叟好学知书史，尤通于星历，尝谓予曰："前世造历者，其法不同而多差。至唐一行始以天地之中数作《大衍历》，最为精密，后世善治历者，皆用其法。惟写分拟数而已。至朴亦能自为一家。朴之历法，总日躔差为盈缩二历，分月离为迟疾二百四十八限，以考衰杀之渐，以审朓朒，而朔望正矣。校赤道九限，更其率数，以步黄道，使日躔有常度。分黄道八节，辨其内外，以揆九道，使月行如循环，而二曜协矣。观天势之升降，察轨道之斜正，以制食差，而交会密矣。测岳台之中晷，以辨二至之日夜，而轨漏实矣。推星行之逆顺、伏留，使舒亟有渐，而五纬齐矣。然不能宏深简易，而径急是取。至其所长，虽圣人出不能废也。"羲叟之言盖如此，览者得以考焉。

新五代史卷五九
考第二

司天二

昔孔子作《春秋》而天人备。予述本纪,书人而不书天,予何敢异于圣人哉!其文虽异,其意一也。自尧、舜、三代以来,莫不称天以举事。孔子删《诗》、《书》不去也。盖圣人不绝天于人,亦不以天参人。绝天于人,则天道废;以天参人,则人事惑。故常存而不究也。《春秋》虽书日食星变之类,孔子未尝道其所以然者,故其弟子之徒莫得有所述于后世也。

然则天果与于人乎?果不与乎?曰:天,吾不知,质诸圣人之言可也。《易》曰:"天道亏盈,而益谦;地道变盈,而流谦。鬼神害盈而福谦,人道恶盈而好谦。"此圣人极论天人之际最详而明者也。其于天地鬼神以不可知为言,其可知者人而已。夫日中则昃,盛衰必复,天,吾不知,吾见其亏益于物者矣。草木之成者,变而衰落之;物之下者,进而流行之。地,吾不知,吾见其变流于物者矣。人之贪满者,多祸;其守约者,多福。鬼神,吾不知,吾见人之祸福者矣。天地鬼神不可知其心,则因其著于物者以测之。故据其迹之可见者以为言,曰亏益、曰变流、曰害福。若人,则可知者,故直言其情,曰好恶。其知与不知,异辞也,参而会之,与人无以异也。其果与于人乎?不与于人乎?则所不知也。以其不可知,故常尊而远之;以其与人无所异也,则修吾人事而已。人事者,天意也。《书》曰:"天视自我民视,天听自我民听。"未有人心悦于下,而天意怒于上者;未有人理逆于下，而天道顺于上者。然则，王者君天下，子生民，布德行政以顺人心，是之谓奉天。至于三辰五星常动而不息，不能无盈缩差忒之变，而占之有中有不中，不可以为常者，有司之事也。《本纪》所述人君行事详矣，其兴亡治乱可以见。至于三辰五星，逆顺变见，有司之所占者，故以其官志之，以备司天之所考。

呜呼，圣人既没而异端起。自秦汉以来，学者惑于灾异矣。天文五行之说不胜其繁也。予之所述，不得不异乎《春秋》也，考者，可以知焉。

开平二年夏四月辛丑，荧惑犯上将。甲寅，地震。四年十二月庚午，月有食之。

乾化元年，春正月丙戌朔，日有食之。五月，客星犯帝坐。二年正月丙申，荧惑犯房第二星。戊申，月犯心大星。四月甲寅，月掩心大星。壬申，彗出于张。甲戌，彗出灵台。

同光元年，十月辛未朔，日有食之。二年六月甲申，众星交流。丙戌，众星交流。八月戊子，荧惑犯星。十一月丁巳，地震。三年三月丙申，荧惑犯上相。戊申，月有食之。四月癸亥朔，日有食之。甲子，荧惑犯左执法。六月甲子，太白昼见。丙寅，岁犯右执法。己巳，太白昼见。庚寅，众星流自二更尽，三更而止。辛卯，众小星流于西南。九月甲辰，月有食之。丁未，天狗堕，有声如雷。野雉皆雊。丙辰，太白岁相犯。十一月甲寅，地震。

天成元年，三月，恶星入天库，流星犯天棓。四月庚戌，金犯积尸。六月乙未，众小星交流。七月巳未，月犯太白。庚申，太白昼见。乙丑，月入南斗魁。八月乙酉朔，日有食之。癸卯，太白犯心大星。乙巳，月犯五诸侯。辛亥，荧惑犯上将。九月丁巳，月犯心大星。己巳，月犯昴。庚午，荧惑犯右执法。己卯，荧惑犯左执法。十月戊子，荧惑犯上相。己丑至于庚子日，月赤而无光。丙午，月掩左执法。十一月丁丑，月晕匝火木。戊寅，月犯金木土。十二月戊戌，荧惑犯氐。乙巳，月掩庶子。二年正月甲戌，荧惑岁相犯。二月辛卯，荧惑犯键闭。三月戊午，月掩鬼。庚申，众小星流于西北。己巳，荧惑犯上相。乙亥，月入羽林。四月丁亥，月犯右执法。癸卯，月入羽林。六月辛丑，荧惑犯房。八月己卯朔，日有食之。庚子，月犯五诸侯。九月壬子，岁犯房。庚申，月入羽林。壬申，月犯上将。十月壬午，月犯五诸侯。癸未，地震。十一月乙卯，月入羽林。辛未，地震。壬申，地震。十二月癸未，地震。三年春正月壬申，金火合于奎。二月丁丑朔，日有食之。四月丁酉，月犯五诸侯。五月丁巳，月掩房距星。六月乙酉，月掩心庶子。癸巳，月入羽林。自正月至于是月，宗人、宗正摇不止。七月乙卯，月入南斗魁。闰八月，癸卯朔，荧惑犯上将。戊申，月犯南斗。乙卯，荧惑犯右执法。庚戌，太白犯右执法。九月庚辰，土木合于箕。辛巳，金、火合于轸。十月庚午，彗出西南。十一月戊子，月掩轩辕大星。乙未，太白犯镇，月掩房。十二月壬寅朔，荧惑犯房。金、木相犯于斗。乙卯，月有食之。四年正月癸巳，月入南斗魁。二月辛酉，月及火土合于斗。三月壬辰，岁犯牛。六月癸丑，月有食之，既。七月丁丑，月入南斗。九月丙子，荧惑入哭星。十二月庚戌，月有食之，既。

长兴元年六月癸巳朔，日有食之。乙卯，太白犯天镈。八月己亥，月犯南斗。乙卯，月犯积尸。九月辛酉朔，众小星交流而殒。十一月壬戌，荧惑犯氐。十二月丙辰，荧惑犯天江。二年正月乙亥，太白犯羽林。庚辰，月犯心距星。二月丁未，月犯房。四月甲寅，荧惑犯羽林。五月癸亥，太白昼见。闰五月乙巳，岁昼见。六月壬午，地震。八月丁巳，辰犯端门。九月丙戌，众星交流。丁亥，众星交流而殒。戊子，太白昼见。丁未，雷。十一月甲申朔，日有食之。丙戌，太白犯键。三年四月庚辰，荧惑犯积尸。九月庚寅，太白犯哭星。十月壬申，太白昼见。十一月己亥，太白犯壁垒。四年五月癸卯，太白昼见。六月庚午，众星交流。七月乙亥朔，众星交流。九月辛巳，太白犯右执法。乙未，雷。

应顺元年，二月丁酉，众星流于西北。四月戊寅，白虹贯日。是月，改元。

　　清泰元年五月己未,太白昼见。六月甲戌,太白犯右执法。九月辛丑,众星交流。壬寅,雨、雹于京师。冬十一月丁未,彗出虚危,扫天垒及哭星。

　　天福元年,三月壬子,荧惑犯积尸。二年正月乙卯朔,日有食之。七月丙寅,月有食之。十二月己卯朔,日有白虹二。三年三月壬子,日有白虹二。五月壬子,月犯上将。四年四月辛巳,太白犯东井北辕。甲午,太白犯五诸侯。五月丁未,太白犯舆鬼中星。七月庚子朔,日有食之。九月癸未,月掩毕。五年十一月丁丑,月有食之。六年八月辛卯,太白犯轩辕。九月己卯,荧惑犯上将。壬子,彗出于西,扫天市坦。八年四月戊申朔,日有食之。八月丙子,荧惑犯右掖。十月庚戌,彗出东方。丙辰,荧惑犯进贤。十一月庚子,月犯房。

　　开运元年,二月辛亥,日有白虹二。壬戌,太白犯昴。己巳,荧惑犯天钥。三月戊子,月有食之。四月丁巳,太白犯五诸侯。七月庚辰,月犯荧惑。壬午,月入南斗。甲申,太白犯东井。八月甲辰,荧惑入南斗。九月庚午朔,日有食之。丙子,月入南斗。乙酉,月食昴。丙戌,月有食之。庚寅,月犯五诸侯。十月癸卯,月入南斗。十一月辛巳,月犯昴。十二月癸丑,太白犯辰。二年七月乙未朔,月犯角。壬寅,月犯心前大星。庚戌,岁犯井钺。八月甲子朔,日有食之。甲戌,岁犯东井。九月己酉,月犯昴。甲寅,太白犯南斗魁。十一月甲午朔,太白犯哭星。癸丑,月掩角距星。戊午,月犯心后星。三年二月壬戌朔,日有食之。

　　天福十二年,四月丙子,太白昼见。十月己丑,太白犯亢距星。十一月壬子,雨,木冰。辛酉,雨,木冰。壬戌,月犯昴。癸酉,雨,木冰。乙亥,月掩心大星。己卯,月犯南斗。十二月乙未,月有食之。

　　乾祐元年,四月甲午,月犯南斗。六月戊寅朔,日有食之。乙未,月入南斗。七月甲寅,月掩心庶子星。八月乙酉,镇犯太微西垣。戊戌,岁犯右执法。九月丁卯,月掩鬼。十月丁丑,岁犯左执法。二年四月壬午,太白昼见。六月癸酉朔,日有食之。壬午,月犯心。丙戌,月犯天关。八月乙亥,月犯房次将。九月壬寅,太白犯右执法。庚戌，太白犯镇。辛酉，镇犯右执法。丁卯，太白犯岁。镇自元年八月己丑，入太微垣，犯上将、执法、内屏、谒者、勾巳往来，至是岁十一月辛亥而出。四百四十三日甲寅，月犯昴。三年二月甲戌，月犯昴。六月乙卯，镇犯左掖。七月甲申，荧惑犯司怪。八月癸卯，太白犯房。庚戌，太白犯心大星。十月辛酉，月犯心太星。太白犯木。十一月甲子朔，日有食之。

广顺元年，二月丁巳，岁犯咸池。己未，荧惑犯五诸侯。三月甲子，岁守心。己卯，荧惑犯鬼。壬午，荧惑犯天户。四月甲午，岁犯钩钤。二年二月庚寅，太白经天。四月丙戌朔，日有食之。七月乙丑，荧惑犯井钺。八月乙未，荧惑犯天镝。九月辛酉，荧惑犯鬼。庚辰，太白掩右执法。十月壬辰，太白犯进贤。三年四月乙丑，荧惑犯灵台。五月辛巳，荧惑犯上将。丙申，荧惑犯右执法。七月乙酉，月犯房。十二月戊申，雨、木冰。

显德元年，正月庚寅，有大星坠，有声如雷。牛马皆逸。京城以为晓鼓，皆伐鼓以应之。三年正月壬戌，有星孛于参。十一月庚午，白虹贯日。癸酉，月有食之。

五代乱世，文字不完，而史官所记亦有详略。其日、月、五星之变，大者如此。至于气祲之象，出没销散不常，尤难占据。而五代之际，日有冠珥、环晕、缨纽、负抱、戴履、背气，十日之中常七八，其繁不可以胜书，而背气尤多。天福八年正月丙戌，黄雾四塞。九年正月乙未，大雾中二白虹相偶。四月庚戌，大雾中有苍白二虹。广顺元年十一月甲子，白虹竟天。此其尤异者也。至于吴火出杨林江水中，闽天雨豆之数，皆非中国耳。目所及者，不可得而悉书矣。

新五代史卷六〇
考第三

职　方

　　呜乎,自三代以上,莫不分土而治也。后世鉴古矫失,始郡县天下。而自秦汉以来,为国孰与三代长短?及其亡也,未始不分,至或无地以自存焉。盖得其要,则虽万国而治,失其所守,则虽一天下不能以容,岂非一本于道德哉!唐之盛时,虽名天下为十道,而其势未分。既其衰也,置军节度,号为方镇,镇之大者连州十余,小者犹兼三四,故其兵骄则逐帅,帅强则叛上。土地为其世有,干戈起而相侵,天下之势自兹而分。然唐自中世多故矣,其兴衰救难常倚镇兵扶持;而侵凌乱亡亦终以此。岂其利害之理然欤?自僖、昭以来,日益割裂。梁初,天下别为十一国:南有吴、浙、荆、湖、闽、汉;西有歧、蜀;北有燕、晋。而朱氏所有七十八州以为梁。庄宗初起,并代取幽、沧,有州三十五。其后又取梁魏、博等十有六州,合五十一州,以灭梁。歧王称臣,又得其州七。同光破蜀,已而复失,惟得秦、凤、阶、成四州,而营、平二州陷于契丹,其增置之州一,合一百二十三州以为唐。石氏入立,献十有六州于契丹,而得蜀金州,又增置之州一,合百九州以为晋。刘氏之初,秦、凤、阶、成复入于蜀。隐帝时,增置之州一,合一百六州以为汉。郭氏代汉,十州入于刘旻。世宗取秦、凤、阶、成、瀛、莫及淮南十四州,又增置之州五,而废者三,合一百一十八州以为周。宋兴因之,此中国之大略也。其余外属者,强弱相并,不常其得失。至于周末,闽已先亡,而在者七国。自江以南,

二十一州为南唐；自剑以南及山南西道，四十六州为蜀；自湖南北
十州，为楚；自浙东西十三州，为吴越；自岭南北，四十七州为南汉；
自太原以北，十州为东汉；而荆、归、峡三州为南平，合中国所有，二
百六十八州，而军不在焉。唐之封疆远矣，前史备载，而羁縻寄治虚
名之州在其间。五代乱世，文字不完，而时有废省，又或陷于夷狄，
不可考究其详，其可见者，具之如谱：

州	梁	唐	晋	汉	周
汴	都	有宣武	都	都	都
洛	都	都	都	都	都
雍	有永平	都	有晋昌	有永兴	有
兖	有太宁	有	有	有	有罢
沂	有	有	有	有	有
密	有	有	有	有	有
青	有平卢	有	有罢	有平卢	有
淄	有	有	有	有	有
齐	有	有	有	有	有
棣	有	有	有	有	有
登	有	有	有	有	有
莱	有	有	有	有	有
徐	有武宁	有	有	有	有
宿	有	有	有	有	有
郓	有天平	有	有	有	有

曹	有	有	有威信	有罢	有彰信
濮	有	有	有	有	有
济					有太祖置
宋	有宣武	有归德	有	有	有
亳	有	有	有	有	有
单	有辉州	有改日单州	有	有	有
颖	有	有	有	有	有
陈	有	有	有镇安	有军废	有复
蔡	有	有	有	有	有
许	有匡国	有忠武	有	有	有
汝	有	有	有	有	有
郑	有	有	有	有	有
滑	有宣义	有义城	有	有	有
襄	有初日忠义后复为山南东道	有	有	有	有
均	有	有	有	有	有
房	有	有	有	有	有
金	有蜀武雄	有蜀	有怀德寻罢	有	有

邓	有宣化	有威胜	有	有	有威胜
随	有	有	有	有	有
郢	有	有	有	有	有
唐	有	有	有	有	有
复	有	有	有	有	有
安	有宣威	有安远	有威胜	有复	有罢
申	有	有	有	有	有
蒲	有护国	有	有	有	有
孟	有河阳三城	有	有	有	有
怀	有	有	有	有	有
晋	有初日定昌后日建宁	有建雄	有	有	有
绛	有	有	有	有	有
陕	有镇国	有保义	有	有	有
虢	有	有	有	有	有
华	有感化	有镇国	有	有	有罢军
商	有	有	有	有	有
同	有	有匡国	有	有	有

耀	岐义胜 有	有崇州 静胜	有复曰耀州 改顺义	有	有
解				有隐帝置	有
邠	岐静难有	有	有	有	有
宁	岐有	有	有	有	有
庆	岐有	有	有	有	有
衍	岐有	有	有	有	废
威			有高祖置	有	有 改曰环州
鄜	岐保大 有	有	有	有	有
坊	岐有	有	有	有	有
丹	岐有	有	有	有	有
延	岐忠义 有	有彰武	有	有	有
夏	有定难	有	有	有	有
银	有	有	有	有	有
绥	有	有	有	有	有
宥	有	有	有	有	有
灵	有朔方	有	有	有	有
盐	有	有	有	有	有

岐	岐凤翔	有	有	有	有
陇	岐	有	有	有	有
泾	岐彰义	有	有	有	有
原	岐	有	有	有	有
渭	岐	有	有	有	有
武	岐	有	有	有	有
秦	岐雄武蜀天雄有	有	有	蜀	有
成	岐蜀	有	有	蜀	有
阶	岐蜀	有	有	蜀	有
凤	岐蜀	有	有	蜀	有
乾	岐李茂贞置	有	有	有	有
魏	有天雄唐	有邺都	有邺都	有邺都	有罢都
博	有唐	有	有	有	有
贝	有唐	有	有永清	有	有
卫	有唐	有	有	有	有
澶	有唐	有	有镇宁	有	有
相	有昭德唐	有	有彰德	有	有
邢	有保义唐	有安国	有	有	有
洺	有	有	有	有	有
磁	有改日惠州	有复日磁州	有	有	有

镇	有武顺唐	有成德	有顺德	有成德	有
冀	有唐	有	有	有	有
深	有唐	有	有	有	有
赵	有唐	有	有	有	有
易	有唐	有	有	有	有
祁	有唐	有	有	有	有
定	有义武唐	有	有	有	有
沧	唐横海	有	有	有	有
景	唐有	有	有	有	有废
德	唐	有	有	有	有
滨					有世宗置
瀛	唐	有	契丹	契丹	有
莫	唐	有	契丹	契丹	有
雄					有世宗置
霸					有世宗置
幽	唐卢龙	有	契丹	契丹	契丹
涿	唐	有	契丹	契丹	契丹
檀	唐	有	契丹	契丹	契丹
蓟	唐	有	契丹	契丹	契丹
顺	唐	有	契丹	契丹	契丹
营	唐	有契丹	契丹	契丹	契丹

平	唐	有契丹	契丹	契丹	契丹
蔚	唐	有	契丹	契丹	契丹
朔	唐振武	有	契丹	契丹	契丹
云	唐大同	有	契丹	契丹	契丹
应	唐	有彰国	契丹	契丹	契丹
新	唐	有威塞	契丹	契丹	契丹
妫	唐	有	契丹	契丹	契丹
儒	唐	有	契丹	契丹	契丹
武	唐	有	契丹	契丹	契丹
寰		有明宗置	契丹	契丹	契丹
忻	唐	有	有	有	东汉
代	唐鸿门	有	有	有	东汉
岚	唐	有	有	有	东汉
石	唐	有	有	有	东汉
宪	唐	有	有	有	东汉
麟	唐	有	有	有	东汉
府	唐	有	有永安	有罢军	有永安
并	唐河东	有北都	有	有	东汉
汾	唐	有	有	有	东汉
慈	唐	有	有	有	有
隰	唐	有	有	有	有

泽	唐	有	有	有	有
潞	唐 昭义	有安义 昭义	有	有	有
沁	唐	有	有	有	东汉
辽	唐	有	有	有	东汉
杨	吴淮南	吴	南唐	南唐	有
楚	吴	吴	南唐	南唐	有
泗	吴	吴	南唐	南唐	有
滁	吴	吴	南唐	南唐	有
和	吴	吴	南唐	南唐	有
光	吴	吴	南唐	南唐	有
黄	吴	吴	南唐	南唐	有
舒	吴	吴	南唐	南唐	有
蕲	吴	吴	南唐	南唐	有
庐	吴	吴	南唐	南唐	有保信
寿	吴忠正	吴	南唐	南唐	有忠正
海	吴	吴	南唐	南唐	有
泰	吴	吴	南唐	南唐	有
濠	吴	吴	南唐	南唐	有
通					有世宗置
润	吴	吴	南唐	南唐	南唐

常	吴	吴	南唐	南唐	南唐
宣	吴宁国	吴	南唐	南唐	南唐
歙	吴	吴	南唐	南唐	南唐
鄂	吴武昌	吴	南唐	南唐	南唐
升	吴	吴	南唐	南唐	南唐
池	吴	吴	南唐	南唐	南唐
饶	吴	吴	南唐	南唐	南唐
信	吴	吴	南唐	南唐	南唐
江	吴	吴	南唐	南唐	南唐
洪	吴镇南	吴	南唐	南唐	南唐
抚	吴	吴	南唐	南唐	南唐
袁	吴	吴	南唐	南唐	南唐
吉	吴	吴	南唐	南唐	南唐
虔	有吴	吴	南唐	南唐	南唐
筠			南唐 李煜置	南唐	南唐
建	闽	闽	南唐	南唐	南唐
汀	闽	闽	南唐	南唐	南唐
剑			南唐 李煜置	南唐	南唐

漳	闽	闽	南唐 留从效	南唐 留从效	南唐 留从效
泉	闽	闽	南唐 留从效	南唐 留从效	南唐 留从效
福	闽武威	闽	吴越	吴越	吴越
杭	吴越镇海	吴越	吴越	吴越	吴越
越	吴越镇东	吴越	吴越	吴越	吴越
苏	吴越	吴越	吴越	吴越	吴越
湖	吴越	吴越	吴越	吴越	吴越
温	吴越	吴越	吴越静海	吴越	吴越
台	吴越	吴越	吴越	吴越	吴越
明	吴越	吴越	吴越	吴越	吴越
处	吴越	吴越	吴越	吴越	吴越
衢	吴越	吴越	吴越	吴越	吴越
婺	吴越	吴越	吴越	吴越	吴越
睦	吴越	吴越	吴越	吴越	吴越
秀			吴越 元瓘置	吴越	吴越
荆	南平荆南	南平	南平	南平	南平
归	蜀	南平	南平	南平	南平
峡	蜀	南平	南平	南平	南平

益	蜀成都	有后蜀	蜀	蜀	蜀
汉	蜀	有后蜀	蜀	蜀	蜀
彭	蜀	有后蜀	蜀	蜀	蜀
蜀	蜀	有后蜀	蜀	蜀	蜀
绵	蜀	有后蜀	蜀	蜀	蜀
眉	蜀	有后蜀	蜀	蜀	蜀
嘉	蜀	有后蜀	蜀	蜀	蜀
剑	蜀	有后蜀	蜀	蜀	蜀
梓	蜀敛南东川	有后蜀	蜀	蜀	蜀
遂	蜀武信	有后蜀	蜀	蜀	蜀
果	蜀	有后蜀	蜀	蜀	蜀
阆	蜀	有保宁 后蜀	蜀	蜀	蜀
普	蜀	有后蜀	蜀	蜀	蜀
陵	蜀	有后蜀	蜀	蜀	蜀
资	蜀	有后蜀	蜀	蜀	蜀
荣	蜀	有后蜀	蜀	蜀	蜀
简	蜀	有后蜀	蜀	蜀	蜀
邛	蜀	有后蜀	蜀	蜀	蜀

黎	蜀	有后蜀	蜀	蜀	蜀
雅	蜀永平	有后蜀	蜀	蜀	蜀
维	蜀	有后蜀	蜀	蜀	蜀
茂	蜀	有后蜀	蜀	蜀	蜀
文	蜀	有后蜀	蜀	蜀	蜀
龙	蜀	有后蜀	蜀	蜀	蜀
黔	蜀武泰	有后蜀	蜀	蜀	蜀
施	蜀	有后蜀	蜀	蜀	蜀
夔	蜀镇江	有后蜀	蜀	蜀	蜀
忠	蜀	有后蜀	蜀	蜀	蜀
万	蜀	有后蜀	蜀	蜀	蜀
兴	蜀	有后蜀	蜀	蜀	蜀
利	蜀昭武	有后蜀	蜀	蜀	蜀
开	蜀	有后蜀	蜀	蜀	蜀
通	蜀	有后蜀	蜀	蜀	蜀
涪	蜀	有后蜀	蜀	蜀	蜀
渝	蜀	有后蜀	蜀	蜀	蜀
泸	蜀	有后蜀	蜀	蜀	蜀
合	蜀	有后蜀	蜀	蜀	蜀
昌	蜀	有后蜀	蜀	蜀	蜀
巴	蜀	有后蜀	蜀	蜀	蜀

蓬	蜀	有后蜀	蜀	蜀	蜀
集	蜀	有后蜀	蜀	蜀	蜀
壁	蜀	有后蜀	蜀	蜀	蜀
渠	蜀	有后蜀	蜀	蜀	蜀
戎	蜀	有后蜀	蜀	蜀	蜀
梁	蜀 山南西道	有后蜀	蜀	蜀	蜀
洋	蜀武定	有后蜀	蜀	蜀	蜀
潭	楚武安	楚	楚	楚	周行逢
衡	楚	楚	楚	楚	周行逢
澧	楚	楚	楚	楚	周行逢
朗	楚	楚武平	楚	楚	周行逢
岳	楚	楚	楚	楚	周行逢
道	楚	楚	楚	楚	周行逢
永	楚	楚	楚	楚	周行逢
邵	楚	楚	楚	楚	周行逢
全			楚 马希范置	楚	周行逢
辰	楚	楚	楚	楚	周行逢
融	楚	楚	楚	南汉	南汉
郴	楚	楚	楚	南汉	南汉

连	楚	楚	楚	南汉	南汉
昭	楚	楚	楚	南汉	南汉
宜	楚	楚	楚	南汉	南汉
桂	楚静江	楚	楚	南汉	南汉
贺	楚	楚	楚	南汉	南汉
梧	楚	楚	楚	南汉	南汉
蒙	楚	楚	楚	南汉	南汉
严	楚	楚	楚	南汉	南汉
富	楚	楚	楚	南汉	南汉
柳	楚	楚	楚	南汉	南汉
象	楚	楚	楚	南汉	南汉
容	南汉宁远	南汉	南汉	南汉	南汉
邕	南汉建武	南汉	南汉	南汉	南汉
端	南汉	南汉	南汉	南汉	南汉
康	南汉	南汉	南汉	南汉	南汉
封	南汉	南汉	南汉	南汉	南汉
恩	南汉	南汉	南汉	南汉	南汉
春	南汉	南汉	南汉	南汉	南汉
新	南汉	南汉	南汉	南汉	南汉
高	南汉	南汉	南汉	南汉	南汉
窦	南汉	南汉	南汉	南汉	南汉

雷	南汉	南汉	南汉	南汉	南汉
化	南汉	南汉	南汉	南汉	南汉
韶	有南汉	南汉	南汉	南汉	南汉
藤	南汉	南汉	南汉	南汉	南汉
白	南汉	南汉	南汉	南汉	南汉
廉	南汉	南汉	南汉	南汉	南汉
钦	南汉	南汉	南汉	南汉	南汉
广	南汉清海	南汉	南汉	南汉	南汉
横	南汉	南汉	南汉	南汉	南汉
宾	南汉	南汉	南汉	南汉	南汉
浔	南汉	南汉	南汉	南汉	南汉
惠	南汉	南汉	南汉	南汉	南汉
郁林	南汉	南汉	南汉	南汉	南汉
英		南汉 刘龙夭置	南汉	南汉	南汉
雄		南汉 刘龙夭置	南汉	南汉	南汉
琼	南汉	南汉	南汉	南汉	南汉
崖	南汉	南汉	南汉	南汉	南汉
儋	南汉	南汉	南汉	南汉	南汉
万安	南汉	南汉	南汉	南汉	南汉

罗	南汉	南汉	南汉	南汉	南汉
潘	南汉	南汉	南汉	南汉	南汉
勤	南汉	南汉	南汉	南汉	南汉
泷	南汉	南汉	南汉	南汉	南汉
辨	南汉	南汉	南汉	南汉	南汉

汴州，唐改曰宣武军，梁以汴州为开封府，建为东都。后唐灭梁，复为宣武军。晋天福三年，升为东京，汉、周因之。

洛阳，梁、唐、晋、汉、周常以为都，唐故为东都；梁为西都；后唐为洛京；晋为西京；汉、周因之。

雍州，唐故上都，昭宗迁洛废为佑国军。梁初，改京兆府曰大安，佑国军曰永平。唐灭梁，复为西京。晋废为晋昌军。汉改曰永兴，周因之。

曹州，故属宣武军节度，晋开运二年置威信军。汉初军废。周广顺二年，复置彰信军。

宋州，故属宣武军节度，梁初徙置宣武军。唐灭梁，改曰归德。

陈州，故属忠武军节度。晋开运二年置镇安军。汉初军废，周广顺二年，复之。

许州，唐故曰忠武。梁改曰匡国。唐灭梁，复曰忠武。

滑州，唐故曰义成，以避梁王父讳改曰宣义。唐灭梁，复其故。

襄州，唐故曰山南东道。唐、梁之际改曰忠义军。后以延州为忠义，襄州复曰山南东道。

邓州，故属山南东道节度，梁破赵匡凝，分邓州置宣化军。唐改曰威胜。周改曰武胜。

安州，梁置宣威军。唐改曰安远。晋罢，汉复曰安远，周又罢。

晋州，故属护国军节度。梁开平四年置定昌军。贞明三年，改曰建宁，唐改曰建雄。

金州，故属山南东道节度。唐末置戎昭军。已而，废之，遂入于蜀。至晋高祖时，又置怀德军，寻罢。

陕州，唐故曰保义。梁改曰镇国。后唐复曰保义。

华州，唐故曰镇国。梁改曰感化。后唐复曰镇国。

同州，唐故曰匡国。梁改曰忠武。后唐复曰匡国。

耀州，本华原县，唐末属李茂贞，建为耀州，置义胜军。梁末帝时，茂贞养子温韬以州降梁，梁改耀州为崇州，义胜曰静胜。后唐复为耀州。改曰顺义。

延州，故属保大军节度。梁置忠义军。唐改曰彰武。

魏州，唐故曰大名府，置天雄军。五代皆因之，后唐建邺都，晋汉因之。至周罢。大名府，后唐曰兴唐，晋曰广晋，汉、周复曰大名。

澶州，故属天雄军节度，晋天福九年置镇宁军。相州故属天雄军节度，梁末帝分置昭德军，而天雄军乱，遂入于晋。庄宗灭梁，复属天雄。晋高祖置彰德军。

邢州，故属昭义军节度。昭义所统泽、潞、邢、洺、磁五州。唐末，孟方立为昭义军节度使，徙其军额于邢州。而泽、潞二州入于晋。方立但有邢、洺、磁三州。故当唐末，有两昭义军。梁、晋之争，或入于梁，或入于晋。梁以邢、洺、磁三州为保义军，庄宗灭梁，改曰安国。

镇州，故曰成德军。梁初以成音犯庙讳，改曰武顺。唐复曰成德。晋又改曰顺德。汉复曰成德。

应州，故属大同军节度。唐明宗即位，以其应州人也，乃置彰国军。

新州，唐同光元年置威塞军。

府州，晋置永安军。汉罢之，周复。

并州，后唐建北都，其军仍曰河东。

潞州，唐故曰昭义。梁末帝时属梁，改曰匡义。岁余，唐灭梁，改曰安义。晋复，曰昭义。

庐州，周世宗克淮南置保信军。

寿州，唐故曰忠正。南唐改曰清淮。周世宗平淮南，复曰忠正。

五代之际,外属之州:杨州曰淮南、宣州曰宁国、鄂州曰武昌、洪州曰镇南、复州曰武威、杭州曰镇海、越州曰镇东、江陵府曰荆南。益州、梓州曰剑南东、西川,遂州曰武信,兴元府曰山南西道,洋州曰武定,黔州曰黔南,潭州曰武安,桂州曰静江,容州曰宁远,邕州曰建武,广州曰清海,皆唐故号,更五代无所易,而今因之者也。其余僭位改置之名,不可悉考,而不足道。其因著于今者,略注于谱。

济州,周广顺二年置,割郓州之巨野郓城、兖州之任城,单州之。金乡为属县,而治巨野。

单州,唐末以宋州之砀山,梁太祖乡里也,为置辉州。已而,徙治单父。后唐灭梁,改辉州为单州。其属县置徙,传记不同,今领单父、砀山、成武、鱼台四县。

耀州,李茂贞置,治华原县。梁初,改曰崇州。唐同光元年,复为耀州。

解州,汉乾祐元年九月置。割河中之闻喜、安邑、解县为属,而治解。

威州,晋天福四年置。割灵州之方渠、宁州之木波,马岭三镇为属,而治方渠。周广顺二年,改曰环州。显德四年,废为通远军。五代置军六,皆寄治于县,隶于州,故不别出。监者,物务之名尔,故不载于地理。皇朝军监始自置属县,与州府并列矣。

乾州,李茂贞置,治奉先县。

磁州,梁改曰惠州。唐复曰磁州。

景州,唐故置弓高。周显德三年,废为定远军。割其属安陵县属德州,废弓高县,入东光县,为定远军治所。

滨州,周显德三年置。以其滨海为名。初,五代之际,置榷盐务于海傍,后为赡国军,周因置州,割棣州之渤海、蒲台为属县,而治渤海。

雄州,周显德六年克瓦桥关置。治归义,割易州之容城为属,寻废。

霸州,周显德六年克益津关置。治永清,割莫州之文安,瀛州之大城为属。

通州,本海陵之东境,南唐置静海制置院。周世宗克淮南,升为静海军,后置通州,分其地置静海、海门二县为属,而治静海。

筠州,南唐李景置。割洪州之高安、上高、万载、清江四县为属,而治高安。

剑州,南唐李煜置,割建州之延平、剑浦、富沙三县为属,而治延平。

全州,楚王马希范置,以潭州之湘川县为清湘县,又割灌阳县为属,而治清湘。

秀州,吴越王钱元瓘置。割杭州之嘉兴县为属,而治之。

雄州,南汉刘䶮割韶州之保昌置,治保昌。

英州,南汉刘䶮割广州之浈阳置,治浈阳。

开封府,故统六县。梁开平元年割滑州之酸枣、长垣,郑州之中牟、阳武,宋州之襄邑,曹州之考城更曰戴邑。许州之扶沟、鄢陵,陈州之太康隶焉。唐分酸枣、中牟、襄邑、鄢陵、太康五县还其故。晋升汴州为东京,复割五县隶焉。

雍丘,晋改曰杞。汉复其故。

长垣,唐改曰匡城。

黎阳,故属滑州。晋割隶卫州。

叶襄城,故属许州。唐割隶汝州。

楚丘,故属单州。梁割隶宋州。

密州、胶西,故曰辅。唐、梁改曰安丘。唐复其故。晋改曰胶西。

渭南,故属京兆。周改隶华州。

同官,故属京兆府。梁割隶同州。唐割隶耀州。

美原,故属同州,李茂贞置鼎州而治之。梁改为裕州,属顺义军节度。后不见其废时。唐同光三年割隶耀州。

平凉,故属泾州。唐末渭州陷吐蕃,权于平凉置渭州,而县废。后唐清泰三年,以故平凉之安国。耀武两镇置平凉县,属泾州。

临泾,故属泾州。唐末原州陷吐蕃,权于临泾置原州,而泾州兼治其民。后唐清泰三年,割隶原州。

　　鄜州咸宁,周废。

　　稷山,故属河中,唐割隶绛州。

　　慈州仵城、吕香,周废。

　　大名府,大名故曰贵乡。后唐改曰广。晋、汉改曰大名。

　　沧州长芦、乾符,周废,入清池无棣。周置保顺军。

　　安陵,故属景州。周割隶德州。

　　澶州顿丘,晋置德清军。

　　博州武水,周废入聊城。

　　博野,故属深州,周割隶定州。

　　武康,故属湖州,梁割隶杭州。

　　福州闽清,梁乾化元年王审知于梅溪场置。

　　苏州吴江,梁开平三年钱镠置。

　　明州望海,梁开平三年钱镠置。

　　处州长松,故曰松阳,梁改曰长松。

　　潭州龙喜,汉乾祐三年,马希范置。

　　天长六合,故属杨州,南唐以天长为军,六合为雄州,周复故。

　　汉阳,故属鄂州,周置汉阳军。

　　汉川,故属沔州,周割隶安州。

　　襄州乐乡,周废入宜城。

　　邓州临湍,汉改曰临濑菊潭向城周废。

　　复州竟陵,晋改曰景陵。

　　监利,故属复州,梁割隶江陵。

　　唐州慈丘,周废。

　　商州乾元,汉改曰乾祐,割隶京兆。

　　洛南,故属华州,周割隶商州。

　　随州唐城,梁改曰汉东。后唐复旧。晋又改汉东。汉复旧。

　　雄胜军,本凤州固镇,周置军。

　　秦州天水陇城,唐末废,后唐复置。

成州栗亭，后唐置。

自唐有方镇，而史官不录于地理之书，以谓方镇兵戎之事，非职方所掌故也。然而，后世因习以军自地，没没其州名。若今永兴，本节度军名，而今命守臣，遂曰知永兴军府事，而不言雍州京兆是也。又今置军者，徒以虚名，升建为州府之重，此不可以不书也。州县，凡唐故而废于五代，若五代所置而见于今者，及县之割隶今因之者，皆宜列以备职方之考。其余尝置而复废，尝改割而复旧者，皆不足书。山川物俗，职方之掌也。五代短世，无所迁变，故亦不复录。而录其方镇军名，以与前史互见之云。

新五代史记卷六一
吴世家第一

杨行密　子渥　隆演　一溥　　徐温

　　呜呼！自唐失其政，天下乘时，黥髡盗贩，衮冕峨巍。吴暨南唐，奸豪窃攘，蜀险而富，汉险而贫，能自强，富者先亡。闽陋荆蹙，楚开蛮服。剥剽弗堪，吴越其尤。牢牲视人，岭蜑遭刘，百年之间，并起争雄，山川亦绝，风气不通。语曰：清风兴，群阴伏；日月出，爝火息。故真人作而天下同。作《十国世家》。

　　杨行密，字化源，庐州合淝人也。为人长大有力，能手举百斤。唐乾符中，江淮群盗起，行密以为盗见获。刺史郑棨奇其状貌，释缚纵之，后应募为州兵，戍朔方，迁队长。岁满戍还，而军吏恶之，复使出戍。行密将行过军吏舍，军吏阳为好言，问行密行何所欲，行密奋然曰："惟少公头尔。"即斩其首，携之而出，因起兵为乱，自号八营都知兵马使。刺史郎幼复弃城走，行密遂据庐州。中和三年，唐即拜行密庐州刺史、淮南节度使。
　　高骈为毕师铎所攻，骈表行密行军司马，行密率兵数千赴之。行至天长，师铎已囚骈，召宣州秦彦入杨州，行密不得入，屯于蜀冈。师铎兵众数万，击行密，行密阳败，弃营走，师铎兵饥，乘胜争入营，收军实，行密反兵击之，师铎大败，单骑走入城，遂杀高骈。行密闻骈死，缟军向城哭三日，攻其西门。彦及师铎奔于东塘，行密遂入杨州。是时，城中仓廪空虚，饥民相杀而食，其夫妇、父子自相牵就屠卖之。屠者，刲剔如羊豕。行密不能守，欲走。而蔡州秦宗权遣其弟宗衡掠地淮南，彦及师铎还自东塘与宗衡合，行密闭城不敢出。已而，宗衡为偏将孙儒所杀，儒攻高邮破之，行密益惧。其客袁袭曰："吾以新集之众守空城，而诸将多骈旧人，非有厚恩素信力制而心服之也。今儒兵方盛，所攻必克，此诸将持两端、因强弱、择向背之时也。海陵镇使高霸骈之旧将，必不为吾用。"行密乃以军令召霸，霸率其兵入广陵，行密欲使霸守天长，袭曰："吾以疑霸而召之，其可复用乎？且吾能胜儒，无所用霸，不幸不胜，天长岂吾有哉！不如杀之以并其众。"行密因犒军擒霸，族之，得其兵数千。

已而孙儒杀秦彦、毕师铎，并其兵以攻行密，行密欲走海陵。袭曰："海陵难守，而庐州吾旧治也，城廪完实，可为后图。"行密乃走庐州。久之，未知所向，问袭曰："吾欲卷甲倍道，西取洪州，可乎？"袭曰："钟传新得江西，势未可图。而秦彦之入广陵也。召池州刺史赵锽委以宣州。今彦且死，锽失所恃，而守宣州非其本志，且其为人非公敌，此可取也。"行密乃引兵攻锽，战于曷山，大败之。进围宣州，锽弃城走，追及杀之，行密遂入宣州。

龙纪元年，唐拜行密宣州观察使。行密遣田頵、安仁义、李神福等攻浙西，取苏、常、润州。二年，取滁、和州。景福元年，取楚州。孙儒自逐行密入广陵，久之，亦不能守，乃焚其城，杀民老疾以饷军，驱其众渡江，号五十万，以攻行密。诸将田頵、刘威等遇之辄败，行密欲走铜官，其客戴友规曰："儒来气锐而兵多，盖其锋不可当，而可以挫。其众不可敌而可久以敝之。若避而走，是就擒也。"刘威亦曰："背城坚栅，可以不战疲之"。行密以为然。久之，儒兵饥，又大疫，行密悉兵击之，儒败，被擒，将死，仰顾见威曰："闻公为此策以败我，使我有将如公者，其可败邪？"行密收儒余兵数千，以皂衣蒙甲，号"黑云都"，常以为亲军。是岁，复入扬州。唐拜行密淮南节度使。

乾宁二年，加检校太傅同中书门下平章事。行密以田頵守宣州，安仁义守润州。升州刺史冯弦铎来附。分遣頵等攻掠。自淮以南，江以东诸州皆下之。进攻苏州，擒其刺史成及。四年，兖州朱瑾奔于行密。初，瑾为梁所攻，求救于晋，晋遣李承嗣将劲骑数千助瑾，瑾败，因与俱奔行密。行密兵皆江淮人，淮人轻弱，得瑾劲骑，而兵益振。是岁，梁太祖遣葛从周、庞师古攻行密寿州，行密击败梁兵清口，杀师古，而从周收兵走。追至淠河，又大败之。五年，钱镠攻苏州，及周本战于白方湖，本败，苏州复入于越。天复元年，遣李神福攻越，战临安，大败之，擒其将顾全武以归。二年，冯弘铎叛，袭宣州，及田頵战于曷山，弘铎败，将入于海；行密自至东塘邀之，使人谓弘铎曰："胜败，用兵常事也。一战之衄，何苦自弃于海岛？吾府虽小，犹足容君。"弘铎感泣，行密从十余骑驰入其军，以弘铎为节度副使，以李神福代弘铎为升州刺史。"

是岁，唐昭宗在歧，遣江淮宣谕使李俨拜行密东面诸道行营都统、检校太师、中书令、封吴王。三年，以李神福为鄂岳招讨使，以攻杜洪，荆南成汭救洪，神福败之于君山。梁兵攻青州，王师范来求救，遣王茂章救之，大败梁兵，杀朱友宁。友宁，梁太祖子也。太祖大怒，自将以击，茂章兵号二十万，复为茂章所败。田頵叛，袭升州，执李神福妻子归于宣州。行密召神福以讨頵，頵遣其将王坛逆之，又遗神福书，以其妻子招之，神福曰："吾以一卒从吴王起事，今为大将，忍背德而顾妻子乎？"立斩其使以自绝。军士闻之皆感奋。行至吉阳矶，頵执神福子承鼎以招之，神福叱左右射之，遂败坛兵于吉阳。行密别遣台濛击頵，頵败死。初，頵及安仁义、朱延寿等皆从行密起微贱，及江淮甫定，思渐休息，而三人者皆猛悍难制，颇欲除之，未有以发。天复二年，钱镠为其将许再思等叛而围之，再思召頵攻镠杭州，垂克，而行密纳镠赂，命頵解兵，頵恨之，頵尝计事广陵，行密诸将多就頵求赂，而狱吏亦有所求。頵怒曰："吏欲我下狱也。"归而遂谋反。仁义闻之，亦反，焚东塘以袭常州。常州刺史李遇出战，望见仁义大骂之。仁义止其军曰："李遇乃敢辱我如此，其必有伏兵。"遂引军却，而伏兵果发，追至夹冈，仁义植帜解甲而食，遇兵不敢追，仁义复入润州。行密遣王茂章、李德诚、米志诚等围之。吴之军中推朱瑾善槊、志诚善射，皆为第一。而仁义尝以射自负曰：

"志诚之弓,十不当瑾槊之一;瑾槊之十,不当仁义弓之一"。每与茂章等战,必命中而后发,以此吴军畏之,不敢近。行密亦欲招降之,仁义犹豫未决。茂章乘其怠,穴地道而入,执仁义,斩于广陵。

延寿者,行密夫人朱氏之弟也。颜及仁义之将叛也,行密疑之,乃阳为目疾,每接延寿使者,必错乱其所见以示之。尝行,故触柱而仆,朱夫人扶之,良久乃苏。泣曰:"吾业成而丧其目,是天废我也。吾儿子皆不足以任事,得延寿付之,吾无恨矣。"夫人喜,急召延寿,延寿至,行密迎之寝门,刺杀之,出朱夫人以嫁之。

天祐二年,遣刘存攻鄂州,焚其城。城中兵突围而出,诸将急击之,存曰:"击之复入,则城愈固,听其去,城可取也"。是日城破,执杜洪,斩于广陵。九月,梁兵攻破襄州,赵匡凝奔于行密。十一月,行密卒,年五十四,谥曰武忠。子渥立,溥僭号,追尊行密为太祖武皇帝,陵曰兴陵。

渥,字承天,行密长子也。行密病,出渥为宣州观察使。右衙指挥使徐温私谓渥曰:"今王有疾而出嫡嗣,必有奸臣之谋。若它日召子,非温使者,慎无应命。渥涕泣谢温而去。行密病甚,命判官周隐作符召渥,隐虑渥幼弱不任事,劝行密用旧将有威望者代主军政,乃荐大将刘威,行密未许。温与严可求入问疾,行密以隐议告之,温等大惊,遽诣隐所计事。隐未出,而温见隐作召符犹在案上,急取遣之。渥见温使,乃行。行密卒,渥嗣立,召周隐骂曰:"汝,欲卖吾国者,复何面目见杨氏乎?"遂杀之,以王茂章为宣州观察使。渥之入也,多辇宣州库物以归广陵,茂章惜而不与,渥怒,命李简以兵五千围之,茂章奔于钱塘。天祐三年二月,刘存取岳州。四月,江西钟傅卒,其子匡时代立。傅养子延规怨不得立,以兵攻匡时,渥遣秦裴率兵攻之。九月,克洪州,执匡时及司马陈象以归,斩象于市,赦匡时,以秦裴为江西制置使。梁太祖代唐,改元开平,渥仍称天祐。鄂州刘存、岳州陈知新以舟师伐楚,败于浏阳。楚人执存及知新以归。楚王马殷素闻其名,皆欲活之,存等大骂殷曰:"昔岁宣城脱吾刃下,今日之败乃天亡我,我肯事汝以求活耶?我岂负杨氏者!"殷知不可屈,乃杀之,岳州复入于楚。”

初,渥之入广陵也,留帐下兵三千于宣州,以其腹心陈璠、范遇将之。既入立,恶徐温典牙兵,召璠等为东院马军以自卫。而温与左衙都指挥使张颢皆行密时旧将,又有立渥之功,共恶璠等侵其权。四年正月,渥视事,璠等侍侧,温、颢拥牙兵入,拽璠等下,斩之,渥不能止,由是失政,而心未能发。温等益不自安。五年三月,温、颢共遣盗入寝中杀渥。渥说群盗,能反杀温等者,皆为刺史。群盗皆诺,惟纪祥不从,执渥缢杀之,时年二十三,谥曰景。弟隆演立。溥僭号,追尊渥为烈宗景皇帝,陵曰绍陵。

隆演,字鸿源,行密第二子也。初名瀛,又名渭。初,温、颢之弑渥也,约分其地以臣于梁,及渥死,颢欲背约自立。温患之,问其客严可求,可求曰:“颢虽刚愎,而暗于成事,此易为也。”明日,颢列剑戟府中,召诸将议事,自大将朱瑾而下皆去卫从然后入。颢问诸将谁当立者,诸将莫敢对。颢三问,可求前密启曰:“方今四境多虞,非公主之不可。然恐为之太速,且今外有刘威、陶雅、李简、李遇,皆先王一等人也。公虽自立,未知此辈能降心以事公否。不若辅立幼主,渐以岁时,待其归心,然后可也。”颢不能对。可求因趋出,书一教内袖中,率诸将入贺,诸将莫知所为。及出教宣之,乃渥母史氏教言杨氏创业艰难,而嗣王不幸,隆演以次当立,告诸将以无负杨氏,而善事之。辞旨激切,闻者感动,颢气色皆沮,卒无能为,隆演乃得立。颢由此与温有隙,讽隆演出温润州,可求谓温曰:“今舍衙兵而出外郡,祸行至矣。”温患之,可求因说颢曰:“公与徐温同受顾托,议者谓公夺其衙兵,是将杀之于外,信乎?”颢曰:“事已行矣,安可止乎”?可求曰:“甚易也。”明日,从颢与诸将造温,可求阳责温曰:“古人不忘一饭之恩。况公,杨氏三世之将。今幼嗣新立,多事之时,乃求居外以苟安乎?”温亦阳谢曰:“公等见留,不愿去也。”由是不行。行军副使李承嗣与张颢善,觉可求有附温意,讽颢使客夜刺杀之。客刺可求,不能中。明日,可求诣温,谋先杀颢。阴遣钟章选壮士三十人就衙堂斩颢,因以弑渥之罪归之。温由是专政,隆演备位而已。

六月,抚州危全讽叛,攻洪州。袁州彭彦章、吉州彭玕、信州危仔倡皆起兵叛。隆演召严可求问谁可用者,可求荐周本。时本方攻苏州败归,惭不肯出。可求强起之,本曰:"苏州之败,非怯也。乃上将权轻,而下多专命尔。若必见任,愿无用偏裨。"乃请兵七千,战于象牙潭,败之,执全讽、彦章。而玕奔于楚、仔倡奔于钱塘、全讽至广陵。诸将议曰:"昔先王攻赵锽,全讽屡饷给吴军。"乃释不杀。初,全讽欲举兵也,钱镠送王茂章于梁,道过全讽,谓曰:"闻公欲大举,愿见公兵,以知济否。"全讽阵兵,与茂章登城望之,茂章曰:"我素事吴,吴兵三等,如公此众,可当其下将尔,非得益兵十万不可。"而全讽卒以此败。八年,徐温领升州刺史,治舟师于金陵。宣州李遇自行密时为大将,勋位已高,愤温用事,尝曰:"徐温何人?吾犹未识,而骤至于此。"温闻之怒,遣柴再用以兵送王坛代遇,且召之。遇疑,不受命。再用围之,隆演使客将何荛谕,遇使自归。荛因说曰:"公若欲反,可杀荛以示众。若本无心,何不随荛以出?"遇自以无反心,乃随荛出。温讽再用伺其出杀之,并族其家。

九年,温率将吏进隆演位太师、中书令、吴王。温为行军司马、镇海军节度使同中书门下平章事。陈章攻楚,取岳州,执其刺史苑玫。十年,越人攻常州,徐温败之于无锡。梁遣王茂章攻寿春,温败之霍丘。十二年,封徐温齐国公、两浙都招讨使,始镇润州。留其子知训为行军副使秉政,而大事温遥决之。冬,浚杨林江,水中出火,可以燃。十三年,宿卫将李球马谦挟隆演登楼,取库兵以诛知训,阵于门桥。知训与战,频却。朱瑾适自外来,以一骑前视其阵曰:"此不足为也。"因反顾一麾,外兵争进,遂斩球谦,而乱兵皆溃。十四年,徐温徙治金陵。十五年,遣王祺会洪、袁、信三州,兵攻虔韶,久之不克。祺病,以刘信代之。四月,副都统朱瑾杀徐知训,瑾自杀。润州徐知诰闻乱,率兵入杀唐宣谕使李俨以止乱,遂秉政。

徐氏之专政也,隆演幼懦不能自持。而知训尤凌侮之。尝饮酒楼上,命优人高贵卿侍酒。知训为参军,隆演鹑衣髽髻为苍鹘。知训尝使酒骂坐,语侵隆演,隆演愧耻涕泣,而知训愈辱之。左右扶隆演起去，知训杀吏一人，乃止。吴人皆仄目。知训又与朱瑾有隙，瑾已杀知训，携其首驰府中，示隆演曰："今日为吴除患矣。"隆演曰："此事非吾敢知。"遽起入内。瑾忿然以首击柱，提剑而出。府门已阖，逾垣，折其足，遂自刎死。米至诚闻瑾杀知训，被甲率其家兵至天兴门，问瑾所在，闻瑾死乃还。徐温疑至诚助瑾，遣使杀之。严可求惧事不克，使人伪从湖南境上来告军捷，召诸将入贺，擒至诚斩之。刘信克虔州，执谭全播以归。十六年春二月，温率将吏请隆演即天子位，不许。夏四月，温奉玉册、宝绶尊隆演即吴王位，建宗庙社稷，设百官如天子之制。改天祐十六年为武义元年，大赦境内，追尊行密孝武王，庙号太祖。渥景王，庙号烈祖。拜温大丞相、都督中外诸军事，封东海郡王。以徐知诰为左仆射参知政事，严可求为门下侍郎，骆知祥为中书侍郎，殷文圭、沈颜为翰林学士，卢择为吏部尚书，李宗、陈章为左右雄武统军，柴再用、钱镖为左右龙武统军，王令谋为内枢密使，江西刘信征南大将军，鄂州李简镇西大将军，抚州李德诚平南大将军，庐州张崇安西大将军，海州王绾镇东大将军。文武以次进位。封宗室皆郡公。温之徙镇金陵也，以其养子知诰守润州。严可求尝谓温曰："二郎君，非徐氏子，而推贤下士，人望颇归。若不去之，恐为后患。"温不能用其言。及知诰秉政，其语泄，知诰出可求于楚州。可求惧，诣金陵见温，谋曰："唐亡于今十二年，而吴犹不敢改天祐，可谓不负唐矣。然吴所以征伐四方，而建基业者，常以兴复为辞。今闻河上之战，梁兵屡绌，若李氏复兴，其能屈节乎？宜于此时先建国以自立。"温深然之。因留可求不遣，方谋迫隆演僭号。二年五月，隆演卒。隆演少年嗣位，权在徐氏，及建国称制，非其意，常怏怏。酣饮稀，复进食，遂至疾卒，年二十四。谥曰宣。弟溥立，僭号追尊为高祖宣皇帝，陵曰肃陵。

溥，行密第四子也。隆演建国，封丹阳郡公。隆演卒，弟庐江公濛，次当立。而徐氏秉政，不欲长君，乃立溥。七月，改升州大都督府为金陵府。拜徐温金陵尹。明年二月，改元顺义，赦境内。冬十一月，祀天于南郊，御天兴楼，大赦，拜徐温太师、严可求右仆射。三年，唐庄宗灭梁，遣司农卿卢苹使于唐，严可求密条数事，授苹以行。苹见洛阳，庄宗问之，苹次第以对，皆如所授。四年，溥至白沙，阅舟师，徐温来见，以白沙为迎銮镇。五年，唐遣谏议大夫薛昭文使福州，假道江西，刘信出劳之，谓曰："亚次闻有信否?"昭文曰："天子新有河南，未熟公名也。"信曰："汉有韩信，吴有刘信，君还，其语亚次，当来较射于淮上也。"乃酌大卮，望牙旗镞首百步，谓昭文曰："一发而中，愿以此卮为寿。否则亦以自罚。"言讫，而箭已穿矣。六年，追爵大丞相徐温四代祖考立庙于金陵。左仆射徐知诰为侍中，右仆射严可求同平章事。是岁，庄宗崩。五月丁卯，诏为同光主辍朝七日。七年，大丞相徐温率吴文武上表，劝溥即皇帝位，溥未许，而温病卒。十一月庚戌，溥御文明殿，即皇帝位，改元曰乾贞，大赦境内。追尊行密武皇帝，渥景皇帝，隆演宣皇帝，以徐知诰为太尉，兼侍中。拜温子知询辅国大将军、金陵尹。治温旧镇。诸子皆封王。二年正月，封东海为广德王，江漹广源王，淮漹长源王，马当上水府宁江王，采石中水府定江王，金山下水府镇江王。六月，荆南高季兴来附，封季兴秦王。九月，季兴败楚师，于白田获其将吏三十四人来献。三年十一月，金陵尹徐知询来朝，知诰诬其有反状，留之不遣，以为左统军，斩其客将周延望。以徐知谔为金陵尹。溥加尊号，睿圣文明孝皇帝，大赦境内，改元大和。以徐知诰为中书令。二年，册其子江都王琏为太子。三年，以徐知诰为金陵尹，以其子景通为司徒，及左仆射王令谋、右仆射宋齐丘皆平章事。四年，封知诰东海王。五年，建都于金陵。六年闰正月，金陵火，罢建都，废临川王濛为历阳公。知诰遣亲信王宏以兵守之，拜令谋司徒、宋齐丘司空。知诰召景通还金陵，为镇海军节度副使。以其子景迁为太保平章事，与令谋等执政。七年九月，溥加尊号曰睿圣文明光孝应天弘道广德皇帝，大赦，改元天祚。知诰进位太师、天下兵马大元帅，封齐王。二年，景迁病，以次子景遂为门下侍郎参政事。三年，知诰建齐国，立宗庙社稷，置左右丞相已下，以金陵为西都，广陵为东都。冬十月，溥遣江夏王璘，奉册禅位于齐王。十二月，溥卒于丹阳，年三十八，谥曰睿。升元六年，李升迁其子孙于海陵，号永宁宫，严兵守之，绝不通人。久而，男女自为匹偶，吴人多哀怜之。显德三年，世宗征淮南，下诏抚安杨氏子孙。而李景闻之，遣人尽杀其族。周先锋都部署刘重进得其玉砚、马脑碗、翡翠瓶以献，杨氏遂绝。

徐温，字敦美，海州朐山人也。少以贩盐为盗，行密起合肥，隶帐下。行密所与起事刘威、陶雅之徒号三十六英雄，独温未尝有战功。及行密欲杀朱延寿等，温用其客严可求谋，教行密阳为目疾，事成以功迁右衙指挥使，始预谋议。

及行密病，平生旧将皆以战守在外，而温居帐下，遂预立渥之功。及弑渥，又与张颢有隙，使钟章杀之，章许诺选壮士三十人，椎牛享之刺血为盟。温犹疑章不果，夜半使人探其意，阳谓曰："温有老母，惧事不成，不如且止。"章曰："言已出口，宁可已乎？"温乃安。明日，钟章杀颢，温因尽杀纪祥等，归弑渥之罪于颢，以其事入白渥母史氏。史悸而泣曰："吾儿年幼，祸乱若此，得保百口以归合肥，公之惠也。"隆演立，温遂专政。迁升州刺史治舟师于金陵。大将李遇怒温用事，出嫚言，温使柴再用族遇于宣州。行密旧将，人人皆自疑，温因伪下之恭谨，如见行密，诸将乃安。八年，温迁行军司马、润州刺史、镇海军节度使同平章事。十年，遣招讨使李涛攻越，战于临安。裨将曹筠奔于越，涛败被执。温间遣人语筠曰："吾用汝为将，汝军有求，吾不能给，是吾过也。"赦筠妻子不诛，厚遇之。秋，越人攻毗陵，温战于无锡，筠感温前言，临战奔归，遂败越兵。十二年，封温齐国公，兼两浙招讨使，始就镇润州，以升、润、宣、常、池、黄六州为齐国。温城升州，建大都督府。十四年，徙治之以其子知训，辅隆演于广陵，而大事温遥决之。知训为朱瑾所杀，温养子知诰自润州先入，遂得政。

温虽奸诈多疑，而善用将吏。江西刘信围虔州，久不克，使人说谭全播出降，遣使报温，温怒曰："信以十倍之众，攻一城不下，而反用说客降之，何以威敌国？"笞其使者，而遣之曰："吾以笞信也。"因命济师,遂破全播。人有诬信逗留阴纵全播,言信将反者。信闻之,因自献捷至金陵见温,温与信博,信敛骰子厉声祝曰:"刘信欲背吴,愿为恶彩,苟无二心,当成浑化。"温遽止之。一掷,六子皆赤,温惭,自以卮酒饮信,然终疑之。及唐师伐王衍,温急召信至广陵,以为左统军,托以内备,遂夺其地。

温客尤见信者,惟骆知祥、严可求。可求善筹画,知祥长于财利。温尝以军旅问可求,国用问知祥,吴人谓之"严、骆"。温亦自喜为智诈,尤得吴人之心。初,随行密破赵锽,诸将皆争取金帛,温独据余囷作粥以食饿者。十六年,温请隆演即皇帝位,不许。又请即吴王位,乃许。遂建国改元,拜温大丞相、都督中外诸军事、封东海郡王。隆演卒,温越次立其弟溥。顺义七年,温又请溥即皇帝位,溥未许,而温病卒,年六十六,追封齐王,谥曰武。李昪僭号,号温为义祖。

呜呼!盗亦有道,信哉!行密之书,称行密为人宽仁雅信,能得士心。其将蔡俦叛于庐州,悉毁行密坟墓,及俦败,而诸将皆请毁其墓以报之。行密叹曰:"俦以此为恶,吾岂复为邪?"尝使从者张洪负剑而侍,洪拔剑击行密,不中,洪死,复用洪所善陈绍负剑,不疑。又尝骂其将刘信,信忿奔孙儒,行密戒左右勿追,曰:"信负我者邪?其醉而去,醒必复来。"明日果来。行密起于盗贼,其下皆骁武雄暴,而乐为之用者以此也。故二世、四主垂五十年。及渥已下,政在徐温。于此之时,天下大乱,中国之祸,篡弑相寻,而徐氏父子区区诈力,裴回三主不敢轻取之,何也?岂其恩威亦有在人者欤!

注云:据《吴录》、《运历图》、《九国志》皆云:行密以唐景福元年再入杨州,至晋天福二年,为李昪所篡,实四十六年。而《旧唐书》《旧五代史》皆云大顺二年入杨州,至被篡,四十七年。《吴录》,徐铉等撰;《运历图》,龚颖撰。二人皆江南故臣,所记宜得实。而唐末丧乱,中朝文字多差失,故今以铉、颖所记为定。

新五代史卷六二
南唐世家第二

李升　　子景　景子煜

　　李升，字正伦，徐州人也。世本微贱，父荣，遇唐末之乱，不知其所终。升少孤，流寓濠、泗间，杨行密攻濠州，得之，奇其状貌，养以为子。而杨氏诸子不能容，行密以乞徐温，乃冒姓徐氏，名知诰。及壮，身长七尺，广颡隆准，为人温厚有谋。为吴楼船军使，以舟兵屯金陵。

　　柴再用攻宣州，用其兵杀李遇，升以功拜升州刺史。时江淮初定，州、县吏多武夫，务赋敛为战守。升独好学，接礼儒者，能自励为勤俭，以宽仁为政，民稍誉之。徐温镇润州，以升、池等六州为属，温闻升理升州有善政，往视之，见其府库充实，城壁修整，乃徙治之，而迁升润州刺史。升初不欲往，屡求宣州，温不与。既而，徐知训为朱瑾所杀，温居金陵未及闻。升居润州近广陵，得先闻，即日以州兵渡江定乱，遂得政。升事徐温甚孝谨，温尝骂其诸子不如升，诸子颇不能容，而知训尤甚。尝召升饮酒，伏剑士欲害之。行酒吏刁彦能觉之，酒至升，以手爪掐之，升悟起走，乃免。后升自润州入觐，知训与饮于山光寺，又欲害之。徐知谏以其谋告升，升起遁去。知训以剑授刁彦能，使追杀之。及于中途而还，绐以不及，由是得免。后升贵，以彦能为抚州节度使。知训之用事也，尝凌弱杨氏，而骄侮诸将，遂以见杀。及升秉政，欲收人心，乃宽刑法，推恩信，起延宾亭以待四方之士，引宋齐、丘骆、知祥、王令谋等为谋客，士有羁旅于吴者,皆齿用之。尝阴使人察视民间有婚丧匮乏者,往往周给之。盛暑未尝张盖操扇,左右进盖,必却之,曰:"士众尚多暴露,我何用此?"以故,温虽遥秉大政,而吴人颇已归昪。

武义元年,拜左仆射参知政事。温行军司马徐玠数劝温以己子代昪,温遣子知询入广陵,谋代昪秉政,会温病卒,知询奔还金陵。玠反为昪谋,诬知询以罪,斩其客将周廷望,以知询为右统军。杨溥僭号,拜昪太尉、中书令。大和三年,出镇金陵,如温之制。留其子景通为司徒同平章事,以王令谋、宋齐丘为左右仆射同平章事。四年,封昪东海郡王。

昪照鉴见白须,顾其吏周宗,叹曰:"功业已就,而吾老矣。奈何?"宗知其意,驰诣广陵见宋齐丘,谋禅代。齐丘以为未可,请斩宗以谢吴人。昪黜宗为池州刺史。吴临江王濛者怨徐氏舍己而立溥,心尝不平。及昪将谋篡国,先废濛为历阳公,使吏以兵守之。濛杀守者奔庐州节度使周本。本,吴旧将也,闻濛至,欲纳之,为其子祚所止。本曰:"此吾故主家郎君也,何忍拒之?"遽自出迎,祚闭门遮,本不得出,缚濛送金陵,见杀。五年,昪封齐王。已而,闽越诸国皆遣使劝进,昪谓人望已归。天祚三年建齐国,置宗庙社稷,以宋齐丘、徐玠为左右丞相。十月,溥遣摄太尉杨璘传位于昪,国号齐,改元昪元。昪以册尊溥曰:"受禅老臣知诰,谨上册皇帝为高尚思玄弘古让皇帝。"追尊徐温为忠武皇帝,封子景为吴王,封徐氏子知证江王、知谔饶王。周本与诸将至金陵劝进,归而叹曰:"吾不诛篡国者以报杨氏,今老矣,岂能事二姓乎?"愤惋而死。二年四月,迁杨溥于润州丹阳宫,以王舆为浙西节度使,马思让为丹阳宫使,以严兵守之。

徐氏诸子请昪复姓,昪廉抑不敢忘徐氏恩,下其议百官,百官皆请,然后复姓李氏,改名曰昪。自言唐宪宗子建王恪生超,超生志,为徐州判司。志生荣。乃自以为建王四世孙,改国号曰唐。立唐高祖、太宗庙,追尊四代祖恪为孝静皇帝,庙号定宗;曾祖超为孝平皇帝,庙号成宗;祖志孝安皇帝,庙号惠安;考荣孝德皇帝,庙号

庆宗。奉徐温为义父,徐氏子孙皆封王、公,女封郡、县主。以门下
侍郎张居泳、中书侍郎李建勋、右仆射张延翰同平章事。十一月,以
步骑八万讲武于铜桥,杨溥卒于丹阳宫。溥子琏为吴太子时,升以
女妻之,及升篡国,封其女永兴公主。女闻人呼公主,则呜咽流涕而
辞,宫中皆怜之。溥卒,以琏为康化军节度使。已而,以疾卒。三年
四月,升郊祀昊天上帝于圆丘,礼毕,群臣请上尊号。升曰:"尊号,
非古也。"不许。州县言民孝悌,五代同居者七家,皆表门闾,复其繇
役。其尤盛者江州陈氏宗族七百口,每食设广庭,长幼以次坐而共
食。有畜犬百余,共一牢食,一犬不至,诸犬为之不食。四年六月,
晋安州节度使李金全叛,送款于升,升遣鄂州屯营使李承裕迎之。
承裕与晋将马全节、安审晖战安陆南,三战皆败,承裕与裨将段处
恭皆死。都监杜光邺及其兵五百人被执,送于京师,高祖厚赐之,遣
还。升致书高祖,复送光邺等请以败军行法。高祖又遣之,升以甲
士临淮拒之,乃止。六年,吴越国火焚其宫室,府库甲兵皆尽,群臣
请乘其弊攻之,升不许,遣使吊问,厚周其乏。钱氏,自吴时索为敌
国,升见天下乱久常,厌用兵。及将篡国,先与钱氏约和,归其所执
将士。钱氏亦归吴败将,遂通好不绝。升客冯延巳好论兵、大言尝
诮升曰:"田舍翁安能成大事!"而升志在守吴旧地而已,无复经营
之略也。然吴人亦赖以休息。七年,升卒,年五十六,谥曰光文肃武
孝高皇帝,庙号烈祖,陵曰永陵。子景立。

　　景,初名景通,升长子也。既立,又改名璟。徐温死,升专政,以
为兵部尚书、参知政事。明年,升镇金陵,留景为司徒,同平章事。与
守齐丘、王令谋居广陵,辅杨溥。升将篡国,召景归金陵,为副都统。
升立封齐王。升卒,嗣位,改元保大。尊母宋氏为皇太后,妃钟氏为
皇后;封弟寿王景遂为燕王;宣城王景达鄂王;景逖前未王为保宁
王。秋,改封景遂齐王、诸道兵马元帅、太尉、中书令。景达为燕王、
副元帅。盟于升柩前,约兄弟世世继立。封其子冀南昌王、江都尹。
冬十月,破虔州妖贼张遇贤。遇贤,循州罗县小吏也。初,有神降罗
县民家,与人言祸福辄中。遇贤祷之神曰:"遇贤是罗汉,可留事

我。"是时,南海刘龑死,子玢初立。岭南盗贼起,群盗千余人,未有所统,问神当为主者,神言遇贤,遂共推为帅。遇贤自号中天八国王,改元永乐,置官属。群贼盗皆绛衣攻剽岭外。问神所向,神曰:"当过岭取虔州。"遂袭南康,节度贾浩不能御。遇贤据白云洞,造宫室,有众十余万,连陷诸县。景遣洪州营屯虞侯严思、通事舍人边镐率兵攻之。遇贤问神,神不复语,群盗皆惧,遂执遇贤以降。景以冯延已、常梦锡为翰林学士;冯延鲁为中书舍人;陈觉为枢密使;魏岑查、文徽为副使;梦锡直宣政殿专掌密命。而延已等皆以邪佞用事,吴人谓之"五鬼"。梦锡屡言五人者不可用,景不纳。十二月,景下令中外庶政委齐王景遂参决,惟陈觉查、文徽得奏事。群臣非召见者,不得入。给事中萧俨上疏切谏,不报。侍卫军都虞侯贾崇诣阁求见景,曰:"臣事先朝三十年,见先帝所以成功业者,皆用众贤之谋,故延接疏远,未尝壅隔,然下情犹有不达者。今陛下新即位,所信用者何人?奈何顿与臣下隔绝?臣老即死,恐无复一见颜色。"因泣下呜咽,景为之动容,引与坐,赐食而慰之,遂寝所下令。初,宋齐丘为升谋篡杨氏最有力,及事成乃阳入九华山。升屡招之乃出,升僭号未几,齐丘以病罢相,出为洪州节度使。景立,复召为相,而陈觉、魏岑等皆为齐丘所引用。而岑与觉有隙,潜觉于景,左迁少府监。齐丘亦罢相为浙西节度使。齐丘不得意,愿复归九华山,赐号九华先生,封青阳公,食青阳一县。

二年二月,闽人连重遇、朱文进弑其君。王延羲、文进自立。是时,延羲弟、延政亦自立于建州,国号殷。王氏兄弟连兵累年,闽大乱。景因其乱,遣查文徽及待诏臧循发兵攻建州。延政闻唐且攻之,遣人绐福州,曰:"唐兵助我讨贼矣。"福州信之,共杀文进等以降。延政遣其从子继昌守福州。文徽军屯建阳。福州将李仁达杀王继昌,自称留后。泉州将留从效亦杀其刺史黄绍颇,皆送款于文徽。

四年八月,文徽乘胜克建、汀、泉、漳四州。景分延平、剑浦、富沙三县置剑州,迁王延政之族于金陵,以延政为饶州节度使、李仁达为福州节度使、留从效为清源军节度使。景遂欲罢兵,而查文徽、陈觉等皆言仁达等余孽犹在，不若乘胜尽取之。陈觉自言可不用尺兵致仁达等。景以觉为宣谕使，召仁达朝金陵。仁达不从。觉惭，还至建州，矫命发汀、建、信、抚州兵攻仁达。时魏岑安抚漳、泉，闻觉起兵，亦擅发兵会觉。景大怒，冯延巳等为言："兵业行，不可止。"乃以王崇文为招讨使、王建封为副使，益兵以会之。以延鲁、魏岑、陈觉皆为监军使。仁达送款于吴越，吴越以兵三万应仁达。觉等争功，进退不相应，延鲁与吴越兵先战，大败而走，诸军皆溃归。景怒，遣使者锁觉、延鲁至金陵。而冯延巳方为宰相，宋齐丘复自九华，召为太傅，为稍解之。乃流觉蕲州、延鲁舒州。韩熙载上书切谏，请诛觉等。齐丘恶之，贬熙载和州司马。是岁，契丹陷京师，中国无主，而景方以觉等疲兵东南，不暇北顾。御史中丞江文蔚劾奏宰相冯延巳、谏议大夫魏岑乱政，与觉等同罪，而不见贬黜。言甚切直，景大怒，自答其疏，贬文蔚江州司士参军，亦罢延巳为少傅，岑为太子洗马。

五年，以景遂为太弟；景达为元帅，封齐王；南昌王冀为副元帅，封燕王。契丹遣使来聘，以兵部尚书贾潭报聘。

六年，汉李守贞反河中，遣其客将朱元来求援。景以润州节度使李金全为北面行营招抚使，兵攻沐阳。闻守贞已败，乃还。是时，汉隐帝少，中国衰弱，淮北群盗多送款于景，景遣皇甫晖出海、泗诸州招纳之。

八年，福州诈言吴越戍兵乱，杀李仁达而遁，遣人请建州节度使查文徽。文徽与剑州刺史陈诲下舟闽江，趋应之。福州以兵出迎，诲曰："闽人多诈，难信，宜驻江岸，徐图之。"文徽曰："久则生变，乘其未定，亟取之。"留诲屯江口，进至西门，伏兵发，文徽被擒，诲与越人战，大败之，获其将马先进。景送先进还越，越亦归景文徽。是岁，楚王马希广为其弟希萼所弑，希萼自立。

九年秋，楚人囚希萼于衡山，立其弟希崇，附于景。楚国大乱。景遣信州刺史边镐攻楚，破潭州，尽迁马氏之族于金陵。景以希萼为洪州节度使，以边镐为湖南节度使。

十年,分洪州、高安、清江、万载、上高四县置筠州。以冯延已、孙忌为左、右仆射同平章事。广州刘晟乘楚之乱,取桂管。景遣将军张峦出兵争之,不克。楚地新定,其府库空虚,宰相冯延已以克楚为功,不欲取费于国,乃重敛其民以给军,楚人皆怨而叛。其将刘言攻边镐,镐不能守,遁归。

十一年,金陵大火逾月。十二年,大饥,民多疫死。

十三年十一月,周师南征,诏曰:"蠢尔淮甸,敢拒大邦,盗据一方,僭称伪号。晋、汉之代,寰海未宁,而乃招纳叛亡,朋助凶逆。金全之据安陆,守贞之叛河中,大起师徒,来为应援。迫夺闽、越,涂炭湘、潭,至于应接慕容,凭陵徐部,沭阳之役,曲直可知。勾诱契丹,入为边患,结连并垒,实我世仇。罪恶难名,人神共愤。"乃拜李谷为行营都部署攻自寿州始。是时,宋齐丘为洪州节度使,景召齐丘还金陵,以刘彦贞为神武统军,刘仁瞻为清淮军节度使,以距周师。李谷曰:"吾无水战之具,而使淮兵断正阳浮桥,则我背腹受敌。"乃焚其刍粮,退屯正阳。是时,世宗亲征,行至圉镇,闻谷退军曰:"吾军却,唐兵必追之。"遣李重进急趋正阳,曰:"唐兵且至,宜急击之。"刘彦贞等闻谷退军,果以为怯,急追之。比及正阳,而重进先至,军未及食而战,彦贞等遂败。彦贞之兵施利刃于拒马,维以铁索;又刻木为兽,号捷马牌;以皮囊布铁蒺藜于地,周兵见而知其怯,一鼓败之。世宗营于淝水之阳,徙浮桥于下蔡。景遣林仁肇等争之,不得。而周师取滁州。景惧,遣泗州牙将王知朗至徐州,称唐皇帝奉书,愿效贡赋,陈兄事之礼。世宗不答。景东都副留守冯延鲁、光州刺史张绍、舒州刺史周祚、泰州刺史方讷皆弃城走。延鲁削发为僧,为周兵所获。蕲州裨将李福杀其刺史王承隽降周。景益惧,始改名景以避周庙讳,遣其翰林学士钟谟文、理院学士李德明奉表称臣,献犒军牛五百头、酒二千石、金银罗绮数千;请割寿、濠、泗、楚、光、海六州以求罢兵。世宗不报,分兵袭下杨泰。景遣人怀蜡丸书走契丹求救,为边将所执。光州刺史张承翰降周。

十四年三月,景又遣司空孙晟,礼部尚书王崇质奉表,辞益卑服,世宗犹不答。前遣钟谟等并晟、崇质皆留行在。而谟等请归取景表,尽献江北地,世宗许之。遣崇质、德明等还,始赐景书曰:"自有唐失御,天步方艰。六纪于兹,瓜分鼎峙,自为声教,各擅蒸黎,交结四夷,凭凌上国。华风不竞,否运所钟,凡百有心,孰不兴愤?朕擅一百州之富庶,握三十万之甲兵,农战交修,士卒乐用,苟不能恢复内地,申画边疆,便议班旋,真同戏剧。至于削去尊称,愿输臣节,孙权事魏,萧察奉周,古也虽然,今则不取。但存帝号,何爽岁寒?悦坚事大之心,必不迫人于险。"德明等还,盛称世宗英武,景不悦。宋齐丘、陈觉等皆以割地无益,而德明卖国以图利。景怒斩德明,遣元帅齐王景达与陈觉、边镐、许文缜率兵趣寿春。景达将朱元等复得舒、蕲、泰三州。夏,大雨。周师在杨、滁、和者皆却,诸将请要其险隘击之。宋齐丘曰:"击之怨深,不如纵之以为德。"诫诸将闭壁,无得要战。故周师皆集于寿州,世宗屯于涡口,欲再幸扬州。宰相范质以师老泣谏,乃班师。以李重进攻庐寿,向训守扬州。训请弃扬州,并力以攻寿春。乃封府库付主者,遣景旧将按巡城中,秋毫不犯而去,淮人大悦,皆负糗粮,以送周师。

十五年,景达遣朱元等屯紫金山,筑甬道以饷寿州。二月,世宗复南征,徙下蔡浮桥于涡口,为镇淮军,筑二城以夹淮。周师连破紫金诸寨。景达虽为元帅,兵事皆决于陈觉。觉与朱元素有隙,以元李守贞客,反覆难信,景遣大将杨守忠代元,且召之。元愤怒叛降于周,诸军皆溃。许文缜、边镐皆被执,景达以舟兵奔还金陵。刘仁瞻病且死,其副使孙羽等以寿州降于周。世宗班师,景遣人焚扬州,驱其士庶而去。冬十月,世宗复南征,遂围濠州。刺史郭廷谓告于周曰:"臣不能守一州以抗王师,然愿请命于唐而后降。"世宗为之缓攻。廷谓遣人请命于景,景许其降,乃降。又取泗州。周师步骑数万,水陆齐进,军士作《檀来》之歌,声闻数十里。十二月,屯于楚州之北门。

交泰元年正月,大赦,改元。周师攻楚州,守将张彦卿、郑昭业城守甚坚,攻四十日不可破。世宗亲督兵以洞屋,穴城而焚之,城坏。彦卿、昭业战死，周兵怒甚，杀戮殆尽。周师复取海、泰、杨州。世宗幸迎銮，以临大江。景知不能支，而耻自屈身，去其名号，乃遣陈觉奉表，请传国与其世子而听命。初，周师南征，无水战之具。已而，屡败景兵，获水战卒，乃造战舰数百艘，使降卒教之水战。命王环将以下淮。景之水军多败，长淮之舟皆为周师所得。又造齐云船数百艘。世宗至楚州北神堰，齐云舟大，不能过，乃开老鹳河以通之，遂至大江。景初自恃水战，以周兵非敌，且未能至江。及觉奉使见舟师列于江次甚盛，以为自天而下，乃请曰：“臣愿还国，取景表，尽献江北诸州，如约。”世宗许之，始赐景书曰“皇帝恭问江南国主，劳其良苦而已”。是时，杨、泰、滁、和、寿、濠、泗、楚、光、海等州已为周得，景遂献庐、舒、蕲、黄。画江以为界。五月，景下令去帝号，称国主，奉周正朔。时显德五年也。

初，孙晟使于周，留不遣，而世宗问晟江南虚实，不对。世宗怒杀晟。周已罢兵，景乃赠刘仁瞻太师，追封晟鲁国公。世宗遣钟谟、冯延鲁归国。景复遣谟等朝京师，手自书表，称天地父母之恩，不可报。又请降诏书同藩镇，遣谟面陈愿传位世子。世宗遣谟等还国，优诏以劳安之。景以谟为礼部侍郎，延鲁户部侍郎。景为太子时，延鲁等皆出入东宫。礼部尚书常梦锡自升世，屡言不可使延鲁等近太子。及景立，延鲁用事，梦锡每排斥之。景既割地称臣，有语及朝廷为大朝者，梦锡大笑曰：“君等尝欲致君如尧、舜，今日自为小朝邪？”钟谟素善李德明，既归，而闻德明由宋齐丘等见杀，欲报其冤，未能发。陈觉，齐丘党也。与严续素有隙。觉尝奉使周，还言世宗，以江南不即听命者，严续之谋，劝景诛续以谢罪。景疑之，谟因请使于周验其事。景已割地称臣，乃遣谟入朝谢罪，言不即割地者，非续谋，愿赦之。世宗大惊，曰：“续能为谋，是忠其主也，朕岂杀忠臣乎？”谟还，言觉奸诈，景怒，流觉饶州，杀之。宋齐丘坐觉党，与放还青阳，赐死。以太弟景遂为洪州节度使，燕王冀为太子。景困于用兵，钟谟请铸大钱以一当十文，曰永通泉货。谟尝得罪，而大钱废。韩熙载又铸铁钱，以一当二。九月，太子冀卒，次子从嘉封吴王，居东宫。钟谟言："从嘉轻肆，请立纪国公从善。"景怒，贬谟国子司业，立从嘉为太子。世宗使人谓景曰："吾与江南大义已定，然虑后世不能容汝，可及吾世修城隍、治要害为子孙计。"景因营缉诸城，谋迁其都于洪州，群臣皆不欲迁，惟枢密使唐镐赞之，乃升洪州为南昌，建南都。建隆二年，留太子从嘉监国，景迁于南都。而洪州迫隘，宫府营解，皆不能容，群臣日夕思归。景悔怒不已。唐镐惭惧，发疾卒。六月，景卒，年六十四。从嘉嗣立，以丧归金陵，遣使入朝，愿复景帝号太祖皇帝，许之，乃谥曰明道崇德文宣孝皇帝，庙号元宗，陵曰顺陵。

　　煜，字重光，初名从嘉，景弟六子也。煜为人仁孝，善属文，工书画，而丰额骈齿，一目重瞳子。自太子冀已上，五子皆早亡，煜以次封吴王。建隆二年，景迁南都，立煜为太子，留监国。景卒，煜嗣立于金陵。母钟氏，父名泰章。煜尊母曰圣尊后，立妃周氏为国后，封弟从善韩王，从益郑王，从谦宜春王，从度昭平郡公，从信文阳郡公。大赦境内，遣中书侍郎冯延鲁修贡于朝廷，令诸司四品已下无职事者，日二员待制于内殿。五年，泉州留从效卒。景之称臣于周也，从效亦奉表贡献于京师，世宗以景故不纳。从效闻景迁洪州，惧以为袭已，遣其子绍基纳贡于金陵，而从效病卒，泉人因并送其族于金陵，推立副使张汉思。汉思老不任事，州人陈洪进逐之，自称留后，煜即以洪进为节度使。

　　乾德二年，始用铁钱。民间多藏匿旧钱，旧钱益少，商贾多以一铁钱易一铜钱出境，官不可禁。煜因下令以一当十。拜韩熙载中书侍郎、勤政殿学士。封长子仲遇清源公，次子仲仪宣城公。五年，命两省侍郎、给事中、中书舍人集贤勤政殿，学士分夕于光政殿宿直，煜引与谈论。煜尝以熙载尽忠能直言，欲用为相。而熙载后房妓妾数十人，多出外舍，私侍宾客，煜以此难之，左授熙载右庶子，分司南都。熙载尽斥诸妓，单车上道，煜喜留之，复其位。已而，诸妓稍稍复还，煜曰："吾无如之何矣！"是岁，熙载卒。煜叹曰："吾终不得熙载为相也。"欲以平章事赠之，问前世有此比否？群臣对曰："昔刘穆之赠开府仪同三司。"遂赠熙载平章事。

熙载北海将家子也。初与李谷相善。明宗时，熙载南奔吴，谷送至正阳。酒酣，临诀，熙载谓谷曰："江左用吾为相，当长驱以定中原。"谷曰："中国用吾为相，取江南如探囊中物尔。"及周师之征淮也，命谷为将，以取淮南，而熙载不能有所为也。开宝四年，煜遣其弟韩王从善朝京师，遂留不遣。煜手疏求从善还国，太祖皇帝不许。煜尝怏怏，以国蹙为忧，日与臣下酣宴，愁思悲歌不已。五年，煜下令贬损制度。下书称教；改中书门下省为左右内史府；尚书省为司会府；御史台为司宪府；翰林为文馆；枢密院为光政院，诸王皆为国公，以尊朝廷。

煜，性骄侈，好声色，又喜浮图，为高谈，不恤政事。六年，内史舍人潘佑上书极谏，煜收下狱，佑自缢死。

七年，太祖皇帝遣使诏煜赴阙，煜称疾不行。王师南征，煜遣徐铉，周惟简等奉表朝廷求缓，师不答。

八年十二月，王师克金陵。九年，煜俘至京师。太祖赦之，封煜违命侯，拜左千牛卫将军。其后事，具国史。

予世家江南，其故老多能言李氏时事云。太祖皇帝之出师南征也，煜遣其臣徐铉朝于京师。铉居江南，以名臣自负，其来也，欲以口舌驰说存其国。其日夜计谋，思虑言语应对之际详矣。及其将见也，大臣亦先入请，言铉博学有材辩，宜有以待之。太祖笑曰："第去，非尔所知也。"明日，铉朝于廷，仰而言曰："李煜无罪，陛下师出无名。"太祖徐召之升，使毕其说，铉曰："煜以小事大，如子事父，未有过失，奈何见伐？"其说累数百言，太祖曰："尔谓父子者，为两家可乎？"铉无以对，而退。呜呼，大哉，何其言之简也！盖王者之兴，天下必归于一统，其可来者，来之；不可者，伐之；僭伪假窃，期于扫荡一平而后已。予读周世宗《征淮南诏》，怪其区区捃摭前事，务较曲直以为辞，何其小也！然世宗之英武有足喜者，岂为其辞者之过欤？据汤悦所撰《江南录》云："景以保大十五年正月改元交泰。是岁，尽献淮南十四州，画江为界，保大十五年，乃周显德四年也。案：《五代旧史》及《世宗实录》显德四年十月壬申,世宗方复南征,五年正月丙午,始克楚州。二月己亥,景始尽献淮南诸州,画江为界,当是保大十六年也。悦等南唐故臣,记其目见之事,何其差缪？而《九国志》、《纪年通谱》之类,但以悦书为正,不复参校,遂皆差一年。至于景灭闽国,是保大四年。《江南录》书于三年,亦差一年,已具闽世家注。或疑景立逾年而改元,则灭闽国当为三年。周取淮南,当为十五年不差。但《江南录》误于景立之年,改元保大,所以常差一年也。今知不然者,以诸书参较。闽人杀王延羲,当晋开运元年。周师始伐攻南唐,当显德二年。据景以初立之年,即改元,则开运元年为保大二年。显德二年为保大十三年。今《江南录》书延羲被杀于二年,周师始伐于十三年,则是景立之年改元,不误,而悦等书灭王氏、割淮南。自各差一年尔。升自晋天福二年建国,至皇朝开宝八年国灭,凡三十九年。

新五代史卷六三
前蜀世家第三

王建 子衍

王建,字光图,许州舞阳人也。隆眉广颡,状貌伟然。少无赖,以屠牛盗驴贩私盐为事,里人谓之贼王八。后为忠武军卒,稍迁队将。

黄巢陷长安,僖宗在蜀,忠武军将鹿晏弘以兵八千属杨复光讨贼,巢败走,复光以其兵为八都,都将千人,建与晏弘皆为一都头。复光死,晏弘率八都西迎僖宗于蜀,所过剽略,行至兴元,逐节度使牛丛,自称留后。僖宗即以晏弘为节度使。晏弘以建等八都头皆领属州刺史。已而,晏弘拥众东归,陷陈、许。建与晋晖、韩建、张造、李师泰等各率一都西奔于蜀,僖宗得之大喜,号随驾五都,以属十军观军容使田令孜,令孜以建等为养子。僖宗还长安,使建与晋晖等将神策军宿卫。

光启元年,河中王重荣与令孜争盐池,重荣召晋兵犯京师。僖宗幸凤翔。

二年三月,移幸兴元,以建为清道使,负玉玺以从。行至当涂驿,李昌符焚栈道,栈道几断,建控僖宗马,冒烟焰中过,宿坂下,僖宗枕建膝寝,既觉,涕泣,解御衣赐之。僖宗已至兴元,令孜以谓天子播越,由已致之,惧且得罪。西川节度使陈敬瑄,令孜同母弟也。令孜因求为西川监军,杨复恭代为军容使。复恭出建为壁州刺史,建乃招集亡命及溪洞夷落有众八千,以攻阆州,执其刺史杨行迁。

又攻利州，利州刺史王珙弃城走。敬瑄患之，以问令孜，令孜曰："王八，吾儿也，以一介吾之，可置麾下。"乃使人招建。东川顾彦朗与建有旧，建闻令孜召已，大喜，因至梓州谓彦朗曰："十军阿父召我。我欲至成都，见陈公以求一镇。"即以其家属托彦朗，选精兵二千驰之成都。行至鹿头关，敬瑄悔召建，使人止之。建大怒，击破鹿头关，取汉州。彦朗闻之，出兵助建，军于学射。敬瑄遣将句惟立逆建，建击败之，遂攻彭州。敬瑄遣眉州刺史山行章将兵五万屯新繁，建又击败之，虏获万余人，横尸四十里。敬瑄发兵七万益行章，与建相持濛阳、新都百余日。昭宗遣左谏议大夫李询为两川宣谕和协使，诏彦朗等罢兵，彦朗请以大臣镇蜀，因为建求旌节。

文德元年六月，以宰相韦昭度为西川节度使。分邛、蜀、黎、雅为永平军，拜建节度使。敬瑄不受代，昭宗即命昭度将彦朗等兵讨之。昭宗以建为招讨牙内都指挥使。久之不克，建谓昭度曰："公以数万之众困两川之人，而师久无功，奈何？且唐室多故，东方诸镇，兵接都畿，公当归，相天子静中原以固根本。此蛮夷之国，不足以留公。"昭度迟疑未决，建遣军士擒昭度亲吏于军门，脔而食之，建入白曰："军士饥，须此为食尔。"昭度大恐，即留符节与建而东。昭度已去，建即以兵扼剑门，两川由是阻绝。

山行章屯广都，建击败之。行章走眉州，以州降建。建引兵攻成都，而资、简、戎、茂、嘉、邛诸州皆杀刺史降建。建攻成都甚急，田令孜登城呼建曰："老夫与公相厚，何嫌而至此？"建曰："军容父子之恩，心何可忘！然兵讨不受代者，天子命也。"令孜夜入建军，以节度观察牌印授建。明日，敬瑄开门迎建。建将入城，以张勍为都虞候，戒其军士曰："吾以张勍为虞候矣，汝等无犯其令，幸勍执而见我，我尚活汝，使其杀而后白，吾亦不能诘也。"建入城，军士剽略勍杀百人而止。后建迁敬瑄于雅州，使人杀之，复以令孜为监军，既而亦杀之。

大顺二年十月，唐以建为检校司徒，成都尹、剑南西川节度副大使、知节度事、管内观察处置、云南八国招抚等使。东川顾彦朗

　　　　　　　　　　　　　　　　　　　　　　　　　　　　—

卒，其弟彦晖立。唐遣宦者宗道弼赐彦晖东川旌节，绵州刺史常厚执道弼以攻梓州，建遣李简、王宗涤等讨厚。自彦朗死，建欲图并东川而未有以发，及李简等讨厚，戒曰："兵已破厚，彦晖必出犒师，即与俱来，无烦吾再举也。简等击败之钟阳，厚走还绵州，以唐旌节还道弼而出之。彦晖已得节，辞疾不出犒军。

乾宁二年，建遣王宗涤攻之。十二月，宗涤败彦晖于楸林，斩其将罗璋，遂围梓州。三年五月，昭宗遣宦者袁易简诏建罢兵，建收兵还成都。黔南节度使王肇以其地降于建。四年，宗涤复攻东川，别遣王宗侃、宗阮等出峡，取渝、沪州。五月，建自将攻东川，昭宗遣谏议大夫李洵判官韦庄宣谕两川，诏建罢兵。建不奉诏，乃责授建南州刺史。以郢王为凤翔节度使。李茂贞代建为西川节度使，茂贞拒命，乃复建官爵。冬十月，建攻破梓州，彦晖自杀。彦晖将顾彦瑶顾城已危，谓诸将吏曰："事公当生死以之！"指其所佩宾铁剑曰："事急而有叛者，当齿此剑！"及城将破，彦瑶与彦晖召集将吏饮酒，遂与之俱死。建以王宗涤为东川留后，唐即以宗涤为节度使，于是并有两川之地。

是时，凤翔李茂贞兼据梁、洋、秦、陇，数以兵侵建。天复元年，梁太祖兵诛宦者。宦者韩全海等劫天子幸凤翔，梁兵围之，茂贞闭城拒守，经年力穷，求与梁和。建间遣人聘茂贞，许以出兵为援，劝其坚壁勿和。遣王宗涤将兵五万声言迎驾，以攻兴元，执其节度使李继业，而武定节度使拓拔思敬遂以其地降于建，于是并有山南西道。是时，荆南成汭死，襄州越匡凝遣其弟匡明袭据之，建乘其间，攻下夔、施、忠、万四州。三年八月，唐封建蜀王。

四年，唐迁都洛阳，改元天祐。建与唐隔绝而不知，故仍称天复六年。又取归州，于是并有三峡。七年，梁灭唐，遣使者谕建，建拒而不纳。建因驰檄四方，会兵讨梁。四方知其非诚实，皆不应。是岁正月，巨人见青城山。六月，凤凰见万岁县。黄龙见嘉阳江。而诸州皆言甘露、白鹿、白雀、龟龙之瑞。秋九月，己亥，建乃即皇帝位，封其诸子为王。以王宗佶为中书令，韦庄为左散骑常侍、判中书门下事,唐袭为枢密使,郑骞为御史中丞,张格、王锴皆为翰林学士,周博雅为成都尹。蜀恃险而富,当唐之末,士人多欲依建以避乱。建虽起盗贼,而为人多智诈,善待士,故其僭号所用,皆唐名臣世族。庄,见素之孙,格,浚之子也。建谓左右曰:"吾为神策军将时,宿卫禁中,见天子夜召学士,出入无间,恩礼亲厚如寮友,非将相可比也。"故建待格等恩礼尤异。其余宋玭等百余人,并见信用。

武成元年正月,祀天南郊,大赦,改元,以王宗佶为太师。宗佶本姓甘氏,建为忠武军卒,时掠得之,养以为子,后以军功累迁武信军节度使。后,建所生子元懿等稍长,宗佶以养子,心不自安。与郑骞等谋求为大司马,总六军,开元帅府,凡军事便宜行而后闻。建以宗佶创业功多,优容之。唐袭,本以舞僮见幸于建,宗佶尤易之,后为枢密使,犹名呼袭。袭虽内恨而外奉宗佶愈谨。建闻之,怒曰:"宗佶名呼我枢密使,是将反也。"宗佶求大司马,章三上,建以问袭,袭因激怒建曰:"宗佶功臣。其威望可以服人心,陛下宜即与之。"建心益疑。宗佶入奏事,自请不已,建叱卫士扑杀之,并赐骞死。六月,以遂王宗懿为皇太子。建加尊号英武睿圣皇帝。七月,驺虞见。武定二年,颁《永昌历》。广都嘉禾合穗。三年八月,有龙五十见洵阳水中。十月,麟见壁州。十二月,大赦,改明年为永平元年。岐王李茂贞自为梁所围,而山南入于蜀。地狭势孤,遂与建和,以其子娶建女,因求山南故地。建怒不与,以王宗侃为北路都统,宗祐、宗贺、唐袭为三面招讨使,以攻岐,战于青泥。宗侃败绩,退保西县,为茂贞兵所围。建自将击之,岐兵败解去。建至兴元而还。加尊号曰英武睿圣光孝皇帝。

二年,又加号曰英武睿圣神功文德光孝皇帝。初,田令孜之为监军也,盗唐传国玺入于蜀而埋之。二月尚食使欧阳柔治令孜故第,穿地而得之,以献。五月,梁遣光禄卿卢玭来聘,推建为兄,其印文曰:"大梁入蜀之印。"宰相张格曰:"唐故事,奉使四夷,其印曰'大唐入某国之印',今梁已兄事陛下,奈何卑我如夷狄?"建怒,欲杀梁使者,格曰:"此梁有司之过尔,不可以绝两国之欢。"已而,梁

太祖崩，建遣将作监李纮吊之，遂刻其印文曰："大蜀入梁之印。"剑
州木连理。六月，麟见文州。十二月，黄龙见富义江。

三年正月，麟见永泰。五月，驺虞见壁山有二鹿，随之。秋七月，
皇太子元膺杀太子少保唐袭。元膺，建次子也，初名宗懿，后更名宗
坦。建得铜牌子于什仿，有文二十余字，建以为符谶，因取之以名诸
子，故又更曰元膺。元膺为人，猳喙龋齿，多材艺，能射钱中孔。尝
自抱画毯掷马上，驰而射之，无不中。年十七，为皇太子判六军。创
天武神机营，开永和府，置官属。建以元膺年少任重，以记事戒之，
令："一切学朕所为，则可以保国。"又命道士广成先生、杜光庭为之
师。唐袭，建之嬖也。元膺易之，屡谮于朝。建惧其交恶，乃罢袭枢
密使，出为兴元节度使。已而，袭罢归，元膺廷疏其过失，建益不悦。
是月七夕，元膺召诸王大臣置酒，而集王宗翰、枢密使潘峭、翰林学
士毛文锡不至，元膺怒曰："集王不来，峭与文锡教之耳。"明日，元
膺白建峭及文锡离间语。建怒，将罪之。元膺出，而袭入，建以问之，
袭曰："太子谋作乱，欲召诸将诸王以兵锢之，然后举事尔！"建疑
之，袭请召营兵入卫。元膺初不为备，闻袭召兵，以为诛己，乃与伶
人安悉、香军将喻全殊率天武兵自卫，遣人擒峭及文锡而笞之，幽
于其家，召大将徐瑶、常谦率兵出拒袭，与袭战神武门，袭中流矢，
坠马死。建遣王宗贺以兵讨之，元膺兵败，皆溃去。元膺匿跃龙池
槛中，明日出而丐食，蜀人识之以告建，遣宗翰招谕之，宗翰未至，
为卫兵所杀。建乃立其幼子郑王宗衍为太子。白龙见邛州江。

四年，荆南高季昌侵蜀巫山，遣嘉王宗寿败之于瞿唐。八月，杀
黔南节度使王宗训。冬，南蛮攻掠界上，建遣夔王宗范击败之于大
渡河。麟见昌州。

五年，起寿昌殿于龙兴宫，画建像于壁；又起扶天阁，画诸功臣
像。十一月，大火焚其宫室，遣王宗俦等攻岐，取其秦、凤、阶、成四
州，至大散关。梁叛将刘知俊在岐，于是特以其族来。

通正元年，遣王宗绾等率兵十二万出大散关攻岐取陇州。八
月，起文思殿，以清资五品正员官购群书以实之以内。枢密使毛文

锡为文思殿大学士。黄龙见大昌池。十月，大赦，改明年元曰天汉，国号汉。

天汉元年，杀刘知俊。十二月，大赦，改明年元曰光天复国，号蜀。

光天元年六月，建卒，年七十二。建晚年多内宠，贤妃徐氏与妹淑妃，皆以色进，专房用事，交结宦者。唐文扆等干与外政。建年老昏耄，文扆判六军，事无大小皆决文扆。及建疾，以兵入宿卫，谋尽去建故将。故将闻建疾，皆不得入见。久之，宗弼等排闼入言，文扆欲为变，乃杀之。建因以老将大臣多许昌故人，必不为太子用，思择人未得而疾亟，乃以宦者宋光嗣为枢密使判六军，而建卒。太子立，去宗名衍。

衍，字化源。建十一子，曰卫王宗仁、简王元膺、赵王宗纪、幽王宗辂、韩王宗智、莒王宗特、信王宗杰、鲁王宗鼎、兴王宗泽、薛王宗平、而郑王宗衍最幼，其母，徐贤妃也，以母宠得立为皇太子，开崇贤府，置官属，后更曰天策府。衍为人方颐大口，垂手过膝，顾目见耳，颇知学问，能为浮艳之词。元膺死，建以幽王宗辂貌类已，而信王宗杰于诸子最材贤，欲于两人择立之。而徐妃专宠，建老昏耄，妃与宦者唐文扆教相者上言衍相最贵，又讽宰相张格赞成之，衍由是得为太子。建卒，衍立，谥建曰神武圣文孝德明惠皇帝，庙号高祖，陵曰永陵。建正室周氏号昭圣皇后，后建数日而卒，衍因尊其母徐氏为皇太后。后妹淑妃为皇太妃。太后、太妃以教令卖官，自刺史以下，每一官阙，必数人并争，而入钱多者得之。通都大邑起邸店，以夺民利。

衍，年少荒淫，委其政于宦者宋光嗣、光保、景润澄、王承休、欧阳晃、田鲁俦等，以韩昭、潘在迎、顾在珣、严旭等为狎客；起宣华苑，有重光、太清、延昌、会真之殿；清和、迎仙之宫；降真、蓬莱、丹霞之亭；飞鸾之阁，瑞兽之门。又作怡神亭与诸狎客妇人日夜酣饮。其中尝以九日宴宣华苑，嘉王宗寿以社稷为言，言发泣涕。韩昭等曰："嘉王酒悲尔！"诸狎客共以慢言谯嘲之，坐上喧然。衍不能省也。蜀人富而喜遨，当王氏晚年，俗竞为小帽，仅覆其顶，俯首即堕，谓之危脑帽。衍以为不祥，禁之。而衍好戴大帽，每微服出游民间，民间以大帽识之，因令国中皆戴大帽。又好裹尖巾，其状如锥。而后宫皆戴金莲花冠，衣道士服，酒酣，免冠，其髻鬌然，更施朱粉，号‘醉妆’。国中之人皆效之。尝与太后、太妃游青城山，宫人衣服皆画云霞飘然，望之若仙。衍自作《甘州曲》，述其仙状，上下山谷，衍常自歌，而使宫人皆和之。衍立之明年，改元乾德。

乾德元年正月，祀天南郊，大赦，加尊号为圣德明孝皇帝。二年冬，北巡，至于西县，旌旗戈甲，连亘百余里。其还也，自阆州浮江而上，龙舟画舸照耀江水，所在供亿，人不堪命。三年正月，还成都。五年，起上清宫，塑王子晋像，尊以为圣祖至道玉宸皇帝，又塑建及衍像侍立于其左右，又于正殿塑玄元皇帝及唐诸帝备法驾而朝之。

六年，以王承休为天雄节度使。天雄军，秦州也。承休以宦者得幸，为宣徽使。承休妻严氏，有绝色，衍通之。是时，唐庄宗灭梁，蜀人皆惧。庄宗遣李严聘蜀，衍与俱朝上清，而蜀都士庶帘帏珠翠，夹道不绝。严见其人物富盛，而衍骄淫，归乃献策伐蜀。明年，唐魏王继岌、郭崇韬伐蜀。是岁，衍改元曰咸康。

衍自立，岁常猎于子来山。是岁，又幸彭州、阳平、化、汉州三学山。以王承休妻严氏故。十月，幸秦州，群臣切谏，衍不听。行至梓潼，大风发屋拔木，太史曰：“此贪狼风也，当有败军杀将者。”衍至绵谷，而唐师入其境，衍惧遽还。唐师所至州县，皆迎降。衍留王宗弼守绵谷，遣王宗勋、宗俨、宗昱率兵以拒唐师。宗勋等至三泉，望风退走。衍诏宗弼诛宗勋等。宗弼反与宗勋等合谋，送款于唐师。衍自绵谷还成都，百官及后宫迎谒七里亭，衍杂宫人作回鹘队以入。明日，御文明殿，与其群臣相对涕泣，而宗弼亦自绵谷驰归，登太玄门，收成都尹韩昭、宦者宋光嗣、景润澄、欧阳晃等杀之，函首送于继岌。衍即上表乞降，宗弼迁衍于天启宫。魏王继岌至成都，衍君臣面缚舆榇，出降于七里亭。

庄宗召衍入洛，赐衍诏曰：“固当列土而封，必不薄人于险，三辰在上,一言不欺。"衍捧诏忻然就道,率其宗族及伪宰相王锴、张格、庚传素、许寂、翰林学士李旻等及诸将佐家族数千人以东。

同光四年四月,行至秦川驿,庄宗用伶人景进计,遣宦者向延嗣诛其族。衍母徐氏临刑呼曰:"吾儿以一国迎降,反以为戮,信义俱弃,吾知其祸不旋踵矣。"衍妾刘氏鬒发如云而有色,行刑者将免之,刘氏曰:"家国丧亡,义不受辱。"遂就死。

宗弼,本姓魏,名弘夫。建录为养子。建攻顾彦晖,宗弼常以建语泄之彦晖者,彦晖败,建待之如初。建病且卒,宗弼守太师兼中书令、判六军,辅政。衍已降,宗弼以蜀珍宝奉魏王及郭崇韬,求为西川节度使,魏王曰:"此我物也,何用献?"为居数日,为崇韬所杀。

宗寿,许州民家子也。建以同姓录之为子。宗寿好学,工琴奕,为人恬退,喜道家之术。事建时为镇江军节度使,衍既立,宗寿为太子太保。奉朝请以练丹养气自娱。衍为淫乱,独宗寿常切谏之,后为武信军节度使。唐师伐蜀,所在迎降,魏王尝以书招之,独宗寿不降。闻衍已衔璧,大恸,从衍东迁至岐阳,以赂赂守者,得入见衍。衍泣下沾襟,曰:"早从王言,岂有今日!"衍死,宗寿走渑池。闻庄宗遇弑,亡入熊耳山。

天成二年,出诣京师,上书求衍宗族葬之。明宗嘉其忠,以为保义军行军司马,封衍顺正公,许以诸侯礼葬之。宗寿得王氏十八丧,葬之长安南三赵村。

呜呼!自秦汉以来,学者多言祥瑞,虽有善辨之士,不能祛其惑也!予读《蜀书》,至于龟、龙、麟、凤驺虞之类,世所谓王者之嘉瑞,莫不毕出于其国,异哉!然考王氏之所以兴亡成败者,可以知之矣。或以为一王氏不足以当之,则视时天下治乱,可以知之矣。龙之为物也,以不见为神,以升云行天为得志,今偃然暴露其形,是不神也。不上于天而下见于水中,是失职也。然其一何多欤?可以为妖矣!凤凰,鸟之远人者也。昔舜治天下,政成而民悦,命夔作乐,乐声和,鸟兽闻之皆鼓舞。当是之时,凤凰适至。舜之史因并记以为美。。后世因以凤来为有道之应，其后凤凰数至，或出于庸君缪政之时，或出于危亡大乱之际，是果为瑞哉？麟兽之远人者也，昔鲁哀公出猎得之而不识，盖索而获之，非其自出也。故孔子书于《春秋》曰"西狩，获麟者。"讥之也。"西狩"，非其远也。获麟恶其尽取也。狩必书地，而哀公驰骋所涉地多，不可遍以名举，故书西以包众地，谓其举国之西皆至也。麟，人罕识之兽也，以见公之穷山竭泽而尽取，至于不识之兽皆搜索而获之，故曰讥之也。圣人已没，而异端之说兴，乃以麟为王者之瑞，而附以符命谶纬诡怪之言。凤尝出于舜，以为瑞，犹有说也，及其后出于乱世，则可以知其非瑞矣。若麟者，前有治世如尧、禹、汤、文、武、周公之世，未尝一出，其一出，而当乱世，然则孰知其为瑞哉？龟，玄物也，污泥川泽不可胜数，其死而贵于卜官者，用适有宜尔。而《戴氏礼》以其在宫沼为王者，难致之瑞。《戴礼》杂出于诸家，其失亦以多矣！驺虞，吾不知其何物也。《诗》曰：吁嗟乎，驺虞！贾谊以谓驺者，文王之囿。虞，虞官也。当谊之时，其说如此，然则以之为兽者，其出于近世之说乎？夫破人之惑者，难与争于笃信之时，待其有所疑焉，然后从而攻之，可也。麟、凤、龟、龙，王者之瑞，而出于五代之际，又皆萃于蜀，此虽好为祥瑞之说者，亦可疑也。因其可疑者而攻之，庶几惑者有以思焉。据《前蜀书》、《运历图》、《九国志》皆云，建以唐大顺二年入成都，为西川节度使，天祐七年九月建号。明年正月，改元武成，今以为定。惟《旧五代史》云："龙纪元年入成都，天祐五年建号改元"者缪也。至后唐同光三年，蜀灭。则诸书皆同。自大顺二年至同光三年，凡三十五年。

新五代史卷六四
后蜀世家第四

孟知祥　子昶

　　孟知祥，字保胤，邢州龙冈人也。其叔父迁，当唐之末据邢、洺、磁三州，为晋所虏。晋王以迁守泽、潞。梁兵攻晋，迁以泽、潞降梁。知祥父道，独留事晋而不显。及知祥壮，晋王以其弟克让女妻之，以为左教练使。庄宗为晋王，以知祥为中门使。前此，人为中门使者，多以罪诛，知祥惧，求他职，庄宗命知祥荐可代已者，知祥因荐郭崇韬自代，崇韬德之，知祥迁马步军都虞候。

　　庄宗建号以太原为北京，以知祥为太原尹，北京留守。魏王继岌伐蜀，郭崇韬为招讨使，崇韬临诀白曰：“即臣等平蜀，陛下择帅以守西川，无如孟知祥者。”已而，唐兵破蜀，庄宗遂以知祥为成都尹、剑南西川节度副大使。知祥驰至京师，庄宗戒有司盛供帐，多出内府珍奇诸物，以宴劳之。酒酣，语及平昔以为笑乐，叹曰：“继岌前日乳臭儿尔，乃能为吾定两川，吾徒老矣。孺子可喜，然益令人悲尔。吾忆先帝弃世时，疆土侵削，仅保一隅，岂知今日奄有天下，九州四海珍奇异产充牣吾府。”因指以示知祥，曰：“吾闻蜀土之富，无异于此，以卿亲贤，故以相付。”

　　同光四年正月戊辰，知祥至成都，而崇韬已死。魏王继岌引军东归，先锋康延孝反，攻破汉州。知祥遣大将李仁罕会任圜、董璋等兵，击破延孝，知祥得其将李肇、侯弘实及其兵数千以归。而庄宗崩，魏王继岌死，明宗入立，知祥乃训练兵甲，阴有王蜀之志。益置义胜、定远、骁锐、义宁、飞棹等军七万余人,命李仁罕、赵延隐、张业等分将之。初,魏王之班师也,知祥率成都富人及王氏故臣家得钱六百万缗以犒军。其余者,犹二百万。任圜自蜀入为相,兼判三司,素知蜀所余钱。是冬,知祥拜侍中,乃以太仆卿赵季良赍官告赐之,因以为三川制置使,督蜀犒军,余钱送京师,且制置两川征赋,知祥怒,不奉诏。然知祥与季良有旧,遂留之。"

　　枢密使安重诲颇疑知祥有异志,思有以制之。初,知祥镇蜀,庄宗以宦者焦彦宾为监军。明宗入立,悉诛宦者,罢诸道监军。彦宾已罢,重诲复以客省使李严为监军。严前使蜀既归,而献策伐蜀,蜀人皆恶之。而知祥亦怒曰:"焦彦宾以例罢,而诸道皆废监军,独吾军置之,是严欲以蜀再为功也。"掌书记母昭裔及诸将吏皆请止严而无内,知祥曰:"吾将有以待其来。"严至境上,遣人持书候知祥,知祥盛兵见之,冀严惧而不来,严闻之自若。天成二年正月,严至成都。知祥置酒召严。是时,焦彦宾虽罢。犹在蜀,严于怀中出诏示知祥以诛彦宾,知祥不听,因责严曰:"今诸方镇已罢监军,公何得求此!"目客将王彦铢执严下斩之。明宗不能诘。初,知祥镇蜀,遣人迎其家属于太原,行至凤翔,凤翔节度使李从曮闻知祥杀李严,以为知祥反矣,遂留之。明宗既不能诘,而欲以恩信怀之,乃遣客省使李仁矩慰谕知祥,并送琼华公主及其子昶等归之。知祥因请赵季良为节度副使,事无大小,皆与参决。

　　三年,唐徙季良为果州团练使,以何瓒为节度副使。知祥得制书匿之。表留季良,不许。乃遣其将雷廷曾至京师,论请,明宗不得已而从之。是时,瓒行至绵谷,惧不敢进,知祥乃奏瓒为行军司马。是岁,唐师伐荆南,诏知祥以兵下峡,知祥遣毛重威率兵三千戍夔州。已而,荆南高季兴死,其子从诲请命,知祥请罢戍兵,不许。知祥讽重威以兵鼓噪,溃而归,唐以诏书劾重威,知祥奏请无劾,由是唐大臣益以知祥为必反。

　　四年,明宗将有事于南郊,遣李仁矩责知祥助礼钱一百万缗。知祥觉唐谋欲困己,辞不肯出。久之请献五十万而已。初,魏王继炭东归留精兵五十戍蜀,自安重诲疑知祥有异志,听言事者,用已所亲信分守两川。管内诸州每除守将则以精兵为其牙队,多者二三千,少者不下五百人,以备缓急。是岁,以夏鲁奇为武信军节度使,分东川之阆州为保宁军,以李仁矩为节度使,又以武虔裕为绵州刺史。仁矩与东川董璋有隙,而虔裕,重诲表兄,由是,璋与知祥皆惧,以谓唐将致讨。自璋镇东川,未尝与知祥通问,于是璋始遣人求婚以自结。而知祥心恨璋,欲不许,以问赵季良,季良以为宜合从以拒唐,知祥乃许。于是连表请罢还唐所遣节度使、刺史等。明宗优诏慰谕之。

长兴元年二月,明宗有事于南郊,加拜知祥中书令。初,知祥与璋俱有异志,而重诲信言事者,以璋尽忠于国,独知祥可疑。重诲犹欲倚璋以图知祥。是岁九月,董璋先反,攻破阆州,擒李仁矩杀之。是月应圣节,知祥开宴,东北望再拜;俯伏呜咽,泣下沾襟,士卒皆为之虚歔,明日,遂举兵反。是秋,明宗改封琼华公主为福庆长公主,有司言前世公主受封,皆未出降,无遣使就蕃册命之仪。诏有司草具新仪,乃遣秘书监刘岳为册使。岳行至凤翔,闻知祥反乃旋,明宗下诏削夺知祥官爵,命天雄军节度使石敬瑭为都招讨使,夏鲁奇为副。知祥遣李仁罕、张业、赵廷隐将兵三万人会璋攻遂州,别遣侯弘实将四千人助璋守东川,又遣张武下峡取渝州。唐师攻剑门,杀璋守兵三千人,遂入剑门。璋来告急,知祥大骇,遣廷隐分兵万人以东。已而,闻唐军止剑州不进,喜曰:"使唐军急趋东川,则遂州解围,吾势沮而两川摇矣。今其不进,吾知易与尔。"十二月,敬瑭及廷隐战于剑门,唐师大败。张武已取渝州,武病卒,其副将袁彦超代将其军,又取黔州。

二年正月,李仁罕克遂州,夏鲁奇死之。知祥以仁罕为武信军留后,遣人驰鲁奇首示敬瑭军,敬瑭乃班师。利州李彦珂闻唐军败东归,乃弃城走。知祥以赵廷隐为昭武军留后,李仁罕进攻夔州,刺史安崇阮弃城走,以赵季良为留后。是时,唐军涉险,以饷道为艰,自潼关以西,民苦转馈,每费一石,不能致一斗,道路嗟怨。而敬瑭军亦旋,所在守将又皆弃城走,明宗忧之,以责安重诲。重诲惧,遽自请行,而重诲亦以被谗得罪死,明宗谓致知祥等反,由重诲失策,及重诲死,乃遣西川进奏官苏愿、进奉军将杜绍本西归招谕知祥,具言知祥家属在京师者,皆无恙。知祥闻重诲诛死,而唐厚待其家属,乃邀璋欲同谢罪,璋曰:"孟公家属皆存,而我子孙独见杀。我何谢为?"知祥三遣使往见璋,璋不听,乃遣观察判官李昊说璋,璋益疑知祥卖己,因发怒以语侵昊。昊乃劝知祥攻之,而璋先袭破知祥汉州。知祥遣赵廷隐率兵三万,自将击之,阵鸡距桥。知祥得璋降卒,衣以锦袍,使持书招降璋,璋曰:"事已及此,不可悔也!"璋军士皆噪曰:"徒曝我于日中,何不速战?"璋即麾军以战,兵始交,璋偏将张守进来降,知祥乘之,璋遂大败,走。过金雁桥,麾其子光嗣使降以保家族,光嗣哭曰:"自古岂有杀父以求生者乎?宁惧就死。"因与璋俱走。知祥遣赵廷隐追之,不及,璋走至梓州见杀,光嗣自缢死,知祥遂并有东川。然自璋死,知祥卒不遣使谢唐。唐枢密使范延光曰:"知祥虽已破璋,必借朝廷之势,以为两川之重。自非屈意招之,彼亦不能自归也。"明宗曰:"知祥,吾故人也,本因间谍致此危疑,抚吾故人,何屈意之有?"先是,克宁妻孟氏,知祥妹也。庄宗已杀克宁,孟氏归于知祥,其子璙留事唐,为供奉官。明宗即遣璙归省其母,因赐知祥诏书招慰之。知祥兼据两川,以赵季良为武泰军留后、李仁罕武信军留后、赵廷隐保宁军留后、张业宁江军留后、李肇昭武军留后。季良等因请知祥称王,以墨制行事,议未决而璙至蜀,知祥见璙倨慢。九月,璙自蜀还,得知祥表,请除赵季良等为五镇节度,其余刺史已下,得自除授。又请封蜀王,且言福庆公主已卒,明宗为之发哀,遣阁门使刘政恩为宣谕使,政恩复命,知祥始遣其将朱晃来朝。

四年二月癸亥,制以知祥检校太尉、兼中书令、行成都尹、剑南东西两川节度、管内观察处置、统押近界诸蛮、兼西山八国云南安抚制置等使。遣工部尚书卢文纪册封知祥为蜀王。而赵季良等五人皆拜节度使。唐兵先在蜀者数万人,知祥皆厚给其衣食,因请送其家属。明宗诏谕不许。十一月，明宗崩。

明年正月，知祥乃即皇帝位，国号蜀，以赵季良为司空同中书门下平章事、中门使；王处回为枢密使；李昊为翰林学士。三月，唐潞王举兵于凤翔，愍帝遣王思同等讨之，思同兵溃，山南西道节度使张虔钊、武定军节度使孙汉韶皆以其地附于蜀。四月，知祥改元曰明德。六月，虔钊等至成都，知祥宴劳之。虔钊奉觞起为寿，知祥手缓不能举觞，遂病。以其子昶为皇太子监国。知祥卒，谥为文武圣德英烈明孝皇帝，庙号高祖，陵曰和陵。

昶，知祥弟三子也。知祥为两川节度使，昶为行军司马。知祥僭号，以昶为东川节度使同中书门下平章事。知祥病，昶监国。知祥已卒，而秘未发，王处回夜过赵季良，相对泣涕不已。季良正色曰：“今疆侯握兵，专伺时变，当速立嗣君以绝非望，泣无益也。”处回遂与季良立昶，而后发丧。昶立，不改元，仍称明德。至五年，始改元曰广政。

明德三年三月，荧惑犯积尸，昶以谓积尸，蜀分也。惧，欲禳之以间，司天少监胡韫韫曰：“按十二次起并五度，至柳八度，为鹑首之次，鹑首，秦分也，蜀虽属秦，乃极南之表尔。前世火入鬼，其应在秦。晋咸和九年三月，火犯积尸。四月，雍州刺史郭权见杀。义熙四年，火犯鬼，明年，雍州刺史朱龄石见杀。而蜀皆无事。”乃止。

昶好打球走马，又为方士房中之术，多采良家子以充后宫。枢密副使韩保贞切谏，昶大悟，即日出之，赐保贞金数斤。有上书者言台省官当择清流，昶叹曰：“何不言择其人而任之？”左右请以其言诘上书者，昶言：“吾见唐太宗初即位，狱吏孙伏伽上书言事，皆见加纳，奈何劝我拒谏耶？”然昶年少，不亲政事，而将相大臣皆知祥故人，知祥宽厚多优纵之，及其事昶，益骄蹇，多逾法度，务广第宅，夺人良田，发其坟墓。而李仁罕、张业尤甚。昶即位数月，执仁罕杀之，并族其家。是时，李肇自镇来朝，杖而入见，称疾不拜，及闻仁罕死，遽释杖而拜。

广政九年，赵季良卒。张业益用事。业，仁罕甥也。仁罕被诛时,业方掌禁兵,昶惧其反,乃用以为相。业兼判度支,置狱于家,务以酷法厚敛蜀人,蜀人大怨。十一年,昶与匡圣指挥使安思谦谋执而杀之。王处回、赵廷隐相次致仕。由是故将旧臣殆尽。昶始亲政事,于朝堂置匦,以通下情。是时,契丹灭晋,汉高祖起于太原,中国多故。雄武军节度使何建以秦、成、阶三州附于蜀,昶因遣孙汉韶攻下凤州,于是,悉有王衍故地。汉将赵思绾据永兴、王景崇据凤翔反,皆送款于昶。昶遣张虔钊出大散关,何建出陇右,李廷珪出子午谷,以应思绾。昶相母昭裔切谏,以为不可,然昶志欲窥关中甚锐,乃遣安思谦益兵以东。已而,汉诛思绾。景崇、虔钊等皆罢归,而思谦耻于无功,多杀士卒以威众。昶与翰林使王藻谋杀思谦,而边吏有急奏,藻不以时闻,辄启其封,昶怒之。其杀思谦也,藻方侍侧,因并擒藻斩之。

十二年置吏部三铨,礼部贡举。十三年,昶加号睿文英武仁圣明孝皇帝,封子玄哲秦王,判六军事。次子玄珏褒王,弟仁毅夔王。仁贽雅王。仁裕嘉王。十八年,周世宗伐蜀,攻自秦州。昶以韩继勋为雄武军节度,闻周师来伐,叹曰:“继勋岂足以当周兵邪!”客省使赵季札请行,乃以季札为秦州监军使。季札行至德阳,闻周兵至,遽驰还奏事。昶问之,季札惶惧不能道一言,昶怒杀之。乃遣高彦俦、李廷珪出堂仓以拒周师。彦俦大败,走青泥。于是,秦、成、阶、凤复入于周。昶惧,分遣使者聘于南唐、东汉,以张形势。二十年,世宗以所得蜀俘归之,昶亦归所获周将胡立于京师。因寓书于世宗,世宗怒昶无臣礼,不答。

二十一年,周兵伐南唐,取淮南十四州,诸国皆惧。荆南高保融以书招昶,使归周。昶以前尝致书,世宗不答,乃止。昶幼子玄宝,生七岁而卒,太常言无服殇,无赠典。昶问李昊,昊曰:“昔唐德宗皇子评,生四岁而卒,赠杨州大都督,封肃王。此故事也。”昶乃赠玄宝青州大都督,追封遂王。二十五年,立秦王玄哲为皇太子。昶幸晋、汉之际,中国多故,而据险一方,君臣务为奢侈以自娱,至于溺器皆以七宝装之。宋兴已下荆、潭,昶益惧,遣大程官孙遇以蜡丸书间行东汉，约出兵以挠中国。遇为边吏所得。太祖皇帝遂诏伐蜀，遣王全斌、崔彦进等出凤州，刘光乂、曹彬等出归州。诏八作司度右掖门南，临汴水为昶治第一区，凡五百余间，供帐什物皆具，以待昶。昶遣王昭远、赵彦韬等拒命。昭远，成都人也，年十三事东郭禅师智谭为童子，知祥尝饭僧于府，昭远执巾履从智谭以入，知祥见之爱其惠黠，时昶方就学，即命昭远给事左右，而见亲狎。昶立，以为卷帘使。枢密使王处回致仕，昶以枢密使权重难制，乃以昭远为通奏使，知枢密使事。然事无大小，一以委之。府库金帛，恣其所取不问。昶母李太后常为昶言昭远不可用，昶不听。昭远好读兵书，以方略自许。兵始发成都，昶遣李昊等饯之，昭远手执铁如意，指挥，事自比诸葛亮。酒酣，谓昊曰：“吾之是行，何止克敌，当领此二三万雕面恶少儿，取中原如反掌尔！”昶又遣子玄哲，率精兵数万守剑门。玄哲辇其爱姬，携乐器、伶人数十以从，蜀人见者皆窃笑。全斌至三泉，遇昭远，击败之。昭远焚吉柏江浮桥，退守剑门。军头向韬得蜀降卒，言：“来苏小路，出剑门南清强店，与大路合。”全斌遣偏将史延德分兵出来苏，比击剑门，与全斌夹攻之，昭远、彦韬败走，皆见擒。玄哲闻昭远等败，亦逃归。刘光乂攻夔州，守将高俦战败，闭牙城拒守，判官罗济劝其走，彦俦曰：“吾昔不能守秦川，今又奔北，虽人主不杀我，我何面目见蜀人乎？”又劝其降，彦俦不许，乃自焚死。而蜀兵所在奔溃，将帅多被擒获。昶问计于左右，老将石頵以谓东兵远来，势不能久，宜聚兵坚守以敝之。昶叹曰：“吾与先君以温衣美食养士四十年，一旦临敌，不能为吾东向放一箭，虽欲坚壁，谁与吾守者邪！”乃命李昊草表以降，时乾德三年正月也。自兴师至昶降凡六十六日。初，昊事王衍为翰林学士，衍之亡也，昊为草降表。至是又草焉，蜀人夜表其门曰：“世修降表李家”，当时传以为笑。

　　昶至京师，拜检校太师兼中书令，封秦国公，七日而卒。追封楚王。其母李氏，为人明辩，甚见优礼，诏书呼为“国母”，尝召见劳之曰：“母善自爱，无戚戚思蜀，他日当送母归。李氏曰：“妾家本太原，倘得归老故乡，不胜大愿。”是时，刘钧尚在，太祖大喜曰：“俟平刘钧,当如母愿。"昶之卒也,李氏不哭,以酒酹地祝曰:"汝不能死社稷,苟生以取羞。吾所以忍死者,以汝在也。吾今何用生为!"因不食而卒,其余事具 国史。知祥兴灭所数甚明,诸书皆同,盖自同光三年乙酉入蜀,至皇朝乾德三年乙丑国灭,凡四十一年。惟《旧五代史》云:同光三年丙戌至乾德三年乙丑四十年者,缪也。

新五代史卷六五
南汉世家第五

刘隐　弟龚　龚子玢　玢弟晟　晟子鋹

　　刘隐，其祖安仁，上蔡人也，后徙闽中，商贾南海，因家焉。父谦，为广州牙将。唐乾符五年，黄巢攻破广州，去略湖湘间，广州表谦封州刺史、贺江镇遏使，以御梧、桂以西。岁余，有兵万人，战舰百余艘，谦三子：曰隐、台、岩。谦卒，广州表隐代谦，封州刺史。

　　乾宁中，节度使刘崇龟死，嗣薛王知柔代为帅，行至湖南，广州将卢琚、覃玘作乱，知柔不敢进。隐以封州兵攻杀琚、玘，迎知柔，知柔辟隐行军司马。其后，徐彦若代知柔，表隐节度副使，委以军政。彦若卒军中，推隐为留后。天祐二年拜隐节度使。

　　梁开平元年加检校太尉，兼侍中。二年，兼静海军节度安南都护。三年，加检校太师、兼中书令、封南平王。隐父子起封州，遭世多故，数有功于岭南，遂有南海。隐复好贤士，是时，天下已乱，中朝士人以岭外最远，可以避地多游焉。唐世名臣谪死南方者，往往有子孙或当时仕宦遭乱不得还者，皆客岭表。王定保、倪曙、刘浚、李衡、周杰、杨洞潜、赵光胤之徒，隐皆招礼之。定保，容管巡官曙，唐太学博士，浚崇望之子，以避乱往；衡，德裕之孙，唐右补阙，以奉使往，皆辟置幕府，待以宾客。杰，善星历，唐司农少卿，因避乱往，隐数问以灾变，杰耻以星术事人，常称疾不起，隐亦客之。洞潜，初为邕管巡官，秩满客南海，隐常师事之，后以为节度副使。及龚僭号，为陈吉凶礼法，为国制度，略有次序，皆用此数人焉。

乾化元年，进封隐南海王。是岁卒，年三十八。弟龑立。

龑，初名岩，谦庶子也。其母段氏生龑于外舍，谦妻韦氏素妒，闻之怒拔剑而出，命持龑至，将杀之。及见而悸，剑辄堕地，良久曰："此非常儿也。"后三日，卒杀段氏，养龑为己子。及长，善骑射，身长七尺，垂手过膝，隐为行军司马，龑亦辟薛王府谘议参军。隐镇南海，龑为副使。隐卒，龑代立。

乾化二年除清海节度使、检校太保、同平章事。三年，加检校太傅。末帝即位，悉以隐官爵授龑，龑封南海王。唐末，南海最后乱，僖宗以后，大臣出镇者，天下皆乱无所之，惟除南海而已。自隐始，亦自立。是时，交州曲颢、桂州刘士政、邕州叶广略、容州庞巨昭，分据诸管；卢光稠据虔州以攻岭上，其弟光睦据潮州、子延昌据韶州；高州刺史刘昌鲁、新州刺史刘潜及江东七十余寨皆不能制。隐攻韶州，龑曰："韶州所赖者光稠。击之，虔人必应，应则首尾受敌，此不宜直攻，而可以计取。"隐不听，果败而归，因尽以兵事付龑，龑悉平诸寨，逐杀昌鲁等，更置刺史。卒出兵攻败卢氏，取潮、韶，又西与马殷争容、桂，殷取桂、管，虏士政，龑取容管，逐巨昭，又取邕管。隐龑自梁初受封爵，禀正朔而已。

贞明三年，龑即皇帝位，国号大越，改元曰乾亨，追尊安仁文皇帝、谦圣武皇帝、隐襄皇帝，立三庙，置百官。以杨洞潜为兵部侍郎、李衡礼部侍郎、倪曙工部侍郎、赵光胤兵部尚书，皆平章事。光胤自以唐甲族，耻事伪国，常怏怏思归，龑乃习为光胤手书，遣使间道至洛阳，召其二子损、益并其家属皆至，光胤惊喜，为尽心焉。龑性聪悟而奇酷，为刀锯支解刳剔之刑，每视杀人则不胜其喜，不觉朵颐垂诞呀呷，人以为真蛟蜃也。又好奢侈，悉聚南海珍宝以为玉堂珠殿。

二年，祀天南郊，大赦境内，改国号汉。龑，初欲僭号，惮王定保不从，遣定保使荆南，及还，惧其非已，使倪曙劳之告以建国，定保曰："建国当有制度，吾入南门，清海军额犹在四方，其不取笑乎？"龑笑曰："吾备定保久矣，而不思此宜其讥也！"三年册越国夫人马氏为皇后。马氏,楚王殷女也。四年春,置选部贡举,放进士、明经十余人,如唐故事。岁以为常。七年,唐庄宗入汴,龑惧,遣宫苑使何词入询中国虚实,称大汉国主致书大唐皇帝。词还,言唐必乱,不足忧,龑大喜。又性好夸大,岭北商贾至南海者,多召之,使升宫殿,示以珠玉之富。自言家本咸秦,耻王蛮夷,呼唐天子为洛州刺史。是岁,云南骠信郑旻遣使致朱鬃白马,以求婚,使者自称皇亲母弟、清容布燮兼理、赐金锦袍虎绫纹攀金装刀、封归仁庆侯、食邑一千户、持节郑昭淳。昭淳好学有文辞,龑与游宴赋诗,龑及群臣皆不能逮,遂以隐女增城县主妻旻。

八年作南宫,王定保献《南宫七奇赋》以美之。龑初名岩,又更曰陟。九年,白龙见南宫三清殿,改元曰白龙,又更名龑,以应龙见之祥。有胡僧言:谶书:"灭刘氏者龑也"。龑乃采《周易》飞龙在天之义为龑字,音俨以名焉。

四年,楚人以舟师攻封州。封州兵败于贺江,龑惧,以《周易》筮之,遇《大有》,遂赦境内,改元曰大有。遣将苏章以神弩军三千救封州,章以两铁索沈贺江中为巨轮,于岸上筑堤以隐之,因轻舟迎战。阳败而奔,楚人遂之,章举巨轮挽索锁楚舟,以强弩夹江射之,尽杀楚人。

三年,遣将李守鄘、梁克贞攻交趾,擒曲承美等。承美至南海,龑登仪凤楼受俘,谓承美曰:"公常以我为伪廷,今反面缚,何也?"承美顿首伏罪,乃赦之。承美,颢子也。克贞又攻占城,掠其宝货而归。四年,爱州杨廷艺叛,攻交州,刺史李进进遁归,龑遣承旨程宝攻廷艺,宝战死。

五年,封子耀枢邕王,龟图康王,洪度秦王,洪熙晋王,洪昌赵王,洪弼齐王,洪雅韶王,洪泽镇王,洪操万王,洪泉循王,洪昢息王,洪邈高王,洪简同王,洪建益王,洪济辨王,洪道贵王,洪昭宣王,洪政通王,洪益定王。

九年,遣将军孙德晟攻象州,不克。十年,交州牙将皎公羡杀杨廷艺自立。廷艺故将吴权攻交州。公羡来乞师,龑封洪操交王,出兵白藤以攻之。龑以兵驻海门,权巳杀公羡逆战海口,植铁橛海中。权兵乘潮而进,洪操逐之,潮退,舟还轹橛者皆覆,洪操战死,龑收余众而还。

十五年,龑卒,年五十四,谥天皇大帝,庙号高祖,陵曰康陵。子玢立。

玢,初名洪度,封秦王。龑子耀枢、龟图皆早死,玢次当立,龑病卧寝中,召右仆射王翻与语,呼洪度、洪熙小字曰:"寿、俊虽长,然皆不足任吾事,惟洪昌类我,吾欲立之,奈何吾子孙不肖,后世如鼠入牛角,势当渐小尔!"因泣下歔欷。翻为龑谋,出洪度以邕州,洪熙容州,然后立洪昌为太子。议已定,崇文使萧益入问疾,龑以告之,益谏曰:"少者得立,长者争之,祸始此矣!"由是洪度卒得立。更名玢,改元曰光天。尊母赵昭仪为皇太妃,以晋王洪熙辅政。

玢立,果不能任事。龑在殡,召伶人作乐饮酒宫中,裸男女以为乐,或衣墨缞与倡女夜行出入民家。由是,山海间盗贼竞起,妖人张遇贤自称中天八国王攻陷循州。玢遣越王洪昌、循王洪杲攻之,遇贤围洪昌等于钱帛馆。裨将万景忻、陈道庠力战,挟二王溃围而走。玢莫能省。岭东皆乱。洪熙日益进声妓诱玢为荒恣。玢亦颇疑诸弟图已,敕宦官守宫门入者皆露索。洪熙、洪杲、洪昌阴遣陈道庠养勇士,刘思潮、谭令禋、林少强、少良、何昌廷等习为角抵以献玢,玢宴长春宫以阅之。玢醉,起,道庠与思潮等随至寝门,拉杀之,尽杀其左右。玢立二年,年二十四,谥曰殇,弟晟立。

晟,初名洪熙,封晋王。既弑玢,遂自立,改元曰应乾,以洪昌为兵马元帅知政事,洪杲副元帅,刘思潮等封功臣。晟既杀兄,立不顺,惧众不伏,乃益峻刑法以威众。已而,洪杲屡请讨贼,阴劝晟诛思潮等以止外议。晟大怒,使使者夜召洪杲。洪杲知不免,乃留使者入具沐浴,诣佛前祝曰:"洪杲误念来生王宫,今见杀矣!后世当生民家,以免屠害。"涕泣与家人诀别,然后赴召,至则杀之。冬,晟祀天南郊,改元曰乾和,群臣上尊号曰大圣文武大明至道大光孝皇帝。

二年夏,遣洪昌祠襄帝陵于海曲,至昌华宫,晟使盗刺杀之。晟自杀洪杲,由是与诸弟有隙。而洪昌最贤,龑素所欲立者,晟尤忌之,故先及害。镇王洪泽居邕州,有善政,是岁凤皇见邕州,晟怒,使人鸩杀之。而诸弟相次见杀。

三年,杀其弟洪雅,又杀刘思潮等五人。思潮等死,陈道庠惧不自安,其友邓伸以荀悦《汉纪》遗之,道庠莫能晓,伸骂曰:"憨獠,韩信诛而彭越醢,皆在此书矣。"道庠悟,益惧。晟闻之大怒,以道庠伸下狱,皆斩之于市,夷其族。以右仆射王翻为英州刺史,使人杀之于路。

五年,晟弟洪弼、洪道、洪益、洪济、洪简、洪建、洪�、洪昭同日皆见杀。

六年,遣工部郎中知制诰钟允章聘楚以求婚,楚不许,允章还,晟曰:"马公复能经略南土乎?"是时,马希广新立,希萼起兵武陵,湖南大乱,允章具言楚可攻之状。晟乃遣巨象指挥使吴珣、内侍吴怀恩攻贺州,已克之,楚人来救,珣凿大阱于城下,覆箔于上,以土傅之,楚兵迫城,悉陷阱中,死者数千,楚人皆走。珣等攻桂州,及连、宜、严、梧、蒙五州,皆克之。掠全州而还。九年冬,又遣内侍潘崇彻攻郴州,李景兵亦在。与崇彻遇战,大败景兵于宜章,逐取郴州。晟益得志,遣巨舰指挥使暨彦斌,以兵入海,掠商人金帛,作离宫游猎,故时刘氏有南宫、大明、昌华、甘泉、玩华、秀华、玉清、太微诸宫,凡数百,不可悉纪。宦者林延遇、宫人卢琼仙,内外专恣为杀戮,晟不复省。常夜饮大醉,以瓜置伶人尚玉楼项,拔剑斩之以试剑,因并斩其首。明日酒醒,复召玉楼侍饮,左右白已杀之,晟叹息而已。

十年,湖南王进逵以兵五万率溪、洞蛮攻郴州,潘崇彻败进逵于蚝石,斩首万余级。十一年,晟病甚,封其子继兴卫王,璇兴桂王,庆兴荆王,保兴祥王,崇兴梅王。

十二年,晟亲耕籍田。交州吴昌浚遣使称臣,求节钺。昌浚者,权子也。权自龑时据交州,龑遣洪操攻之,洪操战死,遂弃不复攻。

权死,子昌岌立,昌岌卒,弟昌浚立,始称臣于晟。晟遣给事中李玙以旌节招之,玙至白州浚,使人止玙曰"海贼为乱,道路不通"。玙不果行,晟杀其弟洪邈。十三年又杀其弟洪政。于是龚之诸子尽矣。

显德三年,世宗平江北,晟始惶恐,遣使修贡于京师,为楚人所隔,使者不得行。晟忧形于色,又尝自言知星,未年月食牛女间,出书占之,叹曰:"吾当之矣!"因为长夜之饮。

十六年,卜葬域于城北运甓为圹,晟亲临视之。是秋卒,年三十九,谥曰文武光圣明孝皇帝,庙号中宗,陵曰昭陵,子铱立。

铱,初名继兴,封卫王。晟卒,以长子立,改元曰大宝。晟性刚忌,不能任臣下,而独任其嬖幸、宦官、宫婢延遇琼仙等。至铱尤愚,以谓群臣皆自有家室,顾子孙,不能尽忠,惟宦者亲近可任,遂委其政于宦者龚澄枢、陈延寿等。至其群有欲用者,皆阉然后用。澄枢等既专政,铱乃与宫婢波斯女等淫戏后宫,不复出省事。延寿又引女巫樊胡子自言玉皇降胡子身,铱于内殿设帐幄,陈宝贝,胡子冠远游、衣紫霞,裾坐帐中,宣祸福,呼铱为太子皇帝,国事皆决于胡子。卢琼仙、龚澄枢等争附之。胡子乃为铱言:澄枢等皆上天使来辅太子,有罪不可问。尚书左丞钟允章参政事,深嫉之,数请诛宦官,宦官皆仄目。

二年,铱祀天南郊,前三日允章与礼官登坛四顾指麾,宦者许彦真望见之曰:"此谋反尔。"乃拔剑升坛,允章迎叱之,彦真驰走,告允章反,铱下允章狱,遣礼部尚书薛用丕治之。允章与用丕有旧因泣下曰:"吾今无罪,自诬以死,固无恨。然吾二子皆幼,不知父冤俟,其长公可告之。"彦真闻之,骂曰:"反贼欲使尔子报仇邪!"复入白铱,并捕二子系狱,遂族诛之。陈延寿谓。铱曰:"先帝所以得传陛下者,由尽杀群弟也。"劝铱稍诛去诸王,铱以为然,杀其弟桂王璇兴。是岁,建隆元年也。铱将邵廷琄言于铱曰:"汉乘唐乱居此五十年,幸中国有故,干戈不及,而汉益骄于无事,今兵不识旗鼓,而人主不知存亡。夫天下乱久矣,乱久而治,自然之势也。今闻真主已出,必将尽有海内,其势非一天下不能已。"劝铱修兵为备,不然悉珍宝奉中国，遣使以通好。铢懵然莫以为虑，恶廷琄言直，深恨之。

四年，芝菌生宫中，野兽触寝门，苑中羊吐珠井旁，石自立行百余步而仆，樊胡子皆以符瑞讽群臣入贺。

五年，铢以宦者李托养女为贵妃，专宠托为内太师，居中专政。许彦真既杀钟允章，恶龚澄枢等居己上，谋杀之。澄枢使人告彦真反，族诛之。

七年，王师南伐，克郴州。晟所遣将暨彦赟与其刺史陆光图皆战死，余众退保韶州。铢始思廷琄言，遣廷琄以舟兵出洸口抗王师。会王师退舍，廷琄训士卒修战备，岭人倚以为良将。有谮者，投无名书言廷琄反，铢遣使者赐死。士卒排军门，见使者诉廷琄无反状，不能救，为立祠于洸口。

八年，交州吴昌文卒。其佐吕处玶与峰州刺史乔知祐争立，交趾大乱，欢州丁琏举兵击破之，铢授琏交州节度。九年，南海民妻生子两首四臂。是时，太祖皇帝诏李煜谕铢，使称臣，铢怒，囚煜使者龚慎仪。十三年，诏潭州防御使潘美出师，师次白霞，铢遣龚澄枢等守贺州、郭崇岳守桂州、李托守韶州以备。是岁秋，潘美平贺州，十月平韶州，又平桂州，十一月平连州。铢喜曰：“昭、桂、连、贺，本属湖南，今北师取之足矣，其不复南也。其愚如此！”十二月，平韶州。

开宝四年正月，平英、雄二州。铢将潘崇彻先降，师次泷头，铢遣使请和求缓师。二月，师度马迳，铢遣其右仆射萧漼奉表降。漼行，铢惶迫复令，整兵拒命。美等进师，铢遣其弟祥王保兴率文武诣美军降，不纳。龚澄枢、李托等谋曰：“北师之来，利吾国宝货尔，焚为空城，师不能驻，当自还也。”乃尽焚其府库、宫殿。铢以海舶十余悉载平珍宝嫔御将入海。宦官乐范窃其舟以逃归，师次白田，铢素衣白马以降。献俘京师，赦铢为左千牛卫大将军，封恩赦侯，其后事具　　国史。隐兴灭年世，诸书皆同。盖自唐天祐二年隐为广州节度使，至皇朝开宝四年，国灭凡六十七年。《旧五代史》以梁贞明三年癸僭号为始，故曰五十五年尔。

新五代史卷六六
楚世家第六

马殷 子希声　希范　希广　　刘言

周行逢 子保权

马殷,字霸图,许州鄢陵人也。唐中和三年,蔡州秦宗权遣孙儒、刘建峰将兵万人属其弟宗衡,略地淮南,殷初为儒裨将。宗衡等攻杨行密于杨州,未克。梁兵方急攻宗权,宗权数召儒等,儒不欲还,宗衡屡趋之,儒怒杀宗衡自将其兵,取高邮,遂逐行密。行密据宣州,儒以兵围之,久不克,遣殷与建峰掠食旁县。儒战败死,殷等无所归,乃推建峰为帅,殷为先锋,转攻豫章,略虔吉,有众数万。

乾宁元年,入湖南,次澧陵。潭州刺史邓处讷发邵州兵戍龙回关,建峰等至关,降其戍将蒋勋。建峰取勋铠甲被先锋兵,张其旗帜,直趋潭州。至东门,东门守者以为关兵戍还,开门内之,遂杀处讷,建峰自称留后,僖宗授建峰湖南节度使、殷为马步军都指挥使。蒋勋求为邵州刺史,建峰不与,勋率兵攻湘乡,建峰遣殷击勋于邵州。建峰庸人,不能帅其下,常与部曲饮酒欢呼。军卒陈瞻妻有色,建峰私之,瞻怒以铁挝击杀建峰。军中推行军司马张佶为帅,佶将入府,乘马辄踬啮伤佶髀,佶卧病,语诸将曰:"吾非汝主也,马公英勇,可共立之"。诸将乃共杀瞻,磔其尸,遣姚彦章迎殷于邵州。殷至,佶乘肩舆入府,殷拜谒于廷中,佶召殷上,乃率将吏下,北面再拜,以位与之,时乾宁三年也。唐拜殷潭州刺史。殷遣其将秦彦晖、李琼等攻连、邵、郴、衡、道、永六州,皆下之。桂管刘士政惧,遣其将陈可璠、王建武等率兵守全义岭。殷遣使聘于士政，使者至境上，可璠等不纳。殷怒遣琼等以兵七千攻之，擒可璠等及其兵二千余人，悉坑之，遂围桂管，卢士政，尽取其属州。殷表琼桂管观察使。四年，拜殷武安军节度使。

初，孙儒败于宣州，殷弟赟为杨行密所执，行密收儒余兵为黑云都，以赟为指挥使。赟从行密攻战，数有功，为人质重，未尝自矜。行密爱之，问赟谁家子，赟曰：“马殷弟也。”行密大惊曰：“汝兄贵矣，吾今归汝可乎？”赟不对。他日又问之，赟谢曰：“臣，孙儒败卒也，幸公待以不死，非杀身不足报。湖南邻境，朝夕闻殷动静足矣。不愿去也。”行密叹曰：“昔吾爱子之貌，今吾得子之心矣。然勉为吾合二国之欢，通商贾，易有无以相资，亦所以报我也！”乃厚礼遣赟归。殷大喜，表赟节度副使。行密遣将刘存等攻杜洪、围鄂州，殷遣秦彦晖、许德勋以舟兵救之，已而，杜洪败死，存等遂攻殷，殷遣彦晖拒于上流，偏将黄璠以舟三百伏浏阳口。存等屡战不胜，乃致书于殷以求和，殷欲许之，彦晖曰：“淮人多诈，将怠我师，不可信。”急击之，存等退走。黄璠以浏阳舟截江合击，大败之，刘存及陈知新战死，彦晖取岳州。

梁太祖即位，殷遣使修贡，太祖拜殷侍中、兼中书令、封楚王。

荆南高季昌以兵断汉口，邀殷贡使，殷遣许德勋攻其沙头，季昌求和乃止。杨行密袁州刺史吕师周来奔。师周，勇健豪侠，颇通纬候兵书，自言五世将家，惧不能免，常与酒徒聚饮，醉则起舞悲歌，慷慨泣下。行密闻之疑其有异志，使人察其动静，师周益惧，谓其裨将綦母章曰：“吾与楚人为敌境，吾常望其营上，云气甚佳，未易败也。吾闻马公仁者，待士有礼，吾欲逃死于楚可乎？”章曰：“公自图之，章舌可断，语不泄也。”师周以兵猎境上，乃奔于楚，綦母章纵其家属随之。殷闻师周至，大喜曰：“吾方南图岭表，而得此人足矣。”以为马步军都指挥使。率兵攻岭南，取昭、贺、梧、蒙、龚、富等州。殷表师周昭州刺史。朗州雷彦恭召吴人攻平江，许德勋击败之，殷遣秦彦晖攻朗州，彦恭奔于吴，执其弟彦雄等七人，送于梁。于是,澧州向瓌、辰州宋邺、溆州昌师益等,率溪洞诸蛮皆附于殷。殷请升朗州为永顺军,表张佶节度使。殷乃请依唐太宗故事,开天册府,置官属。太祖拜殷天册上将军,殷以其弟赟为左相,存为右相,廖光图等十八人为学士。末帝时,加殷武昌静江宁远等军节度使。洪鄂四面行营都统。

唐庄宗灭梁,殷遣其子希范修贡京师,上梁所授都统印。庄宗问洞庭广狭,希范对曰:“车驾南巡才堪饮马尔。”庄宗嘉之。庄宗平蜀,殷大惧,表求致仕。庄宗下玺书慰劳之。明宗即位,遣使修贡并贺。明年正月,荆南高季昌执其贡使史光宪,殷遣袁诠、王环等攻之,至其城下,季昌求和乃止。殷,初兵力尚寡,与杨行密、成汭、刘龑等为敌国,殷患之,问策于其将高郁,郁曰:“成汭地狭兵寡,不足为吾患,而刘龑志在五管而已。杨行密,孙儒之仇,虽以万金交之不能得其欢心。然尊王仗顺,霸者之业也,今宜内奉朝廷以求封爵,而外夸邻敌,然后退修兵农畜力,而有待尔。”于是殷始修贡京师,然岁贡不过所产茶茗而已。乃自京师至襄、唐、郢、复等州置邸,务以卖茶,其利十倍。郁又讽殷铸铅铁钱,以十当铜钱一。又令民自造茶以通商旅,而收其算,岁入万计。由是地大力完,数邀封爵。

天成二年,请建行台。明宗封殷楚国王。有司言无封国王礼,请如三公用竹册,乃遣尚书右丞李序持节以竹册封之。

殷以潭州为长沙府,建国承制,自置官属。以其弟赟为静江军节度使,子希振武顺军节度使,次子希声判内外诸军事,姚彦章为左相,许德勋为右相,李铎为司徒,崔颖为司空,拓拔常为仆射,马珙为尚书,文武皆进位。谥其曾祖筠曰文肃、祖正曰庄穆、父元丰曰景庄。立三庙于长沙。长兴元年,殷卒,年七十九。诏曰:“马殷官爵俱高,无以为赠,谥曰武穆而已。子希声立。

希声,字若讷,殷次子也。殷建国以希声判内外诸军事。荆南高季昌闻殷将高郁素教殷以计策,而楚以强,患之,尝使谍者行间于殷,殷不听。希声用事,谍者语希声曰:“季昌闻楚用高郁大喜,以为亡马氏者必郁也。”希声素愚,以为然。遂夺郁兵职,郁怒曰:“吾事君王久矣。亟营西山,将老焉,犬子渐大,能咋人矣。"希声闻之,矫殷令杀郁。殷老不复省事,莫知郁死。是日,大雾四塞,殷怪之,语左右曰:吾尝从孙儒,儒每杀不辜,天必大雾,岂马步狱有冤死乎?"明日吏以状白殷,拊膺大哭,曰:"吾荒耄如此,而杀吾勋旧。"顾左右曰:"吾亦不久于此矣!"明年殷薨,希声立,授武安、静江等军节度使。希声尝闻梁太祖好食鸡,慕之,乃日烹五十鸡以供膳。葬殷上潢,希声不哭泣,顿食鸡肉数器而起。其礼部侍郎潘起讥之曰:"昔阮籍居丧而食蒸豚,世岂乏贤邪!"长兴三年希声卒,追封衡阳王。弟希范立。

希范,字宝规,殷第四子也。殷子十余人,嫡子希振长而贤。其次希声与希范同日生,而希声母袁夫人有美色,希声以母宠得立。而希振弃官为道士,居于家,希声卒而希范以次立,袭殷官爵,封楚王。清泰二年赐以弓矢冠剑。天福四年加希范天册上将军、开府承制,如殷故事。

希范好学善诗,文士廖光图、徐仲雅、李皋、拓拔常等十八人皆故殷时学士。希范性奢侈,光图等皆薄徒,饮博欢呼,独常沉厚长者,上书切谏,光图等恶之。

襄州安从进、安州李金全叛,晋高祖诏希范出兵。希范遣张少敌以舟兵趋汉阳,漕米五万斛以馈军,金全等败,少敌乃旋。溪州刺史彭士然率锦奖诸蛮,攻澧州,希范遣刘勍、刘全明等以步卒五千击之,士然大败,勍等攻溪州,士然走奖州,遣其子师皓率诸蛮酋降于勍。溪州西接相柯、两林,南通桂林、象郡,希范乃立铜柱以为表,命学士李皋铭之。于是,南宁州酋长莫彦殊率其本部十八州,都云酋长尹怀昌率其昆明等十二部,样柯张万浚率其夷播等七州皆附于希范。

希范作会春园、嘉宴堂,其费钜万。始加赋于国中,拓拔常切谏,以为不可。希范又作九龙殿,以八龙绕柱。自言身一龙也。是时,契丹灭晋,中国大乱,希范牙将丁思觐廷谏希范曰:"先王起卒伍,以攻战而得此州,倚朝廷以制邻敌,传国三世,有地数千里,养兵十万人。天子囚辱,中国无主,真霸者立功之时。诚能悉国之兵出荆、襄,以趋京师,倡义于天下,此桓、文之业也。奈何耗国用而穷土木,为儿女之乐乎?"希范谢之,思觐嗔目视希范曰:"孺子终不可教也。"乃扼喉而死。开运四年,希范卒,年四十九,谥曰文昭。希广立。

　　希广,字德丕,希范同母弟也。希范平生恶拓拔常谏诤,常入谒,希范呼阍者指常曰:"吾不欲见此人,勿复内也。"乃谢绝之。及卧病,始思常言,以为忠,召之托以希广。希范卒,常数劝希广以位奉其兄希萼,希广不从。希萼为朗州节度使,希范之卒,希萼自朗州来奔丧,希广将刘彦瑫谋曰:"武陵之来,其意不善,宜出兵迎之,以备非常。使其解甲释兵而后入。张少敌、周廷诲曰:"王能与之则已,不然宜早除之。"希广泣曰:"吾兄也,焉忍杀之,分国而治可也。"乃以兵迎希萼于碛石,止之于碧湘宫,厚赂以遣之。希萼愤然而去,乃遣使诣京师求封爵,请置邸称藩,汉隐帝不许,降玺书慰劳讲解之。希萼怒送款于李景,举兵攻长沙。希广遣刘彦瑫、许可琼等御之,彦瑫败希萼于仆射洲。希萼去,诱溪洞诸蛮寇益阳。希广遣崔珙琏以步卒七千屯湘乡王潭以遏诸蛮,刘彦瑫以舟兵趋武陵攻希萼。彦瑫败于湄洲,希广大惧,遣使请兵于京师,汉隐帝不能出师。希萼舟兵沿江而上,自号顺天将军,攻岳州,刺史王斌坚城不战,希萼呼斌曰:"吾昔约君同行,今何异心乎?"斌曰:"君王兄弟不相容,而责将吏异心乎?愿君王入长沙,不伤同气,臣不敢不尽节。"希萼引兵去,下湘乡,止长沙,屯水西。刘彦瑫、许可琼屯水东。彭师皓登城望水西军,入白希广曰:"武陵兵骄杂以蛮蜓,其势易破。请令可琼等阵山前,臣以步兵三千自巴溪渡江趋岳麓,候夜击之。"希广以为可。而可琼已阴送款于希萼,遂沮其议。明日,师皓诣可琼计事,嗔目叱之曰:"视汝反文在面,岂欲投贼乎!"拂衣而出,急白希广,请杀之,希广不听。希萼攻长乐门,牙将吴宏、杨涤战于门中,希萼少衄,已而,许可琼奔于希萼,宏涤闻之皆溃,希广率妻子匿于慈堂。明日擒之。希萼见之恻然曰:"此钝夫也,岂能为恶? 左右惑之尔。"顾其下曰："吾欲活之如何？"其下皆不对，遂缢死之。

乾祐三年，希萼自立。明年，汉隐帝崩，京师大乱，希萼遂臣于李景。景册封希萼楚王，希萼悉以军政事任其弟希崇。希崇与楚旧将徐威、陆孟俊、鲁绾等谋作乱，希萼置酒端阳门，希崇辞以疾，威等纵恶马十余匹，以壮士执梃随之突入其府，勋军兵，缚希萼迎希崇，以立。

希崇遣彭师皓、廖偃囚希萼于衡山，师皓奉希萼为衡山王，臣于李景。希崇惧，亦请命于景，景遣边镐入楚，尽迁马氏之族于金陵，时周广顺元年也。封希萼楚王，居洪州，希崇领舒州节度使，居杨州。显德三年，世宗征淮，下杨州，下诏抚安马氏子孙。已而，杨州复入于景，希崇率其兄弟十七人归京师，拜右羽林统军，希能左屯卫大将军，希贯右千牛卫大将军，希隐、希浚、希知、希朗皆为节度行军司马。

刘言，吉州庐陵人也。王进逵，武陵人也。言，初事刺史彭玕，从玕奔楚。言事希范为辰州刺史。进逵少为静江军卒，事希萼为指挥使，希萼攻希广，以进逵为先锋，陷长沙。长沙遭乱残毁，希萼使进逵以静江兵营缉之，兵皆愁怨，进逵因拥之，夜以长柯巨斧斫关奔归武陵。希萼方醉，不能省。明日，遣将唐鸁追之及于武陵，鸁战大败而还，进逵乃逐出留后马光惠，迎言于辰州以为帅，进逵自为副。已而，希萼将徐威等作乱，缚希萼而立希崇，湖南大乱。李景遣边镐入楚，迁马氏于金陵，因并召言。言不从遣。进逵与行军司马何景真等攻镐于长沙，镐败走。

周广顺三年，言奉表京师，以邀封爵。又言长沙残破，不可居，请移治所于武陵。周太祖皆从之，乃升朗州为武平军，在武安军上，以言为节度使。因以武安授进逵，进逵自以言已所迎立，不为之下。言患之，二人始有隙，欲相图。进逵谋曰："言将可用者，不过何景真，朱全琇尔。召而杀之，言可取也。"是时，刘晟取楚、梧、桂、宜、蒙等州，进逵因白言召景真等会兵攻晟，言信之，遣景真、全琇往至，皆见杀。乃举兵袭武陵，执言杀之，奉表京师，周太祖即以进逵为武平军节度使。

世宗征淮南，授进逵南面行营都统。进逵攻鄂州，过岳州，岳州刺史潘叔嗣，进逵故时同列，待进逵甚谨，进逵左右就叔嗣求赂，叔嗣不与，左右谗其短，进逵面骂之，叔嗣惭恨，语其下曰："进逵战胜而还，吾无遗类矣。"进逵入鄂州，方攻下长山，叔嗣以兵袭武陵，进逵闻之，轻舟而归，与叔嗣战武陵城外，进逵败，见杀。

周行逢，武陵人也。与王进逵俱为静江军卒，事希萼为军校，进逵攻边镐，行逢别破益阳，杀李景兵二千余人，擒其将李建期。进逵为武安军节度使，拜行逢集州刺史，为进逵行军司马。进逵与刘言有隙，行逢为画谋策，袭杀言。进逵据武陵，行逢据潭州。显德元年，拜行逢武清军节度使，权知潭州军府事。潘叔嗣杀进逵，或劝其入武陵，叔嗣曰："吾杀进逵，救死而已，武陵非吾利也。乃还岳州。"遣其客将李简率武陵人迎行逢于潭州。行逢入武陵，或请以潭州与叔嗣，行逢曰："叔嗣杀主帅，罪当死，以其迎我，未忍杀尔。若与武安，是吾使之杀王公也。"召以为行军司马。叔嗣怒，称疾不至，行逢怒曰："是又欲杀我矣。"乃阳以武安与之，召使至府受命，至则杀之。

行逢，故武陵农家子。少贫贱无行，多慷慨大言。及居武陵，能俭约，自勉励，而性勇敢，果于杀戮。麾下将吏素恃功骄慢者，一以法绳之。大将十余人谋为乱，行逢召宴诸将，酒半，以壮士擒下斩之，一境皆畏服。民过无大小，皆死。夫人严氏谏曰："人情有善恶，安得一概杀之乎？"行逢怒曰："此外事，妇人何知！"严氏不悦，绐曰："家田佃户，以公贵，颇不力农，多恃势以侵民，请往视之。"至则营居以老，岁时衣青裙押佃户送租入城。行逢往就见之劳曰："吾贵矣，夫人何自苦邪？"严氏曰："公思作户长时乎？民租后时，常苦鞭扑，今贵矣，宜先期以率众，安得遂忘垅亩间乎？"行逢强邀之，以群妾拥升肩舆，严氏卒无留意，因曰："公用法太严而失人心。所以不欲留者，一旦祸起，田野间易为逃死尔。"行逢为少损。

　　建隆三年,行逢病,召其将史,以其子保权属之曰:"吾起陇亩为团兵,同时十人,皆以诛死。惟衡州刺史张文表独存,然常怏怏不得行军司马。吾死,文表必叛,当以杨师璠讨之。如其不能,则婴城勿战,自归于朝廷。"行逢卒,子保权立,文表闻之,怒曰:"行逢与我起微贱而立功名,今日安能北面事小儿乎!"遂举兵叛,攻下潭州,保权乞师于朝廷,亦命杨师璠讨文表,告以先人之言,感激涕泣,师璠亦泣,顾其军曰:"汝见郎君乎? 年未成人而贤若此。"军士奋然,皆思自效。师璠至平津亭,文表出战,大败之。初,保权之乞师也,太祖皇帝遣慕容延钊讨文表,未至,而文表为师璠所执。延钊兵入朗州,保权举族朝于京师,其后事具　　国史。殷自唐乾宁三年入湖南,至周广顺元年,凡五十七年,余具《年谱》注。

新五代史卷六七
吴越世家第七

钱镠　子元瓘　元瓘子佐　佐弟俶

钱镠,字具美,杭州临安人也。临安里中有大木,镠幼时与群儿戏木下,镠坐大石指挥群儿为队伍,号令颇有法,群儿皆惮之,及壮,无赖,不喜事生业,以贩盐为盗。县录事钟起有子数人,与镠饮博,起尝禁其诸子,诸子多窃从之游。豫章人有善术者,望牛斗间有王气。牛斗,钱塘分也,因游钱塘,占之在临安,乃之临安。以相法隐市中,阴求其人。起与术者善,术者私谓起曰:"占君县有贵人,求之市中不可得。视君之相贵矣,然不足当之。起乃为置酒,悉召贤豪为会,阴令术者篇视之,皆不足当。术者过起家,镠适从外来,见起反走,术者望见之大惊曰:"此真贵人也。"起笑曰:"此吾旁舍钱生尔。"术者召镠至,熟视之,顾起曰:"君之贵者,因此人也。"乃慰镠曰:"子骨法非常,愿自爱。"因与起诀曰:"吾求其人者,非有所欲也。直欲质吾术尔。"明日乃去,起始纵其子等与镠游,时时贷其穷乏。

镠善射与槊,稍通图纬诸书。唐乾符二年,浙西禅将王郢作乱,石鉴镇将董昌募乡兵讨贼,表镠偏将,击郢破之。是时,黄巢众已数千,攻掠浙东,至临安,镠曰:今镇兵少,而贼兵多,难以力御,宜出奇兵邀之。"乃与劲卒二十人伏山谷中,巢先锋度险皆单骑,镠伏弩射杀其将,巢兵乱。镠引劲卒蹂之,斩首数百级。镠曰:"此可一用尔。大众至,何可敌邪?"乃引兵趋八百里。八百里,地名也。告道旁媪曰:"后有问者,告曰临安兵屯八百里矣。"巢众至,闻媪语,不知其地名,曰:"向十余卒不可敌,况八百里乎?"遂急引兵过。都统高骈闻巢不敢犯临安,壮之,召董昌与镠俱至广陵。久之,骈无讨贼意,昌等不见用,辞还。骈表昌杭州刺史。是时,天下已乱,昌乃团诸县兵为八都,以镠为都指挥使,成及为靖江都将。

中和二年,越州观察使刘汉宏与昌有隙,汉宏遣其弟汉宥、都虞候辛约屯兵西陵,镠率八都兵渡江窃取军号,斫其营,营中惊忧,因焚之,汉宥等皆走。汉宏复遣将黄珪、何肃屯诸暨萧山,镠皆攻破之。与汉宏遇,战,大败之,杀何肃、辛约。汉宏易服持脍刀以遁,追者及之,汉宏曰:"我宰夫也。"举刀示之,乃免。四年,僖宗遣中使焦居璠为杭、越通和使,诏昌及汉宏罢兵,皆不奉诏。汉宏遣其将朱褒、韩公玫、施坚实等以舟兵屯望海,镠出平水戍,及夜率奇兵破褒等于曹娥埭,进屯丰山,施坚实等降,遂攻破越州,汉宏走台州,台州刺史执汉宏送于镠,斩于会稽,族其家。镠乃奏昌代汉宏,而自居杭州。

光启三年,拜镠左卫大将军、杭州刺史,昌越州观察使。是岁,毕师铎囚高骈,淮南大乱。六合镇将徐约攻取苏州。润州牙将刘浩逐其帅周宝,宝奔常州。浩推度支催勘官薛朗为帅,镠遣都将成及杜棱等攻常州,取周宝以归。镠具军礼郊迎,馆宝于樟亭。宝病卒,棱等进攻润州,逐刘浩,执薛朗,剖其心以祭宝。然后遣其弟铢攻徐约,约败走入海,追杀之。昭宗拜镠杭州防御使。是时,杨行密、孙儒争淮南,与镠战苏、常间。久之,儒为行密所杀,行密据淮南,取润州,镠亦取苏、常、唐,升越州。威胜军,以董昌为节度使,封陇西郡王。杭州武威军,拜镠都团练使,以成及为副使。及,字弘济,与镠同事攻讨,谋多出于及,而镠以女妻及子仁琇。镠乃以杜棱阮结、顾全武等为将校,沈崧、皮光业、林鼎、罗隐为宾客。

景福二年,拜镠镇海军节度使、润州刺史。乾宁元年,加同中书门下平章事。

二年,越州董昌反。昌素愚,不能决事,临民讼,以骰子掷之,而胜者为直。妖人应智、王温、巫韩媪等以妖言惑昌，献为兽为符瑞，牙将倪德儒谓昌曰："曩时谣言，有罗平鸟主越人祸福。民间多图其形，祷祠之。视王书名与图类。"因出图以示昌，昌大悦，乃自称皇帝，国号罗平，改元顺天。分其兵为两军，中军衣黄，外军衣白，铭其衣曰"归我。"副使黄竭切戒昌以为不可，昌大怒，使人斩竭，持其首至，骂曰："此贼负我，好圣明时三公不肯作，乃自求死邪！"投之圊中。昌乃以书告镠，镠以昌反状闻。昭宗下诏，削昌官爵，封镠彭城郡王、浙江东道招讨使，镠曰："董氏于吾有恩，不可遽伐。"以兵三万屯迎恩门，遣其客沈滂谕昌，使改过。昌以钱二百万犒军，执应智等送军中，自请待罪，镠乃还兵。昌复拒命，遣其将陈郁、崔温等屯香严、石侯，乞兵于杨行密，行密遣安仁义救昌，镠遣顾全武攻昌，斩崔温。昌所用诸将徐珣、汤臼、袁邠皆庸人，不知兵，遇全武辄败。昌兄子真，骁勇善战，全武等攻之逾年，不能克。真与其裨将刺羽有隙，羽潜之昌，杀真，兵乃败。全武执昌归杭州，行至西小江，昌顾左右曰："吾与钱公俱起乡里，吾尝为大将，今何面复见之乎！"左右相对泣下，因嗔目大呼，投水死。

昭宗以宰相王溥镇越州，溥请授镠，乃改威胜军为镇东军，拜镠镇海、镇东军节度使、加检校太尉、中书令、赐铁券，恕九死。镠如越州，受命还治钱塘，号越州为"东府。"

光化元年，移镇海军于杭州，加镠检校太师，改镠乡里曰广义乡勋贵里。镠素所居营曰衣锦营。婺州刺史王坛叛，附于淮南，杨行密遣其将康儒应坛，因攻睦州。镠遣其弟镖败儒于轩渚，坛奔宣州，昭宗诏镠图形凌烟阁，升衣锦营为衣锦城，石鉴山曰衣锦山，大官山曰功臣山。镠游衣锦城，宴故老，山林皆覆以锦，号其幼所尝戏大木曰"衣锦将军"。天复二年，封镠越王。镠巡衣锦城，武勇右都指挥使徐绾与左都指挥使许再思叛，焚掠城郭，攻内城。镠子传瑛及其将马绰、陈为等闭门拒之。镠归，至北郭门，不得入。成及代镠与绾战，斩首百余级。绾屯龙兴寺，镠微服逾城而入，遣马绰、王荣、杜建徽等分屯诸门，使顾全武备东府。全武曰："东府不足虑。可虑

者,淮南尔。缩急必召淮兵至,患不细矣。杨公,大丈夫,今以难告,
必能闵我。"镠以为然,全武曰:"独行事不必济,请择诸公子可行
者。"镠曰:"吾尝以元璙婚杨氏。"乃使随全武如广陵。缩果召田頵
于宣州,全武等至广陵,行密以女妻元璙,亟召頵还。頵取镠钱百
万,质镠子元瓘而归。

天祐元年,封镠吴王。镠建功臣堂,立碑纪功,列宾佐将校名氏
于碑阴者,五百人。四年,升衣锦城为安国衣锦军。

梁太祖即位,封镠吴越王、兼淮南节度使。客有劝镠拒梁命者,
镠笑曰:"吾岂失为孙仲谋邪?"遂受之。太祖尝问吴越进奏吏曰:
"钱镠平生有所好乎?"吏曰:"好玉带、名马。"太祖笑曰:"真英雄
也。"乃以玉带一匣、打球御马十匹赐之。江西危全讽等为杨渥所
败,信州危仔倡奔于镠,镠恶其姓,改曰元。开平二年,加镠守中书
令,改临安县为安国县,广义乡为衣锦乡。三年,加守太保。

扬渥将周本、陈章围苏州,镠遣其弟锯镖救之。淮兵为水栅环
城,以铜铃系网沈水中,断潜行者。水军卒司马福多智而善水行,乃
先以巨竹网,淮人闻铃声遂举纲,福乃过入城中,其出也,亦然。乃
取其军号,内外夹攻,号令相应,淮人以为神,遂大败之。本等走,擒
其将闻丘直、何明等。

四年,镠游衣锦军,作《还乡歌》曰:"三节还乡兮挂锦衣,父老
远来相追随。牛斗无字人无欺,吴越一王驷马归。"乾化元年,加镠
守尚书令、兼淮南宣润等道四面行营都统。立生祠于衣锦军。镠弟
镖居湖州。擅杀戍将潘长。惧罪奔于淮南。二年,梁郢王友珪立,
册尊镠尚父。末帝贞明三年,加镠天下兵马都元帅、开府置官属。四
年,杨隆演取虔州,镠始由海路入贡京师。龙德元年,赐镠诏书不
名。

唐庄宗入洛,镠遣使贡献,求玉册。庄宗下其议于有司,群臣皆
以谓:"非天子不得用玉册"。郭崇韬尤为不可,既而许之,乃赐镠玉
册、金印。镠因以镇海等军节度授其子元瓘,自称吴越国王,更名所
居曰宫殿、府曰朝,官属皆称臣。起玉册、金券、诏书三楼于衣锦军,

遣使册新罗、渤海王。海中诸国皆封拜其君长。

明宗即位，安重诲用事，镠致书重诲，书辞嫚，重诲大怒。是时，供奉官乌昭遇、韩玫使吴越，既还。玫诬昭遇称臣舞蹈，重诲乃奏削镠王爵、元帅、尚父，以太师致仕。元瓘等遣人以绢表间道自陈。安重诲死，明宗乃复镠官爵，长兴三年镠卒，年八十一，谥武肃。子元瓘立。

元瓘，字明宝，少为质于田頵。頵叛于吴，杨行密会越兵攻之，頵每战败归，即欲杀元瓘。頵母尝蔽护之。后頵将出，语左右曰："今日不胜，必斩钱郎。"是日頵战死，元瓘得归。镠卧病，召诸大将告之曰："吾子皆愚懦，不足任后事。吾死，公等自择之。"诸将泣下，皆曰："元瓘，从王征伐，最有功。诸子莫及，请立之。"镠乃出管钥数箧，召元瓘与之曰："诸将许尔矣。"镠卒，元瓘立，袭封吴越国王，玉册、金印皆如镠故事。

王延政自立于建州，闽中大乱。元瓘遣其将仰诠、薛万忠等攻之逾年，大败而归。元瓘亦善抚将士，好儒学，善为诗。使其国相沈崧置择能院，选吴中文士录用之。然性尤奢僭，好治宫室。天福六年，杭州大火烧其宫室迨尽。元瓘避之，火辄随发，元瓘大惧，因病狂，是岁卒，年五十五。谥曰文穆，子佐立。

佐，字祐，立时年十三，诸将皆少佐。佐初优容之，诸将稍不法，佐乃黜其大将章德安于明州、李文庆于睦州、杀内都监杜昭达、统军使阚璠。由是，国中皆畏恐。王延羲、延政兄弟相攻，卓俨明、朱文进、李仁达等自相篡杀，连兵不解者数年。仁达附于李景。已而，又叛景兵攻之，仁达求救于佐，佐召诸将计事，诸将皆不欲行，佐奋然曰："吾为元帅，而不能举兵邪？诸将吾家素畜养，独不肯以身先我乎？有异吾议者斩。"乃遣其统军使张筠、赵承泰等率兵三万，水陆赴之。遣将誓军，号令齐整。筠等大败景兵，俘馘万计，获其将杨业、蔡遇等，遂取福州而还。由是诸将皆服。佐立七年，袭封吴越国王，玉册、金印皆如元瓘，开运四年，佐卒，年二十。谥曰忠献，弟俶立。

俶，字文德。佐卒，弟倧以次立。初，元瓘质于宣州，以胡进思、戴恽等自随。元瓘立，用进思等为大将。佐既年少，进思以旧将自待，甚见尊礼。及倧立，颇卑侮之，进思不能平。倧大阅兵于碧波亭，方第赏，进思前谏以赏太厚，倧怒掷笔水中曰："以物与军士，吾岂私之，何见咎也。"进思大惧。岁除，画工献《钟馗击鬼图》，倧以诗题图上，进思见之大悟，知倧将杀己。是夕拥卫兵废倧，囚于义和院，迎俶立之。迁倧于东府。

俶，历汉、周，袭封吴越国王、赐玉册、金印。世宗征淮南，诏俶攻常、宣二州以牵李景。俶治国中兵以待。景闻周师将大举，乃遣使安抚境上，皆戒严。苏州候吏陈满不知景使，以谓朝廷已克诸州，遣使安抚矣。亟言于俶，请举兵以应。俶相国吴程遽调兵以出。相国元德昭以为王师必未渡淮，与程争于俶前，不可夺。程等攻常州，果为景将柴克宏所败。程裨将邵可迁力战，可迁子死马前，犹战不顾，程等仅以身免。周师渡淮，俶乃尽括国中丁民益兵，使邵可迁等以战船四百艘、水军万七千人至于通州，以会期。

吴越，自唐末有国，而杨行密、李升据有江淮，吴越贡赋朝廷，遣使皆由登、菜泛海，岁常飘溺其使。显德四年，诏遣左谏议大夫尹日就、吏部郎中崔颂等使于俶，世宗谕之曰："：朕此行决平江北，卿等还当陆来也。"五年，王师征淮，正月，克静海军，而日就等果陆还。世宗已平淮南，遣使赐俶兵甲旗帜、骆驼、羊马。钱氏兼有两浙几百年，其人比诸国号为怯弱，而俗喜淫侈，偷生工巧。自镠世常重敛其民以事奢僭，下至鸡鱼卵鷇，必家至而日取。每笞一人以责其负，则诸案史各持其簿列于廷，凡一簿所负，唱其多少，量为笞数，以次唱而笞之，少者犹积数十，多者至笞百余，人尤不胜其苦。又多掠得岭海商贾宝货。当五代时，常贡奉中国不绝，及世宗平淮南，宋兴荆楚诸国相次归命，俶势益孤，始倾其国以事贡献。

太祖皇帝时，俶尝来朝，厚礼遣还国。俶喜益以器服珍奇为献，不可胜数。太祖曰："此吾帑中物尔，何用献为？"太平兴国三年诏俶来朝，俶举族归于京师。国除。其后事具国史。

　　呜呼！天人之际为难言也。非徒自古术者好奇而幸中，至于英
豪草窃亦多自托于妖祥，岂其欺惑愚众，有以用之欤？盖其兴也，非
有功德渐积之勤，而黥髡盗贩，倔起于王侯，而人亦乐为之传欤？考
钱氏之始终非有德泽施其一方，百年之际，虐用其人甚矣，其动于
气象者，岂非其孽欤？是时，四海分裂，不胜其暴，又岂皆然欤？是
皆无所得而推欤？术者之言不中者多，而中者少，而人特喜道其中
者欤？镠世兴灭，诸书皆同。盖自唐乾宁二年为镇海、镇东军节度使，兼有两
浙，至皇朝太平兴国三年国除，凡八十四年。

新五代史卷六八
闽世家第八

王审知　子延翰　子鏻　鏻子继鹏　延羲
延政

　　王审知,字信通,光州固始人也。父恁世,为农。兄潮为县史。唐末群盗起,寿州人王绪攻陷固始,绪闻潮兄弟材勇,召置军中,以潮为军校。是时,蔡州秦宗权方募士以益兵,乃以绪为光州刺史,召其兵会击黄巢。绪迟留不行,宗权发兵攻绪。绪率众南奔,所至剽掠,自南康入临汀,陷漳浦,有众数万。绪性猜忌,部将有材能者,多因事杀之,潮颇自惧,军次南安,潮说其前锋将曰:"吾属弃坟墓妻子而为盗者,为绪所胁尔。岂其本心哉!今绪雄猜,将吏之材能者必死,吾属不自保朝夕,况欲图成事哉?"前锋将大悟,与潮相持而泣,乃选壮士数十人,伏篁竹间,伺绪至,跃出擒之,囚之军中。绪后自杀。绪已见废,前锋将曰:"生我者潮也。"乃推潮为主。是时,泉州刺史廖彦若为政贪暴,泉人苦之,闻潮略地至其境,而军行整肃,其耆老相率遮道留之,潮即引兵围彦若,逾年克之。

　　光启二年,福建观察使陈岩表潮泉州刺史。景福元年,岩卒。其婿范晖自称留后。潮遣审知攻晖,久不克,士卒伤死甚众,审知请班师,潮不许。又请潮自临军,且益兵,潮报曰:"兵与将俱尽,吾当自往。"审知乃亲督士卒攻破之。晖见杀,唐即以潮为福建观察使,潮以审知为副使。

　　审知为人状貌雄伟,隆准方口,常乘白马,军中号白马三郎。

　　乾宁四年，潮卒，审知代立。唐以福州为威武军，拜审知节度使，累迁同中书门下平章事，封琅琊王。唐亡，梁太祖加拜审知中书令，封闽王，升福州为大都督府。是时，杨行密据有江淮，审知岁遣使泛海，自登、莱朝贡于梁。使者入海覆溺常十三四。审知虽起盗贼，而为人俭约，好礼下士。王淡，唐相溥之子；杨沂，唐相涉从弟。徐寅，唐时知名进士，皆依审知仕宦。又建学四门，以教闽士之秀者。招来海中蛮夷商贾，海上黄崎，波涛为阻，一夕风雨雷电震击，开以为港，闽人以为审知德政所致，号为甘棠港。审知同光三年卒，年六十四，谥曰忠懿。子延翰立。

　　延翰，字子逸，审知长子也。同光四年，唐拜延翰节度使。是岁，庄宗遇弑，中国多故，延翰乃取司马迁《史记》闽越王无诸传示其将吏曰："闽，自古王国也。吾今不王，何待之有？"于是，军府将吏上书劝进。十月，延翰建国称王，而犹禀唐正朔。

　　延翰为人长大，美晳如玉，其妻崔氏陋而淫，延翰不能制。审知丧未期，彻其几筵，又多选良家子为妾。崔氏性妒良家子之美者，辄幽之别室，系以大械，刻木为人手以击颊，又以铁锥刺之，一岁中死者八十四人。崔氏后病，见以为祟而卒。

　　审知养子建州刺史延禀，本姓周氏，自审知时与延翰不叶。延翰立，以其弟延钧为泉州刺史。延钧怒，二人因谋作乱。十二月，延禀延钧皆以兵入，执延翰杀之，而延钧立，更名鏻。

　　鏻，审知次子也。唐即拜鏻节度使，累加检校太师、中书令、封闽王。初，延禀与鏻之谋杀延翰也，延禀之兵先至，已执延翰而杀之。明日，鏻兵始至，延禀自以养子，推鏻而立之。延禀还建州，鏻饯于郊，延禀临诀，谓鏻曰："善继先志，毋烦老兄复来！"鏻衔之。

　　长兴二年，延禀率兵击鏻，攻其西门，使其子继雄转海攻其南门，鏻遣王仁达拒之。仁达伏甲舟中，伪立白帜请降，继雄信之，登舟，伏兵发，刺杀之，枭其首西门，其兵见之皆溃去。延禀见执鏻，诮之曰："予不能继先志，果烦老兄复来。"延禀不能对，遂杀之。延禀子继升，守建州，闻败奔于钱塘。长兴三年，鏻上书言："楚王马殷、吴越王钱镠皆为尚书令，今皆已薨，请授臣尚书令。”唐不报，镠遂绝朝贡。

　　镠好鬼神道家之说，道士陈守元以左道见信，建宝皇宫以居之。守元谓镠曰：“宝皇命王少避其位，后当为六十年天子。”镠欣然逊位，命其子继鹏权主府事。既而复位，遣守元问宝皇“六十年后将安归”，守元传宝皇语曰：“六十年后当为大罗仙人”。镠乃即皇帝位，受册于宝皇，以黄龙见真封宅，改元为龙启，国号闽，追谥审知为昭武皇帝，庙号太祖，立五庙、置百官，以福为长乐府。而闽地侠，国用不足，以中军使薛文杰为国计使。文杰多察民间阴事，致富人以罪，而籍没赀以佐用。闽人皆怨。又荐妖巫徐彦曰：“陛下左右多奸臣不质，诸鬼神将为乱。”镠使彦视鬼于宫中，文杰与内枢密使吴英有隙，英病在告，文杰谓英曰：“上以公居近密而屡以疾告，将罢公。”英曰：“奈何。”文杰因教英曰：“即上遣人问公疾，当言‘头痛而已，无他苦也’。”英以为然。明日，讽镠使巫视英疾，巫言：“入北庙见英，为崇顺王所讯曰：“‘汝何敢谋反’？以金槌击其首。”镠以语文杰，文杰曰：“未可信也，宜问其疾如何。”镠遣人问之，英曰：“头痛。”镠以为然，即以英下狱，命文杰劾之，英自诬伏，见杀。英尝主闽兵，得其军士心，军士闻英死，皆怒。是岁，吴人攻建州，镠遣其将王延宗救之，兵士在道不肯进，曰：“得文杰乃进”。镠惜之不与，其子继鹏请与之以纾难，乃以槛车送文杰军中。文杰善数术，自占云：“过三日可无患。”送者闻之疾驰，二日而至，军士踊跃磔文杰于市，闽人争以瓦石投之，脔食立尽。明日，镠使者至，赦之已不及。初，文杰为镠造槛车，以谓古制疏阔，乃更其制，令上下通，中以铁芒内向，动辄触触之，既成，首被其毒。

　　龙启三年改元永和。王仁达为镠杀延禀有功，而典亲兵，镠心忌之，尝问仁达曰：“赵高指鹿为马，以愚二世，果有之邪？”仁达曰：“秦二世愚，故高指鹿为马，非高能愚二世也。今陛下聪明，朝廷官不满百，起居动静陛下皆知之，敢有作威福者，族灭之而已。”镠惭，赐与金帛慰安之。退而谓人曰：“仁达智略在吾世可用，不可遗后世患。"卒诬以罪杀之。鏻妻早卒,继室金氏,贤而不见答。审知婢金凤,姓陈氏,鏻嬖之,遂立以为后。初,鏻有嬖吏归守明者,以色见幸,号归郎。鏻后得风疾,陈氏与归郎奸。又有百工院使李可殷,因归郎以通陈氏。鏻命锦工作九龙帐,国人歌曰:"谁谓九龙帐,惟贮一归郎?"鏻婢春燕有色,其子继鹏烝之。鏻已病,继鹏因陈氏以求春燕,鏻怏怏与之。其次子继韬怒,谋杀继鹏,继鹏惧,与皇城使李仿图之。是岁十月,鏻飨军于大酺殿,坐中昏然,言见延禀来,仿以为鏻病已甚,乃令壮士先杀李可殷于家。明日在朝,鏻无恙,问仿杀可殷何罪,仿惧而出,与继鹏率皇城卫士而入,鏻闻鼓噪声,走匿九龙帐中,卫士刺之不殂,宫人不忍其苦,为绝之。继韬及陈后、归郎皆为仿所杀,鏻立十年见杀,谥曰惠皇帝,庙号太宗。

继鹏,鏻长子也。既立,更名昶。改元通文。以李仿判六军诸卫事。仿有弑君之罪,既立昶,而心常自疑,多养死士以为备,昶患之,因大享军,伏甲擒仿杀之,枭其首于市。仿部曲千人叛烧启圣门,夺仿首奔于钱塘。

晋天福二年,昶遣使朝贡京师,高祖遣散骑常侍卢损册昶闽王,拜其子继恭临海郡王。损至闽,昶称疾不见,令继恭主之。又遣中书舍人刘乙劳损于馆。乙衣冠伟然,驱僮甚盛。他日损遇乙于涂,布衣芒履而已,损使人诮之曰:"凤阁舍人何逼下之甚也?"乙羞愧以手掩面而走。昶闻之,怒损侵辱之,损还,昶无所答。而其子继恭遣其佐郑元弼随损至京师,贡方物,致书晋大臣,述昶意求以敌国礼相往来,高祖怒其不逊,下诏暴其罪,归其贡物不纳。兵部员外郎李知损上书请籍没其物,而禁锢使者,于是以元弼下狱。狱具引见,元弼俯伏曰:"昶,夷貊之君,不知礼义。陛下方示大信,以来远人,臣将命无状,愿伏斧锧以赎昶罪。"高祖乃赦元弼,遣归。

昶亦好巫,拜道士谭紫霄为正一先生,又拜陈守元为天师。而妖人林兴以巫见幸,事无大小,兴辄以宝皇语命之而后行。守元教昶起三清台三层,以黄金数千斤铸宝皇及元始天尊、太上老君像,日焚龙脑,薰陆诸香数斤,作乐于台下,昼夜声不辍云,如此可求大还丹。三年夏，虹见其宫中。林兴传神言："此宗室将为乱之兆也。"
乃命兴率壮士杀审知子延武、延望及其子五人。后兴事败，亦被杀。
而昶愈惑乱，立父婢春燕为淑妃，后立以为皇后。又遣医人陈究以
空名堂牒卖官。昶弟继严判六军诸卫事，昶疑而罢之，代以季弟继
镛。而募勇士为宸卫都以自卫，其赐予给赏独厚于他军。控鹤都将
连重遇、拱宸都将朱文进皆以此怒激其军。是岁夏，术者言昶宫中
当有灾，昶徙南宫避灾，而宫中火，昶疑重遇军士纵火。内学士陈郯
素以便佞为昶所亲信，昶以火事语之，郯反以告重遇，重遇惧，夜率
卫士纵火焚南宫。昶挟爱姬子弟黄门卫士斩关而出，宿于野次。重
遇迎延羲，立之。延羲令其子继业率兵袭昶，及之射杀数人，昶知不
免，掷弓于地，继业执而杀之，及其妻、子皆死，无遗类。延羲立，谥
昶曰康宗。

　　延羲，审知少子也。既立，更名曦，遣使者朝贡于晋，改元永隆。
铸大铁钱，以一当十。曦自昶世，倔强难制，昶相王倓每抑折之。曦
亦惮倓不敢有所发。新罗遣使聘闽以宝剑，昶举以示倓曰："此将何
为？"倓曰："不忠不孝者斩之。"曦居旁色变。曦既立而新罗复献剑，
曦思倓前言，而倓已死，命发冢戮其尸。倓面如生，血流被体。

　　泉州刺史余廷英尝矫曦命掠取良家子，曦怒，召下御史劾之，
延英进买宴钱千万，曦曰："皇后土贡何在？"延英又献皇后钱千万，
乃得不劾。曦尝嫁女，朝士有不贺者，笞之。御史中丞刘赞坐不纠
举，将加笞，谏议大夫郑元弼切谏，曦谓元弼曰："卿何如魏郑公？乃
敢强谏！"元弼曰："陛下似唐太宗臣为魏郑公可矣。"曦喜乃释赞不
笞。

　　曦弟延政为建州节度使，封富沙王。自曦立不叶，数举兵相攻，
曦由此恶其宗室，多以事诛之。谏议大夫黄峻昪樑，诣朝堂极谏，曦
怒贬峻漳州司户参军校书郎。陈光逸上书疏曦过恶五十余事，曦命
卫士鞭之百而不死，以绳系颈挂于木，久而乃绝。国计使陈匡范增
算商之法以献，曦曰："匡范，人中宝也。"已而，岁入不登其数，乃借
于民以足之，匡范以忧死。其后知其借于民也，剖棺断尸，弃之水

中。曦性既淫虐,而妻子李氏悍而酗酒,贤妃尚氏有色而宠。李仁遇,曦甥也,以色嬖之,用以为相。曦常为牛饮,群臣侍酒,醉而不胜。有诉及私弃酒者,辄杀之。诸子继柔弃酒,并杀其赞者一人。连重遇杀,昶惧为国人所讨,与朱文进姻以自固。曦心疑之,常以语诮重遇等,重遇等流涕自辨。李氏妒尚妃之宠,欲图曦而立其子亚澄,乃使人谓重遇等曰:"上心不平于二公,奈何?"重遇等惧。六年三月,曦出游醉归,重遇等遣壮士拉于马上而杀之,谥曰景宗。

延政,审知子也。曦立为淫虐,延政数贻书谏之。曦怒,遣杜建崇监其军,延政逐之,曦乃举兵攻延政,为延政所败。延政乃以建州建国称殷,改元天德。明年,连重遇已杀曦。集闽群臣告曰:"昔太祖武皇帝亲冒矢石,遂启有闽。及其子孙淫虐不道,今天厌王氏。百姓与能当求有德以安此土。"群臣皆浚敢议,乃掖朱文进升殿,率百官北面而臣之。文进以重迁判六军诸卫事。王氏子弟在福州者,无少长皆杀之。以黄治颇守泉州、程斌守漳州、许文守汀州,称晋年号,时开运元年也。泉州军将留从效诈其州人曰:"富沙王兵收福州矣。吾属世为王氏臣,安能交臂而事贼乎?"州人共杀给颇,迎王继勋为刺史,漳州闻之亦杀赋迎王继成为刺史,皆王氏之诸子也。文缤惧,以汀州降于延政,延政已得三州,重遇亦杀文进传首建州,以自归。福州裨将林仁翰又杀重遇,谋迎延政都福州。是时,南唐李景闻闽乱,发兵攻之,延政遣其从子继昌守福州,而南唐兵方急攻。延政福州将李仁达谓其徒曰:"唐兵攻建州,富沙王不能自保,其能有此土也?"乃擒继昌杀之欲自立,惧众不附,以雪峰寺僧卓俨明示众曰:"此非常人也。"被以衮冕,率诸将吏北面而臣之。已而,又杀俨明,乃自立,送款于李景。景以仁达为威武军节度使,更其名曰弘义。而景兵攻破建州,迁延政族于金陵,封鄱阳王。是岁,景保大四年也。留从效闻延政降唐,执王继勋送于金陵,李景以泉州为清源军,以从效为节度使。景已破延政,遣人召李仁达入朝,仁达不从,遂降于吴越。而留从效亦逐景守兵据泉、漳二州,景犹封从效晋江王。周世宗时,从效遣牙将蔡仲兴为商人,间道至京师,求置邸内

属。是时,世宗与李景画江为界,遂不纳从效,仍臣于南唐,其后事
具　　国史。晋开运三年丙午,南唐保大四年也。是岁,李景兵破建州,王氏
灭。《江南录》云:"保大三年,虏王氏之族,迁于金陵。"谬也。据王潮实以唐景
福元年入福州,拜观察使。而后人纪录者,乃用骑马来骑马去之谶以为据,遂
以王潮光启二年岁在丙午,拜泉州刺史为始年。至保大四年岁复在丙午而灭,
故为六十一年。然其奄有闽国,则当自景福元年为始,实五十五年也。今诸家
记其国灭丙午是也。其始年则牵于谶书。缪矣。惟《江南录》又差其末年也。

新五代史卷六九
南平世家第九

高季兴　子从海　从海子保融　保勖
保融子继冲

高季兴,字贻孙,陕州硖石人也。本名季昌,避后唐献祖庙讳,更名季兴。季兴少为汴州富人李让家僮。梁太祖初镇宣武,让以入赀得幸,养为子,易其姓名曰朱友让。季兴以友让故得进见,太祖奇其材,命友让以子畜之,因冒姓朱氏,补制胜军使,迁毅勇指挥使。

天福二年,梁兵攻凤翔,李茂贞坚壁不出。太祖议欲收军还河中,季兴独进曰:"天下豪杰窥此举者一岁矣。今岐人已急,破在旦夕,而大王之所虑者,闭壁以老我师,此可以诱致之也。"太祖壮其言,命季兴募勇敢士,得骑士马景,季兴受以计,引见太祖,景曰:"此行无还理,愿录其后嗣。"太祖恻然止之,景固请,乃行。景以数骑驰叩城门,告曰:"梁兵将东前锋去矣。"岐人以为然,开门出追梁军。梁兵随景后以进,杀其九千余人,景死之,茂贞后与梁和,昭宗出,赠景官谥曰忠壮。季兴由是知名。明年,拜宋州刺史。从破青州,徙颍州防御使,复姓高氏。

当唐之末,襄州赵匡凝袭破雷彦恭于荆南,以其弟匡明为留后。梁兵攻破襄州,匡凝奔于吴,匡明奔于蜀,乃以季兴为荆南节度观察留后。开平元年,拜季兴节度使。二年,加同中书门下平章事。荆南节度十州。当唐之末,为诸道所侵,季兴始至江陵一城而已。

兵火之后,井邑凋零。季兴招缉绥抚,人士归之,乃以倪可福、鲍唐为将帅，梁震司空薰王保义等为宾客。太祖崩，季兴见梁日以衰弱，乃谋阻兵自固，治城隍，设楼橹。以兵攻归峡，为蜀将王宗寿所败。又发兵声言助梁击晋，以侵襄州，为孔勍所败。乃绝贡赋。累年。梁末帝优容之，封季兴渤海王，赐以衮冕、剑佩。侦明三年，始复修贡。

梁亡，唐庄宗入洛，下诏慰谕季兴，司空薰等皆劝季兴入朝京师，梁震以为不可，曰："梁、唐世为仇敌，夹河血战垂二十年。今主上新灭梁。而大王，梁室故臣，握强兵，居重镇，以身入朝行为虏尔。"季兴不听，留其二子，以骑士三百为卫，朝于洛阳。庄宗果欲留之，郭崇韬谏曰："唐新灭梁得天下，方以大信示人，今四方诸侯相继入贡，不过遣子弟将吏，而季兴以身述职，为诸侯率，宜加恩礼以讽动来者。而反縻之，示天下以不广，且绝四方内向之意，不可。"庄宗乃止。厚礼而遣之。庄宗尝问季兴曰："吾巳灭梁，欲征吴蜀，何者为先？"季兴曰："宜先蜀。臣请以本道兵先进"。庄宗大悦，以手拊其背。季兴因命工绣其手迹于衣，归以为荣耀。季兴已去，庄宗心悔遣之，密诏襄州刘训图之。季兴行至襄州心动，夜斩关而出。已去，而诏书夜至。季兴归而谓梁震曰："不听子言，几不免。"因曰："吾行有二失：来朝一失，放还一失。且主上百战以取河南，对功臣夸手抄《春秋》；又曰'我于手指上得天下。'其自矜伐如此。而荒于游畋，政事多废，吾可无虑矣。"同光三年，封南平王。魏王继岌已破蜀，得蜀金帛四十余万，自峡而下，而庄宗之难作。季兴闻京师有变，乃悉邀留蜀物，而杀其使者韩珙等十余人。

初，唐兵伐蜀，季兴请以本道兵自取夔、忠、万、归、峡等州。乃以季兴为峡路东南面招讨使，而季兴未尝出兵，魏王已破蜀，而明宗入立，季兴因请夔、忠等州为属郡，唐大臣以为季兴请自取之而兵出无功，不与。季兴屡请，虽不得已而与之，而唐犹自除刺史，季兴拒而不纳。明宗乃以襄州刘训为招讨使攻之，不克。而唐别将西方邺克其夔、忠、万三州，季兴遂以荆、归、峡三州臣于吴，吴册季兴秦王。天成三年冬卒，年七十一，谥曰武信。季兴子九人，长子从诲立。

从诲，字遵圣。季兴时入梁为供奉官，累迁鞍辔库使，赐告归宁，季兴遂留为马步军都指挥使，行军司马。季兴卒，吴以从诲为荆南节度使。从诲以父自绝于唐，惧复见讨，乃遣使者聘于楚。楚王马殷为之请命于唐，而从诲亦遣押衙刘知谦奉表自归，进赎罪银三千两，明宗纳之。

长兴元年正月，拜从诲节度使，追封季兴楚王，谥曰武信。三年，封从诲渤海王。应顺元年封南平王。

从诲为人明敏，多权诈。晋高祖遣翰林学士陶谷为从诲生辰国信使，从诲宴谷望沙楼，大陈战舰于楼下，谓谷曰：“吴蜀不宾久矣，愿修武备，习水战，以待师。”期谷还具道其语，晋高祖大喜，复遣使赐以甲马百匹。襄州安从进反，结从诲为援，从诲外为拒绝，阴与之通。晋师致讨，从诲遣将李端以舟师为应。从进诛，从诲求郢州为属郡，高祖不许。契丹灭晋，汉高祖起太原，从诲遣人间道奉表劝进，且言：“汉得天下，愿乞郢州为属。”汉高祖阳诺之。高祖入汴，从诲遣使朝贡，因求郢州，高祖不与，从诲怒，发兵攻郢州，为刺史尹实所败。汉遣国子祭酒田敏使于楚，假道荆南，从诲问敏中国虚实，以为契丹之后，兵食皆殚，意欲以诮敏。敏为言：“杜重威悉以晋戈甲降虏，虏置之镇州，未尝以北。而晋兵皆汉有也。”从诲不悦，敏以印本《五经》遗从诲，从诲谢曰：“予之所识不过《孝经》十八章尔。”敏曰：“至德要道，于此足矣。”敏因诵《诸侯章》曰：“在上不骄、高而不危，制节谨度，满而不溢。从诲以为讥已，即以大卮罚敏。

荆南地狭兵弱，介于吴楚为小国。自吴称帝，而南汉、闽、楚皆奉梁正朔，岁时贡奉，皆假道荆南。季兴，从诲常邀留其使者，掠取其物。而诸道以书责诮或发兵加讨，即复还之，而无愧。其后南汉与闽、蜀皆称帝，从诲所向称臣，盖利其赐予。俚俗语谓夺攘苟得，无愧耻者，为赖子，犹言无赖也。故诸国皆目为“高赖子”。从诲自求郢州不得，遂自绝于汉，逾年复通朝贡。乾祐元年十月卒，年五十八，赠尚书令，谥曰文献。子保融立。从诲十五子，长白保勖、次保正。保融第三子也，不知其得立之因。

保融，字德长。从诲时为节度副使、兼峡州刺史。从诲卒，拜节度使。广顺元年，封渤海郡王。显德元年，进封南平王。世宗征淮，保融遣指挥使魏璘率兵三千出夏口以为应。又遣客将刘扶奉笺南唐，劝其内附。李景称臣，世宗得保融所与笺，大喜赐以绢百匹。荆南自后唐以来，常数岁一贡京师，而中间两绝。及世宗时，无岁不贡矣。保融以谓器械金帛，皆土地常产，不足以效诚节，乃遣其弟保绅来朝，世宗益嘉之。初，季兴之镇梁，以兵五千为牙兵，衣食皆给于梁。至明宗时，岁给以盐万三千石，后不复给。及世宗平淮，故命泰州给之。保融性迂缓，无材能，而事无大小皆委其弟保勖。其从叔从义谋为乱，为其徒高知训所告，徙之松滋而杀之。宋兴，保融惧，一岁之间三入贡。建隆元年，以疾卒，年四十一，赠太尉，谥曰贞懿。弟保勖立。

保勖，字省躬，从诲弟十子也。保融卒，拜节度使。三年，保勖疾，谓其将梁延嗣曰："我疾遂不起，兄弟孰可付之后事者？"延嗣曰："公不念贞懿王乎？先王寝疾，以军府付公，今先王子继冲长矣。"保勖曰："子言是也。即以继冲判内外兵马。十一月，保勖卒，年三十九，赠侍中。保融之子继冲立。

继冲，字成和。保勖卒，拜节度使。湖南周行逢卒，子保权立，其将张文表作乱。建隆四年，太祖命慕容延钊等讨之。延钊假道荆南，约以兵过城外。继冲大将李景威曰："兵尚权谲，城外之约，不可信也。宜严兵以待之！"判官孙光宪叱之曰："汝峡江一民尔，安识成败！"且中国自周世宗时，已有混一天下之志，况圣宋受命，真主出邪！王师岂易当也！"因劝继冲去斥候，封府库以待。继冲以为然。景威出而叹曰："吾言不用，大事去矣。何用生为！"因扼吭而死。延钊军至，继冲出逆于郊，而前锋遽入其城。继冲亟归，见旌旗甲马，布列衢巷，大惧，即诣延钊纳牌印，太祖优诏复命继冲为节度使。

乾德元年，有事于南郊，继冲上书，愿陪祠。九月，具文告三庙，率其将吏宗族五百余人朝于京师，拜武宁军节度使，以卒。光宪拜黄州刺史,其后事具　　国史。季兴兴灭年世甚明,诸书皆同,盖自梁开平元年镇荆南,至皇朝乾德元年国除,凡五十七年。

新五代史卷七〇
东汉世家第一〇

刘旻　子承钧　承钧子继恩　继元

　　刘旻，汉高祖母弟也，初名崇，为人美须髯，目重瞳子。少无赖，嗜酒好博，尝黥为卒。高祖事晋，为河东节度使，以旻为都指挥使。高祖即帝位，以为太原尹、北京留守同中书门下平章事。隐帝时，累加中书令。隐帝少，政在大臣，周太祖为枢密使，新讨三叛，立大功，而与旻素有隙，旻颇不自安，谓判官郑珙曰："主上幼弱，政在权臣，而吾与郭公不叶，时事如何？"珙曰："汉政将乱矣。晋阳兵雄天下，而地形险固，十州征赋足以自给。公为宗室，不以此时为计，后必为人所制。"旻曰："子言乃吾意也。"乃罢上供征赋，收豪杰籍丁民以益兵。

　　三年，周太祖起魏，隐帝遇弑，旻乃谋举兵。周太祖之自魏入也，反状已白，而汉大臣不即推尊之，故未敢即立，乃白汉太后，立旻子赟为汉嗣，遣宰相冯道迎赟于徐州。当是时，人皆知太祖之非实意也，旻独喜曰："吾儿为帝矣。何患？"乃罢兵，遣人至京师。

　　周太祖少贱，黥其颈上为飞雀，世谓之郭雀儿。太祖见旻使者，具道所以立赟之意，因自指其颈以示使者曰："自古岂有雕青天子？幸公无以我为疑。"旻喜益信，以为然。太原少尹李骧曰："郭公举兵犯顺，其势不能为汉臣，必不为刘氏立后。"因劝旻以兵下太行，控孟津以俟变，庶几赟得立，赟立而罢兵可也。旻大骂曰："骧，腐儒，欲离间我父子！"命左右牵出斩之。骧临刑叹曰："吾为愚人画计，死诚宜矣！然吾妻病，不可独存，愿与之俱死。"旻闻之即并戮其妻于市，以其事白汉，以明无他。已而，周太祖果代汉，降封赟湘阴公，旻遣牙将李鷟奉书周大祖，求赟归太原，而赟已死，旻恸哭为李骧立祠，岁时祠之。

乃以周广顺元年正月戊寅，即皇帝位于太原，以子承钧为太原尹。判官郑珙、赵华为宰相，都押衙陈光裕为宣徽使，遣通事舍人李鷟间行使于契丹。契丹永康王兀欲与旻约为父子之国，旻乃遣宰相郑珙致书兀欲，称侄皇帝，以叔父事之而已。兀欲遣燕王述轧、政事令高勋以册尊旻为大汉神武皇帝，并册旻妻为皇后。兀欲性豪俊，汉使者至，辄以酒肉困之。珙素有疾，兀欲强之饮，一夕而以醉卒。然兀欲闻旻自立，颇幸中国多故，乃遣其贵臣述轧、高勋以自爱黄骝、九龙十二稻玉带报聘。

已而，兀欲为述轧所弑，述律代立。旻遣枢密直学士王得中聘于述律，求兵以攻周。述律遣萧禹厥率兵五万助旻。旻出阴地攻晋州，为王峻所败，是岁大寒，旻军冻馁亡失过半。明年又攻府州，为折德扆所败。德扆因取岢岚军。

周太祖崩，旻闻之喜，遣使乞兵于契丹，契丹遣杨衮将铁马万骑及奚诸部兵五六万人，号称十万以助旻。旻以张元徽为先锋，自将骑兵三万攻潞州。潞州李筠遣穆令钧以步骑三千拒元徽于太平驿，元徽击败之，遂围潞州。是时，世宗新即位，以谓旻幸周有大丧，而天子新立，必不能出兵，宜自将以击其不意。自宰相冯道等多言不可，世宗意甚锐。显德元年三月，亲征。甲午，战于高平。李重进白重赞将左樊爱能、何徽将右，向训、史彦超居中军，张永德以禁兵卫跸。旻亦列为三阵：张元徽居东偏，杨衮居西偏，旻居其中。衮望周师谓旻曰："劲敌也，未可轻动！"旻奋髯曰："时不可失，无妄言也。"衮怒而去，旻号令东偏先进，王得中叩马谏曰："南风甚急，非北军之利也，宜少待之。"旻怒曰："老措大，毋妄沮吾军！"即麾元徽。元徽击周右军，兵始交，爱能、徽退走，其骑军乱，步卒数千，弃甲叛降。元徽呼万岁，声振川谷。世宗大骇，躬督战士，士皆奋命争先，而风势愈盛。旻自麾赤帜收军，军不可遏，旻遂败。日暮，旻收余兵万人，阻涧而止。是时，周之后军刘词将之在后，未至而世宗锐于速战，战已胜，词军继至，因乘胜追击之，旻又大败。辎重器、甲乘、舆服、御物皆为周师所获。旻独乘契丹黄骝，自雕窠岭间道驰去。夜失道山谷间，得村民为向导，误趋平阳。得他道以归。而张元徽战殁于阵。杨衮怒旻，按兵西偏不战，故独全军而返。旻归，为黄骝治厩，饰以金银，食以三品料，号自在将军。

世宗休军潞州，大宴将士，斩败将樊爱能、何徽等七十余人，军威大振。进攻太原，遣符彦卿、史彦超北控忻口，以断契丹援路。太原城方四十里，周师去城三百步，围之匝，自四月至于六月，攻之不克，而彦卿等为契丹所败，彦超战殁，世宗遽班师。初，周师围城也，旻遣王得中送杨衮以归，因乞援兵于契丹。契丹发数万骑助旻，遣得中先还。至代州，代州将桑珪杀防御使郑处谦以城降周，并送得中于周。世宗召问得中虏助兵多少，得中言：“送衮归，无所求也。”世宗信之。已而，契丹败符彦卿于忻口，得中遂见杀。旻自败于高平。已而，被围，以忧得疾，明年十一月卒，年六十。子承钧立。

承钧，旻次子也。少颇好学，工书。旻卒，承钧遣人奉表契丹，自称男。述律答之，以诏呼承钧为儿，许其嗣位。初，旻常谓张元徽等曰：“吾以高祖之业，斌之冤，义不为郭公屈尔。期与公等勉力以复家国之仇。至于称帝一方，岂获已也，顾我是何天子，尔亦是何节度使？”故其僭号，仍称乾祐，不改元，不立宗庙，四时之祭，用家人礼。

承钧既立，始赦境内。改乾祐十年曰天会元年，立七庙于显圣宫。契丹遣高勋助承钧，承钧遣李存瓌与勋攻上党，无所得而还。

明年，世宗北伐契丹，下三关。契丹使来告急，承钧将发兵，而世宗班师，乃已。

宋兴，昭义节度使李筠叛。命遣其将刘继冲、判官孙孚奉表称臣，执其监军周光逊、李廷玉送于太原，乞兵为援。承钧欲谋于契丹，继冲道筠意，请无用契丹兵。承钧即率其国兵，自将出团柏谷，群臣饯之汾水。仆射赵华曰："李筠举事轻易，陛下不图成败，空国兴师，臣实忧之。"承钧至太平驿，封筠陇西郡王。筠见承钧仪卫不备，非如王者，悔臣之。筠因自陈受周氏恩，不忍背德。而承钧与周世仇也，闻筠言亦不悦，遣宣徽使卢赞监其军，筠心益不平，与赞多不叶。承钧遣宰相卫融和解之。已而，筠败死卫融被执至京师。

太祖皇帝问融承钧所以助筠反状，融言不逊，太祖命以铁杖击其首，流血被面，融呼曰："臣得死所矣！"太祖顾左右曰："此忠臣也。"释之，命以良药傅其疮，遣融致书于承钧，求周光逊等，约亦归融太原。承钧不报，融遂留京师。承钧谓赵华曰："不听公言，几至于败。然失卫融、卢赞，吾以为恨尔。"

承钧由此益重儒者，以抱腹山人郭无为参议国政。无为，棣州人，方颡鸟喙，好学多闻，善谈辩。尝衣褐为道士，居武当山。周太祖讨李守贞于河中，无为诣军门上谒，询以当世之务，太祖奇之。或谓太祖曰："公为汉大臣，握重兵居外。而延纵横之士，非所以防微虑远之道也。"由是，太祖不纳，无为去隐抱腹山。承钧内枢密使段常识之，荐其材，承钧以谏议大夫召之，遂以为相。

五年，宿卫殿直行首王隐、刘绍、赵鸾等谋作乱，事觉被诛，其词连段常，乃罢常枢密，为汾州刺史，缢杀之。自旻世，凡举事必禀契丹。而承钧之立多略。契丹遣使者责承钧改元、援李筠、杀段常不以告，承钧惶恐谢罪。使者至契丹辄见留，承钧奉之愈谨，而契丹待承钧益薄。

承钧自李筠败而失契丹之援，无复南侵之意。地狭产薄，以岁输契丹故国用日削，乃拜五台山僧继颙为鸿胪卿。继颙，故燕王刘守光之子。守光之死，以孾子得不杀，削发为浮图，后居五台山。为人多智，善商财利，自旻世颇以赖之。继颙能讲《华严经》，四方供施多积畜，以佐国用。五台，当契丹界上，继颙常得其马以献，号添都马，岁率数百匹。又于柏谷置银冶，募民凿山取矿，烹银以输，刘氏仰以足用。即其冶建宝兴军，继颙后累官至太师中书令，以老病卒，追封定王。

太祖皇帝尝因界上谍者谓承钧曰："君家与周氏为世仇,宜其不屈。今我与尔无所间,何为困此一方之人也?若有志于中国,宜下太行以决胜负。"承钧遣谍者复命曰："河东土地兵甲不足以当中国之十一。然承钧家世非叛者,区区守此,盖惧汉氏之不血食也。"太祖哀其言,笑谓谍者曰："为我语承钧,开尔一路以为生。"故终其世不加兵。承钧立十三年,病卒,其养子继恩立。

继恩,本姓薛氏。父钊为卒,旻以女妻之,生继恩。汉高祖以钊婿也,除其军籍,置之门下。钊无材能,高祖衣食之而无所用。妻以旻女常居中,钊罕得见,钊常怏怏,因醉拔佩刀刺之,伤而不死,钊即自裁。旻女后适何氏,生子继元。而何氏及旻女皆卒。旻以其子承钧无子,乃以二子命承钧养为子。承钧立,以继恩为太原尹。承钧尝谓郭无为曰："继恩纯孝,然非济世之才,恐不能了我家事。"无为不对。承钧病卧勤政阁,召无为,执手以后事付之。承钧卒,继恩告哀于契丹,而后立继恩,服缞裳视事寝处,皆居勤政阁。而承钧故执事百司宿卫者,皆在太原府廨。九月,继恩置酒会诸大臣宗子,饮罢卧阁中。供奉官侯霸荣率十余人挺刃入阁,闭户而杀之。郭无为遣人以梯登屋入,杀霸荣并其党。初承钧之语郭无为也,继恩怨无为不助己。及立,欲逐之而未果。故霸荣之乱人皆以谓无为之谋,霸荣死口灭而无知者。无为迎继元而立之。

继元,为人忍。旻子十余人,皆无可称者。当继元时,有镐、锴、锜、锡、铣,于继元为诸父,皆为继元所杀,独铣以佯愚获免。承钧妻郭氏,继元兄弟自少母之。继元妻段氏,尝以小过为郭氏所责,既而以它疾而卒,继元疑其杀之。及立,遣嬖者范超图杀郭氏,郭氏方缞服哭承钧于柩前,超执而缢杀之,于是刘氏之子孙无遗类矣。继元立,改元曰广运。王师北征,继元闭城拒守。太祖皇帝以诏书招继元出降,许以平卢军节度使,郭无为为安国军节度使。无为捧诏色动,而并人及继元左右皆欲坚守以拒命,无为仰天恸哭,拔佩刀欲自裁,为左右所持。继元自下执其手,延之上坐,无为曰："奈何以孤城拒百万之王师?"盖欲摇动并人,而并人守意益坚。宦者卫德贵察无为有异志,以告继元,继元遣人缢杀之。初,太祖皇帝命引汾水浸其城,水自城门入,而有积草自城中飘出塞之。是时,王师顿兵甘草地中,会岁暑雨,军士多疾,乃班师。王师已去,继元决城下水注之台骀泽,水已落,而城多摧圮。契丹使者韩知璠时在太原,叹曰:"王师之引水浸城也,知其一而不知其二。若先浸而后涸,则并人无类矣!"太平兴国四年王师复北征,继元穷窘而并人犹欲坚守。其枢密副使马峰老疾,居于家,舁入见继元,流涕以兴亡谕之,继元乃降。太宗皇帝御城北高台受降,以继元为右卫上将军,封彭城公。其后事具　　国史。旻年世兴灭,诸书皆同。自周广顺元年建号,至皇朝太平兴国四年灭,凡二十八年,余具《年谱》注。

新五代史卷七一
世家年谱第一一

十国世家

　　呜呼，尧舜盛矣！三代之王，功有余而德不足，故皆更始以自新，由是改正朔矣。至于后世，遂名年以建元。及僭窃交兴，而称号纷杂，则不可以不别也。五代十国称帝改元者七。吴越、荆、楚常行中国年号，然予闻于故老谓吴越亦尝称帝改元，而求其事迹不可得，颇疑吴越后自讳之。及旁采闽、楚、南汉诸国之书，与吴越往来者多矣，皆无称帝之事，独得其封落星石为宝石山制书称宝正六年辛卯，则知其常改元矣。辛卯，长兴二年，乃镠之末世也，然不见其终始所因，故不得而备列。钱氏讫五代，尝外尊中国，岂其张轨之比乎？十国皆非中国有也，其称帝改元与不，未足较其得失，故并列之，作《十国世家年谱》

		晋	吴	蜀	南汉	楚	吴越	闽	南平
丁卯	梁太祖开平元年	李克用天祐四年	杨渥天祐四年	王建天复七年 是岁，即位。	刘隐开平	马殷开平	钱镠开平	王审知开平	高季兴开平
戊辰	二	五 正月，克用卒，子存勖立。	五 是岁，隆演立。	武成					

己巳	三	六	六	二				
庚午	四	七	七	三				
辛未	乾化元年	八	八	永平	乾化是岁,癸立。	乾化		乾化	乾化
壬申	二	九	九	二				
癸酉	三 末帝二月即位。	十	十	三				
甲戌	四	十一	十一	四				
乙亥	贞明元年	十二	十二	五	贞明	贞明		贞明	贞明
丙子	二	十三	十三	通正				
丁丑	三	十四	十四	天汉	乾亨是岁,癸僭帝号,改元。			
戊寅	四	十五	十五	光天是岁,衍立。	二			
己卯	五	十六	武义是岁,吴王称制,改元。	乾德	三			
庚辰	六	十七	二是岁,溥立。	二	四			
辛巳	龙德元年	十八	顺义	三	五	龙德		龙德	龙德

壬午	二	十九	二	四	六				
癸未	唐庄宗同光元年	是岁,四月改元同光。	三	五	七	同光		同光	同光。
甲申	二		四	六	八				
乙酉	三		五	咸康 是岁,蜀亡。	白龙			是岁,延翰立。	
丙戌	明宗天成元年		六		二	天成	宝正	天成 是岁,镠立。	天成
丁亥	二		乾贞 是岁,溥僭帝号,改元。		三		二		
戊子	三		二		大有		三		是岁,从诲立。
己丑	四		大和		二		四		
庚寅	长兴元年		二		三	长兴 是岁,希声立。	五	长兴	长兴
辛卯	二		三		四		六 钱氏惟见一号六年,其余皆阙不见。		
壬辰	三		四		五	是岁,希范立。	是岁,元瓘立。		
癸巳	十二月,愍帝即位。		五		六			龙启	

干支								
甲午	应顺元年废帝清泰元年	六	后蜀德明 孟知祥立。是岁,卒。昶立。	七	应顺清泰		一	应顺清泰
乙未	二	天祚	二	八			永和 是岁,昶立。	
丙申	天福晋高祖元年	二	三	九	天福		通文	天福
丁酉	二	南唐升元 是岁,李昪立。	四	十			二	
戊戌	三	二	广政	十一			三	
己亥	四	三	二	十二			永隆 是岁,曦立。	
庚子	五	四	三	十三			二	
辛丑	六	五	四	十四	是岁,佐立。		三	
壬寅	七 出帝六月即位。	六	五	光天 是岁,玢立。			四	
癸卯	八	保大 是岁,景立。	六	应乾 乾和 是岁,晟立。			五 是岁,延政以建州称殷,改元天德。	
甲辰	开运元年	二	七	二	开运		六 是岁,曦亡。天德二。	开运

干支								
乙巳	二		三	八	三			天德三
丙午	三		四	九	四			四 是岁,延政为南唐所房,王氏灭。
丁未	汉高祖天福十二年		五	十	五	是岁,希广立。	是岁,倧立。见废。	
戊申	乾祐元年 隐帝二月即位。		六	十一	六	乾祐	是岁,俶立。	乾祐 是岁,保融立。
己酉	二		七	十二	七			
庚戌	三		八	十三	八	是岁,希萼立。		
辛亥	周太祖广顺元年	乾祐四年 东汉刘旻立。	九	十四	九	广顺 是岁,希萼等迁于金陵,马氏绝。		广顺
壬子	二	五	十	十五	十			
癸丑	三	六	十一	十六	十一	是岁,刘言立。见杀。王进逵立。		
甲寅	显德元年 世宗正月即位。	七 是岁,丞钧立。	十二	十七	十二	显德		显德
乙卯	二	八	十三	十八	十三			
丙辰	三	九	十四	十九	十四	是岁,周行逢立。		

丁巳	四	天会	十五	二十	十五				
戊午	五	二	交泰 显德	二十一	大宝 是岁, 铱立。				
己未	六 恭帝六 月即位。 明年正 月逊位。	三		二十二	二				

　　或问:十国固非中国有也,然犹命以封爵而称中国年号,来朝贡者,亦有之矣。《本纪》之不书,何也?曰:封爵之不书,所以见其非中国有也。其朝贡之来,如夷狄,以夷狄书之,则甚矣。问者曰:四夷十国皆非中国之有也,四夷之封爵朝贡则书,而十国之不书,何也?曰:以中国而视夷狄,夷狄之可也。以五代之君而视十国夷狄之则未可也。故十国之封爵、朝贡不如夷狄,则无以书之。书如夷狄,则五代之君未可以夷狄之也。是以外而不书,见其自绝于中国焉。尔问者曰:外而不书,则东汉之立何以书?曰:吾于东汉,常异其辞于九国也。《春秋》因乱世而立治法,《本纪》以治法而正乱君。世乱则疑难之事多,正疑处难,敢不慎也!周、汉之事可谓难矣哉。或谓:刘旻尝致书于周,求其子赟不得,而后自立。然则旻之志不以忘汉为仇,而以失子为仇也。曰:汉尝诏立赟为嗣,则赟为汉之国君,不独为旻子也。旻之大义,宜不为周屈。其立,虽未必是;而义当不屈于周,此其可以异乎九国矣。终旻之世,犹称乾祐,至承钧立,然后改元。则旻之志,岂不可哀也哉!

　　十国年世,惟楚、闽、东汉三国诸家之说不同,而互有得失,最难考正。今略其诸说而正其者,庶几博览者不惑,而一以年谱为正也。马氏据《湖湘故事》、《九国志》、《运历图》并云:殷以长兴元年卒,是岁子希声立,长兴三年卒。而五代《旧史》殷列传云:殷长兴二年卒,享年七十八。子希声立,不周岁而卒。《明宗本纪》长兴元年,书希声除节度使,起复三年八月又书希声卒。今据《九国志》殷以大中六年岁在壬申生,享年七十九。盖自大中壬申至长兴元年庚寅实七十九年,为得其实,而希声据《湖湘故事》、《九国志》、《运历图》皆以三年卒,与《明宗本纪》皆合不疑。惟《旧史》书殷卒二年,及年七十八,希声立,不周岁卒,为缪尔。希萼希崇之乱南唐尽迁马氏之族归于金陵。《五代旧史》云时广顺元年也,而《运历图》云乾祐二年马氏灭者,缪也。初,殷入湖南,掘地得石谶,云"龙起头,猪掉尾。"盖殷以乾宁三年岁在丙辰,自立于湖南,至广顺元年辛亥而灭。《九国志》以乾祐三年为辛亥,《湖湘故事》以显德元年为辛亥者皆缪也。惟《五代旧史》得其实。王氏出次日潮、日审知、日延翰、日鏻、日昶、日曦、日延政,凡七主。而潮以唐景福元年岁在壬子始入福州,至开运三年丙午而灭,实五十五年。当云七主,五十五年,为得其实。而《运历图》云五十六年,《九国志》、《五代旧史》、《纪年通谱》、《闽中实录》、《闽王列传》皆云七主六十年者,皆缪也。审知,《五代旧史》本传云同光元年十二月卒,《九国志》亦云同光元年卒,《运历图》:同光三年卒。今检《五代旧史》庄宗本纪同光二年五月丙午,审知加检校太师守中书令,岂得卒于元年也?又至四年二月庚子福建副史王延翰奏称权知军府事,三月辛亥遂除延翰威武军节度使,以此推之,审知卒当在同光三年十二月。盖闽去京师远,明年二月,延翰之奏始至京师,理当然也。又据《闽王列传》、《九国志》皆云审知在位二十九年,审知以唐乾宁四年嗣位,是岁丁巳至同光三年乙酉,实二十九年。则《运历图》为是。而《旧史》、《九国志》云元年卒者,皆缪也。鏻,本名延钧。《五代旧史》本传云在位十二年。《九国志》云在位十一年。《闽王列传》、《纪年通谱》皆云在位十年。盖鏻以天成元年杀延翰自立,是岁丙戌至清泰二年乙未,实十年而卒,与《闽王列传》合。而《旧史》、《九国志》皆缪也。鏻以清泰二年改元永和,是岁见杀,而《旧史》、《九国志》、《运历图》皆无永和之号。又《运历图》书鏻见杀在天福元年丙申者,皆缪也。刘旻,《九国志》云,乾祐七年十一月旻卒,享年六十。子承钧立。时年二十九。乾祐七年,乃显德元年也。而《五代旧史》、《周世宗实录》、《运历图》《纪年通谱》皆云显德二年冬,旻卒。又有旻伪中书舍人王保衡《晋阳见闻要录》云,旻乙卯生,卒年六十一,子承钧立。承钧丙戌生立时年二十九。保衡,是旻之臣,其亲所见闻所得最实,然而颇为转写差误本。按保衡书旻乙卯生,若享年六十一,当于乙卯岁卒,则是显德二年也。又书承钧丙戌生,立时年二十九,则当是显德元年甲寅岁也。岂有旻卒于二年,承钧以元年嗣位,理必不然。以《九国志》参较,旻享年六十,显德元年卒,承钧以是岁嗣位,时年二十九,为得其实。但见闻要录衍"一"字尔。其云二年卒者,皆缪也。《九国志》又云:承钧立,服丧三年,至乾祐九年服除。改十年为天会元年,当是显德四年。而《纪年通谱》以显德三年为天会元年者,缪也。晋与梁为敌国,自称天祐者二十年,故首列于《年谱》,其后遂灭梁而为唐,故不列于世家。

新五代史卷七二
四夷附录第一

契　丹

　　呜呼,夷狄居处饮食,随水草寒暑徙迁,有君长部号而无世族文字记别,至于弦弓毒矢,强弱相并,国地大小兴灭不常,是皆乌足以考述哉。惟其服叛、去来能为中国利害者,此不可以不知也。自古夷狄之于中国,有道未必服;无道未必不来,盖自因其衰盛。虽尝置之治外,而羁縻制驭,恩威之际不可失也。其得之,未必为利;失之,有足为患,可不慎哉? 作《四夷附录》。

　　夷狄种号多矣。其大者,自以名通中国;其次小远者附见;又其次微不足录者,不可胜数。其地环列九州之外,而西北常强为中国患。三代猃狁,见于《诗》、《书》。秦汉以来,匈奴著矣。隋唐之间,突厥为大。其后有吐蕃、回鹘之强。五代之际,以名见中国者十七八,而契丹最盛。

　　契丹,自后魏以来名见中国,或曰与库莫奚同类而异种,其居曰枭罗个没里。没里者,河也。是谓黄水之南,黄龙之北,得鲜卑之故地,故又以为鲜卑之遗种。当唐之世,其地北接室韦,东邻高丽,西界奚国,而南至营州。其部族之大者曰大贺氏,后分为八部:其一曰但皆利部、二曰乙室活部、三曰实活部、四曰纳尾部、五曰频没部、六曰内会鸡部、七曰集解部、八曰奚嗢部。部之长号大人,而常推一大人建旗鼓,以统八部。至其岁久,或其国有灾疾而畜牧衰,则八部聚议，以旗鼓立其次而代之。被代者以为约本如此，不敢争。某部大人遥辇次立，时刘仁恭据有幽州，数出兵摘星岭攻之。每岁秋霜落，则烧其野草，契丹马多饥死，即以良马赂仁恭，求市牧地，请听盟约甚谨。八部之人以为遥辇不任事，选于其众，以阿保机代之。

　　阿保机，亦不知其何部人也。为人多智勇而善骑射。是时，刘守光暴虐，幽、涿之人多亡入契丹。阿保机乘间入塞，攻陷城邑，俘其人民，依唐州县置城以居之。汉人教阿保机曰："中国之王无代立者"。由是，阿保机益以威制诸部，而不肯代其立九年。诸部以其久不代，共责诮之。阿保机不得已，传其旗鼓而谓诸部曰："吾立九年，所得汉人多矣。吾欲自为一部，以治汉城，可乎？"诸部许之。汉城，在炭山东南，滦河上有盐铁之利，乃后魏滑盐县也。其地可植五谷，阿保机率汉人耕种，为治城郭、邑屋、廛市，如幽州制度。汉人安之，不复思归。阿保机知众可用，用其妻述律策，使人告诸部大人曰："我有盐池，诸部所食。然诸部知食盐之利，而不知盐有主人，可乎？当来犒我。"诸部以为然，共以牛酒会盐池。阿保机伏兵其旁，酒酣伏发，尽杀诸部大人，遂立不复代。

　　梁将篡唐，晋王李克用使人聘于契丹。阿保机以兵三十万会克用，于云州东城置酒，酒酣，握手约为兄弟。克用赠以金帛甚厚，期共举兵击梁，阿保机遗晋马千匹。既归，而背约，遣使者袍笏梅老聘梁，梁遣太府卿高颀、军将郎公远等报聘。逾年，颀还，阿保机遣使者解里随颀，以良马、貂裘、朝霞锦聘梁，奉表称臣，以求封册，梁复遣公远及司农卿浑特以诏书报劳，别以记事赐之，约共举兵灭晋，然后封册为甥舅之国。又使以子弟三百骑入卫京师。克用闻之，大恨。是岁，克用病，临卒以一箭属庄宗，期必灭契丹、浑特等。至契丹阿保机不能如约，梁亦未尝封册，而终梁之世，契丹使者四至。

　　庄宗天祐十三年，阿保机攻晋蔚州，执其振武节度使李嗣本。是时，庄宗已得魏博，方南向与梁争天下。遣李存矩发山北兵。存矩至祁沟关，兵叛，拥偏将卢文进击杀存矩，亡入存契丹。契丹攻破新州，以文进部将刘殷守之。庄宗遣周德威击殷，而文进引契丹数十万大至。德威惧，引军去，为契丹追及，大败之。德威走幽州，契丹围之。幽、蓟之间，虏骑遍满山谷。所得汉人，以长绳连头系之于木，汉人夜多自解逃去。文进又教契丹为火车、地道、起土山，以攻城。城中熔铜铁汁，挥之中者，辄烂堕。德威拒守百余日，庄宗遣李嗣源、阎宝、李存审等救之。契丹数为嗣源等所败，乃解去。

契丹比佗夷狄尤顽傲，父母死以不哭为勇，载其尸深山，置大木上，后三岁往取其骨焚之。酹而咒曰："夏时向阳食，冬时向阴食，使我射猎，猪鹿多得。"其风俗与奚、靺鞨颇同。至阿保机，稍并服旁诸小国，而多用汉人，汉人教之以隶书之半增损之，作文字数千，以代刻木之约。又制婚嫁，置官号，乃僭称皇帝，自号天皇王。以其所居横帐地名为姓，曰世里。世里，译者谓之耶律。名年曰天赞。以其所居为上京，起楼其间，号西楼；又于其东千里起东楼；北三百里起北楼；南木叶山起南楼，往来射猎四楼之间。契丹好鬼而贵日，每月朔日，东向而拜日。其大会聚、视国事，皆以东向为尊。四楼门屋皆东向。

庄宗讨张文礼，围镇州。定州王处直惧且亡，晋兵必并击己，遣其子郁说契丹，使入塞以牵晋兵。郁谓阿保机曰："臣父处直使布愚款曰：故赵王王镕，王赵六世，镇州金城汤池，金帛山积，燕姬赵女，罗绮盈廷。张文礼得之而为晋所攻，惧死不暇，故皆留以待皇帝。"阿保机大喜，其妻述律不肯，曰："我有羊马之富，西楼足以娱乐。今舍此而远赴人之急，我闻晋兵强天下，且战有胜败，后悔何追？"阿保机跃然曰："张文礼有金玉百万，留待皇后可共取之。"于是空国入寇。郁之召契丹也，定人皆以为后患不可召，而处直不听。郁已去，处直为其子都所废。阿保机攻幽州不克，又攻涿州陷之。闻处直废而都立，遂攻中山，渡沙河。都告急于庄宗，庄宗自将铁骑五千，遇契丹前锋于新城。晋兵自桑林驰出，人马精甲，光明烛日，虏骑愕然稍却，晋军乘之，虏遂散走，而沙河水薄，虏皆陷没。阿保机退保望都。会天大雪，契丹人马饥寒多死。阿保机顾卢文进，以手指天曰："天未使我至此。"乃引兵去。庄宗蹑其后，见其宿处，环秸在地,方隅整然,虽去而不乱。叹曰:"虏法令严,盖如此也!"

　　契丹虽无所得而归,然自此颇有窥中国之志。患女真、渤海等在其后,欲击渤海,惧中国乘其虚。乃遣使聘唐以通好。同光之间,使者再至。庄宗崩,明宗遣供奉官姚坤告哀于契丹。坤至西楼,而阿保机方东攻渤海,坤追至慎州见之。阿保机锦袍大带垂后,与其妻对坐穹庐中,延坤入谒。阿保机问曰:"闻尔河南北有两天子,信乎?"坤曰:"天子以魏州军乱,命总管令公将兵讨之,而变起洛阳,凶问今至矣。总管返兵河北,赴难京师,为众所推,已副人望。"阿保机仰天大哭,曰:"晋王与我约为兄弟,河南天子即吾儿也。昨闻中国乱,欲以甲马五万往助我儿,而渤海未除,志愿不遂。"又曰:"我儿既没,理当取我商量,新天子安得自立?"坤曰:"新天子将兵二十年,位至大总管,所领精兵三十万。天时、人事其可得违?"其子突欲在侧曰:"使者无多言,蹊田夺牛,岂不为过?"坤曰:"应天顺人,岂比匹夫之事?至如天皇王得国而不代,岂强取之邪?"阿保机即慰劳坤曰:"理正当如是尔。"又曰:"吾闻此儿有宫婢二千人,乐官千人。放鹰、走狗、嗜酒、好色、任用不肖、不惜人民,此其所以败也。我自闻其祸,即举家断酒,解放鹰犬,罢散乐官。我亦有诸部乐官千人,非公宴不用。我若所为类吾儿,则亦安能长久?"又谓坤曰:"吾能汉语,然绝口不道于部人,惧其效汉而怯弱也。"因戒坤曰:"尔当先归,吾以甲马三万,会新天子幽、镇之间,共为盟约。与我幽州,则不复侵汝矣。"阿保机攻渤海,取其扶余一城,以为东丹国,以其长子人皇王突欲为东丹王。已而,阿保机病死,述律护其丧归西楼,立其次子元师太子耀屈之。坤从至西楼而还。

　　当阿保机时,有韩延徽者,幽州人也。为刘守光参军。守光遣延徽聘于契丹,延徽见阿保机不拜,阿保机怒留之不遣,使牧羊马久之。知其材,召与语,奇之,遂用以为谋主。阿保机攻党项、室韦,服诸小国,皆延徽谋也。延徽后逃归,事庄宗。庄宗客将王缄谮之,延徽惧求归幽州,省其母。行过常山,匿王德明家,居数月。德明问其所向,延徽曰:"吾欲复走契丹。"德明以为不可。延徽曰:"阿保机失我，如丧两目而折手足。今复得我必喜。”乃复走契丹。阿保机见之，果大喜，以谓自天而下。阿保机僭号，以延徽为相，号政事令。契丹谓之崇文令公，后卒于虏。

耀屈之后更名德光，葬阿保机木叶山，谥曰大圣皇帝。后更其名曰亿。德光立，三年改元曰天显。遣使者以名马聘唐，并求碑石为阿保机刻铭。明宗厚礼之，遣飞胜指挥使安念德报聘。定州王都反，唐遣王晏球讨之。都以蜡丸书走契丹求援，德光遣秃馁、荝刺等以骑五千救都。都及秃馁击晏球于曲阳，为晏球所败。德光又遣惕隐赫邈，益秃馁以骑七千，晏球又败之于唐河。赫邈与数骑返走至幽州，为赵德钧所执。而晏球攻破定州，擒秃馁荝刺，皆送京师。明宗斩秃馁等六百余人，而赦赫邈。选其壮健者五千余人，为契丹直。

初，阿保机死，长子东丹王突欲当立。其母述律遣其幼子安端少君之扶余代之，将立以为嗣，然述律尤爱德光。德光有智勇，素已服其诸部。安端已去，而诸部希述律意，共立德光。突欲不得立。长兴元年，自扶余泛海奔于唐，明宗因赐其姓为东丹，更其名曰慕华。以其来自辽东，乃以瑞州为怀化军，拜慕华怀化军节度、瑞慎等州观察处置等使。其部曲五人，皆赐姓名：罕只曰罕友通、穆葛曰穆顺义、撒罗曰罗宾德、易密曰易师仁、盖礼曰盖来宾，以为归化、归德将军郎将。又赐前所获赫邈姓名曰狄怀惠、抯列曰列知恩、荝刺曰原知感、福郎曰服怀造、竭失记曰乙怀宥。其余为契丹直者，皆赐姓名。二年更赐突欲姓李，更其名曰赞华。三年，以赞华为义成军节度使。

契丹自阿保机时侵灭诸国，称雄北方。及救王都，为王晏球所败，丧其万骑，又失赫邈等皆名将，而述律尤思念突欲。由是，卑辞厚币，数遣使聘中国，因求归赫邈荝刺等，唐辄斩其使而不报。当此之时，中国之威几振。

距幽州北七百里有榆关，东临海，北有兔耳、覆舟山，山皆斗绝，并海东北，仅通车，其旁地可耕植。唐时置东西狭、西禄畴、米砖、长扬、黄花、紫蒙、白狼等戍，以扼契丹于此。戍兵常自耕食，惟衣絮岁给幽州，久之皆有田宅，养子孙，以坚守为己利。自唐末幽、蓟割据，戍兵废散，契丹因得出陷平营，而幽、蓟之人岁苦寇钞。自涿州至幽州百里，人迹断绝，转饷常以兵护送。契丹多伏兵盐沟，以击夺之。庄宗之末，赵德钧镇幽州，于盐沟置良乡县，又于幽州东五十里筑城，皆戍以兵。及破赫邈等，又于其东置三河县。由是幽、蓟之人始得耕牧，而输饷可通。德光乃西徙横帐，居揳剌泊，出寇云、朔之间。明宗患之，以石敬瑭镇河东，总大同、彰国、振武、威塞等军御之。应顺、清泰之间，调发馈饷，远近劳敝。

德光事其母甚谨，常侍立其侧，国事必告而后行。石敬瑭反唐，遣张敬达等讨之，敬瑭遣使求救于德光。德光白其母，曰："吾尝梦石郎召我而使者果至，岂非天邪？"母召胡巫问吉凶，巫言吉，乃许。是岁九月，契丹出雁门，车骑连亘数十里。将至太原，遣人谓敬瑭曰："吾为尔今日破敌，可乎？"敬瑭报曰："皇帝赴难，要在成功，不在速。大兵远来，而唐军甚盛，愿少待之。"使者未至，而兵已交，敬达大败。敬瑭夜出北门见德光，约为父子。问曰："大兵远来，战速而胜者，何也？"德光曰："吾谓唐兵能守雁门而扼诸险要，则事未可知。今兵长驱深入而无阻，吾知大事必济。且吾兵多难久，宜以神速破之，此其所以胜也。"敬达败，退保晋安寨。德光围之。唐遣赵德钧、延寿救敬达，而德钧父子按兵团柏谷不救。德光谓敬瑭曰："吾三千里赴义，义当彻头。"乃筑坛晋城南，立敬瑭为皇帝，自解衣冠被之，册曰："咨尔子晋王，予视尔犹子，尔视予犹父。"已而，杨光远杀张敬达降晋，晋高祖自太原入洛阳，德光送至潞州。赵德钧、延寿出降，德光谓晋高祖曰："大事已成，吾命大相温从尔渡河，吾亦留此俟尔入洛，而后北。"临诀，执手嘘唏，脱白貂裘以衣高祖，遗以良马二十匹，战马千二百匹。戒曰："子子孙孙无相忘。"时天显九年也。

高祖已入洛，德光乃北，执赵德钧、延寿以归。德钧，幽州人也。事刘守光、守文为军校。庄宗伐燕得之，赐姓名曰李绍斌。其子延寿，本姓刘氏，常山人也。其父阮为蓨县令，刘守文攻破蓨县，德钧得延寿并其母种氏,而纳之,因以延寿为子。延寿为人,姿质妍柔,稍涉书史。明宗以女妻之,号兴平公主。庄、明之世,德钧镇幽州十余年,以延寿故尤见信任。延寿,明宗时为枢密使,罢。至废帝立,复以为枢密使。晋高祖起太原,废帝遣延寿将兵讨之,而德钧亦请以镇兵讨贼,废帝察其有异志,使自飞狐出击,其后而德钧南出吴儿,会延寿于西唐,延寿因以兵属之。废帝以德钧为诸道行营都统,延寿为太原南面招讨使。德钧为延寿求镇州节度使,废帝怒曰:“德钧父子握强兵,求大镇。苟能败契丹而破太原,虽代予亦可。若玩寇要君,但恐犬兔俱毙。”因遣使者趣德钧等进军。德钧阴遣人聘德光,求立己为帝。德光指穹庐前巨石,谓德钧使者曰:“吾已许石郎矣。石烂可改也。”德光至潞州,锁德钧父子而去。德光母述律见之,问曰:“汝父子自求为天子何邪?”德钧惭不能对,悉以田宅之籍献之。述律问何在,曰幽州。述律曰:“幽州属我矣,何献之为?”明年,德钧死。德光以延寿为幽州节度使、封燕王。契丹当庄宗、明宗时,攻陷营平二州。及已立晋,又得雁门北,幽州节度管内合一十六州,乃以幽州为燕京。改天显十一年为会同元年,更其国号大辽,置百官,皆依中国,参用中国之人。

晋高祖每遣使聘问,奉表称臣,岁输绢三十万匹,其余宝玉、珍异,下至中国饮食诸物。使者相属于道无虚日。德光约高祖不称臣,更表为书称儿皇帝,如家人礼。德光遣中书令韩颎奉册高祖,为英武明义皇帝。高祖复遣赵莹、冯道等以太常卤簿奉册德光及其母尊号。终其世,奉之甚谨。

高祖崩,出帝即位。德光怒其不先以告,而又不奉表,不称臣而称孙,数遣使者责晋,晋大臣皆恐。而景延广对契丹使者语独不逊,德光益怒。杨光远反青州,招之。开运元年春,德光倾国南寇,分其众为三:西出雁门攻并、代,刘知远击败之于秀容;东至于河,陷博州,以应光远;德光与延寿南,攻陷贝州。德光屯元城,兵及黎阳。晋出帝亲征,遣李守贞等东驰马家渡,击败契丹。而德光与晋相距于河月余,闻马家渡兵败,乃引众击晋,战于戚城。德光临阵,望见晋军旗帜光明,而士马严整,有惧色。谓其左右曰:"杨光远言晋家兵马半已饿死,何其盛也?"兵既交,杀伤相半。阵间断箭、遗镞布厚寸余。日暮,德光引去,分其兵为二:一出沧州,一出深州以归。

二年正月,德光复倾国入寇,围镇州,分兵攻下鼓城等九县。杜重威守镇州,闭壁不敢出。契丹南掠邢、洛、磁,至于安阳河。千里之内,焚剽殆尽。契丹见大桑木,骂曰:"吾知紫披袄出自汝身,吾岂容汝活邪?"束薪于木而焚之。是时,出帝病,不能出征,遣张从恩、安审琦、皇甫遇等御之。遇前渡漳水,遇契丹战于榆林,几为所虏。审琦从后救之。契丹望见尘起,谓救兵至,引去。而从恩畏怯不敢追,亦引兵南走黎阳。契丹已北,而出帝疾少间,乃下诏亲征,军于澶州。遣杜重威等北伐。契丹归至古北,闻晋军且至,即复引而南,及重威战于阳城卫村。晋军饥渴,凿井辄坏,绞泥汁而饮。德光坐奚车中,呼其众曰:"晋军尽在此矣!可生擒之,然后平定天下。"会天大风,晋军奋死击之,契丹大败。德光丧车骑,一白橐驼而走。至幽州,其首领大将各笞数百,独赵延寿免焉。是时,天下旱蝗,晋人苦兵,乃遣开封府军将张晖假供奉官聘于契丹,奉表称臣,以修和好。德光语不逊,然契丹亦自厌兵。德光母述律尝谓晋人曰:"南朝汉儿争得一向卧邪?自古闻汉来和蕃,不闻蕃去和汉。若汉儿实有回心,则我亦何惜通好。"晋亦不复遣使,然数以书招赵延寿。

延寿见晋衰而天下乱,尝有意窥中国。而德光亦尝许延寿,灭晋而立之。延寿得晋书,伪为好辞报晋,言:身陷虏思归。约晋发兵为应,而德光将高牟翰亦诈以瀛州降晋,晋君臣皆喜。三年七月,遣杜重威、李守贞、张彦泽等出兵为延寿应兵,趋瀛州,牟翰空城而去。晋军至城下,见城门皆启,疑有伏兵,不敢入。遣梁汉璋追牟翰,及之,汉璋战死。重威等军屯武强。德光闻晋出兵,乃入寇镇州。重威西屯中渡,与德光夹水而军。德光分兵并西山出晋军后,攻破栾城县,县有骑军千人,皆降于虏。德光每获晋人,刺其面,文曰"奉敕不杀",纵以南归。重威等被围粮绝,遂举军降,德光喜谓赵延寿曰:"所得汉儿皆与尔。"因以龙凤赭袍赐之,使衣以抚晋军。亦以赭袍赐重威,遣傅住儿监张彦泽将骑二千,先入京师。晋出帝与太后为降表,自陈过咎。德光遣解里以手诏赐帝曰:"孙儿但勿忧,管取一吃饭处。"德光将至京师,有司请以法驾奉迎,德光曰:"吾躬擐甲胄,以定中原,太常之仪,不暇顾也。"止而不用。出帝与太后出郊奉迎,德光辞不见,曰:"岂有两天子相见于道路邪?"四年正月丁亥朔旦,晋文武百官,班于都城北,望帝拜辞,素服纱帽以待。德光被甲,衣貂帽,立马于高冈。百官俯伏待罪。德光入自封丘门,登城楼,遣通事宣言谕众曰:"我亦人也,可无惧。我本无心至此,汉兵引我来尔。"遂入晋宫,宫中嫔妓迎谒,皆不顾。夕出宿于赤冈,封出帝负义侯。迁于黄龙府。癸巳,入居晋宫。以契丹守诸门,门庑殿廷皆磔犬挂皮,以为厌胜。甲午,德光胡服视朝于广政殿。乙未,被中国冠服,百官常参,起居如晋仪,而毡裘左衽,胡马奚车,罗列阶陛,晋人俯首不敢仰视。二月丁丑朔,金吾六军、殿中省仗、太常乐舞陈于廷。德光冠通天冠,服绛纱袍,执大珪以视朝。大赦,改晋国为大辽国,开运四年为会同十年。

　　德光尝许赵延寿,灭晋而立以为帝。故契丹击晋,延寿常为先锋,虏掠所得,悉以奉德光及其母述律。德光已灭晋,而无立延寿意,延寿不敢自言,因李崧以求为皇太子。德光曰:"吾于燕王无所爱惜,虽我皮肉可为燕王用者,吾可割也。吾闻皇太子是天子之子,燕王岂得为之?"乃命与之迁秩。翰林学士张砺进拟延寿中京留守、大丞相、录尚书事、都督中外诸军事。德光索笔涂其录尚书事、都督中外诸军事,止以为中京留守、大丞相。而延寿前为枢密使,封燕王皆如故。又以砺为右仆射兼门下侍郎同中书门下平章事,与故晋相和凝并为宰相。砺,明宗时翰林学士。晋高祖起太原,唐废帝遣砺督赵延寿进军于团柏谷。已而,延寿为德光所锁,并砺迁于契丹。德光重其文学,仍以为翰林学士。砺常思归,逃至境上为追者所得,德光责之,砺曰:"臣本汉人,衣服、饮食、言语不同,今思归而不得,生不如死。"德光顾其通事高唐英曰:"吾戒尔辈善待此人,致其逃去,过在尔也。"因答唐英一百而待砺如故,其爱之如此。德光将视朝,有司给延寿貂蝉冠,砺三品冠服,延寿与砺皆不肯服。而延寿别为王者冠以自异。砺曰:“吾在上国时,晋遣冯道奉册北朝,道赍二貂冠,其一宰相韩延徽冠之,其一命我冠之。今其可降服邪!”卒冠貂蝉以归。三月丙戌朔,德光服靴袍御崇元殿,百官入阁,德光大悦,顾其左右曰:“汉家仪物,其盛如此。我得于此殿坐,岂非真天子邪?”其母述律遣人赍书及阿保机明殿书赐德光。明殿,若中国陵寝下宫之制。其国君死葬,则于其墓侧起屋,谓之明殿。置官属职司岁时,奉表,起居如事生。置明殿学士一人,掌答书诏。每国有大庆吊,学士以先君之命为书以赐国君,其书常曰:“报儿皇帝”云。

　德光已灭晋,遣其部族酋豪及其通事为诸州镇刺史、节度使,括借天下钱帛以赏军。胡兵人马不给粮草,遣数千骑分出四野劫掠人民,号为打草谷。东西二三千里之间,民被其毒,远近怨嗟。汉高祖起太原,所在州镇多杀契丹守将归汉,德光大惧。又时已热,乃以萧翰为宣武军节度使。翰,契丹之大族,其号阿钵。翰之妹亦嫁德光,而阿钵本无姓氏,契丹呼翰为国舅。及将以为节度使,李嵩为制姓名曰萧翰,于是始姓萧。德光已留翰守汴,及北归,以晋内诸司伎术、宫女、诸军将卒数千人从,自黎阳渡河,行至汤阴,登愁死冈,谓其宣徽使高勋曰:“我在上国,以打围食肉为乐,自入中国,心常不快。若得复吾本土,死亦无恨。”勋退而谓人曰:“虏将死矣。”相州梁晖杀契丹守将,闭城距守。德光引兵破之。城中男子无少长皆屠之,妇女悉驱以北。后汉以王继弘镇相州,得髑髅十数万枚,为大冢葬之。德光至临洺,见其邑邑荒残,笑谓晋人曰:“致中国至此,皆燕王为罪首。”又顾张砺曰:“尔亦有力焉。”德光行至栾城,得疾,卒于杀胡林。契丹破其腹,去其肠胃,实之以盐,载而北。晋人谓之帝羓焉。永康王兀欲立,谥德光为嗣圣皇帝,号阿保机为太祖,德光为太宗。

新五代史卷七三
四夷附录第二

兀　欲

　　兀欲，东丹王突欲子也。突欲奔于唐，兀欲留不从，号永康王。契丹好饮人血，突欲左右姬妾多刺其臂吮之，其小过辄挑目、刲灼，不胜其毒。然喜宾客，好饮酒，工画，颇知书。其自契丹归中国，载书数千卷。枢密使赵延寿每假其异书、医经，皆中国所无者。明宗时，自滑州朝京师，遥领武信军节度使，食其俸，赐甲第一区，宫女数人。契丹兵助晋于太原，唐废帝遣宦者秦继旻、皇城使李彦绅杀突欲于其第。晋高祖追封突欲为燕王。

　　德光灭晋，兀欲从至京师，德光杀继旻、彦绅，籍其家资，悉以赐兀欲。德光死栾城，兀欲与赵延寿及诸大将等俱入镇州。延寿自称权知军国事，遣人求镇州管钥于兀欲，兀欲不与。延寿左右曰：“契丹大人聚而谋者汹汹，必有变，宜备之。今中国之兵犹有万人，可以击虏，不然事必不成。”延寿犹豫不决。兀欲妻，延寿以为妹。五月朔旦，兀欲召延寿及张砺、李嵩、冯道等置酒，酒数行，兀欲谓延寿曰：“妹自上国来，当一见之。”延寿欣然与兀欲俱入。食顷，兀欲出坐，笑谓砺等曰：“燕王谋反，锁之矣。诸君可无虑也。”又曰：“先帝在汴州，与我算子一茎，许我知南朝军国事。昨闻寝疾无遗命，燕王安得自擅邪？”砺等罢去。兀欲召延寿廷立而诘之，延寿不能对，乃遣人监之，而籍其家资。兀欲宣德光遗制曰：“永康王，大圣皇帝之嫡孙人皇王之长子可于中京即皇帝位。”中京，契丹谓镇州也。遣使者告哀于诸镇。萧翰闻德光死,弃汴州而北,至镇州。兀欲已去。翰以骑围张砺宅,执砺而责曰:"汝教先帝勿用胡人为节度使,何也?"砺对不屈,翰锁之。是夕,砺卒。

兀欲为人俊伟,亦工画,能饮酒,好礼士。德光尝赐以绢数千匹,兀欲散之,一日而尽。兀欲已立,先遣人报其祖母述律。述律怒曰:"我儿平晋取天下,有大功业,其子在我侧者当立。而人皇王背我归中国,其子岂得立邪?"乃率兵逆兀欲,将废之。兀欲留其将麻答守镇州,晋诸将相随德光在镇州者皆留之而去。以翰林学士徐台符、李浣从行,与其祖母述律相距于石桥。述律所将兵多亡归兀欲,兀欲乃幽述律于祖州。祖州,阿保机墓所也。述律为人多智而忍,阿保机死,悉召从行大将等妻,谓曰:"我今为寡妇矣。汝等岂宜有夫?"乃杀其大将百余人,曰:"可往从先帝左右。"有过者,多送木叶山杀于阿保机墓隧中,曰:"为我见先帝于地下。"大将赵思温,本中国人也。以材勇为阿保机所宠,述律后以事怒之,使送木叶山,思温辞不肯行。述律曰:"尔先帝亲信,安得不往见之?"思温对曰:"亲莫如后,后何不行?"述律曰:"我本欲从先帝于地下,以子幼,国中多故,未能也。然可断吾一臂以送之。"左右切谏之,乃断其一腕,而释思温不杀。初,德光之击晋也,述律常非之,曰:"吾国用一汉人为主可乎?"德光曰:"不可也。"述律曰:"然则汝得中国不能有,后必有祸,悔无及矣。"德光死,载其尸归,述律不哭而抚其尸曰:"待我国中人畜如故,然后葬汝。"已而,兀欲囚之,后死于木叶山。兀欲更名阮号天授皇帝,改元曰天禄,是岁八月,葬德光于木叶山,遣人至镇州召冯道和凝等会葬使者,至镇州。镇州军乱,大将白再筠等逐出麻答,据定州。已而,悉其众以北。麻答者,德光之从弟也。德光灭晋以为邢州节度使。兀欲立,命守镇州,麻答尤酷虐,多略中国人,剥面,抉目,拔发,断腕,而杀之。出入常以钳凿挑割之具自随,寝处前后挂人肝胫手足,言笑自若。镇定之人不胜其毒。麻答已去,冯道等乃南归。

汉乾祐元年,兀欲率万骑攻邢州,陷内丘。契丹入寇,常以马嘶为候。其来也，马不嘶鸣，而矛戟夜有光，又月食，虏众皆惧，以为凶。虽破内丘，而人马伤死者太半。兀欲立五年，会诸部酋长复谋入寇，诸部大人皆不欲，兀欲强之。燕王述轧与太宁王呕里僧等率兵杀兀欲于大神淀。德光子齐王述律闻乱走南山。契丹击杀述轧、呕里僧，而迎述律以立。

述律立，改元应历，号天顺皇帝，后更名璟。述律有疾，不能近妇人，左右给事多以宦者。然畋猎好饮酒，不恤国事，每醉饮，自夜至旦，昼则常睡，国人谓之睡王。初，兀欲常遣使聘汉，使者至中国而周太祖入立。太祖复遣将军朱宪报聘，宪还而兀欲死。述律立，遂不复南寇。显德六年夏，世宗北伐，以保大军节度使田景咸为淤口关部署，右神武统军李洪信为合流口部署，前凤翔节度使王晏为益津关部署，侍卫亲军、马步都虞候韩通为陆路都部署。世宗自乾宁军，御龙舟、楼船战舰，首尾数十里，至益津关，降其守将。而河路渐狭，舟不能进，乃舍舟陆行。瓦桥淤口关、瀛漠州守将皆迎降。方下令进攻幽州，世宗遇疾，乃置雄州于瓦桥关、霸州于益津关而还。周师下三关、瀛、漠，兵不血刃。述律闻之，谓其国人曰："此本汉地，今以还汉，又何惜耶？"述律后为庖者因其醉而杀之。

呜呼！自古夷狄服叛，虽不系中国之盛衰，而中国之制夷狄则必因其强弱。予读周《日历》，见世宗取瀛、漠，定三关，兵不血刃，而史官讥其以王者之师，驰千里而袭人，轻万乘之重于崔苇之间，以侥幸一胜。夫兵法，决机因势，有不可失之时。世宗南平淮、甸，北伐契丹，乘其胜威，击其昏殆，世徒见周师之出何速，而不知述律有可取之机也。是时，述律以谓周之所取，皆汉故地，不足顾也。然则，十四州之故地，皆可指麾而取矣。不幸世宗遇疾，功志不就，然瀛、漠、三关遂得，复为中国之人，而十四州之俗，至今陷于夷狄，彼其为志岂不可惜！而其功不亦壮哉！

夫兵之变化屈伸，岂区区守常谈者所可识也。初，萧翰闻德光死，北归。有同州郃阳县令胡峤为翰掌书记，随入契丹。而翰妻争妒,告翰谋反,翰见杀。峤无所依,居房中七年。当周广顺三年亡归中国,略能道其所见,云:"自幽州西北入居庸关,明日又西北入石门关,关路崖狭,一夫可以当百,此中国控扼契丹之险也。又三日至可汗州,南望五台山,其一峰最高者,东台也。又三日至新武州,西北行五十里有鸡鸣山,云唐太宗北伐闻鸡鸣于此,因以名山。明日,入永定关北,此唐故关也。又四日,至归化州。又三日,登天岭。岭东西连亘,有路北下,四顾冥然,黄云白草不可穷极,契丹谓峤曰:此辞乡岭也,可一南望而为永诀。同行者皆恸哭,往往绝而复苏。又行三四日,至黑榆林。时七月,寒如深冬。又明日,入斜谷,谷长五十里,高崖峻谷,仰不见日,而寒尤甚。已出谷,得平地气稍温。又行二日,渡湟水。又明日,渡黑水。又二日,至汤城,淀地气最温。契丹若大寒,则就温于此。其水泉清冷,草软如茸,可藉以寝,而多异花。记其二种:一曰旱金,大如掌,金色烁人。一曰青囊,如中国金灯,而色类蓝可爱。又二日,至仪坤州,渡麝香河,自幽州至此无里候,其所向不知为南北。又二日,至赤崖,翰与兀欲相及,遂及述律战于沙河。述律兵败而北,兀欲追至独树渡,遂囚述律于扑马山。又行三日,遂至上京,所谓西楼也。西楼有邑屋、市肆,交易无钱而用布。有绫锦诸工作、宦者、翰林、伎术、教坊、角抵、秀才、僧、尼、道士等,皆中国人,而并、汾、幽、蓟之人尤多。自上京东去四十里,至真珠寨,始食菜。明日东行,地势渐高。西望平地,松林郁然数十里,遂入平川,多草木,始食西瓜云。契丹破回纥得此种,以牛粪覆棚而种,大如中国冬瓜,而味甘。又东行至袅潭,始有柳,而水草丰美,有息鸡草尤美而本大,马食不过十本而饱。自袅潭入大山,行十余日而出,过一大林,长二三里,皆芜荑枝叶,有芒刺如箭羽,其地皆无草。兀欲时,卓帐于此,会诸部人葬德光。自此西南行,日六十里,行七日,至大山门。两高山相去一里,而长松丰草、珍禽野卉,有屋室碑石曰陵所也。兀欲入祭,诸部大人惟执祭器者得入。入而门阖,明日开门,曰抛盏。礼毕,问其礼,皆秘不肯言。"峤所目见囚述律、葬德光等事,与中国所记差异。

　　已而，翰得罪被锁，峤与部曲东之福州。福州，翰所治也。峤等东行，过一山，名十三山，云此西南去幽州二千里。又东行，数日，过卫州，有居人三十余家。盖契丹所虏中国卫州人，筑城而居之。峤至福州，而契丹多怜峤，教其逃归。峤因得其诸国种类远近，云："距契丹国东至于海，有铁甸。其族野居皮帐，而人刚勇。其地少草木，水咸浊，色如血，澄之久而后可饮。又东，女真。善射，多牛、鹿、野狗。其人无定居，行以牛负物。遇雨，则张革为屋。常作鹿鸣呼鹿而射之，食其生肉。能酿糜为酒。醉则缚之而睡，醒而后解。不然，则杀人。又东，南渤海。又东，辽国。皆与契丹略同。其南海曲，有鱼盐之利。又南，奚。与契丹略同。而人好杀戮。又南，至于榆关矣。西南至儒州，皆故汉地。西则突厥、回纥。西北至妪厥律，其人长大，髡头，酋长全其发，盛以紫囊。地苦寒，水出大鱼，契丹仰食。又多黑、白、黄貂鼠皮，北方诸国皆仰足。其人最勇，邻国不敢侵。又其西，辖戛。又其北，单于突厥。皆与妪厥律略同。又北黑车子。善作车帐，其人知孝义，地贫无所产云。契丹之先常役回纥，后背之走黑车子，始学作车帐。又北，牛蹄突厥。人身牛足，其地尤寒。水曰葫芦河。夏秋，冰厚二尺。春冬，冰彻底。常烧器销冰，乃得饮。东北，至袜劫子。其人髡首，披布为衣，不鞍而骑，大弓长箭，尤善射。遇人辄杀，而生食其肉。契丹等国皆畏之。契丹五骑遇一袜劫子，则皆散走。其国三面皆室韦，一曰室韦，二曰黄头室韦，三曰兽室韦。其地多铜、铁、金、银，其人工巧。铜铁诸器皆精好，善织毛锦。地尤寒，马溺至地成冰堆。又北，狗国。人身狗首，长毛不衣，手搏猛兽，语为犬嗥。其妻皆人，能汉语。生男为狗，女为人，自相婚嫁，穴居，食生。而妻女，人食。云：尝有中国人至其国，其妻怜之，使逃归。与其箸十余只，教其每走十余里遗一箸。狗夫追之，见其家物，必衔而归，则不能追矣。"其说如此。又曰："契丹尝选百里马二十匹，遣十人赍乾钞北行，穷其所见。其人自黑车子，历牛蹄国以北行一年，经四十三城。居人多以木皮为屋，其语言无译者，不知其国地山川、部族、名号。其地气，遇平地则温，和山林则寒冽。至三十三城,得一人能铁甸语,其言颇可解,云地名颉利乌于邪堰。云自此以北,龙蛇猛兽、魑魅群行,不可往矣。其人乃还。此北荒之极也。”

　　契丹谓峤曰:“夷狄之人岂能胜中国?然晋所以败者,主暗而臣不忠。”因具道诸国事,曰:“子归悉以语汉人,使汉人努力事其主,无为夷狄所虏。吾国,非人境也。”峤归,录以为《陷虏记》云。契丹年号,诸家所记舛谬非一,莫可考正。惟尝见于中国者,可据也。据耶律德光《立晋高祖册文》据推天显九年,岁次丙申,是岁乃晋天福元年。推而上之,得唐天成三年戊子,为天显元年云。《契丹附录》,德光与唐明宗同年而立,立三年改元天显,与此正合矣。又据开运四年德光灭晋入汴,肆赦,称会同十年。推而上之得天福三年为会同元年,是天显尽十年,而十一年改为会同矣。惟此二者,其据甚明。余皆不足考也。《附录》所载夷狄年号,多略不书,盖无所用,故不必备也。

新五代史卷七四
四夷附录第三

奚　吐浑　达靼　党项
突厥　吐蕃　回鹘　于阗
高丽　渤海　新罗　南诏蛮
牂牁蛮　昆明　占城

奚,本匈奴之别种。当唐之末,居阴凉川,在营府之西,幽州之西南,皆数百里。有人马二万骑,分为五部:一曰阿荟部、二曰啜米部、三曰奥质部、四曰奴皆部、五曰黑讫支部。后徙居琵瑟川,在幽州东北数百里,地多黑羊,马趐前蹄,坚善走,其登山逐兽,下上如飞。

契丹阿保机疆盛,室韦、奚、霫皆服属之。奚人常为契丹守界上,而苦其苛虐。奚王去诸怨叛,以别部西徙妫州,依北山射猎,常采北山麝香、仁参赂刘守光以自托。其族至数千帐,始分为东、西奚。去诸之族,颇知耕种,岁借边民荒地种穄,秋熟则来获,窖之山下,人莫知其处。爨以平底瓦鼎煮穄为粥,以寒水解之而饮。去诸卒,子扫剌立。庄宗破刘守光,赐扫剌姓李,更其名绍威。绍威卒,子拽剌立。同光以后,绍威父子数遣使朝贡。

初,绍威娶契丹女舍利逐不鲁之姊为妻,后逐不鲁叛亡入西奚,绍威纳之。晋高祖入立,割幽州雁门以北入于契丹,是时,绍威

与逐不鲁皆已死,耶律德光已立晋北归,拽剌迎谒马前。德光曰:
"非尔罪也。负我者扫剌与逐不鲁尔。"乃发其墓,粉其骨而扬之。后
德光灭晋,拽剌常以兵从其后,不复见于中国。自去诸徙妫州自别
为西奚,而东奚在琵瑟川者亦为契丹所并,不复能自见云。

吐浑,本号吐谷浑,或曰乞伏乾归之苗裔。自后魏以来,名见中
国,居于青海之上。当唐至德中,为吐蕃所攻,部族分散。其内附者,
唐处之河西,其大姓有慕容、拓拔、赫连等族。懿宗时,首领赫连铎
为阴山府都督,与讨庞勋,以功拜大同军节度使。为晋王所破,其部
族益微,散处蔚州界中。庄宗时,有首领白承福者,依中山北石门为
栅,庄宗为置宁朔、奉化两府,以承福为都督,赐其姓名为李绍鲁。
终唐时,常遣使朝贡中国。晋高祖立,割雁门以北入于契丹。于是,
吐浑为契丹役属,而苦其苛暴。是时,安重荣镇成德有异志,阴遣人
招吐浑入塞。承福等乃自五台入处中国,契丹耶律德光大怒,遣使
者责诮高祖。高祖恐惧,遣供奉官张澄率兵搜索并、镇、忻、代等州
山谷中吐浑,驱出之。然晋亦苦契丹,思得吐浑为缓急之用,阴遣刘
知远镇太原,慰抚之。终高祖时,承福数遣使者朝贡。后出帝与契
丹绝盟,召承福入朝,拜大同军节度使,待之甚厚。契丹与晋相距于
河,承福以其兵从出帝御房。是岁大热,吐浑多疾死,乃遣承福归太
原,居之岚、石之间。刘知远稍侵辱之,承福谋复亡出塞,知远以兵
围其族,杀承福及其大姓赫连海龙、白可久,白铁匮等,其羊马资财
钜万计,皆籍没之,其余众以其别部王义宗主之。吐浑遂微,不复
见。

初,唐以承福之族为熟吐浑。长兴中,又有生吐浑杜每儿来朝
贡。每儿,不知其国地、部族。至汉乾祐二年,又有吐浑何戛剌来朝
贡,不知为生、熟吐浑,盖皆微,不足考录。

达靼,靺鞨之遗种,本在奚、契丹之东北,后为契丹所攻,而部
族分散。或属契丹,或属渤海。别部散居阴山者,自号达靼。当唐

末，以名见中国，有每相温、于越相温。咸通中，从朱耶赤心讨庞勋，其后李国昌、克用父子为赫连铎等所败，尝亡入达靼。后从克用入关，破黄巢，由是居云、代之间。其俗善骑射，畜多驼马。其君长、部族名字，不可究见，惟其尝通于中国者，可见云。

同光中，都督折文通数自河西来贡驼马。明宗讨王都于定州，都诱契丹入寇，明宗诏达靼入契丹界，以张军势。遣宿州刺史薛敬忠以所获契丹团牌二百五十及弓箭数百赐云州生界达靼，盖唐常常役属之。长兴三年，首领颉哥率其族四百余人来附，讫于显德，常来不绝。

党项，西羌之遗种。其国在《禹贡》析支之地。东至松州、西接叶护、南界春桑、北邻吐浑。有地三千余里，无城邑而有室屋，以毛阘覆之。其人喜盗窃，而多寿，往往百五六十岁。其大姓，有细封氏、费听氏、折氏、野利氏，拓拔氏为最强。唐德宗时，党项诸部相率内附。居庆州者，号东山部落；居夏州者，号平夏部落。部有大姓而无君长，不相统一，散处邠、宁、鄜、延、灵武、河西，东至麟府之间。自同光以后，大姓之强者，各自来朝贡。明宗时，诏沿边置场市马，诸夷皆入市中国。而回鹘、党项马最多。明宗招怀远人，马来无驽壮皆售，而所售常过直，往来馆给，道路倍费。其每至京师，明宗为御殿见之，劳以酒食。既醉，连袂歌呼，道其土风以为乐，去又厚以赐赉，岁耗百万计。唐大臣皆患之，数以为言，乃诏吏就边场，售马给直，止其来朝。而党项利其所得，来不可止。其在灵、庆之间者，数犯边为盗。自河西回鹘朝贡中国，道其部落，辄邀劫之，执其使者，卖之他族，以易牛马。明宗遣灵武康福、邠州药彦稠等出兵讨之。福等击破阿埋韦悉褒勒强赖埋厮骨尾及其大首领连香李八萨王、都统悉那埋摩、侍御乞埋鬼悉逋等族，杀数千人，获其牛羊钜万计，及其所劫外国宝玉等悉以赐军士。由是，党项之患稍息。

至周太祖时，府州党项尼也六泥香王子、拓拔山等皆来朝贡。广顺三年，庆州刺史郭彦钦贪其羊马，侵扰诸部，独野鸡族强不可近,乃诬其族犯边。太祖遣使招慰之。野鸡族苦彦钦,不肯听命。太祖遣邠州折从阮、宁州刺史,张建武等讨之。建武勇于立功,不能通夷情,驰军击野鸡族,杀数百人。而喜玉、折思、杀牛三族,闻建武击破野鸡族,各以牛酒犒军,军士利其物,反劫掠之。三族共诱建武军至包山,度险,三族共击之,军投崖谷,死伤甚众。太祖怒,罪建武等,选良吏为庆州刺史,以招抚之。其他诸族,散处沿边界上者甚众,然其无国地、君长,故莫得而纪次云。

突厥,国地、君世、部族、名号、物俗,见于唐著矣。至唐之末,为诸夷所侵,部族微散。五代之际,尝来朝贡。同光三年,浑解楼来。天成二年,首领张慕晋来。长兴二年,首领杜阿熟来。天福六年,遣使者薛同海等来。凡四至,其后不复来。然突厥于时最微,又来不数,故其君长史皆失不能纪。

吐蕃,国地、君世、部族、名号、物俗,见于唐著矣。当唐之盛时,河西、陇右三十三州,凉州最大。土沃物繁而人富乐。其地宜马,唐置八监,牧马三十万区,以安西都护府羁縻西域三十六国。唐之军、镇、监、务三百余城,常以中国兵更戍。而凉州置使节度之。安禄山之乱,肃宗起灵武,悉召河西兵赴难。而吐蕃乘虚攻陷河西、陇右,华人百万皆陷于虏。文宗时,尝遣使者至西域,见甘、凉、瓜、沙等州城邑如故,而陷虏之人见唐使者,夹道迎呼,涕泣曰:"皇帝犹念陷蕃人民否?"其人皆天宝时陷虏者,子孙其语言稍变,而衣服犹不改。

至五代时,吐蕃已微弱,回鹘、党项、诸羌夷分侵其地,而不有其人民。值中国衰乱,不能抚有,惟甘、凉、瓜、沙四州常自通于中国。甘州,为回鹘牙,而凉、瓜、沙三州将吏,犹称唐官。数来请命。自梁太祖时,尝以灵武节度使兼领河西节度,而观察甘肃威等州。然虽有其名,而凉州自立守将。唐长兴四年,凉州留后孙超遣大将拓拔承谦及僧道士耆老杨通信等至京师,求旌节。明宗问孙超世家,承谦曰:"吐蕃陷凉州,张掖人张义朝募兵击走吐蕃。唐因以义朝为节度使,发郓州兵二千五百人戍之。唐亡,天下乱,凉州以东为突厥、党项所隔,郓兵遂留不得返。今凉州汉人,皆其戍人子孙也。"明宗乃拜孙超节度使。清泰元年,留后李文谦来请命。后数年,凉州人逐出文谦,灵武冯晖遣牙将吴继勋代文谦为留后,是时天福七年。明年,晋高祖遣泾州押牙陈延晖赍诏书安抚凉州,凉州人共劫留延晖,立以为刺史。至汉隐帝时,凉州留后折逋嘉施来请命,汉即以为节度使。嘉施,土豪也。周广顺二年,嘉施遣人市马京师,因来请命帅。是时,枢密使王峻用事。峻故人申师厚者,少起盗贼,为兖州牙将,与峻相友善。后峻贵,师厚敝衣蓬首,日候峻出,拜马前,诉以饥寒。峻未有以发,而嘉施等来请帅,峻即建言:"凉州深入夷狄,中国未尝命吏。请募率府率、供奉官能往者。"月余,无应募者,乃奏起师厚为左卫将军。已而,拜河西节度使。师厚至凉州,奏荐押衙副使崔虎心、阳妃谷首领沈念般等及中国留人子孙王廷翰、温崇乐、刘少英为将史。又自安国至凉州,立三州以控扼诸羌,用其酋豪为刺史。然凉州,夷夏杂处,师厚小人,不能抚有。至世宗时,师厚留其子而逃归,凉州遂绝于中国。独瓜、沙二州终五代常来。沙州,梁开平中有节度使张奉,自号"金山白衣天子"。至唐庄宗时,回鹘来朝,沙州留后曹义金亦遣使附回鹘以来,庄宗拜义金为归义军节度使,瓜、沙等州观察处置等使。晋天福五年,义金卒,子元德立。至七年,沙州曹元忠、瓜州曹元深皆遣使来。周世宗时,又以元忠为归义军节度使、元恭为瓜州团练使,其所贡:硇砂、羚羊角、波斯锦、安西白氎、金星矾、胡桐律、大鹏砂、毦褐、玉团。皆因其来者以名见,而其卒立、世次,史皆失其纪。而吐蕃不见于梁世,唐天成三年,回鹘王仁喻来朝,吐蕃亦遣使附以来。自此数至中国。明宗尝御端明殿,见其使者,问其牙帐所居,曰:"西去泾州二千里。"明宗赐以虎皮,人一张,皆披以拜,委身宛转,落其毡帽,乱发如蓬,明宗及左右皆大笑。至汉隐帝时,犹来朝。后遂不复至,史亦失其君世云。

回鹘,为唐患尤甚,其国地、君世、物俗,见于唐著矣。唐尝以女妻之,故其世以中国为舅。其国本在娑陵水上,后为黠戛斯所侵,徙天德、振武之间,又为石雄、张仲武所破,其余众西徙,役属吐蕃。是时,吐蕃已陷河西、陇右,乃以回鹘散处之。

当五代之际,有居甘州、西州者,尝见中国。而甘州回鹘数至,犹呼中国为舅,中国答以诏书,亦呼为甥。梁乾化元年,遣都督周易言等来,而史不见其君长名号,梁拜易言等官爵,遣左监门卫上将军杨沼押领还蕃。至唐庄宗时,王仁美遣使者来,贡玉、马,自称"权知可汗"。庄宗遣司农卿郑续持节册仁美为英义可汗。是岁,仁美卒,其弟狄银立,遣都督安千想等来。同光四年,狄银卒,阿咄欲立。天成二年,权知国事王仁裕遣李阿山等来朝。明宗遣使者册仁裕为顺化可汗。晋高祖时,又册为奉化可汗。阿咄欲,不知其为狄银亲疏,亦不知其立卒。而仁裕讫五代常来朝贡,史亦失其纪。其地出玉、牦、绿野马、独峰驼、白貂鼠、羚羊角、硇砂、腽肭脐、金刚钻、红盐、闑氈、駒駿之革。其地宜白麦、青稞麦、黄麻、葱韭、胡荽,以橐驼耕而种。其可汗常楼居,妻号天公主。其国相号媚禄都督。见可汗,则去帽被发而入以为礼。妇人总发为髻,高五六寸,以红绢囊之。既嫁则加毡帽。又有别族,号龙家。其俗与回纥小异。长兴四年,回鹘来献白鹘一联,明宗命解绁放之。自明宗时,常以马市中国,其所赍宝玉,皆属县官。而民犯禁为市者,辄罪之。周太祖时,除其禁,民得与回鹘私市,玉价由此倍贱。显德中,来献玉,世宗曰:"玉虽宝,而无益。"却之。

于阗,国地、君世、物俗,见于唐。五代乱世,中国多故,不能抚来四夷。其尝自通于中国者,仅以名见,其君世终始皆不可知。而于阗尤远,去京师万里外。其国,西南近葱岭,与婆罗门为邻国,而相去犹三千余里。南接吐蕃,西北至疏勒二千余里。晋天福三年,于阗国王李圣天遣使者马继荣来贡红盐、郁金、牦牛尾、玉氈等,晋遣供奉官张匡邺假鸿胪卿,彰武军节度判官高居诲为判官,册圣天为大宝于阗国王。是岁冬十二月，匡邺等自灵州行，二岁至于阗。至七年冬乃还。而居诲颇记其往复所见山川诸国，而不能道圣天世次也。居诲记曰："自灵州过黄河，行三十里，始涉沙，入党项界，曰细腰沙、神点沙。至三公沙，宿月支都督帐。自此沙行四百余里，至黑堡沙，沙尤广，遂登沙岭。沙岭，党项牙也，其酋曰捻崖天子。渡白亭河至凉州，自凉州西行五百里至甘州。甘州，回鹘牙也。其南山百余里，汉小月支之故地也，有别族号鹿角山沙陀。云朱耶氏之遗族也。自甘州西，始涉碛，碛无水，载水以行。甘州人教晋使者作马蹄木涩，木涩四窍，马蹄亦凿四窍而缀之，驼蹄则包以牦皮乃可行。西北五百里至肃州，渡金河，西百里出天门关。又西百里，出玉门关。经吐蕃界，吐蕃男子冠中国帽，妇人辫发，戴瑟瑟珠。云珠之好者，一珠易一良马。西至瓜州、沙州，二州多中国人，闻晋使者来，其刺史曹元深等郊迎，问使者天子起居。瓜州南十里，鸣沙山，云冬、夏殷殷有声如雷，云《禹贡》流沙也。又东南十里，三危山，云三苗之所窜也。其西渡都乡河，曰阳关。沙州西曰仲云，其牙帐居胡卢碛。云仲云者，小月支之遗种也。其人勇而好战，瓜州之人皆惮之。胡卢碛，汉明帝时征匈奴，屯田于吾卢，盖其地也。地无水而尝寒多雪，每天暖雪销，乃得水。匡邺等西行入仲云界，至大屯城，仲云遣宰相四人，都督三十七人，候晋使者。匡邺等以诏书慰谕之，皆东向拜。自仲云界西，始涉碱碛，无水，掘地得湿沙，人置之胸以止渴。又西渡陷河，伐柽置水中乃渡，不然则陷。又西至绀州。绀州，于阗所置也。在沙州西南，云去京师九千五百里矣。又行二日，至安军州，遂至于阗。圣天衣冠如中国，其殿皆东向，曰金册殿。有楼曰七凤楼，以蒲桃为酒，又有紫酒、青酒，不知其所酿，而味尤美。其食，粳沃以蜜，粟沃以酪。其衣，布帛。有园圃花木。俗喜鬼神而好佛。圣天居处尝以紫衣僧五十人列侍，其年号同庆二十九年。其国东南曰银州、卢州、湄州。其南千三百里曰玉州，云汉张骞所穷河源出于阗，而山多玉者，此山也。"其河源所出，至于阗分为三：东曰白玉河、西曰绿玉河、又西曰乌玉河。三河皆有玉，而色异。每岁秋水涸，

国王涝玉于河，然后国人得涝玉。自灵州渡黄河，至于阗，往往见吐
蕃族帐。而于阗常与吐蕃相攻，劫匡邺等至于阗，圣天颇责诮之，以
邀誓约。匡邺等还，圣天又遣都督刘再升献玉千斤及玉印、降魔杵
等。汉乾祐元年，又遣使者王知铎来。

　　高丽，本扶余人之别种也。其国地、君世，见于唐，比他夷狄有
姓氏，而其官号略可晓其义。当唐之末，其王姓高氏。同光元年，遣
使广评侍郎韩申一、副使春部少卿朴岩来，而其国王姓名史失不
纪。至长兴二年，权知国事王建遣使者来。明宗乃拜建玄菟州都督，
充大义军使，封高丽国王。建，高丽大族也。开运二年，建卒，子武
立。乾祐四年，武卒，子昭立。王氏三世，终五代常来朝贡，其立也
必请命中国，中国常优答之。其地产铜、银。周世宗时，遣尚书水部
员外郎韩彦卿以帛数千匹市铜于高丽，以铸钱。六年，昭遣使者贡
黄铜五万斤。高丽俗知文字，喜读书。昭进《别叙孝经》一卷、《越王
新义》八卷、《皇灵孝经》一卷、《孝经雌图》一卷。《别叙》叙孔子所生
及弟子事迹，《越王新义》以为问目，若今正义。《皇灵》述延年辟谷，
《雌图》载日食星变，皆不经之说。

　　渤海，本号靺鞨，高丽之别种也。唐高宗灭高丽，徙其人散处中
国，置安东都护府于平壤，以统治之。武后时，契丹攻北边，高丽别
种大乞乞仲象与靺鞨酋长乞四比羽走辽东，分王高丽故地，武后遣
将击杀乞四比羽，而乞乞仲象亦病死。仲象子祚荣立，因并有比羽
之众，其众四十万人，据挹娄，臣于唐。至中宗时，置忽汗州，以祚荣
为都督，封渤海郡王，其后世遂号渤海。其贵族姓大氏。开平元年，
国王大諲譔遣使者来讫。显德常来朝贡。其国土、物产与高丽同，
諲譔世次，立卒，史失其纪。

　　新罗，弁韩之遗种也。其国地、君世、物俗，见于唐。其大族曰
金氏、朴氏，自唐高祖时封金真为乐浪郡王，其后世常为君长。同光

元年，新罗国王金朴英遣使者来朝贡。长兴四年，权知国事金溥遣使来，朴英、溥世次、卒立，史皆失其纪，自晋已后，不复至。

黑水靺鞨，本号勿吉。当后魏时，见中国。其国，东至海，南界高丽，西接突厥，北邻室韦，盖肃慎氏之地也。其众分为数十部，而黑水靺鞨最处其北，尤劲悍，无文字之记。其兵，角弓、楛矢。同光二年，黑水兀儿遣使者来，其后常来朝贡，自登州泛海出青州。明年，黑水胡独鹿亦遣使来。兀儿、胡独鹿若其两部酋长，各以使来。而其部族世次、立卒，史皆失其纪。至长兴三年，胡独鹿卒，子桃李花立，尝请命中国，后遂不复见云。

南诏蛮，见于唐，其国在汉，故永昌郡之东，姚州之西。僖宗幸蜀，募能使南诏者，得宗室子李龟年及徐虎、虎侄蔼，乃以龟年为使，虎为副，蔼为判官，使南诏。南诏所居曰苴咩城，龟年等不至苴咩，至善阐，得其要约与唐为甥舅。僖宗许以安化公主妻之，南诏大喜，遣人随龟年求公主，已而，黄巢败，收复长安，僖宗东还乃止。

同光三年，魏王继岌及郭崇韬等破蜀，得王衍时所俘南诏蛮数十人，又得徐蔼，自言尝使南诏，乃矫诏还其所俘，遣蔼等持金帛招抚南诏，谕以威德，南诏不纳。至明宗时，嶲州山后两林百蛮都鬼主、右武卫大将军李卑晚，遣大鬼主傅能何华来朝贡，明宗拜卑晚宁远将军，又以大渡河南山前印州六姓都鬼主怀安郡王勿定摽莎为定远将军。明年遣左金吾卫将军马昭远为入蛮国信使，昭远不能达而还。

牂牁蛮，在辰州西千五百里，以耕植为生，而无城郭聚落，有所攻击，则相屯聚。刻木为契。其首领姓谢氏，其名见于唐。至天成二年尝一至，其使者曰清州八郡刺史宋朝化，冠带如中国，贡草豆蔻二万个、朱砂五百两、蜡二百斤。

昆明，在黔州西南三千里外，地产羊马。其人椎髻、跣足、披毡，其首领披虎皮。天成二年，尝一至，其首领号昆明大鬼主，罗殿王、普露静王九部落，各遣使者来，使者号若土，附牂牁以来。

占城，在西南海上。其地方千里，东至海，西至云南，南邻真腊，北抵欢州。其人，俗与大食同。其乘，象、马；其食，稻米、水兕、山羊。鸟兽之奇，犀、孔雀。自前世未尝通中国。显德五年，其国王因德漫遣使者莆诃散来，贡猛火油八十四瓶、蔷薇水十五瓶，其表以贝多叶书之以香木为函。猛火油以洒物，得水则出火。蔷薇水，云得自西域，以洒衣，虽敝而香不灭。

五代，四夷见中国者，远不过于阗、占城。史之所纪，其西北颇详，而东南尤略，盖其远而罕至，且不为中国利害云。